PODSTAWY
GRAMATYKI
ANGIELSKIEJ

- Alfabet angielski
- Przedimek określony i nieokreślony
- Dopełniacz saksoński
- Liczba mnoga rzeczowników
- Stopniowanie przymiotników i przysłówków
- Zaimki: osobowe, dzierżawcze, zwrotne, względne, pytające i wskazujące
- Określniki
- Rzeczowniki policzalne i niepoliczalne
- Liczebniki główne i porządkowe, działania arytmetyczne
- Określanie czasu i daty
- Podstawowe czasy angielskie
- Tryb przypuszczający i rozkazujący
- Szyk wyrazów
- Pytania rozłączne
- Przyimki
- Podstawowy podział spójników
- Zdania proste: oznajmujące, pytające, rozkazujące, wykrzyknikowe
- Zdania złożone: współrzędne i podrzędne
- Zdania okolicznikowe
- Kalendarz
- Wagi i miary
- Użycie przecinka w pisowni

1 ALFABET ANGIELSKI

A [eɪ]	F [ef]	K [keɪ]	P [piː]	U [juː]
B [biː]	G [dʒiː]	L [el]	Q [kjuː]	V [viː]
C [siː]	H [eɪtʃ]	M [em]	R [ɑː(r)]	W ['dʌbljuː]
D [diː]	I [aɪ]	N [en]	S [es]	X [eks]
E [iː]	J [dʒeɪ]	O [əʊ]	T [tiː]	Y [waɪ]
				Z [zet]

2 PRZEDIMEK OKREŚLONY I NIEOKREŚLONY

	LICZBA POJEDYNCZA	LICZBA MNOGA
PRZEDIMEK NIEOKREŚLONY	a dog [ə dɑg] *(jakiś) pies*	dogs [dɑgz] *(jakieś) psy*
	an orange [ən ɑrɪndʒ] *(jakaś) pomarańcza*	oranges [ɑrɪndʒɪz] *(jakieś) pomarańcze*
PRZEDIMEK OKREŚLONY	the dog [ðə dɑg] *(ten) pies*	the dogs [ðə dɑgz] *(te) psy*
	the orange [ðɪ ɑrɪndʒ] *(ta) pomarańcza*	the oranges [ðɪ ɑrɪndʒɪz] *(te) pomarańcze*

3 UŻYCIE PRZEDIMKA W KONTEKŚCIE

An old man lived in **a** small house near **a** forest. One day **the** old man left **the** house and went into **the** forest to collect wood.

(**Jeden**) starzec żył w (**jakimś**) małym domku w pobliżu (**jakiegoś**) lasu. Jednego dnia (**ten**) starzec opuścił (**ten**) dom i poszedł do (**tego**) lasu nazbierać drewna.

4 DOPEŁNIACZ SAKSOŃSKI

– my father's flat — *mieszkanie mojego ojca*
– the expert's opinion — *opinia specjalisty*
– Britain's foreign policy — *polityka zagraniczna Wielkiej Brytanii*
– father–in–law's car — *samochód teścia*
– a two weeks' holiday — *urlop dwutygodniowy*
– three hours' walk — *trzygodzinny spacer*

5 LICZBA MNOGA RZECZOWNIKÓW

REGULARNE
– dodanie końcówki –s, –es
 book – books (*książka*)   bus – buses (*autobus*) shoe – shoes (*but*)

– końcowe –y po spółgłosce zamienia na się –ie +s
 lady – ladies (*dama*)   fly – flies (*mucha*) city – cities (*miasto*)

– końcowe –f zamienia się na –ve +s
 half – halves (*połowa*) knife – knives (*nóż*)   leaf – leaves (*liść*)

NIEREGULARNE
– zmiana w rdzeniu:
 child – children (*dziecko*)   foot – feet (*noga*)   goose – geese (*gęś*)
 man – men (*mężczyzna*)   mouse – mice (*mysz*) tooth – teeth (*ząb*)

– jednakowa forma rzeczownika w liczbie pojedynczej i liczbie mnogiej:
 aircraft (*samolot*)   cod (*dorsz/e*)   trout (*pstrąg/gi*)
 data (*dana/e*)   deer (*zwierzyna*)   fish (*ryba/y*)
 salmon (*łosoś*)   sheep (*owca*)

– rzeczowniki występujące tylko w liczbie pojedynczej:
 advice (*rada/y*)   business (*sprawa/y*)   craft (*statek/statki*)
 evidence (*dowód/dowody*) furniture (*meble*)   hair (*włosy*)
 knowledge (*znajomość/i*) luggage (*bagaż*)   nonsense (*nonsens/y, bzdura/y*)

– rzeczowniki występujące tylko w liczbie mnogiej:
 archives (*archiwum*)   clothes (*ubranie*)   contents (*treści*)
 people (*ludzie*)   pyjamas (*piżama*)   riches (*bogactwo*)
 scissors (*nożyce*)   shorts (*szorty*)   sweepings (*śmiecie*)
 trousers (*spodnie*)   vegetables (*jarzyny*)

– rzeczowniki mające formę liczby mnogiej, ale używane są z czasownikiem
 w liczbie pojedynczej:
 athletics (*atletyka*)   hysterics (*histeria*)   politics (*polityka*)

– rzeczowniki mające w liczbie mnogiej oprócz pierwotnego znaczenia także
 inne znaczenie:
 arm – *broń*   arms – *herb*   colour – *kolor*   colours – *sztandar*
 custom – *zwyczaj*   customs – *cło*   good – *dobro*   goods – *towar*
 iron – *żelazo*   irons – *kajdanki*   pain – *ból*   pains – *wysiłek*
 part – *część*   parts – *obszar*   scale – *łuska*   scales – *wagi*

6 STOPNIOWANIE PRZYMIOTNIKÓW

	1. STOPIEŃ	2. STOPIEŃ	3. STOPIEŃ
jednosylabowe, dwusylabowe*	long *długi*	longer *dłuższy*	the longest *najdłuższy*
wielosylabowe	important *ważny*	more important *ważniejszy*	the most important *najważniejszy*

* przymiotniki zakończone na „y": happy – happier – the happiest

7 STOPNIOWANIE PRZYMIOTNIKÓW NIEREGULARNYCH

bad [bæd]	**worse** [wɜːs]	**worst** [wɜːst]	*zły*
evil [iːvl]	**worse** [wɜːs]	**worst** [wɜːst]	*zły*
far [faː(r)]	**further** [fɜːðə(r)] **farther** [faːðə(r)]	**furthest** [fɜːðɪst] **farthest** [faːðɪst]	*daleki*
good [gʊd]	**better** [ˈbetə(r)]	**best** [best]	*dobry*
ill [ɪl]	**worse** [wɜːs]	**worst** [wɜːst]	*chory*
old [əʊld]	**elder** [ˈeldə(r)]	**eldest** [ˈeldəst]	*stary*

8 STOPNIOWANIE PRZYSŁÓWKÓW

	1. STOPIEŃ	2. STOPIEŃ	3. STOPIEŃ
jednosylabowe	soon *prędko*	sooner *prędzej*	soonest *najprędzej*
wielosylabowe	quickly *szybko*	more quickly *szybciej*	most quickly *najszybciej*

9 STOPNIOWANIE PRZYSŁÓWKÓW NIEREGULARNYCH

badly [bædlɪ]	**worse** [wɜːs]	**worst** [wɜːst]	*źle*
far [faː(r)]	**further** [fɜːðə(r)] **farther** [faːðə(r)]	**furthest** [fɜːðɪst] **farthest** [faːðɪst]	*daleko*
little [ˈlɪtl]	**less** [les]	**least** [liːst]	*mało*
much [mʌtʃ]	**more** [mɔː(r)]	**most** [məʊst]	*dużo*
well [wel]	**better** [ˈbetə(r)]	**best** [best]	*dobrze*

10 ZAIMKI OSOBOWE

FORMA PODMIOTOWA

I	I like Ann.
you	You like Ann.
he	He likes Ann.
she	She likes Ann.
it	It is nice.
we	We like Ann.
you	You like Ann.
they	They like Ann.

FORMA DOPEŁNIENIOWA

me	Ann likes me.
you	Ann likes you.
him	Ann likes him.
her	Ann likes her.
it	Ann likes it.
us	Ann likes us.
you	Ann likes you.
them	Ann likes them.

11 ZAIMKI DZIERŻAWCZE

NIESAMODZIELNE

my	It's my car.
your	It's your car.
his	It's his car.
her	It's her car.
its	The bird hurt its wing.
our	It's our car.
your	It's your car.
their	It's their car.

SAMODZIELNE

mine	It's mine.
yours	It's yours.
his	It's his.
hers	It's hers.
its	It's its.
ours	It's ours.
yours	It's yours.
theirs	It's theirs.

12 ZAIMKI ZWROTNE

myself	I looked at myself.
yourself	You looked at yourself.
himself	He looked at himself.
herself	She looked at herself.
itself	The dog looked at itself.
ourselves	We looked at ourselves.
yourselves	You looked at yourselves.
themselves	They looked at themselves.

13 ZAIMKI WZGLĘDNE

DLA OSÓB:

who	który/która/które	– the man who wants to see you
		mężczyzna, który chce się z panem spotkać
whose	którego/której	– Peter whose wife works here.
		Piotr, którego żona tutaj pracuje.

whom	forma dopełnieniowa	– the man, whom you gave it
		mężczyzna, któremu to dałeś
who(m)	forma przyimkowa	– the man who(m) we are speaking about
		– the man about whom we are speaking
		mężczyzna, o kórym mówimy

DLA RZECZY, ZWIERZĄT I WYRAŻEŃ:

which	który/która/które	– That is the hat which cost so much.
		To jest ten kapelusz, który tyle kosztował.
what	to, co	– What you are saying is interesting.
		To, co pan mówi, jest interesujące.
whose	którego	– the factory whose products were famous
(of which)		*fabryka, której produkty były słynne*
that	który, co	– All, that glitters isn't gold.
		Nie wszystko złoto, co się świeci.

14 ZAIMKI PYTAJĄCE

who?	kto?	Who is at home?	*Kto jest w domu?*
which (of)?	który?	Which player is that?	*Który to zawodnik?*
who(m)?	kogo?	Who(m) do you know?	*Kogo pan zna?*
what?	co?	What are you doing?	*Co robisz?*
whose?	czyj?	Whose car is it?	*Czyj to samochód?*

15 ZAIMKI WSKAZUJĄCE

	bliższy obiekt		odleglejszy obiekt	
liczba pojedyncza	this	*ten oto/ta oto/to oto*	that	*tamten/tamta/tamto*
liczba mnoga	these	*ci oto/te oto*	those	*tamci/tamte*

16 OKREŚLNIKI

all	*cały*	He worked all year round. *Pracował cały rok.*
either	*oba, obaj*	Either plan is corect. *Obydwa plany są prawidłowe.*
either – or	*albo – albo, lub – lub,*	Either you are wrong or I am.
	bądź (to) – bądź (to)	*Albo mylisz się ty, albo ja.*
neither	*ani jeden*	Neither of the two is happy.
		Nikt z tych dwojga nie jest szczęśliwy.
neither – nor	*ani – ani*	He neither drinks, nor smokes.
		Ani nie pije, ani nie pali.
every	*każdy bez wyjątku*	She visits them every third week.
		Odwiedza ich co trzeci tydzień.
each	*każdy z ilości*	They cost a pound each. *Każdy kosztuje funta.*

17 OKREŚLNIK „OTHER"

liczba		
pojedyncza	**other** pen	– *inny/następny długopis*
	another pen	– *inny/następny/jeszcze jeden długopis*
	the other pen	– *(ten) pozostały długopis*
liczba	**other** boys	– *inni chłopcy*
mnoga	**the other** boys	– *(ci) inni/pozostali chłopcy*
	others* are swimming	– *inni pływają*
	the others* went	– *(ci) inni/pozostali szli*

* Używane jest, jeżeli nie następuje rzeczownik.

18 POCHODNE OKREŚLNIKÓW

	SOME	ANY	NO	EVERY
OSOBA	somebody someone *(ktoś)*	anybody anyone *(ktokolwiek)*	nobody no one *(nikt)*	everybody everyone *(każdy)*
RZECZ	something *(coś)*	anything *(cokolwiek)*	nothing *(nic)*	everything *(wszystko)*
MIEJSCE	somewhere *(gdzieś, dokądś)*	anywhere *(gdziekolwiek, dokądkolwiek)*	nowhere *(nigdzie, donikąd)*	everywhere *(wszędzie)*
CZAS	sometimes *(czasem, nie-kiedy, kiedyś)*	(at) any time *(kiedykolwiek)*	never *(nigdy)*	every time *(za każdym razem)*

19 WYRAŻANIE ILOŚCI

	RZECZOWNIKI POLICZALNE	RZECZOWNIKI NIEPOLICZALNE
one *jeden*	one orange	–
each *każdy*	each orange	–
every *każdy*	every orange	–
two *dwa*	two oranges	–
both *oba*	both oranges	–

11

a couple of *para, kilka*	a couple of oranges	–
three (or more) *trzy (albo więcej)*	three oranges	–
a few *kilka*	a few oranges	–
several *kilka*	several oranges	–
many *dużo*	many oranges	–
a number of *kilka, szereg*	a number of oranges	–
a great deal of *dużo*	–	a great deal of sugar
much *dużo, wiele*	–	much sugar
a little *trochę*	–	a little sugar
all *wszystko*	all oranges	all sugar
most *większość*	most oranges	most sugar
plenty of *masa, mnóstwo*	plenty of oranges	plenty of sugar
lots of *wiele*	lots of oranges	lots of sugar
a lot of *wiele*	a lot of oranges	a lot of sugar
some *jakiś*	some oranges	some sugar
not any/no *żaden*	not any/no oranges	not any/no sugar

20 LICZEBNIKI GŁÓWNE

1	one [wʌn]		12	twelve [twelv]
2	two [tuː]		16	sixteen [sɪksˈtiːn]
3	three [θriː]		17	seventeen [sevənˈtiːn]
4	four [fɔː(r)]		18	eighteen [eɪˈtiːn]
5	five [faɪv]		19	nineteen [naɪnˈtiːn]
6	six [sɪks]		20	twenty [ˈtwentɪ]
7	seven [sevn]		30	thirty [ˈθɜːtɪ]
8	eight [eɪt]		13	thirteen [θɜːˈtiːn]
9	nine [naɪn]		14	fourteen [fɔːˈtiːn]
10	ten [ten]		15	fifteen [fɪfˈtiːn]
11	eleven [ɪˈlevn]		40	forty [ˈfɔːtɪ]

50	fifty ['fɪftɪ]	90	ninety ['naɪntɪ]
60	sixty ['sɪkstɪ]	100	a hundred [ə 'hʌndrəd]
70	seventy ['seventɪ]	1000	a thousand [ə 'θaʊznd]
80	eighty ['eɪtɪ]		

21 LICZEBNIKI PORZĄDKOWE

1.	1st	first [fɜːst]
2.	2nd	second ['sekənd]
3.	3rd	third [θɜːrd]
4.	4th	fourth [fɜːθ]
5.	5th	fifth [fɪfθ]
6.	6th	sixth [sɪksθ]
7.	7th	seventh [sevnθ]
8.	8th	eighth [eɪtθ]
9.	9th	ninth [naɪnθ]
10.	10th	tenth [tenθ]
11.	11th	eleventh [ɪ'levnθ]
12.	12th	twelfth [twelvθ]
13.	13th	thirteenth [θɜː'tiːnθ]
14.	14th	fourteenth [fɔː'tiːnθ]
15.	15th	fifteenth [fɪftiːnθ]
16.	16th	sixteenth [sɪks'tiːnθ]
17.	17th	seventeenth [seven'tiːnθ]
18.	18th	eighteenth [eɪ'tiːnθ]
19.	19th	nineteenth [naɪn'tiːnθ]
20.	20th	twentieth ['twentɪθ]
21.	21st	twenty–first ['twentɪ'fɜːst]
22.	22nd	twenty–second ['twetɪ'sekənd]
30.	30th	thirtieth ['θɜːtɪːəθ]
100.	100th	hundredth ['hʌndrəθ]
101.	101st	hundred and first
351.	351st	three hundred (and) fifty–first

22 PODSTAWOWE DZIAŁANIA ARYTMETYCZNE

DODAWNIE	$2 + 3 = 5$	two plus three equals five
ODEJMOWANIE	$6 - 2 = 4$	six minus two equals four
MNOŻENIE	$2 \times 3 = 6$	two times three equals six
DZIELENIE	$8 : 2 = 4$	eight divided by two equals four
POTĘGI	4^2	four squared
	4^3	four cubed
	4^4	four to the fourth
	4^n	four to the nth

PIERWIASTKI	$^2\sqrt{4}$	the square root of four
	$^3\sqrt{4}$	the cube root of four
	$n\sqrt{4}$	the nth root of four
UŁAMKI	$\frac{1}{2}$	one half
	$\frac{1}{3}$	one third
	$\frac{11}{13}$	eleven thirteenths

23 OKREŚLANIE CZASU I DATY

godz. 1:00	it's one o'clock	godz. 3:30	it's half past 3
godz. 3:00	it's three o'clock	godz. 3:35	it's 25 to 4
godz. 3:05	it's 5 past 3	godz. 3:40	it's 20 to 4
godz. 3:10	it's 10 past 3	godz. 3:45	it's a quarter to 4
godz. 3:15	it's a quarter past 3	godz. 3:50	it's 10 to 4
godz. 3:20	it's 20 past 3	godz. 3:55	it's 5 to 4

PISZEMY:
8th June 1986
June 8th 1986

CZYTAMY:
the eighth of June nineteen eighty – six
June the eighth, nineteen eighty – six

24 CZAS TERAŹNIEJSZY

a) PROSTY – the Present Simple Tense
I take (he takes)
Do I take? (Does he take?)
I do not take (he does not take)

b) CIĄGŁY – the Present Continuous Tense
I am taking (he is taking)
Am I taking? (Is he taking?)
I am not taking (he is not taking)

c) STRONA BIERNA PROSTA
I am taken
Am I taken?
I am not taken

d) STRONA BIERNA CIĄGŁA
I am being taken
Am I being taken?
I am not being taken

25 CZAS PRZESZŁY

a) PROSTY – the Past Simple Tense
I took
Did I take?
I did not take

b) CIĄGŁY – the Past Continuous Tense
I was taking (you were taking)
Was I taking?
I was not taking

c) STRONA BIERNA PROSTA
I was taken
Was I taken?
I was not taken

d) STRONA BIERNA CIĄGŁA
I was being taken
Was I being taken?
I was not being taken

26 CZAS PRZYSZŁY

a) PROSTY – the Future Simple Tense
I will take
Will I take?
I will not take

b) CIĄGŁY – the Future Continuous Tense
I will be taking
Will I be taking?
I will not be taking

c) STRONA BIERNA PROSTA
I will be taken
Will I be taken?
I will not be taken

–

27 CZAS TERAŹNIEJSZY DOKONANY (PERFEKTYWNO–CIĄGŁY)

a) PROSTY – the Present Perfect Tense
I have taken (he has taken)
Have I taken?
I have not taken

b) CIĄGŁY – the Present Perfect Continuous Tense
I have been taking
Have I been taking?
I have not been taking

c) BIERNY PROSTY
I have been taken
Have I been taken?
I have not been taken

–

28 CZAS ZAPRZESZŁY

a) PROSTY – the Past Perfect Tense
I had taken
Had I taken?
I had not taken

b) CIĄGŁY – the Past Perfect Continuous Tense
I had been taking
Had I been taking?
I had not been taking

c) BIERNY PROSTY
I had been taken
Had I been taken?
I had not been taken

–

29 CZAS PRZYSZŁY WZGLĘDNY/UPRZEDNI

a) PROSTY – the Future Perfect Tense
I will have taken
Will I have taken?
I will not have taken

b) CIĄGŁY – the Future Perfect Continuous Tense
I will have been taking
Will I have been taking?
I will not have been taking

–

–

30 TRYB PRZYPUSZCZAJĄCY

a) TERAŹNIEJSZY
I would take
Would I take?
I would not take

b) PRZESZŁY
I should have taken
Should I have taken?
I should not have taken

c) TERAŹNIEJSZY BIERNY
I would be taken
Would I be taken?
I would not be taken

d) PRZESZŁY BIERNY
you should have been taken
Should you have been taken?
you should not have been taken

31 BEZOKOLICZNIK

a) TERAŹNIEJSZY PROSTY	to take	(negacja)	not to take
b) TERAŹNIEJSZY CIĄGŁY	to be taking		–
c) TERAŹNIEJSZY BIERNY	to be taken		–
d) PRZESZŁY PROSTY	to have taken		–
e) PRZESZŁY CIĄGŁY	to have been taking		–
f) PRZESZŁY BIERNY	to have been taken		–

32 TRYB ROZKAZUJĄCY

a) DLA 2. OSOBY OBU LICZB
take (do take)   don't take

b) DLA 1. I 3. OSOBY OBU LICZB
let us take (let's take)   don't let us take
let him take   don't let him take

33 IMIESŁOWY

a) TERAŹNIEJSZY	taking
b) TERAŹNIEJSZY BIERNY	being taken
c) PRZESZŁY	having taken
d) PRZESZŁY BIERNY	having been taken

34 SZYK WYRAZÓW

1.	2.	3.	4.	5.	6.
Podmiot	Orzeczenie	Dopełnienie	Okolicznik sposobu	Okolicznk miejsca	Okolicznik czasu
Everybody	studies	languages	intensively	at school	now.
He	spoke	English	fluently	at this lesson	yesterday.

PYTANIA ROZŁĄCZNE są utworzone za pomocą czasownika posiłkowego lub czasownika modalnego, uzupełnione podmiotem głównym w szyku wyrazów zdania oznajmującego.

Czasownik posiłkowy lub modalny w dodatku ma zazwyczaj formę skróconą.

Jeżeli czasownik w pytaniu głównym ma charakter twierdzący, to czasownik w dodatku pytającym ma charakter negujący i odwrotnie.

ZDANIA TWIERDZĄCE

I'm controlling it,	**aren't** I? (wyjątek)
This house is theirs,	**isn't** it?
These people are happy,	**aren't** they?
John was ill,	**wasn't** he?
You were at home,	**weren't** you?
Susan has been there,	**hasn't** she?
You have done it,	**haven't** you?
Mary will come here,	**won't** she?
There will be a meeting,	**won't** there?
You can do it alone,	**can't** you?
They could do it alone,	**couldn't** they?
He must be here,	**musn't** he?
Students work hard,	**don't** they?
Helen feels better,	**doesn't** she?
Jack found the key,	**didn't** he?

ZDANIA PRZECZĄCE

I'm not controlling it,	**am** I?
This house isn't theirs,	**is** it?
These people aren't happy,	**are** they?
John wasn't ill,	**was** he?
You weren't at home,	**were** you?
Susan hasn't been there,	**has** she?
You haven't done it,	**have** you?
Mary won't come here,	**will** she?
There won't be a meeting,	**will** there?
You can't do it alone,	**can** you?
They couldn't do it alone,	**could** they?
He mustn't be here,	**must** he?
Students don't work hard,	**do** they?
Helen doesn't feel better,	**does** she?
Jack didn't find the key,	**did** he?

about – o
They are talking about nature.
Rozmawiają o przyrodzie.

about – około (dotyczące czasu), mniej więcej
I'll come about 8 o'clock.
Przyjdę około ósmej.

about – około (dotyczące miejsca)
She likes to have people about her.
Lubi wokół siebie ludzi.

above – nad, wyżej niż
The temperature has been above average recently.
Ostatnio temperatura waha sie ponad przeciętną.

across – przez, na poprzek
I helped the blind man across the street.
Pomogłem ślepemu przejść ulicę.

across – po przeciwnej stronie
My house is just across the square.
Mam dom po przeciwnej stronie rynku.

after – po (dotyczące czasu); przeciwieństwo „before"
She returned after a few minutes.
Wróciła po kilku minutach.

against – przeciw, przed
We discussed the arguments for and against.
Przedyskutowaliśmy argumenty za i przeciw.

along – wzdłuż, po, wokół
I love driving along narrow country lanes.
Uwielbiam jazdę po wąskich polnych drogach.

among – między (więcej niż dwoma)
He was never particularly popular among his colleagues.
Nigdy nie był specjalnie popularny między swoimi kolegami.

around (round) – wokół, po
The satellite has passed once more around the earth.
Satelita obiegł jeszcze raz wokół Ziemię.

at – na, w przy (dotyczące miejsca)
He was standing at the window.
Stał przy oknie.

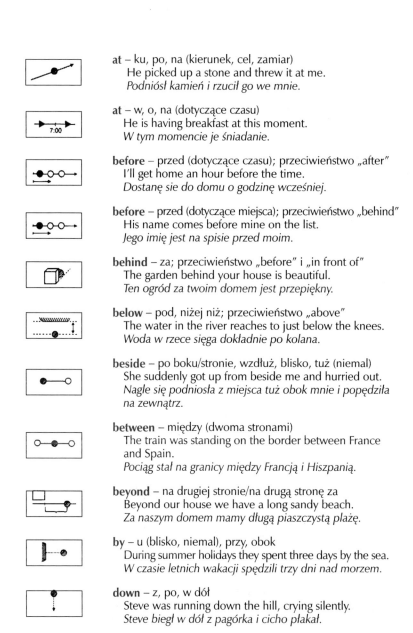

at – ku, po, na (kierunek, cel, zamiar)
He picked up a stone and threw it at me.
Podniósł kamień i rzucił go we mnie.

at – w, o, na (dotyczące czasu)
He is having breakfast at this moment.
W tym momencie je śniadanie.

before – przed (dotyczące czasu); przeciwieństwo „after"
I'll get home an hour before the time.
Dostanę sie do domu o godzinę wcześniej.

before – przed (dotyczące miejsca); przeciwieństwo „behind"
His name comes before mine on the list.
Jego imię jest na spisie przed moim.

behind – za; przeciwieństwo „before" i „in front of"
The garden behind your house is beautiful.
Ten ogród za twoim domem jest przepiękny.

below – pod, niżej niż; przeciwieństwo „above"
The water in the river reaches to just below the knees.
Woda w rzece sięga dokładnie po kolana.

beside – po boku/stronie, wzdłuż, blisko, tuż (niemal)
She suddenly got up from beside me and hurried out.
Nagle się podniosła z miejsca tuż obok mnie i popędziła na zewnątrz.

between – między (dwoma stronami)
The train was standing on the border between France and Spain.
Pociąg stał na granicy między Francją i Hiszpanią.

beyond – na drugiej stronie/na drugą stronę za
Beyond our house we have a long sandy beach.
Za naszym domem mamy długą piaszczystą plażę.

by – u (blisko, niemal), przy, obok
During summer holidays they spent three days by the sea.
W czasie letnich wakacji spędzili trzy dni nad morzem.

down – z, po, w dół
Steve was running down the hill, crying silently.
Steve biegł w dół z pagórka i cicho płakał.

during – podczas, w ciągu, w czasie trwania (czego)
During the night one woman was shot dead in the hotel.
W nocy została w tym hotelu zastrzelona jedna kobieta.

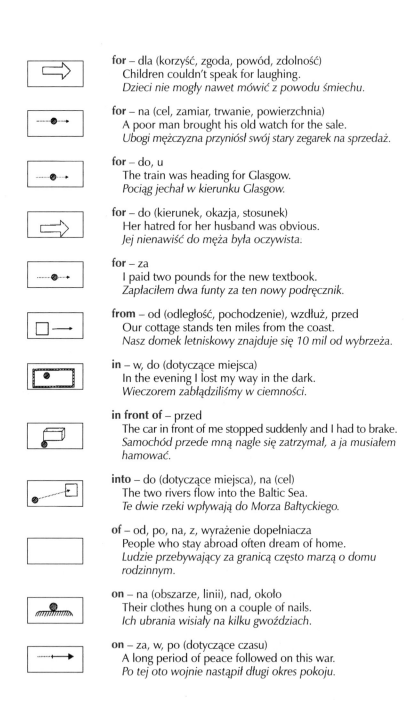

for – dla (korzyść, zgoda, powód, zdolność)
Children couldn't speak for laughing.
Dzieci nie mogły nawet mówić z powodu śmiechu.

for – na (cel, zamiar, trwanie, powierzchnia)
A poor man brought his old watch for the sale.
Ubogi mężczyzna przyniósł swój stary zegarek na sprzedaż.

for – do, u
The train was heading for Glasgow.
Pociąg jechał w kierunku Glasgow.

for – do (kierunek, okazja, stosunek)
Her hatred for her husband was obvious.
Jej nienawiść do męża była oczywista.

for – za
I paid two pounds for the new textbook.
Zapłaciłem dwa funty za ten nowy podręcznik.

from – od (odległość, pochodzenie), wzdłuż, przed
Our cottage stands ten miles from the coast.
Nasz domek letniskowy znajduje się 10 mil od wybrzeża.

in – w, do (dotyczące miejsca)
In the evening I lost my way in the dark.
Wieczorem zabłądziliśmy w ciemności.

in front of – przed
The car in front of me stopped suddenly and I had to brake.
Samochód przede mną nagle się zatrzymał, a ja musiałem hamować.

into – do (dotyczące miejsca), na (cel)
The two rivers flow into the Baltic Sea.
Te dwie rzeki wpływają do Morza Bałtyckiego.

of – od, po, na, z, wyrażenie dopełniacza
People who stay abroad often dream of home.
Ludzie przebywający za granicą często marzą o domu rodzinnym.

on – na (obszarze, linii), nad, około
Their clothes hung on a couple of nails.
Ich ubrania wisiały na kilku gwoździach.

on – za, w, po (dotyczące czasu)
A long period of peace followed on this war.
Po tej oto wojnie nastąpił długi okres pokoju.

out of – poza
With your passport you can't travel out of Europe.
Z pańskim paszportem nie wolno panu podróżować poza Europą.

out of – z (ruch, źródło, powód, wybór)
I especially liked the second scene out of this play.
Specjalnie podobała mi się druga scena z tej sztuki.

over – po, na, w
Many singers are famous all over the world.
Wielu piosenkarzy jest sławnych na całym świecie.

over – nad, przez
Garry strumbled over a stone and he fell over the edge of the road.
Garry potknął się nogą o kamień i upadł przez skraj drogi.

past – po
She went to sleep past twelve p.m.
Położyła się spać po 12 w nocy.

past – pomimo, wokół, wzdłuż, obok, przy
The bus runs past the house every day.
Autobus przejeżdża obok tego domu codziennie.

since – od (dotyczące czasu)
I've worked abroad since my school–leaving exams.
Od matury pracuję za granicą.

through – na wylot, na wskroś
I searched through the whole house.
Przeszukałem cały dom na wylot.

throughout – na całym, w całym
You can find these flowers throughout the country.
Te kwiaty możecie znaleźć w całym kraju.

throughout – podczas całego, w całym, przez cały
Throughout his life he was always interested in nature.
Podczas całego życia interesował się przyrodą.

till (until) – aż do (dotyczące czasu)
I was cooking from morning till night.
Gotowałam od rana do wieczora.

to – ku, do, za, na, w kierunku
The old man was sitting with his feet to the fire.
Starzec siedział z nogami przy ogniu.

under – pod (pionowo), niższy niż
There's a cat under the table.
Pod stołem jest kot.

up – na górze, na, do góry, po, do
Go up the stairs and then turn to the left.
Wyjdź schodami na górę i potem skręć w lewo.

with – z
With your help I will be able to do it.
Z twoją pomocą będę to mógł zrobić.

without – bez, i nawet nie
There is no milk, so we have to do without it.
Nie ma tutaj żadnego mleka, a więc musimy się obejść bez niego.

37 PODSTAWOWY PODZIAŁ SPÓJNIKÓW

SPÓJNIKI WSPÓŁRZĘDNE (Coordinating Conjunctions)
– łączą współrzędne całości słowne lub zdaniowe

zdanie główne	spójnik	zdanie główne
It was raining	and	everyone was at home.
Padało	i	wszyscy byli w domu.

SPÓJNIKI PODRZĘDNE (Subcoordinating Conjunctions)
– podporządkowują zdanie podrzędne zdaniu głównemu

zdanie główne	spójnik	zdanie główne
I will buy it	if	I have money.
Kupię to,	jeżeli	będę miał pieniądze.

38 SPÓJNIKI WSPÓŁRZĘDNE

– **and**	a, i
– **as well as**	także, jak również
– **both ... and**	i ... i, jak ... tak, ... a także
– **but**	ale
– **either ... or**	albo ... albo; lub ... lub; bądź (to) ... bądź (to), czy to ... czy to

– for	(al)bowiem, ponieważ
– however	jednak(że), lecz, tym niemniej
– neither ... nor	ani ... ani
– nevertheless	tym niemniej, jednak(że), (po)mimo to
– or	albo, lub
– so	a więc, dlatego, i tak
– still	ale, (a)jednak(że), lecz, tym niemniej, przecież
– therefore	dlatego
– thus	a więc
– yet	ale, tym niemniej, jednak(że), mimo że, chociaż

39 SPÓJNIKI PODRZĘDNE

– after	potem, następnie, później
– as	kiedy, tak jak (i), (tak) jak, zarówno jak i, dlatego że, więc, a zatem
– as ... as	jak(i) tak(i)
– as if (as though)	jakby, jakoby
– as long as	dopóki
– as soon as	jak tylko
– because	dlatego, że; ponieważ, albowiem
– before	(prędzej) niż
– if	jeżeli, jakby, czy
– in order that	żeby
– in spite of the fact that	mimo że, chciaż
– lest (zwrot literacki)	żeby nie
– no sooner ... than	nie wcześniej ... niż
– not as (not so) ... as	nie tak ... jak
– provided (that)	pod warunkiem, że; jeżeli jednakże
– since	od tej pory co, od tego czasu co; dlatego, ponieważ, albowiem
– so that	żeby
– so ... that	tak, że ...

– such ... that	taka, że ...
– supposing (that)	zakładając że, przypuszczając że, jeżeli
– till, until	kiedy tylko, dopóki nie
– than	niż
– that	że; żeby
– though, although	aczkolwiek, chociaż, mimo, że
– unless	jeżeli (jednakże) nie; chyba że (by)
– when	(dopiero) kiedy
– where	gdzie, dokąd
– wherever	wszędzie gdzie, wszędzie dokąd, gdziekolwiek, dokądkolwiek
– whether	czy, jeżeli, jakby
– while	dopóki, podczas gdy, kiedy

40 ZDANIA PROSTE

OZNAJMUJĄCE:

It is snowing and raining.   *Pada śnieg i deszcz.*
Fire!   *Pożar!*

PYTAJĄCE:

– pytania ustalające
Tworzymy: – odwróceniem szyku wyrazów u czasowników pomocniczych i modalnych,
– u czasowników znaczeniowych za pomocą „do, does, did".

Has he broken the record?   *Pobił rekord?*
Will you help me?   *Pomożesz mi?*
Are you at home?   *Jesteś w domu?*
Did you break the journey?   *Przerwał pan podróż?*

– pytania uzupełniające
Na początku tych zdań stoją wyrażenia „who?, how?, where?, when? ...".

What did you lose?   *Co zgubiłeś?*
Whose house is that?   *Czyj to dom?*

– pytania rozłączne

He can ski well, can't he?   *Jeździ dobrze na nartach, prawda?*

– pytania połączone
To dwa pytania połączone „czy" – „or".

Did you buy it or did your sister?   *Kupiłeś to ty czy twoja siostra?*

ROZKAZUJĄCE:
– 2. osoba liczby pojedynczej i mnogiej – bezokolicznik bez „to"

    Go home.   *Idź (idźcie)!*
    Do not (don't) go home.   *Nie idź (idźcie)!*

– pozostałe osoby – let + dopełnienie + bezokolicznik bez „to"

    Let him go home.   *Niech idzie do domu!*
    Do not (don't) let him go home.   *Niech nie chodzi do domu!*
    Let us (let's) go home.   *Pójdźmy do domu!*
    Don't let's go home.   *Nie chodźmy do domu!*

WYKRZYKNIKOWE:

    Fancy her dressed like this!   *Wyobraź ją sobie w tym ubraniu!*
    What a lovely day!   *Jaki to piękny dzień!*

41 ZDANIA ZŁOŻONE

WSPÓŁRZĘDNE – złożone są minimalnie z dwu zdań głównych.
Stosunki:
łączne – and, both – and, as well as

    He was reading newspapers and she was preparing dinner.
    On czytał gazetę, a ona przygotowywała kolację.

przeciwstawne – but, however, nevertheless, yet, still

    I can't come myself, but I'll send my deputy instead.
    Osobiście nie mogę przyjść, ale wyślę zamiast siebie zastępcę.

rozłączne – or, either – or, neither – nor

    You can phone him or leave a message.
    Możecie do niego zadzwonić albo zostawić wiadomość.

wynikowe – so, therefore, that's why, thus

    I had a headache, so I went to bed.
    Bolała mnie głowa, więc poszedłem spać.

PODRZĘDNE – złożone są minimalnie z 1 zdania głównego i 1 zdania
pobocznego. Rodzaje zdań pobocznych:

podmiotowe – wyrażają podmiot zdania nadrzędnego
  – it is important, necessary, surprising

    It is necessary that he should be replaced.
    Jest niezbędne, żeby został zastąpiony.

dopełnieniowe – wyrażają dopełnienie zdania nadrzędnego
  – that, whether

    I think that she is lazy.   *Myślę, że jest leniwa.*

przydawkowe – wyrażają przydawkę rzeczownika zdania nadrzędnego
(względne) – **who, which, that, whose, what, of which**

> The people (that) you invited didn't come.
> *Ci ludzie, których zaprosiłeś, nie przyszli.*

przysłówkowe – wyrażają okoliczności, które rozwijają orzeczenie
zdania głównego

Podział: – miejsca   – wyrażające życzenie
          – czasu   – sposobu
          – warunku   – przyczyny
          – przyzwolenia   – celu

42 ZDANIA OKOLICZNIKOWE

MIEJSCA – wyrażają relacje miejscowe
  where (gdzie), **wherever** (gdziekolwiek)
      I'll go wherever you go.   *Pójdę dokądkolwiek pójdziesz ty.*

CZASU – wyrażają relacje czasowe
  when (kiedy), **after** (potem co), **before** (wcześniej niż), **till/until** (dopóki, niż, kiedy), **while** (podczas gdy, w czasie), **since** (od tego czasu, co), **as long as** (jeżeli, dopóki), **as soon as** (jak tylko), **by the time** (dopóki), **no sooner – than** (nie wcześniej niż)
      I will tell him when I meet him.   *Powiem mu to, kiedy go spotkam.*

WARUNKU – wyrażają realny albo nierealny warunek
  if (jeżeli, jakby), **unless** (jeżeli nie, jakby nie), **provided, on condition that** (pod warunkiem, przypuszczając), **in case** (w przypadku), **suppose** (powiedzmy że)
      If I have time, I go.   *Jak mam czas, to idę.*
      If I have time, I'll go.   *Gdybym miał czas, to pójdę.*
      If I had time, I would go.   *Gdybym miał czas, to bym poszedł.*
      If I had had time,   *Jeżeli bym miał czas,*
      I would have gone.   *to bym poszedł.*

PRZYZWOLENIA – wyrażają przyzwolenie
  although, though, in spite of the fact that
      Though we were late, nobody took any notice of it.
      Chociaż przyszliśmy późno, nikt tego nie zauważył.

WYRAŻAJĄCE ŻYCZENIE – wyrażają życzenie, nierealne zdarzenie
  if only (niechby), **I wish** (oby)
      If only I knew.   *Obym tylko wiedział.*
      If only I had known.   *Obym tylko był wiedział.*

SPOSOBU – wyrażają sposób, miarę, ewent. jakość czynności w zd. nadrzędnym
  a) zdania porównawcze
  as – as (tak samo jako), **more that** (więcej niż), **less than** (mniej niż)
      She writes as quickly as you do.   *Pisze tak szybko jak ty.*

b) zdania skutkowe/rezultatowe
such – that (taki, że), **that is why** (i dlatego)

He was so kind as to help us.
Był na tyle uprzejmy, że nam pomógł.

PRZYCZYNY – wyrażają przyczynę albo powód
because (dlatego że), **as** (ponieważ, bowiem, albowiem), **since** (dlatego że)

He sold the flat, because it was too small.
Sprzedał to mieszkanie, dlatego że było za małe.

CELU – odpowiadają na pytania dlaczego? w jakim celu?
so that (żeby), **in order that** (w celu ...)

I'll wash this dress so that you can wear it.
Wypiorę to ubranie, żebyś mogła je nosić.

43 DNI TYGODNIA

poniedziałek	**Monday**	[ˈmʌndeɪ, ˈmʌndɪ]
wtorek	**Tuesday**	[ˈtjuːzdeɪ, ˈtjuːzdɪ]
środa	**Wednesday**	[ˈwenzdeɪ, ˈwenzdɪ]
czwartek	**Thursday**	[ˈθɜːzdeɪ, ˈθɜːzdɪ]
piątek	**Friday**	[ˈfraɪdeɪ, ˈfraɪdɪ]
sobota	**Saturday**	[ˈsætədeɪ, ˈsætədɪ]
niedziela	**Sunday**	[ˈsʌndeɪ, ˈsʌndɪ]
uwaga:	w piątek	**on Friday**

44 MIESIĄCE

styczeń	**January**	[ˈdʒænjʊərɪ]
luty	**February**	[februərɪ]
marzec	**March**	[mɑːtʃ]
kwiecień	**April**	[eɪprɪl]
maj	**May**	[meɪ]
czerwiec	**June**	[dʒuːn]
lipiec	**July**	[dʒʊˈlaɪ]

sierpień	**August**	[ˈɔːgəst]
wrzesień	**September**	[sepˈtembə(r)]
październik	**October**	[okˈtəʊbə(r)]
listopad	**November**	[nəˈvembə(r)]
grudzień	**December**	[dɪˈsembə(r)]
uwaga:	w czerwcu	**in June**

45 PORY ROKU

wiosna	**spring**	[sprɪŋ]
lato	**summer**	[ˈsʌmə(r)]
jesień	**autumn**	[ˈɔːtəm]
	fall (US)	[fɔːl]
zima	**winter**	[ˈwɪntə(r)]
uwaga:	latem	**in summer**

46 WAGI I MIARY

CIĘŻAR	GB/US		SYSTEM METRYCZNY	
1 ounce (oz)			= 28.35	grams (g)
1 pound (lb)	= 16	ounces	= 0.454	kilogram (kg)
1 stone (st)	= 14	pounds	= 6.356	kilograms
1 hundredweight (cwt)	= 112	pounds	= 50.8	kilograms
1 ton (t)	= 20	hudredweight	= 1.016	tonnes (t)

DŁUGOŚĆ				
1 inch (in)			= 25.4	millimetres (mm)
1 foot (ft)	= 12	inches	= 30.48	centimetres (cm)
1 yard (yd)	= 3	feet	= 0.914	metre (m)
1 mile	= 1 760	yards	= 1.609	kilometres (km)

POWIERZCHNIA				
1 square inch (sq in)			= 6.452	square centimetres
1 square foot (sq ft)	= 144	square inches	= 929.03	square centimetres
1 square yard (sq yd)	= 9	square feet	= 0.836	square metre
1 acre	= 4840	square yards	= 0.405	hectare
1 square mile	= 640	acres	= 2.59	square kilometres
			(or 259	hectares)

POJEMNOŚĆ

GB	US	GB	SYSTEM METRYCZNY
1 pint (pt)	= 1.201 pints	= 20 fluid ounces (fl oz)	= 0.568 litre (l)
1 quart (qt)	= 1.201 quarts	= 2 pints	= 1.136 litres
1 galon (gall)	= 1.201 gallons	= 4 quarts	= 4.546 litres

47 TELEFONOWANIE

Numery telefoniczne wymawiane są w języku angielskim pojedynczo,
np.: 83651267 – eight – three – six – five – one – two – six – seven
Jeżeli dzwonimy do innego kraju (miasta), trzeba użyć przed numerem telefonicznym numeru kierunkowego (dialling code): 0044 dla Wielkiej Brytanii, 171 – Londyn (część wewnętrzna).
Czasami trzeba też podać numer wewnętrzny: extension number
362 (three – six – two)

48 UŻYCIE PRZECINKA W PISOWNI

Przecinek jest jednym z najczęściej używanych znaków interpunkcyjnych. Jeśli jednak mamy wątpliwości co do jego użycia, to lepiej go nie stawiać. Poniżej podano podstawowe reguły zastosowania przecinka w pisowni.

1. **Jeżeli z zdaniu złożonym współrzędnym są zdania główne połączone spójnikami and, or, but, for, nor, neither, yet:**

> Mary vorks hard, **but** her sister is lazy.
> *Mary pilnie pracuje, ale jej siostra jest leniwa.*

Uwaga 1. Przecinka nie używamy, jeżeli chodzi o słowa lub wyrazy frazowe:

> cars **and** planes (samochody i samoloty)
> by car **or** by plane (samochodem lub samolotem)

Uwaga 2. Nie używamy przecinka w krótkich zdaniach:

> Mary studied **and** John played.
> *Mary studiowała a John sie bawił.*

2. **Oddziela opisowe zdanie względne albo grupę słowną, która ma znaczenie tylko wyjaśniające a może zostać opuszczona:**

> The date of Easter, **as is well known**, changes from year to year.
> *Data Wielkanocy, jak dobrze wiadomo, zmienia się co rok.*

3. **Oddziela grupy słowne albo całe zdania. Chodzi przede wszystkim o wyrażenia:** *however* (jednakże, lecz), *nevertheless* (jednak, pomimo to), *in my opinion* (moim zdaniem), *therefore* (dlatego), *indeed* (rzeczywiście, naprawdę), *evidently*, *obviously* (chyba), *well* (a więc) itp.:

In my opinion, he was guilty
Moim zdaniem był winny.

The judge's opinion, **however**, was that he was innocent.
Opinia sędziego była jednakże taka, że jest niewinny.

4. **Oddziela elementy współrzędne, jednakże wzajemnie kontrastujące:**

His name is Michael, not John.
Na imię mu Michael, a nie John.

5. **Przed** *please*, **po** *yes* **i** *no* **oraz przed lub za nazwiskami osoby, do której się zwracamy:**

Can you lend me the book, **please?**   *Możesz mi pożyczyć tę książkę?*
Yes, I can.   *Mogę.*
No, I can not.   *Nie, nie mogę.*
Come in, **John**.   *Wejdź, John.*

6. **Jeżeli następują poszczególne słowa, grupy słów lub zdania w szeregu za sobą:**

... cars, lorries, busses, ships (,) and planes

7. **Jeżeli w zdaniu złożonym zdanie poboczne poprzedza zdanie główne:**

When she returned, I made a cup of tea.
Kiedy wróciła, zrobiłem filiżankę herbaty.

8. **Oddziela dopowiedzenie:**

Mr Green, the headmaster of our school, told me to write him.
Pan Green, dyrektor naszej szkoły, powiedział mi, żebym do niego napisał.

9. **Oddziela przysłówkowo użyte konstrukcje z imiesłowem:**

He came here, having first parked his car.
Przyszedł tutaj, kiedy przedtem zaparkował swój samochód.

10. **W zdaniach z mową niezależną:**

She said, „That's none of your business."
Powiedziała, „To wcale nie twoja sprawa."

„By mistakes we learn", said John.
„Uczymy się na błędach", powiedział John.

„In my view", said the judge, „he is innocent."
„Moim zdaniam", rzekł sądzia „on jest niewinny."

11. **Oddziela datę i nazwy miejscowości:**

He left May 10, 1964 to go to London.
Wyjechał 10 maja 1964 do Londynu.

There he met a young woman from Cincinnati, Ohio.
Spotkał tam młodą kobietę z Cincinnati, w Ohio.

12. Zazwyczaj oddziela okoliczniki, o ile są one na początku zdania:

Outside, a lot of people were waiting for me.
Na zewnątrz czekało na mnie mnóstwo ludzi.

13. Przed zdaniem rozłącznym:

This house is theirs, isn't it?
Ten dom jest ich, prawda?

John wasn't ill, was he?
John nie był chory, prawda?

Jack, didn't find the key, did he?
Jack nie znalazł tego klucza, prawda?

CZASY I CZASOWNIKI ANGIELSKIE

1 BEZOKOLICZNIK

BEZOKOLICZNIK z „to"
= to + czasownik w formie podstawowej (to say, to play, itd.)

BEZOKOLICZNIK bez „to"

PO CZASOWNIKACH POSIŁKOWYCH:	PO CZASOWNIKACH MODALNYCH:	PO CZASOWNIKACH:	
shall – should	can – could	let	(zostawić)
will – would	may – might	make	(zmusić)
do – did	must – need not	have	(zostawić, zmusić)
	dare	help	(pomóc)

PO CZASOWNIKACH OZNACZAJĄCYCH CZYNNOŚĆ ZMYSŁÓW:		PO WYRAZACH:	
see (widzieć)	notice (zauważyć)	I had better	(miałbym raczej)
hear (słyszeć)	watch (patrzeć)	I would rather	(lepiej by było, gdybym; chciałbym raczej)
feel (czuć)	taste (smakować)		
observe (obserwować)		I would sooner	(raczej niż; liter.)
notice (zauważyć)		I cannot but	(inaczej nie mogę, muszę)

2 BEZOKOLICZNIK W ZDANIU

a) **podmiot** — **To laugh** is healthy.   *Śmiech to zdrowie.*
b) **dopełnienie** — He refused **to help** me.   *Odmówił mi pomocy.*
c) **przydawka** — We don't want **to leave**.   *Nie chcemy odejść.*
— The door **to be locked**.   *Drzwi, które muszą być zamknięte.*
— Give her something **to drink**.   *Daj jej coś do picia.*

d) **zdanie celowe** — przy jednakowych podmiotach
— She works **to earn** money.   *Pracuje, żeby zarabiać.*
— przy różnych podmiotach
— She works **for** her son **to study**.   *Pracuje, aby jej syn mógł studiować.*

e) **zdanie czasowe** — I was pleased **to hear** of his success.
Ucieszyłam się, kiedy usłyszałam o jego sukcesie.

3 CZASOWNIKI POSIŁKOWE

rodzaje:
posiłkowe – to be, to have, to do
modalne – can, could, may, might, must, shall, should, will, would, ought to, used to, need, dare

(patrz poniżej)

użycie:
– w tworzeniu wszystkich czasów, oprócz teraźniejszego i przeszłego
– w tworzeniu pytania i negacji
– strony czynnej, formy ciągłej i koniunktiwu
– znaczenie jako czasownika zwykłego schodzi na plan dalszy

4 CZASOWNIKI MODALNE

cechy:
– nie występują w formie bezokolicznika, używa się form opisowych
– ta sama forma we wszystkich osobach i obu liczbach
– negacja i pytanie nie są tworzone przy pomocy pomocniczego
– z następnym bezokolicznikiem łączy się bez przedimka „to"
– nie tworzy form ciągłych, występują tylko w jednej, lub dwóch formach

użycie:
– łączone są z bezokolicznikiem czasownika zwykłego
– pokazują związek mówiącego z treścią
– są specjalnym rodzajem czasowników posiłkowych

5 KONIUGACJA CZASOWNIKÓW POSIŁKOWYCH

BEZOKOLICZNIK	Czas teraźniejszy prosty	Czas przyszły prosty	Czas przeszły prosty
to be	1. I am	1. I was	1. I was
	2. you are	2. you were	2. you were
	3. he is	3. he was	3. he was
	she is	she was	she was
	it is	it was	it was
	1. we are	1. we were	1. we were
	2. you are	2. you were	2. you were
	3. they are	3. they were	3. they were
to have	1. I have	1. I had	1. I will have
	2. you have	2. you had	2. you will have
	3. he has	3. he had	3. he will have
	she has	she had	she will have
	it has	it had	it will have

| to do | 1. I do
2. you do
3. he does
   she does
   it does
1. we do
2. you do
3. they do | 1. I did
2. you did
3. he did
   she did
   it did
1. we did
2. you did
3. they did | 1. I will do
2. you will do
3. he will do
   she will do
   it will do
1. we will do
2. you will do
3. they will do |

W zdaniach:

I am a farmer.	I was at home.	I will be a teacher.
We are hungry.	We were ill.	We will be happy.
You have a car.	You had a dog.	You will have a certificate.
They have a baby.	They had the book.	They will have a big house.
She does it well.	She did it late.	She will do it wrong.
You do it wrong.	You did it well.	You will do it in time.

6 CZASOWNIK „to be"

jako czasownik posiłkowy	He was singing a song. – *Śpiewał piosenkę.* – czasy ciągłe strony biernej The castle was built in the last century. – *Zamek zbudowano w zeszłym wieku.*
jako czasownik zwykły	– przy opisie rzeczy i osób lub przy podawaniu o nich informacji – po „**be**" następuje orzecznik (lub przymiotnik czy kilka rzeczowników) They were very sad. – *Byli bardzo smutni.* You are now a brother–in–law. – *Teraz jesteś moim szwagrem.*
określenie zatrudnienia	– jeżeli po „**be**" jest grupa rzeczowników w znaczeniu specjalnej posady lub zatrudnienia w organizacji, przed tym rzeczownikiem nie leży przedimek określony – jeżeli chcemy pokazać czyjś sukces w rozwoju, „**be**"zostaje czasem zastąpione „make" At one time he wanted to be King. – *Kiedyś chciał zostać królem.* He will be (make) a good King. – *Będzie dobrym królem.*

określenie wieku i ceny	– po „be" następuje liczba Dr. Beamish is fifty–one. – *Doktor Beamish ma 51 lat.*
połączenie be to + bezokolicznik	– mieć coś zrobić You are to wait for me. – *Masz na mnie poczekać.*
określenie miejsca there is/there are	– w określeniu miejsca There was a fog in the street. – *Na ulicy była mgła.*

7 „TO BE" – jako czasownik posiłkowy

FORMA PODSTAWOWA	UŻYCIE
be	– jako bezokolicznik, jako rozkaz i koniunktiw

FORMA TERAŹNIEJSZA	
am	– z zaimkiem **I** (jako podmiot)
are	– z zaimkami **we, you, they**, lub rzeczownikami w l.mn., jeżeli są podmiotem
is	– z zaimkami **he, she, it**, lub rzeczow- nikami w l. poj., jeżeli są podmiotem

FORMA PRZESZŁA	
was	– z zaimkami **I, he, she, it**, lub rzeczownikami w l. poj., jeżeli są podmiotem
were	– ze zaimkami **we, you, they** lub rzeczownikami w l. poj., jeżeli są podmiotem – z rzeczownikami w l. poj., jeżeli są podmiotem w zdaniu warunkowym

IMIESŁÓW	
being (imiesłów teraźniejszy)	– w czasowych formach ciągłych, przy czasownikach w gerundium (forma - ING)
been (imiesłów przeszły)	– w trybie warunkowym, gerundium, w zdaniach warunkowych, w cz. przedteraźniejszym, zaprzeszłym i zaprzyszłym

jako czasownik posiłkowy	– cz. zaprzeszły, przedteraźniejszy, zaprzyszły, strona bierna i bezokol. I haven't met him. – *Nie spotkałem go.* I had visited her. – *Odwiedziłem ją.*
jako czasownik zwykły	– przy podaniu informacji, że ktoś coś ma lub jest właścicielem – czas. znaczeń. **„have"** można wykorzystać po wszystkich czasownikach posiłkowych z „have" włącznie They have two sons. – *Mają dwóch synów.* She has had a successful day. – *Miała dobry dzień.*
jako forma opisowa czasownika modalnego „must"	– **have to** (musieć) – Jeśli chcemy powiedzieć, że ktoś powinien robić coś regularnie, (wynika to z jego pracy) **have got to** (musieć) – Jeśli chcemy powiedzieć, że ktoś powinien robić coś w sytuacji specjalnej **must** (musieć) – Jeśli chcemy powiedzieć, że ktoś musi robić coś (wg przepisu lub prawa) I have to find some solution. – *Muszę znaleźć jakieś rozwiązanie.* You have got to go to bed early today. – *Dziś musisz iść spać wcześnie.* She must be there at five. – *Musi tam być o siedemnastej.*
wyrażając czynność lub aktywność	– have + rzeczownik (have a look) wyrażają czynność lub aktywność Are you going to have a bath? – *Idziesz się wykąpać?*

zwrot have sth done	– dać sobie coś zrobić I had a cake baked for you. – *Dałam upiec tort dla ciebie.*
have got	– podobne znaczenie jak „have" – „**have got**" można użyć, jeżeli mówimy o sytuacji lub stanie, (nie można z niego skorzystać, jeśli mówimy o wydarzeniu lub czynności) She's got a lovely smile. – *Ma piękny uśmiech.*

9 „TO HAVE" – jako czasownik posiłkowy

FORMA PODSTAWOWA	UŻYCIE
have	– jako bezokolicznik, rozkaz i koniunktiw
FORMA TERAŹNIEJSZA	
has	– z zaimkami **he, she, it**, lub rzeczownikami w l. poj., jeżeli są podmiotem
have	– z zaimkami **I, we, you, they** lub rzeczownikami w l. mn., jeżeli jest podmiotem
FORMA PRZESZŁA	
had	– ze wszystkimi częściami mowy, które są podmiotem
IMIESŁÓW	
having (imiesłów teraźniejszy)	– w czasowych formach ciągłych, przy czasownikach w gerundium
had (imiesłów przeszły)	– w czasie przeszłym, stronie biernej i w czasie zaprzeszłym

jako czasownik posiłkowy	– przy tworzeniu negacji i pytania w czasie teraźn. i przeszłym prostym – przy podkreśleniu wiadomości lub rozkazu Do you understand me? – *Rozumiesz mnie?* I do feel sorry for you. – *Żal mi cię.*
jako czasownik zwykły	– w podaniu informacji, że ktoś coś robi – w rozmowie często używamy „do" zamiast czas. specyficznych I'm doing my homework. – *Odrabiam zadania.* He did his teeth (brushed his teeth). – *Czyścił sobie zęby.*
jako czasownik zwykły i posiłkowy	– w zdaniach negujących i pytaniach – pomocnicze „do" znajduje się zawsze przed czasownikiem zwykłym What do you usually do on Friday? – *Co zwykle robisz w piątek?*
dla ogólnie określonych czynności i form działania	– jeżeli mówiący mówi o czynności, lecz nie wspomina bliżej, o jaką czynność chodzi – często z wyraz.: thing, something, anything, everything, nothing, what Do something! (**NOT** Make something!) – *Rób coś!*
jako czasownik zastępujący czasownik zwykły	– by nie dochodziło do powtarzania samego znaczenia czasownika w zdaniu, można go zastąpić pomoc. „do" He reads better than I do. – *Czyta lepiej niż ja.*
„do your best"	– ze wszystkich sił próbować coś osiągnąć – po **„do your best"** można użyć bezok., jeżeli musimy opisać cel czynności Doctors did their best to save a baby. – *Lekarze robili wszystko, by uratować dziecko.*

„make" zamiast „do"	„make" używa się zamiast „do", jeżeli coś jest tworzone, lub budowane She is making breakfast. – *Robi śniadanie.*
wykorzystanie „do" i „make"	do – business, one's best, sport, a favour, good, one's teeth, one's duty, harm make – an offer, a suggestion, a mistake, a noise, money, love, a bed, an excuse

11 „TO DO" – jako czasownik posiłkowy

FORMA PODSTAWOWA	UŻYCIE
do	– jako bezokol., tryb rozkazujący i przy tworzeniu negacji i pytania w czasie teraźn.

FORMA TERAŹNIEJSZA	
does	– z zaimkami he, she, it lub z rzeczownikami w l. poj.
do	– z zaimkami I, we, you, they lub z rzeczownikami w l. mn.

FORMA PRZESZŁA	
did	– ze wszystkimi częściami mowy, które są podmiotem w czasie przeszłym prostym

IMIESŁÓW	
doing (imiesłów teraźniejszy)	– w czasach ciągłych
done (imiesłów przeszły)	– strona bierna, czas przedteraźniejszy, zaprzeszły i zaprzyszły

	TO BE	TO HAVE	TO DO
CZAS TERAŹNIEJSZY			
I	am	have	do
you, we, they	are		
he, she, it	is	has	does
CZAS PRZESZŁY			
I	was	had	did
you, we, they	were		
IMIESŁÓW			
im. teraźniejszy	being	having	doing
im. przeszły	been	had	done

	forma opisowa	negacja	forma przeszła
can	to be able to	cannot	could + opisy
could	–	could not	–
may	to be allowed to	must not	might + opisy
might	–	might not	–
must	to have to	need not	had to
shall	–	shall not	–
should	–	should not	–
will	–	will not	would
would	–	would not	–

stopień pewności		akcja	
TERAŹNIEJSZOŚĆ	**+** 100% 95% mniej niż 50%	He is hungry. He **must** be hungry. He **may** be hungry. He **might** be hungry. He **could** be hungry.	Jest głodny Musi być głodny. *(Jestem prawie pewien.)* Może jest głodny. Prawdopodobnie jest głodny. Mógłby być głodny.
	– 100% 99% 95% mniej niż 50%	He **isn't** hungry. He **couldn't** be hungry. He **can't** be hungry. He **may not** be hungry. He **might not** be hungry.	Nie jest głodny. Nie może być głodny. *(Jest to prawie niemożliwe.)* Nie może być głodny. Może nie jest głodny. Możliwe, że nie jest głodny.
PRZESZŁOŚĆ	**+** 100% 95% mniej niż 50%	He **was** hungry. He **must** have been hungry. He **may** have been hungry. He **might** have been hungry. He **could** have been hungry.	Był głodny. Musiał być głodny (chyba). Chyba był głodny. Prawdopodobnie był głodny. Mógł być głodny.
	– 100% 99% 95% mniej niż 50%	He **wasn't** hungry. He **couldn't** have been hungry. He **can't** have been hungry. He **may** not have been hungry. He **might** not have been hungry.	Nie był głodny. Nie mógł być głodny. Nie mógł być głodny. Chyba był głodny. Istnieje możliwość, iż był głodny.
PRZYSZŁOŚĆ	**+** 100% 90% mniej niż 50%	He will work tomorrow. He **should** work tomorrow. He **ought** to work tomorrow. He **may** work tomorrow. He **might** work tomorrow. He **could** work tomorrow.	Jutro będzie pracował. Jutro powinien pracować. Jutro miałby pracować. Możliwe, że będzie jutro pracował. Chyba będzie jutro pracować. Mógłby jutro pracować.
	– 100% 90% mniej niż 50%	He will not work tomorrow. He **shouldn't** work tomorrow. He **oughtn't** to work tomorrow. He **may not** work tomorrow. He **might not** work tomorrow.	Jutro nie będzie pracował. Jutro nie powinien pracować. Jutro miałby nie pracować. Możliwe, że nie będzie jutro pracował. Chyba nie będzie jutro pracować.

14 PODSTAWOWE FORMY OPISOWE CZASOWNIKÓW MODALNYCH

	CZAS TERAŹNIEJSZY	CZAS PRZESZŁY
mogę	I can I am able to	I could I was able to
nie mogę	I cannot I am not able to	I could not I was not able to
śmiem	I may I am allowed to	– I was allowed to
nie mogę	I may not I must not I am not to (nie mam) I am not allowed to	– – I was not to I was not allowed to
muszę	I must I have to	– I had to
nie muszę	I need not I do not have to	– I did not have to

	CZAS PRZYSZŁY	CZAS PRZEDTERAŹNIEJSZY
mogę	I can I will be able to	– I have been able to
nie mogę	I cannot I will not be able to	– I have not been able to
śmiem	I may I will be allowed to	– I have been allowed to
nie mogę	I may not I must not I will not be allowed to	– – I have not been allowed to
muszę	I must I will have to	– I have had to
nie muszę	I need not I willl not have to	– I have not had to

15 FORMY OPISOWE CZASOWNIKÓW MODALNYCH W ZDANIACH

can be able (to)   be in a position (to)
          be apt (to)   be prepared (to)
          be capable (of)   managed (to)

Will you be able to come?	*Będziesz mógł przyjść?*
Glass is apt to break.	*Szkło można łatwo rozbić.*
He is capable of any crime.	*Jest zdolny do popełnienia każdego przestępstwa.*
I'm sorry but I am not in a position to help you.	*Przepraszam, nie mogę wam pomóc.*
I'm prepared to help you if you want me to.	*Mogę wam pomóc, jeżeli zechcecie.*
He managed to get the tickets.	*Udało mu się załatwić te bilety.*

may be allowed (to)   be permitted (to)
          be free (to)   be possible (to)

How much money are you allowed to have?	*Ile możecie mieć pieniędzy?*
You are free to go or stay as you please.	*Możesz iść lub zostać, jak sobie życzysz.*
Smoking is not permitted in this room.	*W tym pokoju nie wolno palić.*
I don't think it will be possible for you to take a photo of him.	*Myślę, że nie będzie mu można zrobić zdjęcia.*

must to have (to)   to be forced (to)
          to have got (to)   to be compelled (to)
          I am (to)   to be obliged (to)
          I need (to)   I can't help

I have to tell you something.	*Muszę wam coś powiedzieć.*
I've got to go now, I'm afraid.	*Niestety muszę już iść.*
I am to see him tomorrow.	*Mam go jutro odwiedzić.*
I need to go now.	*Muszę już iść.*
I am forced to work harder.	*Muszę pracować pilniej.*
His conscience compelled him to confess.	*Sumienie go zmusiło, by się przyznał.*
They were obliged to sell their house.	*Musieli sprzedać swój dom.*
I can't help laughing.	*Muszę się śmiać.*

shall to be (to)
I am bound (to)

I am expected (to)
I am supposed (to)

What am I to do?	*Co mam robić?*
The will of the people is bound to triumph.	*Wola ludu (musi) zwycięży (ć).*
At this hour I am expected to be at home.	*O tym czasie powinienem być już w domu.*
I am supposed to be at school now.	*Powinienem być teraz w szkole.*

will I am going (to)
I am willing (to)
to want (to)

to wish (to)
to desire (to)
to be determined (to)

I am going to spend my holiday in Spain.	*Urlop spędzę w Hiszpanii.*
She's willing to help in any way.	*Jest chętna udzielić jakiejkolwiek pomocy.*
Does he want to accept it?	*Chce to przyjąć?*
I wish I had more time.	*Chciałbym mieć więcej czasu.*
What do you desire me to do?	*Co chcecie, bym zrobił?*

16 SCHEMAT CZASÓW GRAMATYCZNYCH

TERAŹNIEJSZY PROSTY

I study every day.

Studiuję codziennie.

TERAŹNIEJSZY CIĄGŁY

I am studying right now.

Właśnie teraz studiuję.

PRZESZŁY PROSTY

I studied yesterday.

Wczoraj studiowałem.

PRZESZŁY CIĄGŁY

I was studying when they arrived.

Kiedy przyjechali, właśnie studiowałem.

PRZYSZŁY PROSTY

I will study tomorrow.

Jutro będę studiować.

TERAŹNIEJSZY DOKONANY

I have already **studied** lesson one.

Przestudiowałem już temat pierwszy.

ZAPRZESZŁY PROSTY

I had already **studied** lesson one before
I began to study lesson two.

*Nim zacząłem studiować temat drugi,
przestudiowałem już pierwszy.*

PRZYSZŁY DOKONANY PROSTY
(ZAPRZYSZŁY)

I will already **have studied** lesson one
before I study lesson two.

*Zanim będę studiował temat drugi, będę
miał już przestudiowan pierwszy.*

PRZYSZŁY CIĄGŁY

I will be studying when you arrive.

Kiedy przyjedziesz, będę studiować.

TERAŹNIEJSZY NIEDOKONANY

I have been studying for two hours.

Studiuję (uczę się) już dwie godziny.

ZAPRZESZŁY CIĄGŁY

I had been studying for two hours
before my friends arrived.

*Nim przyjechali moi przyjaciele,
studiowałem już dwie godziny.*

PRZYSZŁY DOKONANY CIĄGŁY
(ZAPRZYSZŁY)

I will have been studying for two
hours by the time you arrive.

*Kiedy przyjdziesz, będę studiować już
dwie godziny.*

17 KONIUGACJA CZASOWNIKÓW REGULARNYCH

bezokolicznik   **to work – pracować**

Czas teraźniejszy prosty   **Czas przeszły prosty**   **Czas przyszły prosty**

1. work	1. I worked	1. I will work
2. you work	2. you worked	2. you will work
3. he works	3. he worked	3. he will work
she works	she worked	she will work
it works	it worked	it will work
1. we work	1. we worked	1. we will work
2. you work	2. you worked	2. you will work
3. they work	3. they worked	3. they will work

18 CZASY GRAMATYCZNE I FORMY CZASOWNIKOWE

CZAS TERAŹNIEJSZY

	(twierdzenie)	(pytanie)	(przeczenie)
a) prosty	I take	Do I take?	I do not take
b) ciągły	I am taking	Am I taking?	I am not taking
c) bierny prosty	I am taken	Am I taken?	I am not taken
d) bierny ciągły	I am being taken	Am I being taken?	I am not being taken

CZAS PRZESZŁY

	(twierdzenie)	(pytanie)	(przeczenie)
a) prosty	I took	Did I take?	I did not take
b) ciągły	I was taking	Was I taking?	I was not taking
c) bierny prosty	I was taken	Was I taken?	I was not taken
d) bierny ciągły	I was being taken	Was I being taken?	I was not being taken

CZAS PRZYSZŁY

	(twierdzenie)	(pytanie)	(przeczenie)
a) prosty	I will take	Will I take?	I will not take
b) ciągły	I will be taking	Will I be taking?	I will not be taking
c) bierny prosty	I will be taken	Will I be taken?	I will not be taken

TRYB PRZYPUSZCZAJĄCY

	(twierdzenie i przeczenie)	(pytanie)
a) teraźniejszy	I would (not) take	Would I take?
b) teraź. ciągły	I would (not) be taking	Would I be taking?
c) przeszły	I should (not) have taken	Should I have taken?
d) przeszły bierny	I should (not) have been taken	Should I have been taken?

TRYB ROZKAZUJĄCY

	(twierdzenie)	(przeczenie)
a) dla 2. os. obu liczb	take (do take)	don't take
b) dla 1. i 3. os. obu liczb	let us take (let's take)	don't let us take
	let him take	don't let him take

CZAS TERAŹNIEJSZY DOKONANY

	(twierdzenie)	(pytanie)	(przeczenie)
a) prosty	I have taken	Have I taken?	I have not taken
b) ciągły	I have been taking	Have I been taking?	I have not been taking
c) bierny prosty	I have been taken	Have I been taken?	I have not been taken

CZAS ZAPRZESZŁY

	(twierdzenie)	(pytanie)	(przeczenie)
a) prosty	I had taken	Had I taken?	I had not taken
b) ciągły	I had been taking	Had I been taking?	I had not been taking
c) bierny prosty	I had been taken	Had I been taken?	I had not been taken

CZAS ZAPRZYSZŁY

	(twierdzenie)	(pytanie)	(przeczenie)
a) prosty	I will have taken	Will I have taken?	I will not have taken
b) ciągły	I will have been taking	Will I have been taking?	I will not have been taking

BEZOKOLICZNIK

	(twierdzenie)
a) teraźniejszy prosty	to take (not to take)
b) teraźniejszy ciągły	to be taking
c) teraźniejszy bierny	to be taken
d) uprzedni	to have taken
e) przeszły ciągły	to have been taking
f) przeszły bierny	to have been taken

FORMA -ING (GERUNDIUM)

	(twierdzenie)
a) teraźniejszy	taking
b) teraźniejszy bierny	being taken
c) przeszły	having taken
d) przeszły bierny	having been taken

19 CZASOWNIKI BEZ FORM CIĄGŁYCH

1. STOSUNEK MYŚLOWY

1. **believe**	(wierzyć)	10. **realize**	(uświadomić sobie)
2. **doubt**	(wątpić)	11. **recognize**	(rozpoznać)
3. **feel**	(czuć)	12. **remember**	(przypomnieć sobie)
4. **forget**	(zapomnieć)	13. **suppose**	(przypuszczać)
5. **imagine**	(wyobrazić sobie)	14. **think**	(myśleć)
6. **know**	(znać, wiedzieć)	15. **understand**	(rozumieć)
7. **mean**	(mniemać)	16. **want**	(chcieć)
8. **need**	(potrzebować)	17. **wish**	(życzyć sobie)
9. **prefer**	(dać pierwszeństwo)		

– I **believe** what that man says.　　*Wierzę w to, co ten człowiek mówi.*
– What do you **think** about it?　　*Co o tym myślicie?*
– He didn't **understand** what I had said.　　*Nie rozumiał, co mówiłem.*
– Does he **realize** his mistake yet?　　*Czy uświadamia sobie swój błąd?*

2. STOSUNEK UCZUCIOWY

1. **appreciate**	(doceniać)	6. **hate**	(nienawidzić)
2. **care**	(dbać o)	7. **like**	(lubić)
3. **dislike**	(nie lubić)	8. **love**	(kochać)
4. **envy**	(zazdrościć)	9. **mind**	(uważać na, dbać o)
5. **fear**	(bać się)		

– We greatly **appreciate** your help.　　*Doceniamy bardzo waszą pomoc.*
– How do you **like** this picture?　　*Jak się wam podoba ten obraz?*

3. STOSUNEK WŁASNOŚCI

1. **belong**	(należeć)	3. **own**	(posiadać)
2. **have**	(mieć)	4. **possess**	(mieć)

– These books **belong** to me.　　*Te książki należą do mnie.*

4. PERCEPCJA ZMYSŁOWA

1. **feel**	(czuć się)	4. **smell**	(wąchać)
2. **hear**	(słyszeć)	5. **taste**	(smakować, próbować)
3. **see**	(widzieć)		

- I can **see** a cat. Can you **see** it?　　*Widzę kota. Widzisz go?*

5. RESZTA STANÓW

1. **appear**	(przejawiać się)	7. **include**	(obejmować)
2. **be**	(być)	8. **look**	(patrzeć)
3. **consist of**	(składać się)	9. **matter**	(być ważnym)
4. **contain**	(zawierać)	10. **owe**	(być winny, dłużny)
5. **cost**	(kosztować)	11. **seem**	(wydawać się)
6. **exist**	(istnieć)	12. **weigh**	(ważyć)

– He **appears** to be asleep.　　*Wydaje się, że zasnął.*
– The book **seems** (to be) interesting.　　*Wydaje się, że ta książka jest interesująca.*

20 PORÓWNYWANIE STRONY CZYNNEJ I BIERNEJ

CZAS GRAMATYCZNY		STRONA CZYNNA	
a) teraźniejszy prosty	Tom	*helps*	Susan.
b) teraźniejszy ciągły	Tom	*is helping*	Susan.
c) teraźniejszy dokonany	Tom	*has helped*	Susan.
d) przeszły prosty	Tom	*helped*	Susan.
e) przeszły ciągły	Tom	*was helping*	Susan.
f) zaprzeszły prosty	Tom	*had helped*	Susan.
g) przyszły prosty	Tom	*will help*	Susan.
h) forma „be going to"	Tom	*is going to help*	Susan.
i) zaprzyszły prosty	Tom	*will have helped*	Susan.

CZAS GRAMATYCZNY		STRONA BIERNA	
a) teraźniejszy prosty	Susan	*is helped*	by Tom.
b) teraźniejszy ciągły	Susan	*is being helped*	by Tom.
c) teraźniejszy dokonany	Susan	*has been helped*	by Tom.
d) przeszły prosty	Susan	*was helped*	by Tom.
e) przeszły ciągły	Susan	*was being helped*	by Tom.
f) zaprzeszły prosty	Susan	*had been helped*	by Tom.
g) przyszły prosty	Susan	*will be helped*	by Tom.
h) forma „be going to"	Susan	*is going to be helped*	by Tom.
i) zaprzyszły prosty	Susan	*will have been helped*	by Tom.

21 NASTĘPSTWO CZASÓW

W języku angielskim często dochodzi **do przesunięcia czasów gramatycznych o jeden stopień w przeszłość** w mowie niezależnej, w pytaniach mowy niezależnej i zdaniach pobocznych, dla zachowania równowagi.

Mowa zależna
1. He said, „I study English every day". *(teraźniejszość)*
2. He said, „I am studying English". *(teraźniejszy ciągły)*
3. He said, „I studied English". *(przeszły)*
4. He said, „I will study English". *(przyszły)*

Mowa niezależna
1. He said (that) he studied English every day. *(przeszły)*
2. He said he was studying English. *(przeszły ciągły)*
3. He said he had studied English. *(przedprzeszły)*
4. He said he would study English. *(tryb warunkowy)*

1. *Powiedział, że studiuje język angielski codziennie.*
2. *Powiedział, że studiuje język angielski.*
3. *Powiedział, że studiował angielski.*
4. *Powiedział, że będzie studiować język angielski.*

– mieć coś do zrobienia

CZAS TERAŹNIEJSZY
am/are/is to + bezokolicznik

znaczenie   **przykład**

oznacza plan i obowiązek   **I'm to write** a letter.
   jego realizacji   *Mam napisać list.*

CZAS PRZESZŁY
was/were to + bezokolicznik

nie wiemy czy zaplanowana   **I was to write** a letter.
   czynność była realizowana   *Miałam napisać list.*

was/were to + bezokolicznik
(have ...-ed)

planowana czynność nie   **I was to have written** a letter.
   doszła do skutku   *Miałam napisać list. (ale nie napisałam)*

	CZYNNE	**BIERNE**
TERAŹNIEJSZE	using	being used
	buying	being bought
PRZESZŁE	having used	having bought
	having been used	having been bought

– I don't mind **going** on foot.   – *Nie mam nic przeciwko chodzeniu pieszo.*
– I remember **having read** about it.   – *Pamiętam, że o tym czytałem.*

– He complained of the matter   – *Skarżył się, że nie biorę tego na serio.*
  not being taken seriously.
– You can rely on the goods   – *Możecie być pewni, że towar zapakowano*
  having been packed carefully.   *bardzo pieczołowicie.*

ask		
	about	pytać o coś
	after	pytać o zdrowie
	back	zaprosić w odwiedziny
	for	żądać, prosić (o coś), szukać (kogoś)
be	about	być blisko, występować, pojawiać się
	about to	właśnie chcieć coś zrobić
	above	umieścić powyżej czegoś
	against	sprzeciwiać się
	back	wrócić
	off	być wyłączonym, zatrzymanym
	over	ukończone
	up to	sięgać, ukrywać coś
	with	pracować dla firmy, stać się kimś
break	away	złamać się
	down	rozbić, zniszczyć
	in	wtrącić się
	off	zrobić przerwę
	with	zerwać z przyjaciółmi, z partnerem
	bring about	spowodować, sprawić, osiągnąć
	back	wziąć z powrotem, przynieść
	down	obniżyć, znieść na dół
	off	ocalić
	out	wyciągnąć, odsłonić
	up	wychować dziecko
call	back	odwołać, wołać z powrotem
	down	wzywać
	for	wstąpić
	off	rozwiązać, odwołać
	on	odwiedzić, zażądać, wzywać
	out	wywołać czyjeś imię, wywołać ze spisu
	over	wezwać (kelnera)
come	about	stać się
	across	przekroczyć
	around	obejść, ominąć
	back	zawrócić
	before	być wcześniej
	down	zejść, spaść (ceny)
	from	pochodzić
	on	(zawołać) Pośpiesz się!; wystąpić w przód
	up	przyjść na górę
get	along (with)	wychodzić z kimś (– get on, get on well)
	away	uniknąć, odejść
	back	wrócić
	in	wejść do samochodu (– get into)
	in touch	nawiązać kontakt
	off	wyjść, zsiąść, pójść w drogę
	on	robić postępy, mieć powodzenie
	on st	wsiąść, wejść

	on sb's nerves	denerwować kogoś

	out of the/
	  sb's way
		unikać nieprzyjemnego działania/
		  zejść komuś z drogi

	over	powracać do zdrowia, przezwyciężać
	rid of	pozbyć się czegoś
	through	mieć powodzenie, przeżyć, wytrzymać
	up	wstać
give	away	zdradzić, rozdawać
	up	pozostawić, wyrzec się czegoś, ustąpić
have	an affair with	mieć z kimś romans
	an effect	działać na kogoś, mieć wpływ
	faith	mieć zaufanie
	a good mind	mieć ochotę czegoś dokonać
	in mind	mieć na myśli
	it over	być lepszym od, mieć lepszą pozycję
	on	mieć coś na sobie
	a good time	mieć się dobrze
	a word with	przemówić do kogoś
keep	in mind	nie zapominać
	in touch	utrzymywać stosunki, być w kontakcie
	off	nie wchodzić, unikać czegoś
	on	zostawić (sobie), kontynuować
	out	nie wchodzić, nie wpuszczać
	Keep out!	Wejście wzbronione!
	to	trzymać się (czegoś)
	to oneself	zostawić dla siebie (nie zdradzić)
	up	utrzymać w dobrym stanie
	up with	dotrzymać komuś kroku, nadążać
look	after	troszczyć się, starać się o coś
	for	szukać, wyszukiwać
	forward	cieszyć się, oczekiwać
	up	szukać informacji w podręczniku
make	a friend of	zaprzyjaźnić się
	into	zmienić się w coś
	out	zrozumieć, poradzić sobie
	up	wymyśleć sobie, umalować twarz
pick	off	zrywać, obrywać (jabłka)
	out	wybrać sobie, rozpoznać, odszukać
	up	zabrać, wybrać, naładować
put	aside	odłożyć, stronić od
	away	odkładać pieniądze
	back	wracać
	down	położyć, zdjąć, obniżyć
	off	odłożyć sobie, zdejmować, zdjąć
	on	ubrać
	on weight	przybierać na wadze
	on the light	rozświecić, włączyć światło
	the blame on	zwalać winę (na kogoś)
	out	zgasić (światło), ugasić (ogień)
	through	połączyć się (telefonicznie z kimś)
	up with	zgodzić się, znosić (coś)
take	after	być do kogoś podobnym

	away	odjąć, odebrać
	care of	starać się, troszczyć
	down	zdjąć
	in	przyjąć, włączyć
	off	rozebrać się, zrzucić buty, wziąć wolny dzień, startować (o samolocie)
	on	przybrać, przyjąć
	out	wyciągnąć, wyjąć, usunąć, wyczyścić
	over	przenieść, przeprowadzić, przejąć
	up	rozpocząć, poświęcać się działalności
	a chance	ryzykować (coś)
	a fancy to	przychylność (do kogoś), polubić (kogoś, coś)
	an interest in	interesować się (czymś)
	the opportunity	wykorzystać okazję
	part in	wziąć udział
	place	odbywać się
	sides against	sprzeciwiać się, opierać się
	ill	mieć coś za złe
	to be taken with	być oczarowanym
tear	down	zerwać, zburzyć
	off	oderwać, wyrwać
	out	wydrapać
	sth to bits	rozerwać na strzępy
	up	rozszarpać, rozedrzeć
think	about	myśleć o czymś, przemyślać
	again	rozmyślić się, zmienić zdanie
	back	wrócić myślami wstecz
	before	myśleć przed wypowiedzeniem poglądu
	for	zastanawiać się (przez jakiś czas)
	of	myśleć, mieć na myśli
	out	wymyślać, przemyśleć (dokładnie)
	over	rozmyślić się, przemyśleć (ponownie)
throw	at	rzucać, zerkać na (kogoś)
	away, out	wyrzucić, pozbawić się, zmarnować szansę
	down	zrzucić, wywrócić się
	over	przerzucić, poddać się, oddać
	up	wyrzucać, wyrzucić w powietrze
try	for	badać, przesłuchiwać
	on	wypróbować
	over	przepytać, egzaminować
turn	about	odwrócić się
	down	zgiąć, osłabić, uciszyć
	in	zginać, zboczyć
	left/right	skręcić (w lewo / w prawo)
	off	zboczyć, zgasić, wyłączyć (światło)
	on	włączyć, puścić wodę
	out	wyłączyć, zgasić, okazać się
	over	przewrócić, rozważyć
	to	obrócić, odwrócić (stronicę), uczynić obrót, zaginać, zataczać (w kierunku)
	up	wzmocnić (głos), odkręcić

write	about	pisać (o kimś, czymś)
	away	pisać bez ustanku, wytrwale
	down	zapisać, napisać (w prosty sposób)
	of	pisać o (czymś)
	off	odpisać (natychmiast)
	up	opisać szczegółowo, barwnie

25 FORMY CZASOWNIKA „to be"

1. am
I am very glad to see you.
Cieszę się, że cię spotkałem.

2. are
We are very busy.
Jestem bardzo zajęty.

3. is
Today is Friday.
Dzisiaj jest piątek.

4. was
He was killed in the war.
Zginął na wojnie.

5. were
We were there in time.
Byliśmy tam na czas.

6. been
I've been to see my uncle.
Byłem odwiedzić wujka.

7. being
He is being very helpful these days.
W tych dniach bardzo mi pomaga.

26 ZWIĄZKI CZASOWNIKOWE

agree with	zgadzać się z kimś
argue with, about	sprzeczać się z, o
be aware of	zdawać sobie sprawę
believe in	wierzyć w
compare to, with	przyrównać do, porównać z
complain about	skarżyć się na
distinguish from	rozróżniać
excel in	wyróżniać się
forget about	zapomnieć

forgive sb for	wybaczyć komuś coś
insist on	nalegać
look forward	to cieszyć się
object to	protestować przeciw
pray for	modlić się za
protect from	chronić przed
take advantage of	wykorzystać
thank for	(po)dziękować za

27 FORMA SKRÓTOWA CZASOWNIKÓW POSIŁKOWYCH

TO BE

FORMA PEŁNA		FORMA SKRÓCONA		
am	[əem]	'm =	I'm	[aɪm]
is	[ɪz]	's =	he's	[hiːz]
			she's	[ʃiːz]
			it's	[ɪts]
are	[ɑː(r)]	're =	you're	[jʊər] [jɔː(r)]
			we're	[wɪə(r)]
			they're	[ðeə(r)]
is not	[ɪz nɒt]	isn't		['ɪznt]
are not	[ɑː(r) nɒt]	aren't		[ɑːnt]
was	[wɒz] [wəz]	was		[wɒz] [wəz]
was not	[wɒz nɒt]	wasn't		[wɒznt]
were	[wɜː(r)]	were		[wɜː(r)]
were not	[wɜː(r) nɒt]	weren't		[wɜːnt]

TO HAVE

have	[hæv] [həv]	've		[aɪv]
		= I've		[wiːv]
		= we've		[juːv]
		= you've		[ðeɪv]
		= they've		
has	[hæz]	's		[hiːz]
		= he's		[ʃiːz]
		= she's		[ɪts]
		= it's		
have not	[hæv nɒt]]	haven't [hævnt]		[hæznt]
has not	[hæz nɒt]	hasn't		
had	[hæd][həd]	'd		
		= I'd		[aɪd]
		= you'd		[juːd]
		= she'd		[ʃiːd]
		= he'd		[hiːd]
		= we'd		[wiː d]
		= they'd		[ðeɪd]
had not	[hæd nɒt]	hadn't		[hædnt]

TO DO

do not	[duː nɒt]	don't	[dəʊnt]
does not	[dʌz nɒt]	doesn't	[dʌznt]
did not	[dɪd nɒt]	didn't	[dɪdnt]

CAN

FORMA PEŁNA		FORMA SKRÓCONA	
can	[kæn] [kən]		
cannot	[kænɒt]	can't	[kænt]
could	[kʊd] [kəd]		
could not	[kʊd nɒt]	couldn't	[kʊdnt]

MAY

may not	[meɪ nɒt]	mayn't	[meɪənt]
might not	[maɪt]	mightn't	[maɪtnt]

MUST

must	[mʌst] [məst]		
must not	[mʌst nɒt]	mustn't	[mʌsnt]

NEED

need not	[niːd nɒt]	needn't	[niːdnt]

SHALL

shall	[ʃæl] [ʃəl]		
shall not	[ʃæl nɒt]	shan't	[ʃɑːnt]
should	[ʃʊd]		
should not	[ʃʊd nɒt]	shouldn't	[ʃʊdnt]

WILL

will	[wɪl]	'll	[aɪl]
		= I'll	[juːl]
		= you'll	[hiːl]
		= she'll	[ʃiːl]
		= he'll	[wiːl]
		= we'll	[ðeɪl]
		= they'll	[weʊnt]
will not	[wɪl nɒt]	won't	[aɪd]
would	[wʊd]	'd	[juː d]
		= I'd	[hiː d]
		= you'd	[ʃiːd]
		= he'd	[wiːd]
		= she'd	[ðeɪd]
		= we'd	[wʊdnt]
		= they'd	
would not	[wʊd nɒt]	wouldn't	

ought not	[ɔːt nɒt]	oughtn't	[ɔːtnt]

29 CZASOWNIKI – ZMIANY STANU

Tworzone są za pomocą czasowników:
get, grow, become, turn, fall, go

NAGŁA ZMIANA	**turn**	pale red	zblednąć zaczerwienić się
ZMIANA POWOLNA	**grow**	dark fond	ściemniać upodobać sobie
	get	angry cold dark dressed married nervous old ready used well	rozgniewać się ochłodzić się ściemniać ubrać się *ożenić się* *zdenerwować się* *zestarzeć się* *przygotować się* *przyzwyczaić się* *wyzdrowieć*
ZMIANA STANU	**become**	friends ill quiet	*zaprzyjaźnić się* *zachorować* *uciszyć się*
	fall	asleep behind ill in love	*zasnąć* *spóźnić się* *zachorować* *zakochać się*
	go	blind grey bad	*stracić wzrok* *osiwieć* *zepsuć*
STOPNIOWA ZMIANA STANU		**come/get to + bezokolicznik**	

INFINITIVE	PAST SIMPLE	PAST PARTICIPLE	
arise [ə'raɪz]	arose [ərəʊz]	arisen [ə'rɪzn]	powstać, podnieść
awake [ə'weɪk]	awoke [ə'wəʊk]	awaked [ə'weɪkt]	budzić się
be [biː]	was [wɒz] were [wɜː]	been [biːn]	być
bear [beə(r)]	bore [bɔː]	born [bɔːn]	nosić, urodzić
beat [biːt]	beat [biːt]	beaten [biːtn]	bić, tłuc
become [bɪ'kʌm]	became [bɪ'keɪm]	become [bɪ'kʌm]	stać się, zostać
begin [bɪ'gɪn]	began [bɪ'gæn]	begun [bɪ'gʌn]	zacząć, rozpocząć
bend [bend]	bent [bent]	bent [bent]	zgiąć
bereave [bɪ'riːv]	bereft [bɪ'reft] bereaved [bɪ'riːvd]	bereft [bɪ'reft] bereaved [bɪ'riːvd]	obrabować, pozbawić
bet [bet]	bet [bet] betted [betɪd]	bet [bet] betted [betɪd]	założyć się
bid [bɪd]	bid [bɪd] bade [bæd]	bid [bɪd] bidden [bɪdn]	zaoferować
bind [baɪnd]	bound [baʊnd]	bound [baʊnd]	wiązać
bite [baɪt]	bit [bɪt]	bitten [bɪtn]	gryźć
bleed [bliːd]	bled [bled]	bled [bled]	krwawić
blow [bləʊ]	blew [bluː]	blown [bləʊn]	dmuchać
break [breɪk]	broke [brəʊk]	broken [brəʊkən]	złamać
breed [briːd]	bred [bred]	bred [bred]	rodzić, hodować
bring [brɪŋ]	brought [brɔːt]	brought [brɔːt]	przynieść
broadcast [brɔːdkæst]	broadcast [brɔːdkæst]	broadcast [brɔːdkæst]	nadawać
build [bɪld]	built [bɪlt]	built [bɪlt]	budować
burn [bɜːn]	burnt [bɜːnt] burned [bɜːnd]	burnt [bɜːnt] burnd [bɜːnd]	palić, poparzyć
burst [bɜːst]	burst [bɜːst]	burst [bɜːst]	rozrywać, wybuchać
buy [baɪ]	bought [bɔːt]	bought [bɔːt]	kupować
cast [kɑːst]	cast [kɑːst]	cast [kɑːst]	rzucać
catch [kætʃ]	caught [kɔːt]	caught [kɔːt]	złapać
choose [tʃuːz]	chose [tʃəʊz]	chosen [tʃəʊzən]	wybrać (sobie)
cleave [kliːv]	cleft [kleft] clove [kləʊv] cleaved [kliːvd]	cleft [kleft] cloven [kləʊvn] cleaved [kliːvd]	rozłupać, rozrąbać
cling [klɪŋ]	clung [klʌŋ]	clung [klʌŋ]	lgnąć
come [kʌm]	came [keɪm]	come [kʌm]	przyjść
cost [kɒst]	cost [kɒst]	cost [kɒst]	kosztować
creep [kriːp]	crept [krept]	crept [krept]	czołgać się, skradać, pełzać
crow [krəʊ]	crowed [krəʊd]	crowed [krəʊd]	piać
cut [kʌt]	cut [kʌt]	cut [kʌt]	kroić, ciąć
deal [diːl]	dealt [delt]	dealt [delt]	zajmować się, rokować
dig [dɪg]	dug [dʌg]	dug [dʌg]	kopać
do [duː]	did [dɪd]	done [dʌn]	robić

draw [drɔ:]	drew [dru:]	drawn [drɔ:n]	ciągnąć, rysować
dream [dri:m]	dreamt [dremt] dreamed [dri:md]	dream [dremt] dreamed [dri:md]	śnić, marzyć
drink [drɪŋk]	drank [dræŋk]	drunk [drʌŋk]	pić
drive [draɪv]	drove [drəʊv]	driven [drɪvən]	kierować (pojazdem)
eat [i:t]	ate [et], (US) [eɪt]	eaten ['i:tn]	jeść
fall [fɔ:l]	fell [fel]	fallen [fɔ:lən]	upaść, padać
feed [fi:d]	fed [fed]	fed [fed]	karmić
feel [fi:l]	felt [felt]	felt [felt]	czuć
fight [faɪt]	fought [fɔ:t]	fought [fɔ:t]	walczyć
find [faɪnd]	found [faʊnd]	found [faʊnd]	znaleźć
flee [fli:]	fled [fled]	fled [fled]	uciekać
fling [flɪŋ]	flung [flʌŋ]	flung [flʌŋ]	rzucać
fly [flaɪ]	flew [flu:]	flown [fləʊn]	latać
forbid [fə'bɪd]	forbade [fə'bæd] (US) forbade [fə'beɪd]	forbidden [fə'bɪdn] forbid [fə'bɪd]	zakazać
forecast [fɔ:'kast]	forecast [fɔ:'kast]	forecast [fɔ:'kast]	przepowiadać, wróżyć
foresee [fɔ:'si:]	foresaw [fɔ:'sɔ:]	foreseen [fɔ:'si:n]	przewidywać
foretell [fɔ:'tel]	foretold [fɔ:'təʊld]	foretold [fɔ:'təʊld]	przepowiadać, wróżyć
forget [fə'get]	forgot [fə'gɒt]	forgotten [fə'gɒtn]	zapomnieć
forsake [fə'seɪk]	forsook [fə'su:k]	forsaken [fə'seɪkn]	opuścić, porzucić
freeze [fri:z]	froze [frəʊz]	frozen [frəʊzn]	marznąć
get [get]	got [gɒt]	got [gɒt] (US) gotten [gɒtn]	dostać, otrzymać
give [gɪv]	gave [geɪv]	given [gɪvən]	dawać
go [gəʊ]	went [went]	gone [gɒn]	iść, jechać
grind [graɪnd]	ground [graʊnd]	ground [graʊnd]	mleć
grow [grəʊ]	grew [gru:]	grown [grəʊn]	rosnąć
hang [hæŋ]	hung [hʌŋ] hanged [hæŋgəd]	hung [hʌŋ] hanged [hæŋgəd]	wisieć, powiesić
have [həv, hæv]	had [həd, hæd]	had [həd, hæd]	mieć, posiadać
hear [hɪə]	heard [h3:d]	heard [h3:d]	słyszeć
heave [hi:v]	heaved [hi:vd] hove [həʊv]	heaved [hi:vd] hove [həʊv]	dźwignąć
hide [haɪd]	hid [hɪd]	hid [hɪd]	ukrywać
hit [hɪt]	hit [hɪt]	hit [hɪt]	uderzyć, trafić
hold [həʊld]	held [held]	held [held]	trzymać
hurt [h3:t]	hurt [h3:t]	hurt [h3:t]	zranić, boleć
inlay [ɪn'leɪ]	inlaid [ɪn'leɪd]	inlaid [ɪn'leɪd]	pokrywać
keep [ki:p]	kept [kept]	kept [kept]	trzymać
kneel [ni:l]	knelt [nelt] (US) kneeled [ni:ld]	knelt [nelt] (US) kneeled [ni:ld]	uklęknąć, klęczeć
knit [nɪt]	knit [nɪt] knitted [nɪtɪd]	knit [nɪt] knitted [nɪtɪd]	robić na drutach
know [nəʊ]	knew [nju:]	known [nəʊn]	znać
lay [leɪ]	laid [leɪd]	laid [leɪd]	położyć, kłaść
lead [li:d]	led [led]	led [led]	wieść, prowadzić
lean [li:n]	lent [lent] (US) leaned [li:nd]	lent [lent] (US) leaned [li:nd]	opierać się

leap [li:p]	lept [lept] leaped [li:pt]	lept [lept] leaped [li:pt]	skakać
learn [lɜ:n]	learnt [lɜ:nt] learned [lɜ:nd]	learnt [lɜ:nt] learned [lɜ:nd]	uczyć się
leave [li:v]	left [left]	left [left]	zostawić, wyjechać
lend [lend]	lent [lent]	lent [lent]	pożyczyć
let [let]	let [let]	let [let]	zostawić, pozwolić
lie [laɪ]	lay [leɪ]	lain [leɪn]	leżeć
light [laɪt]	lit [lit] lighted [laɪtɪd]	lit [lit] lighted [laɪtɪd]	zapalić
lose [lu:z]	lost [lɒst]	lost [lɒst]	zgubić
make [meɪk]	made [meɪd]	made [meɪd]	zrobić
mean [mi:n]	meant [ment]	meant [ment]	znaczyć, mieć na myśli
meet [mi:t]	met [met]	met [met]	spotkać
mow [məʊ]	mowed [məʊd]	mown [məʊn]	kosić, żąć
pay [peɪ]	paid [peɪd]	paid [peɪd]	płacić
prove [pru:v]	proved [pru:vd]	proved [pru:vd]	udowodnić
put [pʊt]	put [pʊt]	put [pʊt]	położyć, kłaść
read [ri:d]	read [red]	read [red]	czytać
rid [rɪd]	rid [rɪd]	rid [rɪd]	pozbyć się, usunąć
ride [raɪd]	rode [rəʊd]	ridden [rɪdn]	jechać (konno, na rowerze)
ring [rɪŋ]	rang [ræŋ]	rung [rʌŋ]	dzwonić
rise [raɪz]	rose [rəʊz]	risen [rɪzən]	wstawać
run [rʌn]	ran [ræn]	run [rʌn]	biec
saw [sɔ:]	sawed [sɔ:d]	sawn [sɔ:n] (US) sawed [sɔ:d]	piłować
say [seɪ]	said [sed]	said [sed]	powiedzieć
see [si:]	saw [sɔ:]	seen [si:n]	widzieć
sell [sel]	sold [səʊld]	sold [səʊld]	sprzedawać
send [send]	sent [sent]	sent [sent]	wysyłać
set [set]	set [set]	set [set]	umieścić, układać
sew [səʊ]	sewed [səʊd]	sewn [səʊn] sewed [səʊd]	szyć
shake [ʃeɪk]	shook [ʃu:k]	shaken [ʃeɪkn]	trząść
shear [ʃɪər]	sheared [ʃɪərd]	sheared [ʃɪərd]	strzyc, obcinać
shed [ʃed]	shed [ʃed]	shed [ʃed]	rzucić, pozbawić
shine [ʃaɪn]	shone [ʃɔ:n] (US) [ʃəʊn]	shone [ʃɔ:n] (US) [ʃəʊn]	świecić
shoe [ʃu:]	shod [ʃɒd]	shod [ʃɒd]	włożyć buty, okuć, podkuć
shoot [ʃu:t]	shot [ʃɒt]	shot [ʃɒt]	strzelać
show [ʃəʊ]	showed [ʃəʊd]	shown [ʃəʊn] showed [ʃəʊd]	pokazywać
shrink [ʃrɪŋk]	shrank [ʃræŋk] shrunk [ʃrʌŋk]	shrunk [ʃrʌŋk] shrunken [ʃrʌŋkn]	skurczyć
shut [ʃʌt]	shut [ʃʌt]	shut [ʃʌt]	zamknąć, zatrzasnąć
sing [sɪŋ]	sang [sæŋ]	sung [sʌŋ]	śpiewać
sink [sɪŋk]	sank [sæŋk] (US) sunk [sʌŋk]	sunk [sʌŋk] (US) sunken [sʌŋkn]	tonąć
sit [sɪt]	sat [sæt]	sat [sæt]	siedzieć
sleep [sli:p]	slept [slept]	slept [slept]	spać

slide [slaɪd]	slid [slɪd]	slid [slɪd]	ślizgać się
sling [slɪŋ]	slung [slʌng]	slung [slʌng]	miotać, cisnąć czymś
slit [slɪt]	slit [slɪt]	slit [slɪt]	rozpruć, rozciąć
smell [smel]	smelt [smelt] (US) smelled [smelt]	smelt [smelt] (US) smelled [smelt]	pachnieć, czuć (nosem)
sow [səʊ]	sowed [səʊd]	sown [səʊn] sowed [səʊd]	siać
speak [spi:k]	spoke [spəʊk]	spoken [spəʊkn]	mówić
speed [spi:d]	sped [sped] (US) speeded [spi:dɪd]	sped [sped] (US) speeded [spi:dɪd]	spieszyć się, pośpieszyć
spell [spel]	spelt [spelt] (US) spelled [speld]	spelt [spelt] (US) spelled [speld]	literować
spend [spend]	spent [spent]	spent [spent]	spędzić, wydać (pieniądze)
spill [spɪl]	spilt [spɪlt] spilled [spɪld]	spilt [spɪlt] spilled [spɪld]	rozlać
spit [spɪt]	spat [spæt] (US) spit [spɪt]	spat [spæt] (US) spit [spɪt]	pluć
split [splɪt]	split [splɪt]	split [splɪt]	rozdzielić, rozszczepić
spoil [spɔɪl]	spoilt [spɔɪlt] spoiled [spɔɪld]	spoilt [spɔɪlt] spoiled [spɔɪld]	psuć
spread [spred]	spread [spred]	spread [spred]	rozpostrzeć
spring [sprɪŋ]	sprang [spræŋ]	sprung [sprʌŋ]	skakać
stand [stænd]	stood [stʊd]	stood [stʊd]	stać
steal [sti:l]	stole [stəʊl]	stolen [stəʊln]	kraść
stick [stɪk]	stuck [stʌk]	stuck [stʌk]	kleić
sting [stɪŋ]	stung [stʌŋ]	stung [stʌŋ]	ukłuć, użądlić
stink [stɪnk]	stank [stæŋk] stunk [stʌŋk]	stank [stæŋk] stunk [stʌŋk]	śmierdzieć
strew [stru:]	strewed [stru:d]	strewn [stru:n] strewed [stru:d]	rozsypać, rozrzucać
stride [straɪd]	strode [strəʊd]	stridden [strɪdn]	stąpać
strike [straɪk]	struck [strʌk]	struck [strʌk]	uderzyć
strive [straɪv]	strove [strəʊv]	striven [strɪvn]	usiłować
swear [sweə]	swore [swɔ:]	sworn [swɔ:n]	przysięgać, kląć
sweep [swi:p]	swept [swept]	swept [swept]	zamiatać
swell [swel]	swelled [sweld]	swollen [swəʊln] swelled [sweld]	puchnąć
swim [swɪm]	swam [swæm]	swum [swʌm]	pływać
swing [swɪŋ]	swung [swʌŋ]	swung [swʌŋ]	kołysać się, huśtać
take [teɪk]	took [tʊk]	taken [teɪkn]	brać
teach [ti:tʃ]	taught [tɔ:t]	taught [tɔ:t]	uczyć kogoś
tear [teə]	tore [tɔ:]	torn [tɔ:n]	rwać
tell [tel]	told [təʊld]	told [təʊld]	powiedzieć
think [θɪnk]	thought [θɔ:t]	thought [θɔ:t]	myśleć
thrive [θraɪv]	throve [θrəʊv] thrived [θraɪvd]	thriven [θraɪvn] thrived [θraɪvd]	mieć się świetnie, kwitnąć
throw [θrəʊ]	threw [θru:]	thrown [θrəʊn]	rzucać

thrust [θʌst]	**thrust** [θrʌst]	**thrust** [θrʌst]	przepychać się
understand [ʌndə'ænd]	**understood** [ʌndə'stʊd]	**understood** [ʌndə'stʊd]	rozumieć
wake [weɪk]	**woke** [wəʊk]	**woken** [wəʊkn]	budzić
wear [weə]	**wore** [wɔː]	**worn** [wɔːn]	nosić na sobie
weep [wiːp]	**wept** [wept]	**wept** [wept]	płakać
win [wɪn]	**won** [wʌn]	**won** [wʌn]	wygrać
wind [waɪnd]	**wound** [waʊnd]	**wound** [waʊnd]	nawijać, nakręcać zegarek
write [raɪt]	**wrote** [rəʊt]	**written** [rɪtn]	pisać

(US)– forma czasownika używana w Stanach Zjednoczonych

SŁOWNIK POLSKO--ANGIELSKI

ABBREVIATIONS		OBJAŚNIENIA SKRÓTÓW
abbreviation	*abbr*	skrót
adjective	*adj*	przymiotnik
adverb	*adv*	przysłówek
American English	*AE*	amerykańska wersja angielskiego
article	*art*	rodzajnik
auxiliary	*aux*	czasownik posiłkowy
British English	*BE*	brytyjska wersja angielskiego
comparative	*comp*	stopień wyższy przymiotnika
conjunction	*conj*	spójnik
continuous	*cont*	ciągły (czas)
especially	*esp*	w szczególności
exclamation	*excl*	wykrzyknik
figurative	*fig*	przenośny
formal	*fml*	formalny
inseparable	*fus*	nierozdzielne
generally	*gen*	przeważnie
humorous	*hum*	zwrot humorystyczny
indefinite	*indef*	nieokreślony
informal	*ifml*	potoczny
infinitive	*infin*	bezokolicznik
invariable	*inv*	nieodmienny, niezmienny
noun	*n*	rzeczownik
feminine	*f*	rodzaj żeński
masculine	*m*	rodzaj męski
neuter	*nt*	rodzaj nijaki
numeral	*num*	liczebnik
oneself	*o.s.*	zaimek zwrotny

ABBREVIATIONS		OBJAŚNIENIA SKRÓTÓW
particle	*part*	partykuła
pejorative	*pej*	pejoratywny
personal	*pers*	osobowy
phrase	*phr*	wyrażenie
plural	*pl*	liczba mnoga
possessive	*poss*	forma dzierżawcza
past participle	*pp*	imiesłów bierny
present participle	*ppr*	imiesłów czasu teraźniejszego
preposition	*prep*	przyimek
pronoun	*pron*	zaimek
past tense	*pt*	czas przeszły
relative	*rel*	względny
someone	*sb*	ktoś
separable	*sep*	rozdzielne
singular	*sg*	liczba pojedyncza
slang	*sl*	gwara, żargon
something	*sth*	coś
subject	*subj*	podmiot
superlative	*superl*	stopień najwyższy
verb	*vb*	czasownik
intransitive verb	*vi*	czasownik nieprzechodni
impersonal verb (always used with the subject "it")	*v imp*	czasownik bezosobowy (zawsze z podmiotem „it")
refexive verb	*vr*	czasownik zwrotny
transitive verb	*vt*	czasownik przechodni
vulgar, offensive	*vulg*	wulgaryzm

OBJAŚNIENIA SKRÓTÓW TEMATYCZNYCH

ANAT	anatomia
AUT	motoryzacja
BIOL	biologia
BOT	botanika
CHEM	chemia
CIN	kino, film
COMM	handel
COMP	informatyka
CUL	sztuka kulinarna
ELEC	elektryczność
FIN	finanse
FTBL	piłka nożna
GEOGR	geografia
GEOL	geologia
GEOM	geometria
GRAM	gramatyka
JUR	prawo
LING	językoznawstwo
MATH	matematyka
MED	medycyna
MIL	wojskowość
MUS	muzyka
PHOT	fotografika
RAIL	kolej, kolejnictwo
RELIG	religioznawstwo
SCOL	szkolnictwo
TECH	technologia, technika
TV	telewizja

A

A, a *(litera) A, a;* **od A do Z** from
A to Z
abażur *n* lampshade
aborcja *n* abortion
absolutnie *adv* absolutely
absolutny *adj* absolute
absolwent(ka) *n* graduate
absorbować *vt* **-1.** *(wchłaniać)*
to absorb, to take in **-2.** *(zajmować
uwagę)* to occupy, to absorb
absurd *n* nonsense
absurdalny *adj* absurd, ridiculous,
foolish
aby *conj* (in order) to, so that
aby nie so as not to
adaptacja *n* adaptation
adaptować się *vr* to adapt
administracja *n* **-1.** *(zarządzanie)*
administration; administracja
i zarządzanie *(kierunek studiów)*
business studies **-2.** *(kierownictwo,
zarząd)* management
adoptować *vt* to adopt
adoptowany *adj* adopted
adres *n* address
adresat *n* **-1.** *(odbiorca listu)* addressee
-2. *(odbiorca utworu, dzieła)*
audience
adresować *vt* to address
adwokat *n BrE* barrister, *AmE* attorney
aerobik *n* aerobics
afisz *n* poster, bill
afront *n* snub
Afryka *n* Africa
Afrykańczyk/Afrykanka *n* African
afrykański *adj* African
agencja *n* agency
agent(ka) *n* **-1.** *(przedstawiciel)* agent,
representative, insurance broker
-2. *(szpieg)* secret service agent, spy

agrafka *n* safety pin
agresja *n* aggression
agrest *n* gooseberry
agresywny *adj* aggressive
ajencja *n (oddział)* branch
ajent(ka) *n* franchise holder
akademia *n* **-1.** *(uczelnia)* academy
-2. *(uroczystość)* ceremony
akademicki *adj* academic; **dom
akademicki** *BrE* hall of residence,
AmE dormitory
akapit *n* paragraph
akcent *n* **-1.** *(wymowa)* accent.
-2. *(nacisk)* stress, emphasis
akcentować *vt* to stress, to emphasize
akceptować *vt* **-1.** *(przyjmować)*
to accept **-2.** *(aprobować)* to approve
of sb/sth
akcja *n* **-1.** *(działanie)* action.
-2. *(kampania)* campaign **-3.** *(fabuła)*
plot **-4.** *(udział finansowy)* share
akcjonariusz *n* shareholder,
stockholder
akcyjny *adj* share
aklimatyzować się *vr* to (re)adjust
akord *n* **-1.** *(w muzyce)* chord
-2. *(rodzaj pracy)* piece-work
akt *n* **-1.** *(czyn)* act, deed
-2. *(dokument)* certificate; **akt zgonu**
death certificate; **akt oskarżenia**
indictment **-3.** *(obraz)* nude
akta *n pl* record(s), file(s)
aktor *n* actor
aktorka *n* actress
aktówka *n* briefcase
aktualny *adj* **-1.** *(bieżący)* current,
present **-2.** *(nowoczesny)* up-to-date,
topical. **-3.** *(o dokumencie)* valid
aktywny *adj* active
akumulator *n* battery
akurat *adv (dokładnie)* exactly; **akurat
gdy** just as, at the very moment that
alarm *n* **-1.** *(urządzenie)* alarm **-2.** *(stan
gotowości)* alert

alarmować vt -**1.** (ostrzegać) to alert, to warn -**2.** (niepokoić) to alarm, to startle
alarmujący adj (niepokojący) appalling, alarming
albo conj or; **albo... albo...** either... or... **lub**
album n album
ale conj but
aleja n -**1.** (przejście, uliczka) alley -**2.** (droga) avenue
alergia n allergy
alfabet n alphabet
aligator n alligator
alimenty npl maintenance, alimony
alkohol n alcohol
alkoholik/alkoholiczka n alcoholic
alkoholowy adj alcoholic
alpinista n climber, mountaineer
alternatywa n alternative, option, choice
aluzja n hint, allusion
amator n -**1.** (nieprofesjonalista) amateur, layman -**2.** (zwolennik, miłośnik) fan, lover
ambasada n embassy
ambasador n ambassador
ambicja n -**1.** (dążenie) ambition -**2.** (pycha) pride
ambitny adj -**1.** (osoba) ambitious -**2.** (rzecz reprezentująca wyższy poziom intelektualny) quality
ambulans n ambulance
ambulatorium n out-patients' (clinic)
Ameryka n America
Amerykanin/Amerykanka n American
amortyzator n shock absorber
analfabeta/analfabetka n illiterate person
analiza n analysis
analizować vt BrE to analyse, AmE to analyze
ananas n -**1.** (owoc) pineapple -**2.** (urwis) rascal
anarchia n anarchy

anatomia n anatomy
anegdota n anecdote
angażować vt -**1.** (zatrudniać) to hire, to employ-**2.** (wciągać) engage, involve
angażować się vr -**1.** (do pracy) to take up a job -**2.** (wciągać się) to become involved, to get involved
Angielka n Englishwoman
angielski n (język) English
→ **angielski** adj English
angina n strep throat
Anglia n England
Anglicy npl the English
Anglik n Englishman
ani conj nor, neither; (z innym wyrazem przeczącym) or, either; **ani... ani...** neither... nor...; (z innym wyrazem przeczącym) either... or...
ani part **ani jeden** not a single; **ani mi się śni!** inf no way!; **ani mi się waż!** don't you (even) dare; ani trochę not a bit
anioł n angel
ankieta n -**1.** (formularz) questionnaire -**2.** (badanie opinii publicznej) poll
antena n aerial; **antena satelitarna** satellite dish; **być na antenie** to be on the air
antybiotyk n antibiotic
antyk n -**1.** (przedmiot) antique -**2.** (okres) antiquity
antykoncepcja n contraception
antykoncepcyjny adj contraceptive
anulować vt (kontrakt) to annul; (rezerwację) to cancel
aparat n (urządzenie) apparatus; **aparat fotograficzny** camera; **aparat słuchowy** hearing aid
apartament n -**1.** (luksusowe mieszkanie) apartment -**2.** (w hotelu) suite
aparycja n appearance
apel n -**1.** (odezwa) appeal -**2.** (zbiórka) assembly

apelacja *n (odwołanie się do sądu wyższej instancji)* appeal
aperitif *n* aperitif
apetyczny *adj* appetizing
apetyt *n* appetite
aprobata *n* approval
aprobować *vt* to approve of sth
apteczka *n* medicine chest; **apteczka pierwszej pomocy** first-aid kit
apteka *n BrE* pharmacy, chemist('s), *AmE* drugstore
aptekarz *n BrE* chemist, *AmE* druggist
Arab(ka) *n* Arab
arab *n (koń)* Arabian (horse)
arabski *n (język)* Arabic
→ arabski *adj* **-1.** *(kraj)* Arab. **-2.** *(cyfra)* Arabic
arbuz *n* watermelon
archeologia *n* archeology
archipelag *n* archipelago
architekt *n* architect
architektura *n* architecture
arcydzieło *n* masterpiece
areszt *n* **-1.** *(uwięzienie)* arrest. **-2.** *(pomieszczenie)* detention ward, detention house
aresztować *vt* to arrest, to detain
aresztowany *n* detainee
argument *n* argument; **argument za/ przeciw** argument for/against
arkusz *n* sheet; **arkusz kalkulacyjny** spreadsheet
armatura *n* fittings, fixtures
armia *n (wojsko)* army
arogancki *adj* arrogant, impertinent
aromat *n* **-1.** *(zapach)* aroma, fragrance **-2.** *(substancja aromatyzująca)* flavouring
artykuł *n* **-1.** *(prasowy)* article; **artykuł wstępny** editorial **-2.** *(towar)* commodity
artykuły *npl (towary)* goods; **artykuły spożywcze** groceries; **artykuły pierwszej potrzeby** necessities
artysta *n* artist

arystokracja *n* aristocracy
as *n* ace; **as pik** ace of spades
asortyment *n* assortment, stock, range
aspiracja *n* aspiration, ambition/Her ambition was always to become a doctor.
aspiryna *n* aspirin
astronomia *n* astronomy
asystent *n* assistant
asystować *vt* **-1.** *(pomagać)* to assist **-2.** *(towarzyszyć)* to accompany, to escort
atak *n* **-1.** *(szarża)* attack, charge **-2.** *(choroby)* fit; **lekki atak wyrostka** a touch of appendix trouble **-3.** *(piłka nożna)* forwards
atakować *vt* **-1.** *(nacierać)* to attack, to charge **-2.** *(w sporcie)* to tackle. **-3.** *(napadać)* to assault
atlas *n* atlas
atmosfera *n* atmosphere
atrakcja *n* attraction;
atrakcyjny *adj* attractive, appealing
audycja *n* programme
Australia *n* Australia
Australijczyk/Australijka *n* Australian
australijski *adj* Australian
autentyczny *adj* authentic, genuine
auto *n* car, *AmE* automobile
autobus *n (miejski)* bus; *(wahadłowy – kursujący między hotelem a lotniskiem)* shuttle bus; *(wycieczkowy)* coach;
autobusowy *adj* bus
autokar *n* coach; *(dla gości hotelu)* courtesy coach
automat *n* (automatic) machine; *(sprzedający papierosy, napoje)* vending machine; *(telefoniczny)* public telephone; *(do gier)* fruit machine
automatyczny *adj* automatic
autor(ka) *n* author, authoress
autorytet *n* **-1.** *(osoba)* authority/ He is a great authority on

phonetics. **-2.** *(władza)* authority
-3. *(poważanie)* prestige, respect
autostop *n* hitchhiking
autostopowicz *n* hitchhiker
autostrada *n BrE* motorway, *AmE*
highway, expressway
awans *n* promotion, advancement
awansować *vt* to promote sb
awansować *vi* to be promoted
awantura *n* row, fuss
awanturnik *n* trouble-maker, rowdy
awanturować się *vr* to cause trouble,
to make a row
awaria *n* breakdown
awaryjny *adj* emergency
awokado *n* avocado (pear)
Azja *n* Asia
Azjata/Azjatka *n* Asian
azjatycki *adj* Asian
azot *n* nitrogen
aż *conj (dopóki)* till, until
→ **aż** *part* **-1.** *(odległość)* as far as-
2. *(ilość)* as many as/as much as; **aż**
tyle that many/much; **aż za dużo**
more than enough

B

babeczka *n* muffin
babka *n* **-1.** *(babcia)* grandmother
-2. *(ciasto)* cake **-3.** *(dziewczyna) inf*
chick
bać się *vr* to be frightened, to be
scared
badacz *n* **-1.** *(naukowiec)* researcher
-2. *(odkrywca)* explorer
badać *vt* **-1.** *(gruntownie poznawać)*
to study. **-2.** *(dokument, pacjenta)*
to examine. **-3.** *(nieznane tereny)*
to explore

badania *npl (naukowe)* research
badanie *n* **-1.** *(lekarskie)* examination,
test **-2.** *(opinii publicznej)* poll
-3. *(śledztwo)* investigation, enquiry
bagaż *n BrE* luggage, *AmE* baggage
bagażnik *n BrE* boot, *AmE* trunk
bagażowy *n* porter
bagna *npl* swamps, marsh
bajka *n* fairy tale, fable
bak *n* (fuel) tank
bakteria *n* germ, bacterium
bal *n* **-1.** *(zabawa)* ball **-2.** *(kłoda)* log
balet *n* ballet
balkon *n* **-1.** balcony **-2.** *(piętro*
widowni teatralnej) circle
balon *n* **-1.** *(statek powietrzny)* hot-air
balloon **-2.** *(balonik)* balloon
bałagan *n* mess
bałwan *n* **-1.** *(śniegowy)* snowman
-2. *(fala)* roller **-3.** *(osoba) inf*
blockhead, idiot
banan *n* banana
banda *n* gang
bandaż *n* bandage
bandyta *n* bandit, mugger
bank *n* bank
bankiet *n* banquet
banknot *n BrE* banknote, note, *AmE*
bill
bankomat *n* cash dispenser, cashpoint
bankructwo *n* bankruptcy
bar *n* bar; **bar kawowy** coffee bar
baran *n* **-1.** *(zwierzę)* ram **-2.** *(głupiec)*
inf halfwit, fool **-3.** *(zodiak)* Aries
baranina *n* mutton
bardziej *adv comp* **bardzo** more;
bardziej niebezpieczny more
dangerous
bardzo *adv (przed przymiotnikiem*
i przysłówkiem) very; *(przed*
czasownikiem i imiesłowem biernym)
very much
bariera *n* barrier
barman *n BrE* barman, *AmE* bartender
barmanka *n* barmaid

barwa n -1. *(kolor)* BrE colour, AmE color -2. *(głosu)* timbre
barwić vt to dye
barwny adj -1. *(wielobarwny)* colourful -2. *(nie czarno-biały)* colour. -3. *(zajmujący)* vivid, engrossing
basen n -1. *(rezerwuar)* basin -2. *(pływalnia)* swimming pool -3. *(naczynie)* bedpan
bateria n battery
baton n bar
bawełna n cotton
bawełniany adj cotton
bawić vt *(zabawiać)* to entertain, to amuse
→**bawić** vi *(gościć gdzieś)* to stay
bawić się vr -1. *(miło spędzać czas)* to have a good time, to have fun; **baw się dobrze!** Enjoy yourself! -2. *(bawić się czymś)* to play with sth. -3. *(bawić się w coś)* to play (at) sth
baza n -1. *(wojskowa)* base -2. *(danych)* database
bazylia n basil
beczka n barrel, cask
befsztyk n (beef) steak
bekon n bacon
beksa n cry-baby
belka n beam, bar
bełkotać vi to gibber, to babble
benzyna n BrE petrol, AmE gasoline, gas
bermudy npl Bermuda shorts
bestia n beast
bestseller n best-seller
beton n concrete
bez n *(krzew)* lilac
→**bez** prep *(czegoś, kogoś)* without
bezalkoholowy adj non-alcoholic
bezbarwny adj -1. *(bez barwy)* colourless -2. *(monotonny, nieciekawy)* drab, dull
bezbłędny adj perfect, flawless
bezbronny adj helpless, unprotected

bezcelowy adj useless.
bezcenny adj priceless, valuable
bezchmurny adj cloudless, clear
bezczelny adj insolent, cheeky
bezczynny adj idle
bezdomny adj homeless
bezkresny adj endless
bezludny adj deserted
bezładny adj chaotic, confused, messy
bezmyślny adj thoughtless, careless
beznadziejny adj hopeless
bezokolicznik n infinitive
bezpieczeństwo n safety, security
bezpiecznik n fuse
bezpieczny adj -1. *(nie zagrożony)* safe, secure -2. *(nie zagrażający)* safe
bezpłatny adj free
bezpośredni adj direct
bezprawny adj unauthorized, unlawful
bezradny adj helpless
bezrobocie n unemployment
bezrobotny adj unemployed, jobless
bezsenność n insomnia, sleeplessness
beztroski adj carefree, light-hearted
bezużyteczny adj useless
bezwartościowy adj worthless
bezwzględny adj -1. *(osoba)* ruthless -2. *(zakaz, przepis)* strict
beżowy adj beige, camel
białaczka n leukaemia
białko n -1. *(związek chemiczny)* protein -2. *(jajka)* (egg) white -3. *(oka)* white
biały adj white
Biblia n the Bible
biblioteka n library
bicie n -1. *(serca)* heartbeat, beating -2. *(dzwonu)* ringing, peal -3. *(zegara)* chiming
bicz n whip
bić vt -1. *(kogoś)* to beat, to hit -2. *(monety)* to mint -3. *(ubijać)* to whip, to whisk **ubijać**
→**bić** vi *(o zegarze)* to strike, to chime

bić się *vr* to fight
biec *vi* to run
biedacy *npl* the poor
biedniejszy *adj comp* poorer, worse
bieda *n* poverty
biedny *adj* poor
bieg *n* **-1.** *(ruch)* run
   -2. *(samochodowy)* gear
   -3. *(przebieg wydarzeń)* course.
biegacz *n* runner
biegać *vi* to run
biegle *adv* *(mówić)* fluently; *(sprawnie, poprawnie)* proficiently, expertly
biegunka *n* diarrhoea
bielizna *n* underwear, underclothes
bierny *adj* passive, inactive, inert
bieżący *adj* **-1.** *(aktualny, obecny)* current, present **-2.** *(płynący)* bieżąca woda running water
bilard *n* billiards, pool, snooker
bilet *n* ticket
biodro *n* hip
biografia *n* biography
biologia *n* biology
biszkopt *n* sponge cake
bita śmietana *n* whipped cream
bitwa *n* battle
biurko *n* desk, workstation
biuro *n* *(pomieszczenie)* office; *(instytucja)* office, bureau
biustonosz *n* bra, brassiere
biwak *n* camp
biwakować *vi* to camp
biznesman *n* businessman
biżuteria *npl* jewellery
blacha *n* **-1.** *(płyta metalowa)*sheet metal **-2.** *(do pieczenia)* baking-pan
blady *adj* pale
blask *n* *(klejnotów)* glitter; *(księżyca)* glow; *(słońca)* glare; *(sławy)* glamour
bliski *adj* close
blisko *adv* **-1.** *(w przestrzeni)* close, near. **-2.** *(w czasie)* near. **-3.** *(prawie)* almost

blizna *n* scar
bliźniak *n* twin
blok *n* **-1.** *(budynek mieszkalny)*block of flats **-2.** *(listowy)* writing pad
blokada *n* blockade
blond *adj* blond
blondynka *n* blonde
bluza *n* sweatshirt
bluzka *n* blouse
błagać *vi* to beg
błąd *n* mistake, error, slip
błąkać się *vr* to wander (about), to ramble, to roam
błędny *adj* wrong, false
błękitny *adj* blue
błogosławić *vt* to bless
błotnik *n* *(samochodowy)* wing; *(rowerowy)* mudguard
błotnisty *adj* muddy
błoto *n* mud
błysk *n* flash
błyskawica *n* lightning
błyskawiczny *adj* instant, immediate
błyskotliwy *adj* brilliant, bright, witty
błyszczący *adj* shiny, glittering, glistening
błyszczeć *vi* *(o słońcu)* to shine; *(o klejnotach)* to glitter
bo *conj* because, for the reason that
bochenek *n* loaf
bocian *n* stork
boczny *adj* side
bogaci *npl* the rich
bogactwo *n* wealth, fortune
bogaty *adj* rich, wealthy, well-off
bohater *n* hero; bohater powieści character
boisko *n* sports field, sports ground
bojaźliwy *adj* timid, fearful
bok *n* side
boks *n* **-1.** *(sport)* boxing
   -2. *(przegroda)* box
boleć *vi* to ache, to hurt

bolesny adj -1. (powodujący ból) painful. -2. (obolały, wrażliwy) sore, sensitive
bomba n -1. (pocisk) bomb -2. (sensacja) sensation, scoop
bombowy adj smashing
bon n coupon, voucher
bonifikata n discount, rebate
borować n to drill
borykać się vr to struggle, to grapple
boski adj -1. (pochodzący od Boga) divine -2. (wspaniały) heavenly
boso adv barefoot
boży adj God's
bób n broad bean
bóbr n beaver
bóg n god
bójka n fight, brawl
ból n pain, ache
brać vt to take
brak n -1. (czasu, zainteresownia) lack; (niedobór) shortage. -2. (bubel) inf dud, defective product
brakować vt to lack
brakujący adj missing
brama n gate, gateway
bramkarz n (na boisku) goalkeeper; (w dyskotece) inf bouncer
bransoletka n bracelet, bangle
branża n line, trade, industry
brat n -1. brother -2. (zakonnik) friar
bratanek n nephew
bratanica n niece
bratowa n sister-in-law
brąz n -1. (kolor) brown -2. (metal) bronze
brązowy adj -1. (kolor) brown -2. (z brązu) bronze
brew n eyebrow
broda n -1. (część twarzy) chin -2. (zarost) beard
brodzik n paddling pool
bronić vt -1. (podejmować obronę) to defend -2. (strzec) to guard. -3. (zakazywć) to forbid

bronić się vr to defend oneself
broń n weapon; (oręż) npl arms
broszka n brooch
broszura n prospectus, booklet, brochure
brud n dirt, filth
brudny adj dirty, filthy
brukowiec n -1. (czasopismo) tabloid -2. (kamień) cobble, cobble-stone
brukselka n Brussels sprout
brutalny adj brutal, brute
brutto adj gross
brylant n diamond
brytyjski adj British
brzeg n (krawędź) edge, rim; (naczynia) brim; (morza) coast, seashore; (rzeki) riverside, bank; **wystąpić z brzegów** to overflow.
brzmieć vi to ring, to sound
brzoskwinia n peach
brzuch n belly, stomach
brzydki adj ugly
budka n (z gazetami) kiosk; **budka telefoniczna** telephone box
budowa n -1. (budowanie) construction, building-2. (skład) composition. -3. (typ sylwetki) build
budować vt to construct, to build, to erect
budowla n construction, structure
budynek n building
budzenie n (w hotelu) wake-up call
budzić vt -1. (kogoś) to wake sb up- 2. (niepokój, obawy) to concern
budzić się vr to wake, to awake
budzik n alarm clock
budżet n budget
bufet n -1. (lada) buffet, counter -2. (rodzaj serwowania posiłków) bufet
bujać vt -1. (huśtać) to dangle, to swing, to rock -2. (oszukiwać) inf to fib, to kid -3. **bujać w obłokach** to daydream

bujny adj (wyobraźnia) vivid; (włosy) luxuriant, thick; (roślinność) lush

bukiet n **-1.** (kwiatów) bunch, bouquet **-2.** (aromat wina) body, bouquet

bulion n consomme, broth

bulwersować vt to shock, to appal

bułeczka n roll

bunt n rebellion, revolt

buntować się vr to rebel, to revolt

buntownik n rebel, rioter

burak n beetroot, beet

burmistrz n mayor

bursztyn n amber

burza n tempest, storm

burzliwy adj **-1.** (pogoda) stormy. **-2.** (sytuacja, dyskusja) turbulent, violent

burzyć vt to demolish, to tear sth down

but n shoe

butelka n bottle

butik n boutique

buty npl shoes

być vi to be

byk n **-1.** (zwierzę) bull; **-2.** (błąd) inf boob, clanger; **-3.** (zodiak) Taurus

byle part any; **byle jak** carelessy; **byle co** anything

były adj (poprzedni) former

bystry adj bright, quick-witted, inf brainy

byt n existence

bywać vi (udzielać się towarzysko) to socialize, to mingle, to mix

bzdura n nonsense, inf tripe → **absurd**

bzik n fixation

C

cal n inch, (skrót) in

całkiem adv all, quite, altogether

całkowicie adv entirely, completely, fully, absolutely, wholly

całkowity adj (zupełny) complete, total, overall, utter

całość n whole, lot

całować vt to kiss

cały adj whole, entire

cebula n onion

cecha n feature, quality

cegła n brick

cel n **-1.** (dążenie) aim, goal, purpose **-2.** (zadanie) objective **-3.** (obiekt, do którego się mierzy) target

celnik n customs officer

celny adj **-1.** (urząd) customs **-2.** (trafny) right, accurate, apt

celowy adj deliberate, intentional

celtycki adj Gaelic

cement n cement

cena n price, rate.

cenić vt to value, to prize

cenić się vr to have self-esteem/self-respect

cennik n price list

cenny adj valuable, precious

centrala n **-1.** (telefoniczna) switchboard, telephone exchange **-2.** (nadrzędna instytucja) head-quarters

centralny adj central

centrum n centre

centymetr n BrE centimetre, AmE centimeter

cera n complexion

ceramika n **-1.** (sztuka) ceramics **-2.** (wyroby) ceramics, pottery, earthenware

ceremonia n ceremony

cham n lout, boor

chandra n inf the blues

chaos n confusion, chaos

chaotyczny adj chaotic, disorganized, incoherent

charakter n character, nature

charakterystyczny adj characteristic, typical

charytatywny adj charitable

chcieć vt want, would like, wish

chciwość n greed

chciwy adj greedy

chemia n chemistry

chemik n chemist

chętnie adv willingly, gladly, eagerly

chętny adj willing, eager, ready

chiński adj Chinese

→ **chiński** n (język) Chinese

chińszczyzna n **-1.** (jedzenie) Chinese food **-2.** (coś niezrozumiałego) double Dutch, inf gibberish

chipsy npl BrE crisps, AmE chips

chirurg n surgeon

chleb n bread

chlor n chlorine

chluba n credit, pride

chłodnica n radiator

chłodny adj **-1.** (o pogodzie) cool, chilly **-2.** (o człowieku) reserved, distant

chłodziarka n fridge

chłonny adj **-1.** (absorbujący wilgoć) absorbent **-2.** (absorbujący wiedzę) receptive

chłop n **-1.** (wieśniak) peasant **-2.** (mężczyzna) inf guy, chap

chłopak n (sympatia) boyfriend, date

chłopiec n boy, lad

chmura n cloud

chociaż conj although, though

chociaż part **chociaż raz** for once

chodnik n **-1.** (trotuar) pavement **-2.** (dywan) runner

chodzić vi **-1.** (spacerować) to walk, to stroll **-2.** (uczęszczać) **chodzić**

do kościoła/szkoły to go to church/school **-3.** (funkcjonować) to work **zegarek nie chodzi** the watch doesn't work; **o co chodzi?** inf what's up?, what's the problem?; **chodzi mi o to...** what I mean is..; **jeśli o mnie chodzi** for my part; **chodzić z kimś** to date sb, to go out (with sb)

choinka n (w lesie) spruce; (świąteczna) Christmas tree

choroba n (schorzenie) disease

chorować vi to be ill

chory n patient

→ **chory** adj (osoba) ill, sick, ailing; (część ciała) diseased, bad.

chować vt **-1.** (ukrywać) to hide, to conceal. **-2.** (odkładać na miejsce) to put sth away **-3.** grzebać zmarłego) to bury

chować się vr **-1.** (ukrywać się) to hide **-2.** (wychowywać) to be brought up

chór n **-1.** (zespół śpiewaków) choir, chorus **-2.** (galeria) choir

chrapać vi to snore

chrapliwy adj hoarse

chronić vt **-1.** (zabezpieczać) to protect, to guard, to shield. **-2.** (osłaniać) to shelter **-3.** (przed wyginięciem) to preserve, conserve

chronić się vr to shelter, to take shelter

chroniony adj (będący pod ochroną) (legally) protected

chrupiący adj crunchy, crispy

chrzan n horseradish

chrząszcz n beetle

chrzcić vt to baptize, to christen

chrzest n baptism

chrzestna n godmother

chrzestny n godfather

chrześcijanin n Christian

chrześcijański adj Christian

chrześniak n godson

chudnąć vi to lose weight

chudy adj -**1.** (człowiek) thin, skinny -**2.** (mięso) lean

chuligan n hooligan, inf yob

chusteczka n (do nosa) handkerchief, inf hanky; (higieniczna) tissue

chustka n headscarf

chwalić vt to praise, to commend

chwalić się vr to boast (about sth), to brag (about sth

chwast n weed

chwiać się vr to wobble

chwiejny adj -**1.** (o osobie) indecisive -**2.** (niestabilny) unstable, shaky

chwila n moment, while, instant

chwileczkę! excl just a minute!

chwilowo adv -**1.** (obecnie) at the moment -**2.** (przejściowo) temporarily

chwyt n -**1.** hold, grip, catch -**2.** (podstęp) trick

chwytać vt -**1.** (łapać) grasp, catch hold of sth, snatch -**2.** (rozumieć) to grasp, inf to catch. -**3.** (przyjąć się) to catch on

chyba part probably

chybić vt to miss.

chytry adj -**1.** (skąpy) mean, grudging -**2.** (przebiegły) cunning, sly

ci pron pl these; **ci mężczyźni** these men

ci pron (tobie) you

ciało n body

ciasny adj -**1.** (obcisły) tight; -**2.** (o pokoju) inf poky, too small. -**3.** (ograniczony) **osoba o ciasnym umyśle** narrow-minded person

ciastko n pastry, cake

ciasto n -**1.** (surowe) dough; **ciasto na naleśniki** batter -**2.** (wypiek) cake; **ciasto z owocami** tart; **ciasto francuskie** puff cake

ciąć vt to cut, to slash; **ciąć na plasterki** to slice

ciąg n -**1.** (seria wydarzeń, liczb) series, sequence, string.

-**2.** (komunikacyjny) route; **dalszy ciąg** (powieści, filmu) sequel

ciągle adv -**1.** (nadal) still -**2.** (nieustannie) continually, continuously, constantly.

ciągły adj continuous, constant, continual

ciągnąć vt (pociągać, szarpać, wlec) to pull, to draw

ciągnąć się vr -**1.** (o terenie) to extend, to stretch, to spread. -**2.** (trwać długo) to to drag (on)

ciąża n pregnancy

cicho adv quietly, silently

cichy adj -**1.** (nie czyniący hałasu) silent, quiet. -**2.** (o głosie, dźwięku) low-key, soft -**3.** (spokojny) quiet, tranquil, calm

ciebie pron you; **list od ciebie** a letter from you; **telefon do ciebie** a call for you

ciecz n liquid

ciekawić vt to interest, to intrigue

ciekawość n curiosity

ciekawy adj -**1.** (interesujący) interesting, exciting. -**2.** (zainteresowany) curious, interested

cielęcina n veal

ciemność n darkness, blackness

ciemny adj -**1.** (kolor, włosy) dark. -**2.** (podejrzany) shady

cienki adj thin

cień n -**1.** (kształt) shadow -**2.** (miejsce) shade

ciepło n warmth, heat

→ **ciepło** adv warm, warmly

ciepły adj -**1.** (dzień, ubranie) warm -**2.** (serdeczny) friendly, sincere -**3.** (kolor, głos) mellow

cierpieć vt (doznawać czegoś) to suffer, to endure

cierpieć vi (znosić ból) to suffer, to be in pain

cierpienie n suffering, misery

cierpliwie adv patiently
cierpliwość n patience
cierpliwy adj patient
cieszyć się vr to be glad, to be delighted, to be pleased
cieśnina n strait
cięcie n cut
ciężar n -1. (waga) weight -2. (ładunek) load -3. (uciążliwość) burden
ciężarówka n lorry
ciężki adj -1. (o dużej wadze) heavy; -2. (trudny) hard, tough. -3. (poważny) serious, severe
ciężko adv hard, heavily, badly
cios n -1. (uderzenie) blow, punch. -2. (bolesne przeżycie) sorrow, shock
ciotka n aunt
cisza n silence, quietness
ciśnienie n pressure
cło n duty
cmentarz n cemetery, graveyard
co pron what
co part co do mnie for my part, as far as I am concerned; co drugi dzień every other day; co najmniej at least
codziennie adv every day, daily
codzienny adj everyday, daily
cofać się vr -1. (uciekać) to retreat. -2. (usuwać się) to move back, to step back.
cofać vt -1. (samochód) to reverse, to back -2. (odwołać, anulować) to reverse, to withdraw
cokolwiek pron (jako dopełnienie) anything; (jako człon łączący zdanie podrzędne ze zdaniem nadrzędnym) whatever.
coraz adv more and more, increasingly
coś pron (w zdaniach twierdzących) something; (w pytaniach) anything
cotygodniowy adj weekly
córka n daughter
cuchnący adj smelly; inf whiffy → śmierdzący
cuchnąć vi to stink, to reek

cud n -1. (zjawisko nadprzyrodzone) miracle -2. (coś pięknego, godnego podziwu) wonder.
cudowny adj -1. (nadprzyrodzony) miraculous -2. (wspaniały) wonderful, gorgeous, marvel-lous
cudzoziemiec n foreigner, alien
cukier n sugar
cukierek n BrE sweet, AmE candy
cukinia n courgette
cukrzyca n diabetes
cwany adj sly, cunning, shifty
cyfra n numeral, digit
cyfrowy adj digital, numeral
Cygan(ka) n Gypsy
cygaro n cigar
cykl n cycle
cylinder n -1. (w silniku) cylinder -2. (kapelusz) top hat
cyna n tin
cynamon n cinnamon
cyniczny adj cynical
cynk n zinc
cyrk n circus
cysterna n tanker
cytat n quotation
cytować vt to quote
cytryna n lemon
cywil n civilian
cywilizacja n civilization
cywilizowany adj civilized
cywilny adj civil
czaić się vr to lurk
czajnik n kettle
czapka n cap
czar n -1. (urok osobisty) charm -2. (zaklęcie) spell
czarny adj black
czarownica n witch
czarujący adj charming, enchanting
czas n -1. time -2. (w gramatyce) tense; czas przyszły future (tense)
czasami adv sometimes, occasionally

czasopismo n periodical, journal, magazine
czasownik n verb
czaszka n skull
cząstka n (fragment całości) fraction, segment; (drobinka) particle
czcić vt -1. (Boga) to worship -2. (pamięć, rocznicę) to commemorate, to celebrate
czek n cheque
czekać vi to wait
czekolada n chocolate
czekoladowy adj chocolate
czepek n -1. (kobiece nakrycie głowy) bonnet -2. (kąpielowy) bathing cap
czepiać się vr -1. (chwytać się czegoś) to cling to sth, to stick to sth. -2. (szukać zaczepki) to get at sb
czereśnia n cherry
czerń n black
czerpać vt -1. (wodę) to draw -2. (przyjemność, korzyści) to derive, to draw, to get sth out of sb/sth
czerwiec n June, (skrót) Jun
czerwień n red
czerwony adj red
czesać się vr -1. (rozczesywać włosy) to comb one's hair -2. (robić fryzurę) to do one's hair, to have one's hair set.
czesne n tuition
cześć n -1. (uwielbienie, szacunek) reverence -2. (pożegnanie) excl inf cheerio!, see you!; (powitanie) hi!, hello!
często adv often, frequently; **jak często?** how often
częstotliwość n frequency
częsty adj frequent, common
częściowo adv partly, partially
część n part
członek n -1. (stowarzyszenia) member -2. (część ciała) limb
członkostwo n membership

człowiek n human (being), man, individual
czołg n tank
czoło n -1. (część twarzy) forehead -2. (przód) front
czosnek n garlic
czterdziesty num fortieth
czterdzieści num forty
czternasty num fourteenth
czternaście num fourteen
cztery num four
czterysta num four hundred
czubek n -1. (drzewa) top; (języka, palców) tip; (noża) point -2. (wariat) inf nut, weirdo
czuć vt (coś) to feel
czuć się vr to feel
czujnik n sensor, detector
czujny adj alert, vigilant, watchful
czułość n tenderness
czuły adj -1. (serdeczny, tkliwy) tender, affectionate -2. (wrażliwy) sensitive
czuwać vi -1. (mieć się na baczności) to be on the alert -2. (nie spać) to keep awake
czwartek n Thursday, (skrót) Thurs
czwartoklasista n fourth-former
czwarty num fourth
czworokąt n quadrangle
czy part (w zdaniu głównym pytającym) **czy byłeś w Anglii?** have you been to England?; **czy jesteś głodny?** are you hungry?; **czy znasz Annę?** do you know Anna?; **czy chciałbyś kanapkę?** would you like a sandwich?; **czy dobrze się bawiłeś?** did you have a good time?; **czy mogę usiąść?** may I sit down?; **czy mam powtórzyć?** shall I repeat?
czy conj -1. (w zdaniach zależnych) if, whether -2. (alternatywa) or
czyj pron whose
czyjś pron somebody's, someone's
czyn n deed, act

czynić vt (robić) to do
czynnik n factor, agent
czynność n activity, action
czynny adj **-1.** (aktywny)
active**-2.** (o sklepie) open
czynsz n rent
czystość n **-1.** (ład) cleanliness
-2. (przejrzystość) clarity
-3. (cnotliwość) chastity
czysty adj **-1.** (pokój) clean
-2. (alkohol) neat, pure
-3. (niezapisany) blank **-4.** (zupełny)
sheer; **czysty przypadek** sheer
coincidence
czyścić vt to clean
czytać vt to read
czytanie n reading
czytelnik n reader
czytelny adj legible, readable
czytnik n scanner; **czytnik płyt
kompaktowych** CD-Rom

Ć

ćma n moth
ćpun(ka) n inf junkie, dopehead
ćwiartka n quarter
ćwiczenie n **-1.** (czynność
wykonywana dla wprawy) practice.
-2. (gimnastyka) exercise**-3.** (szkolne)
exercise, drill
ćwiczyć vt (dla wprawy) to practise
→ **ćwiczyć** vi (gimnastykować się)
to exercise, to work out
ćwierkać vi to chirp

D

dach n roof
dać vt → **dawać**
daktyl n date
dalej adv (w przestrzeni) further,
farther, onward
daleki adj distant
daleko adv far, far away
dama n **-1.** (kobieta) lady
-2. (wkartach) queen
dane npl data
danie n **-1.** (część posiłku)
course**-2.** (potrawa) dish
dar n **-1.** (podarunek) gift, present
-2. (uzdolnienie) gift, flair
daremny adj futile, vain
darmowy adj free
darować vt **-1.** (ofiarować) to donate,
to present. **-2.** (wybaczyć, zwolnić
od zobowiązania) **darować karę**
to pardon
darowizna n donation
data n date
datek n **-1.** (jałmużna) alms
-2. (na jakiś cel) donation
dawać vt to give, to offer
dawca n donor
dawka n dose
dawkowanie n dosage
dawno adv long; **dawno temu** long
ago
dawny adj former, past
dąb n oak
dąsać się vr to sulk
dążenie n aspiration
dążyć vi (do czegoś) to aim at sth,
to aspire to sth
dbać vi care
debata n debate
debet n overdraft, debit

decydować vi -1. (mieć decydujące znaczenie) to determine -2. (podejmować decyzję o czymś) to decide on sth.

decydować się vr to decide, to make up one's mind

decydujący adj -1. (ostateczny) decisive, conclusive. -2. (bardzo ważny) crucial

decyzja n decision

deficyt n deficit, shortage

definicja n definition

definiować vt to define

definitywny adj definite, final.

dekada n decade

deklaracja n -1. (oświadczenie) declaration -2. (zobowiązanie) pledge

dekolt n neckline

dekoracja n -1. (teatralna) set, scenery -2. (ozdoba) decoration, ornament

dekorować vt to decorate; (półmisek, danie) to garnish

delegat(ka) n delegate

delegować vt to delegate

delektować się vr to savour

delfin n dolphin

delikatesy npl -1. (smakołyki, przysmaki) delicacies -2. (sklep) delicatessen

delikatnie adv delicately, gently

delikatny adj -1. (czuły) gentle, tender -2. (drobny) delicate -3. (wątły, kruchy) delicate, fragile -4. (drażliwy) sensitive -5. (subtelny) subtle, mild

demokracja n democracy

demokratyczny adj democratic

demolować vt to vandalize

demonstracja n demonstration

demonstrować vt -1. (prezentować coś) to demonstrate sth, to show sth -2. (protestować przeciwko czemuś) to demonstrate against sth, to protest against sth

denerwować vt to irritate, to annoy, to upset

denerwować się vr -1. (być poirytowanym) to be irritated, to be annoyed -2. (martwić się, niepokoić) to be nervous (about sth), inf to be in a flap

denerwujący adj annoying, infuriating

dentysta n dentist

departament n department

deponować vt to deposit

deportować vt to deport

depresja n depression

deptak n promenade, pedestrian precinct

dermatolog n dermatologist

deser n dessert, inf pudding

deska n (gruba) board; (cienka) plank

deskorolka n skateboard

deszcz n rain

deszczowy adj rainy

detal n -1. (szczegół) detail -2. (handel detaliczny) retail

detektyw n detective

dewiza n -1. (myśl przewodnia) motto -2. **dewizy** npl (zagraniczne środki płatnicze) foreign exchange

dezaprobata n disapproval

dezodorant n deodorant

dębowy adj oak

dętka n (opony) inner tube, (piłki) bladder

dęty adj (instrument) brass, wind

diagnoza n diagnosis

diament n diamond

dieta n diet

dietetyczny adj diet

dla prep for

dlaczego conj why

dlatego conj -1. (a zatem, więc) therefore, so. -2. (z tego powodu) that's why -3. (ponieważ, dlatego, że) because

dłoń n palm

dług n debt

długi *adj* long
długo *adv* long, a long time; **jak długo?** how long?
długopis *n* ballpoint, ballpoint pen
długość *n* **-1.** *(wymiar liniowy)* length **-2.** *(geograficzna)* longitude **-3.** *(okres trwania w czasie)* span
dłużnik *n* debtor
dmuchać *vi* to blow
dno *n* **-1.** *(spód, dolna ścianka)* bottom **-2.** *(morza)* bed
do *prep* **-1.** *(w kierunku)* to; *(do wnętrza)* into; *(do przodu)* forward/; *(do tyłu)* backwards. **-2.** *(nie dłużej niż)* till, until; *(najpóźniej do)* by. **-3.** *(maksymalnie, najwyżej)* up to. **-4.** *(przeznaczenie, cel)* for
doba *n* day
dobierać *vt* *(selekcjonować)* to select; *(dopasowywać coś do czegoś)* to match sth up (with sth)
dobijać *vt* **-1.** *(zabić, wykończyć)* inf to finish sb off **-2.** *(targu)* to strike a bargain (with sb)
dobór *n* selection
dobranoc! *excl* good night!
dobrany *adj* matching, suited
dobro *n* good
dobrobyt *n* prosperity, well-being
dobroczynność *n* charity
dobrowolny *adj* voluntary
dobry *adj* good
dobrze *adv* well
dobytek *n* belongings, possessions
docelowy *adj* target
doceniać *vt* *(kogoś, coś)* to appreciate sb/sth
dochodowy *adj* *(przynoszący dochód)* profitable
dochodzenie *n* investigation, inquiry
dochodzić *vi* **-1.** *(docierać do jakiegoś miejsca)* to reach, to get to; *(o liście, przesyłce)* to arrive; *(osiągać*

cel) to attain. **-2.** *(prowadzić dochodzenie)* to investigate
dochód *n* **-1.** *(zarobki)* income **-2.** *(zysk)* profit
docierać *vi* to reach, to arrive
dojeżdżać *vi* *(docierać)* to reach, to get to
dojrzały *adj* **-1.** *(człowiek)* mature, grown up **-2.** *(owoc, ser)* ripe
dojrzewać *vi* **-1.** *(o człowieku, planach, winie)* to mature. **-2.** *(oroślinach, serach)* to ripen.
dojrzewanie *n* **wiek dojrzewania** adolescence; **okres dojrzewania płciowego** puberty
dojście *n* *(dostęp)* access
dojść → **dochodzić**
dokąd *pron* where (to)
dokądkolwiek *pron* wherever, anywhere
dokładać *vt* *(dodawać)* to add
dokładny *adj* accurate, exact, precise
dokoła *adv* around
dokonać *vt* **-1.** *(osiągnąć cel)* to accomplish sth, to achieve sth **-2.** *(zrobić, przeprowadzić)* to make, to effect;
dokończyć *vt* to finish, to finish off
doktor *n* **-1.** *(lekarz)* doctor, *(skrót)* Dr **-2.** *(tytuł naukowy)* Doctor of Philosophy, *(skrót)* PhD
dokuczać *vt* to tease (sb), to nag.
dokuczliwy *adj* nagging, bothersome
dokument *n* document
dokumenty *npl* inf papers
dolać → **dolewać**
dolar *n* dollar; AmE inf buck, green, dead president
dolegać *vi* to give trouble
dolegliwość *n* trouble, ailment
dolewać *vt* to top (sth) up, to refill
dolina *n* valley
dolny *adj* bottom, lower
dołączać *vt* *(do listu)* to enclose
dołączać się *vr* to join

dołek n hole

dom n -**1.** (budynek) house -**2.** (rodzinny) home

domagać się vt to demand (sth), to claim (for) sth

domek n (letniskowy) chalet; (wiejski) cottage

dominować vi (przeważać) to predominate; (nad kimś) vt to dominate sb.

domowy adj home, domestic

doniczka n flower-pot

donosić vt -**1.** (dostarczać) to deliver -**2.** (informować) to inform (about sth) -**3.** (relacjonować wydarzenie) to cover; (na kogoś) vi to report sb to sb (for sth), to inform on sb

dookoła prep around, round

dopasowywać vt -**1.** (dostosować rozmiar, kształt) to fit -**2.** (dobierać pod jakimś względem) to match sth up with sth

dopasować się vr to adjust oneself (to sth); to adapt oneself (to sth)

dopełnienie n object

dopiero adv only, just

dopilnować vt (kogoś/czegoś) to see to sb/sth

dopłacać vt to pay extra

dopłata n extra charge, surcharge

dopływ n -**1.** (rzeki) tributary -**2.** (energii, kapitału) supply

dopóki adv as long as; **dopóki nie** until

doprowadzać vt (dostarczać wodę, prąd) to supply

dopuszczać vt **dopuszczać kogoś do głosu** to let sb speak

dopuszczalny adj acceptable, permissible

doradzać vt to advise, to counsel

dorastać vi to grow up

doręczać vt to deliver

dorosły n adult, grown-up

→ **dorosły** adj adult, grown up

dorównywać vt **dorównywać czemuś** to come up to sth, to match up to sth, to match; **dorównywać komuś w czymś** to equal sb in sth

dorsz n cod

dorywczy adj seasonal, casual

dosięgać vt to reach sth, to get at sth

doskonalić vt to perfect, to improve

doskonały adj excellent, perfect, ideal

dosłyszeć vt to hear, to catch.

dostać vt -**1.** (otrzymać) to get, to receive, to obtain -**2.** (nabawić się choroby, zachorować) to catch, to get

dostać się vr to get

dostarczać vt (pocztą, towary) to deliver; (informacje, pomoc) to supply, to provide

dostatecznie -**1.** adv (wystarczająco) enough, sufficiently -**2.** (zadowalająco) adequately, satisfactorily.

dostateczny adj -**1.** (wystarczający) sufficient -**2.** (zadowalający) satisfactory, fair, adequate

dostawa n delivery, supply

dostęp n access

dostępny adj -**1.** (o miejscu, informacji, osobie) accessible. -**2.** (towar) available, accessible -**3.** (cena) reasonable, affordable -**4.** (przystępny, zrozumiały) comprehensible

dostosowywać vt (coś do czegoś) to adapt sth to sth, to adjust sth to sth

dostosowywać się vr (do kogoś/czegoś) to adapt/adjust oneself to sb/sth

dostrzec vt to notice, to spot, to catch sight/ glimpse of sth

dosyć adv -**1.** (wystarczająco dużo) enough -**2.** (stosunkowo, całkiem, raczej) quite, fairly, rather

doświadczenie n **-1.** (zawodowe, życiowe) experience **-2.** (naukowy eksperyment) experiment, test

doświadczony adj experienced

dotacja n subsidy, grant

dotkliwy adj severe, acute

dotrzymywać vt to keep

dotychczas adv so far, yet, up to now, until now

dotyczyć vt (kogoś/czegoś) to concern sb/sth, to apply to sb/sth

dotykać vt **-1.** (ręką, palcami) to touch, to finger **-2.** (urazić) to hurt **-3.** (o chorobie, nieszczęściu) to afflict

dowcip n joke

dowcipny adj witty

dowiadywać się vr to inquire

dowiedzieć się vr to learn, to find out, to hear

dowodzić vt **-1.** (udowadniać) to prove, to demonstrate **-2.** (kierować, stać na czele) to command, to be in command

dowód n proof; (prawny) evidence

dowódca n commander, chief

doznawać vt to experience, to meet with

dozorca n caretaker

dozwolony adj permissible

dół n **-1.** (w ziemi) pit, hole **-2.** (najniższa część) bottom

drabina n ladder

dramat n **-1.** (sztuka teatralna) drama **-2.** (nieszczęście) tragedy

dramaturg n playwright, dramatist

drapać vr to scratch

drapieżnik n predator

drastyczny adj drastic

drażliwy adj sensitive, touchy

drażniący adj **-1.** (wywołujący podrażnienie) irritating **-2.** (denerwujący) annoying, exasperating, irritating

drażnić vt **-1.** (wywoływać podrażnienie) to irritate **-2.** (denerwować) to annoy, to tease, to provoke

dres n track suit

drewniany adj wooden

drewno n wood, timber

dręczyć vt to torment, to harass

drętwy adj **-1.** (pozbawiony czucia) numb. **-2.** (nudny) **drętwe przyjęcie** inf boring/dull party

drgać vi (o osobie) to twitch; (ostrunie) to vibrate; (o płomieniu) to flicker

drobiazg n **-1.** (niewielki przedmiot) trinket **-2.** (sprawa małej wagi) trifle. **-3. drobiazg!** excl (wodpowiedzi na „przepraszam") never mind!; (wodpowiedzi na „dziękuję") not at all!, don't mention it!

drobny adj small; (mały, wątły) puny, slight; (oniewielkim znaczeniu) petty, minor; (drobnoziarnisty) fine

droga n road, way, path

drogi adj **-1.** (o osobie) dear **-2.** (kosztowny) expensive, costly, valuable

drogocenny adj precious

drogowskaz n signpost

drób n poultry

drugi num second

drugorzędny adj secondary, minor, second-rate

druk n print

drukarz n printer

drukować vt to print

drut n wire; (do robót dziewiarskich) knitting needle

drużyna n team

drzeć vt to tear, to rip

drzeć się vr **-1.** to tear **-2.** (krzyczeć) inf to bawl, to yell

drzemać vi to doze, to nap, to snooze

drzemka n nap, snooze

drzewo n tree

drzwi n door

drżeć vi to tremble, to shiver
duch n -1. (zjawa) ghost, phantom -2. (dusza) soul, spirit; **ani żywego ducha** not a soul. -3. (nastawienie, animusz) spirit
duma n pride
dumny adj proud
dusić vt -1. (mordować) to strangle -2. (o dymie) to choke -3. (ukrywać, dusić w sobie) to choke sth back, to suppress. -4. (o potrawie) to stew, to braise
dusić się vr to suffocate, to choke
dusza n soul, spirit
duszny adj stuffy, airless; (o powietrzu) muggy
duszony adj (o potrawie) stewed, braised
dużo adv (z rzeczownikiem policzalnym i niepoliczalnym) a lot of, inf lots of/a lot of time; (z rzeczownikami policzalnymi) many/many students; (z rzeczownikami niepoliczalnymi) much/much trouble
duży adj big, large; (o rozmiarach) king-size/ a king-size shirt
dwa num two
dwadzieścia num twenty
dwanaście num twelve
dwieście num two hundred
dworzec n station
dwójka n two; (pokój hotelowy dla dwóch osób) double room
dwór n (ziemiański) manor, manor-house; (królewski) court; **na dworze** outside
dwu num two-
dwudziesty num twentieth
dwujęzyczny adj bilingual
dwunasty num twelfth
dwuosobowy adj (łóżko, pokój) double/a double bed/room; (zespół) duo

dwuznaczny adj ambiguous, suggestive
dyktando n dictation
dyktować vt to dictate
dym n smoke
dynamiczny adj dynamic
dynamit n dynamite
dynastia n dynasty
dynia n pumpkin
dyplom n diploma
dyplomowany adj qualified
dyplomowy adj **praca dyplomowa** thesis
dyrekcja n management
dyrektor n manager; **dyrektor naczelny** manag-ing director; **dyrektor wydziału** department head; **dyrektor szkoły** principal, headmaster
dyrygować vt (orkiestrą) to conduct
dyscyplina n -1. (rygor) discipline, order -2. (sportowa) discipline, game
dysk n -1. (w sporcie) discus -2. (w komputerze) disk
dyskoteka n disco, discotheque
dyskretny adj -1. (o osobie) discreet -2. (o kolorze) sober
dyskryminacja n discrimination
dyskryminować vt to discriminate
dyskusja n discussion, debate
dyskutować vt (omawiać coś) to discuss sth
dyskwalifikacja n disqualification
dyskwalifikować vt to disqualify
dystrybutor n -1. (osoba) distributor -2. (urządzenie) **dystrybutor paliwa** pump
dywan n carpet
dyżur n duty hours
dzbanek n jug; **dzbanek do herbaty** teapot; **dzbanek do kawy** coffeepot
dziać się vr to go on; **co się dzieje?** what's going on?; **co się z tobą dzieje?** what's the matter with you?

dziadek *n* **-1.** *(ojciec ojca)* grandfather **-2.** *(do orzechów)* nutcracker(s)

dział *n* department, section, division

działać *vi* **-1.** *(prowadzić działania)* to act, to operate **-2.** *(funkcjonować)* to work , to function

działalność *n* activity

działanie *n* **-1.** *(czynność, akcja)* action **-2.** *(funkcjonowanie)* operation, functioning

działka *n* **-1.** *(grunt)* plot **-2.** *(ogródek)* allotment **-3.** *(udział w zysku) inf* cut

dziąsło *n* gum

dzieci *npl* children

dziecinny *adj* **-1.** *(niedojrzały)* childish, infantile **-2.** *(dziecięcy)* children's, child's

dzieciństwo *n* childhood

dziecko *n* child

dziedzictwo *n* *(kulturowe)* heritage; *(odziedziczony majątek)* legacy, inheritance

dziedziczyć *vt* to inherit

dziedzina *n* **-1.** *(zakres działania)* field, sphere, domain **-2.** *(nauki, sportu)* discipline

dzieje *npl* history

dzielenie *n* division

dzielić *vt* to divide, to split, to share

dzielić się *vr* *(czymś)* to share sth (with sb)

dzielnica *n* *(miasta)* district, quarter; *(kraju)* province, region

dzielny *adj* courageous, fearless

dzieło *n* creation, work

dziennie *adv* daily

dziennik *n* **-1.** *(gazeta)* newspaper, daily **-2.** *(pamiętnik)* diary, journal **-3.** *(szkolny)* register

dziennikarstwo *n* journalism

dziennika-rz(rka) *n* journalist

dzień *n* day

dzierżawa *n* lease, tenancy

dzierżawić *vt* *(coś komuś)* to rent sth out to sb, to lease sth; *(coś od kogoś)* to rent sth from sb

dziesiąty *num* tenth

dziesięć *num* ten

dziewczyna *n* girl; *(sympatia)* girlfriend, date

dziewiąty *num* ninth

dziewica *n* virgin

dziewięć *num* nine

dziewięćdziesiąt *num* ninety

dziewięćdziesiąty *num* ninetieth

dziewiętnasty *num* nineteenth

dziewiętnaście *num* nineteen

dziękować *vt* *(komuś za coś)* to thank sb for sth

dziki *adj* **-1.** *(o zwierzęciu)* wild **-2.** *(szalony)* mad, crazy, riotous

dziób *n* **-1.** *(ptaka)* beak, bill **-2.** *(statku)* bow; *(samolotu)* nose

dzisiaj *adv* today

dzisiejszy *adj* **-1.** *(dotyczący dzisiejszego dnia)* today's **-2.** *(współczesny)* contemporary, modern

dziura *n* hole

dziwaczny *adj* odd, bizarre, weird, queer

dziwak *n* eccentric, freak, character

dziwić *vt* to surprise, to astonish

dziwić się *vr* to be surprised

dziwny *adj* strange, odd, peculiar

dzwon *n* bell

dzwonek *n* **-1.** *(urządzenie)* bell; *(u drzwi)* doorbell **-2.** *(dźwięk)* ring **-3.** *(kwiat)* bluebell

dzwonić *vi* *(o dzwonie, dzwonku)* to ring, to chime, to jingle **-2.** *(telefonować)* to telephone, to call, to phone

dźwięk *n* sound

dźwig *n* **-1.** *(winda)* lift **-2.** *(maszyna budowlana)* crane

dźwigać *vt* to lift, to heave

dżem *n* jam

dżentelmen *n* gentleman
dżins *n (tkanina)* denim
dżudo *n* judo
dżungla *n* jungle

E

echo *n* echo
edukacja *n* education
edycja *n* edition
efekt *n* -**1.** *(skutek, rezultat)* effect, result -**2.** *(wrażenie)* impression, effect
efektowny *adj (widowiskowy)* spectacular; *(o samochodzie, ubraniu)* flashy
egoista *n* egoist, egotist
egzamin *n* examination, *inf* exam, test
egzaminować *vt (kogoś)* to examine sb, to test sb; *(z czegoś)* to examine sb in sth
egzekwować *vt* -**1.** *(prawo, przepisy)* to enforce. -**2.** *(należności, podatki)* to exact
egzemplarz *n* -**1.** *(pisma, książki)* copy -**2.** *(okaz)* specimen
egzotyczny *adj* exotic
ekologia *n* ecology
ekologiczny *adj* ecological, environmental
ekonomia *n* -**1.** *(gospodarka)* economy. -**2.** *(nauka)* economics
ekonomiczny *adj* -**1.** *(gospodarczy)* economic -**2.** *(oszczędny – o urządzeniu)* economical
ekran *n* -**1.** *(kinowy)* screen -**2.** *(osłona)* shield
ekscentryczny *adj* eccentric
ekscentryk *n* eccentric
ekscytujący *adj* exciting, thrilling

ekskluzywny *adj* exclusive, high-class, select
ekspedient(ka) *n* shop assistant, sales clerk
ekspedycja *n* expedition
ekspert *n* expert, analyst
eksperyment *n* experiment
eksploatować *vt* -**1.** *(bogactwa naturalne, ludzi)* to exploit -**2.** *(urządzenie)* to operate
eksplodować *vi* to explode, to go off
eksplozja *n* explosion
eksponat *n* exhibit
eksport *n* export
ekspres *n (pociąg)* express train; *(list)* express letter; *(do kawy)* coffee machine
ekspresowy *adj* express
ekstra *adv* -**1.** *(dodatkowo)* extra, in addition. -**2.** *(wyjątkowo, bardzo)* extremely, extra
elastyczny *adj* elastic, flexible
elegancki *adj* elegant, smart, chic, *inf* posh
elektroniczny *adj* electronic
elektrownia *n* power station
elektryczność *n* electricity
elektryczny *adj (urządzenie)* electric; *(mający związek z elektrycznością)* electrical
elektryk *n* electrician
element *n* element
eliminować *vt* to eliminate
emeryt(ka) *n* old-age pensioner, *(skrót)* OAP
emerytalny *adj* retirement
emerytowany *adj* retired
emerytura *n* -**1.** *(okres)* retirement -**2.** *(świadczenie emerytalne)* old-age pension
emigracja *n* emigration
emigrant(ka) *n* emigrant; *(uchodźca)* exile, refugee
emigrować *vi* to emigrate

F

emitować vt -**1.** (puszczać w obieg)
to issue -**2.** (wydzielać) to emit
-**3.** (nadawać) to broadcast
emocja n emotion
emocjonować się vr (czymś) to be
excited about sth
emocjonujący adj exciting
encyklopedia n encyclopedia
energia n energy
energiczny adj energetic, vigorous,
dynamic
entuzjasta n enthusiast, fan
entuzjazm n enthusiasm
epidemia n epidemic
epizod n -**1.** (zdarzenie) episode
-**2.** (drobna rola w filmie, sztuce) bit
part
epoka n epoch, age
era n era, age
esej n essay
eskorta n escort
eskortować vt to escort
estrada n stage, bandstand
etap n -**1.** (faza) stage, phase -**2.** (część
trasy) lap, leg
etat n (posada) job
etyka n ethics
etykieta n -**1.** (reguły zachowania)
etiquette -**2.** (nalepka) label, tag
Europa n Europe, the Continent
europejski adj European, continental
eutanazja n euthanasia
ewakuacja n evacuation
ewakuować vt, vi evacuate
ewangelia n gospel
ewentualnie adv alternatively
ewentualność n possibility, option
ewentualny adj possible
ewidentny adj evident, obvious
ewolucja n evolution

fabryka n factory, plant, works
fabuła n plot
fabularny adj **film fabularny** feature
film
facet n inf fellow, guy, chap, bloke
fachowiec n professional, inf pro
fachowy adj (o osobie) professional,
competent, skilled
fajerwerki npl fireworks
fajka n pipe; **fajka do nurkowania**
snorkel;
fajny adj inf cute, great, AmE neat
fakt n fact
faktura n -**1.** (dokument) invoice
-**2.** (struktura) texture
faktycznie adv actually, really, indeed,
in fact
faktyczny adj actual
fala n wave
falsyfikat n forgery, fake
fałszerstwo n forgery
fałszerz n forger
fałszować vt (dokumenty, informacje)
to falsify, to fabricate; (podpis,
pieniądze, obrazy) to forge, to fake;
vi (w muzyce) to sing/to play out of
tune
fałszywy adj -**1.** (nieprawdziwy) false
-**2.** (podrobiony) fake, counterfeit,
bogus -**3.** (obłudny) deceitful,
insincere
fantastyczny adj fantastic, fabulous, inf
smash-ing
fantazja n -**1.** (wyobraźnia)
imagination -**2.** (wymysł) fantasy
-**3.** (kaprys) whim
farba n (do ścian) paint; (do włosów,
tkanin) dye, tint
farbować vt (barwić) to dye vi
(puszczać kolor) to run

farma *n* farm
farmaceuta *n* pharmacist, chemist
farsz *n* stuffing
fartuch *n* (*kuchenny*) apron; (*ochronny*) overall
fascynujący *adj* fascinating, intriguing
fasola *n* bean
faszerować *vt* to stuff
fatalnie *adv* disastrously, awfully
fatalny *adj* **-1.** (*katastrofalny*) disastrous, fatal **-2.** (*pechowy*) unlucky **-3.** (*okropny*) awful, terrible
fatygować *vt* (*kogoś*) to trouble sb
fatygować się *vr* to bother
fauna *n* fauna
faworyt *n* favourite
faworyzować *vt* to favour
felieton *n* column, feature article
feminist-a(ka) *n* feminist
fenomen *n* phenomenon
fenomenalny *adj* phenomenal
ferie *npl* (*krótkie*) break, *AmE* recess
fermentować *vi* to ferment
festiwal *n* festival
figa *n* **-1.** (*owoc*) fig **-2.** (*nic, zero*) nothing, zero
figiel *n* practical joke, trick, prank
figura *n* **-1.** (*postać, sylwetka*) figure; **-2.** (*ważna osoba*) figure, celebrity **-3.** (*szachowa*) piece; (*w kartach*) picture card, court card
fikcja *n* fiction
fikcyjny *adj* fictitious
filet *n* fillet
filharmonia *n* **-1.** (*instytucja*) philharmonic society/orchestra **-2.** (*budynek*) concert hall
filia *n* branch, division
filiżanka *n* cup.
film *n* film, picture, *AmE* movie
filmować *vt* to film, *inf* to shoot
filozof(ka) *n* philosopher
filozofia *n* philosophy
filtr *n* filter

finalist-a(ka) *n* finalist
finał *n* (*w sporcie*) final; (*w muzyce*) finale; (*zakończenie*) end, ending
finanse *npl* finance
finansować *vt* to finance, to fund
finansowy *adj* financial
fioletowy *adj* violet
firanka *n* curtain
firma *n* firm, company, business, enterprise
firmowy *adj* company
fizyczny *adj* physical, manual
fizyk *n* physicist
fizyka *n* physics
flaga *n* flag
flaki *npl* **-1.** (*potrawa*) tripe **-2.** (*wnętrzności*) *inf* guts
flamaster *n* felt-pen
flet *n* flute
flirtować *vi* to flirt
flota *n* fleet
foka *n* seal
folder *n* brochure
folia *n* foil
fontanna *n* fountain
forma *n* **-1.** (*sposób, postać*) form **-2.** (*model, szablon*) pattern, mould **-3.** (*kondycja*) form, fitness
formalność *n* formality
formalny *adj* formal, official, technical
formularz *n* form
formułować *vt* to formulate
forsa *n* *inf* dough, bread
forteca *n* fortress
fortepian *n* piano, grand piano
fortuna *n* fortune
fotel *n* **-1.** (*mebel*) armchair **-2.** (*stanowisko, urząd*) office, post
fotograf *n* photographer
fotografia *n* **-1.** (*sztuka*) photography **-2.** (*zdjęcie*) picture, photo, shot, photograph
fotografować *vt* to photograph

fragment n (odłamek) fragment,
piece; (książki, utworu muzycznego)
extract, passage
frekwencja n attendance, turnout
front n **-1.** (przód) front **-2.** (wojenny)
the front**-3.** (atmosferyczny) front.
frontowy adj front
frotte adj BrE towelling, AmE terry-
cloth
frustracja n frustratio
frustrujący adj frustrating
fruwać vi to fly; (o liściach) to flutter
frytki npl BrE chips, AmE French fries
fryzjer(ka) n **fryzjer damski**
hairdresser; **fryzjer męski** barber
fryzura n hairstyle, haircut, hairdo
fundacja n foundation
fundament n foundation
fundamentalny adj fundamental
fundusz n fund; **fundusze** funds,
finance
funkcja n function; (stanowisko)
position
funkcjonalny adj functional
funkcjonariusz(ka) n officer
funkcjonować vi to function, to work
funt n **-1.** (jednostka monetarna)
pound, pound sterling, (symbol) Ł
-2. (jednostka wagi) pound, (skrót) lb
furia n rage, fury
furtka n gate
futbol n football, AmE soccer
futro n **-1.** (okrycie) fur coat **-2.** (sierść)
fur
futryna n frame
futrzany adj furry
fuzja n **-1.** (broń palna) rifle
-2. (połączenie się) fusion; (łączenie
firm) merger

G

gabinet n **-1.** (pomieszczenie)
(w domu) study; (wbiurze) office;
(lekarski) surgery; (kosmetyczny)
beauty salon **-2.** (rada ministrów)
cabinet
gablota n cabinet, show-case
gad n reptile
galareta n jelly, aspic
galeria n gallery
gałąź n branch, bough
ganek n porch
gang n gang
gangster n gangster
gapić się vr to stare, to gape
garaż n garage
garderoba n **-1.** (pomieszczenie)
dressing room **-2.** (szafa na ubrania)
wardrobe **-3.** (odzież) clothing,
wardrobe;
gardło n throat
gardzić vt to despise, to scorn
garnek n pot
garnitur n (ubranie) suit
garsonka n woman's suit
garść n (ilość) handful
gasić vt **-1.** (pożar, papierosa)
to extinguish, to put out. **-2.** (światło,
urządzenie) to switch off, to turn off/
out, to put off/out. **-3.** (pragnienie)
to quench.
gasnąć vi **-1.** (o świetle) to go off/out.
-2. (osilniku) to stall. **-3.** (o uczuciu,
zapale) to fade
gastronomia n catering
gaśnica n fire extinguisher
gatunek n **-1.** (jakość) quality
-2. (rodzaj) sort, kind, brand
-3. (jednostka systematyczna) species
-4. (literacki) literary genre
gaz n gas

gazeta *n* paper, newspaper

gazetka *n* bulletin

gazowany *adj (o napoju)* fizzy, carbonated

gąbka *n* sponge, *(do wyściełania poduszek, mebli)* foam rubber

gąsienica *n* caterpillar

gdy *conj* when, as

gdyż *conj* because, for → **ponieważ**

gdzie *pron (dokąd?)* where

gdziekolwiek *pron* anywhere, wherever

gdzieniegdzie *adv* here and there

gdzieś *adv (w zdaniach twierdzących)* somewhere; *(w pytaniach i przeczeniach)* anywhere

gen *n* gene

generacja *n* generation

generalnie *adv (ogólnie)* generally

generał *n* general

genetyka *n* genetics

geniusz *n* genius

geografia *n* geography

geograficzny *adj* geographical

geologia *n* geology

geometria *n* geometry

gepard *n* cheetah

gest *n* gesture

getto *n* ghetto

gęstnieć *vi* to thicken

gęsty *adj* thick, dense

gęś *n* goose

giełda *n* exchange

giętki *adj* flexible, supple, pliable

gigant *n* giant

gimnastyka *n* gymnastics, *inf* gym, exercise

gimnastykować się *vr* to exercise, to work out

ginąć *vi* **-1.** *(umierać)* to perish, to die. **-2.** *(znikać z pola widzenia)* to disappear, to vanish. **-3.** *(zapodziewać się)* to get lost

ginekolog *n* gynaecologist

gips *n* plaster

gitara *n* guitar

gitarzyst-a(ka) *n* guitarist, guitar player

gleba *n* soil

glina *n* clay; *(policjant) inf* cop, copper

globalny *adj* global

gładki *adj* **-1.** *(o powierzchni)* smooth, even, sleek **-2.** *(o tkaninie bez deseni)* plain **-3.** *(o układnym człowieku)* slick

głaskać *vt* to stroke

głęboki *adj* deep, profound

głęboko *adv* deeply, profoundly

głębokość *n* depth

głodny *adj* hungry

głodować *vi* to starve

głos *n* **-1.** *(dźwięk, mowa)* voice **-2.** *(decyzja przy głosowaniu)* vote

głosować *vi* to vote

głosowanie *n* vote, voting

głośnik *n* loudspeaker

głośno *adv* loudly; *(na głos)* aloud

głośny *adj* **-1.** *(słyszalny)* loud; *(hałaśliwy)* noisy **-2.** *(słynny)* prominent, noted, famous

głowa *n* head; *(umysł)* mind, brain

głód *n* hunger, starvation; *(klęska braku żywności)* famine

główny *adj* main, major, chief

głuchy *adj* **-1.** *(nie słyszący)* deaf **-2.** *(niedźwięczny)* hollow

głupi *adj* silly, stupid, foolish, *inf* daft

głupiec *n* fool, *inf* wally

głupota *n* stupidity, foolishness

gmach *n* building, edifice

gnębić *vt (kogoś)* to oppress sb, to victimize sb; *(trapić)* to worry, to bother

gniazdo *n* nest

gnić *vi* to decay, to rot

gniew *n* anger, irritation, wrath

gniewać się *vr (na kogoś)* to be angry with sb *(poróżnić się z kimś)* to fall out with sb

gnój n manure, muck
go pron (o osobie) him; (o rzeczy, zwierzęciu) it
godło n emblem
godność n dignity
godny adj -1. (poważany) respectable, dignified -2. (wart czegoś) worthy
godzina n hour
goić się vr to heal
gol n goal
golenie n shaving
golf n -1. (sport) golf -2. (sweter) polo neck
golić się vr to shave
gołąb n pigeon
goły adj (nagi) naked, bare
gonić vt to chase, to be after sb/sth
gorąco n (upał) heat
gorący adj hot
gorączka n (wysoka temperatura) fever, high temperature
gorszy adj comp od zły worse, inferior
goryl n -1. (zwierzę) gorilla -2. (ochroniarz) bodyguard
gorzej adv worse
gorzki adj bitter
gospodarczy adj economic → ekonomiczny
gospodarka n economy
gospodarny adj economical
gospodarować vt (zarządzać) to manage, to administer; vi (na roli) to farm
gospodarstwo n **gospodarstwo domowe** household
gospodarz n -1. (rolnik) farmer -2. (pan domu) host -3. (właściciel lokalu) landlord
gospodyni n -1. (pani domu) hostess -2. (właścicielka lokalu) landlady -3. (domowa – kobieta nie pracująca zawodowo) housewife
gosposia n maid, housekeeper

gościć vt -1. (pełnić honory gospodarza) to host, to entertain -2. (zapewnić zakwaterowanie) to accommodate
gościnność n hospitality
gościnny adj hospitable
gość n (odwiedzający) guest, visitor
gotować vt (przyrządzać jedzenie) to cook; (jajka, wodę) to boil
gotowany adj cooked, boiled
gotowy adj (przygotowany) ready, prepared; **być gotowym do wyjścia** to be ready to go
gotówka n cash
goździk n -1. (kwiat) carnation -2. (przyprawa) clove
góra n -1. (wzniesienie) mountain, (skrót) Mt -2. (górna część) top
góral n highlander
górnik n miner
górny adj upper; (najwyższy) top; **górne piętro** upper floor; **górne światło** overhead light; **górna półka** top shelf
górzysty adj mountainous, hilly
gra n game
grabie npl rake
gracz n player
grać vt vi -1. to play -2. (występować w filmie, na scenie) to play, to act
grad n hail
grafika n graphics
gram n gram, (skrót) g
gramatyka n grammar
gramofon n gramophone, record-player
granat n -1. (pocisk) grenade -2. (owoc) pomegranate -3. (kolor) navy blue -4. (minerał) garnet
granica n -1. (państwa) border, frontier; **za granicą** abroad -2. (limit, kres) limit
graniczyć vi to border
gratis adv for free
gratulacje npl congratulations

gratulować *vt* to congratulate
grawitacja *n* gravity
grobowiec *n* tomb
groch *n* pea
grom *n* thunder
gromada *n* **-1.** (duże zbiorowisko) crowd, flock **-2.** (jednostka systematyczna w biologii) class
gromadzić *vt* to gather, to accumulate
gromadzić się *vr* to gather, to assemble, to congregate
grono *n* **-1.** (winogron) bunch of grapes **-2.** (osób) team, group
grota *n* cave
grozić *vt* (komuś czymś) to threaten sb with sth; (zagrażać, stanowić zagrożenie) to threaten, to menace
groźba *n* threat, menace
groźny *adj* (o sytuacji) threatening, alarming, dangerous, menacing; (o głosie, minie) menacing, ominous
grób *n* grave, tomb
gruboskórny *adj* thick-skinned, tactless
grubość *n* thickness
gruby *adj* (o człowieku) fat, stout; (o książce, warstwie śniegu) thick
gruczoł *n* gland
grudzień *n* December, (skrót) Dec.
grunt *n* land, ground, earth
gruntownie *adv* thoroughly, profoundly, (up) to the hilt.
gruntowny *adj* (dokładny, dogłębny) thorough, profound, deep
grupa *n* group
grupowy *adj* group, collective
gruszka *n* pear
gruz *n* rubble; **gruzy** debris
gruźlica *n* tuberculosis, (skrót) TB
grymas *n* **-1.** (mina) grimace **-2.** (kaprys, zachcianka) whim
grymaśny *adj* choosy, difficult, fussy
grypa *n* flu

gryźć *vt* (o ludziach, psach) to bite; (o insektach) to sting, to bite; (przeżuwać) to chew
gryźć się *vr* **-1.** (martwić się) AmE inf to bug. **-2.** (nie pasować do siebie) to clash
grzanka *n* toast
grzbiet *n* (plecy) back
grzebać *vt* (zmarłego) to bury; *vi* (w czymś) to scrabble about (for sth), to meddle (with sth
grzebień *n* comb; (fali, koguta) crest
grzech *n* sin
grzeczność *n* **-1.** (uprzejmość) politeness, courtesy **-2.** (przysługa) favour
grzeczny *adj* polite, courteous, well-behaved
grzejnik *n* heater, radiator
grzeszyć *vi* to sin
grzmieć *vi* to rumble, to thunder
grzmot *n* thunder, rumble
grzyb *n* mushroom, fungus
grzywka *n* fringe
grzywna *n* fine, penalty
gubić *vt* to lose, to mislay
gubić się *vr* (o osobie) to lose one's way, to lose one's bearings; (oprzedmiotach) to get lost, to be mislaid, to go astray
guma *n* rubber; **guma do żucia** chewing gum
gumka *n* (do ścierania) rubber; (w ubraniu) elastic; (do włosów) elastic band
gumowy *adj* rubber
gust *n* taste
gustowny *adj* tasteful
guz *n* (po uderzeniu) bump, lump
guzik *n* button
gwałcić *vt* (osobę) to rape; (prawo, zasady) to violate, to breach
gwałt *n* rape
gwałtownie *adv* violently, rapidly

gwałtowny adj (silny, niekontrolowany)
violent, vehement
gwarancja n guarantee, warranty
gwarantować vt to guarantee,
to assure, to ensure
gwiazda n star
gwiazdozbiór n constellation
gwizd n whistle
gwizdać vt, vi to whistle
gwóźdź n nail

H

haczyk n hook; (pułapka) catch, snag
haft n embroidery
hak n hook
hala n -1. (pomieszczenie) hall
-2. (górska łąka) meadow,
pastureland
hałas n noise, inf racket
hałasować vi to make noise
hałaśliwy adj noisy, loud, rowdy
hamak n hammock
hamburger n hamburger
hamować vi (jadąc samochodem)
to brake; vt (powstrzymywać coś)
to impede, to inhibit, to slow down
hamulec n brake
handel n trade, commerce
handlować vi to trade
hańba n shame, dishonour, disgrace
harcerka n BrE Girl Guide, AmE Girl
Scout
harcerstwo n scouting
harcerz n scout, Boy Scout
harmonia n -1. (instrument)
concertina, accordion -2. (zgodność)
harmony, unity
harmonogram n schedule

hasło n (polityczne, reklamowe)
slogan, watch-word; (w słowniku)
entry; (w krzyżówce) clue; tajne
hasło (np do komputera) password
hazard n gamble, gambling
hektar n hectare
helikopter n helicopter, inf chopper
hełm n helmet, crash-helmet
herb n (miasta) crest; (państwa)
emblem; (rodowy) coat of arms
herbata n tea
herbatnik n biscuit, shortbread
hermetyczny adj airtight
heteroseksualista n heterosexual, inf
hetero, straight
hierarchia n hierarchy
higiena n hygiene
higieniczny adj hygienic, sanitary
hipnoza n hypnosis
hipokryt-a(ka) n hypocrite
hipopotam n hippopotamus
hipoteka n mortgage
hipoteza n hypothesis
histeryczny adj hysterical
historia n -1. (dzieje, nauka)
history-2. (opowiadanie, relacja)
story
historyczny adj (związany z historią)
historical -2. (o doniosłym,
historycznym znaczeniu) historic
hodować vt (rośliny) to grow;
(zwierzęta) to raise, to breed
hodowca n (roślin) grower; (zwierząt)
breeder
hodowla n -1. (hodowanie) breeding
-2. (miejsce) farm
hojność n generosity
hojny adj generous
hokej n hockey
holować vt to tow
hołd n tribute
homar n lobster
homoseksualista n homosexual, gay,
inf queer
honor n honour

honorarium n fee
honorować vt -1. (osobę) to honour
-2. (przyjmować czek, kartę kredytową) to accept; (uznawać ważność np. dokumentu) to recognize
honorowy adj (uczciwy, kierujący się zasadami) honourable.
-2. (nadawany honorowo, np. tytuł) honorary
hormon n hormone
horoskop n horoscope
horyzont n horizon
hotel n hotel
huczeć vi to roar, to boom
huk n (armat, wybuchów) bang; (pioruna) roll
humanistyczny adj humanistic
humanitarny adj humanitarian, humane
humor n humour
humorystyczny adj humorous
humorzasty adj moody
huragan n hurricane
hurtownia n (magazyn) warehouse; (przedsiębiorstwo) wholesalers
hurtownik n wholesaler
hurtowo adv wholesale, in bulk
huśtać vt to swing
huśtawka n (pozioma) seesaw; (wisząca) swing
hydraulik n plumber
hymn n hymn

I

i conj and
ich pron (w dopełniaczu i w bierniku) **lubię ich** I like them; **czy ich znasz?** do you know them?; **nie ma ich tutaj** they are not here; (zaimek dzierżawczy) (z rzeczownikiem) their; **to jest ich własny dom** this is their own house; (bez rzeczownika) theirs; **to był nasz pomysł, nie ich** it was our idea, not theirs; **ich zwyczaj** their habit, a habit of theirs
idea n idea
idealny adj ideal
ideał n ideal
identyczny adj identical, the same
identyfikacja n identification
identyfikator n name tag
identyfikować vt to identify
idiot-a(ka) n idiot, inf moron, prat
idiotyczny adj idiotic, stupid
idol n idol
igła n needle
ignorancja n ignorance
ignorować vt to ignore, to disregard
igrzyska npl **igrzyska olimpijskie** the Olympic Games
ile pron (z rzeczownikami policzalnymi) how many; (z rzeczownikami niepoliczalnymi) how much
iloczyn n product
iloraz n quotient
ilość n quantity, amount, (w znaczeniu: liczba, z rzeczownikami policzalnymi) number
ilustracja n illustration
im pron them
imbir n ginger
imieniny npl name-day
imiesłów n participle
imię n name
imigracja n immigration
imigrant(ka) n immigrant
imitacja n imitation, mock-up
imitować vt to imitate
imperium n empire
imponować vt to impress
imponujący adj impressive, imposing
import n import
importować vt to import

importowany adj imported
impreza n (kulturalna, sportowa) event; (przyjęcie) party, do
improwizować vi to improvise
impuls n impulse
inaczej adv differently, otherwise; (w przeciwnym razie) otherwise, or else
inauguracja n inauguration, opening
Indianin(ka) n Indian, Native American
indiański adj Indian
indyjski adj Indian
indyk n turkey
indywidualny adj individual, particular
infekcja n infection
inflacja n inflation
informacja n information
informator n (osoba) informant; (broszura) brochure
informaty-k(czka) n computer scientist
informatyka n computer science, information technology
informować vt to inform
informować się vr to inquire (about sth)
inicjatywa n -1. (pomysł, impuls do działania) initiative -2. (przedsiębiorczość) enterprise
innowacja n innovation, novelty
inny adj (odmienny) different, other, another
insekt n insect
inspiracja n inspiration
instalować vt to install
instrukcja n **instrukcja obsługi** manual; **instrukcje** instructions, directions
instruktor(ka) n instructor, trainer
instrument n instrument
instynkt n instinct
instytucja n institution
instytut n institute; (wydział na uczelni) school, department

integracja n integration
intelekt n intellect
intelektualist-a(ka) n intellectual, highbrow
intelektualny adj intellectual
inteligencja n -1. (cecha) intelligence -2. (warstwa społeczna) the intelligentsia
inteligent(ka) n intellectual
inteligentny adj intelligent; (bystry) smart, sharp, bright
intencja n intention
intensywny adj intensive
interes n -1. (przedsiębiorstwo) business -2. (transakcja) deal, transaction-3. (osobista korzyść) interest
interesant(ka) n client, customer
interesować się vr (czymś) to be interested (in sth)
interesujący adj interesting
internat n dormitory
interpretacja n interpretation
interwencja n intervention
intruz n intruder
intryga n -1. (spisek) intrigue, scheme -2. (wątek akcji) plot
intrygować vt -1. (zaciekawiać) to intrigue, to puzzle -2. vi, vt (knuć, spiskować) to scheme
intrygujący adj intriguing, puzzling
intuicja n intuition
intymny adj intimate
inwalid-a(ka) n invalid, disabled person
inwalidztwo n disability
inwazja n invasion
inwencja n invention
inwestor(ka) n investor
inwestować vt vi to invest
inwestycja n investment
inżynier n engineer
ironia n irony
ironiczny adj ironic
irracjonalny adj irrational

irytować *vt* to annoy, to irritate, to ruffle

irytować się *vr (czymś)* to get/to be annoyed at sth.

irytujący *adj* irritating, annoying

iskra *n* spark, sparkle

islam *n* Islam

islamski *adj* Islamic, Muslim

istnieć *vi* to be, to exist

istniejący *adj* existing

istnienie *n* existence

istota *n* **-1.** *(stworzenie)* creature, being **-2.** *(sedno sprawy)* essence, substance, the point.

istotnie *adv* **-1.** *(rzeczywiście)* really, indeed **-2.** *(zasadniczo)* essentially

istotny *adj* essential, crucial, relevant

iść *vi* to go, *(pieszo)* to walk, to go on foot

iż *conj* that → **że**

J

ja *pron* I; **to ja** it's me

jabłko *n* apple

jabłoń *n* apple-tree

jacht *n* yacht

jadalnia *adj* dining-room

jadalny *adj* edible

jadłospis *n* menu

jagnię *n* lamb

jagoda *n* berry

jajko *n* egg

jajnik *n* ovary

jak *pron (w pytaniach)* how, what

jakby -1. *conj (gdyby)* if. **-2.** *part (jak gdyby)* as if.

jaki *pron* **-1.** *(w pytaniach)* what **-2.** *(w znaczeniu: który)* which

jakikolwiek *pron* any, whichever, whatever

jakiś *pron* some, *indef art* a, *(w pytaniach)* any

jako *prep* as

→ **jako** *conj* jako że *(ponieważ)* since, as

jakoś *adv* somehow

jakość *n* quality, grade

jarmark *n* market, bazaar

jarzeniowy *adj* fluorescent

jarzyć się *vr* to glow

jaskinia *n* cave, cavern

jaskółka *n* swallow

jaskrawy *adj* bright, bold, flashy

jasno *adv* clearly

jasnowłosy *adj* fair-haired

jasny *adj (o kolorze)* light; *(o oświetleniu)* bright; *(o włosach, karnacji)* fair; *(o niebie)* clear; *(zrozumiały)* clear; *(oczywisty)* evident, obvious

jastrząb *n* hawk

jaszczurka *n* lizzard

jazda *n (podróż samochodem)* drive; *(prowadzenie samochodu)* driving; *(podróż na motorze, koniu, rowerze)* ride;

jądro *n* **jądro komórkowe** nucleus **jądro Ziemi** core; **jądra** *(męskie gruczoły płciowe)* testicles

jąkać się *vr* to stammer, to stutter

jechać *vi (podróżować)* to go; *(kierować pojazdem)* to drive; *(podróżować jako pasażer)* to ride;

jeden *num* one

jednak *adv* though

→ **jednak** *conj* but, yet

jednakowo *adv* alike, equally

jednakowy *adj (tylko po rzeczowniku)* alike; *(równy)* equal

jednakże *adv* however.

jednocześnie *adv* at the same time, simultaneously

jednoczęściowy adj one-piece;
  jednoczęściowy kostium kąpielowy
  one-piece swimsuit
jednogłośnie adv unanimously
jednokierunkowy adj one-way
jednolity adj uniform
jednomyślny adj unanimous
jednoosobowy adj single
jednorazowy adj (do jednorazowego
  użycia) disposable
jednostajność n monotony
jednostajny adj monotonous,
  uneventful
jednostka n **-1.** (człowiek) individual
  -2. (miary) unit **-3.** (część całości)
  module
jedwab n silk
jedyna-k(czka) n only child
jedynie adv only, merely, purely
jedyny adj **-1.** (wyłączny) the only, the
  sole. **-2.** (niepowtarzalny) unique
jedzenie n **-1.** (pokarm) food
  -2. (spożywanie) eating
jego adj (przymiotnik dzierżawczy
  od on, ono) **-1.** (o osobach) his;
  -2. (o rzeczach, zwierzętach) its
jej adj (przymiotnik dzierżawczy
  od ona, ono) **-1.** (o osobach) her;
  -2. (o rzeczach, zwierzętach) its
jeleń n deer
jelito n intestine
jemu pron (od on, ono) (to) him, (to) it
jesień n BrE autumn, AmE fall
jest odmiana czasownika to be
jeszcze adv (nadal) still;
  (z przeczeniem) yet; (ze stopniem
  wyższym) even; (w pytaniach
  i przeczeniach) any more
jeść vt to eat
jeśli conj if; **jeśli nie** unless
jezioro n lake, (szkockie) loch
jeździć vi **-1.** (podróżować) to go,
  to travel **-2.** (kursować) to run
jeżeli → jeśli
jeżyna n blackberry, bramble

jęczeć vi **-1.** (z powodu cierpienia,
  bólu) to moan, to groan
  -2. (narzekać) to whine
jęczmień n barley
jęk n groan, moan
język n **-1.** (narząd) tongue;
  -2. (np angielski) language
jodła n fir
joga n yoga
jogging n jogging
jogurt n yoghurt
jubiler n jeweller
jubileusz n jubilee, anniversary
junior n junior; (po nazwisku) Junior,
  (skrót) Jnr
jury n jury
jutro n tomorrow
jutrzejszy adj tomorrow's
już adv (w zdaniach twierdzących)
  already (w pytaniach) yet; **już nie**
  no longer/not any longer, no more/
  not any more

K

kabaczek n marrow
kabaret n cabaret
kabel n cable, wire
kabriolet n convertible
kac n hangover
kaczka n duck
kadra n (sport) national team
kafel n tile
kajak n canoe, kayak
kajdanki npl handcuffs
kakao n cocoa
kaktus n cactus
kalafior n cauliflower
kalectwo n disability, deformity
kaleka n cripple

kalendarz n calendar
kalkulator n calculator
kaloria n calorie
kaloryfer n radiator
kał n faeces, excrement
kałuża n puddle
kamera n (filmowa) camera
kameralny adj (muzyka) chamber; (atmosfera, nastrój) intimate, cosy
kamienisty adj stony, rocky
kamień n (materiał) stone, rock
kamizelka n (część garderoby) waistcoat
kampania n campaign
kanał n (naturalny) channel; (sztuczny) canal
kanapa n couch, sofa, settee
kanapka n sandwich
kandydat(ka) n candidate; (do pracy) applicant; (do nagrody, stanowiska) nominee
kangur n kangaroo
kapać vi to drip, to trickle
kapeć n slipper
kapelusz n hat
kapitalistyczny adj capitalist
kapitalny adj -1. (wspaniały) inf tremendous, brilliant -2. (zasadniczy) cardinal
kapitał n capital
kapitan n captain
kaplica n chapel
kaprys n (zachcianka) whim; (losu) quirk
kapryśny adj moody, erratic
kaptur n hood
kapusta n cabbage
kara n punishment; (administracyjna) penalty, sanction
karabin n rifle, gun
karać vt (kogoś za coś) to punish sb for sth (sądownie) to penalize (grzywną, mandatem) to fine
karawan n hearse
karcić vt to scold, to rebuke

karczoch n artichoke
karetka n karetka pogotowia ambulance
kariera n career
kark n neck
karma n fodder, feed
karmić vt to feed
karnawał n carnival
karp n carp
karta n card
kartka n (papieru) sheet (of paper), slip (of paper); (w książce) page; (pocztowa) postcard
kartofel n potato
karton n -1. (papier) cardboard -2. (opakowanie) carton, cardboard box
karuzela n roundabout, merry-go-round
karzeł n midget, dwarf
kasa n (w sklepie) cash desk, till; (w sklepie samoobsługowym) checkout; (w teatrze) box of-fice; (na dworcu) ticket office
kaseta n (magnetofonowa) cassette; (pojemnik) cartridge
kasjer(ka) n (w sklepie) cashier; (w banku) teller; (w kinie) box-office clerk
kask n helmet, crash-helmet
kasować vt (unieważniać) to annul; (nagranie) to erase; (plik) to delete; (bilet) to punch
kasyno n casino
kasza n groats
kaszel n cough
kaszleć vi to cough
kasztan n -1. (drzewo) chestnut, horse chestnut -2. (owoc) chestnut, inf conker
katalog n catalogue
katar n catarrh
katastrofa n catastrophe, disaster
katastrofalny adj disastrous

katedra n -1. (budowla) cathedral -2. (fakultet) faculty
kategoria n category, class
katolicki adj Catholic
katolik(czka) n Catholic
kaucja n deposit; (sądowa) bail
kawa n coffee
kawaler n bachelor
kawałek n piece, bit
kawiarnia n café, coffee shop
kazać vi (komuś coś zrobić) to order/ to tell sb to do sth
kazanie n sermon
każdy adj every, each; **każdy student** every/each student; **każdego dnia** every/each day; (dowolny) any
kąpać vt to bath
kąpać się vr (w wannie) to bath, to take a bath; (wmorzu, w rzece) to bathe, to swim
kąpiel n (w wannie) bath; (w morzu) bathing
kąpielówki npl (swimming) trunks
kąt n -1. (róg) corner -2. (w geometrii) angle
kciuk n thumb
kelner n waiter
kelnerka n waitress
kemping n camp-site
kibic n fan, supporter
kibicować vi (komuś) to support sb, to cheer sb on
kichać vi to sneeze
kiedy conj (gdy) when, as (podczas gdy) while (kiedy tylko) once, as soon as
kiedykolwiek conj (zawsze gdy) whenever
→ **kiedykolwiek** adv (w pytaniach) ever (nie ważne kiedy) whenever, at any time
kiedyś adv (w przeszłości) sometime, once (wprzyszłości) someday, some day
kieliszek n glass

kiełbasa n sausage, inf banger
kierować vt (wskazywać kierunek) to direct (przewodzić) to lead, to head, to be in charge of sth (zarządzać) manage, run, govern, to be in control of sth (coś do kogoś) to address sth to sb, to refer sth to sb, to direct sth to sb (pojazdem) to drive
kierować się vr (udawać się w jakimś kierunku) to head for (postępować według czegoś) to go by
kierowca n driver; (szofer) chauffeur
kierownica n (samochodu) steering-wheel; (roweru) handlebar
kierowniczka n manageress
kierownik n manager
kierunek n direction; (w sztuce) trend
kierunkowskaz n indicator
kieszeń n pocket
kieszonkowe n pocket money
kieszonkowiec n pickpocket
kij n stick, cane
kilka num a few, several, some, a couple of
kilkadziesiąt num dozens, a few dozen
kilkanaście num a dozen or so
kilogram n kilogram, kilo
kilometr n kilometre
kino n cinema, pictures, AmE movie theater
kiosk n kiosk; (z gazetami) newsagent's
kiść n bunch
kiwi n kiwi fruit
klakson n horn
klamka n handle, latch
klapa n -1. (u marynarki) lapel -2. (niepowodzenie) inf flop -3. (pokrywa) lid
klasa n -1. (pomieszczenie) classroom; -2. (oddział w szkole) class, form, grade; -3. (warstwa społeczna) class; -4. (grupa uczniów) class -5. (kategoria) class, rank;

klaskać *vi* to clap, to applaud
klasyczny *adj* -1. *(typowy)* classic; **klasyczny przykład** classic example -2. *(o muzyce, sztuce)* classical
klasyfikować *vt* to classify, to categorize
klasztor *n (żeński)* convent; *(męski)* monastery
klatka *n* cage
klawiatura *n* keyboard
klawisz *n* key
kląć *vi* to curse, to swear
klej *n* glue
klejnot *n* jewel, gem
kleszcze *npl* pliers
klękać *vi* to kneel
klęska *n* disaster, calamity; *(porażka)* defeat; *(żywiołowa)* natural disaster
klient *n* client, customer
klimat *n* climate
klimatyzacja *n* air-conditioning
klinika *n* clinic
klocek *n* block
klon *n* -1. *(drzewo)* maple -2. *(kopia)* clone
klonować *vt* to clone
klosz *n (lamp)* shade
klown *n* clown
klub *n* club
klucz *n* key
kluski *npl* noodles
kładka *n* footbridge
kłamać *vi* to lie, to tell lies
kłamca *n* liar
kłamstwo *n* lie
kłaść *vt* to put, to place, to lay
kłaść się *vr* to lie, to lie down *(kłaść się spać)* to go to sleep
kłopot *n* problem, trouble, bother, difficulty
kłopotliwy *adj (sprawiający kłopot)* difficult, troublesome, messy; *(wprawiający w zakłopotanie)* inconvenient, embarrassing

kłócić się *vr* to quarrel, to argue, to fight
kłódka *n* padlock
kłótnia *n* quarrel, argument, row
kobiecy *adj* feminine, womanly
kobieta *n* woman, lady
koc *n* blanket
kochać *vt* to love
kochać się *vr* -1. *(być w kimś zakochanym)* to be in love with sb, to be keen on sb -2. *(mieć stosunek płciowy)* to make love to sb
kochający *adj* loving
kochanek *n* lover
kod *n* code; **kod pocztowy** postcode; **kod kreskowy** bar code
kodeks *n* code
kofeina *n* caffeine
kogo *pron* who, whom
kogut *n* cock
kojarzyć *vt* -1. *(fakty, zjawiska)* to associate. -2. *(swatać pary)* to match
kokaina *n* cocaine, *inf* coke, snow
kokarda *n* bow
kokos *n* coconut
koktajl *n (napój)* cocktail, long drink; *(przyjęcie)* cocktail party
kolacja *n* supper
kolano *n* knee
kolarz *n* cyclist
kolczyk *n* earring, *(ćwiek)* stud
kolega *n* friend, mate; **kolega z pracy** colleague, fellow worker, workmate
kolegium *n* -1. *(uczelnia)* college -2. *(redakcyjne)* board -3. *(sędziowskie)* jury
kolej *n* -1. *(środek transportu)* railway, rail -2. *(kolejność)* turn
kolejka *n* -1. *(ogonek)* BrE queue, AmE line; **stać w kolejce** -2. *(zamówienie)* round -3. *(do przewozu pasażerów)* **kolejka linowa** cable railway
kolejno *adv* consecutively, one after another

kolejność n sequence, order
kolejny adj successive (następny) next; (jeszcze jeden) another
kolekcja n collection
kolekcjoner n collector
kolekcjonować vt to collect
kolęda n carol, Christmas carol
kolizja n collision
kolonia n colony; (osada) settlement
kolor n colour; (w kartach) suit
kolorowy adj (wielobarwny) colourful; (nie czarno-biały) colour; (posiadający określoną barwę) coloured
kołdra n quilt, duvet
kołnierz n (koszuli) neck; (wycięcie przy szyi) neck
koło n (okrąg) circle, ring; (samochodowe) wheel
→ **koło** prep by, next to
kołysać się vr to swing; (w fotelu) to rock; (odrzewie) to sway; (o statku) to roll
kołysanka n lullaby
komar n mosquito, gnat
kombinacja n combination
kombinezon n (strój roboczy) overalls
komedia n comedy
komentarz n (w TV, w radiu,w gazecie) commentary; (uwaga) comment
komentować vt (relacjonować) to commentate; (skomentować coś) to comment on sth
komercyjny adj commercial
komfort n comfort, convenience
komfortowy adj comfortable; (luksusowy) luxury
komiczny adj comic, comical
komik n comedian
komiks n (magazyn) comic; (w gazecie) comic strip, strip cartoon
komin n chimney; (statku) funnel
kominek n fireplace
komisariat n police station

komisja n commission; (np. kwalifikacyjna, budżetowa) committee
komoda n chest of drawers
komorne n rent
komórka n -1. (w biologii) cell; -2. (pomieszczenie) shed; -3. (jednostka organizacyjna) unit -4. (potocznie: telefon komórkowy) cellular phone
kompas n compass
komplement n compliment
komplet n (zestaw) set, kit
kompletny adj complete; (całkowity) total
komponować vt to compose
kompozycja n -1. (utwór muzyczny) composition -2. (układ elementów) layout, arrangement
kompozytor n composer
komputer n computer
komunikacja n -1. (transport) transport -2. (łączność) communication
komunikat n (oficjalny) communiqué; (ogłoszenie) announcement
komunikatywny adj communicative
komunistyczny adj communist
koncentracja n concentration
koncentrować się vr to concentrate; (skupiać na czymś uwagę) to focus on sth
koncert n -1. (utwór muzyczny) concerto -2. (wydarzenie) concert
koncesja n concession, franchise
kondom n condom
kondycja n fitness; **być w dobrej/ złej kondycji** to be in (good) shape (położenie)
konferencja n conference, meeting
konfitura n jam, preserve
konflikt n conflict, clash
koniec n end
konieczność n necessity, must
konieczny adj necessary, essential, vital, (niezbędny) indispensable

koniunktura *n* prosperity, boom

koniuszek *n* tip

konkretny *adj* **-1.** *(rzeczywisty, namacalny)* concrete **-2.** *(określony)* particular

konkurencja *n* **-1.** *(współzawodnictwo)* competition, rivalry **-2.** *(sportowa)* event

konkurencyjny *adj* competitive

konkurent *n* competitor, rival

konkurować *vi (z kimś o coś)* to compete with sb for sth

konkurs *n* competition, contest

konsekwencja *n* **-1.** *(skutek)* consequence **-2.** *(wytrwałość)* consistency

konsekwentny *adj* consistent

konserwacja *n* **-1.** *(urządzeń)* maintenance **-2.** *(zabytków)* conservation

konserwatysta *n* conservative

konserwatywny *adj* conservative

konserwować *vt* **-1.** *(urządzenie)* to maintain **-2.** *(żywność)* to preserve

konstrukcja *n* **-1.** *(budowla)* construction, structure **-2.** *(projekt)* design

konstruktor *n* constructor, designer

konstruować *vt* to construct

konstytucja *n* constitution

konsulat *n* consulate

konsument(ka) *n* consumer

kontakt *n* **-1.** *(porozumienie)* communication **-2.** *(łączność, styczność)* contact **-3.** *(elektryczny)* plug; *(wyłącznik)* switch

kontaktować się *vr (z kimś)* to contact sb, to be in contact with sb

konto *n* account

kontrakt *n* contract

kontrola *n* **-1.** *(nadzór)* supervision **-2.** *(inspekcja)* inspection **-3.** *(panowanie)* control

kontroler *n* controller, inspector

kontrolny *adj (punkt)* checkpoint; *(urządzenie)* monitor; *(badanie)* checkup

kontrolować *vt* **-1.** *(nadzorować)* to supervise **-2.** *(dokonywać kontroli czegoś)* to inspect sth, to check (up) on sth, to monitor sth **-3.** *(panować, mieć władzę)* to control

kontrowersyjny *adj* controversial

kontynent *n* continent, mainland

kontynentalny *adj* continental

kontynuować *vt* to continue, to carry on, to go on (doing sth/with sth)

konwencjonalny *adj* conventional

konwersacja *n* conversation

koń *n* horse

końcowy *adj* final, ultimate

kończyć *vt* to finish, to end, to conclude

kończyć się *vr* to end, to come to an end, to come to a close

kończyna *n* limb

kopać *vt* **-1.** *(łopatą)* to dig **-2.** *(nogą)* to kick

kopalnia *n* mine

koperta *n* envelope

kopia *n* **-1.** *(broń)* spear **-2.** *(obrazu)* reproduction **-3.** *(duplikat)* replica, copy, duplicate

kopiować *vt* to copy, to duplicate

kopnąć *vt* to kick

kopnięcie *n* kick

korek *n* cork; *(zatyczka)* plug, stopper; **korek uliczny** traffic jam

korespondencja *n* correspondence, post

korespondować *vi* to correspond

korkociąg *n* corkscrew

korona *n* **-1.** *(królewska)* crown **-2.** *(dentystyczna)* crown

koronka *n* lace

korupcja *n* corruption

korytarz *n* passage, corridor, hall

korzeń *n* root

korzystać vi (używać czegoś) to use sth (z przywilejów, władzy) to exercise (ze sposobności) to take the opportunity to do sth/of doing sth, to take advantage of sth (zyskiwać na czymś) to benefit from sth, to profit from sth

korzystny adj (dogodny) favourable, advantageous; (rentowny) profitable, beneficial

korzyść n (pożytek) advantage, benefit; (zysk) gain, profit, interest

kosiarka n (lawn) mover

kosmetyczka n -1. (osoba) beautician -2. (torebka) toilet bag, sponge bag

kosmetyczny n cosmetic

kosmetyk n cosmetic

kosmonauta n spaceman

kosmos n (wszechświat) cosmos, universe; (przestrzeń kosmiczna) space

kostium n (teatralny) costume; (damski) suit; (kąpielowy) swimsuit

kostka n (mała kość) bone; (u nogi) ankle; (u ręki) knuckle; (cukru) lump (of sugar); (lodu) ice-cube; (mydła) bar/cake (of soap)

kosz n basket

koszmar n nightmare

koszmarny adj ghastly

koszt n cost, expense; (cena) price

kosztować vt -1. (o cenie) to cost

kosztowności npl valuables

koszula n shirt

koszykówka n basketball

kościół n church

kość n bone; **kość słoniowa** ivory; **kość do gry** dice

kot n cat

kotlet n (z kością) chop, cutlet

kotwica n anchor

koza n goat

kradzież n theft; **kradzież z włamaniem** burglary; **kradzież sklepowa** shoplifting

kraj n country, land

krajobraz n landscape, scenery

krajowy adj home, domestic; (ogólnokrajowy) national

kran n tap

kraść vt to steal

krata n -1. (metalowa) bar -2. (wzór na tkaninie) check

krawat n tie

krawcowa n dressmaker

krawędź n edge; (skraj – np. przepaści) brink; (filiżanki) rim

krawiec n (męski) tailor

krążenie n (np. krwi) circulation

krążyć vi to go round/around, to circle, to circulate

kreatywny adj creative

kreda n chalk

kredens n cupboard, sideboard, dresser

kredka n crayon

kredyt n credit

krem n cream

kret n mole

krew n blood

krewetka n prawn, shrimp

krewny n relative, relation

kręcić vt -1. (włosy) to curl -2. (film) to shoot -3. (nie mówić całej prawdy) vi to hedge

kręcić się vr -1. (wirować) to spin, to whirl -2. (wiercić się) to fidget

kręcony adj (włosy) curly

kręgle npl skittles, bowling

kręgosłup n spine, backbone

krępujący adj embarrassing, awkward

kroić vt to cut

krok n step; (posunięcie) move; **kroki** (działania) steps, measures

krokodyl n crocodile

kromka n slice

kronika n chronicle

kropić vt (pryskać, zraszać) to sprinkle; (o deszczu) vi to spit

kropka n dot; *(plamka)* spot; *(znak przestankowy)* full stop

kropla n drop; **kropla deszczu** raindrop; **kropla potu** bead

krowa n cow

król n king

królestwo n kingdom

królik n rabbit

królowa n queen

krótki adj short; *(zwięzły – np. komentarz)* brief

krótkowzroczny adj short-sighted

kruchy adj *(o szkle)* fragile; *(o włosach, paznokciach)* brittle; *(o pieczywie)* crisp; *(o pieczeni)* tender

krwawić vi to bleed

krwawy adj bloody, gory

kryć vt *(pokrywać)* to cover *(skrywać)* to hide, to cover, to conceal

kryć się vr to hide, to lurk

kryminalista(ka) n criminal

kryminał n -1. *(powieść)* detective story -2. *(więzienie)* inf slammer, nick

kryształ n crystal

kryty adj -1. *(pod dachem)* indoor -2. *(pokryty czymś)* covered

krytyczny adj -1. *(nastawiony krytycznie)* critical, disapproving -2. *(zły, groźny)* critical

krytykować vt to criticize

kryzys n crisis, depression

krzak n bush

krzesło n chairt.

krzyk n shout, scream, cry

krzyczeć vi to shout, to scream

krzykliwy adj -1. *(hałaśliwy)* noisy -2. *(o kolorze, zachowaniu)* loud, gaudy

krzywa n curve

krzywda n harm, injustice

krzywdzący adj unfair, wrongful

krzywy adj crooked

krzyż n cross

krzyżówka n -1. *(łamigłówka)* crossword -2. *(skrzyżowanie dróg)*

intersection -3. *(połączenie dwóch gatunków)* cross

ksiądz n priest; *(tytuł)* Father

książeczka n booklet

książę n *(syn króla)* prince; *(tytuł nadawany)* duke

książka n book

księgarnia n bookshop

księgowość n accountancy, bookkeeping

księgow-y(a) n accountant

księżniczka n princess

księżyc n moon

kształt n shape, form

kształtować vt to shape, to form, to mould

kto pron who

ktokolwiek pron *(każdy)* anybody, anyone (else); *(nie ważne kto)* whoever

ktoś pron somebody, someone; *(w pytaniach)* anybody, anyone **ktoś inny** somebody/someone else

który pron *(w pytaniach)* which; *(w zdaniach podrzędnych)* that, which, whom, whose

którykolwiek pron *(z wielu)* any; *(z dwóch)* either *(nie ważne który)* whichever

ku prep *(w kierunku)* towards

kubek n mug, *(bez ucha)* beaker

kucać vi to squat

kucharz n cook, chef

kuchenka n cooker, stove

kuchnia n -1. *(pomieszczenie)* kitchen -2. *(tradycja kulinarna)* cuisine

kuć vt -1. *(żelazo)* to hammer -2. *(intensywnie się uczyć)* to cram, to swot

kufel n (beer) mug

kukiełka n puppet

kukurydza n maize; **prażona kukurydza** popcorn

kula n -1. *(bryła)* sphere -2. *(kulisty przedmiot)* ball -3. *(pocisk)* bullet

-4. *(podpora inwalidy)* crutch
-5. *(konkurencja lekkoatletyczna)* shot put
kulawy *adj* lame
kuleć *vi* to limp, to hobble
kult *n* cult
kultowy *adj* cult
kultura *n* culture
kulturalny *adj (np. wydarzenie)* cultural; *(osoba)* well-mannered, polite, cultured
kulturystyka *n* body-building
kumpel *n inf* mate, pall, buddy, chum
kundel *n* mongrel
kupa *n* **-1.** *(stos, sterta)* pile, stack, heap **-2.** *(odchody) inf* crap, shit
kupiec *n* **-1.** *(handlowiec)* merchant, tradesman **-2.** *(nabywca)* buyer
kupno *n* purchase
kupować *vt* to buy
kupujący *n* shopper, buyer
kura *n* hen
kurczak *n* chicken
kurczyć się *vr* to shrink, to contract
kurek *n* tap
kurort *n* resort
kurs *n* **-1.** *(szkolenie)* course **-2.** *(cena obiegowa)* rate **-3.** *(kierunek działania)* policy
kursować *vi* to run
kurtka *n* jacket
kurz *n* dust
kuszący *adj* tempting, seductive
kuter *n* fishing boat
kuzyn(ka) *n* cousin
kwadrans *n* quarter (of an hour)
kwadrat *n (figura, potęga)* square
kwadratowy *adj* square, *(skrót)* sq
kwalifikacje *npl* qualifications
kwartał *n* quarter
kwas *n* acid
kwaśny *adj* sour, acid
kwestia *n* matter, issue
kwestionariusz *n* questionnaire

kwestionować *vt* to question, to challenge, to contest
kwiaciarnia *n* florist
kwiat *n* flower; *(drzew owocowych)* blossom
kwiecień *n* April
kwit *n* receipt
kwitnąć *vi* **-1.** *(o roślinach)* to bloom, to blossom **-2.** *(o interesach)* to flourish, to thrive
kwota *n* sum, amount

L

labirynt *n* maze, labyrinth
laboratorium *n* laboratory, *inf* lab
lać *vt* to pour
lada *n* counter
laguna *n* lagoon
lakier *n* varnish, lacquer
lakierować *vt* to varnish
lalka *n* doll; *(kukiełka)* puppet
lampa *n* lamp
lampart *n* leopard
lanie *n* spanking, beating, hiding
lansować *vt* to promote
larwa *n* larva, grub
las *n* wood, forest
laser *n* laser
laska *n* **-1.** *(do podpierania się)* walking-stick, cane **-2.** *(dziewczyna) inf* chick
latać *vi* to fly
latarka *n* torch, flashlight
latarnia *n* lantern; *(uliczna)* street light; *(morska)* lighthouse
latawiec *n* kite
lato *n* summer
lawina *n* avalanche
ląd *n* land

lądować *vi* to land; *(o samolocie)* to touch down

lecz *conj* but

leczenie *n* treatment, therapy

lecznica *n* clinic, infirmary

leczyć *vt (pacjenta)* to treat *(o leku)* to cure

ledwie *adv* hardly, barely, only just

legalizować *vt* to legalize

legalny *adj* legal, lawful

legenda *n* -1. *(opowieść)* legend -2. *(mapy)* key

legitymacja *n (identyfikująca)* identification, identity card; *(członkowska)* membership card

lekarski *adj* medical; **gabinet lekarski** surgery

lekarstwo *n* medicine, cure, drug; *(środek zaradczy)* remedy

leka-rz(rka) *n* doctor, physician; **lekarz ogólny** general practitioner; **lekarz konsultant** consultant; **lekarz stażysta** *(w szpitalu)* resident

lekceważący *adj* dismissive, disparaging, disrespectful

lekceważenie *n* disrespect, disregard; *(zaniedbanie)* negligence

lekceważyć *vt (bagatelizować)* to ignore, to disregard *(zaniedbywać)* to neglect

lekcja *n* lesson, class, period

lekki *adj (nieciężki)* light

lekko *adv* lightly; *(nieznacznie)* slightly

lekkomyślność *n* irresponsibility, foolishness

lekkomyślny *adj* reckless, irresponsible, foolish

lektura *n (czytanie)* reading

lemoniada *n* lemonade

lenistwo *n* laziness

leniuch *n inf* layabout, *inf* bum

leniuchować *vi* to laze; *inf* to bum (around), *inf* to hang around

leniwy *adj* lazy, idle

lepiej *adv* better

lepki *adj* sticky

lepszy *adj* better

lesbijka *n* lesbian

leszczyna *n* hazel

letni *adj* -1. *(związany z latem)* summer-2. *(ciepławy)* lukewarm, tepid

lew *n* lion; *(zodiak)* Leo

lewicowy *adj* left-wing, leftist

lewo *adv* w lewo left, to/on the left

leworęczny *adj* left-handed

lewy *adj* left

leżak *n* deck-chair

leżeć *vi* to lie

lęk *n* fear, anxiety

licencja *n* licence

licencjat *n* bachelor's degree

liceum *n (w Wielkiej Brytanii)* grammar school; *(w Polsce)* secondary school

licytacja *n (aukcja)* auction; *(w grze karcianej)* bidding

liczba *n* number, figure; *(ilość)* amount

liczebnik *n* numeral

licznik *n* meter

liczny *adj* numerous

liczyć *vt* to count **liczyć na kogoś/coś** to count on sb/sth, to rely on sb/sth **nie licząc kogoś/czegoś** exclusive of sb/sth, not counting sb/sth

liczyć się *vr (mieć znaczenie)* to count, to matter

lider(ka) *n* leader

liga *n* league, division

likwidacja *n* liquidation, elimination; *(zamknięcie firmy)* closure

likwidować *vt* to liquidate, to eliminate; *(firmę)* to wind sth up, to go out of business

limit *n* limit

limuzyna *n* limousine, *inf* limo

lina *n* rope, line

linia *n* line

linijka *n* -1. *(tekstu)* line -2. *(przyrząd)* ruler

liniowiec *n* liner

lipa n -**1.** (drzewo) lime -**2.** (oszustwo, tandeta) inf dud
lipiec n July, (skrót) Jul
lis n fox
list n letter
lista n list, roll
listonosz n postman
listopad n November, (skrót) Nov
liść n leaf
litera n letter
literatura n literature
literować vt to spell
litość n mercy, pity
litować się vr (nad kimś) to have/take pity on sb, to have mercy on sb.
litr n litre
lizać vt to lick
lizak n lollipop
lniany adj linen
lodowaty adj icy, freezing, ice-cold
lodowcowy adj glacial
lodowiec n glacier
lodowisko n skating-rink, ice-rink
lodówka n refrigerator, fridge
lody npl ice-cream
logiczny adj logical
logika n logic
lojalność n loyalty
lojalny adj loyal
lok n curl
lokal n (restauracja) restaurant; (siedziba) premises
lokalizacja n location
lokalizować vt to locate
lokalny adj local
lokata n -**1.** (pozycja) place -**2.** (pieniężna) deposit; **lokata kapitału** (capital) investment
lokator(ka) n occupant, tenant, lodger
lokomotywa n locomotive, engine
lord n lord
lornetka n binoculars
los n (przeznaczenie) fate, destiny; (dola) lot, fortune

losowo adv at random, randomly
lot n flight
loteria n lottery
lotnictwo n (cywilne) aviation; (wojskowe) air force
lotnisko n airport
lód n ice
lśniący adj glittering, glistening, shimmering
lub conj or
lubiany adj popular
lubić vt to like, **lubić coś robić** to like/to enjoy doing sth **nie lubić** to dislike
ludność n population
ludowy adj folk
ludożerca n cannibal
ludzie npl people
ludzki adj (dotyczący ludzi) human
ludzkość n mankind, humanity
lufa n barrel
luka n gap, blank
lukier n icing, glaze
luksus n luxury
luksusowy adj luxurious, de luxe
lunch n lunch
lustro n mirror
luty n February, (skrót) Feb
luz n **na luzie** (o sposobie bycia, stroju) casual (o samochodzie) in neutral (gear)
luźny adj loose; (nie napięty) slack; (o przepisie, prawie) lax; (o osobie, sposobie bycia) casual, laid-back
lwica n lioness

Ł

łabędź n swan
łacina n Latin

ładnie *adv* nicely, prettily
ładny *adj* nice, pretty; *(o pogodzie)* fine, nice
ładować *vt* -1. *(np. towary)* to load- 2. *(baterie, akumulator)* to charge
ładowarka *n* battery charger
ładunek *n* -1. *(ciężar)* load; *(statku, samolotu)* cargo, freight -2. *(elektryczny)* charge
łagodnie *adv* gently, softly, mildy
łagodny *adv* *(o człowieku)* gentle, placid, meek; *(o potrawie)* mild, bland; *(o głosie)* soft; *(o chorobie)* benign; *(o karze, wyroku)* lenient
łagodzić *vt* *(ból, objawy)* to relieve, to alleviate, to ease, to soothe *(spór, karę)* to mitigate, to moderate.
łamać *vt* to break, to fracture
łamigówka *n* puzzle
łamliwy *adj* breakable, brittle, fragile
łańcuch *n* chain; **łańcuch górski** range
łapa *n (kocia, psia)* paw
łapać *vt* to catch, to grasp, to snatch
łapówka *n* bribe
łaskotać *vt* to tickle
łata *n* patch
łatwopalny *adj* flammable
łatwość *n* easiness, ease
łatwowierny *adj* gullible, credulous
łatwy *adj* easy, simple
ławka *n (w parku)* bench; *(w szkole)* desk; *(w kościele)* pew
łazienka *n* bathroom
łącznie *adv* **łącznie z** including sth, inclusive of sth *(ogółem)* in all.
łączność *n* contact, communication
łączyć *vt (punkty, przewody)* to connect, to link *(zespalać elementy)* to join *(scalać)* to merge, to combine *(jednoczyć)* to unite, to unify *(łączyć w sobie)* to combine *(telefonicznie)* to connect, to put through
łączyć się *vr (schodzić się, stykać się)* to meet, to connect (up)/to connect

with/to sth, to link (up), to join (up) *(scalać się)* to combine, to merge *(jednoczyć się)* to unite, to unify
łąka *n* meadow
łodyga *n* stalk, stem
łokieć *n* elbow
łopata *n* spade, shovel
łosoś *n* salmon
łoś *n* elk
łowić *vt (polować na zwierzynę)* to hunt; *(ryby)* to fish
łowienie *n (zwierzyny)* hunting; *(ryb)* angling
łódź *n* boat
łóżeczko *n (dziecięce)* cot
łóżko *n* bed
łuk *n* -1. *(broń)* bow -2. *(element architektoniczny)* arch -3. *(część okręgu)* arc/the arc of a rainbow -4. *(krzywizna)* curve
łupież *n* dandruff
łupina *n (orzecha)* (nut)shell; *(ziemniaka)* skin
łuska *n (ryby)* scale; *(naboju)* shell
łuszczyć się *vr* to peel off, to flake
łydka *n* calf
łyk *n* gulp; **mały łyk** sip
łykać *vt* to swallow
łysiejący *adj* balding
łysina *n* baldness
łysy *adj* bald
łyżka *n* spoon; *(do zupy)* soup spoon; *(stołowa)* tablespoon; *(wazowa)* ladle; *(do lodów)* scoop
łyżwa *n* skate; **łyżwy** ice-skates; **jeździć na łyżwach** to skate
łyżworolki *npl* rollerblades
łza *n* tear
łzawy *adj* tearful, sentimental

M

machać *vi (ręką)* to wave, *(ogonem)* to wag; *(skrzydłami)* to flap
macierzyństwo *n* motherhood
macocha *n* stepmother
maczać *vt (coś w czymś)* to dip (sth in sth).
mafia *n* the Mafia, *inf* the Mob
magazyn *n* -**1.** *(skład)* store, storeroom, ware-house -**2.** *(pismo)* magazine, journal
magazynować *vt* to store
magia *n* magic
magik *n* magician, conjurer
magisterski *adj* **praca magisterska** thesis; **stopień magisterski** Master's degree
magnes *n* magnet
magnetofon *n* tape recorder
magnetowid *n* video (cassette recorder), VCR
magnetyczny *adj* magnetic
maj *n* May
majątek *n (mienie, dobytek)* possessions, property; *(osobisty)* personal property; *(bogactwo)* fortune, wealth;
majsterkować *vi* to do, DIY
majtki *npl (damskie)* panties, knickers; *(męskie)* briefs
mak *n* poppy
makabryczny *adj* gruesome, macabre, ghastly
makaron *n* pasta
makijaż *n* make-up
makler(ka) *n* broker
maksymalny *adj* maximum, *(skrót)* max
malarstwo *n* painting
malarz(rka) *n* painter; **malarz pokojowy** painter

maleć *vi* to diminish, to decline, to decrease
maleńki *adj* tiny, diminutive, minute, *Scot* wee
malina *n* raspberry
malować *vt* to paint; **malować paznokcie** to do one's nails, to varnish one's nails
malowniczy *adj* picturesque, scenic
maltretować *vt* to maltreat, to abuse
mało *adv (z rzeczownikami policzalnymi)* few; *(z rzeczownikami niepoliczalnymi)* little
małpa *n* monkey; **małpa człekokształtna** ape; *(symbol)* at, @;
mały *adj* small, little; **mały rozmiar** small size, *(skrót)* S; **mały druk** small print
małż *n* clam
małżeństwo *n* -**1.** *(stan małżeński)* matrimony -**2.** *(związek)* marriage; -**3.** *(para)* married couple
małżonek *n* husband, spouse
małżonka *n* wife, spouse
mandarynka *n* mandarine, tangerine
mandat *n* -**1.** *(poselski)* seat-**2.** *(kara)* ticket, fine
manekin *n* dummy
maniak(czka) *n (chory psychicznie)* maniac; *(fanatyczny miłośnik)* maniac, crank, *inf* freak
maniera *n (styl)* mannerism;
maniery manners
manifestacja *n (protest)* demonstration
manifestować *vt* -**1.** *(okazywać, uzewnętrzniać)* to manifest, to express -**2.** *(protestować, demonstrować)* *vi* to demonstrate
manipulować *vt* to manipulate
mankiet *n (koszuli)* cuff; *(spodni)* turn-up
mapa *n* map
maraton *n* marathon
marcepan *n* marzipan

marchew n carrot
margaryna n margarine
margines n margin
marihuana n marijuana, cannabis, *inf* grass
marka n -**1.** *(towarowa)* brand -**2.** *(samochodu)* make -**3.** *(waluta)* mark
marmolada n jam *(z owoców cytrusowych)* marmalade
marmur n marble
marnie adv poorly, miserably
marnować vt to waste
marny adj poor, miserable, flimsy
Mars n Mars
marsz n march
marszałek n -**1.** *(sejmu)* speaker -**2.** *(stopień wojskowy)* marshal
martwić vt *(kogoś)* to worry (sb), to bother (sb), to trouble (sb
martwić się vr *(o kogoś/coś)* to worry (about sb/sth)
martwy adj *(nieżywy)* dead; **martwa natura** *(obraz)* still life
marudzić vi -**1.** *(ociągać się)* to linger, to dawdle -**2.** *(narzekać)* to grumble, to whine
marynarka n -**1.** *(ubiór)* jacket -**2. marynarka wojenna** navy
marynarz n sailor
marynować vt *(mięso)* to marinade/ to marinate; *(warzywa)* to pickle
marzec n March, *(skrót)* Mar
marzenie n dream, fantasy
marznąć vi to freeze
marzyć vi to dream, to daydream; *(o czymś)* to dream (of sth); *(mieć na coś wielką ochotę)* to be dying/ aching for sth
masa n -**1.** *(ciężar)* weight -**2.** *(duża ilość)* mass, tons of, bulk
masakra n massacre, slaughter
masaż n massage
masażysta n masseur
maska n mask

maskotka n mascot, charm
maskować vt to mask, to camouflage
masło n butter
masować vt to massage
masowy adj mass
masywny adj *(konstrukcja)* solid, massive; *(osoba)* hefty
maszerować vi to march
maszyna n machine
maść n -**1.** *(lek)* ointment -**2.** *(barwa zwierzęcia)* colour
maślanka n buttermilk
mata n mat
matematyk(czka) n mathematician
matematyka n mathematics, maths
materac n mattress
materialista(ka) n materialist
materiał n -**1.** *(surowiec)* material -**2.** *(tkanina)* fabric, cloth, textile
matka n mother; **matka chrzestna** godmother
matowy adj *(tkanina, papier)* matt, opaque; *(o głosie)* husky, dull
matura n *(brytyjski odpowiednik)* A level, AS level
mądrość n wisdom
mądry adj wise, intelligent
mąka n flour
mąż n husband
mdleć vi to faint, to pass out.
mdłości npl nausea
mdły adj bland
mebel n a piece of furniture; **meble** furniture
meblować vt to furnish
mech n moss
mechaniczny adj mechanical
mechanik n mechanic
mecz n match, game
meczet n mosque
medal n medal
medalista(ka) n medallist
media npl the media
medycyna n medicine

medyczny adj medical
meldować vt -1. (składać raport) to report -2. (gościa w hotelu) to register, to check in
meldować się vr (zgłaszać przybycie) to report (w hotelu) to register, to check in
melodia n tune, melody
menadżer n manager
meta n finish, finishing line
metafora n metaphor
metal n metal
metalowy adj metal
metka n label, tag
metoda n method, technique
metr n metre
metro n underground, inf tube
metryka n certificate
mewa n gull, seagull
męczący adj (wyczerpujący) tiring, exhausting; (o wykładzie, przemówieniu) tedious; (o osobie) tiresome
męczyć vt (powodować wyczerpanie) to tire (znęcać się) to torment, to torture; (nękać) to bother, to nag
męczyć się vr to get tired
męka n torment, agony
męski adj (rodzaj) masculine (gender); (płeć) male
męskość n masculinity, manhood; (potencja seksualna) virility
męstwo n bravery
mężatka n married woman
mężczyzna n man; (osobnik płci męskiej) male
mgła n fog, mist
mi pron (komu) me
mianować vt to appoint, to nominate, to designate
miara n measure, measurement
miasteczko n town
miasto n (duże) city; (małe) town
miażdżyć vt to crush, to squash
miecz n sword

mieć vt (posiadać) to have (got), to possess
miedź n copper
miejsce n -1. (wolna przestrzeń) space, room -2. (wycinek przestrzeni) place, spot; -3. (położenie) position -4. (siedzące) seat
miejscowy adj local
miejski adj urban, metropolitan; **rada miejska** town/city council
mielić vt to grind; (mięso) to mince; (zboże) to mill
mierzyć vt -1. (dokonywać pomiaru) to measure -2. (ubranie) to try on -3. (wzrokiem) to eye -4. (celować w kogoś/coś) vi to aim at sb/sth
miesiąc n month; **co miesiąc** every month, monthly; **miesiąc miodowy** honeymoon
miesiączka n period, menstruation
miesięcznie adv monthly
mieszać vt (różne substancje) to mix, to blend (łyżką) to stir (mylić kogoś/coś z kimś/czymś) to mix sb/sth up with sb/sth **mieszać komuś w głowie** to confuse sb
mieszać się vr -1. (łączyć się ze sobą) to mingle (with -2. (wtrącać się) to interfere (in sth), to meddle (in sth) **nie mieszać się do czegoś** to stay out of sth -3. (okazywać zakłopotanie) to get confused, to get embarrassed
mieszanka n mixture, mix, blend
mieszkać vi to live, to dwell
mieszkanie n (zakwaterowanie) accommodation, lodging (lokal) flat, apartment
mieszkaniec(ka) n dweller, inhabitant; (domu) occupant, dweller; (miasta) citizen, city-dweller
mieścić vt (zawierać w sobie) to hold (o budynku) to house (zapewniać miejsca siedzące) to seat

mieścić się vr -1. (znajdować się gdzieś) to be situated, to be located -2. (pasować) to fit (in/into)

między prep (dwoma osobami/rzeczami) between (wieloma osobami/rzeczami) among

międzynarodowy adj international

miękki adj soft; (o mięsie) tender; (o głosie) mellow

mięknąć vi to soften

mięsień n muscle

mięso n meat

mięta n mint

migać vi to flash; (o kierunkowskazie) to blink

migać się vr (uchylać się od obowiązków) to dodge

migdał n -1. (orzech) almond -2. (narząd) tonsil

mijać -1. vt (przejść obok) to pass (sb/sth), to pass by (sb/sth -2. (o czasie) vi to pass, to go, to go by (o bólu, chorobie) to pass off, to go away **czas minął** time's up

mikrofalowy adj microwave

mikrofon n microphone; (telefonu) mouthpiece

mikroskop n microscope

mikroskopijny adj minute, microscopic

mikser n mixer, blender, liquidizer

mila n mile

milczący adj silent

milczenie n silence

mile adv agreeably

miliard n billion

milioner(ka) n millionaire

miło adv nicely, pleasantly

miłosny adj love; **historia miłosna** love-story

miłość n love

miłośnik(czka) n fan, lover

miły adj nice, pleasant, agreeable

mimo prep despite, in spite of **mimo to** nevertheless, yet

→**mimo** conj mimo, że although/though, even though

mina n -1. (wyraz twarzy) face, grimace -2. (bomba) mine

minerał n mineral

miniaturowy adj miniature

minimalny adj minimal

miniony adj past, former

minister n minister, Secretary of State

ministerstwo n ministry, office, department

minus n -1. (nazwa znaku) minus -2. (ujemna strona) drawback, disadvantage

minuta n minute

miotła n broom, brush

miód n honey

misja n mission

miska n (do jedzenia) bowl; (do mycia) basin

mistrz(yni) n master; (zwycięzca) champion

mistrzostwo n (w sztuce) artistry; (w sporcie) championship

miś n (pluszowy) teddy (bear)

mit n myth

mitologia n mythology

mleczarnia n dairy

mleko n milk

młodociany adj juvenile, youthful

młodość n youth

młody adj young, youthful

młodzieniec n youth, adolescent

młodzież n the youth, the young

młotek n hammer

młyn n mill

młynek n mill, grinder

mnich n monk

mnie pron me

mniej adv (z rzeczownikami policzalnymi) fewer (z rzeczownikami niepoliczalnymi) less

mniejszość n minority

mniejszy adj -1. (stopień wyższy od mały) smaller -2. (drugorzędny, *mniej istotny)* lesser, minor **mniejsze zło** the lesser of two evils/the lesser evil

mnogi *adj* **liczba mnoga** plural

mnożenie *n* multiplication

mnożyć *vt* to multiply

mnóstwo *n* a lot of, *inf* lots (of), plenty (of), a great many (of), mass, *inf* tons (of)

moc *n* power, strength, might, potency

mocno *adv* strongly, powerfully

mocny *adj (uścisk)* firm, tight; *(uderzenie)* heavy, hefty; *(odporny, trwały)* strong, sturdy; *(alkohol)* stiff, stout; *(silnik)* powerful; *(kawa)* strong; *(opady)* heavy; *(ból, uczucie)* intense

mocz *n* urine; **oddawać mocz** to urinate

moda *n* fashion, trend

model *n* model

modelka *n* model

modelować *vt* to mould; *(włosy suszarką)* to blow-dry

modem *n* modem

modernizacja *n* modernization

modernizować *vt* to modernize, to update

modlić się *vr (o coś)* to pray (for sth)

modlitwa *n* prayer; *(przed posiłkiem)* grace

modny *adj* fashionable, trendy, *inf* in

mokry *adj* wet

molestować *vt* to molest

molestowanie *n* abuse, harassment

moment *n* moment, instant

monarchia *n* monarchy

moneta *n* coin

monitor *n (urządzenie)* monitor; *(ekran komputera)* visual display unit, *(skrót)* VDU

monopol *n* monopoly

monotonny *adj* monotonous, repetitive

montaż *n (składanie)* assembly; *(podłączanie)* installation; *(obróbka filmu)* editing

montować *vt (składać)* to assemble *(podłączyć)* to install, to mount, to fit *(obrabiać film)* to edit

moralność *n* morality

moralny *n* moral, ethical

morderca(czyni) *n* murderer, killer

morderczy *adj (skłonności, instynkt)* murderous, homicidal; *(śmiercionośny)* lethal, deadly

morderstwo *n* murder, homicide, killing

mordować *vt* to murder, to kill

morela *n* apricot

morski *adj* sea, marine, maritime

morze *n* sea

mosiądz *n* brass

most *n* bridge

motel *n* motel

motor *n* **-1.** *(silnik)* motor, engine **-2.** *(pojazd)* motorcycle

motorówka *n* motorboat

motyl *n* butterfly

motyw *n* **-1.** *(powód)* motive **-2.** *(element kompozycji)* motif, theme

motywacja *n* motivation

motywować *vt* **-1.** *(uzasadniać)* to justify **-2.** *(stymulować)* to motivate

mowa *n* speech

mozaika *n* mosaic

może *inv* maybe, perhaps **być może** *(przypuszczenie)* maybe, perhaps, possibly

możliwość *n (ewentualność, prawdopodobieństwo)* possibility *(okazja, sposobność)* opportunity, chance *(zdolność)* capability

możliwy *adj (prawdopodobny)* possible *(wykonalny)* practicable **możliwy do przyjęcia** accept-able

117

można *inv* **robić co tylko można**
to do/to try one's best **czy tu można
palić?** can/may I smoke here?;
czy można? may I?; **można
powiedzieć** one/you can say
móc *vi (być w stanie, potrafić)*
can, to be able (to do sth *(mieć
zezwolenie)* may, can, to be allowed,
to be permitted *(przypuszczenie)*
can, may, could, might *(prośba
o pozwolenie)* **czy mógłbym
otworzyć okno?** do you mind if
I open the window?/ may I open the
window?
mój *pron (z rzeczownikiem)* my *(bez
rzeczownika)* mine
mówca(czyni) *n* speaker
mówić *vt (coś)* to say (sth *(prawdę,
kłamstwa)* to tell *(władać językiem)*
to speak
mózg *n* brain
mroczny *adj* dark, dim, gloomy
mrok *n* dark, darkness, gloom
mrowisko *n* ant-hill
mrozić *vt (np. o lodówce)* to freeze
mroźny *adj* frosty
mrożony *adj* frozen
mrówka *n* ant
mróz *n* frost; **jest mróz** it's freezing
mrugać *vi (jednym okiem do kogoś)*
to wink (at sb) *(oczami)* to blink
(światłami) to blink, to flash
msza *n* mass, service
mścić się *vr (na kimś za coś)* to take/
get revenge on sb (for sth)
mściwy *adj* revengeful, vindictive
mucha *n* fly
muł *n (zwierzę)* mule; *(błoto)* mud,
slime
mundur *n* uniform
mur *n* wall
musieć *vi* **-1.** *(obowiązek,
konieczność)* must, have (got)
to do sth, to be obliged to do sth
-2. *(przypuszczenie)* must

muskuł *n* muscle
muszka *n* **-1.** *(rodzaj krawata)* bow
tie **-2.** *(owad)* fly, midge **-3.** *(broni
palnej)* frontsight
muszla *n* shell
musztarda *n* mustard
muzeum *n* museum
muzułman-in(ka) *n* Muslim
muzułmański *adj* Muslim; *(prawo,
religia)* Islamic
muzyczny *adj* musical
muzyk *n* musician
muzyka *n* music
muzykalny *adj* musical
my *pron* we; **my obaj** both of us;
to my! it's us!
mycie *n* washing
myć *vt (ręce, twarz)* to wash;
(naczynia) to wash up; *(zęby)*
to brush; *(podłogę)* to clean, to mop;
(włosy szamponem) to shampoo
myć się *vr* to wash (oneself)
mydło *n* soap
mylący *adj* confusing, deceptive
mylić się *vr (popełnić błąd)* to make
a mistake *(być w błędzie)* to be
wrong, to be mistaken, to be in
error
mysz *n* mouse
myśl *n* thought, idea
myślący *adj* thinking, intelligent
myśleć *vi* to think
myślistwo *n* hunting
myśliwy *n* hunter
myślnik *n* dash
mżawka *n* drizzle

N

na prep (miejsce) on
nabiał n dairy products
nabierać vt -1. (zaczerpnąć wody, powietrza) to take in -2. (nawyku) to develop -3. (doświadczenia, wprawy) to gain, to acquire -4. (prędkości, sił) to gather, to gain -5. (oszukiwać kogoś) to deceive sb, to fool sb, to take sb in,
nabój n cartridge, round
nabytek n (zakup) purchase
nabywać vt -1. (kupować) to purchase, to buy -2. (nabierać wprawy, doświadczenia) to acquire
nabywca n buyer
naciągać vt -1. (oszukiwać) inf to con, to dupe, to cheat; -2. (mięsień) to pull, to strain -3. (strunę) to tighten
nacisk n -1. (presja) pressure -2. (akcent) emphasis, stress, accent
naciskać vt (przycisk) to press, to push
naczynie n (krwionośne) blood vessel (kuchenne) dish
naćpany adj inf high, stoned
nad prep (powyżej) over, above **nad morzem** at the seaside, by the sea; **nad rzeką** by the river; **nad ranem** at daybreak; **myśleć nad czymś** to think about sth
nadal adv still
nadawać vt -1. (audycję, program) to broadcast, to air -2. (sygnał) to transmit -3. (paczkę, list) to send -4. (imię) to christen, to name after -5. (tempo, styl) to set.
nadawać się vr (do czegoś) to be suitable for sth, to be fit for sth (na kogoś) to make
nadawca n sender

nadążać vi (za kimś/czymś) to keep up with sb/sth (za tym, co ktoś mówi) to be with sb
nadchodzący adj (przyszły) coming, forthcoming
nadchodzić vi to come, to arrive
nadgarstek n wrist
nadgodziny npl overtime
nadjeżdżać vi to arrive, to come
nadmiar n excess, surplus
nadmierny adj excessive
nadmuchiwać vt to blow sth up;
nadmuchiwany adj inflatable
nadpłata n excess payment
nadprzyrodzony adj supernatural
nadrabiać vt (zaległości, stracony czas) to catch up on sth, to make up for sth
nadużywać vt (władzy, zaufania) to abuse, to mis-use (używać zbyt dużo lub zbyt często) to abuse, to overuse;
nadwaga n **mieć nadwagę** to be overweight
nadwozie n bodywork
nadwyżka n surplus
nadziany adj -1. (wypełniony farszem) stuffed -2. (bogaty) inf loaded
nadzieja n hope, trust, expectation
nadzienie n filling, (w mięsie) stuffing
nadziewać vt to stuff
nadzorować vt to supervise, to oversee, to be in charge of (sb/sth)
nadzwyczajny adj (niezwykły) extraordinary; (specjalny) special
nafta n paraffin
nagana n rebuke, reprimand
nagi adj (o człowieku) naked, nude, bare; (fakty, prawda) bare, plain; (drzewa, ściany) bare
naglący adj urgent
nagle adv suddenly, abruptly, all of a sudden, all at once (niespodziewanie) unexpectedly

nagłówek n *(w gazecie)* headline; *(w tekście)* heading; *(papieru listowego)* letterhead

nagły adj sudden, abrupt *(niespodziewany)* unexpected **nagły wypadek** emergency

nago adv in the nude

nagradzać vt *(kogoś za coś)* to reward sb for sth

nagrobek n gravestone, tombstone; *(pionowa tablica)* headstone

nagroda n *(w konkursie)* prize; *(za zasługi)* reward *(przyznawana przez organizację)* award

nagrywać vt *(płytę)* to record; *(na taśmę/na magnetofon)* to tape; *(na wideo)* to video, to video-tape

naiwny adj naive

naj pref *(tworzy stopień najwyższy)* the -est/the most

najazd n invasion

najbardziej adv (the) most *(przed przymiotnikiem i przysłówkiem)* the most

najdalej adv -1. *(o miejscu)* (the) farthest/furthest -2. *(najpóźniej)* at the latest

najedzony adj full (up)

najgorszy n (the) worst

najlepszy adj (the) best, top

najmniejszy adj *(stopień najwyższy od small)* (the) smallest *(stopień najwyższy od little)* (the) least

najniższy adj *(wzrostem)* (the) shortest; *(wysokością)* (the) lowest; *(znajdujący się na samym dole)* the bottom;

najnowszy adj (the) newest; *(ostatni)* (the) latest, (the) most recent

najpierw adv *(w pierwszej kolejności)* first, first of all *(na początku)* at first

najpóźniej adv *(stopień najwyższy od late)* (the) latest *(jako ostatni)* last *(nie później niż)* at the latest

najstarszy adj (the) oldest; *(w rodzinie)* (the) eldest

najwidoczniej adv evidently, apparently, clearly

najwięcej adv (the) most

najwyżej adv *(stopień najwyższy od high)* (the) highest; **co najwyżej** at (the) most

najwyższy adj *(człowiek, budynek, drzewo)* (the) tallest; *(dźwięk, góra)* (the) highest

nakaz n warrant

naklejać vt to stick, to affix

naklejka n sticker, label

nakładać vt -1. *(krem, farbę)* to apply -2. *(sankcje, podatek, grzywnę)* to impose -3. *(ubranie)* to put sth on

nakłaniać vt *(kogoś do zrobienia czegoś)* to induce sb to do sth, to prompt sb to do sth

nakłuwać vt to prick, to puncture

nakręcać vt *(zabawkę, zegar)* to wind sth (up)

nakrętka n *(na butelkę)* cap; *(na gwint)* nut

nakrycie n *(stołowe)* place setting, cover; *(przykrycie)* covering; *(głowy)* headgear

nakrywać vt -1. *(przykrywać)* to cover -2. *(przyłapywać)* inf to nail, inf to nab -3. *(do stołu)* to lay/to set the table

nalegać vi to insist

naleśnik n pancake

nalewać vt to pour

należeć vi *(do kogoś/czegoś)* to belong to sb/sth

należeć się vr *(przysługiwać)* to be due

należność n charge

należycie adv appropriately, properly

nałogowiec n addict

nałogowy adj compulsive, habitual

nałóg n addiction, habit

nam pron us

namawiać *vt (kogoś do czegoś)* to talk sb into doing sth, to persuade sb to do sth *(do złego)* to put sb up to sth

namiętność *n* passion

namiętny *adj* passionate

namiot *n* tent

namyślać się *vr (zastanawiać się, rozważać coś)* to think it over.

napad *n* attack, assault, hold-up

napadać *vi (na kogoś)* to attack sb, to assault sb

napalony *adj (podniecony seksualnie) inf* horny

napastnik(czka) *n* -1. *(napastujący)* attacker, assailant -2. *(w piłce nożnej)* forward

napastować *vt* to harass, to molest

napastowanie *n* harassment, molestation

napełniać *vt (coś czymś)* to fill sth with sth

napęd *n* drive, propulsion

napięcie *n (elektryczne)* voltage; *(emocjonalne)* strain, stress, tension; *(mięśni)* tension; *(w filmie, powieści)* suspense

napięty *adj (o osobie, sytuacji, stosunkach)* strained, tense *(o harmonogramie, terminie)* tight *(o mięśniu, linie)* tense, taut

napinać *vt (sznur)* to tighten, to tauten; *(mięśnie na pokaz)* to flex

napis *n (np. na murze)* writing, sign; **napisy** *(w filmie obcojęzycznym)* subtitles

napiwek *n* tip, gratuity

napotykać *vi (na coś)* to encounter sth, to run into sth, to face sth

napój *n* drink, beverage

naprawa *n* repair

naprawdę *adv* really, truly, indeed

naprawiać *vt (buty, samochód, instalację)* to repair, to mend, to fix *(krzywdę, zło)* to undo

naprzeciwko *adv* opposite

naprzód *adv* forward(s), ahead

narada *n* meeting, conference, consultation

naradzać się *vr (dyskutować)* to deliberate

naraz *adv* -1. *(nagle)* all at once, suddenly -2. *(jednocześnie)* at the same time

narażać *vt (kogoś na coś)* to expose sb to sth, to subject sb to sth

narażać się *vr* to risk

narciarstwo *n* skiing

nareszcie *adv* at last, finally

narkoman(ka) *n* drug addict

narkomania *n* drug addiction

narkotyk *n* narcotic, drug

narkoza *n (stan uśpienia)* anaesthesia

narodowość *n* nationality

narodowy *adj* national

narodziny *n* birth

narodzony *adj* born

naród *n* nation, people

narta *n* ski

narząd *n* organ

narzeczeni *npl* engaged couple

narzeczona(y) *n* fiancé

narzekać *vi (na coś)* to complain about sth

narzędzie *n* tool, instrument, utensil

narzucać *vt (okrycie wierzchnie na siebie)* to slip sth on, to throw sth on *(coś komuś)* to impose sth on sb

narzucać się *vr (komuś)* to impose (on sb)

narzuta *n (na łóżko)* bedspread

nas *pron* us

nasienie *n (ziarno)* seed; *(sperma)* sperm, semen

nasilać się *vr (o wietrze, bólu, uczuciu)* to intensify *(o konflikcie, żądaniach)* to escalate

nastawiać *vt (radio, telewizor na określoną stację/kanał)* to tune *(budzik, pralkę)* to set

nastawienie n (do jakiejś sprawy) attitude towards sth, position on sth **wrogie nastawienie** hostility

następca(czyni) n successor, heir/ heiress

następnie adv then, next, subsequently

następny adj next, following

następować vi (po czymś) to follow, to come after

następstwo n (negatywny skutek) after-effect; **w następstwie** (ważnego lub przykrego zdarzenia) in the aftermath (of sth)

następujący adj the following (kolejno po sobie) successive

nastolatek(ka) n teenager, adolescent

nastrojowy adj romantic

nastrój n mood, spirit; (sytuacji) atmosphere, climate

nasz pron (przed rzeczownikiem) our; (bez rzeczownika) ours

naszyjnik n necklace

naśladować vt to imitate, to copy

naśladowanie n imitation

naśladowca(czyni) n imitator

natarczywy adj pushy, aggressive

natchnienie n inspiration

natężenie n -1. (prądu) voltage -2. (dźwięku) volume

natknąć się vr (przypadkiem na kogoś/ coś) to encounter sb/sth, to run into sb/sth, to come across sb/sth

natomiast adv whereas, while

natrętny adj (dziennikarz, kamera) intrusive

natura n (przyroda, charakter) nature

naturalnie adv naturally; (oczywiście) certainly, absolutely

naturalny adj natural

natychmiast adv immediately, at once, right/ straight away, instantly

natychmiastowy adj immediate, instant

nauczać vt (czegoś lub kogoś) to teach sth/sb, to instruct sb

nauczka n lesson

nauczyciel(ka) n teacher

nauka n -1. (uczenie się) study, learning. -2. (w szkole) schooling -3. (wiedza) science

naukowiec n scholar; (znawca nauk ścisłych) scientist

naukowy adj scientific, academic

naumyślnie adv deliberately

nawałnica n (ulewa) rainstorm, squall; (wichura) gale; (śnieżyca) snowstorm

nawet adv even **nawet jeśli** even if

nawias n bracket, parenthesis

nawiązywać vt (stosunki, kontakty) to establish; (rozmowę, znajomość) to strike up sth (do czegoś) vi to refer to sth

nawiedzony adj (miejsce, dom) haunted; (osoba) inf loony, cranky

nawierzchnia n surface

nawilżać vt to moisten

nawilżający adj moisturizing

nawlekać vt (igłę) to thread; (korale) to string

nawozić vt (glebę) to fertilize

nawóz n fertilizer; (koński, krowi) manure

nawracać się vr (zmieniać religię) to convert

nawrót n (ponowne wystąpienie zjawiska) recurrence; (choroby) relapse

nawyk n habit

nawzajem adv (jeden drugiego, jeden drugiemu) each other, one another **Wesołych Świąt! Nawzajem!** Merry Christmas! The same to you!

nazwa n name

nazwisko n surname

nazywać vt to name, to call

negatywny adj negative

negocjacje npl negotiations

negocjator(ka) n negotiator

nekrolog n obituary

nektarynka n nectarine

neon n (świetlny) neon light

nerka n kidney

nerw n nerve

nerwica n neurosis

nerwowy adj (dotyczący układu nerwowego) nervous, nerve; (niespokojny, zdenerwowany) nervous, agitated

netto n net

neutralność n neutrality

neutralny adj neutral

nęcący adj alluring, enticing, tempting

nęcić vt to entice, to lure, to tempt (ryby, zwierzynę) to bait

nędza n misery, poverty, squalor

nędzny adj (obskurny, ubogi) shabby, wretched, sordid, squalid

nękać vt (dręczyć, nie dawać spokoju) to harass (o chorobie, problemach) to plague

nękanie n harassment

niania n nanny

niańczyć vt to nurse

nic pron nothing; (w zdaniach przeczących) anything

niczyj adj nobody's, no-one's

nić n thread

nie part no; (przed czasownikiem) not

nieaktualny adj (bilet, dokument) outdated, invalid, expired

nieatrakcyjny adj unattractive

niebawem adv soon

niebezpieczeństwo n (zagrożenie) danger, threat (ryzyko) risk, hazard

niebezpieczny adj dangerous, unsafe, risky, hazardous

niebieski adj blue

→ **niebieski** n **kolor niebieski** blue

niebieskooki adj blue-eyed

niebo n sky; (raj) heaven

nieboszczyk(ka) n (zmarły) the deceased; (zwłoki) corpse

niechcący adv by accident, unwittingly, unintentionally

niechęć n -1. (awersja) dislike, aversion -2. (brak ochoty do czegoś) reluctance

niechętny adj (nie przejawiający chęci) reluctant, unwilling

niechlujny adj sloppy, untidy, slovenly

niecierpliwić się vr to grow impatient

niecierpliwość n impatience

niecierpliwy adj impatient

nieczuły adj (niewrażliwy, obojętny) insensitive, cold-hearted; (na ból, dotyk) insensitive to sth

nieczynny adj (sklep) closed; (nieaktywny) inactive; (wulkan) dormant

nieczytelny adj illegible, unreadable

niedaleki adj (nie oddalony w przestrzeni) nearby (w czsie) near

niedaleko adv near

niedawno adv recently, lately, the other day

niedbale adv carelessly, negligently

niedbalstwo n carelessness, negligence

niedługo adv soon, before long

niedobry adj bad; (nieprawidłowy) wrong; (człowiek) evil, wicked

niedobrze adv not well, badly (nieprawidłowo) wrong

niedogodny adj inconvenient

niedojrzały adj (człowiek, wino, ser) immature; (owoc) unripe

niedola n misery

niedorozwinięty adj retarded

niedorzeczny adj absurd, ludicrous, preposterous, nonsensical

niedostateczny adj (niewystarczający) inadequate, insufficient (niezadowalający) unsatisfactory

niedostępny adj (o miejscu) inaccessible (będący poza czyimś zasięgiem/nieosiągalny) out of reach, beyond reach (o towarze, osobie) unavail-able

niedostrzegalny adj imperceptible

niedoświadczony adj inexperienced

niedowierzanie n disbelief, distrust

niedrogi adj inexpensive

niedyskretny adj indiscreet

niedysponowany adj indisposed, unwell, unfit

niedziela n Sunday, (skrót) Sun.

niedźwiedź n bear

nieefektywny adj inefficient

nieetyczny adj immoral

nieformalny adj informal

niefortunny adj unfortunate, unlucky

niegazowany adj still, non-carbonated

niegdyś adv once

niegościnny adj inhospitable

niegrzecznie adv rudely, impolitely, unkindly

niegrzeczny adj (nieuprzejmy) impolite, unkind, rude; (o dziecku) naughty

niegustowny adj tasteless

niehumanitarny adj inhumane

nieistotny adj (nieważny) unimportant, insignificant; (nie powiązany z tematem) irrelevant

niejadalny adj (nie nadający się do spożycia) inedible; (bardzo niesmaczny) uneatable

niejasny adj (niezrozumiały) unclear, confusing; (niewyraźny, niesprecyzowany) vague, indistinct

niekiedy adv sometimes, at times

niekompetentny adj incompetent, unqualified

niekompletny adj incomplete

niekonsekwentny adj inconsistent

niekonwencjonalny adj unconventional, unorthodox;

niekorzystny adj unfavourable, adverse

niektórzy pron some

niekulturalny adj rude, uncivilized

nielegalny adj illegal

nieletni n juvenile, minor

nieliczny adj few

nieludzki adj inhuman; (bezduszny, bezlitosny) inconsiderate

nieład n (bałagan) disorder, mess; (chaos) disorganization, chaos

niemal adv almost, nearly

niemiły adj (zdarzenie, niespodzianka) unpleasant; (człowiek) unkind, unfriendly; (zapach, smak) nasty

niemniej adv **niemniej jednak** nevertheless, nonetheless

niemoralny adj immoral

niemowa n mute

niemowlę n infant, baby

niemożliwy adj impossible

niemożność n (brak zdolności) inability

niemy adj (o człowieku) mute, dumb (nie wymawiana) silent letter

nienawidzić vt to hate, to detest

nienawiść n hatred, hate

nienormalny adj (wykraczający poza normę) abnormal; (chory psychicznie) insane, mad

nieobecność n absence

nieobecny adj absent

nieoczekiwany adj unexpected

nieodpowiedni adj (do wymogów, potrzeb, sytuacji) inappropriate, unsuitable, inadequate

nieodpowiedzialny adj irresponsible

nieoficjalny adj unofficial, informal

nieograniczony adj (przez prawo, przepisy) unrestricted

nieopłacalny adj uneconomic, unprofitable

nieosiągalny adj (o towarze – niemożliwy do zdobycia) unavailable, unobtainable (poza czyimś zasięgiem) out of/ beyond sb's reach

nieostrożny adj careless, reckless

nieparzysty adj odd;

niepełnoletni adj underage
niepełnosprawni npl the disabled, the handicapped
niepełnosprawny adj disabled, handicapped
niepełny adj incomplete
niepewny adj (nie mający/nie dający pewności) uncertain, unsure (ryzykowny) insecure
niepiśmienny adj illiterate
niepodległość n independence
niepodległy adj independent
niepokoić vt -1. (budzić niepokój) to concern, to worry -2. (przeszkadzać, zakłócać spokój) to trouble, to bother, to disturb
niepokoić się vr to worry/
niepokojący adj alarming, worrying
niepokój n (obawa, lęk) anxiety, unease, distress (społeczny, polityczny) unrest
niepoliczalny adj uncountable
nieporozumienie n misunderstanding
nieporównywalny adj incomparable
nieposłuszny adj disobedient, insubordinate; (o dziecku) naughty
niepotrzebny adj unnecessary, needless; (zbędny) redundant
niepowodzenie n failure, defeat
niepowtarzalny adj (jedyny w swoim rodzaju) unique
niepożądany adj (np konsekwencje) undesirable; (gość, osoba) unwelcome
niepraktyczny adj impractical
nieprawda n form untruth; (kłamstwo) lie
nieprawdziwy adj (niezgodny z prawdą) untrue; (nierzeczywisty) unreal; (fałszywy, podrabiany) fake, phoney; (sztuczny) false
nieprawidłowy adj (błędny, niepoprawny) incorrect, wrong
nieprzemakalny adj waterproof

nieprzerwanie adv continuously, nonstop
nieprzyjaciel n enemy
nieprzyjazny adj unfriendly; (wrogi) hostile
nieprzyjemny adj unpleasant, disagreeable; (zapach, smak) nasty, foul
nieprzytomny adj unconscious, senseless/In spite of doctors' efforts the patient remains unconscious.
nieprzyzwoity adj indecent, obscene
nierdzewny adj stainless
nieracjonalny adj irrational, unreasonable
nierealny adj unreal
nieregularny adj irregular
nierozgarnięty adj slow-witted, inf thick
nierozsądny adj unreasonable, irrational; (nierozumny) foolish
nierozważny adj thoughtless, reckless
nierówność n inequality
nierówny adj (podział, traktowanie) unequal; (tętno, rytm) irregular; (powierzchnia) uneven, rough; (droga) bumpy
nieruchomość n property, real estate
nieruchomy adj motionless, still, immobile
niesamowity adj -1. (straszny) creepy, unearthly, eerie -2. (niezwykły, fantastyczny) amazing, fantastic
nieskończoność n infinity
nieskończony adj infinite, endless, everlasting
niesmaczny adj -1. (o potrawie) tasteless -2. (żart) distasteful, sick
niesmak n distaste
niespodzianka n surprise
niespodziewany adj unexpected, sudden
niespokojny adj (o osobie) restless, uneasy, nervous, anxious, jumpy;

(o czasach, locie) turbulent *(o morzu, rejsie)* rough

niespotykany adj unprecedented, unheard-of

niesprawiedliwość n injustice

niesprawiedliwy adj unfair, unjust, wrongful

niesprawny adj -**1.** *(uszkodzony)* out of order -**2.** *(niewysportowany)* out of shape, unfit

niestety adv unfortunately

niestrawność n indigestion

nieswojo adv uncomfortably

niesympatyczny adj unpleasant

nieszczelny adj leaky

nieszczery adj insincere

nieszczęście n unhappiness; *(cierpienie, boleść)* misery *(pech, nieszczęśliwe zdarzenie)* misfortune *(klęska, katastrofa)* disaster

nieszczęśliwy adj unhappy, miserable; *(pechowy)* unfortunate, unlucky

nieszkodliwy adj harmless

nieślubny adj illegitimate

nieśmiały adj shy, timid, self-conscious

nieśmiertelność n immortality

nieśmiertelny adj immortal

nieświadomie adv unconsciously, unknowing-ly

nieświadomy adj *(czegoś)* unaware of sth, ignorant of sth, unconscious of sth

nietaktowny adj tactless, blunt

nietoperz n bat

nietrzeźwy adj intoxicated, drunken

nieuchronny adj inevitable, unavoidable

nieuczciwy adj dishonest; *(skorumpowany)* corrupt, inf crooked

nieudany adj unsuccessful, abortive

nieudolny adj incompetent, inefficient, inept

nieufny adj wary, distrustful; *(podejrzliwy)* suspicious

nieuleczalny adj incurable, terminal

nieunikniony adj unavoidable, inevitable

nieuprzejmy adj impolite, rude, unkind

nieustannie adv *(ciągle)* continuously *(stale – o czymś drażniącym)* continually, constantly

nieuważny adj inattentive, distracted

nieuzasadniony adj unjustified, unfounded

nieważny adj -**1.** *(nieistotny)* unimportant, insig-nificant -**2.** *(paszport, bilet)* invalid, out of date -**3.** *(nieprawomocny – o umowie)* void, null and void

niewątpliwy adj undoubted, unquestionable

niewdzięczny adj ungrateful

niewiarygodny adj -**1.** *(nieprawdopodobny)* incredible, unbelievable -**2.** *(nie zasługujący na zaufanie)* unreliable, untrustworthy

niewidoczny adj invisible, imperceptible

niewidomi npl the blind.

niewidomy adj blind

niewidzialny adj invisible

niewiele pron *(z rzeczownikami policzalnymi)* not many, few *(z rzeczownikami niepoliczalnymi)* not much, little

→ **niewiele** adv little, not much

niewielki adj *(nieduży pod względem rozmiaru)* not big, small, little; *(nieznaczny)* slight

niewinność n innocence

niewinny adj *(bez winy)* innocent; *(bezgrzeszny, czysty)* innocent

niewłaściwy adj *(niestosowny)* improper, inappropriate; *(błędny)* wrong

niewola n captivity

niewolnictwo n slavery

niewolnik(ca) n slave
niewskazany adj inadvisable
niewybaczalny adj inexcusable, unforgivable
niewydolność n failure
niewygoda n discomfort, inconvenience
niewygodny adj (but, fotel) uncomfortable (lokalizacja, świadek) inconven-ient
niewykształcony adj uneducated
niewykwalifikowany adj unskilled, unqualified
niewypał n -1. (pocisk, bomba) live bullet/bomb -2. (nieudany film, sztuka) inf flop
niewypłacalny adj insolvent, bankrupt
niewyraźny adj indistinct, unclear, vague
niewystarczający adj inadequate, insufficient
niewytłumaczalny adj inexplicable
niezadowalający adj unsatisfactory, disappointing
niezadowolony adj dissatisfied, displeased, unhappy
niezależnie adv -1. (samodzielnie) independently -2. (bez względu na coś) regardless of sth, irrespective of sth
niezależność n independence
niezależny adj independent, self-reliant
niezamężna adj single, unmarried
niezapomniany adj unforgettable
niezastąpiony adj irreplaceable
niezawodny adj dependable, reliable
niezbędny adj indispensable, essential
niezdecydowany adj undecided, hesitant, indecisive
niezdolny adj -1. (trudno przyswajający naukę) unintelligent, dull -2. (nie będący w stanie czegoś wykonać) incapable (of doing sth), unable (to do sth)

niezdrowy adj -1. (szkodliwy dla zdrowia) un-healthy -2. (chory) unhealthy, unwell, ill
niezgoda n disagreement, discord
niezgodny adj -1. (kłótliwy) quarrelsome -2. (sprzeczny, niedopasowany) incompatible, inconsistent
niezły adj not bad, all right
niezmiernie adv extremely
nieznajomy(a) n stranger
nieznany adj unknown, obscure
nieznośny adj (dziecko) unbearable, tiresome, impossible (ból, upał) unbearable, unendurable, intolerable
niezręczny adj (niezgrabny, niezdarny) clumsy, awkward, sloppy, unskillful (kłopotliwy, żenujący) awkward, uncomfortable, embarrassing
niezupełnie adv (nie całkiem) not exactly, not quite
niezwłocznie adv immediately, promptly
niezwykły adj unusual, extraordinary, uncommon, remarkable
nieźle adv not bad
nieżonaty adj single, unmarried
nieżyczliwy adj unfriendly, unkind
nieżyjący adj (świętej pamięci) late
nieżywy adj lifeless, dead
nigdy adv never (po przeczeniu czasownikowym) ever **prawie nigdy (nie)** hardly ever
nigdzie adv nowhere (w zdaniach przeczących) anywhere
nijaki adj (smak, wypowiedź) bland, neutral
nikt pron nobody, no one (po przeczeniu czasownikowym) anybody, anyone
niski adj (osoba) short; (budynek, poziom) low
nisko adv low

niszczyciel(ka) n -1. *(osoba)* destroyer -2. *(okręt)* destroyer

niszczycielski *adj* devastating, destructive

niszczyć *vt* to destroy, to ruin, to devastate the city in ruins; *(umyślnie)* to vandalize

niszczyć się *vr (o ubraniu, butach)* to wear out

nitka n thread

niż *conj* than

→**niż** n *(atmosferyczny)* low, depression

niższy *adj (o osobie)* shorter; *(o budynku, poziomie)* lower; *(o pozycji, jakości)* inferior, lower

no *part* **no cóż** well; **no już!** come on!; **no to co?** so what?

noc n night

nocleg n accommodation (for the night); **nocleg ze śniadaniem** bed and breakfast

nocnik n chamber pot, potty

nocny *adj* night, overnight, nocturnal

noga n leg

nogawka n leg

nominacja n nomination, appointment

nominować *vt* to nominate, to appoint

nora n -1. *(zajęcza, lisia)* burrow; *(mysia)* hole -2. *(nędzne mieszkanie)* *inf* dump, den

norka n *(zwierzę)* mink

normalnie *adv* normally

normalny *adj* -1. *(zwykły)* normal, standard, ordinary, regular -2. *(zdrowy psychicznie)* sane

nos n nose

nosić *vt* -1. *(przenosić)* to carry -2. *(biżuterię, okulary, ubranie)* to wear, to have sth on

nosorożec n rhinoceros, rhino

nosze n stretcher

notariusz n solicitor, notary (public)

notatka n note

notatnik n notebook, pocketbook

notować *vt* to note sth down, to take sth down

nowela n -1. *(opowiadanie)* short story -2. *(uzupełnienie obowiązującej ustawy)* amendment

nowina n news

nowo *adv* newly, new

nowoczesny *adj* modern, up-to-date

noworodek n infant

nowość n *(coś nowego)* novelty *(w dziedzinie mody, techniki)* inf the latest

nowotwór n cancer, tumour

nowożeńcy *npl* newlyweds

nowy *adj* new

nozdrze n nostril

nożyczki *npl* scissors

nóż n knife

nóżka n -1. *(kieliszka)* stem -2. *(kurczaka)* drumstick

nucić *vt* to hum

nuda n boredom; *(o czymś nudnym)* inf bore, drag; **co za nuda!** what a drag!

nudności *npl* nausea

nudny *adj* boring, dull

nudziarz(ra) n inf bore, drag

nudzić się *vr* to be bored, to get bored

nuklearny *adj* nuclear

numer n number

numerować *vt* to number

nurek n diver

nurkować *vi* to dive

nurkowanie n diving

nurt n -1. *(prąd w rzece)* current -2. *(tendencja w sztuce, nauce)* trend

nuta n note; **nuty** *(partytura)* score

nużący *adj (praca, wykład)* tedious, tiring

nużyć *vt* to tire

nylon n nylon

O

o prep (na temat) about
oba num both/I'll take both.
obaj num both
obalać vt (przewracać kogoś/coś na ziemię) to knock sb/sth down/over (znosić ustawę, niewolnictwo) to abolish (rząd, prezydenta) to bring down, to overthrow (teorię, twierdzenie) to disprove, to refute
obawa n fear, anxiety, misgiving, apprehension
obawiać się vr (czegoś/kogoś) to be afraid of sb/sth, to fear sb/sth
obawiam się, że... I'm afraid that...
obcas n heel
obcęgi npl pliers
obchody npl celebrations
obchodzić vt -1. (coś dookoła) to walk/go round sth -2. (świętować) to celebrate, to commemorate
obchodzić się vr (z kimś/czymś) to handle sb/ sth
obciążenie n -1. (ładunek) load -2. (emocjonalnie, fizycznie) burden, strain, stress
obcinacz n (do paznokci) nail clippers
obcinać vt to cut, to clip; (włosy) to cut/to crop one's hair; obcinać sobie włosy (ostrzyc się) to have a haircut; (wydatki) to cut back on sth
obcisły adj tight
obcokrajowiec n foreigner, alien
obcy adj strange, foreign, alien
obecnie adv (w tej chwili) now, at present, at the moment, currently (w obecnych czasach) nowadays
obecność n (znajdowanie się gdzieś) presence (w szkole, na wykładzie) attendance

obecny adj -1. (teraźniejszy, aktualny) current, present -2. (znajdujący się gdzieś) present
obejmować vt -1. (zawierać) to include, to comprise -2. (tulić w ramionach) to hug, to embrace -3. (władzę, urząd) to assume
obelga n insult
obezwładniać vt (o policji, upale) to overpower
obezwładniający adj (upał, woń) overpowering
obfity adj (zbiory, zasób) abundant (krwawienie, pocenie się) profuse (posiłek) hearty (deszcz) heavy
obiad n (wczesny) lunch; (późny) dinner
obicie n (mebli) upholstery
obiecujący adj promising
obiecywać vt (coś komuś) to promise sb sth (coś zrobić) to promise to do sth
obiekt n (przedmiot) object; (budynek) structure
obiektyw n lens
obiektywny adj objective
obierać vt (ze skóry) (zmniaki, jabłka) to peel; (jajka) to shell; (pomidory) to skin
obietnica n promise
obijać się (leniuchować) inf to hang about/ around, to lounge about/ around
objadać się vr (jeść za dużo) to overeat
objaśniać vt (coś komuś) to explain sth to sb
objaśnienie n explanation
objaw n symptom, sign
objazd n -1. (na drodze) diversion -2. (podróżowanie z występami, koncertami)
objeżdżać vt (kraj, świat) to tour
objętość n (wielkość fizyczna) volume; (pojemność naczynia) capacity
oblać vt (studenta, egzamin) to fail

oblać się vr (zalać się czymś) to spill sth on oneself

oblewanie n (mieszkania) house-warming (party); (sukcesu) celebration

obliczać vt (koszt) to calculate (szacować) to estimate

obliczenie n calculation

oblodzony adj icy

obluzować się vr to come loose

obluzowany adj loose, slack

obława n (polowanie) hunt, chase; (policyjna) manhunt, raid, round-up

obłęd n madness, insanity

obłędny adj (fantastyczny) inf terrific, cool

obłuda n hypocrisy

obłudni-k(ca) n hypocrite

obłudny adj hypocritical

obmyślać vt (plan, intrygę) to think out, to devise, to conceive

obniżać vt (koszt, cenę) to reduce (głos, poziom) to lower

obniżać się vr (o cenach, temperaturze) to drop, to go down, to fall, to decline (o samolocie) to descend

obniżenie n -1. (spadek) reduction, decline -2. (zagłębienie terenu) dip, depression; (lotu) descent

obniżka n (poborów, cen) reduction, drop; (formy zawodnika) decline/a decline in form

obojczyk n collarbone

obojętność n indifference, detachment

obojętny adj (nieczuły, niezaangażowany) indifferent, detached, unconcerned (odczyn) neutral; (spojrzenie) blank

obok adv (bardzo blisko) next to, by, close to, beside

obolały adj painful, sore

obowiązek n (zobowiązanie) duty, obligation (zawodowy) job, chore

obowiązkowy adj -1. (osoba) dutiful, conscientious -2. (przymusowy) compulsory, obligatory, mandatory

obowiązywać vi (o przepisie, regułach) to be effective, to be in force

obóz n camp

obracać vt (coś dookoła) to turn, to rotate

obracać się (dookoła) to rotate, to revolve, to turn, to spin

obraz n picture, painting, image

obraza n offence, insult, outrage

obrazowy adj (opis) vivid, graphical

obraźliwy adj -1. (wywołujący obrazę) offensive, insulting -2. (łatwo obrażający się) easily offended, otuchy

obrażać vt (kogoś) to offend sb, to insult sb

obrażać się vr to take offence

obrażenie n injury

obrażony adj offended, insulted

obrączka n ring

obrona n defence

obronić vt (gola) to save (a goal)

obronny adj defensive

obroń-ca(czyni) n (na boisku, w sądzie) defender

obrotowy adj -1. (o ruchu) revolving, rotary -2. (podatek) turnover/sales tax

obroża n collar

obrót n -1. (dookoła osi) rotation, turn -2. (wydarzeń) turn -3. (handlowy) turnover

obrus n tablecloth

obrzęd n (rytuał) rite, ritual

obrzydliwy adj hideous, disgusting, sickening, nauseating

obrzydzenie n disgust, abomination

obserwacja n observation

obserwator(ka) n observer, onlooker

obserwatorium n observatory

obserwować vt to observe, to watch

obsesja n obsession

obsługa n -**1.** (klientów, gości) service -**2.** (załoga, personel) staff, personnel -**3.** (urządzenia, maszyny) operation

obsługiwać vt -**1.** (klientów, gości) to serve, to attend to, to wait on -**2.** (urządzenie, maszynę) to operate, to work

obszar n area, territory

obszerny adj extensive, spacious

oburzający adj outrageous, scandalous

oburzenie n outrage, indignation

oburzony adj indignant, outraged

obuwie n footwear

obwiniać vt (kogoś o coś) to blame sb for sth

obwodnica n ring road, bypass

obwoluta n jacket, dust cover

obwód n -**1.** (elektryczny) circuit -**2.** (okręgu) circumference, perimeter -**3.** (terytorium wydzielone) district

obyczaj n custom

obyczajowy adj (film) drama; (powieść) novel of manners

obywać się vr (bez czegoś) to do without sth, to dispense with sth

obywatel(ka) n citizen, national

obywatelski adj (dotyczący obywateli danego państwa) civil

obżarstwo n gluttony

ocalać vt to save

ocaleć vi to survive

ocalały n survivor

ocalenie n salvation, rescue

ocean n ocean

ocena n -**1.** (stopień) mark -**2.** (opinia, osąd) evaluation, estimation

oceniać vt -**1.** (stawiać ocenę) to mark -**2.** (wydawać opinię, osąd) to evaluate, to assess, to judge, to estimate

ocet n vinegar

ochładzać się vr -**1.** (stygnąć) to cool (down). -**2.** (o pogodzie) to get cold

ochłonąć vi to cool down/off

ochoczo adv eagerly, willingly

ochota n willingness, readiness

ochotniczy adj voluntary

ochotnik(czka) n volunteer

ochraniacz n pad

ochrona n (zabezpieczenie) protection (straż) guard, security (osobista) bodyguard; (przyrody) conservation, preservation

ochroniarz n bodyguard

ochronny adj protective

ochrypły adj (głos) hoarse, husky

ochrzcić vt to baptize

ocieplać się vr (pogoda) to get warmer.

ocierać vt -**1.** (wycierać) to wipe -**2.** (naskórek) to graze

ocierać się vr (o coś) to rub against sth.

ocucić vt to revive, to bring sb round

oczarować vt (kogoś) to enchant sb, to charm sb, to fascinate sb, to captivate sb

oczarowanie n fascination, enchantment

oczarowany adj enchanted, captivated, dazzled

oczekiwać vt to await (spodziewać się) to expect

oczekiwanie n (czekanie) awaiting; **oczekiwania** (nadzieje) expectations

oczyszczać vt (ranę, skórę) to cleanse (wodę, sumienie) to purify

oczyszczony adj (skóra, rana) cleansed; (woda) purified; (teren) cleared; (z grzechów) absolved

oczytany adj well-read

oczywisty adj evident, obvious, clear, self-evident

oczywiście adv certainly, obviously

od prep (kierunek) from

oda n ode

odbicie n reflection

odbierać vt (coś komuś) to take sth away from sb (kogoś/coś skądś) to collect, to pick up

odbijać vt (światło, promienie słoneczne) to reflect

odbijać się vr -1. (w lustrze) to be reflected -2. (od ściany/podłogi) to bounce off sth

odbiorca(czyni) n recipient; (towarów, usług) consumer; (przesyłki, listu) addressee

odbiór n (listu, towaru) receipt, collection

odbitka n print

odbudowa n reconstruction, restoration

odbudowywać vt to reconstruct, to rebuild

odbyt n anus

odbywać vt (karę, służbę, staż) to serve

odbywać się vr (o spotkaniu, wydarzeniu) to take place, to be held

odcedzać vt to strain

odchodzić vi (opuszczać miejsce) to leave, to go away

odchrząknąć vi to clear one's throat

odchudzać się vr to slim, to diet, to be/to go on a diet

odcień n tint, shade, hue

odcinać vt (obcinać, odseparować) to cut sth off (gaz, łączność) to disconnect, to cut off

odcinać się vr -1. (od kogoś/czegoś) to disassoci-ate oneself from sb/sth -2. (opowiadać komuś niegrzecznie) to answer sb back -3. (odznaczać się) to stand out

odcinek n (drogi, przewodu pokarmowego) section; (w matematyce) segment; (serialu telewizyjnego) episode,

odcisk n -1. (odciśnięty znak) imprint, impression -2. (zrogowacenie naskórka) corn

odczepiać vt (coś od czego) to detach sth from sth, to separate sth from sth

odczucie n feeling

odczuwać vt to feel, to perceive

odczytywać vt (na głos) to read out

oddalać się vr to move away, to go away

oddalony adj -1. (odległy) remote, distant -2. (wniosek, skarga) rejected, dismissed

oddany adj devoted, dedicated

oddawać vt (zwracać coś komuś) to return sth to sb, to give sth back (to sb)

oddech n breath, breathing

oddechowy adj respiratory

oddychać vi to breathe

oddychanie n breathing, respiration

oddział n (wojskowy) force, squad; (instytucji, firmy) branch, unit, division; (szpitalny) ward, unit

oddziaływać vt to influence, to affect (wzajemnie) to interact

oddzielać vt (coś od czegoś) to separate sth from sth

oddzielnie adv separately

oddzielny adj separate

oddzwonić vi (do kogoś) to call/ring sb back

odejmować vt to subtract; (potrącać) to deduct

odgadywać vt to guess

odgłos n sound

odjazd n -1. (pociągu, autobusu) departure -2. (euforyczne przeżycie) inf trip, high

odjazdowy adj (szałowy) inf cool, terrific, gorgeous, tremendous

odjeżdżać vi (o pociągu, autobusie) to depart, to leave

odkąd pron (od kiedy) since

odkładać vt -1. (na późniejszy termin) to postpone, to put off -2. (pieniądze) to save, to put sth aside/by -3. (na swoje miejsce) to put sth away, to replace -4. (na bok) to set sth aside, to put sth aside **-5.** *(słuchawkę telefoniczną)* to hang up

odkorkować *vt* to uncork

odkręcać *vt (śrubę)* to unscrew, to undo; *(zakrętkę, wieczko)* to twist sth off *(kran)* to turn on

odkrycie *n* discovery

odkryty *adj (nieosłonięty)* exposed; *(otwarty)* open

odkrywać *vt* **-1.** *(dokonać odkrycia)* to discover **-2.** *(tajemnicę)* to uncover, to disclose **-3.** *(podawać do wiadomości, ujawniać)* to reveal

odkrywca(czyni) *n* **-1.** *(naukowy)* discoverer **-2.** *(podróżnik)* explorer

odkurzacz *n* vacuum cleaner, hoover

odkurzać *vt (meble)* to dust; *(odkurzaczem)* to vacuum, to hoover

odlatywać *vi (o samolocie)* to depart; *(o ptaku)* to fly away

odległość *n* distance

odległy *adj* distant, remote, faraway

odlewać *vt* **-1.** *(posąg)* to cast, to mould **-2.** *(np ziemniaki z wody)* to drain

odliczanie *n (czasu do ważnego wydarzenia)* countdown

odlot *n* **-1.** *(samolotu)* departure; *(ptaków)* migration **-2.** *(po spożyciu narkotyków)* inf AmE ball, trip

odłączać *vt (odczepiać)* to detach sth from sth, to disconnect sth from sth *(urządzenie elektryczne)* to disconnect *(telefon, zasilanie)* to disconnect, to cut off

odmawiać *vi (zrobienia czegoś)* to refuse to do sth *(przyjęcia czegoś)* to decline, to reject *(komuś czegoś)* to deny sb

odmiana *n (zmiana)* change

odmieniać *vt (przemieniać, zmieniać)* to change, to transform *(czasownik)* to conjugate

odmienny *adj (różny, inny)* dissimilar, different

odmładzać *vt* to rejuvenate

odmowa *n* refusal

odmrażać *vt* **-1.** *(lodówkę)* to defrost **-2.** *(ręce, nos)* to be frostbitten

odmrożenie *n* **-1.** *(uszu, rąk)* frostbite, chilblain **-2.** *(kapitału, płac, cen)* release

odmrożony *adj* **-1.** *(uszy, nos)* frostbitten **-2.** *(lodówka)* defrosted

odnaleźć *vt* to find

odnawiać *vt* **-1.** *(dom, mieszkanie)* to renovate, to do up; *(malować lub tapetować)* to redecorate **-2.** *(przywracać, wznawiać)* to renew, to restore

odnosić *vt* **-1.** *(zabierać coś z powrotem)* to take sth back **-2.** *(sukces)* to be successful, to succeed, to achieve success, to make its. **-3.** *(obrażenie)* to sustain, to suffer

odnosić się *vr* **-1.** *(dotyczyć kogoś/czegoś)* to relate to sb/sth, to refer to sb/sth, to apply to sb/sth, to concern sb/sth **-2.** *(traktować kogoś/coś)* to treat sb/sth

odnośnie *adv (kogoś/czegoś)* with reference to sb/sth/referring to sb/sth, with regard to sb/sth/regarding sb/sth, concerning sb/sth

odosobniony *adj (miejsce)* secluded, outlying, isolated; *(przykład, przypadek)* isolated

odór *n* stench, reek

odpadać *vi (odlatywać, odrywać się)* to come off sth, to come away (from sth) *(z zawodów, konkursu, szkoły)* to drop out *(o tynku, farbie)* to peel

odpadki *npl (śmieci)* litter, refuse

odpady *npl (przemysłowe)* waste

odpisywać *vi* **-1.** *(odliczać)* to deduct **-2.** *(odpowiadać na list)* to write back, to reply **-3.** *(ściągać podczas egzaminu)* to copy, to crib

odpłacać się *vr (komuś za coś)* to pay sb back for sth

odpływać vi -**1.** (o statku) to depart, to sail away -**2.** (o wodzie) to drain, to flow away

odpoczynek n rest, relaxation

odpoczywać vi to rest, to have a rest, to relax

odporność n (organizmu) immunity, resitance

odporny adj (na choroby, zarazki) immune

odpowiadać vi -**1.** (na pytanie, list) to answer, to reply -**2.** (być odpowiedzialnym za kogoś/coś) to be responsible for sb/sth, to be in charge of sb/sth, to answer for sb/sth -**3.** (spełniać standardy, wymagania) vt to meet, to conform to sth

odpowiedni adj (właściwy) suitable, right/the right moment/ a suitable place; (stosowny) proper, correct, appropriate/appropriate/ correct behaviour /proper dress; (adekwatny) adequate

odpowiednik n equivalent

odpowiednio adv (stosownie, właściwie) correctly, suitably, properly, appropriately, adequately

odpowiedzialność n responsibility

odpowiedzialny adj -1. (godny zaufania) reliable, responsible, trustworthy -**2.** (odpowiadający za coś) responsible for sth -**3.** (finansowo i prawnie) liable

odpowiedź n answer, reply, response

odprężać się vr to rest, to relax, to wind down, to unwind

odprężający adj relaxing, restful

odprężony adj relaxed

odprowadzać vt -**1.** (towarzyszyć komuś gdzieś) to escort (na lotnisko, stację) to see sb off (kogoś do domu) to walk sb home (gości do drzwi) to see sb out, to see sb to the door **2.** (ścieki, gaz, wodę) to pipe away

odpychający adj repulsive

odradzać vt (coś komuś) to advise sb against sth/doing sth, to discourage sb to do sth

odraza n revulsion, repulsion, loathing

odrażający adj revolting, disgusting, hidious, loathsome

odrębny adj (inny, osobny) separate, different

odrobina n (bardzo mała ilość czegoś) a little bit of sth, a dash of sth, a spot of sth

odrodzenie n rebirth, revival

odróżniać vt (coś od czegoś) to distinguish sth from sth, to tell sth from sth

odruch n (reakcja) instinct, reaction, reflex

odruchowo adv (automatycznie) automatically; (instynktownie) instinctively

odrywać vt (guzik, kupon) to tear sth off/away

odrzucać vt (podanie, ofertę) to reject, to dismiss, to turn down (kandydata) to turn down (np. piłkę do grającego) to throw sth back (budzić niechęć do czegoś) to put off (pozbyć się czegoś nieużytecznego) to discard, to throw away

odrzucenie n rejection, dismissal

odrzutowiec n jet

odsetek n percentage; **odsetki** (procent od kapitału) interest

odsłaniać vt (kotarę, zasłony) to draw (back/ down) (ujawniać tajemnicę) to reveal, to disclose, to uncover (obnażać, czynić widocznym) to expose, to bear (tablicę pamiątkową, pomnik) to unveil

odsłonięty adj (teren, część ciała) exposed

odstawać vi (odróżniać się, odróżniać się na tle) to stand out, to stick out

odstęp n (w przestrzeni) distance, space; (w czasie) interval

odstraszać *vt (kogoś/coś)* to frighten sb/sth away, to scare sb/sth away *(odstręczać, zniechęcać)* to deter, to repel

odsuwać *vt (coś od czegoś)* to move sth away (from sth) *(od siebie, np. myśl o czymś)* to dismiss

odsuwać się *vr (do tyłu)* to stand back, to move back, to back off; *(na bok)* to step aside, stand aside

odsyłać *vt (zwracać coś)* to send sth back, to return sth *(skierować kogoś/coś do)* to refer sb/sth to sb/sth

odszkodowanie *n* compensation; *(kara pieniężna z tytułu odszkodowania)* damages

odszukać *vt (hasło w słowniku, encyklopedii)* to look sth up *(kogoś/coś)* to trace sb/sth, to track sb/sth down

odświeżać *vt* to refresh

odświeżający *adj* refreshing

odtąd *adv (od tamtego czasu do chwili obecnej)* since *(od tej chwili)* from now on

odtrutka *n* antidote

odtwarzacz *n* player

odtwarzać *vt* **-1.** *(utrwalony dźwięk, obraz)* to play back **-2.** *(rolę)* to play, to act **-3.** *(rekonstruować)* to reconstruct

odurzający *adj* intoxicating; *(zapach)* heady

odwaga *n* courage, nerve, *inf* guts

odważać się *vr (coś zrobić)* to dare to do sth, to venture to do sth

odważny *adj* brave, courageous, daring

odwdzięczyć się *vr (komuś za coś)* to repay sb for sth, to pay sb back for sth

odwiedzać *vt* to visit, to call on

odwiedzający *n* visitor, caller

odwiedziny *n* visit

odwilż *n* thaw

odwlekać *vt* to delay, to defer

odwodniony *adj* dehydrated

odwodzić *vt (kogoś od czegoś/ zrobienia czegoś)* to dissuade sb from sth/doing sth, to talk sb out of sth/doing sth

odwołanie *n (zebrania, rezerwacji)* cancellation

odwoływać *vr* **-1.** *(spotkanie, lot)* to cancel, to call off **-2.** *(ze stanowiska)* to dismiss, to remove. **-3.** *(cofać wypowiedziane słowa, obietnice)* to take sth back, to withdraw **-4.** *(ambasadora, przedstawiciela)* to recall

odwracać *vt (czyjąś uwagę)* to distract, to divert sb's attention *(wzrok)* to avert (one's eyes), to look away *(szyk, kolejność)* to reverse

odwracać się *vr* to turn, to turn round/ away

odwrotny *adj* opposite, reverse

odwzajemniać *vt* to return, to reciprocate

odziedziczyć *vt* to inherit

odzież *n* clothes, clothing, wear

odznaka *n* **-1.** *(odznaczenie)* decoration **-2.** *(klubowa, harcerska)* badge

odzyskiwać *vt (własność)* to get sth back, to reclaim *(przytomność)* to recover regain consciousness *(wolność, niepodległość)* to regain *(zdrowie, słuch, wzrok)* to recover; *(surowce)* to recycle *(informacje z pamięci komputera)* to retrieve

odzywać się *vr (przemówić)* to speak

odżywczy *adj* nutritious

odżywiać *vt* to nourish

odżywianie *n* nutrition

odżywka *n* **-1.** *(do włosów)* conditioner **-2.** *(dla niemowląt)* baby food

oferować *vt* to offer

oferta *n* offer

ofiara *n* **-1.** *(przestępstwa)* victim *(wojny, wypadku)* casualty **-2.** *(poświęcenie, wyrzeczenie)* sacrifice **-3.** *(datek kościelny)* offertory, collection **-4.** *(nieudacznik, oferma)* loser, failure

ofiarodawca(czyni) *n* donor

ofiarowywać *vt (dawać w prezencie)* to give, to present (sb with sth) *(krew, pieniądze)* to donate *(proponować)* to offer *(składać w ofierze)* to sacrifice, to offer

oficjalny *adj* official, formal

ogień *n* fire;

ogier *n* stallion

oglądać *vt (telewizję, film)* to watch *(osobę, przedmiot)* to look at, to have a look at *(uważnie, wnikliwie)* to examine, to scrutinize, to inspect *(wystawę, zabytki)* to see *(towary w sklepie)* to browse, to look round

oglądać się *vr (za siebie)* to look round, to look back

oględziny *npl* examination, inspection

ogłaszać *vt (podawać do wiadomości)* to announce *(zapowiedzieć – np. zebranie, strajk)* to call *(drukiem)* to publish *(obwieścić – bankructwo, niepodległość)* to declare, to proclaim

ogłaszać się *vr (zamieszczać ogłoszenie)* to advertise

ogłoszenie *n* announcement; *(pisemne)* notice

ogłuchnąć *vi* to go deaf, to become deaf

ogłuszać *vt (o hałasie)* to deafen *(oszołomić, odrętwić)* to stun, to stagger

ognisko *n* **-1.** *(płonący stos)* bonfire **-2.** *(impreza harcerska)* campfire **-3.** *(domowe)* home **-4.** *(muzyczne, plastyczne)* circle **-5.** *(punkt skupienia promieni)* focus

ogniwo *n* link

ogon *n (zwierzęcia, samolotu)* tail; **koński ogon** *(fryzura)* ponytail

ogólnie *adv (powszechnie)* generally, commonly

ogólnikowy *adj* general, broad, vague

ogólny *adj (powszechny)* general

ogółem *adv* altogether, in all

ogórek *n* cucumber;

ograniczać *vt (inflację, wydatki)* to curb, to reduce, to control *(słodycze, palenie)* to cut down (on sth)

ograniczać się *vr (do czegoś)* to restrict oneself to sth, to limit oneself to sth

ograniczenie *n* limit, restriction

ograniczony *adj* limited, restricted; *(o osobie)* slow, narrow-minded

ogrodnictwo *n* gardening, horticulture

ogrodnik(czka) *n* gardener

ogrodzenie *n* fence; *(z prętów metalowych)* railing

ogromnie *adv* immensely, enormously, tremendously

ogromny *adj* huge, vast, enormous, immense, tremendous

ogród *n* garden

ogryzać *vt (kość, paznokcie)* to gnaw (at sth), to nibble (at sth).

ogrzewacz *n* heater

ogrzewać *vt* to warm *(wodę, dom)* to heat

ogrzewać się *vr* to warm oneself (up)

ogrzewanie *n* heating

ogrzewany *adj* heated

ohydny *adj* hideous, disgusting, abominable; *(o pogodzie)* lousy

ojciec *n* father; **ojciec chrzestny** godfather

ojczym *n* stepfather

ojczysty *adj* native, mother

ojczyzna *n* homeland, motherland, mother country

okaleczać *vt* to cripple, to mutilate

okaz n (typowy egzemplarz gatunku) specimen/ a fine specimen of orchid; (eksponat) exhibit

okazały adj grand, imposing, spectacular

okazja n -1. (sposobność) opportunity, chance -2. (okoliczność, uroczystość) occasion -3. (tani zakup) bargain

okazywać vt (dokument) to present, to produce, to show (uzewnętrzniać) to display, to exhibit, to demonstrate, to show

okazywać się vr (kimś/ czymś) to turn out to be sb/sth

okiennica n shutter

oklaski npl applause, clapping

oklaskiwać vt to applaud

okład n (kompres) compress

okładka n (książki) cover; (płyty) sleeve

okłamywać vt (kogoś) to lie to sb, to deceive sb

okno n window

oko n eye

okolica n (otaczający obszar) area, region

okoliczność n circumstance

okoliczny adj (teren) surrounding

około adv about, around, approximately

okrąg n circle

okrągły adj round, circular

okrążać vt (otaczać) to surround, to encircle (obchodzić dookoła) to go around (zataczać kręgi) to circle

okrążenie n -1. (przez wojsko) envelopement -2. (bieżni) lap

okres n period

okresowy adj -1. (cykliczny) periodic, periodical -2. (przejściowy, tymczasowy) temporary

określać vt (ustalać) to determine (opisywać, definiować) to describe, to define

określenie n (termin) term.

określony adj (konkretny) specific, definite

okręg n (administracyjny, pocztowy) district

okręt n ship

okropnie adv terribly, awfully, dreadfully

okropny adj terrible, awful, horrible

okruch n fragment; (chleba) crumb

okrucieństwo n (skłonność) cruelty (czyn) atrocity

okrutny adj cruel, inhuman

okrzyk n shout, cry, exclamation; (radości, entuzjazmu) cheer

okrzyknąć vt (kogoś kimś) to proclaim sb someone, to declare sb someone

okulary npl glasses, spectacles

okulist-a(ka) n ophthalmologist

okup n ransom

okupacja n occupation

olbrzymi adj huge, enormous, gigantic, king-size

olej n oil; (napędowy) diesel (oil); (obraz) oil painting

olimpiada n the Olympic games, the Olympics

oliwić vt to oil, to lubricate

olśniewać vt to dazzle

olśniewający adj dazzling, brilliant, glamorous

ołów n lead

ołówek n pencil

ołtarz n altar

omawiać vt to discuss, to talk sth over

omdlenie n faint

omdlewać vi (tracić przytomność) to faint

omijać vt (okrążać przeszkodę) to go round, to bypass (trzymać się z dala od kogoś/czegoś) to keep away from sb/sth (przepisy, prawo) to evade, to dodge

omlet n omelette

omyłkowo adv (przez pomyłkę) by mistake (błędnie) wrongly

on – opisywać

on *pron* he
ona *pron* she
one *pron* they
oni *pron* they
oniemiały *adj* speechless, dumbfounded
onieśmielony *adj* overawed, intimidated
ono *pron* it
opadać *vi (słabnąć – o entuzjaźmie, hałasie, wietrze)* to subside *(obniżać się – o temperaturze, spodniach)* to fall (down), to drop *(o mgle)* to descend *(z sił)* to flag/ *(o terenie)* to descend, to drop
opakowanie *n* packaging, wrapping
opalać się *vr (czynność)* to sunbathe *(brązowieć)* to tan
opalenizna *n* tan, suntan
opalony *adj* tanned, suntanned.
opał *n* fuel
opanowanie *n* **-1.** *(spokój, samokontrola)* self-control, composure **-2.** *(znajomość np języka)* command of English
opanowany *adj (spokojny)* composed, calm, cool, poised
opanowywać **-1.** *(sytuację, żywioł)* to keep/to bring under control, to tackle *(emocje)* to contain, to master. **-2.** *(wiedzę, umiejętność)* to master **-3.** *(zdobyć miasto, kraj)* to capture
opanowywać się *vr (uspokajać się)* to compose oneself
oparcie *n* **-1.** *(kanapy, krzesła)* back; **-2.** *(wsparcie)* support *(podpora)* support
oparzenie *n* burn
oparzyć *vt (ogniem, żelazkiem)* to burn *(wrzątkiem, parą)* to scald
oparzyć się *vr (ogniem, żelazkiem)* to get burnt/burned; *(wrzątkiem, parą)* to get scalded

opaska *n* band; *(do włosów)* hairband; *(na czoło)* sweatband; *(na ramię)* armband
opatrywać *vt (skaleczenie)* to dress
opcja *n* option, possibility
opera *n* **-1.** *(przedstawienie)* opera **-2.** *(budynek)* opera house
operacja *n (zabieg chirurgiczny)* operation, surgery
operować *vt (kogoś)* to operate on sb
opętany *adj (myślą)* obsessed *(przez złe moce)* possessed
opieka *n* care, attention, care
opiekować się *vr (kimś)* to look after sb, to care for sb, to take care of sb
opiekun(ka) *n (obrońca)* protector; *(wyznaczony przez sąd)* custodian, guardian; *(społeczny)* social worker; *(do dziecka)* childminder, babysitter
opiekuńczy *adj* protective, caring
opierać *vt (coś o coś)* to lean against sth, to rest sth against sth, to prop sth against sth *(coś na czymś)* to lean sth on sth, to rest sth on sth, to prop sth on sth *(coś na faktach, zasadach)* to base sth on sth
opierać się **-1.** *(stawiać opór)* to withstand, to resist **-2.** *(namowom, pokusie)* to resist **-3.** *(o coś/na czymś)* to lean against/ on sth, to rest against/on sth **-4.** *(na informacjach, faktach)* to base sth on sth
opieszałość *n (zaniedbywanie obowiązków)* negligence *(powolność)* slowness
opieszały *n (zaniedbujący obowiązki)* negligent; *(powolny)* slow
opinia *n* opinion, view, belief
opis *n (postaci, miejsca)* description; *(relacja z wydarzeń)* account, relation
opisowy *adj* descriptive/descriptive language/ writing
opisywać *vt* to describe

opłacać vt (świadczenia, pracownika) to pay

opłacać się vr (zwracać się) to pay, to pay off

opłacalny adj (rentowny) profitable

opłakiwać vt to mourn, to grieve

opłata n charge, payment

opłatek n wafer

opodatkowanie n taxation

opona n (samochodowa) tyre

opowiadać vt (dowcip, historię) to tell (o czymś) vi to talk about sth

opowiadanie n story; (gatunek literacki) short story

opowieść n tale

opozycja n opposition

opór n resistance

opóźniać vt to delay, to hold up, to set back

opóźnienie n delay, hold-up

opóźniony adj -1. (w czasie) delayed, late -2. (w rozwoju) retarded, backward

oprawa n (książki) binding

oprawiać vt (książkę) to bind; (w ramę) to frame

oprawki npl (okularów) frames

oprogramowanie n software

oprowadzać vt (kogoś po czymś) to show sb around sth

oprócz prep -1. (z wyjątkiem) except (for) sb/sth, but (for) sb/sth -2. (dodatkowo) apart from, besides, in addition to

opróżniać vt to empty

opryszczka n cold sore

optyk n optician; (sklep) optician's

optymista(ka) n optimist

optymistyczny adj optimistic

optymizm n optimism

opuchlizna n swelling

opuchnięty adj swollen

opuszczać vt -1. (oddalić się z jakiegoś miejsca) to leave -2. (odejść skądś/ od kogoś na dobre) to leave sth/ sb, to abandon sth/sb, to desert sth/ sb -3. (pomijać, przeoczyć) to omit, to skip, to leave sth out -4. (lekcje, zajęcia) to skip -5. (z ceny) to knock off

opuszczony adj (dom, miejsce) deserted, derelict; (osoba) friendless, desolate

oraz conj and, as well as

orbita n orbit

order n decoration

ordynarny adj vulgar, rude

organ n organ

organiczny adj organic

organizacja n organization

organizacyjny adj organizational

organizator(ka) n organizer

organizm n -1. (żyjąca istota) organism -2. (człowieka) constitution, system

organizować vt (urządzać, przygotowywać) to organize (załatwiać) to arrange, to fix (up) (powoływać, zakładać) to set up

organki npl harmonica

organy npl (instrument) organ

orgazm n orgasm

orientacja n orientation

orientalny adj oriental

orientować się vr -1. (w terenie) to orientate oneself -2. (rozeznawać się w czymś) to understand sth, to be familiar with sth

orkiestra n orchestra

ortograficzny adj spelling

oryginalnie adv originally

oryginalność n originality

oryginalny adj original, genuine

oryginał n -1. (autentyk) original -2. (dziwak) eccentric, freak

orzech n nut

orzeł n -1. (ptak) eagle -2. (rewers monety) tails

orzeźwiać vt to refresh

orzeźwiający adj refreshing

osa n wasp

osada n settlement

osadnik(czka) n settler

osamotnienie n (samotność) loneliness (odosobnienie) isolation

osąd n judgement, estimation, opinion

osądzać vt (wydawać osąd) to judge, to pass judgement

oschły adj crisp, brisk

osiągać vt (cel, wynik) to achieve, to accomplish, to attain (wiek, poziom, porozumienie) to reach

osiągalny adj (dostępny) available, obtainable (możliwy do osiągnięcia) attainable/My goal is not yet attainable.

osiągnięcie n achievement, accomplishment, attainment

osiedlać się vr to settle

osiedle n estate

osiem num eight

osiemdziesiąt num eighty

osiemdziesiąty adj eightieth

osiemnasty adj eighteenth

osiemnaście num eighteen

osiemset num eight hundred

osierocony adj orphaned, bereaved

osioł n -1. (zwierzę) donkey, ass -2. (głupiec, tępak) inf ass

oskarżać vt (kogoś o coś) to accuse sb of sth (przed sądem) to charge (sb with sth)

oskarżenie n (zarzut) accusation, charge

oskarżony(a) n the accused, defendant

oskarżyciel(ka) n prosecutor

osłabiać vt (pozbawiać sił, znaczenia) to reduce, to lower, to lessen (napięcie, ból) to alleviate, to relieve

osłabienie n weakness

osłabiony adj weak, run-down

osłaniać vt (okrywać) to cover (up) (ochraniać przed czymś) to protect/ shield sth from sth (kogoś przed odpowiedzialnością) to cover up for sb (ogniem z broni) to cover

osłona n cover, screen, shield, guard

osłonięty adj sheltered

osoba n person, individual

osobistość n (ważna osoba) personality, celebrity

osobisty adj personal, private

osobiście adv personally, in person, oneself

osobliwość n (coś dziwnego) curiosity, oddity, peculiarity

osobno adv separately, apart

osobny adj separate

osobowość n personality

ospa n smallpox

ostatecznie adv (definitywnie, nieodwołalnie) finally, definitively, ultimately (wreszcie) finally, eventually,

ostateczny adj (definitywny, nieodwołalny) final, ultimate, definitive, definite

ostatni adj -1. (z serii, końcowy) final -2. (najnowszy) latest, recent

ostatnio adv recently, lately

ostentacyjny adj ostentatious

ostro adv (gwałtownie, drastycznie) sharply, drastically; (dokuczliwie, surowo) fiercely, harshly

ostrość n (noża, smaku) sharpness; (surowość) harshness; (aparatu fotograficznego) focus

ostrożnie adv carefully, cautiously, with care

ostrożność n caution, care, carefulness

ostrożny adj cautious, careful, wary

ostry adj (nóż, zakręt) sharp; (ból, węch, słuch) acute; (jedzenie, smak) hot, spicy; (wiatr, klimat, ziąb) fierce, severe, harsh, bitter; (czubek, ołówek) pointed; (zdjęcie) in focus

ostrze n blade, edge

ostrzegać *vt (kogoś przed kimś/ czymś)* to warn sb about/of sb/sth, to caution sb about/of sb/ sth

ostrzeżenie *n* warning, caution

ostrzyć *vt* to sharpen, to grind

ostygnąć *vi* to cool down

osuszać *vt (pola)* to drain *(szmatką, bibułą)* to blot

oswajać *vt (zwierzę)* to tame

oswojony *adj* tame, domesticated

oszalały *adj* frantic, mad, crazy

oszałamiający *adj* stunning, dazzling, bewilder-ing

oszczep *n (broń)* spear; *(lekkoatletyczny)* javelin

oszczędności *npl* savings

oszczędność *n (nierozrzutność)* thrift *(np. pieniędzy, czasu)* economy, thrift, saving **pozorna oszczędność** false economy *(to co zostało zaoszczędzone)* saving.

oszczędny *adj* thrifty, economical

oszczędzać *vt (czas, pieniądze)* to save

oszczędzać się *vr* to slow down, to take it easy

oszklony *adj* glazed

oszołomiony *adj* **-1.** *(zadziwiony)* dazzled, stunned, bewildered, flabbergasted **-2.** *(zamroczony, odurzony) (alkoholem)* intoxicated; *(narkotykiem, narkozą) inf* dopey; *(szokiem)* dazed, groggy

oszukiwać *vt (kogoś)* to deceive sb, to cheat sb

oszukiwać się *vr* to deceive oneself

oszust(ka) *n* cheat, cheater, fraud, crook, swindler, conman

oszustwo *n* deception, deceit, trickery, cheat, *inf* con, swindle *(podatkowe, finansowe)* fraud

oś *n (ziemi, miasta)* axis; *(urządzenia, pojazdu)* axle

ość *n* (fish) bone

oślepiać *vt (pozbawić wzroku)* to blind *(światłem, blaskiem)* to dazzle, to blind

oślepiający *adj* dazzling, blinding, glaring

ośmieszać *vt* to ridicule, to deride, to taunt, to make fun of

ośmieszać się *vr* to make a fool of oneself

ośmiokąt *n* octagon

ośmiornica *n* octopus

ośrodek *n* centre

oświadczać *vt* to announce, to declare, to state

oświadczać się *vr (prosić o rękę)* to propose, *inf* to pop the question

oświadczenie *n* statement, announcement

oświata *n* education

oświecenie *n (prąd społeczno-kulturowy)* the Enlightenment

oświetlać *vt* to illuminate, to light up

oświetlenie *n* lighting, illumination

otaczać *vt (płotem, ogrodzeniem)* to enclose *(ramionami)* to embrace *(ze wszystkich stron)* to surround, to encircle

otaczający *adj* surrounding

otchłań *n* abyss

otoczenie *n (okolica)* surroundings *(środowisko)* environment

otrucie *n* poisoning

otruć *vt* to poison

otrzeźwieć *vi* to sober up

otrzymywać *vt* to receive, to obtain, to get

otucha *n* comfort, reassurance

otwarcie *n (wystawy, sklepu)* opening

→ **otwarcie** *adv (wprost, szczerze)* frankly, openly

otwarty *adj* open

otwieracz *n (do butelek)* bottle opener; *(do konserw)* tin opener

otwierać *vt* to open

otwór n opening; *(dziura)* hole; *(luka)* gap; *(szpara)* slot; **otwór wentylacyjny** vent
otyłość n obesity
otyły adj obese, overweight.
owacja n ovation
owad n insect
owalny adj oval
owca n sheep
owies n oats
owijać vt *(coś wokół czegoś)* to wind sth around sth, to wrap sth around sth
owłosiony adj hairy
owoc n fruit
owocowy adj *(sok, sałatka)* fruit; *(smak, zapach)* fruity/fruity flavour
ozdabiać vt to decorate, to ornament, to adorn
ozdoba n decoration, ornament
ozdobny adj fancy, ornamental, decorative
oziębłość n coldness; *(płciowa)* frigidity
oziębły adj *(chłodny, pełen rezerwy)* cold, chilly; *(płciowo)* frigid
oznaczać vt **-1.** *(znaczyć)* to mean, to denote *(o skrócie, literze)* to stand for **-2.** *(zaznaczać)* to mark *(etykietką, naszywką)* to label
oznajmiać vi **oznajmiać, że** to announce that, to declare that
oznaka n sign, indication *(choroby)* symptom
ozon n ozone
ożenić się vr to get married
ożywiać vt **-1.** *(wywołać ożywienie, urozmaicać)* to enliven, to liven sb/sth up, to exhilarate **-2.** *(gospodarkę)* to revive, to revitalize
ożywiony adj animated, lively
ósmy num eighth
ówczesny adj contemporary
ówdzie adv **tu i ówdzie** here and there

P

pacha n armpit
pachnący adj *(wonny)* fragrant; *(perfumowany)* scented/scented
pachnieć vi to smell
pacierz n prayer
pacjent(ka) n patient
pacyfista(ka) n pacifist
paczka n **-1.** *(pakunek)* package; *(do wysłania pocztą)* parcel; *(np. papierosów)* packet **-2.** *(grupa ludzi)* pack, gang, bunch
padać vi **-1.** *(upadać)* to fall; **-2.** *(o deszczu)* to rain; **pada deszcz** it's raining; *(o śniegu)* to snow
pająk n spider
pajęczyna n cobweb, spider's web
pakować vt to pack *(zawijać w papier)* to wrap
pakować się vr to pack
pakunek n package, pack, parcel
palacz(ka) n *(tytoniu)* smoker
palec n *(u ręki)* finger; *(u nogi)* toe
palenie n smoking
palić vt **-1.** *(tytoń)* to smoke **-2.** *(świecę, listy)* to burn sth
palić się vr *(o świetle, ogniu, drewnie)* to burn *(o budynku)* to be on fire
paliwo n fuel; *(płynne)* petrol
palma n palm
palnik n **-1.** *(narzędzie)* burner **-2.** *(na kuchence)* ring
paluszek n finger
pałac n palace
pałeczka n *(do grania na instrumencie perkusyjnym)* drumstick; *(sztafetowa)* baton; *(do jedzenia)* chopstick **pałka** n club; *(policjanta)* truncheon
pamiątka n souvenir

pamiątkowy *adj* commemorative, memorial; **tablica pamiątkowa** memorial tablet

pamięć *n* memory

pamiętać *vt* to remember

pamiętnik *n* diary

pamiętny *adj* memorable/a memorable date/event

pan *n (mężczyzna)* gentleman, man *(skrót przed nazwiskiem)* Mr

pani *n (kobieta)* lady, woman *(skrót przed nazwiskiem) (mężatka)* Mrs

panika *n* panic

panna *n (niezamężna dziewczyna)* maiden; *(przed nazwiskiem)* Miss, *(znak zodiaku)* Virgo

panorama *n* panorama

panoramiczny *adj* panoramic

panować *vi* **-1.** *(sprawować władzę królewską)* to reign *(rządzić)* to rule, to govern **-2.** *(nad czymś)* to control sth, to have control over sth, to keep sth under control

panowanie *n* **-1.** *(króla)* reign *(rządu)* rule **-2.** *(nad czymś)* control

pantofel *n* slipper, pump

państwo *n (kraj)* state, nation

państwowy *adj (reprezentujący lub symbolizujący państwo)* national, *(należący do lub zarządzany przez państwo)* state

papeteria *n* writing paper, stationery

papier *n* paper

papieros *n* cigarette

papierowy *adj* paper

papież *n* the Pope

papilot *n* curler

paproć *n* fern

papryka *n* pepper; (mielona) paprika

papuga *n* parrot

para *n* **-1.** *(dwie sztuki)* pair; **parami** in pairs *(o ludziach)* couple **-2.** *(wodna)* steam, vapour;

parada *n* parade

parafia *n* parish

paragon *n* receipt.

paragraf *n (w tekście)* paragraph; *(w dokumencie prawnym, umowie)* article, clause

paraliż *n* paralysis

paraliżować *vt* to paralyse

paraliżujący *adj* paralyzing

paranoja *n* paranoia

parapet *n (okienny)* sill, windowsill; *(występ skalny, półka)* ledge

parapetówka *n (rodzaj przyjęcia)* house-warming party

parasol *n (od deszczu)* umbrella; *(od słońca)* parasol, shade

parawan *n* screen

parę *num (kilka)* a few, several, a couple (of)

park *n* park

parking *n* car park

parkometr *n* parking meter

parkować *vt* to park

parlament *n* parliament

parować *vi* to evaporate, to steam

parowanie *n* evaporation

parówka *n* frankfurter

partaczyć *vt* to mess sth up, to bungle, *inf* to muck sth up

parter *n* ground floor *(widowni teatralnej)* the stalls

partia *n* **-1.** *(polityczna)* party **-2.** *(towarów)* consignment, lot

partner(ka) *n* partner

partnerstwo *n* partnership

partycypować *vi* to participate (in sth), to take part (in sth)

parzyć *vt (o słońcu, ogniu)* to burn *(o wrzątku)* to scald *(o pokrzywie)* to sting *(herbatę, kawę)* to brew *(warzywa)* to blanch

parzysty *adj* even

pas *n* **-1.** *(talia, stan)* waist **-2.** *(część stroju)* belt **-3.** *(wzór na tkaninie)* stripe, band ; *(wody, ziemi)* strip; **-4.** *(część urządzenia)* belt; **-5** *(ruchu)* lane/bus/cycle lane

pasaż n (przejście) passageway
pasażer(ka) n passenger
pasek n -1. (wzór na tkaninie) stripe, band; **w paski** striped -2. (część ubrania) belt
pasierb(ica) n stepchild
pasja n passion
pasjans n patience
pasjonować się vr (czymś) to be keen on sth
pasjonujący adj exciting, gripping, thrilling
paskudny adj nasty, horrible, hideous
pasmo n (włosów) strand; (ruchu) lane; (lądu) strip; (górskie) range; (radiowe) wavelength, waveband
pasować vi -1. (rozmiarem) to fit (odpowiadać komuś) to suit sb (do czegoś) to go with sth, to match sth (do siebie) to match up, to go together -2. (w kartach) to pass
pasożyt n parasite
pasta n (do polerowania, czyszczenia) polish;; (spożywcza) paste
pasterz(rka) n shepherd
pastor n pastor, minister; (w kościele anglikańskim) vicar
pastować vt to polish
pastylka n pill, tablet; (cukierek) drop, pastille
pasywny adj passive
pasza n fodder
paszport n passport
pasztet n pâté
paść się vr to graze
patelnia n frying pan
patent n patent
patologia n pathology
patologiczny adj pathological
patriot-a(ka) n patriot
patriotyczny adj patriotic
patriotyzm n patriotism
patrol n patrol
patrolować vt to patrol

patron(ka) n patron (święty) patron saint
patrzeć vi to look
patyk n stick
pawilon n (wystawowy) pavilion (boczne skrzydło budynku) annexe
paznokieć n nail; (u ręki) fingernail; (u nogi) toenail
pazur n claw; (ptasi) talon
październik n October, (skrót) Oct
pączek n -1. (ciastko) doughnut -2. (kwiatowy) bud
pchać vt to push, to shove (nożem) to stab
pchać się vr to shove, to elbow, to shoulder
pchła n flea
pchnięcie n (popchnięcie) push, shove (nożem) stab
pech n bad luck, misfortune
pechowy adj unlucky, unfortunate
pedagogiczny adj pedagogical
pedał n -1. (roweru) pedal -2. (homoseksualista) inf queer, queen
pedałować vi to pedal
pedantyczny adj pedantic
pediatra n paediatrician
pejzaż n (widok, obraz) landscape
pełen adj full
pełnia n **pełnia księżyca** full moon
pełnić vt (rolę, funkcję) to fulfil (służbę) to serve
pełno adv (mnóstwo) a lot, plenty of
pełnoetatowy adj full-time
pełny adj full
pełzać vi to crawl, to creep
penicylina n penicillin
pensja n salary, pay
pensjonat n boarding house, guesthouse
perfekcja n perfection
perfidny adj treacherous, perfidious
perfumy npl perfume, scent
perkusista(ka) n drummer

perkusja n the drums
perła n pearl
peron n platform
personel n personnel, staff
perspektywa n **-1.** *(obrazu)*
perspective **-2.** *(widoki*
na przyszłość) prospect
pertraktacje npl negotiations
pertraktować vi *(z kimś)* to negotiate
with sb
peruka n wig
peryferie npl *(miasta)* outskirts.
pestka n *(moreli, śliwki)* stone,
pit; *(jabłka, pomarańczy)* pip;
(słonecznika, dyni) seed; *(łatwizna)*
a piece of cake
pesymista(ka) n pessimist
pesymistyczny adj pessimistic
pet n *(papierosa)* inf fag end, stub
petarda n banger, firecracker
petycja n petition
pewien adj **-1.** *(jakiś)* a, certain, some;
-2. *(pewny, przekonany)* sure,
certain, confident
pewnie adv **-1.** *(sprawnie,*
zdecydowanie) confidently, firmly
-2. *(przypuszczalnie)* probably
pewność n **-1.** *(przekonanie)*
certainty, confidence, assurance
-2. *(wiarygodność)* reliability
pewny adj **-1.** *(przekonany)* sure,
positive, confident **-2.** *(niewątpliwy,*
nieunikniony) certain, sure
-3. *(zdecydowany, śmiały)* firm
-4. *(niezawodny, wiarygodny)*
reliable, trustworthy
pęcherz n **-1.** *(moczowy)* bladder
-2. *(na ciele)* blister
pędzel n paintbrush
pędzić vi to rush, to dash, to race,
to scurry *(o pojeździe)* to speed
pęk n bunch/a bunch of flowers
pękać vi *(o balonie, tamie, linie)*
to burst *(o talerzu, lodzie, szkle)*
to crack

pęknięcie n *(kości)* fracture; *(liny, tamy,*
balona) burst; *(rysa)* crack *(rozporek)*
split *(narządu wewnętrznego)*
rupture
pępek n navel, inf belly button
pęseta n tweezers
pętla n loop; *(tramwajowa)* terminus
piach n sand
piana n foam, froth; *(mydlana)* lather;
(na piwie) head
pianino n piano
pianista(ka) n pianist
piasek n sand
piaskownica n sandpit
piaszczysty adj sandy
piątek n Friday
piąty num fifth
picie n **-1.** *(czynność)* drinking.
-2. *(napój)* drink
pić vt to drink
pidżama n pyjamas
piec n *(hutniczy)* furnace; *(grzewczy,*
kuchenny) stove
→ **piec** vt *(ciasto)* to bake; *(mięso)*
to roast; **piec na ruszcie/rożnie**
to grill/to barbecue; *(szczypać)* vi
to sting
piecyk n heater, stove
pieczarka n mushroom, button
mushroom
pieczątka n *(znak)* stamp *(przyrząd)*
rubber stamp
pieczeń n roast
pieczęć n stamp; *(lakowa)* seal
pieczętować vt *(przystawiać pieczęć)*
to stamp; *(zamykać pieczęcią)* to seal
pieczony adj roast/a roast chicken;
(na ruszcie) grilled/grilled steaks
pieczywo n bread
pieg n freckle
piegowaty adj freckled
piekarnia n bakery, baker's
piekarnik n oven
piekarz n baker
piekło n hell

pielęgniarka *n* nurse
pielęgnować *vt (chorego)* to nurse
(ogródek, rośliny) to tend *(uczucie, tradycję)* to cultivate, to foster
pielgrzymka *n* pilgrimage
pielić *vt* to weed
pieluszka *n* nappy
pieniądze *npl* money; *(gotówka)* cash
pień *n (drzewa)* trunk; *(po ściętym drzewie)* stump
pieprz *n* pepper
pieprzniczka *n* pepper pot
piernik *n* gingerbread
pierś *n* breast; *(klatka piersiowa)* chest
pierścień *n* ring
pierścionek *n* ring
pierwiastek *n* **-1.** *(chemiczny)* element **-2.** *(w matematyce)* root
pierwotny *adj (początkowy)* original *(człowiek)* primitive; *(instynkt, las)* primaeval
pierwszeństwo *n* priority
pierwszorzędny *adj* superior, first-class, first-rate, prime/goods of superior quality
pierwszy *num* first
pierzyna *n* eiderdown, duvet
pies *n* dog
pieszo *adv* on foot
pieszy *n* pedestrian
pieścić *vt* to caress, to fondle, to pet
pieśń *n* song
pietruszka *n* parsley
pięciobój *n* pentathlon
pięć *num* five
pięćdziesiąt *num* fifty.
pięćdziesiąty *num* fiftieth
pięknie *adv* beautifully
piękno *n* beauty
piękność *n (o osobie)* beauty
piękny *adj* beautiful
pięściarz *n* boxer
pięść *n* fist
pięta *n* heel

piętnasty *num* fifteenth
piętnaście *num* fifteen
piętro *n* floor, storey
pigułka *n* pill
pijak(czka) *n* drunk, drunkard
pijany *adj* drunk, *(przed rzeczownikiem)* drunken
pikantny *adj* **-1.** *(o daniu)* hot, spicy, savoury **-2.** *(drastyczny, nieprzyzwoity)* juicy
piknik *n* picnic
pilnie *adv* **-1.** *(niezwłocznie)* urgently **-2.** *(pracowicie, gorliwie)* diligently
pilnik *n* file
pilnować *vt (strzec)* to guard, to keep a watch on sb/sth *(dzieci)* to mind, to look after, to babysit *(np. walizki)* to keep an eye on sth, to watch over sth
pilny *adj* **-1.** *(nagły)* urgent, pressing, immediate **-2.** *(pracowity, gorliwy)* diligent, conscientious
pilot *n* **-1.** *(samolotu)* pilot **-2.** *(do telewizora)* remote control
pilotażowy *adj* pilot
pilotować *vt (samolot)* to pilot, to fly; *(statek, samochód)* to navigate
piła *n* saw
piłka *n* **-1.** *(do gry)* ball **-2.** *(do piłowania)* saw
piłkarz *n* footballer
piłować *vt* to saw; *(paznokcie pilnikiem)* to file
pinezka *n* drawing pin
pingwin *n* penguin
pionek *n (w szachach)* pawn; *(w warcabach)* draughtsman; *(osoba)* pawn
pionier(ka) *n* pioneer
pionowy *adj* vertical, upright, perpendicular
piorun *n* thunderbolt, lightning
piosenka *n* song
piosenkarz(rka) *n* singer
piórnik *n* pencil case

pióro n -1. *(ptasie)* feather -2. *(do pisania)* pen
piractwo n piracy
piramida n pyramid
pirat n pirate
pisać vt to write *(na maszynie, komputerze)* to type
pisanie n writing *(na maszynie, komputerze)* typing
pisanka n Easter egg
pisarz(rka) n writer
pisemny adj written
pisk n *(hamulców, opon)* screech *(wrzask)* shriek *(zawiasów, myszy)* squeak
pismo n -1. *(zespół znaków graficznych)* script -2. *(sposób pisania)* writing, hand-writing **na piśmie** in writing, in black and white -3. *(czasopismo)* magazine
pistolet n pistol, gun
piszczeć vi *(o myszy)* to squeak; *(z radości, podniecenia)* to squeal; *(o zawiasach, kołach)* to screech, to squeak
piśmienny adj *(o osobie umiejącej pisać i czytać)* literate
piwnica n cellar *(suterena)* basement
piwny adj *(o oczach)* hazel
piwo n beer, ale
plac n square
placek n *(ciasto)* cake
placówka n -1. *(przedstawicielstwo)* post; -2. *(instytucja)* establishment, institution
plaga n plague
plajtować vi to go bankrupt, *inf* to go bust
plakat n poster, bill
plama n spot, stain, mark; *(z atramentu)* blot
plamić vt to stain, to soil
plamka n spot, speck
plan n plan **plan zajęć** timetable, schedule

planeta n planet
planować vt to plan *(ustalać termin)* to schedule
planowanie n planning
plansza n *(do gier)* board
plantacja n plantation
plaster n -1. *(przylepiec)* plaster, adhesive -2. *(szynki, ananasa)* slice; *(bekonu)* rasher
plastik n plastic
plastikowy adj plastic
plastyczny adj -1. *(opis)* vivid -2. *(o operacji)* plastic -3. *(miękki, giętki)* plastic, pliable -4. *(sztuka)* plastic
platforma n platform
platoniczny adj platonic
platyna n platinum
plaża n beach
plątać vt -1. *(splątywać nici, włosy)* to tangle -2. *(coś z czymś)* to mix sth up, to get sth muddled up
plebania n parsonage, vicarage
plecak n rucksack, backpack
plecy npl back
plemię n tribe
plemnik n sperm
plener n *(filmowy)* location
pleść vt -1. *(warkocz)* to plait -2. *(mówić bzdury)* inf to talk rubbish/nonsense/crap
pleśń n mould
plik n *(banknotów, akt)* wad, bundle; *(danych komputerowych)* file
plomba n -1. *(zabezpieczenie)* seal -2. *(w zębie)* filling
plon n yield, crop.
plotka n gossip *(pogłoska)* rumour
plotkarz(rka) n gossip, snoop
plotkować vi to gossip
pluć vi to spit
plus n plus
plusk n splash

pluton n -1. (oddział wojskowy) platoon -2. (pierwiastek) plutonium -3. (planeta) Pluto

płaca n pay (otrzymywana miesięcznie) salary; (pracownika fizycznego) wage, wages **lista płac** payroll

płacić vt, vi to pay

płacz n cry

płakać vi to cry, to weep

płaski adj flat

płasko adv flat

płaszcz n coat, overcoat

płaszczyć się vr (przed kimś) to crawl to sb

płaszczyzna n plane

płatek n flake; (kwiatu) petal/rose petals; **płatki zbożowe** cereal

płatnik n payer

płatność n payment

płatny adj (do zapłacenia) payable, due

płciowy adj sexual

płeć n sex, gender

płetwa n (rybia) fin; (do pływnia) flipper

płodny adj (żyzny) fertile, productive; (zdolny do rozrodu) fertile

płomień n flame

płonący adj (o świecy, świetle, domie) burning, blazing

płoszyć vt (kogoś) to frighten/scare sb off/away

płot n fence

płód n foetus

płótno n (lniane) linen; (w malarstwie) canvas, painting

płuco n lung

płukać vt to rinse

płyn n liquid, fluid

płynąć vi (o wodzie, rzece, łzach) to run, to flow (o człowieku) to swim; (o statku, łodzi) to sail (o czasie) to go by, to pass

płynny adj -1. (ciekły) liquid -2. (biegły) fluent

płyta n (kamienna) slab **płyta nagrobkowa** gravestone; **płyta pamiątkowa** plaque; **płyta chodnikowa** flagstone; (gramofonowa) record; **płyta kompaktowa** compact disc, (skrót) CD

płytka n (ceramiczna) tile; (kuchenna) ring, hob; (nazębna) plaque

płytki adj shallow

pływać vi to swim

pływa-k(czka) n swimmer

pływalnia n swimming pool

pływanie n swimming

p.n.e. abbr (przed naszą erą) BC (before Christ)

po prep (w określeniach czasowych) after, past

pobić vt (pokonać) to defeat, to beat (poturbować kogoś) to beat sb (up), to thrash sb

pobierać vt (opłatę) to charge

pobierać się vr to get married

pobieżny adj cursory, casual

pobocze n (twarde) hard shoulder (trawiaste) verge

pobory (wynagrodzenie) pay, salary

pobudzać vt to stimulate, to excite

pobudzający adj stimulating, rousing, stirring

pobyt n (czasowy) stay (stały) permanent residence

pocałunek n kiss

pocenie się n perspiration, sweating

pochlebiać vi to flatter

pochlebny adj complimentary, flattering

pochłaniać vt (absorbować uwagę, myśli) to absorb, to preoccupy (książki, jedzenie, wydatki) to swallow sth up, to devour (czas, energię) to consume, to absorb

pochłaniający adj (zajmujący, absorbujący) absorbing, enthralling

pochłonięty adj (zajęty, zaabsorbowany) absorbed, preoccupied

pochmurny adj (niebo) cloudy, overcast, gray

pochodzenie n origin, descent, ancestry, extraction

pochodzić vi (skądś) to come from (od kogoś – o osobie) to be descended from sb (od czegoś – o nazwie, słowie) to be derived from sth (z jakiegoś okresu) to date from

pochwalać vt (coś) to approve of sth

pochwalić vt (kogoś za coś) to praise sb for sth, to commend sb for sth

pochwała n praise

pochylać się vr to lean over, to bend over

pociąg n -1. (środek transportu) train -2. (skłonność) attraction

pociągać vt -1. (nęcić, wabić) to attract -2. (szarpać) to pull

pociągający adj attractive, appealing

pocić się vr to perspire, to sweat

pociecha n comfort

pocierać vt to rub

pocieszać vt (kogoś) to comfort sb, to console sb (poprawiać komuś nastrój) to cheer sb up

pocieszający adj comforting, heartening

pocieszenie n cosolation

pocisk n (rakietowy) missile; (karabinowy) bullet; (artyleryjski) shell

początek n beginning, start

początkowo adv initially

początkowy adj initial

początkujący(a) n beginner, novice

poczekalnia n waiting room

poczęstować vt (kogoś czymś) to treat sb to sth

poczęstować się vr (czymś) to help oneself to sth

poczęstunek n treat

poczta n (budynek) post office; (listy, przesyłki) BrE post, AmE mail

pocztowy adj postal

pocztówka n postcard, card

poczucie n sense, feeling

poczytalny adj sane, of sound mind

pod prep (poniżej) under, underneath, below

podanie n -1. (pisemna prośba) application -2. (legenda) myth -3. (w piłce nożnej) pass

podarować vt -1. (ofiarować) to give -2. (wybaczyć) to forgive sb for sth

podarty adj tattered, ragged

podarunek n present, gift

podatek n tax

podatnik n taxpayer

podawać vt (nazwisko, adres) to give (przybliżać, przysuwać) to pass (wręczać) to hand sb sth

podawać się vr -1. (za kogoś) to impersonate sb -2. (do dymisji) to resign, to hand in one's resignation

podaż n supply

podążać vi -1. (w jakimś kierunku) to head for -2. (za kimś/ czymś) to follow sb/sth

podbicie n -1. (wygięcie stopy) arch -2. (podbój) conquest -3. (płaszcza, kurtki) lining

podbijać vt to conquer

podbój n conquest

podbródek n chin

podchodzić vi to come up to sb/sth, to approach sb/sth

podcinać vt (włosy) to trim, to crop

podczas prep (w czasie) during; **podczas gdy** (w tym samym czasie) while, when

poddasze n attic, loft

poddawać vt to surrender

podejrzany adj suspicious, suspect

→ **podejrzany** n suspect

podejrzenie n suspicion

podejrzewać vt *(kogoś/coś)* to suspect sb/sth *(kogoś o coś/zrobienie czegoś)* to suspect sb of sth/doing sth
podejrzliwy adj suspicious
podejście n -**1.** *(do sprawy, problemu)* approach/ -**2.** *(próba)* go
podekscytowanie n excitement
podekscytowany adj excited, thrilled
podeszwa n sole
podglądać vt *(kogoś)* to spy on sb
podgrzewać vt *(coś)* to warm/heat sth up
podjazd n driveway
podjeżdżać vi *(o pojeździe)* to draw up *(po kogoś samochodem)* to pick sb up
podkładka n pad
podkoszulek n T-shirt; *(męska bielizna)* vest
podkowa n horseshoe
podkreślać vt *(akcentować)* to emphasize, to stress *(kreską)* to underline
podlegać vi *(być podporządkowanym komuś/czemuś)* to be subordinate to sb/sth, to come under sb/sth
podlewać vt *(rośliny)* to water; *(mięso podczas pieczenia)* to baste
podliczać vt to add sth up, to count sth up
podłączać vt to connect
podłoga n floor
podły adj *(człowiek)* wicked, mean; *(zakazany, nędzny)* shabby, sleazy
podmiot n *(prawny)* entity; *(w zdaniu)* subject
podmuch n *(wiatru)* gust, blast
podniebienie n palate
podniecać vt *(ekscytować)* to excite *(pobudzać seksualnie)* to arouse
podniecać się vr *(ekscytować się)* to get excited *(seksualnie)* to get aroused
podniecający adj exciting, thrilling; *(seksualnie)* rousing

podniecony adj *(ożywiony)* excited, agitated, elated *(seksualnie)* aroused
podniecenie n excitement
podnosić vt *(coś ciężkiego)* to lift *(coś, co spadło)* to pick sth up *(unosić coś do góry)* to raise
podnosić się vr *(o człowieku)* to rise, to stand up *(do pozycji siedzącej)* to sit up; *(o mgle)* to lift, to rise *(rosnąć)* to rise
podobać się vr to like, to enjoy
podobieństwo n similarity *(zbieżność wyglądu)* resemblance, likeness
podobnie adv *(w podobny sposób)* similarly **podobnie jak** like
podobny adj similar, alike, like
podpalać vt *(podkładać ogień)* to set fire/light to sth
podpaska n *(higieniczna)* sanitary towel
podpierać vt to support, to prop up
podpis n *(imię i nazwisko)* signature; *(napis pod zdjęciem)* caption
podpisywać vt to sign
podpora n support, prop
podporządkowywać się vr *(czemuś)* to conform to sth, to comply with sth
podpowiadać vt, vi to prompt
podpowiedź n *(wskazówka)* tip, hint, clue
podrabiać vt to forge, to fake
podrażnienie n irritation
podręcznik n textbook, handbook, manual
podrobiony adj forged, fake, counterfeit
podróbka n fake
podróż n journey; **podróż samochodem** drive **podróż lotnicza** air travel, flight; **podróż morska** voyage, crossing
podróżnik(czka) n traveller
podróżować vi to travel

podrywać vt **-1.** *(dziewczynę, chłopaka)* to pick sb up, *inf* to chat sb up **-2.** *(autorytet, zaufanie)* to undermine

podrzeć vt to rip sth up, to tear sth up.

podrzucać vt **-1.** *(coś do góry)* to throw/toss sth into the air **-2.** *(coś komuś)* to drop sth off **-3.** *(kogoś gdzieś)* to give sb a lift

podskakiwać vi to jump (up), to skip, to hop, to leap/ *(na wybojach)* to bump

podsłuchiwać vt *(celowo)* to eavesdrop *(przypadkiem)* to overhear *(rozmowy telefoniczne)* to tap

podstawa n *(dolna część)* base/ the base of a column/triangle; *(zasadniczy element, podwalina)* basis, foundation

podstawowy adj basic, elementary, primary; *(najważniejszy)* principal, vital, crucial

podstęp n trick, deception

podstępny adj *(pytanie)* tricky; *(osoba)* insidious, deceitful, sneaky, tricky

podsumowanie n summary, summing-up

podsumowywać vt to sum sth up, to recapitulate

podszewka n lining

podświadomie adv subconsciously

podświadomość n subconscious

podtekst n undertone

podtrzymywać vt **-1.** *(podpierać)* to support **-2.** *(opinię, decyzję)* to uphold, to sustain **-3.** *(stosunki, zainteresowanie)* to maintain

poduszka n pillow; *(ozdobna)* cushion; *(w marynarce, płaszczu)* shoulder pad; *(powietrzna w samochodzie)* airbag

podwajać vt to double

podwajać się vr to double.

podwijać vt *(rękawy)* to roll sth up

podwładny(a) n subordinate

podwodny adj underwater

podwozić vt *(kogoś)* to give sb a lift

podwozie n chassis

podwójny adj double, dual

podwórko n yard; *(za domem)* backyard

podwórze n yard, courtyard; *(w gospodarstwie wiejskim)* farmyard

podwyżka n *(cen, poborów)* rise

podwyższać vt to raise, to increase

podział n division; *(rozbiór państwa)* partition

podziemny adj underground

podziw n admiration

podziwiać vt to admire *(kogoś)* to admire, to esteem, to look up tosb

poeta(ka) n poet

poezja n poetry

poganiać vt to hurry, to rush, to hasten

pogański adj pagan

pogarda n scorn, contempt, disdain

pogardliwie adv scornfully, disdainfully

pogardliwy adj scornful, disdainful, contemptuous

pogarszać się vr to get worse, to deteriorate, to worsen

pogląd n view, idea

pognieciony adj creased

pogoda n weather

pogodny adj serene, cheerful

pogodzić się vr *(z kimś)* to patch it up with sb, to be reconciled with sb *(z czymś)* to come to terms with sth, to resign oneself to sth, to accept sth

pogoń n chase, pursuit

pogotowie n **-1.** *(alarm, stan gotowości)* alert **-2.** *(ratunkowe)* emergency service, ambulance service

pogróżka n threat

pogrzeb n furneral, burial

pojawiać się vr to appear *(przybyć gdzieś)* to turn up, *inf* to show up

pojawienie się vr appearance

pojazd n vehicle

pojedynczo adv (każdy oddzielnie) individually, one by one, singly

pojedynczy adj (jedyny) single/a single copy of the book

pojemnik n container, holder

pojemność n capacity, volume

pojęcie n concept, notion, idea

pojutrze adv the day after tomorrow

pokarm n (jedzenie) food; (dla niemowląt, zwierząt) feed

pokarmowy adj (trawienny) digestive

pokaz n (prezentacja) demonstration, display, show

pokazywać vt to show (legitymację, bilet) to produce

pokazywać się vr (zjawiać się gdzieś) to appear, inf to show up

pokład n -1. (kopaliny) seam, deposit -2. (statku) deck

pokojowy adj peaceful/a peaceful demonstration

pokojówka n maid

pokolenie n generation

pokonywać vt (przeciwnika) to defeat, to beat (przezwyciężać trudności, strach) to overcome, to surmount (drogę) to cover

pokorny adj humble, submissive

pokój n -1. (przeciwieństwo wojny) peace -2. (pomieszczenie) room

pokrewieństwo n relationship

pokrętło n control, dial, knob

pokropić vt (coś czymś) to sprinkle sth with sth

pokrowiec n cover

pokrycie n (dachu) roofing; (obicie mebli) upholstery

pokrywa n -1. (wieko) lid, cover -2. (warstwa okrywająca) layer

pokrywać vt (coś czymś) to cover sth with sth (koszty) to cover

pokrywać się vr -1. (wykazywać zgodność) to agree -2. (zazębiać się) to overlap

pokrywka n lid, cover

pokrzywa n nettle

pokusa n temptation

pokwitowanie n receipt

Polak(ka) n Pole

polany adj (czymś) topped with sth, poured over with sth

polarny adj polar

pole n field; (na szachownicy) square

polecać vt -1. (nakazywać) to instruct, to command -2. (rekomendować) to recommend, to suggest

polecenie n -1. (nakaz) instruction, command -2. (rekomendacja) recommendation

polecony adj (list, paczka) registered

polegać vi -1. (liczyć na kogoś/coś) to rely on sb/sth, to depend on sb/sth/ -2. (być istotą czegoś) to consist in sth

polepszać vt to improve, to upgrade

polerować vt to polish

polewaczka n (zraszacz) sprinkler; (samochód) street-cleaning lorry

policja n (the) police

policjant(ka) n police officer, officer

policzalny adj countable

policzek n -1. (część twarzy) cheek -2. (uderzenie) slap

polisa n policy

polityczny adj political

polityk n politician; (mąż stanu) statesman

polityka n politics (linia działania, strategia) policy

polo n -1. (sport) polo -2. (koszulka) polo shirt

polować vi (na kogoś/coś) to hunt sb/sth (poszukiwać czegoś) to hunt for sth

polowanie n hunt, hunting

polubić vt (kogoś/coś) to take a liking to sb, to get to like sb/sth

poluzować vt to loosen

połączenie n -1. (kombinacja elementów) combination -2. (kolejowe, telefoniczne) connection, link

połowa n half, middle

położenie n (usytuowanie) location, situation, position

położna n midwife

połówka n half

południe n -1. (pora dnia) noon, midday-2. (strona świata) south, (skrót) S

południowy adj southern

połykać vt to swallow

pomadka n (szminka) lipstick

pomagać vt to help, to assist

pomarańcza n orange

pomarańczowy adj (kolor, sok) orange

pomarszczony adj (twarz) wrinkled; (papier, ubranie) creased

pomiar n measurement

pomidor n tomato

pomidorowy adj tomato/tomato juice/ paste

pomieszczenie n room

pomieścić vt (o budynku, hotelu) to accommodate (o widowni, restauracji) to seat

pomijać vt to omit, to skip, to miss/ leave sb/sth out

pomimo prep (czegoś) despite sth, in spite of sth **pomimo to** nevetheless

pomnik n monument, memorial

pomoc n help, assistance, aid

pomocniczy adj auxiliary, ancilliary

pomocni-k(czka) n helper, assistant

pomocny adj (osoba) helpful, cooperative (wskazówka, informacja) useful, helpful

pompa n -1. (urządzenie) pump -2. (przepych, rozmach) pomp, pageantry

pompka n -1. (urządzenie) pump/a bicycle pump -2. (ćwiczenie gimnastyczne) press-up

pompować vt (wodę, ropę naftową) to pump; (oponę, materac) to pump sth up, to inflate

pomylić vt (coś z czymś) to confuse sth with sth, to mix sth up with sth, to mistake sth for sth

pomylić się vr to make a mistake

pomylony adj (szalony) crazy, inf loony, inf nutty, mad

pomyłka n (błąd) mistake, error, slip; (telefoniczna) wrong number

pomysł n idea, thought

pomysłowość n ingenuity, creativity, resourcefulness

pomysłowy adj (osoba) inventive, resourceful, creative; (rozwiązanie) ingenious, clever

pomyślność n -1 (dobrobyt) well-being, welfare -2. (sprzyjający los) good luck, fortune

pomyślny adj (udany) successful; (korzystny, sprzyjający) favourable (dobry, szczęśliwy) good, fortunate

ponad prep (nad) over, above (dłużej niż) over, more than (więcej niż) above, over, more than

ponadto adv moreover, furthermore, additionally

ponętny adj tempting, seductive, alluring

poniedziałek n Monday

ponieważ conj because, since

poniżać vt (kogoś) to degrade, to put sb down.

poniżać się vr to degrade oneself

poniżający adj degrading, humiliating

poniżej adv below, beneath

poniżenie n degradation, humiliation

ponownie adv again, once more

ponury adj gloomy, grim, dreary, bleak, dismal

pończocha n stocking

popadać vi (w coś) to fall into sth, to lapse into sth

poparcie n support, backing

popełniać vt (przestępstwo) to commit

popędliwy adj impulsive, fiery

popielniczka n ashtray

popierać vt (kogoś/coś) to support sb/sth, to back sb/sth (up) (opowiadać się za czymś) to be in favour of sth, to advocate sth

popiół n ash

popisywać się vr to show off

poplamić vt to stain, to spot

poplamiony adj stained, spotted, marked

poplątany adj tangled, muddled

popołudnie n afternoon

popołudniowy adj afternoon/afternoon sleep

poprawa n **-1.** (zmiana na lepsze) improvement **-2.** (korygowanie błędów) correction

poprawiać vt **-1.** (udoskonalać) to improve, to upgrade. **-2.** (błędy) to correct **-3.** (położenie, funkcjonowanie czegoś) to adjust.

poprawiać się vr (zmieniać się na lepsze) to improve, to get better; (wyrazić coś inaczej) to correct oneself

poprawka n (usunięcie błędu w tekście) correction (do konstytucji, statutu); (egzamin) repeat examination; (usunięcie usterki) adjustment

poprawnie adv correctly

poprawność n correctness

poprawny adj (odpowiedź, kolejność) correct, right; (zachowanie) correct, proper

poprzedni adj (były) previous, former; (poprzedzający) preceding

poprzednik(czka) n predecessor

poprzednio adv previously

poprzedzać vt to precede, to come before

populacja n population

popularność n popularity

popularny adj popular

popychać vt to push, to shove, to hustle

popyt n demand, market

por n leek

pora n time

porada n advice, consultation, guidance

poradnik n handbook, guide

poradzić vt (komuś, żeby coś zrobił) to advise sb to do sth (sobie z czymś) to manage sth

poradzić się vr (kogoś) to consult sb

poranek n morning

porażka n defeat

porcelana n porcelain, china

porcja n portion, helping, serving

poręcz n handrail, rail; (fotela) arm; (schodów) banister

poręczny adj handy

pornograficzny adj pornographic

poronić vt to miscarry

porozumienie n **-1.** (jednomyślność poglądów) understanding, accord, agreement **-2.** (umowa, układ) agreement, accord

porozumiewać się vr to communicate

poród n childbirth, delivery, labour

porównanie n comparison

porównywać vt (coś z czymś) to compare sth to/with sth (przyrównywać kogoś/ coś do kogoś/ czegoś) to compare sb/sth to sb/sth

port n port, harbour

portfel n wallet

portmonetka n purse

portret n portrait

porucznik n lieutenant

poruszać vt **-1.** (wprawiać w ruch) to move, to stir **-2.** (podnosić kwestię, temat) to bring sth up, to touch on/upon sth. **-3.** *(wytrącić z równowagi, wzruszyć)* to move, to stir, to touch.

poruszać się *vr* to move

poruszający *adj (wzruszający)* moving; *(porywający)* stirring

poruszenie *n* stir, agitation

porwanie *n (uprowadzenie)* abduction; *(dla okupu)* kidnapping

porywacz(ka) *n* abductor, captor, kidnapper *(samolotu)* hijacker

porywać *vt (uprowadzać)* to abduct; *(osobę)* to kidnap/ *(samolot)* to hijack

porywający *adj* thrilling, rousing

porywczy *adj* hot-tempered, impulsive

porządek *n* **-1.** *(ład)* order, neatness **-2.** *(szyk, kolejność)* order, sequence

porządkować *vt (mieszkanie)* to tidy sth up, to clean sth up *(sprawy, dokumenty)* to sort sth out

porządny *adj* **-1.** *(schludny)* tidy, neat **-2.** *(przyzwoity, szacowny)* decent, respectable

porzeczka *n* currant

porzucać *vt (opuszczać kogoś)* to abandon sb, to leave sb, to desert sb

posada *n* position, post

posag *n* dowry

poseł(łanka) *n (deputowany)* Member of Parliament, *(skrót)* MP; *(emisariusz)* envoy

posiadacz(ka) *n (właściciel)* owner, proprietor, possessor *(paszportu, biletu)* holder, bearer

posiadać *vt (być właścicielem)* to possess, to own

posiadłość *n* property, estate

posiłek *n* meal

posłać *vt (łóżko)* to make the bed

posłaniec *n* messenger, courier

posługiwać się *vr (czymś)* to use sth, to make use of sth

posłuszeństwo *n* obedience, docility

posłuszny *adj* obedient; **być posłusznym** to obey

pospolity *adj (powszechnie występujący)* common *(przeciętny, zwyczjny)* ordinary *(mało wyrafinowany)* vulgar

post *n* fast

postać *n (w dramacie, powieści)* character *(sylwetka, kształt)* figure, form *(rodzaj, odmiana)* form

postanawiać *vi (coś zrobić)* to resolve to do sth, to decide to do sth

postanowienie *n (decyzja)* decision, resolution

postawa *n* **-1.** *(postura)* posture **-2.** *(stosunek, podejście do czegoś)* attitude

posterunek *n* post

postęp *n* progress, advance, advancement

postępować *vi* **-1.** *(zachowywać się)* to act, to behave **-2.** *(naprzód)* to progress, to proceed, to advance. **-3.** *(z kimś/czymś)* to deal with sb/sth

postępowanie *n* **-1.** *(zachowanie)* conduct, behaviour **-2.** *(prawne)* proceedings **-3.** *(tok, sposób działania)* procedure

postępowy *adj* progressive

postój *n (przerwa w podróży)* stop, stopover

postrzępiony *adj* frayed, ragged

posunięcie *n (krok, ruch)* move

posuwać się *vr (do przodu)* to progress, to move, to advance *(w grze planszowej)* to move *(robić miejsce innym)* to move up/along/ down

posyłać *vt (wysyłać)* to forward, to dispatch, to send **posyłać po kogoś/coś** to send for sb/ sth

poszanowanie *n (szacunek)* respect *(prawa)* observance of law

poszczególny *adj* individual

poszerzać vt (ulicę, otwór) to widen (wiedzę, zainteresowania) to broaden (spódnicę) to let sth out

poszewka n pillowcase

poszukiwać vt (kogoś/czegoś) to search for sb/sth, to seek sb/sth

poszukiwanie n search, quest

poszukiwany adj (ścigany przez policję) wanted; (rozchwytywany, wzięty) sought-after

pościć vi to fast

pościel n bedclothes

pościg n chase

poślizg n (na drodze) skid; (opóźnienie) delay

pośliznąć się vr to slip

poślubić vt (kogoś) to marry sb

pośpiech n hurry, rush, haste

pośpieszać vt **-1.** (poganiać kogoś) to hurry sb (up) **-2.** (przyśpieszać) vi to hasten

pośpiesznie adv hastily, hurriedly

pośpieszny adj (szybki, nagły) hasty, hurried

pośpieszyć się vr pośpiesz się! hurry up!

pośrednik(czka) n (w sporze) mediator; (handlowy) agent, middleman

pośrodku adv **-1.** (na środku) in the middle. **-2.** (między dwoma elementami) in between

pośród prep among, amid

poświadczać vt to certify

poświęcać vt to sacrifice, to devote

poświęcać się vr (czemuś) to devote oneself to sth, to dedicate oneself to sth

poświęcenie n (ofiara) sacrifice (oddanie) devotion, dedication (kaplicy, kościoła) consecration

pot n sweat, perspiration

potajemnie adv secretly

potajemny adj (ukrywany, zamaskowany) secret

potem adv (następnie) then, next (później) later on, later

potencjalny adj potential

potentat(ka) n tycoon, giant

potęga n (moc) power, force, might, strength

potępiać vt (kogoś/coś) to denounce sb/sth (kogoś za coś) to condemn sb for sth

potężny adj (silny, wpływowy) powerful, mighty, strong; (ogromny) huge/a huge tree

potoczny adj colloquial

potok n (strumyk) stream, brook

potomstwo n offspring

potrafić vi (umieć, wiedzieć jak coś zrobić) can, to know how to do sth (być w stanie coś zrobić) to be capable of doing sth, to be able to do sth

potrącać vt **-1.** (popchnąć niechcący) to push, to jog, to knock; (samochodem) to knock sb down, to run sb down. **-2.** (odliczać) to deduct

potrącenie n **-1.** (odliczenie) deduction **-2.** (popchnięcie) jog, push

potrójny adj triple, treble

potrząsać vt to shake

potrzeba n need, necessity

potrzebny adj necessary

potrzebować vt to need (wymagać czegoś) to require sth, to need sth

potrzebujący adj needy

→ **potrzebujący** npl the needy, the poor

potwierdzać vt to confirm, to affirm

potwierdzenie n confirmation, affirmation

potworny adj monstrous, atrocious, ghastly

potwór n monster

potykać się vr to stumble, to trip

poufny adj confidential, classified

powaga n (zrównoważenie, opanowanie) serious-ness; (stopień zagrożenia) severity, gravity; (doniosłość) dignity

poważnie adv seriously; (znacznie, groźnie) badly

poważny adj serious (uroczysty, nacechowany powagą) solemn (groźny) severe, bad

powiadamiać vt (kogoś o czymś) to inform sb about/of sth, to notify sb of sth, to advise sb of sth

powiadomienie n notice, notification;

powiązanie n (związek) relation, connection, link

powiedzenie n (porzekadło) saying;

powiedzieć vt, vi (coś/że) to say sth/ that (coś komuś) to tell sb sth

powieka n eyelid

powierzchnia n -1. (zewnętrzna strona) surface-2. (w metrach kwadratowych) area

powierzchowność n -1. (wygląd zewnętrzny) appearance, exterior -2. (płytkość) shallowness, superficiality

powieść n novel

powieść się vr (udać się) to succeed, to go well, to come off

powietrze n air

powiększać vt to enlarge, to expand, to extend; (obraz) to magnify (fotografię) to enlarge, to blow sth up; (ilość) to increase

powiększać się vr to enlarge; (o firmie, powierzchni) to expand (o ilości) to increase

powiększenie n enlargement; (zdjęcia) enlargement, blow-up; (obszaru, firmy) expansion

powiększenie się n (wzrost) increase

powinien vi should, ought to

powitanie n (słowne) greeting; (kogoś gdzieś) welcome

powodować vt to cause, to bring about, to result

powodzenie n (sukces) success; (wzięcie, popularność) popularity; (sprzyjający los) luck

powodzić się vr -1. (udawać się) to succeed in sth/doing sth. -2. (wieść się) to do well, to get on/ along, to prosper;

powojenny adj postwar

powoli adv slowly.

powolny adj slow

powołanie n -1. (zamiłowanie) vocation -2. (na stanowisko) appointment -3. (do wojska) conscription

powoływać vt -1. (do wojska) to conscript, to call sb up -2. (na stanowisko) to appoint

powoływać się vr (na coś) to refer to sth

powód n (przyczyna) cause, reason

powódź n flood

powracać vi to return, to come back

powrotny adj (podróż, bilet) return

powrót n return

powstanie n -1. (rewolta) uprising, insurrection -2. (utworzenie, narodziny czegoś) rise

powstawać vi -1. (buntować się przeciwko komuś/czemuś) to rebel against sb/sth, to rise against sb/ sth. -2. (zacząć istnieć) to come into being; (brać początek) to originate.

powstrzymywać vt (śmiech, ziewanie) to hold sth back, to suppress sth (napływ, wzrost) to contain, to check (kogoś od czegoś/zrobienia czegoś) to restrain sb from sth/doing sth, to stop sb from sth/doing sth, to keep sb from sth/doing sth

powstrzymywać się vr (od zrobienia czegoś) to refrain from doing sth

powszechny adj common, universal, general

powszedni adj (codzienny) everyday, ordinary

powściągliwy adj (pełen rezerwy) restrained, reserved

powtarzać vt to repeat (uczyć się do egzaminu) vi to revise, to brush up on sth

powtórka n (przed egzaminem) revision; (programu telewizyjnego) repeat

powyżej adv (nad) above, over

poza n pose

→ **poza** prep (z wyjątkiem) except **poza tym** besides, apart from that, moreover, furthermore **poza domem** away from home; **poza zasięgiem** beyond/out of reach

pozbawiać vt (kogoś czegoś) to deprive sb of sth (za pomocą oszustwa, podstępu) inf to do sb out of sth

pozbawiony adj (czegoś) void of sth, lacking in sth

pozbierać się vr to get oneself together, to bounce back

pozbywać się vr (czegoś) to get rid of sth, to dis-pose of sth, to dispense with sth, to do away with sth

pozdrawiać vt (powitać) to greet (przekazywać pozdrowienia) to give one's regards (to sb)

pozdrowienie n (powitanie) greeting; **pozdrowienia** regards

poziom n level; (jakość) standard

poziomy adj horizontal

poznawać vt **-1.** (rozpoznawać) to recognize **-2.** (zawierać znajomość) to meet

pozostali npl (inni) the others

pozostałość n (resztka) remnant, remainder

pozostały adj remaining, the other

pozostawać vi (gdzieś) to stay somewhere, to remain somewhere; (trwać bez zmiany, ruchu) to remain

pozostawiać vt (kogoś/coś) to leave sb/sth (zapomnieć zabrać) to leave sth behind

pozostawiony adj left; (porzucony) abandoned

pozować vi to pose

pozór n (fałszywe wrażenie) pretence, make-believe, false appearance

pozwalać vt **-1.** (komuś na zrobienie czegoś) to let sb do sth, to allow sb to do sth, to permit sb to do sth **-2.** (sobie na coś) to afford sth/ to do sth

pozwolenie n (zgoda) permission, consent (pisemna zgoda) permit

pozycja n position

pozytywnie adv positively

pozytywny adj positive

pożar n fire

pożarny adj **straż pożarna** fire brigade

pożądać vt to desire; (seksualnie) to lust

pożądanie n desire, craving; (seksualne) lust

pożegnalny adj farewell

pożegnanie n farewell, leave-taking

pożyczać vt (coś komuś) to lend sb sth (coś od kogoś) to borrow sth from sb **pożycz mi tę książkę** lend me that book, please

pożyczka n loan, credit

pożyteczny adj useful.

pożytek n benefit, advantage

pożywienie n nourishment

pożywny adj nutritious

pół inv half

półfinał n semifinal

półka n shelf

półkole n semicircle

półkula n hemisphere

półmisek n dish, platter

północ n **-1.** (pora) midnight **-2.** (strona świata) north, (skrót) N

północny adj north, northern

półrocze n term, semester

półwytrawny adj medium-dry, semi-dry

późnić się vr (o zegarku) to be slow

później adv later, later on/three days later (następnie) next, then, afterwards

późniejszy adj later (następujcy po czymś) subsequent

późno adv late

prababka n great-grandmother

praca n -1. (działalność) work; (fizyczna) labour; -2. (posada, zatrudnienie) job; -3. (dzieło) work **praca magisterska** thesis, dissertation

pracodawca(czyni) n employer

pracować vi to work

pracowity adj hard-working, industrious, diligent

pracownia n laboratory; (artysty) studio; (warsztat) workshop

pracownik(czka) n employee, worker

prać vt to wash; **prać chemicznie** to dry-clean

pradziadek n great-grandfather

pragnąć vt (chcieć czegoś) to have a desire for sth, to wish for sth, inf to be dying for sth **pragnąć coś zrobić** to wish to do sth (pożądać kogoś) to lust after sb

pragnienie n -1. (chęć) desire, craving, yearning -2. (chęć napicia się) thirst **mieć pragnienie** to be thirsty

praktyczny adj practical

praktyka n practice; (nauka zawodu) apprenticeship; (szkolenie) practical training, on-the-job training

praktykant(ka) n (u rzemieślnika) apprentice; (w firmie) trainee

praktykować vi (o lekarzu, adwokacie) to practise

praktykujący adj practising

pralka n washing machine

pralnia n laundry

pranie n -1. (czynność) washing -2. (rzeczy do prania) laundry, washing.

prasa n -1. (ogół czasopism, dziennikarzy) the press. -2. (urządzenie) press, pressing machine

prasować vt to iron, to press

prawda n truth

prawdomówny adj truthful

prawdopodobieństwo n probability, likelihood.

prawdopodobnie adv probably, most likely

prawdopodobny adj probable, likely

prawdziwy adj true, real; (autentyczny) genuine

prawicowy adj right-wing, rightist

prawidłowo adv (poprawnie) correctly, rightly/ (odpowiednio, należycie) properly

prawidłowy adj (poprawny) correct, right (należyty, odpowiedni) proper

prawie adv almost, nearly **prawie nigdy (nie)** hardly ever **prawie nikt/ nic** hardly anybody/anything

prawnie adv legally

prawni-k(czka) n lawyer

prawnuczka n great-granddaughter

prawnuk n great-grandson

prawny adj legal

prawo n -1. (ogół przepisów i norm, nauka) law, legislation -2. (uprawnienie) right -3. (zasada) principle, law

→**prawo** adv **skręcać/spoglądać w prawo** to turn/look right

prawodawca n legislator

praworęczny adj right-handed

prawowity n (legalny) rightful, lawful, legitimate

prawy adj -1. (uczciwy) honest, righteous -2. (znajdujący się na prawej stronie) right, right-hand

prąd *n (elektryczny)* current; *(rzeczny)* current, stream

precyzja *n* precision

precyzować *vt* to specify, to pinpoint

precyzyjny *adj* precise, exact

preferencja *n* preference

preferować *vt* to favour, to prefer

premia *n* bonus, extra

premier *n* prime minister, premier

premiera *n* premiere, opening night

prenumerata *n* subscription

prenumerować *vt* to subscribe (to sth

preria *n* prairie

presja *n* pressure

prestiż *n* prestige

prestiżowy *adj* prestigious

pretekst *n* pretext

pretensja *n (roszczenie)* claim *(żal)* resentment, grievance

pretensjonalny *adj* pretentious, affected

prezencja *n* appearance, presence

prezent *n* present, gift

prezentacja *n* **-1.** *(pokaz)* presentation, demonstration **-2.** *(przedstawianie osób)* introduction

prezenter(ka) *n (telewizyjny/radiowy)* presenter

prezentować *vt* to present

prezerwatywa *n* condom

prezydent *n* president

prędki *adj* quick

prędko *adv (szybko)* quickly, quick, swiftly; *(wkrótce, niebawem)* soon

prędkość *n* speed; *(wielkość fizyczna)* velocity;

pręt *n* rod

prężny *adj* **-1.** *(elastyczny, sprężysty)* resilient, supple **-2.** *(dynamiczny)* dynamic

prima aprilis *n* April Fool's Day

priorytet *n* priority

problem *n (kwestia)* problem, issue *(kłopot)* problem, trouble, difficulty

probówka *n* test tube

procedura *n* procedure

procent *n (setna część)* per cent *(ilość w procentach)* percentage *(odsetki)* interest

proces *n* **-1.** *(przebieg zjawisk)* process **-2.** *(sądowy)* lawsuit, trial

proch *n (strzelniczy)* gunpowder; *(pył)* dust, ash

producent(ka) *n* producer, manufacturer, maker

produkcja *n* **-1.** *(wytwarzanie)* production, manufacture **-2.** *(ogół wytwarzanych produktów)* output

produkować *vt* to produce, to manufacture

produkt *n* product, produce

produktywność *n* productivity

produktywny *adj* productive

profesjonalist-a(ka) *n* professional; *(zawodowiec; o sportowcu) inf* pro

profesjonalny *adj* professional

profesor(ka) *n* professor

profil *n* profile

profilaktyczny *adj* preventive

profilaktyka *n* prevention

prognoza *n* forecast

program *n (telewizyjny, radiowy)* programme, broadcast; *(koncertu, teatralny)* bill, programme; *(nauczania)* syllabus, curriculum; *(komputerowy)* program; *(obrad)* agenda; *(wyborczy; partii, kandydata)* platform

programować *vt (urządzenie, np. wideo)* to programme *(komputer)* to program

projekt *n* plan, project, scheme

projektant(ka) *n* designer

projektować *vt* to design, to lay sth out

prokurator *n* prosecutor

prom *n* ferry

promenada *n* promenade

promieniotwórczy *adj* radioactive

promieniowanie *n* radiation, radioactivity

promień *n* -**1.** *(okręgu)* radius -**2.** *(światła)* ray, shaft

promocja *n* *(usług, towarów)* promotion

promocyjny *adj* promotional

promować *vt* to promote

propagować *vt* to propagate, to popularize

proponować *vt* *(sugerować, występować z propozycją)* to suggest, to propose *(wspólne zrobienie czegoś)* to suggest doing sth;; *(żeby ktoś coś zrobił)* to suggest that sb do sth *(oferować)* to offer

proporcja *n* proportion

propozycja *n* *(sugestia)* suggestion, proposal; *(oferta)* offer, proposal

prosić *vt* to ask, to request

prospekt *n* prospectus, brochure

prosperować *vi* to prosper; *(doskonale prosperować)* to thrive, to boom

prostacki *adj* common, vulgar, coarse

prosto *adv* -**1.** *(bezpośrednio)* direct, straight -**2.** *(wzdłuż linii prostej)* straight; -**3.** *(w prosty sposób)* simply

prostoduszny *adj* naive, innocent

prostokąt *n* rectangle

prostokątny *adj* rectangular

prostopadły *adj* perpendicular

prostota *n* simplicity

prostować *vt* -**1.** *(coś wygiętego)* to straighten -**2.** *(korygować, wyjaśniać)* to straighten sth out

prosty *adj* -**1.** *(nie wygięty)* straight -**2.** *(łatwy, nie złożony)* simple -**3.** *(zwykły, niewyszukany)* plain, simple, unsophisticated *(o człowieku)* simple, ordinary.

proszek *n* powder

prośba *n* *(o coś)* request for sth

protest *n* protest

protestant(ka) *n* Protestant

protestować *vi* *(przeciwko czemuś)* to protest against sth *(sprzeciwiać się czemuś)* to object to sth

protestujący(a) *n* protester

proteza *n* *(ortopedyczna)* artificial limb; *(zębowa)* dentures, false teeth

protokół *n* record, report

prototyp *n* prototype

prowadzący *adj* *(wiodący dokądś lub zajmujący czołową pozycję)* leading **autostrada prowadząca na wschód** eastbound motorway

→ **prowadzący(a)** *n* *(program)* compere, host

prowadzenie *n* -**1.** *(firmy)* running, management *(gospodarstwa domowego)* housekeeping -**2.** *(samochodu)* driving -**3.** *(przodowanie)* lead

prowadzić *vt* *(firmę)* to run, to manage; *(samochód)* to drive; *(interesy z kimś)* to do business with sb *(kogoś)* to lead sb, to guide sb

prowincja *n* province

prowizja *n* commission

prowizoryczny *adj* makeshift

prowokacyjny *adj* provocative

prowokować *vt* to provoke

próba *n* *(usiłowanie)* attempt, try, endeavour; *(badanie, doświadczenie)* test; *(teatralna)* rehearsal; *(złota, srebra)* hallmark

próbka *n* *(towaru)* sample; *(gleby, moczu)* specimen

próbować *vt* -**1.** *(usiłować)* to try, to attempt -**2.** *(smakować)* to taste, to sample

próchnica *n* -**1.** *(zębów)* caries -**2.** *(gleba)* humus

próg *n* doorstep, threshold

próżnia *n* vacuum; *(pustka)* void

próżny *adj* -**1.** *(o człowieku)* vain -**2.** *(daremny)* vain, futile -**3.** *(pusty)* empty, void

prymitywny *adj* primitive, crude

pryszcz n pimple, spot
pryszczaty adj spotty
prysznic n shower
prywatnie adv privately, in private
prywatność n privacy
prywatny adj private; (osobisty) personal
prywatyzować vt to privatize
przebaczać vt (komuś coś) to forgive sb sth/for doing sth
przebaczenie n forgiveness
przebarwiony adj discoloured
przebicie n (opony) puncture
przebiegły adj cunning, sly, crafty
przebierać się vr (zmieniać ubranie) to change
przebijać vt (przekłuwać) to pierce
przebojowy adj (o człowieku) pushy
przeboleć vt (coś) to get over sth
przebój n hit, smash
przebranie n disguise
przebudowa n conversion, redevelopment
przebudzenie n awakening
przebywać vi -1. (być gdzieś czasowo) to stay; -2. (przemierzać odległość) vt to travel, to cover.
przecena n sale, price reduction
przeceniać vt -1. (obniżać ceny) to reduce, to cut -2. (oceniać za wysoko) to overrate, to overestimate
przechadzać się vr to walk, to stroll
przechadzka n walk, stroll
przechodzić vt (chorobę) to suffer from sth (operację, badania) to undergo (ciężkie chwile) to go through sth, to suffer sth, to experience sth (przez ulicę) vi to cross, to go across sth; (obok kogoś/czegoś) to pass by sb/sth (mijać, o bólu, chorobie) to pass, to go away, to ease (o ustawie) to go through, to be passed (na inne wyznanie) to convert

przechodzień n passerby
przechowywać vt to keep, to store
przechwalać się vr to boast, to brag, to crow
przechwałka n boast.
przechylać się vr to tilt, to tip (over/up).
przechytrzyć vt to outwit
przeciąg n -1. (powiew) draught -2. (odcinek czasu) stretch
przeciążony adj (pracą) overworked (o ciężarówce, łodzi) overloaded
przeciek n (gazu, informacji) leak, leakage
przeciekać vi (o gazie, wodzie) to leak/ (o informacji) to leak (out)
przeciekający adj leaky/a leaky roof
przecier n puree
przecież adv after all, but then
przeciętnie adv (średnio) on average
przeciętny adj (średni, statystyczny) average (zwykły) ordinary
przecinać vt (sznur, wstążkę) to cut; (o drodze, linii) to cross, to intersect
przecinek n (znak interpunkcyjny) comma; (w ułamku) decimal point
przeciw(ko) prep against (kontra) versus
przeciwbólowy adj środek **przeciwbólowy** painkiller
przeciwieństwo n opposite
przeciwnie adv on the contrary, quite the reverse
przeciwnik(czka) n opponent, adversary, antagonist; (w wojnie) enemy; (w rozgrywce sportowej) opposition
przeciwność n (losu) adversity
przeciwny adj (przeciwległy) opposite (sprzeczny, inny) opposite, contrary;; (odwrotny) reverse; **przeciwny wiatr** (niesprzyjający) adverse wind
przeciwstawiać się vr to oppose, to defy
przeczący adj negative

przeczenie n negative
przeczucie n hunch, intuition
przeczyć vi (odmawiać słuszności, przyznania się) to deny (stanowić sprzeczność) to contradict
przed prep **-1.** (w przestrzeni) in front of sth, ahead of sth; **-2.** (w czasie) before;
przedawkować vt to overdose
przedimek n article
przedłużacz n extension lead
przedłużać vt (pobyt) to prolong, to extend; (termin) to extend; (książkę w bibliotece) to renew
przedłużenie n (pobytu, terminu) extension; (kontraktu) renewal
przedmieście n suburb
przedmiot n **-1.** (rzecz) object, thing, article **-2.** (szkolny) subject **-3.** (temat) subject-matter
przedmowa n preface, foreword, introduction
przedni adj **-1.** (frontowy) front **-2.** (wyśmienity) exquisite, outstanding; (o jedzeniu) delicious
przedpokój n hall
przedramię n forearm
przedsiębiorca n entrepreneur
przedsiębiorczy adj enterprising
przedsiębiorstwo n enterprise, company, firm, business
przedstawiać vt (kogoś komuś) to introduce sb to sb (demonstrować) to present, to display (o portrecie, fotografii) to depict (spektakl, wodowisko) to perform, to present
przedstawiciel(ka) n representative, agent
przedstawienie n **-1.** (spektakl) performance, show **-2.** (kogoś komuś) introduction
przedszkole n kindergarten, nursery school
przedtem adv before, beforehand

przedwczesny adj premature
przedwczoraj adv the day before yesterday
przedział n compartment
przedziurawić vt to puncture
przegapić vt to miss
przeglądać vt (gazetę, książkę) to browse through sth, to look through sth
przegran-y(a) n loser
przegrywać vi **-1.** (ponosić porażkę) to lose (mecz, wojnę, wybory) vt to lose sth **-2.** (na taśmę) vt to copy sth
przejadać się vr to overeat
przejazd n **-1.** (przebycie trasy autobusem, pociągiem) ride (samochodem) drive **-2.** (miejsce) crossing
przejażdżka n (rowerowa, konna) ride (samochodem) drive; (żaglówką) sail; (samochodem) inf to go for a spin
przejeżdżać vt (pokonywać odległość) to travel (przez most, granicę) to cross (kogoś samochodem) to run sb over (pojechać za daleko) to overshoot
przejęty adj (podniecony) excited, thrilled
przejmować się vr (czymś) to worry about sth, to care about sth
przejmujący adj (krzyk, ból) piercing (wiatr, chłód) piercing, bitter, cutting (wzruszający, rozdzierający) poignant
przejście n **-1.** (miejsce) crossing; (korytarz) passage; (między rzędami w samolocie, teatrze) aisle **-2.** (ciężkie przeżycie) ordeal **-3.** (przemiana) transition
przekaz n (dźwięku, obrazu) transmission
przekazywać vt (program radiowy, telewizyjny) to transmit (coś komuś, np. polecenie, wiadomość) to pass sth on to sb (stanowisko,

163

władzę) to hand sth over to sb
(spadek) to hand/pass sth down
to sb, to bequeath sth to sb; *(myśl)*
to convey *(pozdrowienia)* to give sb
one's regards, to remember sb to sb

przekąska *n* snack

przekleństwo *n* -1. *(wulgarne słowo)*
swear-word, curse -2. *(klątwa)* curse
-3. *(dopust)* curse

przeklęty *adj* -1. *(obłożony klątwą)*
cursed -2. *(okropny)* inf damn, rotten

przeklinać *vi* -1. *(używać wulgarnych
słów)* to swear -2. *(rzucać klątwę)* *vt*
to curse

przekładać *vt* -1. *(zmieniać termin)*
to reschedule; -2. *(z jednego języka
na drugi)* to translate -3. *(zmieniać
ułożenie)* to rearrange, to shift

przekłuwać *vt* to pierce, to perforate

przekonanie *n (ugruntowany pogląd,
opinia)* conviction, belief

przekonany *adj* convinced, certain,
sure, confident

przekonujący *adj* convincing,
persuasive

przekonywać *vt (kogoś o czymś)*
to convince sb of sth

przekraczać *vt (granicę)* to cross *(limit)*
to exceed; *(prawo)* to transgress,
to contravene; *(stan konta
bankowego)* to overdraw

przekreślać *vt (coś)* to cross sth out

przekręcać *vt (nakrętkę)* to twist;
(klucz) to turn; *(wyraz, znaczenie
czegoś)* to distort, to twist

przekupstwo *n* corruption, bribery

przekupywać *vt* to bribe

przelew *n (pieniędzy)* transfer

przelewać *vt (pieniądze)* to transfer
(krew) to shed blood

przeliterować *vt* to spell

przełamywać *vt (gałąź, zapałkę)*
to snap, to break

przełącznik *n* switch

przełom *n (moment zwrotny)*
breakthrough *(rzeki)* gorge *(dwóch
wieków)* turn

przełomowy *adj* crucial

przełykać *vt (jedzenie, płyn)*
to swallow, to gulp sth down; *(ślinę
z emocji)* to

przemawiać *vi* -1. *(wygłaszać mowę)*
to speak, to make a speech;
(zwracać się do kogoś) to address sb.
-2. *(oddziaływać na kogoś)* to appeal
to sb

przemęczony *adj* exhausted, run-
down, tired out

przemiana *n (przeobrażenie)*
metamorphosis, transformation

przemieniać *vt* to transform

przemijać *vi (o czasie, życiu)* to go by

przemijający *adj* passing, transitory,
short-lived

przemoc *n* violence

przemoknąć *vi* to get drenched, to get
soaked

przemówienie *n* speech

przemycać *vt* to smuggle

przemysł *n* industry

przemysłowy *adj* industrial

przemyśleć *vt (coś)* to think sth over,
to chew sth over

przemyt *n* smuggling

przemytnik(czka) *n* smuggler

przenocować *vt (kogoś)* to put sb up
(for the night) *(zatrzymać się na noc)*
to stay overnight

przenosić *vt (bagaż, meble)* to carry
(firmę w inne miejsce) to move,
to transfer *(zmieniać termin)*
to reschedule, to switch *(chorobę,
zarazki)* to transmit *(kogoś na inne
stanowisko, do innego działu)*
to transfer, to second *(prawa
na kogoś)* to transfer

przenosić się *vr (zmieniać miejsce
pobytu)* to move

przenośnia *n* metaphor

przenośny adj -**1.** (metaforyczny) metaphorical, figurative -**2.** (o urządzeniu) portable

przeoczenie n oversight, omission

przeoczyć vt to overlook, to miss sth out

przepaska n (na czoło) sweatband; (na oko) patch

przepaść n (otchłań) precipice, chasm; (duża różnica) gap

przepis n regulation, rule; (kulinarny) recipe

przepisywać vt -**1.** (kopiować) to copy (od kogoś na egzaminie) to copy from sb; (coś na czysto) to write sth out; (nanosząc poprawki) to rewrite sth -**2.** (lek) to prescribe

przepowiadać vt (antycypować) to foretell, to predict, to forecast, to prophesy

przepowiednia n prophecy, prediction.

przepracowany adj overworked

przepraszać vt (kogoś za coś) to apologize to sb for sth; (aby zwrócić czyjąś uwagę) excuse me, pardon me

przepraszający adj apologetic

przeprosiny npl apology

przeprowadzać vt (eksperymenty, badania) to carry sth out, to conduct sth (wywiad z kimś) to interview sb

przeprowadzać się vr to move, to move house

przepustka n pass

przepuszczać vt -**1.** (pozwalać przejść) to let sb through (przez odprawę celną) to clear -**2.** (pieniądze, majątek) inf to blow

przerabiać vt (ubranie) to alter; (tekst, scenariusz) to rewrite; (surowiec) to process; (coś na coś) to make sth into sth, to convert sth to/into sth

przeraźliwy adj frightful, fearful

przerażać vt to horrify, to terrify, to dismay

przerażający adj appalling, horrifying, terrifying, inf scary, inf hairy

przerażenie n horror, terror, fright

przerażony adj terrified, horrified, frightened

przeróbka n (ubrania) alteration; (adaptacja) adaptation

przerwa n (między lekcjami) break, playtime; (między semestrami, zimowa) break; (w rozprawie, pracach parlamentu) recess; **przerwa na lunch/reklamę** lunch/ commercial break; (antrakt) intermission, interval; (w podróży) stopover

przerywać vt (urlop, milczenie, czyjąś wypowiedź) to break, to interrupt (zaprzestawać czegoś) to discontinue sth (podróż) to stop off (połączenie telefoniczne) to cut sb off (ciążę) to have an abortion (przestać mówić) vi to break off, to pause.

przerzucać vt (kartki w książce, piśmie) to leaf through sth, to flip through sth (winę na kogoś) to shift the blame onto sb

przesada n exaggeration

przesadny adj exaggerated, extravagant

przesadzać vi -**1.** (przebierać miarę, wyolbrzymiać) to exaggerate, inf to go overboard; -**2.** (roślinę) vt to transplant; (kogoś na inne miejsce) to resit sb

przesadzony adj (wyolbrzymiony) exaggerated

przesąd n superstition

przesądny adj superstitious

przesiadać się vr (do innego pociągu, autobusu) to change

przesiadka n change, transfer

przesiadywać vi to sit around/about

przesiewać vt to sieve, to sift

przeskakiwać vt (coś, przez coś) to jump over sth; (wysokość, poprzeczkę) to clear

przesłuchanie n (świadka, oskarżonego) interrogation (przed występem) audition

przesłuchiwać vt (świadka, oskarżonego) to interrogate, to question; (aktora, śpiewaka) to audition

przestarzały adj outdated, out-of-date, obsolete

przestawać vi (coś robić) to stop doing sth

przestawiać vt (zmieniać położenie czegoś) to move sth (zmieniać układ czegoś) to rearrange sth

przestępca(czyni) n criminal, offender, felon

przestępstwo n crime, offence

przestraszony adj frightened, scared, terrified

przestraszyć vt to frighten, to scare, to give sb a fright/scare

przestrzegać vt **-1.** (prawa, zasad, przepisów) to obey, to observe, to (świąt religijnych, postu) to observe **-2.** (ostrzegać przed czymś) to caution sb against sth, to warn sb of sth

przestrzeń n space

przesuwać vt **-1.** (na inne miejsce) to move sth **-2.** (na inny termin) to reschedule, to move

przesuwać się vr (robić komuś miejsce) to move (over)

przeszczep n transplant

przeszkadzać vi (komuś) to disturb sb, to bother sb (stanowić przeszkodę) to interfere with sth

przeszkoda n (trudność) obstacle, handicap

przeszłość n past

przeszywający adj (wzrok, krzyk) piercing; (ból) sharp, acute, piercing

prześcieradło n sheet

prześcigać vt (być szybszym od kogoś) to outrun sb, to be ahead of sb; (przewyższać kogoś) to outdo sb

prześwietlać vt (np. bagaż na lotnisku) to scan (promieniami Rentgena) to X-ray; (kliszę) to expose

przetrwać vt (przetrzymać coś) to survive sth; (ocaleć) vi to survive (istnieć dłużej niż ktoś/coś) vt to outlive sb/sth, to survive sb

przetrwanie n survival

przewaga n advantage

przeważnie adv (w większości, głównie) predominantly, mostly, mainly (prawie cały czas) most of the time

przewidujący adj far-sighted

przewidywać vt (przyszłość) to foresee, to foretell, to forecast (spodziewać się, oczekiwać) to anticipate, to expect; (o umowie) to stipulate, to provide for sth

przewidywalny adj predictable

przewidywanie n (zapowiedź, prognoza) prediction (oczekiwanie) anticipation, expectation

przewiewny adj (pomieszczenie) airy; (ubranie) cool

przewijać vt **-1.** (taśmę do przodu) to fast-forward; (taśmę do tyłu) to rewind **-2.** (niemowlę) to change a baby

przewodniczący(a) n (zebrania) chairperson

przewodnik(czka) n **-1.** (wycieczki) guide; **-2.** (książka) guidebook, guide **-3.** (ciepła, elektryczności) conductor

przewodzić vi (być przywódcą) to lead (obradom, zebraniu) to preside over sth, to chair; (delegacji) to head; (ciepło, elektryczność) to conduct

przewozić vt to transport, to carry, to convey

przewód n **-1.** (elektryczny) wire, lead, flex **-2.** (pokarmowy, moczowy) tract, passage, canal

przewóz n transport, shipment

przewracać vt (kogoś/coś na ziemię) to knock sb/sth over (coś do góry *nogami*) to overturn, to turn sth upside down (*kartkę*) to turn

przewracać się *vr* (*o człowieku*) to fall (*o rzeczy*) to overturn, to fall over, to topple over

przewyższać *vt* (*liczebnie*) to outnumber (*jakością, znaczeniem*) to surpass

przez *prep* **-1.** (*na drugą stronę*) across, over **-2.** (*ponad*) over **-3.** (*za pomocą czegoś*) over, on **-4.** (*czas trwania*) for, over; **-5.** (*z powodu*) because of sb/sth **-6.** (*w konstrukcjach biernych*) by **-7.** (*w działaniach arytmetycznych*) by

przeziębić się *vr* to catch a cold

przeziębienie *n* cold, chill

przeznaczać *vt* (*do jakiegoś celu*) to intend, to designate (*pieniądze, czas*) to allow, to earmark

przeznaczenie *n* **-1.** (*los*) destiny, fate **-2.** (*cel podróży*) destination

przeznaczony *adj* **-1.** (*do jakiegoś celu, dla kogoś*) designed for, meant for **-2.** (*przez los*) destined

przezroczysty *adj* transparent, glassy; (*woda*) clear

przezwisko *n* nickname

przezwyciężać *vt* to overcome

przeżywać *vt* **-1.** (*doświadczyć czegoś*) to experience sth **-2.** (*ocaleć*) *vi* to survive

przędza *n* yarn

przodek *n* ancestor

przód *n* front

przy *prep* (*obok*) at, by

przybierać *vt* **-1.** (*dekorować*) to decorate, to trim; (*potrawę*) to garnish **-2.** (*pozę, nazwisko*) to assume

przybijać *vt* (*młotkiem*) to hammer; (*gwoździami*) to nail

przybory *npl* accessories

przybrany *adj* (*rodzice, dziecko*) foster

przybycie *n* arrival

przybywać *vi* (*docierać dokądś*) to arrive, to come, to reach

przychodzić *vi* to come

przychylny *adj* favourable

przyciągać *vt* to attract, to draw

przycinać *vt* (*włosy, paznokcie*) to clip; (*brodę, wąsy*) to trim (*gałęzie drzew*) to prune

przycisk *n* button

przyciskać *vt* to press, to push

przyciszać *vt* (*muzykę, radio*) to turn sth down

przyczepa *n* trailer

przyczepiać *vt* (*coś do czegoś*) to attach sth to sth, to affix sth to sth.

przyczyna *n* reason, cause

przyczyniać się *vr* (*do czegoś*) to contribute to sth

przydatny *adj* useful; (*pomocny*) helpful

przydawać się *vr* to come in useful, to come in handy

przyglądać się *vr* (*komuś/czemuś*) to look at sb/ sth, to observe sb/sth, to watch sb/sth; (*bardzo uważnie*) to peer at sb/sth, to keep a close watch on sb/sth

przygnębiać *vt* to depress, to get sb down

przygnębiający *adj* depressing

przygnębienie *n* depression

przygnębiony *adj* depressed

przygoda *n* adventure

przygotowanie *n* preparation; **przygotowania** arrangements, preparation

przygotowany *adj* prepared (*gotowy*) ready

przygotowywać *vt* to prepare, to get sth ready (*coś do jedzenia, picia*) to fix

przyimek *n* preposition

przyjaciel(ółka) *n* friend

przyjacielski *adj* friendly

przyjazd *n* arrival

przyjazny *adj* friendly

przyjaźnić się *vr (z kimś)* to be friends with sb

przyjaźń *n* friendship

przyjemność *n* pleasure, enjoyment

przyjemny *adj* pleasant, enjoyable, likable, nice

przyjeżdżać *vi* to arrive, to come, to get

przyjęcie *n* **-1.** *(impreza)* reception, party **-2.** *(do organizacji, grupy)* admission **-3.** *(zgoda na coś)* acceptance **-4.** *(odbiór filmu, sztuki)* reception **-5.** *(powitanie)* reception, welcome

przyjmować *vt* **-1.** *(zgadzać się na coś, akceptować)* to accept; **-2.** *(gości)* to entertain, to receive **-3.** *(kandydata, pacjenta)* to admit **-4.** *(leki)* to take **-5.** *(zakładać)* to assume

przyklejać *vt (klejem)* to glue, to paste; *(taśmą klejącą)* to tape, to sellotape

przyklejać się *vr* to stick

przykład *n* example; **na przykład** for example, *(skrót)* eg, for instance

przykręcać *vt* to screw, to bolt

przykrość *n (uczucie niezadowolenia)* distress; *(żal)* regret

przykry *adj* unpleasant, nasty

przykrywać *vt (kogoś/coś czymś)* to cover sb/sth with sth

przykucać *vi* to squat, to crouch

przylądek *n* cape

przyległy *adj (pomieszczenie)* adjoining, adjacent

przyłapać *vt (wykryć czyjeś przestępstwo, błąd)* to find sb out *(kogoś na robieniu czegoś)* to catch sb doing sth

przyłączać się *vr (do kogoś)* to join sb

przymierzać *vt* to try sth on

przymierzalnia *n* changing room, fitting room

przymiotnik *n* adjective

przymocowywać *vt* to fasten, to fix *(coś do czegoś)* to attach sth to sth

przymusowy *adj* compulsory, forced

przynajmniej *adv* at least

przynależność *n (do organizacji, klubu)* membership

przynęta *n* bait, decoy

przynosić *vt* to bring, to get

przypadek *n* **-1.** *(traf)* chance; *(zbieg okoliczności)* coincidence **-2.** *(pojedyńcze zdarzenie)* instance, case

przypadkiem *adv (niespodziewanie)* by chance, by accident; *(nierozmyślnie)* by accident

przypadkowy *adj (niespodziewany)* accidental, chance; *(nierozmyślny)* accidental

przypalać *vt (jedzenie)* to burn *(żelazkiem)* to scorch

przypalony *adj* burnt *(żelazkiem)* scorched

przypatrywać się *vr (komuś/czemuś)* to gaze at sb/sth, to eye sb/sth

przypinać *vt* to fasten; *(szpilką)* to pin; *(spinaczem)* to clip; *(pinezkami)* to tack

przypływ *n (morski)* high tide

przypominać *vt* **-1.** *(być podobnym do kogoś/ czegoś)* to resemble sb/ sth **-2.** *(sobie coś/kogoś)* to recall, to recollect, to remember **-3.** *(komuś, żeby coś zrobił)* to remind sb to do sth

przyprawa *n* seasoning; *(zwłaszcza korzenna)* spice; *(aromatyzująca)* flavouring

przyprawiać *vt* **-1.** *(potrawę)* to season, to spice, to flavour (sth with sth **-2.** *(kogoś o coś)* to give, to make

przyprowadzać *vt* to bring

przypuszczać *vi (zakładać)* to suppose, to assume, to presume

przypuszczenie n (założenie) assumption, presumption, supposition

przyroda n nature

przyrodni adj **przyrodni brat/siostra** stepbrother/stepsister

przyrząd n instrument, device, gadget; (w gospodarstwie domowym) appliance/kitchen appliances

przyrzeczenie n (zobowiązanie) promise, undertaking; (uroczyste) vow

przyrzekać vt to promise, to vow

przysięga n oath, vow

przysięgać vt, vi to swear.

przysłowie n proverb, saying

przysłówek n adverb

przysługa n favour

przysmak n delicacy

przyspieszać vi (zwiększać prędkość) to accelerate, to speed up (przesunąć na wcześniejszy termin) to bring sth forward

przyspieszenie n acceleration

przystanek n stop

przystawka n (przed pierwszym daniem) starter, appetizer

przystojny adj handsome, good-looking

przystosowywać vt to adapt, to adjust

przysuwać vt to draw

przyswajać vt (wiedzę, informacje) to absorb, to assimilate (pokarm) to digest

przyszłość n (czas, który nadejdzie) the future

przyszły adj (dotyczący przyszłości) future (potencjalny, niedoszły) would-be, prospective, potential

przytomność n consciousness

przytomny adj conscious

przytulać vt (kogoś/coś) to hug, to give sb a hug, to cuddle

przytulanka n (zabawka) cuddly toy

przytulny adj cosy, snug, homely

przytyć vi to put on weight

przywiązany adj (do kogoś/czegoś) attached to sb/sth

przywiązywać vt (kogoś/coś do czegoś) to tie sb/sth to sth

przywiązywać się vr (do kogoś) to become attached to sb

przywilej n privilege

przywozić vt to bring

przywódca(czyni) n leader

przyziemny adj mundane

przyznawać vt (kredyt, zezwolenie) to grant sb sth (prawo do czegoś) to award sb sth/to concede sth to sb (nagrodę) to award sb sth

przyznawać się vr (do czegoś) to admit to sth/doing sth, to confess to sth/doing sth

przyzwoitość n decency

przyzwoity adj decent, proper

przyzwyczajać się vr (do czegoś/robienia czegoś) to get used to sth/doing sth, to get accustomed to sth/doing sth

przyzwyczajenie n habit

przyzwyczajony adj used, accustomed

pstrąg n trout

psuć vt (urządzenie) to break, to damage (zabawę, plan) to spoil, inf to foul sth up, to upset (opinię, wzrok, zdrowie) to ruin (dzieci) to spoil

psuć się vr (o żywności) to spoil, to go bad, to go off (o komputerze) to crash; (o urządzeniu) to break down (o zębach) to decay; (ulegać pogorszeniu) to get worse, to deteriorate

psychiatra n psychiatrist

psychiczny adj mental

psycholog n psychologist

psychologia n psychology

pszczoła n bee

pszenica n wheat

ptak n bird

pub *n* pub, public house
publicznie *adv* publicly, in public
publiczność *n* (*ludzie zgromadzeni na widowni*) audience (*ogół*) the public
publiczny *adj* public
publikować *vt* to publish
puchar *n* cup
puchaty *adj* fluffy
puchnąć *vi* to swell
pudel *n* poodle
pudełko *n* box
puder *n* powder
pudło *n* -1. (*duże pudełko*) box -2. (*więzienie*) BrE inf nick, AmE inf pen
pudłować *vi* (*chybiać*) to miss
pukać *vi* (*do drzwi*) to knock at/on sth, to rap at/ on sth (*lekko*) to tap
pulchny *adj* plump
pulower *n* pullover, jumper, jersey
pulpet *n* meatball
puls *n* pulse, heartbeat
pulsować *vi* (*o sercu*) to pulsate; (*o obolałym miejscu, dźwięku*) to throb
pułap *n* (*górna granica*) ceiling
pułapka *n* trap, pitfall
punkt *n* (*plamka, kropka*) dot, spot; (*w grze*) point
punktualnie *adv* punctually, on time
punktualność *n* punctuality
punktualny *adj* punctual
purpurowy *adj* (*kolor*) burgundy, scarlet
pustka *n* emptiness, void
pusty *adj* (*naczynie, pokój*) empty (*wydrążony w środku*) hollow
pustynia *n* desert
puszcza *n* wilderness, primeval forest
puszczać *vt* (*uwalniać coś z uścisku*) to let go of sth (*kogoś wolno*) to let sb go, to release sb, to turn sb free (*muzykę, płytę*) to play (*odtwarzać*

kasetę wideo) to play sth back (*program w telewizji*) to run
puszka *n* BrE tin, AmE can
puszysty *adj* (*sierść, włosy*) fluffy, furry, downy
pył *n* dust
pyłek *n* -1. (*kwiatowy*) pollen -2. (*drobinka kurzu*) speck, fleck
pyszny *adj* -1. (*smaczny*) delicious, yummy -2. (*wyniosły*) haughty, aloof
pytać *vt, vi* to ask, to inquire
pytanie *n* question
pyton *n* python
pyza *n* dumpling

R

rabat *n* discount
rabować *vt* to rob (*napadać na kogoś i rabować*) to mug
rabunek *n* robbery
rabuś *n* robber, mugger
rachunek *n* -1. (*do zapłacenia*) bill -2. (*konto*) account -3. (*obliczenie*) calculation
racja *n* -1. (*słuszność*) right; -2. (*żywnościowa*) ration
raczej *adv* rather
rada *n* -1. (*porada*) advice; (*prawna*) counsel; (*wskazówka*) tip -2. (*zespół ludzi*) council;
radio *n* radio; **w radiu** on the radio
radioaktywny *adj* radioactive
radiowóz *n* police car
radosny *adj* joyful, cheerful, jolly
radość *n* joy, delight
radzić *vt* (*doradzać*) to advise, to counsel -2. *vi* (*obradować*) to debate

radzić się *vr (kogoś)* to seek sb's advice, to consult sb

rafa *n* reef

raj *n* paradise

rajd *n* rally

rajstopy *npl* tights

rak *n* **-1.** *(zodiakalny)* Cancer **-2.** *(choroba)* cancer **-3.** *(skorupiak)* crayfish

rakieta *n* **-1.** *(do gry)* racket, racquet **-2.** *(pojazd kosmiczny)* rocket **-3.** *(świetlna)* flare

rama *n* frame

ramię *n* arm, shoulder

rana *n* wound, injury; *rana cięta* cut

randka *n* date

ranek *n* morning

ranić *vt* to wound, to injure; *(uczucia)* to hurt

ranny *adj* **-1.** *(zraniony)* injured, wounded **-2.** *(poranny)* morning

rano *adv* in the morning

raport *n* report

rasa *n* race; *(odmiana hodowlana)* breed

rasowy *adj* **-1.** *(dyskryminacja, konflikt)* racial **-2.** *(rodowodowy)* pedigree

rata *n* instalment

ratować *vt (kogoś przed czymś)* to save sb from sth, to rescue sb from sth

ratownik(czka) *n (na plaży)* lifeguard; *(górski)* rescuer

ratunek *n* rescue, help

ratusz *n* town/city hall

raz *n* **-1.** *(cios)* blow **-2.** *(wielokrotność)* time; **wiele razy** many times; **tym razem** this time; **dwa razy trzy** two times three

razem *adv* together

rączka *n (uchwyt)* handle

reagować *vi (na coś)* to react to sth, to respond to sth

reakcja *n* reaction, response

realizować *vt (cele)* to realize, to fulfil; *(zamówienie, plan)* to execute; *(czek)* to cash

realny *adj* **-1.** *(rzeczywisty)* real **-2.** *(możliwy do wykonania)* practical, feasible

recenzja *n* review

recepta *n* prescription

redukcja *n* reduction

redukować *vt* to reduce

referat *n* paper

reflektor *n* spotlight

reforma *n* reform

regał *n* bookcase

region *n* region

regionalny *n* regional

regularny *adj* regular

regulować *vt* **-1.** *(urządzenie)* to adjust, to regulate **-2.** *(normować, np ceny)* to control **-3.** *(należności)* to settle

reguła *n* rule, norm, principle

rejestrować się *vr* to register, to check in

rejon *n* area

rejs *n (wycieczkowy)* cruise; *(statku)* voyage; *(samolotu)* flight

rekin *n* shark

reklama *n* advertisement, commercial

reklamacja *n* complaint

reklamować *vt* **-1.** *(propagować)* to advertise, to publicize **-2.** *(składać reklamację)* to complain (about sth)

reklamówka *n* **-1.** *(torba)* carrier bag **-2.** *(film reklamowy)* commercial

rekomendować *vt* to recommend

rekord *n* record

rekordzista(ka) *n* record-holder, title-holder

rekreacja *n* recreation

rekrutacja *n (do wojska)* recruitment; *(do szkoły)* enrolment

relaks *n* relaxation

relaksować się *vr* to relax, to rest

religia *n* religion

religijny *adj* religious

remis n draw, tie
remont n redecoration, refurbishment
remontować vt to redecorate,
   to refurbish, to restore
rencist-a(ka) n pensioner
renifer n reindeer
renta n pension
rentowny adj profitable, economic
reperować vt to repair, to mend
reportaż n report, reportage
reporter(ka) n reporter
reprezentacja n representation
reprezentant(ka) n representative
reprezentować vt to represent
republika n republic
reputacja n reputation
restauracja n -1. (lokal
   gastronomiczny) restaurant
   -2. (renowacja) restoration
reszta n -1. (pozostałość) rest,
   remainder. -2. (wydawana w sklepie)
   change
resztki npl remains, leftovers
rewelacja n revelation, sensation
rewelacyjny adj sensational
rewizja n (przeszukanie) search
rewolucja n revolution
rewolucyjny adj revolutionary
rewolwer n revolver, gun
rezerwa n -1. (zapas) reserve, stock
   -2. (dystans) reserve, coolness
rezerwacja n reservation, booking
rezerwat n reserve, sanctuary
rezerwować vt to reserve, to book
rezultat n result, effect, outcome
rezydencja n residence, mansion
rezygnować vi (dawać za wygraną)
   to give up (ze stanowiska) to resign
   (from one's office/ post) (ze studiów,
   z udziału w zawodach) to drop out
   (of sth)
reżyser n director
reżyserować vt to direct
ręcznik n towel
ręczny adj manual

ręka n hand; (dłoń) palm
rękaw n sleeve
rękawiczka n glove
rękodzieło n handicraft
robak n worm
robić vt -1. (zajmować się czymś)
   to do -2. (wytwarzać) to make
robić się vr (stawać się) to get
robot n robot
robota n work, job, (fizyczna) labour
robotnik n worker, workman, labourer
rocznica n anniversary
roczny adj yearly, annual
rodowity adj native
rodzaj n -1. (typ, gatunek) type,
   kind, sort -2. (w gramatyce) gender
   -3. (w sztuce) genre
rodzeństwo n siblings
rodzice npl parents, inf folks
rodzić vt (wydawać na świat) to give
   birth (to sb), to bear (być w trakcie
   porodu) to be in labour
rodzić się vr to be born
rodzina n family
rodzinny adj home, family, native
rodzynek n raisin
rok n year
rola n -1. (znaczenie) role, function
   -2. (filmowa, teatralna) part, role
rolka n roll
rolnictwo n agriculture
rolnik(czka) n farmer
romans n -1. (książka) love-story,
   romance -2. (flirt) affair, love-affair
romantyczny adj romantic
rondel n saucepan
rondo n -1. (skrzyżowanie) roundabout
   -2. (kapelusza) brim
ropa n -1. (wydzielina) pus
   -2. (naftowa) petroleum, oil
ropucha n toad
rosa n dew
rosnąć vi (o żywych organizmach)
   to grow; (o cenach, temperaturze)
   to rise, to go up

rosół *n* broth, consomme
roślina *n* plant
roślinny *adj* vegetable
rower *n* bicycle, *inf* bike
rowerzyst-a(ka) *n* cyclist, rider
rozbawiać *vt* to amuse
rozbawiony *adj* amused
rozbierać *vt (osobę)* to undress, to strip; *(dom)* to pull down, to demolish
rozbierać się *vr* to undress
rozbijać *vt* to break, to smash, to crack
rozbijać się *vr (o lustrze, naczyniu)* to break, to crack, to smash; *(o pojeździe)* to crash
rozbitek *n* wreck; *rozbitek życiowy* castaway
rozbity *n* broken, crashed, smashed
rozbój *n* robbery
rozbudowywać *vt* to extend
rozchorować się *vr* to be taken ill, to fall ill
rozciągać się *vr* to stretch, to extend, to range
rozcieńczać *vt* to dilute
rozcinać *vt* to cut, to slit, to slash
rozczarowanie *n* disappointment, disillusionment
rozczarowany *adj* disappointed in/ with sth/sb, disillusioned by/with sth/sb
rozczarowywać *vt* to disappoint
rozdarty *adj* torn, ripped
rozdawać *vt* to distribute, to give out, to hand out
rozdrażniony *adj* annoyed, edgy
rozdział *n* chapter
rozdzielać -1. *(coś od czegoś)* to separate, to divide **-2.** *(rozdawać)* to distribute, to allocate, to divide out/up
rozdzierać *vt* to tear, to rip
rozebrany *adj* undressed
rozrywać *vt* to pull apart, to tear apart
roześmiać się *vr* to laugh out

rozglądać się *vr* to look around
rozgłos *n* publicity
rozgniatać *vt* to crush; *(orzech)* to crack
rozgniewany *adj* angry, irate
rozgotowany *adj* overcooked
rozjaśniać *vt* to lighten, to brighten
rozjaśniać się *vr (o pogodzie)* to clear up *(dnieć)* to get light
rozkaz *n* order, command
rozkazywać *vt* to order, to command
rozkładać *vt (mebel)* to unfold; *(mapę, gazetę)* to spread; *(parasol)* to put up
rozkładać się *vr* **-1.** *(o meblu)* to unfold **-2.** *(o materii)* to decay, to decompose, to rot
rozkosz *n* bliss, delight
rozległy *adj* wide, extensive, broad
rozlewać *vt* **-1.** *(nalewać)* to pour out **-2.** *(wylać przypadkowo)* to spill
rozlewać się *vr* to spill
rozluźniać *vt (np krawat)* to loosen, to slacken; *(mięśnie)* to relax
rozluźniać się *vr* to relax, to loosen up
rozluźniony *adj* relaxed
rozładowywać *vt (ładunek)* to unload; *(akumulator)* discharge
rozłączać *vt (np połączenie telefoniczne)* to dis-connect, to cut *(ludzi)* to separate
rozłąka *n* separation
rozmaitość *n* variety
rozmaity *adj* various; *(odmienny)* diverse
rozmawiać *vi* to talk, to speak, *inf* to chat
rozmiar *n* **-1.** *(wielkość)* size **-2.** *(zakres, skala)* extent. **-3.** *(wymiar)* dimension, measurement
rozmieniać *vt (pieniądze)* to change money
rozmnażać się *vr* to reproduce; *(o roślinach i zwierzętach)* to breed

rozmowa *n* conversation, discussion, *inf* chat, talk;

rozmowny *adj* communicative, talkative

rozmrażać *vt* to thaw, to defrost

rozmyślać *vi (o czymś)* to meditate on sth, to ponder on/over sth

roznosić *vt (dostarczać, np pocztę)* to deliver; *(choroby, wiadomości)* to spread

rozpacz *n* despair, desperation

rozpaczać *vi* to despair, to grieve

rozpadać się *vr* to come apart, to fall apart

rozpakowywać *vt (walizkę, bagaż)* to unpack; *(wyjmować z papieru)* to unwrap

rozpalać *vt (ogień)* to light; *(emocje)* to kindle

rozpatrywać *vt* to consider

rozpieszczać *vt* to spoil, to pamper

rozpiętość *n* range, span

rozpięty *adj* undone, open

rozpinać *vt* to undo, to unfasten; *(guziki)* to unbutton; *(suwak)* to unzip

rozporek *n (u spodni)* fly; *(u spódnicy)* split

rozpoznawać *vt* to recognize, to identify; *(chorobę)* to diagnose; *(sprawę w sądzie)* to hear

rozprawa *n* -**1.** *(praca naukowa)* dissertation -**2.** *(sądowa)* trial, hearing

rozprostowywać *vt* to stretch

rozpuszczać *vt (w płynie)* to dissolve; *(topić)* to melt

rozpuszczalny *adj* soluble

rozpuścić się *vr (w płynie)* to dissolve; *(stopić się)* to melt

rozpylać *vt* to spray

rozruch *n* -**1.** *(produkcji)* starting -**2. rozruchy** *(zamieszki)* riot, disorder

rozrywka *n* entertainment, amusement, pastime

rozrzucać *vt* to scatter

rozrzutny *adj* wasteful, extravagant

rozsądek *n* reason, sense

rozsądny *adj* reasonable, sensible

rozstawać się *vr (z kimś)* to part from sb

rozstrzygać *vt* to settle, to determine

rozstrzygnięcie *n* settlement, decision

rozszerzać *vt* to widen, to broaden, to expand

rozszerzać się *vr* to widen, to expand

rozśmieszać *vt (kogoś)* to make sb laugh

roztargniony *adj* absent-minded

roztwór *n* solution

rozum *n* reason, intellect, *inf* brains

rozumieć *vt* to understand, to comprehend, *inf* to get, to see, to follow *(rozumieć przez coś)* to mean

rozumowanie *n* reasoning

rozwaga *n* carefulness, caution

rozważać *vt* to consider

rozważny *adj* prudent, sensible

rozwiązanie n -**1.** *(zagadki, problemu)* solution, answer -**2.** *(umowy)* termination

rozwiązywać *vt* -**1.** *(sznurówki, węzeł)* to undo, to untie -**2.** *(problem, zagadkę)* to solve, to resolve

rozwiedziony *adj* divorced

rozwijać *vt* -**1.** *(rulon)* to unroll -**2.** *(doskonalić, powiększać)* to develop, to expand

rozwijać się *vr* -**1.** *(o rulonie)* to unroll -**2.** *(osiągać postęp, rosnąć)* to develop, to progress, to expand

rozwinięty *adj* developed, advanced

rozwodnik(ódka) *n* divorcee

rozwodzić się *vr* -**1.** *(z kimś)* to divorce sb -**2.** *(nad czymś)* to dwell on/upon sth

rozwód *n* divorce

rozwój n development, growth, expansion

rozzłościć vt (kogoś) to make sb angry, to enrage sb

rożen n barbecue, grill

róg n **-1.** (zwierzęcia) horn **-2.** (kąt) corner

rów n ditch, trench

rówieśnik n peer

równać vt **-1.** (teren) to level **-2.** (szanse, prawa) to equalize

równać się vr **-1.** (wynosić) to equal, to make/ 7 + 5 equals/makes 12. **-2.** (dorównywać) to compare

równanie n equation

równie adv equally

również adv (w zdaniach twierdzących) also, as well, too (w zdaniach przeczących) either.

równik n the equator

równina n plain

równo adv (jednakowo) equally; (równomiernie) evenly

równocześnie adv simultaneously, at the same time

równoległy adj parallel

równość n equality

równowaga n balance; (w tenisie) deuce

równy adj **-1.** (jednakowy) equal **-2.** (o powierzchni) even, level, flat

róż n **-1.** (kolor) pink **-2.** (kosmetyk) rouge, blusher

róża n rose

różnica n difference

różnić się vr to differ from sb/sth, to be different from sb/sth

różnorodność n variety, diversity

różnorodny adj various, varied, miscellaneous

różny adj **-1.** (odmienny) different **-2.** (rozmaity) various

różowy adj pink, rose

różyczka n (choroba) German measles

rubin n ruby

rubryka n **-1.** (w formularzu) box, blank (space) **-2.** (w czasopiśmie) column

ruch n (zmiana położenia) movement, motion (posunięcie) move (wysiłek fizyczny) exercise (uliczny) traffic

ruchliwy adj (o miejscu) lively, busy; (o żywym dziecku) lively, fidgety

ruchomy adj moving, movable, mobile

rudy adj (kolor) red, ginger

rudzielec n redhead

ruiny npl ruins

rujnować vt to ruin

rum n rum

rumieniec n blush

runąć vi to collapse, to come down

runda n round

rupiecie n inf junk, jumble

rura n pipe

rurka n tube; **rurka do picia** straw; **rurka do nurkowania** snorkel

rurociąg n pipeline

ruszać vt (dotykać czegoś) to touch sth, to move sth (wprawiać coś w ruch) to move

ruszać vi (o pociągu, samochodzie) to pull out, to leave (w drogę) to set out, to set off

ruszać się vr (być w ruchu) to move; (chwiać się, np o zębie) to be loose **nie ruszać się!** excl freeze!

ruszt n grill

rutyna n routine

rwać vt **-1.** (zrywać np kwiaty) to pick **-2.** (drzeć) to tear

ryba n fish; **Ryby** (znak zodiaku) Pisces

rybak n fisherman

rycerz n knight

ryczeć vi (o lwie) to roar; (o krowie) to moo

ryk n (lwa) roar; (krowy) moo; (syreny) blare

rym n rhyme

rymować się vr to rhyme

rynek n (plac) market-place; (zbytu) market
rynsztok n gutter, ditch
rysować vt to draw
rysunek n picture, drawing
rytm n rhythm
rytuał n ritual
rywal(ka) n rival, competitor
rywalizacja n rivalry, competition
rywalizować vi (z kimś o coś) to compete with sb for sth
ryzyko n risk, hazard, chance
ryzykować vi to take/to run a risk, to risk, to take a chance vt (ryzykować coś/czymś)
ryzykowny adj risky, hazardous
ryż n rice
rzadki adj -1. (wyjątkowy) rare, uncommon, unusual, exceptional -2. (o konsystencji) runny, watery -3. (o włosach) thin
rzadko adv rarely, seldom
rząd n -1. (szereg) row, line -2. (władza) government
rządzić vt (czymś) to govern sth, to rule over sth
rzecz n thing; (przedmiot) object
rzecznik n spokesman
rzeczownik n noun
rzeczywistość n reality
rzeczywisty adj real, actual
rzeczywiście adv really, truly, actually, indeed
rzeka n river
rzemieślnik n craftsman
rzemiosło n craft; (zawód) trade
rześki adj fresh, brisk
rzetelny adj reliable, credible
rzeź n slaughter
rzeźba n sculpture
rzeźbiarz n sculptor
rzeźbić vt to sculpt, to carve
rzeźnik n butcher
rzęsa n eyelash
rzodkiewka n radish

rzucać vt (coś/czymś) to throw sth; (cień, spojrzenie) to cast; (nałóg, pracę) to give up, to quit; (rodzinę) to abandon; (chłopaka, dziewczynę) to walk out on sb
rzucać się vr (na kogoś) to charge at sb, to pounce on sb (w stronę czegoś) to dash/to dart towards sth
rzut n -1. (rzucenie) throw -2. (odwzorowanie figury) projection
rzutka n dart
rzymski adj Roman
rzymskokatolicki adj Roman Catholic
rżnąć vt (piłować) to saw; (mordować) to massacre

S

S.A. (skrót) public limited company
sad n orchard
sadzać vt (kogoś) to sit sb, to seat sb
sadzawka n pond
sadzić vt to plant
saksofon n saxophone
sala n hall
salon n (pokó) living-room, sitting room; (samochodowy) showroom; (fryzjerski) salon
sałata n lettuce
sałatka n salad
sam pron (samodzielnie) **robić coś samemu** to do sth on one's own, to do sth oneself/by oneself (samotnie) on one's own, (all) by oneself, alone **ten/taki sam** the same, identical
samica n female
samiec n male
samobójstwo n suicide
samochód n car
samogłoska n vowel

samolot n aeroplane, plane
samolubny adj selfish, egotistic
samoobrona n self-defence
samoobsługowy adj self-service
samotnie adv alone, (all) by oneself
samotność n loneliness, solitude
samotny adj lonely, solitary; (nie mający współmałżonka) single
sanatorium n sanatorium
sandał n sandal
sanie npl sledge, sleigh
sankcja n sanction
sardynka n sardine
sarkastyczny adj sarcastic
sarna n roe deer
satelita n satellite
satyryczny adj satirical
satysfakcja n satisfaction
satysfakcjonować vt to satisfy
satysfakcjonujący adj satisfying
sauna n sauna
sąd n -1. (opinia) judgement, opinion, verdict -2. (miejsce) court
sądzić vt (kogoś za coś) to try sb for sth (oceniać) to judge vi (myśleć) to think, to suppose, to believe
sąsiad(ka) n neighbour
sąsiedni adj next, next doors, adjoining, adjacent
scena n -1. (miejsce występów) stage -2. (sztuki, filmu) scene
scenariusz n scenario, (scenopis) script, screenplay
sceneria n scenery, setting
scenografia n set design, stage design
sceptyczny adj sceptical
schab n pork loin
schludny adj neat, tidy
schładzać vt to chill
schody npl stairs, steps
schodzić vi -1. (z góry) to go down (o samolocie) to descend -2. (zsiadać z konia, motoru) to dismount -3. (o plamie) to come out

schodzić się vr (zbierać się tłumnie) to gather, to flock; (o drogach, liniach) to join, to meet
schowek n (w samochodzie) glove compartment; (na bagaż) locker
schronić się vr to shelter, to take shelter
schronienie n shelter, refuge
schronisko n (dla bezdomnych) hostel; (górskie) chalet; (dla zwierząt) shelter; (młodzieżowe) youth hostel
schudnąć vi to lose weight
schylać się vr to stoop, to bend down
scyzoryk n penknife, jackknife
seans n (spirytystyczny) seance; (filmowy) show
sedno n point, heart of the matter
segment n (element) segment; (budynek) terraced house; (mebel) wall unit
segregator n file
sejf n safe
sekret n secret
sekretar-z(ka) n secretary, personal assistant, (skrót) PA
seks n sex
seksowny adj sexy
seksualny adj sexual
sekta n sect, cult
sektor n sector
sekunda n second
selekcjonować vt to select, to pick
semestr n term, semester
sen n -1. (stan) sleep (sen zimowy) hibernation -2. (marzenie senne) dream
senat n Senate
senny adj sleepy, drowsy
sens n -1. (znaczenie) sense, meaning -2. (racjonalność) point, logic
sensacja n sensation, hit
sensowny adj sensible, reasonable, logical, rational
sentyment n sentiment, fondness, affinity

sentymentalny *adj* sentimental
separacja *n* separation
seplenić *vi* to lisp
ser *n* cheese; **ser biały** cottage cheese
serce *n* heart
serdecznie *adv* cordially, warmly
serdeczny *adj* warm-hearted, warm, cordial
seria *n* *(zajść)* series, string; *(znaczków)* set; *(zastrzyków, zabiegów)* course; *(rozmów)* round
serial *n* serial, series
sernik *n* cheesecake
serwetka *n* napkin, serviette
serwis *n* *(gwarancyjny)* service; *(w tenisie)* ser-vice; *(do herbaty)* set
serwować *vt* to serve
sesja *n* session, sitting
setny *num* hundredth
sezon *n* season
sędzia *n* *(w sądzie)* judge; *(tytuł)* Justice *(w konkursie)* juror; *(w piłce nożnej, boksie)* referee
sędziować *vt* to judge; *(w piłce nożnej, boksie)* to referee
sęp *n* vulture
sfrustrowany *adj* frustrated
siać *vt* to sow
siadać *vi* to sit (down), to take a seat
siano *n* hay
siatka *n* net; *(na zakupy)* shopping bag; *(druciana)* wire mesh
siatkówka *n* - volleyball
siebie *pron* *(samego siebie)* oneself
sieć *n* *(do połowów)* net; *(pajęczyna)* web, cob-web; *(telewizyjna)* network; *(sklepów)* chain
siedem *num* seven
siedemdziesiąt *num* seventy
siedemdziesiąty *num* seventieth
siedemnasty *num* seventeenth
siedemnaście *num* seventeen
siedzenie *n* *(miejsce siedzące)* seat
siedziba *n* seat, base

siedzieć *vi* **-1.** *(zajmować pozycję siedzącą)* to sit, to be seated **-2.** *(odbywać karę)* *inf* to do time, to serve time
siekać *vt* to chop (up)
siekiera *n* axe
sierociniec *n* orphanage
sierota *n* orphan
sierpień *n* August, *(skrót)* Aug
sierść *n* fur, coat
sierżant *n* sergeant
się *pron* *(siebie samego)* oneself
sięgać *vt* to reach
sikać *vi* **-1.** *(tryskać)* to squirt **-2.** *(oddawać mocz)* *inf* to pee
silnik *n* engine, motor
silny *adj* strong, powerful
siła *n* strength, power, force
siłownia *n* gym
siniak *n* bruise
siodełko *n* saddle
siostra *n* sister
siostrzenica *n* niece
siostrzeniec *n* nephew
siódmy *num* seventh
sito *n* sieve
siwieć *vi* to go gray
siwy *adj* gray
skafander *n* anorak
skakać *vi* to jump, to leap, to spring
skakanka *n* skipping rope
skala *n* scale *(zakres)* range
skaleczenie *n* cut
skaleczyć *vt* to cut, to hurt, to injure
skaleczyć się *vr* to cut oneself, to hurt oneself, to injure oneself
skalisty *adj* rocky
skała *n* rock
skandal *n* scandal, disgrace
skandaliczny *adj* scandalous, disgraceful, outrageous
skarb *n* treasure
skarbiec *n* *(bankowy)* vault
skarbonka *n* money box, piggy bank

skarga n complaint
skarpetka n sock
skarżyć vt (kogoś o coś w sądzie)
to sue sb for sth (na kogoś) vi inf
to tell on erl
skarżyć się vr to complain
skazaniec n convict
skazić vt to contaminate
skazywać vt to convict, to sentence
skażenie n contamination
skąd pron where
skąpy adj (osoba) mean, grudging,
stingy; (posiłek, strój) skimpy, scanty
skinąć vi (głową) to nod; (ręką)
to beckon
sklep n shop, store
sklepikarz(rka) n shopkeeper
skład n -1. (magazyn) storehouse,
warehouse -2. (zbiór składników)
composition
składać vt -1. (montować) to assemble,
to put together -2. (krzesło) to fold
(up)
składać się vr -1. (o meblu) to fold
-2. (być złożonym z czegoś)
to consist of sth, to be made up of
sth -3. (robić składkę) inf to chip in
składany adj folding
składka n -1. (zbiórka np pieniędzy)
collection -2. (członkowska) fee;
(ubezpieczeniowa) premium
składnik n ingredient, constituent
skłonność n inclination, tendency
skłonny adj (gotowy do zrobienia
czegoś) willing to do sth
skojarzenie n association
skok n -1. jump -2. (napad) robbery
inf hold-up
skomplikowany adj complicated,
complex
skoncentrowany adj concentrated
skończony adj finished, over
skoro conj (ponieważ) since, as
skorpion n -1. (pajęczak) scorpion
-2. (znak zodiaku) Scorpio

skorumpowany adj corrupt
skorupa n shell, crust
skorupiak n shellfish
skorupka n shell (jajka) eggshell;
(ciasta, zapiekanki) crust
skowronek n lark
skóra n (ludzka) skin; (gruba –
zwierzęca) hide; (materiał) leather
skórka n (warzywa) peel, skin, rind
skracać vt to shorten, to make
shorter; (wyraz) to abbreviate; (tekst)
to condense
skradać się vr to creep, to prowl
skraj n edge, fringe
skrajny adj extreme, radical
skreślać vt (usuwać) to delete;
(przekreślać coś w tekście) to cross
sth out
skręcać vt -1. (za pomocą śrub)
to screw together -2. (zwichnąć)
to twist, to wrench, to sprain; vi
(o samochodzie, drodze) to turn
skrępowany adj -1. (związany) tied
up, tied down -2. (zakłopotany) self-
conscious, embarrassed
skręt n -1. (zakręt) turn -2. (papieros
z narkotykiem) joint
skromność n modesty, humility
skromny adj modest, humble
skroń n temple
skrót n (wyrazu) abbreviation; (krótsza
droga) short cut
skrucha n remorse
skrupulatny adj conscientious
skruszony adj repentant, remorseful,
apologetic
skrytka n hiding place
skrzydło n wing
skrzynia n chest, crate; **skrzynia
biegów** gearbox
skrzynka n box, case
skrzypce npl violin, fiddle
skrzypieć vi to creak, to squeak
skrzyżowanie n junction, crossing,
crossroads

skupiać się vr -1. (gromadzić się) to gather -2. (koncentrować się) to concentrate on sth

skupienie n concentration

skurcz n cramp, spasm

skutecznie adv effectively, efficiently

skuteczny adj effective, efficient

skutek n effect, result, consequence

skuter n scooter

slogan n slogan, catch phrase

słabnąć vi (opadać z sił) to weaken; (o uczuciu, bólu) to subside; (o wietrze, ruchu) to die down; (o zainteresowaniu) to diminish

słabo adv poorly, weakly

słabość n (brak siły) weakness

słaby adj weak, frail, poor

sława n fame, glory

sławny adj famous, prominent, well-known

słodki adj -1. (smak) sweet -2. (woda) fresh -3. (uroczy) sweet, inf cute

słodkowodny adj freshwater

słodycze npl BrE sweets, confectionery, AmE candy

słodzik n sweetener

słoik n jar

słoma n straw

słomka n straw

słonecznik n sunflower

słoneczny adj sunny

słony adj salty

słoń n elephant

słońce n sun

słownictwo n vocabulary

słowniczek n glossary, vocabulary

słownie adv verbally

słownik n dictionary

słowo n word

słuch n hearing

słuchacz(ka) n listener

słuchać vt to listen to sb/ sth

słuchawka n (telefonu) receiver; **słuchawki** headphones

słup n (filar) column; (latarni) post

słuszność n rightness, justice

słuszny adj right, rightful, fair

służąca n maid

służący n servant

służba n -1. (ludzie) servants -2. (dyżur) duty

służbowo adv on business

służyć vi to serve

słyszeć vt hear

smaczny adj tasty

smak n taste, flavour

smakować vt -1. (próbować) to taste -2. vi (mieć jakiś smak) to taste

smakowity adj tasty, delicious

smalec n lard

smar n grease, lubricant

smarować vt (części urządzenia) to lubricate; (tłuszczem) to grease; (chleb) to spread

smażony adj fried

smażyć vt to fry

smoczek n dummy

smog n smog

smoking n BrE dinner jacket, AmE tuxedo

smoła n tar

smród n reek, smell, inf stink, pong

smucić się vr to grieve, to be sad

smukły adj slender

smutek n sadness, sorrow

smutny adj sad, joyless, inf blue

smycz n lead, leash

snob(ka) n snob

snobizm n snobbery

sobie pron (sobie samemu) oneself

sobota n Saturday

sobowtór n double, lookalike

socjalistyczny adj socialist

socjalny adj social

socjologia n sociology

soczewica n lentil

soczewka n lens

soczysty adj juicy, succulent

soda n soda
sofa n sofa, couch, settee
soja n soya bean
sojusz n alliance
sojusznik n ally
sok n juice
solarium n solarium
solić vt to salt
solidny adj (firma, osoba) reliable, solid; (konstrukcja) sturdy, solid
solniczka n salt cellar
solony adj salted
sortować vt to sort
sos n sauce
sosna n pine
sowa n owl
sól n salt
spacer n walk, stroll
spacerować vi to walk, to stroll
spać vi to sleep, to be asleep
spadać vi to fall
spadek n -1. (dziedzictwo) inheritance, legacy -2. (cen) fall, drop, decrease
spadkobierca n heir, successor
spadkobierczyni n heiress
spadochron n parachute
spadzisty adj steep
spakować vt → pakować
spalić → palić
spalić się vr to burn up
spaliny npl exhaust, fumes
spalony adj burnt; (w piłce nożnej) offside
sparaliżowany adj paralysed
specjalista(ka) n specialist, expert
specjalizacja n specialization
specjalizować się vr (w czymś) to specialize in sth
specjalnie adv especially, specially
specjalność n speciality
specjalny adj special; (szczególny) particular
specyficzny adj specific, particular
spektakl n performance, show

spełniać vt (obowiązki) to fulfil/to carry out; (wymagania) to meet, to satisfy; (nadzieje) to realize one's hope; (czyjeś oczekiwania) to live up to sb's expectations
spełniać się vr to come true, to become a reality
sperma n sperm, semen
speszony adj bashful
spędzać vt to spend
spierać się vr -1. (toczyć spór) to arque, to quarrel -2. (o plamie) to wash out/off
spieszyć się vr -1. (o osobie) to hurry, to rush, to be in a rush/hurry -2. (o zegarku) to be fast, to gain
spięty adj (zdenerwowany) tense, inhibited
spiker(ka) n announcer
spinacz n (do papieru) clip, paper-clip; (do bielizny) peg
spinka n (do włosów) hairpin, hairclip; (do mankietów) cuff link; (do krawata) tiepin
spirala n spiral
spirytus n spirit
spis n list, register, directory
spisek n plot, conspiracy
spiskować vi to conspire, to plot, to scheme
spisywać vt (robić wykaz) to list, to make a list of sth
spisywać się vr spisywać się dobrze/ źle to do well/badly
spłacać vt to repay
spłata n repayment
spłukany adj (bez pieniędzy) inf broke
spocony adj sweaty
spodek n saucer
spodnie npl trousers, slacks, pants
spodziewać się vr to expect
spoglądać vi to look, to glance
spokojnie adv calmly, quietly, peacefully
spokojny adj calm, quiet, peaceful

spokój *n* **-1.** *(cisza)* calm, peace, quiet; **-2.** *(opanowanie)* calmness

spokrewniony *adj* related

społeczeństwo *n* society, the public

społeczność *n* community

społeczny *adj* social

sponsor(ka) *n* sponsor, backer, promoter

sponsorować *vt* to sponsor, to back

spontanicznie *adv* spontaneously, on impulse

sporadycznie *adv* occasionally, sporadically

sporo *adv* much, many, quite a lot (of), quite a few, a great good deal (of)

sport *n* sport

sportowiec *n* athlete, sportsman

sportowy *adj* sports, athletic

spory *adj* considerable, sizeable

sposobność *n* opportunity, occasion, chance

sposób *n* way, manner

spostrzegać *vt* to notice, to spot

spostrzegawczy *adj* observant, perceptive

spostrzeżenie *n* observation, remark

spotkanie *n* meeting; **umówione spotkanie** appointment

spotykać *vt* to meet

spowiedź *n* confession

spożycie *n* consumption

spożywczy *adj (sklep)* grocery store, the grocer's

spódnica *n* skirt

spójnik *n* conjunction

spójny *adj* coherent, consistent

spółdzielnia *n* cooperative, collective

spółgłoska *n* consonant

spółka *n* partnership

spór *n* dispute, argument

spóźniać się *vr* to be late

spóźnienie *n* delay, hold-up

spóźniony *adj* late, delayed

spragniony *adj* thirsty

sprawa *n* matter, affair

sprawdzać *vt* to verify, to check

sprawdzian *n* test, quiz

sprawiać *vt (kłopot)* to make/to cause trouble; *(wrażenie)* to give an impression

sprawiedliwie *adv* fairly, justly

sprawiedliwość *n* justice

sprawiedliwy *adj* just, fair

sprawność *n* **-1.** *(fizyczna)* fitness **-2.** *(działania)* efficiency

sprawny *adj* **-1.** *(fizycznie)* fit, agile **-2.** *(nie uszkodzony)* in working order **-3.** *(działający wydajnie)* efficient

sprawozdanie *n* report, account

sprawozdawca *n* commentator, reporter

sprężyna *n* spring

sprint *n* sprint

sprytny *adj (przebiegły)* cunning, shrewd; *(inteligentny)* smart, clever, sharp

sprzątacz(ka) *n* cleaner

sprzątać *vt (pokój)* to clean, to tidy

sprzeciw *n* **-1.** *(opór)* opposition, resistance **-2.** *(wyraz braku zgody)* objection, protest

sprzeciwiać się *vr* **-1.** *(przeciwstawiać się)* to oppose (sth) **-2.** *(wyrażać sprzeciw)* to object (to sth)

sprzeczka *n* argument, quarrel, disagreement

sprzeczny *adj (opinie)* contradictory; *(uczucia)* conflicting

sprzedawać *vt* to sell

sprzedaw-ca(czyni) *n* seller, shop assistant, salesperson

sprzedaż *n* sale

sprzęgło *n* clutch

sprzęt *n* equipment, gear

sprzyjający *adj* favourable

sprzymierzeniec *n* → **sojusznik**

spuchnięty *adj* swollen

spustoszenie *n* devastation, desolation

spuszczać vt (obniżać) to lower
spuścizna n heritage
spychacz n bulldozer
srebrny adj silver; (kolor) silvery
srebro n silver
srogi adj (osoba) strict, stern; (zima, mróz) harsh, severe
ssać vt to suck
ssak n mammal
stabilizacja n stability
stabilny adj stable
stacja n station
stać vi to stand
stadion n stadium
stado n (bydła) herd; (ptaków) flock
stajnia n stable
stal n steel
stale adv constantly, permanently
stalowy adj steel
stały adj (ciało, stan skupienia) solid; (czynny bez przerwy) permanent; (nie podlegający zmianom) steady, constant
stan n -1. (jednostka administracyjna) state -2. (talia) waistline -3. (zdrowia) condition, shape -4. (położenie) state
standard n standard, norm
standardowy adj standard
stanik n bra
stanowczo adv firmly, decisively, assertively
stanowczość n firmness, decisiveness, assertiveness
stanowczy adj firm, definite, categorical
stanowisko n position, post, office
starać się vr to try
staranie n effort
starannie adv carefully; (schludnie) neatly
staranny adj careful; (schludny) neat, tidy
starczy adj senile
staromodny adj old-fashioned

starość n old age
starożytny adj ancient
start n start
startować vi to start
stary adj old
starzeć się vr to age, to grow old
statek n ship, vessel
status n status
statystyka n statistics
staw n -1. (zbiornik wody) pond -2. (przegub) joint
stawać vi to stop
stawać się vr -1. (wydarzyć się) to happen, to take place -2. (zostać kimś) to become
stąd adv -1. (z tego miejsca) from here -2. (z tego powodu) hence
stąpać vi to tread
stek n steak
stepowanie n tap-dance
ster n rudder, helm
sterować vt (statkiem) to navigate; (mechanizmem) to control
sterta n heap, pile
sterylizacja n sterilization
stęchły adj musty, stale
stęskniony adj **stęskniony za domem** homesick
stężenie n concentration
stłuczka n (wypadek) bump; (coś stłuczonego) breakage
sto num (a) hundred
stocznia n shipyard, dock
stodoła n barn
stoisko n stand, stall
stojący adj standing
stok n slope, hillside
stokrotka n daisy
stolarz n carpenter
stolica n capital
stołek n stool
stołówka n canteen, cafeteria
stonowany adj subdued
stop n (metali) alloy

stopa n foot
stoper n stopwatch
stopień n -1. (schodów) step, stair -2. (ocena) mark, grade -3. (naukowy) degree -4. (wojskowy) rank -5. (skali) notch -6. (jednostka miary) degree -7. (poziom) extent, degree
stopniowy adj gradual
storczyk n orchid
stos n stack, pile, heap
stosować vt to use
stosownie adv appropriately, suitably; properly
stosowny adj appropriate, suitable, adequate, proper
stosunek n -1. (związek) relation, relationship -2. (proporcja) proportion, ratio -3. (nastawienie do czegoś/kogoś) attitude to sth/sb -4. (akt płciowy) (sexual) intercourse
stosunkowo adv relatively, comparatively
stowarzyszenie n association
stożek n cone
stół n table
strach n fear, fright, inf scare
strajk n strike
strajkować vi to strike
strasznie adv terribly, awfully
straszny adj inf scary, frightening, horrible, terrible, dreadful
straszyć vt to frighten, to terrify
strata n loss, waste
strategia n strategy
straż n guard
strażak n fireman, fire fighter
strażni-k(czka) n guard
strefa n zone, area
stremowany adj nervous
stres n stress, strain, pressure
stresujący adj stressful
streszczenie n summary; (filmu, książki) synopsis

stroić vt (choinkę) to decorate; (instrument muzyczny, radio) to tune
stroić się vr to dress up
stromy adj steep
strona n -1. (w książce) page -2. (kierunek) direction, way -3. (ulicy, zagadnienia) side, aspect -4. (w gramatyce) voice
strój n dress, wear, costume
struktura n structure
strumień n stream
struna n string
struś n ostrich
strych n attic, loft
strzał n shot
strzała n arrow
strzec vt to guard
strzelać vi (z broni) to shoot, to fire
strzelba n gun, rifle
strzelec n shooter; (bramki) scorer; (zodiakalny) Sagittarius
strzeżony adj guarded
strzęp n shred, snatch
strzyc vt (włosy) to cut (sb's) hair; (maszynką) to clip; (owcę) to shear; (trawę) to mow
strzykawka n syringe
student(ka) n student
studia npl studies
studio n studio
studiować vt to study
studnia n well
stukać vi (pukać) to knock
stulecie n century
stworzenie n -1. (istota) creature, being -2. (zrobienie czegoś) creation
styczeń n January, (skrót) Jan
styczność n contact
stygnąć vi to cool
styl n style; (moda) fashion, look
stylowy adj stylish, elegant; (o meblach) period
stypendium n grant; (naukowe) scholarship
subiektywny adj subjective

substancja *n* substance
subtelny *adj* subtle, delicate
suchy *adj* dry
sufit *n* ceiling
suflet *n* soufflé
sugerować *vt* to suggest, to imply
sugestia *n* suggestion, hint
sugestywny *adj* suggestive, expressive
suka *n* bitch
sukces *n* success
sukienka *n* dress
suknia *n* dress, gown
suma *n* -**1.** *(wynik)* sum, total
 -**2.** *(kwota)* amount, sum of money;
 w sumie *(po obliczeniu)* in all, in
 total
sumienie *n* conscience
sumienny *adj* conscientious, hard-
 working, dutiful
surowiec *n* raw-material
surowy *adj (o człowieku)* strict, hard;
 (o prawie, przepisach) stringent,
 rigid; *(o żywności)* raw, uncooked
surówka *n* salad
susza *n* drought
suszarka *n* drier
szuszyć *vt* to dry
sutek *n* nipple
suwerenność *n* sovereignty
sweter *n* sweater, jumper
swędzący *adj* itchy
swędzieć *vi* to itch
swoboda *n* freedom, liberty
swobodnie *adv* freely
swobodny *n (wolny)* free; *(strój,
 rozmowa)* casual
swój *pron* one's; *(mój)* my; *(twój)*
 your; *(jego)* his; *(jej)* her; *(nasz)* our;
 (wasz) your; *(ich)* their
sygnalizować *vt* to signal, to indicate
sygnał *n* signal, indication;
 (dźwiękowy) tone
syk *n* hiss
slaba *n* syllable
Sylwester *n* New Year's Eve

sylwetka *n (postać ludzka)* figure;
 (zarys) silhouette
symbol *n* symbol
symboliczny *adj* symbolic
symbolizować *vt* to symbolize,
 to represent
symfonia *n* symphony
sympatia *n* -**1.** *(uczucue)* liking
 -**2.** *(chłopak/ dziewczyna)* boyfriend/
 girlfriend
sympatyczny *adj* pleasant, nice,
 congenial, amiable, likable
symptom *n* symptom
symulować *vt* to simulate, to pretend
syn *n* son
synagoga *n* synagogue
synonim *n* synonym
synowa *n* daughter-in-law
syntetyczny *adj* synthetic
sypać *vt* -**1.** *(piasek, mąkę)* to pour,
 to sprinkle -**2.** *(o śniegu)* to snow
sypialnia *n* bedroom
syrena *n* -**1.** *(alarmowa)* siren
 -**2.** *(nimfa morska)* mermaid
syrop *n* syrup
system *n* system
systematyczny *adj* systematic,
 methodical
sytuacja *n* situation
szabla *n* sword
szachy *npl* chess
szacować *vt* to estimate, to assess
szacowny *adj* respectable
szacunek *n* respect, esteem
szafa *n* wardrobe
szafir *n* sapphire
szafka *n* cabinet
szajka *n* gang
szal *n* shawl
szaleć *vi inf* to go mad, to go crazy,
 to go wild
szaleniec *n* lunatic, maniac
szaleństwo *n* madness, insanity,
 lunacy
szalik *n* scarf

szalony adj (chory umysłowo) mentally ill; (zwariowany) mad, crazy

szalupa n lifeboat, dinghy

szał n frenzy, madness, rage

szałas n shack, hut

szałowy adj stunning, smashing

szałwia n sage

szampan n champagne

szampon n shampoo

szanować vt to respect

szanowany adj respected

szansa n chance; (okazja) opportunity

szantaż n blackmail

szantażować vt to blackmail

szarlotka n apple pie

szarpać vt to jerk (at sth), to pull (at sth), to tug (at sth)

szarpnięcie n jerk, jolt, pull

szary adj gray

szatan n Satan, devil, fiend

szatnia n cloakroom

szczątki npl remains, debris

szczebel n -1. (drabiny) rung -2. (ranga) rank

szczególnie adv particularly, especially

szczególny adj special

szczegół n detail

szczegółowo adv in detail, in depth

szczegółowy adj detailed

szczekać vi to bark

szczelina n crevice, chink

szczelny adj airtight

szczeniak n puppy

szczepić vt to vaccinate, to inoculate

szczepienie n vaccination, inoculation

szczepionka n vaccine

szczery adj sincere, honest

szczerze adv sincerely, frankly, honestly

szczęka n jaw

szczęście n -1. (stan ducha) happiness -2. (pomyślny traf) luck

szczęśliwy adj -1. (zadowolony) happy, glad -2. (pomyślny) lucky, fortunate

szczodrość n generosity

szczotka n brush

szczotkować vt to brush

szczupak n pike

szczupły adj slim, slender, lean

szczur n rat

szczypać vt -1. (kogoś) to pinch sb -2. vi (pieczenie, ból) to sting, to smart

szczypce npl pliers

szczypiorek n chives

szczypta n pinch

szczyt n peak, summit, top

szef n boss

szeleścić vi to rustle

szelki npl braces

szept n whisper

szeptać vt to whisper

szereg n (w matematyce) series; (rząd) row, line; (wydarzeń) chain

szeregowiec n -1. (dom) terraced house -2. (żołnierz) private

szermierka n fencing

szeroki adj wide, broad

szeroko adv widely, wide

szerokość n width, breadth; **szerokość geograficzna** latitude

szesnasty num sixteenth

szesnaście num sixteen

sześcian n cube

sześcienny adj cubic

sześć num six

sześćdziesiąty num sixtieth

sześćdziesiąt num sixty

szew n seam; (chirurgiczny) stitch

szewc n cobbler, shoemaker

szkic n (rysunek) sketch; (wstępna wersja) draft

szkicować vt (rysunek) to sketch; (opracowywać wstępną wersję) to draft, to outline

szkielet n -1. (kościec) skeleton -2. (konstrukcji) frame

szklanka n glass, tumbler; (miara objętości) glassful

szklany *adj* glass
szklarnia *n* glasshouse, greenhouse
szkło *n* glass
szkoda *n* **-1.** *(krzywda)* harm
  -2. *(zniszczenie, uszkodzenie)*
  damage;
szkodliwy *adj* harmful
szkodnik *n* pest
szkodzić *vi (komuś/czemuś)* to be bad
  for sb/sth!
szkolenie *n* training
szkolnictwo *n* education
szkolny *adj* school
szkoła *n* school
szlachcic *n* noble
szlachetny *adj (człowiek)* noble;
  (metal) precious
szlafrok *n* dressing-gown
szlak *n* trail
szlochać *vi* to sob
szmaragd *n* emerald
szmata *n* rag
szminka *n* lipstick
sznur *n* rope, string, line
sznurowadło *n* shoelace
szofer *n* chauffeur
szok *n* shock
szokować *vt* to shock
szokujący *adj* shocking
szorować *vt* to scrub
szorstki *adj* coarse, rough
szorty *npl* shorts
szosa *n* road
szowinist-a(ka) *n* chauvinist
szósty *num* sixth
szpada *n* sword
szpaner *n inf* swank, *inf* show-off
szpanować *vi inf* to show off
szpara *n* crack, gap
szparag *n* asparagus
szpieg *n* spy
szpiegostwo *n* espionage
szpiegować *vt* to spy
szpilka *n* pin

szpinak *n* spinach
szpital *n* hospital
szpulka *n* reel
szrama *n* scar
szron *n* frost
sztafeta *n* relay
sztandar *n* banner
sztorm *n* gale
sztruks *n* corduroy
sztuczka *n* gimmick, trick
sztuczny *adj* artificial, man-made, false
sztućce *npl* cutlery
sztuka *n* **-1.** *(pojedynczy egzemplarz)*
  piece **-2.** *(twórczość)* art
  -3. *(kunszt, umiejętność)* craft
  -4. *(przedstawienie teatralne)* play,
  drama
sztywnieć *vi* to stiffen
sztywny *adj (o zachowaniu)* stiff, prim;
  (o kończynie) stiff/stiff leg, stiff neck;
  (o przepisie) rigid, inflexible
szufelka *n* dustpan
szufla *n* shovel
szuflada *n* drawer
szukać *vt (czegoś/kogoś)* to look
  for sth/sb, to search for sth/sb;
  (szczęścia, pomocy, rady) to seek
szum *n* hum
szwagier *n* brother-in-law
szwagierka *n* sister-in-law
szyb *n (windy, kopalni)* shaft
szyba *n* pane, window-pane
szybki *adv* fast, quick, swift, speedy,
  prompt
szybko *adv* fast, quickly, swiftly
szybkość *n* speed; *(tempo)* pace
szybować *vi* to glide
szybowiec *n* glider
szyć *vt* to sew
szyfr *n* code
szyja *n* neck
szyk *n* **-1.** *(układ)* arrangement, order
  -2. *(elegancja)* style, elegance
szykowny *adj* chic, smart, stylish
szympans *n* chimpanzee

szyna n -**1.** (kolejowa) rail
-**2.** (chirurgiczna) splint
szynka n ham
szyszka n cone

Ś

ściana n -**1.** (wewnątrz budynku) wall
-**2.** (bok) side -**3.** (skalna) cliff
ściągać vi (na egzaminie) to copy,
to cheat, to crib
ściągawka n inf crib sheet
ścieg n stitch
ściek n sewer
ścielić vt **ścielić łóżko** to make the
bed
ściemniać się vr to darken, to get dark
ścierać vt to wipe
ścierka n cloth
ścierpnięty adj numb
ścieżka n path, footpath
ścigać vt to chase, to pursue
ścigać się vr to race
ścinać vt to cut/chop sth down
ściskać vt to squeeze, to clutch,
to clasp
ścisłość n accuracy, precision,
exactness
ścisły adj exact, precise, accurate
ściśle adv exactly, precisely
ślad n print, mark, trace
śledzić vt to follow sb
śledztwo n investigation
śledź n -**1.** (ryba) herring
-**2.** (do namiotu) peg
ślepo adv blindly
ślepota n blindness
ślepy adj blind
śliczny adj lovely, cute
ślimak n snail

ślina n saliva, spit
śliski adj slippery
śliwka n plum
ślizgacz n speedboat
ślizgać się vr (na butach) to slide;
(na łyżwach) to skate; (o pojazdach)
to skid
ślub n wedding, marriage
ślubny adj wedding, bridal
ślusarz n locksmith
śmiać się vr to laugh
śmiało adv (odważnie) boldly
śmiały adj bold, daring
śmiech n laughter, laugh
śmieci npl (odpadki) rubbish; (na ulicy,
skwerze) litter
śmiecić vi to throw litter around
śmieć vi (ważyć się) to dare
śmiercionośny adj lethal, deadly
śmierć n death
śmierdzący adj smelly, stinking, inf
stinky, pongy
śmierdzieć vi to stink, to reek, inf
to pong
śmiertelnie adv deadly
śmiertelnik(czka) n mortal
śmiertelność n mortality
śmiertelny adj (o istotach) mortal;
śmiertelny wróg deadly
śmieszny adj (zabawny) funny,
comical, humorous; (żałosny)
laughable, ridiculous
śmietana n cream
śmietankowy adj creamy
śmietnik n dustbin
śmigło n propeller
śmigłowiec n helicopter
śniadanie n breakfast
śnić vi to dream about sb/sth
śnieg n snow
śnieżka n snowball
śnieżyca n snowstorm, blizzard
śpiący adj -**1.** (uśpiony) sleeping,
asleep -**2.** (senny) sleepy, drowsy

śpiączka *n* coma
śpieszyć się *vr* to hurry, to be in
  a hurry
śpiew *n* singing
śpiewać *vt* to sing
śpiewak(czka) *n* singer
śpiwór *n* sleeping bag
średni *adj* average, mean
średnia *n* average
średnica *n* diameter
średnik *n* semicolon
średnio *adv (przeciętnie)* on average
średniowiecze *n* the Middle Ages
średniowieczny *adj* medieval
środa *n* Wednesday
środek *n* centre, middle
środkowy *adj* central, middle, mid
środowisko *n* environment
śródziemnomorski *adj* Mediterranean
śruba *n* screw
śrubokręt *n* screwdriver
świadectwo *n* **-1.** *(dokument)*
  certificate **-2.** *(zeznanie)* testimony
świadek *n* witness
świadomie *adv* consciously, knowingly,
  deliberately
świadomość *n* **-1.** *(przytomność)*
  consciousness **-2.** *(uprzytomnianie*
  sobie czegoś) awareness
świadomy *adj* **-1.** *(przytomny)*
  conscious **-2.** *(uświadamiający sobie*
  coś) aware (of sth)
świat *n* world
światło *n* light
światowy *adj* world, global, worldwide
świąteczny *adj* festive
świątynia *n* temple
świeca *n* candle
świecić *vi* to shine, to glare
świecki *adj* secular, lay
świecznik *n* candlestick
świerk *n* spruce
świerszcz *n* cricket
świetnie *adv* excellently, magnificently

świetny *adj* excellent, great, splendid,
  magnificent, *inf* terrific
świeży *adj* fresh
święto *n* holiday
świętować *vt* to celebrate
święty *adj* holy, sacred
święty *n* saint, *(skrót)* St./St.
świnia *n* pig
świnka *n (choroba)* mumps
świr *n inf* nut, *inf* weirdo, *inf* freak
świrnięty *adj* nuts, nutty, bonkers
świt *n* dawn, daybreak, sunrise
świta *n* entourage

T

ta *pron (blisko)* this; *(dalej)* that
tabela *n* table
tabletka *n* tablet, pill
tablica *n (szkolna)* blackboard;
  (ogłoszeń) notice-board
tabliczka *n* plate
taboret *n* stool
taca *n* tray
tacy *n* → **taki**
taczka *n* wheelbarrow
tajemnica *n* secret
tajemniczy *adj* mysterious
tajny *adj* secret
tak *pron (potwierdzenie)* yes
→**tak** *adv (do tego stopnia)* so; **tak
  dużo** so many/much!; **w taki
  sposób** like, as; **tak, żeby** so that,
  so as to do sth **tak... jak...** so as...
  as...; **tak samo** the same, likewise;
  tak czy inaczej in any case, anyway;
  i tak dalej and so on; **tak sądzę**
  I think so; **tak, więc** *(conj)* so; **tak
  zwany** so-called; **taki sobie** *inf* so-so

taki pron (tego rodzaju) such, like; (na przykład) **takie jak** such as, like; (bardzo) (przed samym przymiotnikiem) so; (przed rzeczownikiem) such

taksówka n taxi, cab

taksówkarz n taxi driver

takt n -1. (wyczucie) tact -2. (muzyczny) bar, beat

taktowny adj tactful

taktyka n tactic

także adv also; (na końcu zdania) too, as well; (w zdaniach przeczących) **także nie** either

talent n talent, gift; (smykałka) bent

talerz n plate

talia n -1. (kibić) waist -2. (kart) pack, deck

talizman n charm

talon n coupon, voucher

tam adv there; (wskazując) over there

tama n dam

tamci pron those

tamten pron (wskazując na kogoś/coś) that

tance-rz(rka) n dancer

tandeta n inf trash

tandetny adj tacky, shoddy, tawdry

tani adj cheap, inexpensive

taniec n dance, dancing

tankować vt to refuel, to get petrol

tańczyć vi to dance

tapeta n wallpaper

tapetować vr to wallpaper

tapicerka n upholstery

taras n terrace

tarasować vt to obstruct, to jam

tarcza n (osłona) shield; (strzelecka) target

targ n market

targować się vr (o coś) to bargain (over sth)

tarka n grater

tartak n sawmill

tarty adj (na tarce) grated

taryfa n rate, fare

tasiemka n tape

tasować vt to shuffle

taśma n -1. (wstęga) tape; (klejąca) adhesive tape, sellotape -2. (produkcyjna) assembly line

tata n inf dad

tatuaż n tattoo

tchórz n coward

tchórzliwy adj cowardly

tchórzyć vi inf to chicken out (of doing sth)

te pron → ci

teatr n BrE theatre, AmE theater

technika n -1. (dziedzina) technology -2. (metoda) technique

technologia n technology

teczka n (ze skóry) briefcase; (szkolna) satchel; (papierowa) folder, file

teflonowy adj Teflon-coated

tekst n text

tektura n cardboard

telefon n telephone, phone

telefonist-a(ka) n operator

telefonować vi to telephone, to call, to ring

telekomunikacja n telecommunications

teleobiektyw n telephoto lens

teleskop n telescope

teleturniej n game show

telewidz n viewer

telewizja n television, (skrót) TV; inf box, telly

telewizor n television set, TV set, inf box

temat n subject, topic

temblak n sling

temperatura n temperature

tempo n pace, rate; (w muzyce) tempo

temu adv (z okolicznikiem czasu) ago

ten pron (z rzeczownikiem) this; (bez rzeczownika) this one **ten sam** the same

tendencja n tendency, trend

tenis n tennis
tenisówki npl tennis shoes, plimsolls
teoretycznie adv theoretically, in theory
teoria n theory
terapeuta(ka) n therapist
terapia n therapy
teraz adv (w tej chwili) now, at present; (obecnie) presently, nowadays
teraźniejszy adj present
teren n terrain, land, area, ground
termin n -1. (data) date -2. (pojęcie) term
terminal n terminal
termometr n thermometer
termos n vacuum flask
terror n terror
terroryst-a(ka) n terrorist
terrorystyczny adj terrorist
terroryzować vt to terrorize
terytorium n territory
test n test
testament n will
testować vt to test
teściowa n mother-in-law
teść n father-in-law
też adv too, also, as well? **także; ja też** (w zdaniach twierdzących) so; **ja też nie** (w zdaniach przeczących) either; **też nie** neither, nor
tęcza n rainbow
tędy adv this way
tępy adj -1. (o ostrzu) blunt -2. (o osobie) slow, dull, dim
tęsknić vi to miss sb/sth
tęsknota n longing
tętnica n artery
tętno n pulse
tężec n tetanus
tężeć vi (o galarecie) to set
tir n heavy lorry
tj abbr (to jest) ie (id est)
tkać vt to weave

tkanina n fabric, cloth, textile
tkanka n tissue
tlen n oxygen
tlenek n oxide
tleniony adj (o włosach) bleached
tło n background
tłok n crush, crowd
tłuc vt to break, to smash
tłuc się vr to break, to smash
tłum n crowd, mob
tłumacz(ka) n translator
tłumaczenie n translation
tłumaczyć vt -1. (wyjaśniać) to explain -2. (usprawiedliwiać) to justify -3. (pisemnie) to translate
tłusty adj (o żywności) fatty, rich; (o osobie) fat; (o włosach) greasy
tłuszcz n fat, grease
to pron this, that
toaleta n toilet, lavatory
toast n toast
tobie pron you
toczyć się vr to roll
toksyczny adj toxic, poisonous
tolerancyjny adj tolerant, broadminded
tolerować vt to tolerate, to stand, to bear
tom n volume
ton n tone
tona n (metryczna = 1000 kg) tonne; (1016 kg) ton
tonąć vi (o człowieku) to drown; (o rzeczy) to sink
topić się vr -1. (tonąć) to drown -2. (topnieć) to melt
topnieć vi to melt, to thaw
topola n poplar (tree)
toporny adj crude, coarse
topór n axe, hatchet
tor n (trasa, droga) path; (kolejowy) (railway) track; (bieżni) lane; (wyścigowy) racecourse
torba n bag
tort n gâteau, cream cake

tortura *n* torture
torturować *vt* to torture
tost *n* toast
toster *n* toaster
tournée *n* tour
towar *n* merchandise, commodity
towarzyski *adj* sociable, genial, outgoing
towarzystwo *n* -1. *(ludzi)* company -2. *(stowarzyszenie)* society, fellowship
towarzysz(ka) *n* companion
towarzyszyć *vi (komuś)* to accompany sb, to escort sb
tożsamość *n* identity
tracić *vt* to lose; *(marnować)* to waste
tradycja *n* tradition
tradycyjny *n* traditional
trafiać *vt (w cel)* to hit
trafny *adj (uwaga)* apt, to the point; *(strzał)* accurate; *(decyzja, wybór)* right
tragedia *n* tragedy
tragiczny *adj* tragic
traktat *n* treaty
traktor *n* tractor
traktować *vt* to treat
traktowanie *n* treatment
trampolina *n* springboard, trampoline
tramwaj *n* tram
tran *n* cod-liver oil
trans *n* trance
transakcja *n* transaction, deal
transfer *n* transfer
transfuzja *n* transfusion
transmisja *n* transmission
transparent *n* banner
transplantacja *n* transplant
transport *n* -1. *(przewóz)* transport -2. *(ładunek)* shipment
transportować *vt* to transport
transwestyt-a(ka) *n* transvestite
tranzyt *n* transit
trapić *vt* to trouble, to worry, to plague

trapić się *vr* to worry, to fret
trasa *n* route, trail; *(autobusu, tramwaju)* line
tratwa *n* raft
trawa *n* grass; *(marihuana)* inf dope, weed, grass
trawić *vt* to digest
trawienie *n* digestion
trawnik *n* lawn
trąba *n* -1. *(instrument)* horn -2. *(słonia)* trunk
trąbić *vi (na trąbie)* to blow the horn; *(klaksonem)* to hoot, to honk
trąbka *n* trumpet
trącać *vt (łokciem)* to nudge
trąd *n* leprosy
trądzik *n* acne
trema *n* nervousness
trend *n* trend
trener(ka) *n* trainer, coach
trening *n* training, workout
trenować *vt (kogoś)* to train (sb), to coach (sb); *vi (ćwiczyć)* to train, to work out
treść *n* content
trio *n* trio
triumf *n* triumph
trochę *adv (w zdaniach twierdzących)* a little, a bit, some; *(w pytaniach)* any
tron *n* throne
trop *n* trail, track
tropić *vt (kogoś/coś)* to track sb/sth, to trace sb/sth
tropikalny *adj* tropical
troska *n* concern, care
troskliwy *adj* thoughtful, attentive
troszczyć się *vr (martwić się o kogoś/coś)* to care about sb/sth; *(opiekować się)* to care for sb/sth, to take care of sb/sth
trójkąt *n* triangle
trójkątny *adj* triangular
trójwymiarowy *adj* three-dimensional
trucizna *n* poison

trud n (trudność) difficulty; (wysiłek) effort; (fatyga) trouble; (ciężka praca) toil

trudność n difficulty

trudny adj difficult, hard, tough

trujący adj poisonous, toxic

trumna n coffin

trunek n liquor, drink

trup n corpse

truskawka n strawberry

trwać vi to last, to continue, to go on

trwała n perm

trwały adj (o uczuciu) lasting, permanent; (o produkcie) durable

trywialny adj trivial

trzask n (drzwi) bang, slam; (np. gałęzi) snap, crack, crash

trzaskać vi (o ogniu) to crackle; (o gałęzi) to snap, to crack

trząść vt to shake

trząść się vr to shake, to tremble, to quake

trzcina n (surowiec) reed, cane

trzeci num third

trzeć vt (na tarce) to grate; (pocierać) to rub

trzepaczka n whisk

trzeźwieć vi to sober up

trzeźwy adj sober

trzęsący adj (o locie) bumpy, turbulent

trzęsienie n **trzęsienie ziemi** earthquake

trzy num three

trzydziesty num thirtieth

trzydzieści num thirty

trzymać vt (np. w ręku) to hold; (przechowywać, hodować) to keep

trzymać się vr (czegoś rękoma) to hold on to sth

trzynasty num thirteenth

trzynaście num thirteen

tu adv here

tuczący adj fattening

tulipan n tulip

tułów n trunk

tunel n tunnel

tuńczyk n tuna (fish)

tupać vi to stamp

tupet n nerve, self-confidence

turecki adj Turkish

turkus n turquoise

turniej n tournament

turyst-a(ka) n tourist

turystyka n tourism

tusz n Indian ink; **tusz do rzęs** mascara

tutaj adv here

tuzin n dozen

tuż adv just; **tuż przed/za/po** just before/behind/after

twardy adj hard, firm, tough, rigid

twarz n face

twierdzenie n claim, statement

twierdzić vi to claim

tworzyć vt to create

tworzywo n material

twój pron (przed rzeczownikiem) your; (bez rzeczownika) yours

twórca n creator, artist

twórczy adj creative

ty pron you

tyczka n pole

tyczyć się vr to concern, to relate to

tyć vi to get fat, to put on weight

tydzień n week

tyfus n typhoid

tygodnik n weekly

tygodniowo adv (co tydzień) weekly; (na tydzień) per week, a week

tygrys n tiger

tyle pron (z rzeczownikami policzalnymi) so many; (z rzeczownikami niepoliczalnymi) so much

tylko part only, just

tylny adj back, rear, hind

tył n back, rear

tymczasem adv meanwhile, in the meantime

tymczasowo adv temporarily
tymczasowy adj temporary, provisional
tymianek n thyme
tynk n plaster
typ n type, sort, variety
typowy adj typical, standard
tyrać vi to slave
tyran n tyrant, bully
tyrania n tyranny
tyranizować vt to bully, to victimize, to tyrannize
tysiąc num thousand
tytoń n tobacco
tytuł n title
tytułowy adj title
tzn. abbr **to znaczy** i. e.

U

u prep (w czyimś domu) at, with; (w pobliżu, obok) at, by
uaktualniać vt to update
ubezpieczać vt to insure (against sth)
ubezpieczenie n insurance
ubiegać się vr (o pracę, wizę) to apply for sth; (o azyl, pomoc) to seek
ubiegły adj past, last
ubierać vt (kogoś) to dress (sb); (choinkę) to decorate
ubijać vt -1. (jajka) to beat -2. (interes) to make a deal
ubikacja n restroom
ubiór n dress, costume
ubogi n poor, needy
ubóstwo n poverty, misery
ubranie n clothes, clothing, wear, outfit
ubrany adj dressed
ucho n ear

uchodźca n refugee
uchwyt n handle
uciążliwy adj inconvenient
ucieczka n escape, flight
uciekać vi to escape, to run away
uciekinier(ka) n fugitive, runaway
uczcić vt to celebrate
uczciwie adv honestly, fair
uczciwość n honesty
uczciwy adj honest, fair
uczelnia n college, university
uczennica n schoolgirl
uczeń n schoolboy
uczesanie n hairstyle, hairdo
uczestniczyć vi (aktywnie) to participate (in sth), to take part (in sth)
uczestnik(czka) n participant
uczęszczać vi to attend
uczta n feast
uczucie n feeling, emotion
uczuciowy adj emotional
uczulenie n allergy
uczulony adj allergic (to sth)
uczyć vt to teach
uczyć się vr to learn, to study
uczynek n deed, act
udany adj successful
udawać vi to pretend, to simulate
udawać się vr to be a success, to succeed
uderzać vt to hit, to strike
uderzający adj striking
uderzenie n (atak) strike; (cios) blow, knock, punch
uderzyć się vr to hit sth
udo n thigh
udogodnienie n convenience, facility
udowadniać vt to prove
udział n -1. (uczestniczenie) participation -2. (w zyskach firmy) share
udziałowiec n shareholder
udzielać vt to give, to grant

ufać *vi* to trust
ugoda *n* agreement
ugryzienie *n* bite
ujawniać *vt* to disclose, to reveal
ujemny *adj* negative
ujście *n* outlet
ukazywać się *vr* to appear, to come into view
ukąszenie *n* bite, sting
układać *vt* to arrange
układanka *n* (jigsaw) puzzle
ukłon *n* nod
ukochany(a) *n* beloved, sweetheart, darling
ukoić *vt* to soothe
ukośny *adj* diagonal, slanting
ukryty *adj* hidden
ukrywać *vt* to conceal
ukrywać się *vr* to hide
ul *n* beehive, hive
uleczalny *adj* curable
ulegać *vi* to give in, to yield
uległy *adj* submissive, docile
ulepszać *vt* to improve, to upgrade
ulewa *n* downpour
ulewny *adj* torrential, heavy
ulga *n* relief
ulica *n* street, (skrót) St; road, (skrót) Rd
uliczka *n* alley, lane
ulotka *n* leaflet
ulubiony *adj* favourite
ułamek *n* fraction
ułatwiać *vt* (coś) to make (sth) easier
ułomność *n* handicap
umawiać się *vr* **-1.** (na randkę) to go on a date; (na spotkanie) to make an appointment **-2.** (uzgodnić) to agree
umeblowany *adj* furnished
umiar *n* moderation
umiarkowany *adj* moderate
umieć *vi* can, to be able to
umiejętnie *adv* skilfully
umiejętność *n* ability, capability, skill

umiejscawiać *vt* to locate, to site
umiejscowiony *adj* located
umierać *vi* to die, to pass away
umieralność *n* mortality
umieszczać *vt* to place, to put
umięśniony *adj* muscular
umocowywać *vt* to fix, to anchor
umowa *n* agreement, contract
umożliwiać *vt* to make possible
umysł *n* mind, intellect
umysłowy *adj* (choroba, wysiłek) mental; (poziom) intellectual
umyślnie *adv* deliberately, intentionally, on purpose
umyślny *adj* deliberate, intentional
umywalka *n* washbasin
uncja *n* ounce, (skrót) oz
unia *n* union
unieważniać *vt* to cancel
unik *n* dodge
unikać *vt* to avoid
unikalny *adj* unique
uniwersalny *adj* universal
uniwersytet *n* university
unosić się *vr* **-1.** (na wodzie, w powietrzu) to float, to drift; **-2.** (wstawać) to rise
unowocześniać *vt* to modernize, to update, to upgrade
uodparniać *vt* to immunize
uogólniać *vt* to generalize
upadać *vi* to fall
upadłość *n* bankruptcy
upalny *adj* blazing, scorching
upał *n* heat
upamiętniać *vt* to commemorate
uparty *adj* obstinate, stubborn
upewniać się *vr* to make sure/certain, to ensure, to check
upierać się *vr* to insist
upijać się *vr* to get drunk
upiór *n* phantom, spectre, ghost
upływ *n* (czasu) passage; (krwi) loss, flow

upodobanie *n* preference
upokarzać *vt* to humiliate
upokorzenie *n* humiliation
upominek *n* gift, present
uporczywy *adj* persistent, insistent, constant
upośledzenie *n* (kalectwo) handicap, disability
upośledzony *adj* handicapped, disabled
upoważniać *vt* to authorize sb to do sth
upoważnienie *n* authorization
upór *n* obstinacy, stubbornness
upraszczać *vt* to simplify
uprawiać *vt* -1. (ziemię) to cultivate, to farm -2. (sport) to practise
uprawniony *adj* eligible
uprowadzać *vt* (osobę) to abduct; (dla okupu) to kidnap; (samolot) to hijack
uprzedni *adj* previous, prior, former
uprzednio *adv* previously, formerly
uprzedzać *vt* to warn sb of/about sth
uprzedzenie *n* -1. (ostrzeżenie) warning -2. (niechęć) prejudice
uprzejmość *n* kindness, courtesy
uprzejmy *adj* kind, polite, nice
uprzywilejowany *adj* privileged
upuszczać *vt* to drop
uran *n* uranium
Uran *n* Uranus
uraz *n* (fizyczny) injury; (psychiczny) trauma
uraza *n* grudge, resentment
urazowy *adj* traumatic
urażony *adj* hurt, resentful
urlop *n* leave; (wakacje) holiday
uroczy *adj* lovely, charming, adorable
uroczystość *n* ceremony
uroczysty *adj* ceremonial, solemn
uroda *n* beauty, looks
urodzajny *adj* fertile
urodziny *n* birthday
urodzony *adj* born

urok *n* -1. (piękno) charm, appeal -2. (zaklęcie) spell
urozmaicenie *n* variety, diversity
urozmaicony *adj* varied, diversified
uruchamiać *vt* to start
urząd *n* -1. (biuro) office, bureau, agency; -2. (stanowisko) post, office
urządzać *vt* to arrange, to organize
urządzenie *n* device
urzędni-k(czka) *n* clerk, office worker
urzędowy *adj* official, formal
usatysfakcjonowany *adj* (czymś) satisfied (with sth)
USG *n* **badanie USG** ultrasound examination
usiłować *vt* to attempt
usiłowanie *n* -1. (próba) attempt; -2. (wysiłek, staranie) endeavour
usługa *n* service
uspokajać *vt* to calm sb down, to soothe sb
uspokajać się *vr* to calm down
usprawiedliwiać *vt* to justify
usprawiedliwienie *n* (wymówka) excuse; (uzasadnienie) justification
usprawniać *vt* to rationalize, to improve
usta *npl* mouth
ustalać *vt* to establish, to determine
ustawa *n* act, law
ustawiać *vt* to arrange
ustawienie *n* arrangement
ustawodawstwo *n* legislation
ustąpienie *n* resignation
usterka *n* fault, defect
ustny *adj* oral
ustrój *n* system
usunięcie *n* removal
usuwać *vt* to remove sb/sth, to dispose of sb/sth, to get rid of sb/ sth
uszczelka *n* gasket, seal
uszczęśliwiać *vt* to make (sb) happy
uszkadzać *vt* to damage
uszkodzenie *n* (budynku) damage; (ciała) injury

uszkodzony *adj* defective, damaged, broken (down), out of order
uścisk *n* grip
uśmiech *n* smile
uśmiechać się *vr* to smile
uśmierzać *vt (ból)* to relieve, to soothe, to ease; *(bunt, zamieszki)* to quell
uświadamiać *vt* to realize
utalentowany *adj* gifted, talented
utknąć *vi* to get stuck
utrata *n* loss
utrudniać *vt* to impede, to hinder, to handicap, to hamper
utrudnienie *n* handicap, hindrance, difficulty
utrzymywać *vt* **-1.** *(rodzinę)* to provide for, to support, to maintain; *(dom)* to run. **-2.** *(porządek, stosunki)* to keep, to maintain
utrzymywać się *vr* to make a living
utykać *vi* to limp
uwaga *n* **-1.** *(koncentracja)* attention **-2.** *(komentarz)* comment, remark, observation
uwalniać *vt* to free, to set free
uwalniać się *vr* to break free/loose
uważać *vi* **-1.** *(być ostrożnym)* to be careful, to watch, to watch out, to mind, to look out **-2.** *(sądzić, że)* to think (that), to be of the opinion (that), to find (that)
uważny *adj* careful, attentive, watchful
uwiedzenie *n* seduction
uwielbiać *vt* to adore, to love
uwierać *vi* to pinch
uwięzić *vt* to imprison
uwodziciel(ka) *n* seducer
uwodzić *vt* to seduce
uzależniony *adj* dependent; *(od narkotyków)* addicted
uzasadniać *vt* to justify
uzasadnienie *n* justification
uzasadniony *adj* justified
uzbrojenie *n* armaments, weapons

uzdolniony *adj* talented, gifted, capable
uzdrawiać *vt* to cure, to heal
uzdrowisko *n* health resort, spa
uzgadniać *vt* to agree, to arrange, to make an arrangement
uzgodniony *adj* agreed, arranged
uznanie *n* recognition, acknowledgement
uznawać *vt* to recognize, to acknowledge
uzupełniać *vt (dietę)* to supplement; *(wypowiedź)* to complete; *(zapasy)* to replenish
uzupełniający *adj* supplementary
uzupełnienie *n* supplement
uzyskiwać *vt* to obtain, to get
użądlenie *n* sting
użycie *n* use
użyteczny *adj* useful
użytek *n* use
użytkowni-k(czka) *n* user
używać *vt* to use
używany *adj* used, second-hand
używka *n* stimulant
użyźniać *vt* to fertilize

W

w *prep (kiedy)* in, at, on; *(w jakim czasie)* within, in; *(gdzie)* in, at; *(kierunek)* **w lewo/w prawo** to the left/right; **w górę/w dół** up/down
wachlarz *n* fan
wada *n* defect
wadliwy *adj* defective, faulty
waga *n* **-1.** *(urządzenie)* scales, balance **-2.** *(ciężar)* weight **-3.** *(znaczenie)* importance **-4.** *(znak zodiaku)* Libra
wagon *n* carriage

wahać się vr to hesitate
wahadło n pendulum
wahanie n hesitation, indecision
wakacje npl holiday
walc n waltz
walczyć vi to fight
walec n cylinder
walić się vr to collapse, to tumble
down
walizka n suitcase, case
walka n fight, combat, struggle
waluta n currency
walutowy adj monetary
wałęsać się vr to loiter, to wander
wampir n vampire
wandal n vandal
wanilia n vanilla
wanna n bath, bathtub
wapień n limestone
wapno n lime
warga n lip
wariat(ka) n madman/madwoman
wariować vi to go crazy, to go mad
warkocz n plait
warstwa n layer; (farby) coat
warsztat n workshop, shop
wart adj worth
warta n guard
wartościowy adj valuable
wartość n value, worth
wartowni-k(czka) n sentry, guard
warunek n condition
warzywny adj vegetable
warzywo n vegetable
was pron you
wasz pron (przed rzeczownikiem)
your; (bez rzeczownika) yours
wat n watt, (skrót) W
wata n cotton wool
wazon n vase
ważka n dragonfly
ważność n importance, significance
ważny adj -1. (istotny) important,
significant -2. (aktualny) valid

ważyć vi to weigh
wąchać vt to smell
wąski adj narrow
wąsy npl moustache
wątpić vi to doubt
wątpliwość n doubt
wątpliwy adj questionable
wątroba n liver
wąwóz n gorge, ravine
wąż n snake, serpent; (gumowy) tube,
hose
wbijać vt (gwóźdź) to hammer in,
to drive in; (paznokcie, zęby) to dig
into
wbrew prep contrary to; **wbrew
przepisom/prawu** against the rules/
law
wcale adv **wcale nie** (not) at all;
wchłaniać vt to absorb, to soak up
wchodzić vi to walk in, to enter
wciągający adj compelling
wciąż adv (nadal) still; (ustawicznie,
stale) always, forever
wciskać vt to cram, to squeeze in,
to jam
wczasowicz(ka) n BrE holidaymaker;
AmE vacationer
wczasy npl holiday
wczesny adj early
wcześnie adv early
wczoraj adv yesterday
wdech n inhalation
wdowa n widow
wdowiec n widower
wdychać vt to inhale, to breathe in
wdzięczność n gratitude
wdzięczny adj - grateful, thankful
wdzięk n grace, charm
według prep according to
weekend n weekend
wegetarianin(ka) n vegetarian
wejście n -1. (czynność) entrance,
entry -2. (drzwi) entrance, doorway
welon n veil

wełna n wool
wełniany adj woollen
wentylacja n ventilation
wentylator n fan, ventilator
weranda n porch, veranda
werbować vt to recruit
werdykt n verdict
wersalka n sofa bed
wersja n version
weryfikować vt to verify
wesele n wedding
wesoły adj cheerful, merry, jolly
westchnienie n sigh
weterynarz n vet, veterinary surgeon
wewnątrz adv inside, within, indoors
wewnętrzny adj (ściany, obrażenia)
   internal; (handel, rynek, lot)
   domestic, internal; (spokój,
   dyscyplina) inner;
wezwanie n -1. (apel) appeal, call
   for sth -2. (polecenie stawienia się
   gdzieś) summons; (lekarza, policji)
   call;
węch n smell
wędka n fishing rod
wędkarstwo n angling, fishing
wędkować vi to fish
wędrować vi to wander, to roam
wędrówka n hike, trek, ramble
wędzić vt to smoke
wędzony adj smoked
węgiel n (pierwiastek) carbon;
   (surowiec) coal
węgorz n eel
węzeł n - knot
wgląd n insight
wiać vi to blow
wiadomość n news, a piece of news
wiadro n bucket
wiadukt n viaduct, flyover
wiara n faith
wiarygodny adj credible, reliable
wiatr n wind
wiatrak n windmill

wiązać vt to bind, to tie
wiązanka n bunch, bouquet
wibracja n vibration
wibrować vi to vibrate
widelec n fork
wideo n video
widły npl fork, pitchfork
widoczność n visibility
widoczny adj visible, conspicuous,
   apparent
widok n -1. (panorama) view.
   -2. (scena) sight, scene
widokówka n postcard
widowisko n spectacle, show
widowiskowy adj spectacular
widownia n -1. (miejsce) auditorium
   -2. (widzowie) audience
widz n spectator, viewer
widzieć vt to see
wieczny adj eternal, everlasting
wiecznie adv forever
wieczór n evening
wiedza n knowledge
wiedzieć vt (coś) to know sth vi
   (o kimś/czymś) to know about sb/sth
wiedźma n witch, hag
wiejski adj country, village
wiek n -1. (np osoby) age -2. (stulecie)
   century
wielbiciel(ka) n lover, enthusiast,
   admirer
wielbłąd n camel
wiele pron (przed rzeczownikami
   policzalnymi) many, a lot of; (przed
   rzeczownikami niepoliczalnymi)
   much, a lot of
Wielkanoc n Easter
wielkość n size
wielokrotny adj repeated, multiple
wieloryb n whale
wieprzowina n pork
wiercić vt to bore, to drill
wiercić się vr to fidget, to wriggle
wierność n faithfulness, fidelity, loyalty

wierny(a) adj **-1.** (dochowujący wiary) faithful, trusty **-2.** (dokładny) accurate

wiersz n poem

wiertarka n drill

wierzba n willow

wierzch n top

wierzyć vi to believe

wieszać vt to hang

wieś n **-1.** (mała miejscowość) village **-2.** (w przeciwieństwie do miasta) the country

wieść n news

wiewiórka n squirrel

wieża n tower; (figura szachowa) castle

wieżowiec n high-rise, skyscraper, tower block

więc conj so, then

więcej adv more

więdnąć vi (o roślinie) to wilt, to wither; (o urodzie) to fade

większość n majority, most

większy adj (rozmiar) larger, bigger; (znaczenie) greater, major

więzić vt (kogoś) to keep sb in prison, to hold sb captive

więzienie n **-1.** (budynek) prison, jail, gaol **-2.** (kara) imprisonment

wię-zień(źniarka) n prisoner, inmate, convict

więź n bond

wigilia n (przeddzień ważnego wydarzenia) eve

wiklinowy adj wicker

wilgoć n moisture, dampness; (w powietrzu) humidity

wilgotność n humidity

wilgotny adj (ubranie, ściana) damp, wet; (gleba, ciasto) moist; (pogoda, klimat) humid

wilk n wolf

willa n villa

wina n (przewinienie) fault; (odpowiedzialność) blame; (poczucie) guilt

winda n BrE lift; AmE elevator

winić vt to blame; (kogoś za coś) to blame sb for sth, to put/lay the blame on sb

winnica n vineyard

winny adj **-1.** (odpowiedzialny) guilty **-2.** (dłużny) być komuś coś winnym to owe sb sth

wino n wine

winogrono n grape

wiolonczela n cello

wioska n village, hamlet

wiosło n oar

wiosłować vi to row

wiosna n spring

wioślarz n rower

wirus n virus

wisieć vi to hang; (w powietrzu) to hover

wisiorek n pendant

wiskoza n viscose

wiśnia n cherry

witać vt (pozdrawiać) to greet; (przybysza) to welcome

witamina n vitamin

witryna n **-1.** (sklepowa) shop window **-2.** (internetowa) website

wiza n visa

wizerunek n image

wizja n vision

wizyta n visit; (u lekarza) appointment

wizytówka n business card

wjazd n entry; (brama) gateway; (na autostradę) slip road; (do garażu) drive

wjeżdżać vi (do środka) to drive in; (o pociągu) to pull in; (windą) to go up

wkładać vt to put in, to insert; (buty, ubranie) to put on

wkrótce adv soon, shortly

wlec się vr (o człowieku) to drag oneself (along); (o wydarzeniu, wykładzie) to drag (on); (o czasie)

to drag, to wear on; *(o samochodzie,
pociągu)* to crawl
władać *vt* **-1.** *(krajem)* to rule
-2. *(językiem)* to speak, to have
a good command of
władca(czyni) *n* ruler
władza *n (panowanie)* rule, reign;
(zwierzchnictwo) authority, power
włamanie *n* burglary, break-in
włamywacz(ka) *n* burglar
włamywać się *vr* to break in
własność *n (posiadanie)* ownership;
(majątek) property
własny *adj* own; **mój/jego/jej własny**
my/his/ her own
właściciel(ka) *n* owner
właściwie *adv* **-1.** *(faktycznie)*
actually, as a matter of fact, in fact
-2. *(poprawnie)* suitably, properly
-3. *(prawidłowo)* correctly
właściwy *adj* **-1.** *(poprawny)* correct,
right **-2.** *(odpowiedni)* proper,
appropriate, right, adequate
-3. *(faktyczny)* actual
właśnie *adv* just
włączać *vt (światło, urządzenie)*
to put on, to turn on, to switch on;
(do kontaktu) to plug in
włączać się *vr (o urządzeniu)* to come
on; *(o budziku, alarmie)* to go off;
(do czegoś) to join in sth/doing sth;
(do ruchu) to pull out
włączony *adj* on
włos *n* hair; **włosy** hair
włóczyć się *vr* to roam, to wander,
to ramble
włókno *n* fibre
wnęka *n* niche, recess
wnętrze *n* interior, the inside
wniosek *n* **-1.** *(podanie, prośba)*
application **-2.** *(propozycja)* motion,
proposal **-3.** *(konkluzja)* conclusion
wnioskować *vt* to deduce
wnosić *vt (rzeczy, bagaż)* to carry in,
to bring in; *(wkład)* to contribute

wnuczka *n* granddaughter
wnuk *n* grandson
woda *n* water
Wodnik *n (znak zodiaku)* Aquarius
wodnisty *adj* watery
wodorost *n* algae; **wodorosty**
seaweed
wodospad *n* waterfall, falls
wodotrysk *n* fountain
wodór *n* hydrogen
wojenny *adj (film, inwalida)* war;
jeniec wojenny prisoner of war
województwo *n* province
wojna *n* war
wojownik *n* warrior
wojsko *n* armed forces, the military,
army
wojskowy *adj* military
wokoło *prep* around, round
→ **wokoło** *adv* around, round
wola *n* will
woleć *vt* to prefer; *(coś od czegoś)*
to prefer sth to sth
wolno *adv (powoli)* slowly, slow
→ **wolno** *inv (komuś coś robić)* to be
allowed to do sth
wolność *n* freedom, liberty
wolny *adj* **-1.** *(powolny)* slow
-2. *(swobodny, nieograniczony)* free
wolt *n* volt
wołać *vt (kogoś)* to call sb
wołowina *n* beef
worek *n* sack, bag
wosk *n* wax
wozić *vt* to transport; *(samochodem)*
to drive
wódka *n* vodka
wódz *n (przywódca)* leader;
(plemienia) chief
wół *n* ox
wóz *n (konny)* cart, wagon; *(strażacki)*
fire engine
wózek *n (sklepowy)* trolley; *(dziecięcy
głęboki)* pram; *(spacerówka)*
pushchair; *(inwalidzki)* wheelchair

wpisowe *n* entrance fee
wpłacać *vt* to pay (in/into); *(do banku)* to deposit
wpłata *n* deposit, payment
wpływ *n* influence, impact
wpływać *vi* **-1.** *(do portu)* to sail in, to dock **-2.** *(wywierać wpływ)* to affect, to influence
wpływowy *adj* influential, powerful
wprawa *n* skill, practice
wprawny *adj* skilful, practised
wprost *adv* directly, outright
wprowadzać *vt* *(do pomieszczenia)* to usher, to show in; *(zmiany, zwyczaje)* to introduce, to bring in; *(dane do komputera)* to enter, to feed; *(produkt na rynek)* to launch
wracać *vi* to return, to come/to go/ to get back; **wracać do zdrowia** to recover
wrak *n* wreck
wraz *adv* **wraz z kimś/czymś** along with sb/sth, together with sb/sth
wrażenie *n* impression; *(doznanie)* sensation
wrażliwy *n* sensitive
wreszcie *adv* finally, at last
wręczać *vt* *(coś komuś)* to hand sth in to sb; *(nagrodę, dyplom)* to present sth to sb, to present sb with sth
wrodzony *adj* *(talent, umiejętność)* inborn, innate
wrogi *adj* hostile
wrogość *n* hostility, enmity
wrona *n* crow
wrotki *npl* roller skates
wróbel *n* sparrow
wróg *n* enemy, foe
wróżka *n* **-1.** *(przepowiadająca przyszłość)* fortune-teller **-2.** *(z bajki)* fairy
wrzask *n* scream, shriek, yell
wrzeć *vi* *(o wodzie)* to boil
wrzesień *n* September

wrzeszczeć *vi* to yell, to scream, to shriek
wrzód *n* *(czyrak)* abscess; *(żołądka)* gastric ulcer
wrzucać *vt* *(coś do czegoś)* to throw sth into sth
wschodni *adj* east, eastern
wschodzić *vi* **-1.** *(o roślinach)* to germinate, to come up; **-2.** *(o słońcu)* to rise
wschód *n* **-1.** *(słońca)* sunrise **-2.** *(strona świata)* east
wsiadać *vi* *(do autobusu, tramwaju)* to get on a bus/tram; *(do samochodu)* to get into a car; *(do samolotu)* to board a plane; *(na statek)* to board a ship, to embark; *(do pociągu)* to board a train, to get on a train; *(na konia)* to mount a horse
wskazówka *n* **-1.** *(rada)* hint, clue, tip **-2.** *(zegara)* hand;
wskazówki *(zalecenia)* guidelines, directions
wskazywać *vt* *(na kogoś/coś)* to point to/at sb/ sth; *(komuś na coś)* to point sth out to sb; *(oznaczać)* to indicate; *(o urządzeniu pomiarowym)* to read, to say
wskaźnik *n* **-1.** *(instrument, urządzenie)* indicator, gauge **-2.** *(produkcji, rozwoju)* index, rate
wspaniale *adv* magnificently, splendidly, delightfully, wonderfully
wspaniały *adj* wonderful, splendid, magnificent, gorgeous
wsparcie *n* support, backing
wspierać *vt* to support, to back
wspinaczka *n* climb, climbing
wspinać się *vr* *(na coś)* to climb sth, to ascend sth, to scale sth
wspominać *vt* **-1.** *(zdarzenie z przeszłości)* to reminisce (about sb/sth) **-2.** *(napomykać o czymś)* to mention sth, to refer to sth
wspomnienie *n* memory, recollection

wspólnik(czka) *n* partner, associate; *(przestępstwa)* accomplice
wspólnota *n (związek narodów, państw)* community
wspólny *adj (cel, dobro)* common; *(do wspólnego użytku)* shared, communal
współczesny *adj* contemporary, modern
współczucie *n* compassion, sympathy
współczuć *vi (komuś)* to pity sb, to be/ fell sorry for sb, to sympathize with sb
współczujący *adj* compassionate, sympathetic
współlokator(ka) *n* roommate
współmałżonek(ka) *n* spouse
współpraca *n* cooperation, collaboration; *(z wrogiem)* collaboration
współpracować *vi* to cooperate, to collaborate; *(z wrogiem)* to collaborate
współpracownik(czka) *n* co-worker, workmate, associate; *(policji)* informer
wstawać *vi (z łóżka)* to get up; *(z krzesła)* to stand up, to rise
wstążka *n (do włosów)* ribbon; *(do kapelusza)* band
wstęp *n* -1. *(prawo wejścia)* admission, admittance, entry -2. *(wprowadzenie)* introduction; *(do książki)* preface
wstępować *vi* -1. *(do organizacji, na uczelnię)* to join, to enter -2. *(wejść na chwilę, odwiedzić)* to call in, to drop in/by, to stop by
wstręt *n* disgust, revulsion, repulsion
wstrętny *adj* disgusting, repulsive, sickly
wstrząs *n (przeżycie)* shock; *(drgnięcie)* jolt
wstrząsać *vt (potrząsać)* to shake; *(wywoływać silne wrażenie)* to shock, to shake

wstrzykiwać *vt* to inject
wstyd *n* shame, disgrace
wstydliwy *adj* bashful
wstydzić się *vr (czegoś)* to be ashamed of sth
wsuwać *vt* to slip, to insert
wszechstronny *adj (o osobie)* versatile; *(o wykształceniu)* comprehensive
wszechświat *n* the universe
wszelki *adj (każdy)* every; *(jakikolwiek)* any; **na wszelki wypadek** (just) in case, (just) to be on the safe side
wszędzie *adv* everywhere, all over, all over the place
wszyscy *pron* all; *(wszyscy ludzie)* everybody, everyone
wszystkie *pron* all
wszystko *pron* everything, all
wścibski *adj* inquisitive, nosy
wściekać się *vr (na coś)* to rage against/at/about sth, to get angry with/at sb/about sth
wściekłość *n* rage, fury
wściekły *adj* furious, mad, enraged
wśród *prep* among
wtedy *adv* then, at the time
wtorek *n* Tuesday
wtrącać się *vr (do rozmowy)* to break in, *inf* to butt in; *(ingerować w coś)* to interfere in sth, to meddle in sth, to pry into sth
wtyczka *n* -1. *(elektryczna)* plug -2. *(szpieg)* mole
wtykać *vt* to stick, to poke
wuj *n* uncle
wulgarny *adj* vulgar, rude
wulkan *n* volcano
wy *pron* you
wybaczać *vt* to forgive, to excuse
wybaczenie *n* forgivenes
wybielacz *n* bleach
wybierać *vt (z różnorodnych)* to choose; *(z podobnych)* to select, to pick; *(w drodze głosowania,*

wyborów) to elect; *(numer telefonu)* to dial

wybijać vt *(godzinę)* to strike, to chime; *(szybę)* to break; *(rytm)* to beat

wybitny adj outstanding, prominent, distinguished

wyblakły adj faded

wyborca(czyni) n voter

wyborczy adj electoral

wybory npl election

wybór n choice; *(burmistrza, prezydenta)* election; *(asortyment)* choice, selection, pick

wybrakowany adj defective

wybredny adj choosy, fussy, picky

wybrzeże n coast, shore

wybuch n *(bomby)* explosion, blast; *(placzu)* outburst; *(wojny, epidemii)* outbreak; *(wulkanu)* eruption

wybuchać vi *(o bombie)* to explode, to go off, to detonate; *(o wojnie, epidemii)* to break out; *(o wulkanie)* to erupt;

wybuchowy adj explosive; *(o człowieku)* bad-tempered, temperamental

wyceniać vt to price, to value, to estimate

wychodzić vi *(z biura, z domu)* to go out, to leave, to come out, form to exit; *(o włosach, publikacjach, zdjęciach)* to come out; *(o oknie, pokoju)* to overlook, to face; *(za mąż)* to get married

wychowanie n -1. *(proces)* upbringing -2. *(maniery)* manners

wychowywać vt to bring up, to raise

wyciągać vt *(wydobywać) (coś z czegoś)* to pull sth out of sth, to draw sth out of sth *(rękę)* to extend, to stretch; *(morał, wniosek)* to draw

wyciągać się vr *(np. na łóżku)* to stretch oneself out

wycieczka n trip, excursion; *(objazdowa)* tour

wyciek n leak, leakage

wycieraczka n *(przed drzwiami)* doormat; *(samochodowa)* wiper

wycierać vt *(ręce)* to dry; *(naczynia)* to dry up; *(brud)* to wipe; *(podłogę)* to mop; *(z kurzu)* to dust; *(nos)* to blow

wycinać vt to cut out

wyciskać vt to squeeze

wycofywać vt to withdraw

wycofywać się vr to withraw; *(z życia politycznego, zawodowego)* to retire; *(z umowy, przyrzeczenia)* to back out *(o wojsku)* to retreat

wyczerpany adj -1. *(zmęczony)* exhausted, tired out, weary -2. *(o nakładzie książki)* out of print -3. *(o baterii)* flat, dead

wyczerpujący adj -1. *(męczący)* exhausting -2. *(gruntowny)* comprehensive, thorough, exhaustive

wyczerpywać się vr *(o akumulatorze, baterii)* to run down, to wear out; *(o zapasach)* to run low (on sth); *(o cierpliwości)* to wear thin

wyczucie n -1. *(takt)* tact -2. *(intuicja, orientacja)* sense

wyczuwać vt to sense; *(zapach)* to smell; *(smak)* to taste; *(dotykiem)* to feel

wydajność n efficiency, productivity

wydajny adj *(pracownik, urządzenie)* efficient, productive

wydanie n -1. *(edycja)* edition -2. *(publikacja)* publication -3. *(egzemplarz)* issue

wydarzać się vr to happen, to occur, to take place

wydarzenie n event, incident; *(dużej wagi)* occasion

wydatek n expense; **wydatki** *(globalnie)* spending, expenditure

wydawać vt **-1.** (pieniądze) to spend **-2.** (publikować) to publish **-3.** (oświadczenie, dokument) to issue **-4.** (wyrok, opinię) to pass

wydawać się vr to seem, to appear, to sound

wydawnictwo n publisher, publishing house

wydech n exhalation

wydechowy adj **rura wydechowa** exhaust (pipe)

wydłużać vt to lengthen; (np. wizytę, pobyt) to prolong

wydobywać vt (np. węgiel) to extract, to mine

wydorośleć vi to grow up, to mature

wydruk n printout

wydychać vt to exhale, to breathe out

wydział n (wyższej uczelni) faculty, school; (urzędu, instytucji) department, division

wydzielać vt **-1.** (rozdawać) to dispense, to ration out **-2.** (ciepło, promieniowanie) to emit; (zapach) to give off; (hormon) to secrete

wygasać vi **-1.** (o ogniu) to burn out **-2.** (tracić ważność) to expire, to lapse

wygasły adj **-1.** (wulkan, ogień) extinct **-2.** (o członkostwie, umowie) lapsed

wyginać vt to bend, to dent, to curve, to warp

wyginąć vi to become extinct, to die out

wyginięcie n extinction

wygląd n appearance

wyglądać vi to look

wygłaszać vt **wygłaszać przemówienie** to give/to deliver a speech

wygłupiać się vr to fool about/around

wygnanie n exile, banishment

wygnaniec n exile

wygnieciony adj wrinkled, crumpled

wygoda n comfort; (dogodność) convenience;

wygody (udogodnienia) conveniences, amenities

wygodny adj (fotel, buty) comfortable; (dogodny) convenient

wygrana n (pieniądze) win, winnings; (zwycięstwo) victory

wygrywać vt (np. rzecz) to win; vi (zwyciężać) to win

wyjaśniać vt to explain, to clarify; (nieporozumienie) to straighten sth out, to sort sth out, to clear sth up

wyjaśnienie n explanation

wyjawiać vt to reveal, to disclose, to give away

wyjątek n **-1.** (odstępstwo) exception **-2.** (fragment) excerpt

wyjątkowo adv exceptionally, unusually

wyjątkowy adj exceptional, unusual, special

wyjeżdżać vi (w podróż, na wakacje) to go away, to leave; (z garażu) to drive out

wyjmować vt (coś z czegoś) to take sth out of sth, to get sth out of sth

wyjście n **-1.** (miejsce) exit, way out **-2.** (z sytuacji) way out, solution, option

wykałaczka n toothpick

wykaz n register, list, inventory

wykluczać vt to rule out, to exclude, to eliminate

wykluczony adj ruled out, excluded, eliminated

wykład n lecture

wykładać vt **-1.** (coś czymś) to line sth with sth **-2.** (na uczelni) to lecture

wykładowca(czyni) n lecturer

wykładzina n (dywanowa) fitted carpet, wall-towall carpet; (podłogowa) lino, linoleum

wykonanie n (planu, polecenia) execution; (utworu) performance

wykonany adj (z czegoś) made of sth
wykonawca(czyni) n (utworu) performer; (robót) contractor
wykonawczy adj executive
wykonywać vt (operację, piosenkę) to perform; (polecenie) to execute; (plan, zadanie) to carry out; (pracę, ćwiczenie) to do
wykończony adj -1. (o projekcie) completed, finished -2. (zmęczony) inf dog-tired, shattered
wykopać vt (dół, tunel) to dig
wykopywać vt -1. (coś z ziemi) to dig sth up, to unearth -2. (wyrzucać kogoś skądś) inf to kick sb out (of sth)
wykorzystywać vt -1. (używać) to use, to make use of, to utilize -2. (np. okazję, sytuację) to take advantage of sth; (wyzyskiwać kogoś) to take advantage of sb, to exploit sb; (nadużywać władzy, stanowiska) to abuse; (seksualnie) to molest
wykres n chart, graph
wykręcać vt (śrubę) to unscrew; (numer) to dial; (bieliznę) to wring; (rękę) to twist
wykroczenie n offence
wykrój n pattern
wykrywacz n detector
wykrywać vt to detect
wykrzyknik n -1. (znak interpunkcyjny) exclamation mark -2. (część mowy) interjection
wykrzywiać vt to twist
wykształcenie n education, schooling
wykształcony adj educated
wykwalifikowany adj qualified, skilled
wylew n (krwi do mózgu) stroke
wylewać vt (celowo) to pour sth away/down sth; (przypadkiem) to spill; (o rzece) to overflow, to burst; (kogoś z pracy) inf to sack sb
wyliczać vt -1. (wymieniać) to enumerate, to recite -2. (obliczać) to calculate

wyluzowany adj laid-back
wyładowany adj (o akumulatorze, baterii) flat, dead
wyładowywać vt (towar, ładunek) to unload; (złość, energię) to vent
wyłamywać vt (np. drzwi) to break down, to force
wyłączać vt -1. (światło, urządzenie) to switch off, to turn off; (z sieci) to unplug -2. (usuwać, wykluczać) to exclude
wyłączenie n (wykluczenie) exclusion; (czegoś) excluding sth, exclusive of sth
wyłącznie adv exclusively, solely
wyłącznik n switch
wyłączny adj exclusive, sole
wyłączony adj off
wymagać vt to demand, to require, to call for
wymagający adj demanding, exacting, particular
wymaganie n requirement, demand
wymarcie n extinction
wymarły adj (gatunek) extinct; (ulica, miasto) dead
wymarzony adj dream, ideal
wymawiać vt -1. (słowo) to pronounce -2. (komuś pracę, mieszkanie) to give sb notice
wymazywać vt to erase, to delete
wymeldować się vr (z hotelu) to check out
wymiana n exchange; (elementu) replacement
wymiar n dimension, measurement
wymieniać vt -1. (coś na coś) to exchange sth for sth -2. (zastępować) to replace, to change -3. (nazwisko, nazwę) to name, to mention -4. (wyliczać) to enumerate, to list
wymierać vi to die out
wymiotować vi to vomit, to be sick, inf to throw up

wymioty *npl* vomit

wymowa *n* **-1.** *(artykulacja)* pronounciation **-2.** *(znaczenie)* significance

wymówienie *n* notice

wymówka *n* **-1.** *(wykręt)* excuse **-2.** *(wyrzut)* reproach

wymykać się *vr (z ręki, pomieszczenia)* to slip out

wymyślać *vt* **-1.** *(coś nowego)* to invent, to devise, to think up **-2.** *(zmyślać)* to make up, to invent **-3.** *vi (ubliżać komuś)* to swear at sb

wynagradzać *vt* **-1.** *(rekompensować coś komuś)* to make it up to sb/sth **-2.** *(dawać w nagrodę)* to reward

wynagrodzenie *n* pay, reward; *(rekompensata)* compensation

wynajem *n (mieszkania)* renting; *(samochodu)* car hire

wynajmować *vt (samochód, pracownika)* to hire; *(dom, mieszkanie od kogoś)* to rent, to lease; *(dom, mieszkanie komuś)* to let, to lease

wynalazca(czyni) *n* inventor

wynalazek *n* invention

wynaleźć *vt* to invent

wynik *n (skutek)* result, outcome

wynosić *vt* **-1.** *(zabierać w inne miejsce/na zewnątrz)* to take out/ away **-2.** *(o sumie)* to amount to, to total, to come to

wyobraźnia *n* imagination

wyolbrzymiać *vt* to exaggerate

wypadać *vi* **-1.** *(o włosach, zębach)* to fall out, to come out. **-2.** *(wybiegać w pośpiechu)* to rush out, to breeze out **-3.** *(z ręki)* to slip

wypadek *n* accident, crash

wypakowywać *vt* to unpack

wypalać *vi* **-1.** *(o broni)* to fire **-2.** *vt (cegły, ceramikę)* to bake **-3.** *(dziurę)* to burn

wypalić się *vi (o ogniu)* to burn out

wyparować *vi* to evaporate

wypatrywać *vt (kogoś/czegoś)* to look out for sb/ sth, to watch out for sb/ sth

wypełniać *vt* to fill; *(coś czymś)* to fill sth with sth

wypełniony *adj (formularz)* filled in, completed; *(naczynie)* full, filled up

wypisywać *vt* **-1.** *(pacjenta ze szpitala)* to discharge **-2.** *(czek, receptę)* to write out, to make out

wypłacać *vt (pieniądze z banku)* to withdraw

wypoczynek *n* recreation, rest

wypoczywać *vi* to rest

wyposażać *vt (w coś)* to equip with sth

wyposażenie *n* equipment

wypowiadać *vt (słowo)* to utter; *(komuś pracę)* to give sb notice

wypowiedzenie *n (z pracy)* notice; *(wojny)* declaration

wypowiedź *n* utterance; *(oficjalna)* statement

wypożyczać *vt form* to loan, to lend; *(samochód)* to hire, to rent

wypożyczalnia *n (książek)* lending library; *(rowerów/samochodów)* cycle/car hire

wypracowanie *n* essay, composition

wyprawa *n (ekspedycja)* expedition; *(ślubna)* trousseau

wyprostować się *vr* to straighten up

wyprostowany *adj* erect, straight, upright

wyprowadzać *vt (na zewnątrz)* to take out

wyprowadzać się *vr* to move out

wypróbować *vt (kogoś/coś)* to try sb/ sth out, to test sth, *inf* to have a go at sth

wyprzedaż *n (sezonowa)* the sales, sale, clearance sale

wyprzedzać *vt* **-1.** *(jadąc samochodem)* to overtake

-2. *(prześcigać w wynikach)* to be ahead of sb

wypuszczać *vt* **-1.** *(uwalniać)* to set free, to release **-2.** *(powietrze, wodę)* to let out **-3.** *(pozwalać wyjść z pomieszczenia)* to let sb out **-4.** *(książkę, płytę na rynek)* to release sth, to bring sth out

wypychać *vt* **-1.** *(skądś)* to push out **-2.** *(czymś)* to stuff (with sth), to fill (with sth)

wyrabiać *vt* **-1.** *(wytwarzać)* to produce, to manufacture **-2.** *(ciasto)* to knead **-3.** *(reputację, pozycję)* to establish **-4.** *(opinię, zdanie)* to form

wyrafinowany *adj* sophisticated, subtle

wyraz *n (słowo)* word

wyraźnie *adj* **-1.** clearly, distinctly **-2.** *(ewidentnie)* visibly, plainly **-3.** *(znacznie)* markedly

wyraźny *adj (pismo, wymowa)* clear, distinct; *(znaczny)* definite, marked, pronounced

wyrażać *vt (coś)* to express sth

wyrażenie *n* expression, phrase

wyrok *n* sentence, verdict

wyrostek *n* **-1.** *(młodzieniec)* youngster **-2.** *(robaczkowy)* appendix

wyrozumiały *adj* understanding, forgiving, tolerant

wyrób *n (produkt)* product

wyrównany *adj (szanse, poziom)* even

wyróżniać *vt* **-1.** *(wyodrębniać)* to distinguish **-2.** *(nagradzać)* to honour

wyróżniać się *vr* to stand out, to distinguish oneself

wyróżniający *adj* distinctive; *(wybitny)* outstanding

wyruszać *vi* to set out/off

wyrywać *vt (komuś coś)* to snatch sth from sb; *(kartkę z zeszytu)* to tear out

wyrywać się *vr (komuś)* to pull away; *(skądś, od czegoś)* to get away

wyrządzać *vt* **wyrządzać krzywdę/ szkodę** to do harm/damage

wyrzucać *vt (usuwać)* to throw away/ out, to discard

wyrzut *n (pretensja)* reproach; **wyrzuty sumienia** remorse, pangs of conscience

wysadzać *vt* **-1.** *(coś w powietrze)* to blow sth up, to blast **-2.** *(z samochodu)* to drop sb (off)

wyschnąć *vi (o ubraniu, włosach)* to dry out; *(o rzece, studni)* to dry up

wysepka *n (na jezdni)* traffic island

wysiadać *vi (z samochodu, windy)* to get out; *(z autobusu, pociągu)* to get off; *(ze statku, samolotu)* to disembark

wysilać się *vr (wytężać się)* to exert oneself; *(starać się)* to go out of one's way to do sth, to take trouble to do sth;

wysiłek *n* effort

wysoce *adv* highly, most

wysoki *adj* high; *(człowiek, budynek, drzewo)* tall

wysoko *adv* high

wysokość *n* height

wyspa *n* island

wysportowany *adj* athletic

wystarczać *vt* to be enough, to do

wystarczająco *adv* enough

wystarczający *adj* sufficient, adequate

wystawa *n* exhibition, display; *(kwiatów, psów)* show

wystawiać *vt* **-1.** *(spektakl teatralny)* to stage, to put on **-2.** *(eksponaty)* to exhibit, to display **-3.** *(wysuwać, np. rękę)* to stick out **-4.** *(paszport, zaświadczenie)* to issue **-5.** *(czek, rachunek)* to write out

wystąpienie *n* **-1.** *(przemówienie)* speech **-2.** *(pojawienie się)* appearance

występ *n* **-1.** *(publiczny, sceniczny)*
appearance, performance **-2.** *(półka)*
ledge
występek *n* misdemeanour, vice
występować *vi* **-1.** *(na scenie)*
to appear, to perform **-2.** *(ubiegać się
o coś)* to apply for sth **-3.** *(zdarzać
się – o zjawisku)* to occur, to be
found **-4.** *(o objawach)* to appear
wystroić się *vr* to dress up
wystrzał *n* shot, gunshot
wystrzelić *vi (o broni palnej)* to fire;
(o roślinie) to shoot
wysuwać *vt* **-1.** *(wniosek, kandydaturę)*
to put sth forward **-2.** *(szufladę)*
to pull out
wysyłać *vt (życzenia, listy)* to send;
(towar) to dispatch, to consign;
(sygnał, promieniowanie) to send
out; **wysyłać pocztą** to post, to mail
wysyłka *n (towarów)* consignment,
shipment
wysypisko *n (śmieci)* dump, landfill
wysypka *n* rash
wysypywać *vt (śmieci)* to dump, to tip
wysypywać się *vr (z czegoś)* to spill out
of sth
wyszczerbiony *adj* chipped
wyszukany *adj* fancy, shophisticated
wyścig *n* race
wyśmiewać się *vr (z kogoś/czegoś)*
to make fun of sb/sth, to laugh at sb/
sth, to mock sb/sth, to ridicule sb/sth
wyświadczać *vt* **wyświadczać komuś
przysługę** to do sb a favour
wyświetlać *vt (film)* to project,
to screen
wytarty *adj* **-1.** *(zniszczony)*
threadbare, shabby **-2.** *(slogan,
słowo)* hackneyed, threadbare, trite
wytłumaczenie *n* explanation
wytrawny *adj* **-1.** *(wino)* dry
-2. *(wyrobiony)* discerning
wytrącać *vt* **wytrącać kogoś
z równowagi** to upset sb

wytrwałość *n* determination,
perseverance
wytrwały *adj* persistent
wytrzeźwieć *vi* to sober up
wytrzymałość *n (człowieka)*
endurance, stamina; *(materiału)*
durability
wytrzymały *adj (człowiek)* tough;
(materiał) durable, hard-wearing;
(sprzęt, maszyny) heavy-duty
wytrzymywać *vt* **-1.** *(cierpienie, atak)*
to endure, to withstand; *(tolerować)*
to stand, to bear, to put up with
wywiad *n* **-1.** *(rozmowa)* interview
-2. *(np. wojskowy)* intelligence
wywierać *vt (wpływ, nacisk)* to exert;
(wrażenie) to impress
wywoływać *vt* **-1.** *(film)* to develop
-2. *(wspomnienia, podziw)* to evoke
-3. *(nazwisko, numer)* to call sth out
-4. *(duchy)* to invoke **-5.** *(wszczynać,
prowokować)* to provoke, to trigger
sth off, to spark sth off
wywracać się *vr (o łodzi)* to capsize;
(o człowieku, drzewie) to fall down;
(do góry dnem) to overturn
wywrócony *adj* **wywrócony do góry
nogami** upside down
wyzdrowieć *vi* to recover, to get better
wyznaczać *vt (kogoś do czegoś)*
to assign sb to sth/to do sth;
(kogoś na stanowisko) to appoint,
to designate; *(termin, datę)* to fix,
to appoint, to name, to determine;
(cenę, warunki) to set, to name
wyznać *vt (coś komuś)* to confess sth
to sb
wyznanie *n* **-1.** *(wyjawienie)* confession
-2. *(religia)* denomination, religion
wyznawca(czyni) *n (religii)* believer;
(teorii, idei) follower
wyzwalać *vt (niewolników, kraj)*
to liberate
wyzwanie *n* challenge

wyzwolenie n (kraju, niewolników)
liberation; (emancypacja)
emancipation
wyzysk n exploitation
wyzyskiwać vt (kogoś) to exploit sb
wyzywający adj provocative, defiant
wyższość n superiority
wyżyna n upland
wyżywienie n board, food
wzajemny adj mutual, reciprocal
wzbudzać vt (np. zainteresowanie, lęk)
to arouse, to excite
wzburzony adj (o człowieku) agitated;
(o morzu) rough, stormy
wzdłuż prep along, down
wzdychać vi to sigh
wzgląd n respect, regard; **pod
pewnymi względami** in some
respects
względnie adv relatively,
comparatively
względny adj relative, comparative
wzgórze n hill
wznawiać vt (rozmowy, stosunki)
to resume; (wydanie książki, płyty)
to reissue
wznosić vt -**1.** (pomnik, budowlę)
to erect, to raise -**2.** (toast) to toast
wznosić się vr -**1.** (o budowli)
to tower (over/above) -**2.** (o słońcu,
samolocie) to climb
wzorek n pattern
wzorowy adj (służący za wzór) model;
(doskonały) outstand-ing
wzorzysty adj patterned
wzór n -**1.** (deseń) pattern,
motif-**2.** (model) pattern, model
-**3.** (matematyczny) formula
-**4.** (próbka) sample
wzrastać vi (np. o cenach) to rise,
to increase, to go up; (np.
o temperaturze, hałasie) to grow,
to increase
wzrok n eyesight, vision

wzrost n -**1.** (człowieka) height
-**2.** (zwiększenie się czegoś) growth
in sth, increase in sth, rise in sth
wzruszać vt (poruszać emocjonalnie)
to move, to touch; **wzruszać
ramionami** to shrug
wzruszający adj moving, touching
wzruszenie n (stan emocjonalny)
emotion; **wzruszenie ramion** shrug
wzruszony adj moved, touched
wzwód n erection
wzywać vt (policję, lekarza) to call (in);
(do stawienia się gdzieś) to summon

Z

z, ze prep (z jakiegoś miejsca) from,
out of; (ze źródła) from; (z grupy,
zbioru) of, out of; (z tworzywa,
materiału) of, from; (z minionego
okresu) from; (przyczyna, motyw)
out of; (w towrzystwie, przy
współudziale, z dodatkiem)
with; (o rzeczy posiadanej) with;
(zawartość pojemnika) of; (stan
towarzyszący czynności) with;
(stopień nasilenia) from... to...; (jeść,
pić z czegoś) out of
za prep (z tyłu czegoś) behind;
za granicą/ę abroad; **wyjechać
za miasto** to go out of town;
(przyczyna, motyw) for; (za jakiś
czas) in; (przy podawaniu czasu) to;
(zapłata, cena, wynagrodzenie) for,
per
→ **za** adv (zbyt) too
zaadaptowany adj (o sztuce, powieści)
adapted; (o pomieszczeniu)
converted
zaadresowany adj (skierowany
do kogoś) addressed to sb

zaangażowanie n -1. *(entuzjazm, oddanie)* involvement, dedication, commitment -2. *(udział, włączenie się w coś)* involvement in sth/a demonstration against Poland's involvement in the war

zaangażowany adj *(oddany, pełen zapału)* committed, dedicated

zaawansowany adj advanced

zabandażować vt to bandage

zabawa n -1. *(rozrywka)* fun, amusement -2. *(zajęcie)* play -3. *(impreza, bal)* party, ball -4. *(gra)* game

zabawiać vt to amuse, to entertain

zabawka n toy

zabawny adj amusing, funny, entertaining

zabezpieczać vt -1. *(chronić przed czymś)* to secure against/from sth, to safeguard against/ from sth, to protect against/from sth -2. *(zapewnić coś)* to secure, to safeguard

zabezpieczać się vr *(przed czymś)* to protect oneself against/from sth

zabezpieczony adj secure, safe

zabić się vr -1. *(zginąć)* to get/be killed -2. *(popełnić samobójstwo)* to kill oneself, to commit suicide

zabieg n **zabieg chirurgiczny** surgery; **zabiegi** *(starania)* endeavours, efforts; *(pot. przerwanie ciąży)* abortion

zabierać vt *(brać ze sobą)* to take; *(wynosić)* to take sth away/out/; *(coś komuś)* to take sth away from sb; *(kogoś do restauracji, kina)* to take sb out; *(kogoś samochodem)* to pick sb up; *(czas, przestrzeń)* to take

zabierać się vr *(do czegoś)* to get down to sth, to go about sth; *(do pracy)* to set to work; **zabieraj się stąd!** inf get out of here!, get lost!; *(z kimś samochodem)* to get a lift

zabijać vt to kill

zablokować vt to block, to jam, to obstruct; *(o policji, wojsku)*

zablokować się vr to get jammed, to get stuck; *(o zamku u drzwi)* to lock

zablokowany adj *(ulica, droga)* jammed, blocked; *(część maszyny, hamulce)* jammed; *(drzwi, koła)* locked

zabłądzić vi to lose one's way, to get lost

zabłąkać się vr to stray, to go astray

zabłąkany adj stray

zabobon n superstition

zaborczy adj *(osoba, charakter)* possessive; *(polityka)* aggressive

zabój-ca(czyni) n killer; *(zamachowiec)* assassin

zabójczy adj -1. *(śmiercionośny)* lethal -2. *(szkodliwy, niezdrowy)* destructive -3. *(zalotny)* seductive

zabójstwo n kiling, homicide; *(na tle politycznym)* assassination

zabraknąć vi **zabraknąć czegoś** to run out of sth

zabraniać vt to forbid, to prohibit

zabroniony adj forbidden, prohibited

zabudowany adj -1. *(o terenie)* built-up/built-up areas -2. *(o kuchni)* fitted

zabytek n monument, relic

zabytkowy adj *(budynek, kościół)* historic; *(mebel, zegar)* antique

zachęcać vt *(kogoś do zrobienia czegoś)* to encou-rage sb to do sth

zachęta n encouragement; *(bodziec)* incentive, stimulus

zachłanny adj greedy

zachmurzony adj overcast, cloudy

zachodni adj western, west

zachodzić vi -1. *(o słońcu)* to set -2. *(o wydarzeniu)* to occur, to take place -3. *(w ciążę)* to become pregnant, to conceive -4. *(wpadać z wizytą)* to come round, to drop in;

zachodzić na siebie *(pokrywać się)* to overlap

zachorować *vi* to fall ill, to be taken ill

zachowanie *n* behaviour, conduct

zachowywać *vt* **-1.** *(zatrzymywać pamiątki, dokumenty)* to keep, to retain **-2.** *(utrzymywać na tym samym poziomie)* to maintain **-3.** *(gromadzić na potem)* to save, to preserve **-4.** *(zwyczaj, tradycję)* to preserve **-5.** *(dane w komputerze)* to save

zachowywać się *vr* **-1.** to behavef **-2.** *(ocaleć, przetrwać)* to survive

zachód *n* **-1.** *(słońca)* sunset **-2.** *(strona świata)* (the) west, *(skrót)* W

zachwycać *vt (kogoś czymś)* to delight sb with sth, to charm sb with sth, to thrill sb with sth

zachwycać się *vr (czymś)* to marvel at sth, to rave about/over sth

zachwycający *adj* delightful, enchanting, thrilling

zachwycony *adj* delighted, enchanted, thrilled

zachwyt *n* delight

zaciągać *vt* **-1.** *(firanki, zasłony)* to draw **-2.** *(dług)* to incur; *vi (wydłużać samogłoski)* to drawl, to speak with a drawl

zaciekawienie *n* curiosity

zaciekawiony *adj* curious, interested

zacinać się *vr* **-1.** *(skaleczyć się)* to cut oneself **-2.** *(o urządzeniu)* to jam, to get stuck, to seize up **-3.** *(jąkać się)* to stammer

zaciskać *vt (pasek, pętle)* to tighten; *(pięści)* to clench; *(usta)* to purse; *(zęby)* to grit one's teeth

zacofany *adj (gospodarczo)* backward/ backward countries/regions; *(poglądy, obyczaje)* old-fashioned

zaczarować *vt* to cast/put a spell on sb

zaczarowany *adj* enchanted, magic, magical

zaczepiać *vt* **-1.** *(przyczepiać, zahaczać)* to fasten, to hook **-2.** *(zatrzymać kogoś nieznajomego)* to accost sb

zaczynać *vt* to begin, to start

zaczynać się *vr* to begin, to start

zaćmienie *n (słońca)* eclipse

zadanie *n* **-1.** *(cel do wypełnienia)* task **-2.** *(szkolne)* problem, excercise **-3.** *(służbowe do wykonania)* assignment;

zadawać *vt* **zadawać pracę domową** to assign/ to set homework; **zadawać pytanie** to ask/ to put a question; **zadawać komuś ból** to inflict pain on sb; **zadawać sobie trud, aby coś zrobić** to take the trouble to do sth

zadawać się *vr (z kimś)* to associate with sb, *inf* to hang about/around with sb

zadbany *adj* neat; *(o budynku, ogrodzie)* wellkept; *(o osobie)* wellgroomed

zadłużenie *n* debt

zadłużony *adj* in debt

zadowalać *vt* to satisfy, to please

zadowalający *adj (dość dobry)* satisfactory; *(przynoszący zadowolenie)* satisfying

zadowolenie *n* satisfaction, pleasure, contentment

zadowolony *adj (usatysfakcjonowany)* satisfied, contented; **zadowolony z kogoś/czegoś** satisfied with sb/sth, contented with sb/sth; *(szczęśliwy)* glad, pleased, happy (about sth)

zadrapać *vt* to scratch, to scrape, to graze

zadrapanie *n* scratch, graze

zadymka *n* blizzard, snowstorm

zadyszany *adj* breathless, out of/short of breath, panting

zadziwiać *vt* to amaze, to astonish, to surprise

zadziwiający adj amazing, astonishing, surpris-ing
zagadka n -1. (zadanie do odgadnięcia) riddle, puzzle, problem -2. (tajemnica) mystery, enigma
zagadkowy adj enigmatic, puzzling
zaginać vt -1. (kartkę) to fold; (wyginać, np. drut) to bend -2. (kogoś) inf to catch sb out
zaginąć vi to disappear, to become lost, to go missing
zaginiony adj missing, lost
zagłada n extermination, annihilation, destruction
zagłuszać vt (stację radiową) to jam; (odgłos, dźwięk) to drown out
zagniatać vt -1. (ciasto) to knead -2. (papier, tkaninę) to crease
zagniecenie n (papieru, tkaniny) crease, wrinkle
zagotować vt to boil, to bring to the boil
zagracony adj cluttered
zagradzać vt to block sth off
zagranica n **wyjeżdżać za granicę** to go abroad
zagraniczny adj foreign, overseas
zagrażać vi to threaten, to endanger
zagrożenie n threat, danger, hazard, risk
zagrożony adj (narażony na coś) at risk
zagubiony adj lost, missing
zahamowanie n inhibition
zaimek n pronoun
zainteresować się vr (czymś) to take an interest in sth
zainteresowanie n interest
zainteresowany adj interested
zajazd n inn
zajęcia npl -1. (szkolne) classes, lessons -2. (czynności) activities
zajęcie n -1. (czynność) occupation, activity -2. (praca zawodowa)

occupation -3. (zagarnięcie, objęcie w posiadanie) seizure, occupation
zajęty adj -1. (o osobie) busy -2. (o miejscu) occupied -3. (o linii telefonicznej) engaged
zajmować vt -1. (czas, przestrzeń) to take up sth -2. (pomieszczenie) to occupy -3. (obejmować w posiadanie) to seize -4. (budzić czyjeś zainteresowanie) to engage sb's interest/attention
zajmować się vr -1. (czymś) to deal with sth, to handle sth -2. (czymś dla zabicia czasu) to busy oneself with sth/doing sth -3. (czymś zawodowo) to do sth for a living -4. (opiekowć się kimś/czymś) to look after sb/sth, to attend to sb/sth, to take care of sb/sth -5. (ogniem) to catch fire -6. (nowym hobby, dziedziną) to take up sth
zakaz n ban, prohibition
zakazany adj (zabroniony) forbidden, banned, prohibited; (moralnie/ społecznie niewłaściwy) illicit, taboo
zakazywać vt to forbid, to ban, to prohibit
zakaźny adj infectious, contagious
zakażenie n infection
zakątek n corner, nook
zaklęcie n spell
zaklinować się vr to be/to get stuck
zaklinowany adj stuck
zakład n -1. (przemysłowy) plant; (produkcyjny) works -2. (o coś) bet
zakładać vt -1. (tworzyć, powoływać do życia) to found, to establish, to set up -2. (coś na siebie) to put sth on -3. (instalować) to install -4. vi (przyjmować, brać za pewnik) to assume
zakładać się vr to bet
zakładka n (do książki) bookmark
zakładni-k(czka) n hostage
zakłopotany adj embarrassed, confused

213

zakłócać vt (ciszę, wypoczynek)
to disturb; (funkcjonowanie,
działalność) to disrupt; (łączność)
to cause interference

zakłócenia npl (w radiu/TV)
interference

zakochać się vr to fall in love

zakonnica n nun

zakończenie n (filmu, opowiadania)
ending; (wypowiedzi, listu)
conclusion; (pracy, dnia) end;
(przedsięwzięcia, studiów)
completion

zakończyć vt (wypowiedź, list)
to conclude; (znajomość, spór)
to end; (studia, szkołę) to finish,
to complete

zakończyć się vr to finish, to end,
to come to an end

zakopywać vt to bury

zakradać się vr to creep, to sneak

zakręcać vt (słoik) to screw sth on,
to twist sth on; (kran) to turn sth off;
zakręcać włosy to curl one's hair; vi
(o pojeździe) to turn.

zakręt n (na drodze) bend, turn

zakrętka n top; (do butelki) (bottle) cap

zakrwawiony adj bloody, bloodstained

zakrywać vt to cover, to cover up

zakrzywiony adj curved, hooked, bent

zakup n -1. (czynność kupowania)
purchase -2. (sprawunek) purchase,
buy

zakupić vt to buy, to purchase

zakupy npl -1. (sprawunki, nabyte
taowary) purchases -2. (czynność)
shopping

zakurzony adj dusty

zakwalifikować się vr to qualify

zakwaterowanie n accommodation,
lodging

zalecać vt (coś) to advise sth,
to recommend sth; (zrobienie
czegoś) to recommend doing sth,
to advise doing sth;

zalecany adj recommended, advisable

zalecenie n recommendation

zaledwie adv (tylko, jedynie) only,
merely; (ledwo) barely, hardly

zaległy adj (płatność, rachunek)
overdue, outstanding

zaleta n -1. (dodatnia cecha
charakteru) virtue. -2. (dobra strona
czegoś) advantage, merit

zalew n -1. (zbiornik wodny) reservoir
-2. (duża ilość, lawina) flood, deluge

zalewać vt -1. (o wodzie lub wielkiej
ilości czegoś) to flood, to swamp
-2. (zaplamić) to stain

zależeć vi -1. (od czegoś) to depend
on sth. -2. (komuś na kimś/czymś)
bardzo mu na niej zależy he cares
deeply about her

zaliczać vt (do grupy, kategorii) to rate
sb/sth among sth

zaliczka n (pobrana na poczet pensji)
advance; (wpłacony zadatek) deposit

załadować vt (broń, film do aparatu)
to load

załamanie n -1. (gospodarki, rynku)
slump, collapse; (nerwowe)
(nervous) breakdown -2. (zagięcie)
bend

załamanie się vr (negocjacji, planów)
breakdown, collapse; (konstrukcji)
collapse

załamany adj (przygnębiony) desolate,
heartbroken

załamywać się vr (psychicznie)
to break down, to crack;
(o planach, rozmowach) to break
down, to collapse; (o gospodarce)
to slump, to collapse; (o konstrukcji)
to collapse; (o głosie) to break

załatwiać vt (zajmować się czymś)
to deal with sth, to see about sth,
to take care of sth; (załatwiać coś
komuś) to fix sb up with sth

załatwić vt (zabić kogoś) inf to do sb
in, to bump sb off

załoga n (personel) staff, personnel; (okrętu) crew

założenie n **-1.** (powołanie do życia) establishment, foundation **-2.** (przyjęcie za pewnik) assumption, presumption

założyciel(ka) n founder

zamach n assassination

zamachowiec n (skrytobójca) assassin; (podkładający bomby) bomber; (napastnik) attacker

zamarzać vi to freeze; (pokryć się lodem) to ice over

zamarznięty adj frozen

zamawiać vt (obiad w restauracji, towar) to order (rezerwować) to book, to reserve

zamek n **-1.** (budowla) castle **-2.** (u drzwi, walizki) lock **-3.** (błyskawiczny) zip

zamężna adj married

zamiana n **-1.** (wymiana) exchange, swap, switch **-2.** (transformacja, przemiana) conversion

zamiar n intention, purpose

zamiast prep (czegoś) instead of sth

zamiatać vt to sweep

zamieć n blizzard, snowstorm

zamiejscowy n (o rozmowie telefonicznej) long-distance

zamieniać vt **-1.** (wymieniać coś na coś) to ex-change/ to swap/ to barter sth for sth **-2.** (przeliczać) to convert; **-3.** (podmieniać) to switch

zamieniać się vr (z kimś na coś) inf to do a swap, to swap (sth with sb), to switch (sth with sb)

zamienny adj interchangeable; **część zamienna** a spare part

zamierzać vt (coś zrobić) to intend to do sth, to be going to do sth

zamierzony adj **-1.** (pożądany cel, skutek) intended **-2.** (rozmyślny) deliberate, intentional/deliberate lie/ attack

zamieszanie n commotion, confusion, fuss

zamieszany adj **być zamieszanym w coś** to be mixed up in sth, to be caught up in sth, to be involved in sth

zamieszkany adj inhabited

zamieszki npl riot, unrest, disturbance, disorder

zamilknąć vi to fall silent, to pause

zamiłowanie n passion, fondness

zamknięty adj closed, shut; (na klucz, zamek) locked; **zamknięty w sobie** (o człowieku) withdrawn, introverted

zamocowywać vt to fix

zamorski adj overseas

zamożny adj wealthy, well-off, affluent

zamówienie n order

zamrażać vt (produkty, ceny) to freeze

zamrażarka n freezer

zamrożony adj frozen

zamsz n suede

zamykać vt (oczy, okno, książkę) to close, to shut; (dyskusję, posiedzenie) to close, to bring sth to a close; (na klucz) to lock; (kogoś do więzienia) inf to lock sb up, to confine sb; (likwidować) to close/ shut down

zanieczyszczać vt (środowisko) to pollute, to contaminate

zanieczyszczenie n **-1.** (skażenie) pollution, contamination **-2.** (domieszka innej substancji) impurity

zanieczyszczony adj **-1.** (o środowisku) polluted, contaminated **-2.** (z domieszką innej substancji) impure

zaniedbanie n **-1.** (niedbalstwo) negligence **-2.** (brak troski, spuszczenie) neglect

zaniedbany *adj (zapuszczony)* neglected, untidy, run-down

zaniedbywać *vt* to neglect

zaniepokojony *adj* anxious, concerned, worried, alarmed

zanik *n* disappearance; *(utrata)* loss

zanim *conj* before

zanosić *vt (coś)* to take sth, to carry sth

zaokrąglać *vt (w górę/w dół)* to round sth up/ down

zaopatrywać *vt (kogoś w coś)* to supply sb with sth, to stock sth with sth, to furnish sth/sb with sth, to provide sb with sth

zaopatrzenie *n (dostawa)* delivery, supply; *(zaopatrywanie)* supply, provision;

zaopatrzony *adj* **dobrze zaopatrzony** *(w coś)* well stocked (with sth)

zaostrzyć *vt* **-1.** *(przepisy, środki ostrożności)* to tighten (up) **-2.** *(apetyt)* to whet (sb's appetite) **-3.** *(nóż, ołówek)* to sharpen

zaostrzony *adj* **-1.** *(przepis, regulamin)* tight **-2.** *(nóż, ołówek)* sharp, sharpened

zaoszczędzić *vt (pieniądze, wysiłek)* to save

zapach *n* smell; *(przyjemny)* fragrance, scent; *(nieprzyjemny)* odour

zapadać *vi* **-1.** *(o nocy, zmierzchu)* to fall **-2.** *(na schorzenie)* to catch sth, to be taken ill with sth, to become ill with sth **-3.** *(w sen, drzemkę)* to fall asleep, to lapse into sleep

zapadać się *vr (o dachu)* to cave in; *(grzęznąć)* to sink

zapadnięty *adj (oczy, policzek)* sunken

zapalać *vt (ogień, lampę, papierosa)* to light; *(zapałkę)* to strike; *(światło)* to turn sth on, to put sth on; *(silnik)* to start

zapalczywy *adj* passionate, quick-tempered

zapalenie *n* inflammation

zapalniczka *n* (cigarette) lighter

zapalony *adj* **-1.** *(pełen zapału)* avid, keen **-2.** *(palący się)* lighted, turned on

zapał *n* eagerness, enthusiasm

zapałka *n* match

zapamiętywać *vt (uczyć się na pamięć)* to memorize

zaparcie *n* constipation

zapas *n* supply, reserve, store; *(towarów w sklepie)* stock; **mieć coś w zapasie** to have/keep sth in reserve, to have/keep sth in store

zapasowy *adj (koło, klucz)* spare

zapasy *npl* **-1.** *(dyscyplina sportu)* wrestling **-2.** *(towarów)* stocks, supplies

zapewniać *vt (kogoś, że/o czymś)* to assure sb that/of sth, to assert that; *(coś komuś)* to provide sth for sb, to secure sth for sb

zapewnienie *n* assurance, assertion

zapięcie *n* fastener, fastening

zapinać *vt* to fasten; *(płaszcz, marynarkę)* to do sth up; *(na guziki)* to button; *(na suwak)* to zip; *(na sprzączkę)* to buckle

zapisywać *vt (notować coś)* to write/ to put sth down, to make a note of sth; *(utrwalać)* to record; *(w księgach rachunkowych)* to enter; *(dane na dysk komputera)* to save; *(kogoś na kurs, uczelnię)* to enrol sb on sth; *(w testamencie)* to bequeath

zapisywać się *vr (na kurs, do organizacji)* to enrol, to register

zaplombować *vt* **-1.** *(ząb)* to fill **-2.** *(pomieszczenie, skrzynię)* to seal

zapłacony *adj* paid

zapładniać *vt* to fertilize

zapłata *n* payment

zapłodnienie *n* fertilization, insemination

zapłon *n* ignition

zapobiegać *vt* to prevent

zapobieganie *n* prevention
zapodziewać *vt* to misplace, to mislay
zapominać *vt* to forget
zapominalski *adj* forgetful
zapowiadać *vt (artystę)* to introduce; *(ogłaszać odlot, przyjazd, przybycie gościa)* to announce; *(program w radio, telewizji)* to announce
zapowiedź *n* announcement
zapoznawać *vt (kogoś z kimś)* to introduce sb to sb; *(kogoś z czymś)* to introduce sb to sth, to acquaint sb with sth
zapoznawać się *vr (z czymś)* to acquaint oneself with sth, to get acquainted with sth, to familiarize oneself with sth
zapracowany *adj* busy
zapraszać *vt* to invite
zaproszenie *n* invitation
zaprowadzić *vt (kogoś gdzieś)* to show sb somewhere
zaprzeczać *vi (czemuś)* to deny sth; *(komuś)* to contradict sb
zaprzeczenie *n* denial, contradiction
zaprzyjaźniać się *vr (z kimś)* to make friends with sb
zaprzyjaźniony *adj* friendly
zarabiać *vt* to earn; *(dorabiać się)* to make money/a fortune
zaradny *adj* resourceful
zaraz *adv (natychmiast)* at once, right away, immediately; *(wkrótce, za chwilę)* soon
zaraza *n* plague
zarazek *n* germ
zaraźliwy *adj (choroba, entuzjazm)* contagious, infectious
zarażać *vt* to infect
zarażać się *vr (czymś)* to get infected with sth, to contract sth
zarażony *adj* infected
zardzewiały *adj* rusty

zarejestrowany *adj* -1. *(głos, obraz)* recorded -2. *(wpisany do rejestru)* registered
zarezerwowany *adj* reserved
zaręczać *vt* to guarantee
zaręczać się *vr (z kimś)* to get engaged to sb
zaręczony *adj* engaged
zaręczyny *npl* engagement
zarobki *npl* earnings; *(tygodniowe)* wages
zarodek *n (u ludzi, zwierząt)* embryo; *(u roślin)* germ
zarozumiały *adj* conceited, self-righteous
zarówno *adv* zarówno... jak i... both... and...
zarumienić się *vr* to blush, to flush
zarumieniony *adj* flushed
zarys *n* outline
zarysować *vt* -1. *(przedstawić ogólnie)* to out-line, to sketch out -2. *(zadrapać)* to scrape, to scratch
zarząd *n (zespół ludzi)* board (of directors); *(kierowanie, administrowanie)* man-agement, administration
zarządzać *vt* -1. *(kierować)* to manage, to administer -2. *(nakazywać, polecać)* to order
zarządzanie *n (kierowanie)* management, administration
zarządzenie *n (polecenie)* order, instruction; *(rozporządzenie)* directive, regulation
zarzut *n* accusation, reproach
zasada *n* -1. *(podstawa, fundament)* basis -2. *(reguła, norma postępowania)* principle, rule -3. *(związek chemiczny)* alkali
zasadniczo *adv (w zasadzie)* basically, in principle; *(z zasady)* as a rule, on principle
zasadniczy *adj* -1. *(podstawowy, główny)* fundamental, basic,

217

essential education **-2.** *(pryncypialny w postępowaniu)* radical, principal

zasięg *n* range, reach

zasiłek *n* benefit

zaskakiwać *vt* to surprise, to amaze

zaskakujący *adj* surprising, amazing

zaskoczenie *n* surprise, amazement

zaskoczony *adj* surprised, amazed

zasłabnąć *vi* to faint

zasłaniać *vt* **-1.** *(zasłony)* to draw **-2.** *(widok)* to screen, to block

zasłona *n* screen; *(w oknie)* curtain

zasługa *n* merit, credit

zasługiwać *vi* *(na coś)* to deserve sth, to be worthy of sth

zasmucać *vt* to sadden, to make sb sad

zasmucony *adj* sad, sorrowful

zaspa *n* **zaspa śnieżna** snowdrift

zaspać *vi* to oversleep

zaspokajać *vt* *(ciekawość, głód)* to satisfy; *(potrzeby, ambicje)* to fulfill

zastanawiać się *vr* to wonder, to think; *(nad czymś)* to think sth over, to consider sth

zastanowienie *n* thought, reflection

zastępca(czyni) *n* *(ten, kto kogoś zastępuje)* replacement, substitute; *(nazwa stanowiska)* **zastępca kierownika** deputy manager

zastępować *vt* *(kogoś)* to substitute for sb, to replace sb, to stand in for sb; *(coś czymś)* to substitute sth for/with sth, to replace sth with sth

zastosowanie *n* use, application

zastraszać *vt* to intimidate

zastraszenie *n* intimidation

zastraszony *adj* intimidated

zastrzelić *vt* *(kogoś)* to shoot sb down/dead

zastrzeżenie *n* reservation

zastrzyk *n* injection, *inf* shot, jab

zasuwa *n* bolt, latch

zasypiać *vi* to fall asleep

zasypywać *vt* **-1.** *(dół)* to fill **-2.** *(przygniatać)* to bury **-3.** *(kogoś prezentami, komplementami)* to shower sb with sth

zaszczepiać *vt* *(kogoś przeciwko czemuś)* to vaccinate sb against sth, to inoculate

zaszczyt *n* honour

zaszczytny *adj* *(chlubny)* honourable

zaszokowany *adj* shocked, staggered

zaścianek *n* *(wiejska osada, w przen. zacofane środowisko)* backwater

zaśmiecać *vt* to litter, to clutter

zaświadczać *vt* *(potwierdzać pisemnie)* to certify; *(ustnie)* to testify

zaświadczenie *n* certificate

zatłoczony *adj* crowded, packed, overcrowded

zatoka *n* **-1.** *(morska)* gulf, bay **-2.** *(nosowa)* sinus

zatroskany *adj* worried, concerned

zatrucie *n* poisoning

zatrudniać *vt* to employ, to take (sb) on

zatrudnienie *n* **-1.** *(zajęcie, praca)* occupation, job **-2.** *(ogół miejsc pracy lub osób zatrudnionych)* employment

zatrudniony(a) *n* *(pracownik)* employee

→ **zatrudniony** *adj* employed

zatruty *adj* poisoned

zatruwać *vt* **-1.** *(środowisko, pokarm)* to poison, to contaminate

zatrzymywać *vt* **-1.** *(spowodować zatrzymanie)* to stop, to halt **-2.** *(w areszcie)* to detain, to arrest **-3.** *(zostawiać sobie)* to keep, to hold, to retain **-4.** *(opóźniać)* to keep, to delay

zatrzymywać się *vr* to stop; *(o pojeździe)* to pull up, to come to a stop/halt; *(w drodze, podróży)* to stop off; *(zamieszkać tymczasowo)* to stay

zatuszować vt (przykrą sprawę, zajście) to cover sth up

zatwierdzać vt to approve, to endorse

zatyczka n (korek) stopper, plug

zatykać vt -**1.** (zapychać) to clog, to jam -**2.** (zakorkować) to stop, to plug

zaufanie n confidence, trust, faith

zaufany adj trustworthy, trusted

zauroczyć vt to enchant, to charm

zauroczony adj enchanted, charmed

zauważać vt -**1.** (dostrzec) to notice, to spot. -**2.** (zrobić uwagę) to remark

zawalać się vr to collapse

zawał n (serca) heart attack, coronary

zawartość n (paczki, walizki, listu) contents; (ilość substancji wchodzącej w sład czegoś) content

zawdzięczać vt (coś komuś) to owe sth to sb

zawiadamiać vt to inform, to notify

zawiadomienie n notice, notification

zawias n hinge

zawiązywać vt (sznurowadła, troki) to tie, to do up; (węzeł, supeł) to knot

zawiedziony adj disappointed, frustrated

zawieja n snowstorm, blizzard

zawierać vt -**1.** (umowę, traktat) to conclude, to make (a deal) -**2.** (obejmować) to include -**3.** (mieścić w sobie) to contain

zawieszać vt -**1.** (obrazy, zasłonkę) to hang -**2.** (karę, wyrok) to suspend

zawieszenie n (pojazdu) suspension; (broni) ceasefire, truce; (osoby w czynnościach) suspension

zawijać vt (w coś) to wrap sth (up) in sth; (rękawy) to roll sth up

zawodnik(czka) n (sportowiec/ sportsmenka) sportsman/ sportswoman, competitor, player; (uczestnik teleturnieju) contestant

zawodny adj unreliable

zawodowiec n professional

zawodowy adj professional

zawody npl competition, contest, games

zawód n -**1.** (profesja) profession, occupation -**2.** (rozczarowanie) disappointment, letdown

zawracać vi (iść z powrotem) to turn back; **zawracać komuś głowę** to bother sb, to hassle sb

zawrót n **zawrót głowy** vertigo, dizziness

zawstydzony adj ashamed

zawsze adv always; **na zawsze** forever

zazdrosny adj jealous, envious

zazdrościć vt (komuś czegoś) to envy sb for sth

zazdrość n jealousy, envy

zazębiać się vr to overlap

zaznaczać vt -**1.** (zakreślać) to mark -**2.** (zaakcentować) to stress, to emphasize

zaznajamiać vt (kogoś z kimś/ czymś) to introduce sb to sb/sth, to familiarize sb with sth, to acquaint sb with sth, to make sb acquainted with sb/sth

zaznajamiać się vr (z czymś) to acquaint oneself with sth, to familiarize oneself with sth

zaznajomiony adj (z czymś) acquainted with sth, familiar with sth

zazwyczaj adv usually, customarily, ordinarily

zażalenie n complaint

zażenowany adj embarrassed, self-conscious, uncomfortable

zażywać vt (leki) to take

ząb n tooth

zbawienie n salvation, redemption

zbędny adj (niepotrzebny) unnecessary, dispens-able, useless; (niekonieczny) needless, unwanted

zbić – zdjęcie

zbić vt *(kogoś)* → **bić**; *(potłuc, coś)* to break sth, to smash sth
zbić się vr **-1.** *(potłuc się)* to break, to smash **-2.** *(w grupę)* to huddle
zbiec vi **-1.** *(uciec)* to escape, to run away, to flee. **-2.** *(z góry)* to run down sth
zbieg n **-1.** *(uciekinier)* fugitive, runaway **-2.** *(okoliczności)* coincidence
zbiegać się vr **-1.** *(kurczyć się)* to shrink **-2.** *(w czasie)* to coincide **-3.** *(o liniach, drogach)* converge
zbierać vt *(np. swoje rzeczy po sobie)* to collect, to gather; *(kolekcjonować)* to collect; *(pieniądze na jakiś cel)* to raiset; *(owoce, kwiaty)* to pick; *(gromadzić)* to accumulate, to gather
zbierać się vr *(gromadzić się w jednym miejscu) (o ludziach)* to assemble, to gather; *(o kurzu, wodzie)* to accumulate, to collect
zbiornik n reservoir, container, tank
zbiorowy adj collective
zbiór n **-1.** *(kolekcja)* collection **-2.** *(plon)* crop; **zbiory** *(żniwa)* harvest
zbiórka n **-1.** *(pieniędzy)* collection, fund-raising **-2.** *(zebranie ludzi)* assembly
zbity adj **-1.** *(stłuczony)* broken **-2.** *(pobity)* beaten up
zbliżać się vr to approach, to come up, to draw near
zbocze n slope, hillside, mountainside
zboczeniec n pervert
zboże n cereal, corn
zbrodnia n crime
zbrodnia-rz(rka) n criminal
zbroić się vr to arm
zbroja n armour
zbudowany adj built, constructed
zbulwersowany adj appalled, indignant
zbuntowany adj rebellious, mutinous

zbyt n *(sprzedaż)* sales; *(rynek)* market
→ **zbyt** adv *(nadmiernie)* too
zdać vt *(egzamin)* to pass; **nie zdać** to fail
zdający n *(do szkoły, na uniwersytet)* candidate
zdanie n **-1.** *(w gramatyce)* sentence **-2.** *(opinia, pogląd)* opinion, view
zdarzyć się vr to happen, to occur, to take placeed
zdarzenie n incident, occurrence
zdawać vt *(egzamin)* to take
zdawać się vr to seem, to appear
zdążyć vi *(przybyć na czas)* to be in time, *inf* to make it
zdechły adj dead
zdecydowanie n *(stanowczość)* decisiveness, resolution
→ **zdecydowanie** adv **-1.** *(stanowczo)* adamantly, decisively **-2.** *(wyraźnie)* definitely, decidedly
zdecydowany adj *(o człowieku)* resolute, strong-minded, determined; *(o posunięciach, postępowaniu)* decisive;
zdeformowany adj deformed
zdejmować vt *(ubranie, pokrowiec)* to remove, to take sth off
zdemaskować vt to expose, to uncover
zdenerwowanie n nervousness; *(rozdrażnienie)* irritation; *(nerwowe podniecenie)* agitation
zdenerwowany adj nervous; *(rozdrażniony)* irritated; *(nerwowo podniecony)* agitated
zderzać się vr *(o pojazdach)* to collide, to crash; *(wchodzić w starcie, konflikt)* to clash
zderzak n bumper
zderzenie n *(pojazdów)* collision, crash; *(kultur, poglądów)* clash
zdesperowany adj desperate
zdjęcie n photograph, *inf* photo, picture, snapshot

zdobycz n (łup) loot, plunder; (zwierzęcia) prey

zdobywać vt (podbijać nowe terytoria, kraje) to conquer; (opanowywać zbrojnie – np. twierdzę) to capture; (uzyskiwać z trudem – np. zwycięstwo, sławę, doświadczenie) to gain; (nabywać – np. wiedzę, wykształcenie) to acquire; (nagrodę, przychylność, głosy w wyborach) to win; (bramkę, punkty w grze) to score; (szczyt górski) to reach

zdobywca(czyni) n (podbitego kraju) conqueror; (nagrody) winner; (bramki, punku) scorer

zdolność n -1. (możność robienia czegoś, zdatność) ability, capability, capacity -2. (talent) talent, gift, flair -3. (produkcyjna) capacity

zdolny adj (uzdolniony) able, capable, talented, gifted

zdołać vi (coś zrobić) to be able to do sth, to manage to do sth

zdrada n betrayal, treachery**zdrada małżeńska** adultery

zdradzać vt (ojczyznę, zasady, przyjaciół) to betray; (męża, żonę) to be unfaithful to sb, to cheat on sb; (sekret) to give sth away

zdrajca(czyni) n traitor

zdrętwiały adj numb

zdrowie n health

zdrowieć vi to recover, to get better

zdrowy adj healthy; (psychicznie) sane; (dobry dla zdrowia, pożywny) wholesome

zdrzemnąć się vr (uciąć sobie drzemkę) to take a nap; (mimowolnie) to doze off

zdumienie n amazement, wonder, astonishment

zdumiewać vt to astonish, to amaze

zdumiewająco adv amazingly, astonishingly

zdumiewający adj amazing, astonishing

zdumiony adj amazed, astonished

zdyscyplinowany adj disciplined, orderly

zdyskwalifikować vt to disqualify

zdzierstwo n rip-off

zdziwienie n surprise, astonishment

zdziwiony adj surprised, astonished, puzzled

zebra n (zwierzę) zebra; (przejście dla pieszych) zebra crossing, pedestrian crossing

zebranie n (narada) meeting; (towarzyskie) gathering, get-together

zegar n clock

zegarek n watch, wrist-watch

zegarmistrz n watchmaker

zemdleć vi to faint, to collapse, to lose consciousness

zemsta n revenge, vengeance

zepsuty adj (uszkodzony) broken, defective, out of order; (o żywności) bad, off; (o zębach) decayed; (nieudany) spoilt, ruined; (o człowieku) depraved, perverted, corrupt

zerkać vi (na kogoś/coś) to glance at sb/sth, to peek at sb/sth, to peep/ to have a peep at sb/ sth

zero n (numer) zero, nought; (o temperaturze) freezing point; (w wynikach gier sportowych) nil; (w tenisie); (o człowieku) nobody

zerwanie n (z czymś/kimś) break/a break with the past/ tradition; (umowy, stosunków dyplomatycznych) breach/a breach of contract/diplomatic relations

zespół n (grupa ludzi) team, group; (muzyczny) band; (budynków) complex; (zjawisk, symptomów) syndrome

zestaw n set, kit

zestresowany adj strained, stressed

zestrzelić vt to shoot sth down

zeszczupleć vi to slim down

zeszły adj (ubiegły) last

zesztywniały adj stiff

zeszyt n exercise book

zewnątrz adv **na zewnątrz** outside

zewnętrzny adj external, exterior, outside, out-ward

zez n squint

zeznanie n (składane w sądzie) testimony

zeznawać vt, vi to testify

zezowaty adj cross-eyed

zezwalać vi (na coś) to allow sth, to permit sth; (komuś na coś) to allow sb to do sth, to permit sb to do sth

zezwolenie n permission; (dokument pisemny) permit, licence

zgadywać vt to guess

zgadzać się vr **-1.** (wyrażać zgodę) to agree **-2.** (wykazywać zgodność) to correspond, to agree with

zgaga n heartburn

zgiełk n tumult, hustle and bustle

zginać vt to bend

zgłaszać vt (donosić o czymś) to report

zgłaszać się vr (stawić się gdzieś) to report; **zgłaszać się na ochotnika** to volunteer

zgniatać vt to crush, to crumple, to squash

zgniły adj rotten, decayed

zgoda n **-1.** (brak konfliktów, harmonia) harmony **-2.** (wspólne zdanie) agreement **-3.** (pozwolenie) consent, approval

zgodnie adv **-1.** (bezkonfliktowo) harmoniously, in harmony **-2.** (jednomyślnie) unanimously

zgodny adj **-1.** (niekłótliwy) agreeable, genial **-2.** (harmonijny) harmonious **-3.** (jednomyślny) unanimous **-4.** (pokrywający się z czymś) consistent (with sth), compatible (with sth)

zgon n death, demise

zgorzkniały adj bitter, sour

zgrabny adj **-1.** (kształtny) shapely **-2.** (zręczny) graceful, deft

zgromadzenie n assembly, gathering

zgubiony adj lost, missing

ziarno n (zbóż) grain; (nasionko) seed

ziele n herb

zieleń n **-1.** (kolor) green **-2.** (roślinność) greenery

zielony adj green

zielsko n (chwast) weed

ziemia n **-1.** (planeta) earth, the Earth **-2.** (wierzchnia warstwa skorupy ziemskiej, grunt) ground **-3.** (gleba) soil **-4.** (nieruchomość) land **-5.** (stały ląd) land

ziemniaczany adj potato

ziemniak n potato

ziewać vi to yawn

zięć n son-in-law

zima n winter

zimno adv cold

zimny adj cold; (o człowieku) cold-hearted

zimowy adj winter, wintry

zioło n herb

ziołowy adj herbal

zirytowany adj annoyed, irritated

zjawiać się vr to appear, to turn up, inf to show up

zjawisko n phenomenon

zjazd n **-1.** (kongres) convention, congress, conference; (rodzinny, koleżeński) reunion **-2.** (z autostrady) slip-road, (miejsce) exit **-3.** (konkurencja narciarska) downhill

zjednoczenie n union, unification

zjednoczony adj united

zjednoczyć się vr to unite

zjeżdżać vi (z góry na nartach, sankach) to ski/ sledge downhill; (na pobocze) to pull in

zjeżdżalnia n slide

zlecać vt (komuś zrobienie czegoś) to commission sb to do sth

zlecenie *n (wykonania czegoś)* commission
zlew *n* sink
złamanie *n* fracture
złamany *adj (o kończynie)* broken, fractured; *(o prawie, przepisie)* infringed, violated
złącze *n* joint; *(interfejs)* interface
zło *n* evil, wrong
złocony *adj* gold-plated, gilt
złodziej(ka) *n* thief
złom *n* scrap (metal)
złościć *vt* to anger, to annoy, to irritate
złościć się *vr* to get angry, to lose one's temper
złość *n* anger
złośliwość *n* spite, malice
złośliwy *adj* **-1.** *(zjadliwy, uszczypliwy)* malicious, spiteful, vicious **-2.** *(nowotwór)* malignant
złoto *n* gold
złoty *n (jednostka monetarna)* zloty
→ **złoty** *adj* **-1.** *(kolor)* golden **-2.** *(ze złota)* gold
złożony *adj (zawiły)* complex
złudzenie *n* illusion, delusion
zły *adj (nieprawidłowy, niewłaściwy)* wrong; *(zagniewany)* angry, cross; *(niepomyślny, niedobry)* bad; *(kiepski)* poor; *(niecny, niemoralny)* evil, wicked
zmaganie *n* struggle, strife
zmarły *adj (umarły)* dead, deceased
→ **zmarły(a)** *n (nieboszczyk)* the deceased
zmarnowany *adj (nie wykorzystany należycie)* wasted
zmarszczka *n (na twarzy)* wrinkle, line; *(na tkaninie)* crease
zmartwienie *n* worry
zmartwiony *adj* worried, troubled, upset
zmarznąć *vi* to get cold
zmarznięty *adj* cold, frozen

zmęczenie *n* fatigue, weariness, tiredness
zmęczony *adj* tired, weary
zmiana *n* **-1.** *(przeobrażenie)* change **-2.** *(czas pracy)* shift
zmielony *adj* ground
zmieniać *vt* to change, to alter
zmieniać się *vr (przeobrażać się)* to change, to alter; *(wymieniać się)* to take turns
zmienny *adj (pogoda, klimat)* changeable, variable; *(nastrój, osoba)* fickle
zmierzać *vi* **-1.** *(kierować się dokądś)* to head for, to be bound for **-2.** *(robić aluzję do czegoś)* to drive at sth
zmierzch *n* dusk, twilight
zmieszany *adj (zakłopotany)* confused, bemused
zmiękczać *vt* to soften
zmniejszać *vt* to decrease, to diminish, to lessen, to reduce
zmniejszać się *vr* to decrease, to diminish, to lessen, to decline
zmniejszenie *n* decrease, reduction, decline
zmoczyć *vt* to wet, to soak
zmoczyć się *vr (oddać mimowolnie mocz)* to wet one's bed/pants
zmodernizowany *adj* modernized
zmodyfikowany *adj* modified
zmoknąć *vi* to get wet, to get soaked
zmotoryzowany *n* motorist
zmowa *n* conspiracy, plot
zmrok *n* dusk, nightfall, twilight
zmuszać *vt (kogoś do zrobienia czegoś)* to force sb to do sth, to compel sb to do sth, to make sb do sth
zmylić *vt (kogoś)* to mislead sb
zmysł *n* sense; **zmysł smaku** taste
zmysłowy *adj* sensual
zmyślać *vt* to make sth up, to invent
zmyślony *adj* imaginary, fictitious

zmywać vt (naczynia) to wash up, to do the dishes; (brud) to wash off/out

zmywać się vr (schodzić – o brudzie) to wash off

zmywanie n (naczyń) washing-up

zmywarka n (do naczyń) dishwasher

znaczący adj meaningful; (istotny) significant

znaczek n (pocztowy) stamp; (odznaka) button, badge

znaczenie n (sens) meaning; (doniosłość) importance, significance

znacznie adv considerably, significantly

znaczny adj considerable, significant

znaczyć vt -1. (oznakowywać) to mark -2. (wyrażać znaczenie) to mean -3. (być ważnym) to matter, to mean

znać vt (osobę, język) to know; (zagadnienie, sprawę) to be familiar with sth

znać się vr -1. (na czymś) to be familiar with sth, to be knowledgeable about sth -2. (z kimś) to know (each other)

znajdować vt (odnajdywać) to find

znajdować się vr -1. (o kimś/czymś zaginionym) to be found, to turn up -2. (mieścić się) to be situated, to be located;

znajomość n -1. (z kimś) acquaintance; -2. (przedmiotu, dziedziny wiedzy) knowledge

znajomy(a) n acquaintance

→ **znajomy** adj (znany) familiar

znak n sign, mark

znakomity adj excellent, remarkable, superb, splendid

znamię n birthmark

znany adj (powszechnie) well-known, famous

znęcać się vr (nad kimś) to abuse sb, to mistreat sb, to ill-treat sb

znęcanie się n abuse, mistreatment, ill-treatment

zniechęcać vt to discourage, to put off

zniechęcający adj disheartening, discouraging

zniechęcony adj disheartened, discouraged

zniecierpliwienie n impatience

zniecierpliwiony adj impatient

znieczulenie n anaesthetic

zniekształcać vt to deform, to disfigure; (obraz, fakty) to distort

zniekształcony adj deformed, disfigured; (obraz, fakty) distorted

zniesienie n (uchylenie) abolition; **nie do zniesienia** adj unbearable, insufferable

zniewaga n isult, outrage

znieważać vt to insult

znikać vi to disappear, to vanish

zniknięcie n disappearance

zniszczenie n destruction, damage, devastation

zniszczony adj destroyed, damaged, ruined

zniżka n discount, reduction

znosić vt -1. (uchylać przepisy, sankcje) to lift, to abolish -2. (wytrzymywać coś) to bear sth, to stand sth, to put up with sth, to tolerate sth. -3. (jaja) to lay eggs

znoszony adj (płaszcz, buty) worn, worn out

znośny adj bearable, tolerable, passable

znowu adv again

znudzony adj bored

znużony adj weary, tired

zobaczyć vt to see

zobowiązanie n -1. (obowiązek) obligation -2. (obietnica, przyrzeczenie) commitment, undertaking, pledge

zobowiązany adj -1. (wdzięczny) obliged -2. (mający obowiązek) bound, obliged

zobowiązywać vt (kogoś do czegoś)
to oblige sb to do sth, to commit sb
to doing sth, to bind sb to do sth
zobowiązywać się vr (do czegoś)
to commit oneself to doing sth,
to undertake to do sth, to pledge
to do sth
zodiak n zodiac
zoo n zoo
zoologia n zoology
zorganizowany adj organized
zorientowany adj informed
zostawać vi -**1.** (kimś) to become.
-**2.** (pozostawać gdzieś) to stay,
to remain -**3.** (pozostawać bez
zmian) to remain, to stay -**4.** (być
pozostałością większej całości) to be
left
zostawiać vt -**1.** (opuszczać kogoś)
to leave sb, to abandon sb, to walk
out on sb -**2.** (coś gdzieś/jakimś)
to leave -**3.** (zapomnieć zabrać)
to leave sth behind
zrelaksowany adj relaxed
zręczny adj (zwinny) agile, deft;
(sprawny w działaniu) skilful;
(sprytny) clever, adroit, slick
zrozpaczony adj desperate, despairing
zrozumiały adj -**1.** (łatwy
do zrozumienia) comprehensible,
intelligible -**2.** (oczywisty,
uzasadniony) understandable
zrozumienie n -**1.** (pojmowanie)
understanding, comprehension
-**2.** (wyrozumiałość, współczucie)
sympathy, understanding
zrównoważony adj (dieta, budżet)
balanced; (osoba) level-headed,
even-tempered
zrujnowany adj ruined, in ruin,
ramshackle
zrywac vt (kwiaty) to pick; (zdzierać –
plakat, tapetę) to tear sth off, to rip
sth off; (kapelusz, dach – o wietrze)
to blow sth off; (umowę, zaręczyny)
to break sth off

→ **zrywać** vi (z kimś) to break up with
sb, to split up with sb; (z czymś)
to break with sth, to finish with sth
zrywać się vr -**1.** (o burzy, wietrze)
to break -**2.** (o osobie) to jump up
zrzędzić vi to grumble, to nag, inf
to grouch
zrzucać vt (strącać coś na ziemię,
podłogę) to knock sth off/onto the
floor, to drop sth; (ubranie) to throw
sth off, to slip sth off; (liście, sierść)
to shed
zrzucać się vr (robić składkę) to chip in
zrzutka n collection
zszywacz n stapler
zszywać vt (tkaninę) to sew sth up;
(zszywaczem) to staple
zszywka n staple
zuchwały adj impertinent, brash, bold,
insolent
zupa n soup
zupełnie adv (całkowicie) completely,
entirely, utterly, stark, absolutely
zupełny adj absolute, total, utter
zużycie n -**1.** (paliwa, energii)
consumption -**2.** (zniszczenie przez
używanie) wear and tear
zużywać vt -**1.** (do końca) to use
up, to exhaust -**2.** (określoną
ilość energii, paliwa) to consume
-**3.** (robić z czegoś użytek) to use
zużywać się vr to wear out
zwalczać vt (walczyć z czymś)
to combat, to fight
zwalczyć vt (pokonać) to overcome,
to fight off
zwalniać vt -**1.** (zmniejszać tempo)
to slow down -**2.** (zakładnika,
więźnia) to release, to set free
-**3.** (pokój w hotelu) to vacate
-**4.** (pracownika) to dismiss, inf
to sack, inf to give sb the sack
-**5.** (pacjenta ze szpitala) to discharge
-**6.** (od obowiązku, podatku, cła)
to exempt
zwarcie n (elektryczne) short circuit

zwariować *vi* to go mad, to go out of one's mind, to go crazy

zwariowany *adj* crazy, *inf* nutty, mad

zwarty *adj (o tłumie)* dense; *(o zaroślach)* thick

zwarzyć się *vr (o mleku)* to curdle, to turn sour

zwężać *vt (drogę)* to narrow; *(spodnie)* to take sth in

związany *adj (skrępowany)* tied up; *(umową, przysięgą)* bound; *(mający z czymś związek)* connected with sth, bound up with sth; *(z tematem)* relevant (to sth)

związek *n* -**1.** *(powiązanie)* connection, link, relation. -**2.** *(więź emocjonalna, stosunek)* relationship, bond -**3.** *(stowarzyszenie)* association, union -**4.** *(chemiczny)* compound

zwichnąć *vt* to dislocate, to sprain, to twist

zwichnięcie *n* dislocation, sprain

zwiedzać *vt* to visit, to tour, to go sightseeing

zwiedzający(a) *n* sightseer

zwiedzanie *n* sightseeing

zwierzać się *vr (komuś)* to confide in sb

zwierzchnik(czka) *n* superior

zwierzę *n* animal; **zwierzę domowe** *(pies, kot)* pet

zwierzęcy *adj* animal; *(dziki, brutalny)* brute

zwierzyna *n (dzika)* game; *(płowa)* deer

zwietrzały *adj (stęchły)* stale; *(o napoju gazowanym)* flat

zwiędnięty *adj* withered

zwiększać *vt* to increase, to raise

zwiększać się *vr* to increase

zwięzły *n* concise, brief

zwijać *vt (sznurek, nici)* to coil; *(w rulon)* to roll sth up

zwinność *n* agility

zwinny *adj* agile, nimble

zwiotczały *adj* flabby

zwisać *vi* to hang down, to dangle

zwlekać *vi* to delay, to linger

zwłaszcza *adv* especially

zwłoka *n* delay

zwłoki *npl* corpse, (dead) body

zwolennik(czka) *n* follower, supporter, advocate

zwolnienie *n* -**1.** *(wymówienie pracy)* dismissal, redundancy -**2.** *(z obowiązku, opłaty, podatku)* exemption -**3.** *(lekarskie)* sick leave -**4.** *(wypuszczenie, uwolnienie)* release

zwolniony *adj* -**1.** *(z pracy)* dismissed, *inf* sacked -**2.** *(od obowiązku, podatku)* exempt -**3.** *(z więzienia, niewoli)* released -**4.** *(ze szkoły, z zajęć)* dismissed

zwoływać *vt (zebranie, naradę)* to call, to convene; *(parlament)* to summon

zwracać *vt (oddawać coś)* to return sth; *(kupiony towar)* to take sth back; *(wymiotować)* to bring sth up, to vomit; *(dług)* to repay; *(pożyczone pieniądze)* to pay back

zwracać się *vr (do kogoś)* to address sb; *(o inwestycji)* to pay off

zwrot *n* -**1.** *(oddanie czegoś)* return -**2.** *(zmiana sytuacji)* turn -**3.** *(wyrażenie)* expression, phrase

zwrotka *n* verse

zwycięski *adj* triumphant, victorious, winning

zwycięstwo *n* victory, triumph

zwycięz-ca(czyni) *n* winner, victor

zwyciężać *vi* to win; *(pokonać kogoś)* *vt* to defeat sb

zwyczaj *n (obyczaj)* custom, tradition; *(nawyk)* habit

zwyczajny *adj (zwykły)* ordinary, normal, usual; *(niewyszukany)* plain, simple zwyczajowy adj (utwierdzony przez tradycję) traditional; (nawykowy) customary, habitual, routine

zwykle adv usually, generally, ordinarily

zwykły adj ordinary, usual, normal; (powszechny) common; (niewyszukany) plain, simple

zysk n profit, gain

zyskiwać vt (popularność, zaufanie) to gain, to win

zyskowny adj profitable

zziajany adj breathless

zżyty adj close, intimate

Ź

źdźbło n blade

źle adv (błędnie) wrong, wrongly; (kiepsko) badly, poorly

źrebię n foal

źrenica n pupil

źródło n -1. (zdrój) spring -2. (pochodzenie) source

Ż

żaba n frog

żaden pron (przed rzeczownikiem) no; (zamiast rzeczownika) none; (z dwóch) neither/; (w zdaniach przeczących) any; (z dwóch) either

żagiel n sail

żaglówka n sailing boat

żal n -1. (smutek) sorrow, grief -2. (skrucha) regret, remorse, repentance -3. (uraza, pretensje) bitterness, grudge;

żalić się vr to grumble, to complain

żaluzja n (z listewek) venetian blind; (roleta) roller blind

żałoba n mourning

żałosny adj (rozpaczliwy) sorrowful, pitiful, forlorn; (żenujący) pathetic, miserable

żałować vt to regret, to be sorry

żar n (upał) heat; (płomienia, ogniska) glow; (przekonań) zeal

żarliwy adj passionate, fervent, ardent

żarówka n (light) bulb

żart n joke, gag; (psikus) hoax

żartować vi to joke, to be joking, inf to be kidding

żądać vt (czegoś) to demand sth, to require sth

żądanie n (czegoś) demand for sth, call for sth; na żadanie on request/on demand

żądlić vt to sting, to bite

żądło n sting

że conj that

→ że part pomimo, że although; chyba, że unless

żeberka npl (danie) spare ribs

żebrać vi (o coś) to beg (for sth)

żebrak(czka) n beggar

żebro n rib

żeby conj (in order) to, so that

żeglarstwo n sailing, yachting

żeglarz(rka) n sailor, navigator, yachtsman/ yachtswoman

żeglować vi to sail, to cruise, to navigate

żegluga n shipping, navigation

żegnać vt (kogoś) to say goodbye to sb, to bid sb goodbye

żegnać się vr -1. (przy pożegnaniu) to say goodbye -2. (robić znak krzyża) to cross oneself

żel n gel

żelatyna n gelatine

żelazko *n* iron
żelazny *adj* iron
żelazo *n* iron
żenić się *vr* to get married, to marry
żenujący *adj* pathetic, embarrassing
żeński *adj (płeć)* female; *(rodzaj)* feminine
żeton *n (do aparatu)* token; *(do gry)* chip
żłobek *n* creche, nursery
żmija *n* adder, viper
żniwa *npl* harvest
żołądek *n* stomach, *inf* tummy
żołądź *n* acorn
żołnierz *n* soldier
żona *n* wife
żonaty *adj* married
żongler *n* juggler
żonglować *vt (czymś)* to juggle with sth
żonkil *n* daffodil
żółć *n* -1. *(kolor)* yellow; -2. *(sok trawienny)* bile
żółknąć *vi* to yellow, to turn yellow; *(ze starości)* to discolour
żółtaczka *n* jaundice
żółtko *n* (egg) yolk
żółty *adj* yellow
żółw *n (morski)* turtle; *(lądowy)* tortoise
żubr *n* bison
żuć *vt* to chew
żuraw *n* crane
żurawina *n* cranberry
żużel *n* -1. *(materiał)* cinder -2. *(sport)* speed-way
żwir *n* gravel
życie *n* life, lifetime
życiorys *n* life story, curriculum vitae, *(skrót)* CV
życiowy *adj* life; *(praktyczny)* realistic
życzenie *n (pragnienie)* wish; *(prośba)* request
życzliwość *n* kindness, friendliness
życzliwy *adj* friendly, kind, warm-hearted, good-natured

życzyć *vt (komuś czegoś)* to wish sb sth
żyć *vi* to live; to be alive
żyd(ówka) *n* Jew, Hebrew
żydowski *adj* Jewish, Hebrew
żyjący *adj* living, alive
żylaki *npl* varicose veins
żylasty *adj (o mięsie)* tough, stringy; *(o człowieku)* sinewy
żyletka *n* razor blade
żyła *n* vein
żyrafa *n* giraffe
żyrandol *n* chandelier
żyto *n* rye
żywica *n* resin
żywić *vt (karmić)* to feed, to nourish
żywić się *vr (czymś)* to feed (on sth)
żywienie *n* feeding, nourishment
żywioł *n* element
żywiołowy *adj (spontaniczny)* spontaneous; *(pełen życia)* impetuous; *(spowodowany przez żywioł)* natural
żywność *n* food
żywo *adv* vividly, boisterously
żywy *adj (żyjący)* living, alive; *(opis, barwa)* vivid; *(muzyka)* lively; *(temperament)* vibrant, vivacious
żyzny *adj* fertile, rich

SŁOWNIK ANGIELSKO-
-POLSKI

A

a *n* a; **from A to Z** od A do Z
a *(before vowel or silent h* **an)** *indef
art* **-1.** *(non-specific)* jakiś, pewien;
a dog pies **-2.** *(number one)* jeden;
a thousand pounds tysiąc funtów
-3. *(expressing prices)* za; **70p a kilo**
70 pensów za kilogram
abandon *vt* **-1.** *(leave)* opuszczać,
porzucać **-2.** *(give up)*
rezygnować z **abashed** *adj* speszony
abbreviate *vt* skracać
abbreviation *n* skrót
abduct *vt* porywać, uprowadzać
ability *(pl* **-ies)** *n* **-1.** *(capacity)*
zdolność, umiejętność **-2.** *(talent)*
dar, talent
able *adj* **-1.** *(capable)* zdolny
-2. *(talented)* uzdolniony
abnormal *adj* anormalny
aboard *adv* na pokładzie
aboard *prep (plane)* na; *(bus, train)* w
abolish *vt* usuwać, znosić
abort *vt (pregnancy)* przerywać,
usuwać
abortion *n* aborcja
about *adv* **-1.** *(approximately)* około,
prawie **-2.** *(referring to place)* wokół,
naokoło
about *prep* **-1.** *(referring to place)* po
-2. *(relating to, concerning)* o
above *adv* **-1.** *(higher up)* powyżej
-2. *(more, over)* więcej, ponad
above *prep* nad, ponad
above-mentioned *adj* wyżej
wspomniany
abroad *adv (live)* za granicą; *(go)*
za granicę
absence *n* **-1.** nieobecność **-2.** brak
absolute *adj* **-1.** *(complete)* zupełny,
całkowity **-2.** *(totalitarian)* absolutny

absolutely *adv* całkowicie, zupełnie
absorb *vt* **-1.** *(soak up)* pochłaniać,
wchłaniać **-2.** *(interest)* absorbować,
wciągać
absurd *adj* absurdalny, niedorzeczny
abuse *n* **-1.** *(insults)* znieważanie
-2. *(ill-treatment)* znęcanie się
-3. *(of drugs, power)* nadużywanie
abuse *vt* **-1.** *(insult)* znieważać
-2. *(ill-treat)* znęcać się nad
-3. *(misuse)* nadużywać
accelerate *vi* przyśpieszać
accent *n* **-1.** akcent **-2.** *(fig)* nacisk
accept *vt* **-1.** *(agree)* akceptować,
przyjmować **-2.** *(get used to)* godzić
się na/z
access *n* dojście, dostęp
accident *n* **-1.** *(unpleasant event)*
wypadek **-2.** *(chance)* przypadek
accommodation *BE n*,
accommodations *AE npl* nocleg,
zakwaterowanie
accomplice *n* wspólnik
according to *prep* według,
zgodnie z **account** *n* - *(with bank)*
konto, rachunek
accountant *n* księgowy
accurate *adj* **-1.** *(gen)* ścisły
-2. *(weapon, aim)* celny, precyzyjny
-3. *(person, device)* dokładny
accuse *vt* oskarżać
ache *vi* boleć
achieve *vt* **-1.** *(success, victory)*
odnosić, osiągać **-2.** *(ambition,
goal)* realizować, spełniać **-3.** *(fame)*
zdobywać
acid *adj* **-1.** *CHEM* kwasowy, kwaśny
-2. *(sharp-tasting)* cierpki, kwaśny
across *adv* **-1.** poprzez, w poprzek
-2. poziomo **-3.** wszerz
across *prep* **-1.** *(on the other side of)*
na/po drugiej stronie **-2.** *(from one
side to the other)* przez, w poprzek
act -1. *vi (gen)* działać; grać,
występować **-2.** *vt (role)* odgrywać

action n -1. (doing sth) działanie
-2. (deed) czyn -3. (in book) akcja
actor n aktor
actress n aktorka
add vt -1. (put with sth else) dodawać,
dołączać -2. (figures, sums)
dodawać, sumować
addiction n uzależnienie
address n -1. (location) adres
-2. (speech) mowa, przemówienie
adhesion n przyleganie
adjective n przymiotnik
admire vt podziwiać
admit (pt & pp -ted, cont -ting) vt
-1. (confess, accept) uznawać,
przyznawać się -2. (permit to enter)
przyjmować, wpuszczać
adopt vt -1. (child) adoptować
-2. (position) przyjmować
-3. (method) obierać
adore vt ubóstwiać, uwielbiać
adult n dorosły
advance vt -1. (improve) posuwać
naprzód, udoskonalać -2. (in time)
przyspieszać 3. vi czynić postępy,
posuwać się naprzód
advanced adj zaawansowany
advantage n -1. (benefit) korzyść,
zaleta -2. (edge, plus point)
przewaga
adventure n przygoda
advertise -1. vi (in newspaper, on TV)
dawać ogłoszenie, reklamować się
-2. vt (product) reklamować
advertisement n reklama, ogłoszenie,
anons
advice n porada, rada
advise vt & vi doradzać, udzielać rad
adviser n doradca
affair n interes, sprawa; **love affair**
romans
afford vt -1. (have enough money for)
can you afford a house? czy stać
cię na dom? -2. (allow) dopuszczać,
pozwalać na; **I can't afford to let**

you go nie mogę pozwolić, żebyś
odeszła -3. (time) poświęcać; **he
can't afford the time** (on) nie ma
(na to) czasu
afraid adj przestraszony
after conj po tym, jak, gdy, kiedy
after adv potem, później; **the day
after** następnego dnia
after prep -1. (of time, place,
order) po, za; **after breakfast**
po śniadaniu; **one after the other**
jeden po drugim; **after you!** pan/
pani przodem! -2. (concerning) za;
to shout after sb wołać za kimś;
to ask after sb pytać o kogoś -3. AE
(time) po; **it's five after two** jest pięć
po drugiej
afternoon n popołudnie
afterwards, afterward ESP AE adv
następnie, potem
again adv - (one more time)
ponownie, znowu
against prep -1. (in opposition to)
przeciw(ko)
age n - (of person, animal) wiek
aggression n agresja
agile adj zwinny, sprawny
agree - vi zgadzać się
agreeable adj -1. (pleasant) miły
-2. (willing) skłonny
agreement n -1. (accord) zgoda
-2. (settlement, contract)
porozumienie
aid n pomoc, wsparcie
aim vt -1. (gun) celować
-2. (remark) kierować
air n - (gen) powietrze
airport n lotnisko
alarm n -1. (sudden fear)
zaniepokojenie -2. (device) alarm
album n album
alcohol n alkohol
alert n alarm
alien n -1. kosmita
-2. cudzoziemiec, obcokrajowiec

alive *adj* - *(living)* żyjący, żywy
all *pron* -**1.** *(sg)* wszystko; **is that all?**
czy to wszystko?; **for all I heard**
z tego co słyszałam -**2.** *(pl)* wszyscy;
all of them came wszyscy przyszli
all *adv* zupełnie; **all alone** zupełnie
sam; **all the more/better** tym
więcej/lepiej; **all in all** ogółem,
w sumie; **above all** przede
wszystkim, nade wszystko; **after all**
przecież, w końcu; **at all** ani trochę
all *adj* -**1.** *(with sg n)* cały; **all day**
cały dzień -**2.** *(with pl n)* wszyscy,
wszystkie; **all men are equal**
wszyscy ludzie są równi
allow *vt* - *(permit)* pozwalać
almost *adv* niemal, prawie
alone *adj* sam
along *adv* -**1.** *(with others)* ze sobą;
are you coming along? idziesz
z nami? -**2.** *(reffering to movement
forward)* dalej, do przodu; **to drive
along** jechać; **all along** od samego
początku
along *prep* wzdłuż
already *adv* już
altogether *adv* -**1.** *(completely)*
całkowicie, zupełnie -**2.** *(in total)*
razem, w sumie
always *adv* ciągle, zawsze
am *see* **be**
a.m. *(abbr of ante meridiem)* przed
południem
amaze *vt* zadziwiać, zdumiewać
amber *n* bursztyn
ambition *n* ambicja
ambitious *adj* ambitny
ambulance *n* ambulans, karetka
America *n* Ameryka
American *adj* amerykański; **American
Indian** Indianin
American *n* Amerykanin
among(st) *prep* -**1.** *(in middle of)*
wśród, pośród **2.** *(one of)* (po)
między

amount *n* -**1.** *(quantity)* ilość
-**2.** *(sum of money)* kwota, suma
amuse *vt* - *(entertain, cause to laugh)*
bawić, śmieszyć
an *see* **a**
analyse *BE*, **-lyze** *AE vt* analizować,
badać
and *conj* -**1.** *(as well as)* i; **and so
on** i tak dalej -**2.** *(with infinitive)* aby,
żeby; **try and go** spróbuj przyjść
-**3.** *(in comparisons)* coraz; **better
and better** coraz lepszy/e
angel *n* anioł
anger *n* gniew, złość
angry *(comp* **-ier**, *superl* **-iest)** *adj*
rozgniewany, zły)
animal *n* -**1.** *(living creature)* zwierzę
-**2.** *pej (brutal person)* bydlak,
zwierzę
ankle *n ANAT* kostka
anniversary *(pl* **-ies)** *n* rocznica
announce *vt* ogłaszać, oświadczać
annoy *vt* drażnić, irytować
annoyed *adj* rozdrażniony, zirytowany
annual *adj* coroczny, roczny
another *pron* -**1.** *(one more)* kolejny,
następny; **one after another** jeden
po drugim -**2.** *(a different one)* inny;
another time innym razem
another *adj* -**1.** *(one more)* jeszcze
jeden, następny; **in another two
years** za następne dwa lata ?
-**2.** *(different)* drugi, inny; **another
girl** (jakaś) inna dziewczyna
answer *vt & vi* odpowiadać (na);
to answer the phone odbierać
telefon
answer *n* odpowiedź; **in answer
to your letter** w odpowiedzi
na Pana/Pani list
ant *n* mrówka
antenna *(pl sense* -**1.** **-nae**, *pl sense*
-**2.** **-s)** *n* -**1.** *(of insect, lobster)*
czułek, macka -**2.** *AE (aerial)* antena
antibiotic *n* antybiotyk

233

anticipation n oczekiwanie, przewidywanie

antique adj antyczny, zabytkowy

anxiety (pl -ies) n -1. MED (worry) lęk, niepokój -2. (cause of worry) strapienie, troska -3. (keenness) pożądanie, pragnienie

anxious adj - (worried) niespokojny, zaniepokojony; **I'm very anxious about you** bardzo się o ciebie martwię

any pron -1. (with negative) nikt, żaden; **any of them** nikt/żaden z nich -2. (no matter which) jakikolwiek, którykolwiek; **ask any man** zapytaj któregokolwiek człowieka -3. (some) jakiś, ktoś; **any of you can dance?** ktoś/któryś z was umie tańczyć?

any adj -1. (in questions) jakiś; **can I be of any help?** mogę się jakoś przydać? -2. (with negative) żaden; **I haven't got any books** nie mam żadnych książek -3. (no matter which) jakikolwiek, którykolwiek; **any excuse will do** każda wymówka będzie dobra

any adv -1. (with negative) już, wcale; **I can't wait any longer** nie mogę już dłużej czekać -2. (some, a little) nieco, trochę; **are you feeling any better?** czy czujesz się trochę lepiej?

anybody = **anyone**

anyhow adv -1. (in spite of that) tym niemniej, tak czy siak -2. (carelessly) byle jak -3. (returning to topic) w każdym razie

anyone pron -1. (in questions) ktoś; **can you see anyone?** widzisz kogoś? -2. (with negative) nikt; **I can't see anyone** nikogo więcej nie widziałem -3. (any person) każdy, byle kto, ktokolwiek; **anyone can swim** każdy potrafi pływać

anyplace AE = **anywhere**

anything pron -1. (with negative) nic -2. (in questions) coś -3. (any object, event) byle co, cokolwiek

anyway adv -1. (in any case) tak czy siak -2. (returning to topic) w każdym razie; **anyway, I'll let you know** w każdym razie dam ci znać

anywhere adv -1. (in questions) gdzieś -2. (with negative) nigdzie -3. (any place) gdziekolwiek, wszędzie; -4. (unspecified amount, number) gdzieś (tak)

apart adv -1. (separated in space) oddzielnie, osobno; **to fall apart** rozbijać się na kawałki -2. (aside) z dala, na uboczu; **a long way apart** daleko od siebie

apartment n ESP AE mieszkanie

apathy n apatia

apologize, -ise vi przepraszać

apology (pl -ies) przeprosiny

appealing adj pociągający

applaud -1. vi bić brawo, klaskać -2. vt oklaskiwać; fig przyklaskiwać

applause n brawa, oklaski

apple n jabłko

application n -1. (for job, college) podanie, wniosek -2. (use) wykorzystanie, zastosowanie

appoint vt wyznaczać

appointment n -1. (to job, position) mianowanie, wyznaczenie -2. (job, position) stanowisko -3. (arrangement to meet) umówione spotkanie

appreciate vt -1. (value) cenić sobie, doceniać -2. (be grateful for) być wdzięcznym za -3. (recognize, understand) dostrzegać, rozumieć

approach -1. vi (in space) dochodzić, przybliżać się; (in time) nadchodzić, zbliżać się -2. vt (come near to) podchodzić do, zbliżać się do

approchable adj (person) przystępny

approve vt zatwierdzać

approximately adv około,
w przybliżeniu
April n kwiecień
aquarium (pl **-riums** OR **-ria**) n
akwarium
Aquarius n Wodnik
archaeology n archeologia
architect n **-1.** (of buildings)
architekt **-2.** fig (of plan, event)
pomysłodawca, twórca
architecture n **-1.** (art, style of
building) architektura **-2.** COMP (of
program) struktura
are see **be**
area n **-1.** (region) obszar, rejon
-2. (of knowledge) dziedzina
-3. (designated space) miejsce, plac
-4. (surface size) powierzchnia
argue -1. vi (quarrel) kłócić się,
sprzeczać się **-2.** vt & vi (reason)
dowodzić, przedstawiać argumenty
argument n **-1.** (quarrel) kłótnia,
sprzeczka**-2.** (reason) argument
Aries n Baran
arm n **-1.** (of person) ramię
army (pl **-ies**) n **-1.** MIL armia, wojsko
-2. fig (large group) gromada, tabun
around adv **-1.** (on all sides) dookoła,
naokoło **-2.** (here and there)
tu i tam, wokół; **to show sb around**
oprowadzać kogoś **-3.** (nearby)
niedaleko, w okolicy **-4.** (in circular
movement) o 180 stopni, wokół
siebie
around prep **-1.** (encircling) dookoła,
wokół **-2.** (through, throughout)
po, przez; **-3.** (near) koło; **is he
around?** czy on tu gdzieś jest?
-4. (approximately) około
arrest vt **-** (by police) aresztować
arrival n **-1.** (at place) przybycie,
przyjazd **-2.** (coming into existence)
pojawienie się
arrive vi **-1.** (at end of journey)
przybywać, przyjeżdżać **-2.** (letter)
dochodzić, docierać **-3.** (baby)

przychodzić na świat **-4.** (moment)
nadchodzić, nastawać
art n sztuka; **arts** SCOL nauki
humanistyczne, sztuki piękne
article n **-1.** (of furniture) artykuł,
sztuka **-2.** (in newspaper, magazine)
artykuł **-3.** GRAM przedimek,
rodzajnik
artist n artysta
as conj **-1.** (referring to time) gdy,
kiedy; **as the years went by** w miarę
upływu lat **-2.** (referring to manner,
way) (tak) jak; **do as she said** rób
jak powiedziała
as prep jak, jako; **to work as a teacher**
pracować jako nauczyciel
ash n **-** (from cigarette, fire) popiół
ashamed adj zawstydzony
ashtray n popielniczka
Asia n Azja
Asian adj azjatycki
Asian n Azjata
aside adv **-1.** (to one side) na bok,
na stronę **-2.** (apart) na bok
ask vt & vi **-1.** (question) pytać (**sb
sth** kogoś o coś **-2.** (request) prosić
(**sb for sth** kogoś o coś) **-3.** (invite)
zapraszać (**sb to sth** kogoś na coś)
assassin n zamachowiec
assign vt **-1.** (allot) przydzielać
(**sth to sb/sth** coś komuś/czemuś)
-2. (appoint) wyznaczać (**sb
to sth/to do sth** kogoś do czegoś/
do zrobienia czegoś)
assist vt asystować, pomagać
assistance n pomoc
association n **-1.** (organization)
stowarzyszenie **-2.** (relationship)
związek
assume vt **-1.** (suppose) przypuszczać,
zakładać **-2.** (power, responsibility)
brać na siebie, obejmować;
(attitude) przybierać
at prep **-1.** (referring to place, position)
w; **at home/school** w domu/

235

szkole **-2.** *(referring to direction)* do, na; **to throw at sb** rzucać czymś w kogoś **-3.** *(referring to particular time)* o, w; **at 6 o'clock** o szóstej; **at night** w nocy **-4.** *(referring to age, speed, rate)* w, z; **at 15 (years of age)** w wieku 15 lat; **at 80 mph** z prędkością osiemdziesieciu mil na godzinę **-5.** *(referring to particular state, condition)* przy; **to meet at breakfast** spotykać się przy śniadaniu

ate *pt of* **eat**

atmosphere *n* **-1.** *(of planet, air)* atmosfera **-2.** *(character, mood of place)* atmosfera, nastrój

attach *vt* **-1.** *(with pin, string)* dołączać, przyczepiać **-2.** *(importance, blame)* przywiązywać

attack *n* atak, napad

attack -1. *vt (person)* atakować, napadać na; *(problem)* zabierać się za **-2.** *vi* atakować, przystępować do ataku

attain *vt* osiągać

attempt *vt* próbować, usiłować

attempt *n* próba, usiłowanie

attend -1. *vt (meeting, party)* chodzić na, uczestniczyć w; *(school, church)* chodzić/uczęszczać do **-2.** *vi* brać udział, być obecnym

attention *n* **-1.** *(awareness, interest)* uwaga, zainteresowanie

attic *n* poddasze, strych

attitude *n* **-1.** podejście, stosunek (**to/ towards sb/sth** do kogoś/czegoś) **-2.** nastawienie, postawa

attorney *n AE* adwokat, pełnomocnik

attract *vt* **-1.** *(draw attention)* przyciągać **-2.** *(appeal to)* pociągać

audible *adj* słyszalny

audience *n* **-1.** *(of play, film)* publiczność, widownia **-2.** *(formal meeting)* audiencja

August *n* sierpień

aunt *n* ciotka

Austria *n* Austria

Austrian *adj* austriacki

Austrian *n* Austriak

authentic *adj* autentyczny, prawdziwy

author *n* autor

automatic *adj* **-1.** *(machine, right)* automatyczny **-2.** *(done from habit)* bezwiedny, machinalny

autumn *n* jesień; **in autumn** jesienią

auxiliary *adj* **-1.** *(providing assistance)* pomocniczy **-2.** GRAM *(verb)* posiłkowy

available *adj* **-1.** *(product, service)* dostępny **-2.** *(person)* dyspozycyjny, osiągalny

avenue *n* aleja

average *adj* **-1.** *(mean)* średni, taki sobie **-2.** *(typical)* przeciętny, statystyczny

avoid *vt* unikać (**doing sth** robienia czegoś)

await *vt* **-1.** *(wait for)* czekać na **-2.** *(be ready for)* oczekiwać

awake *adj* obudzony, rozbudzony

award *n* **-1.** *(prize)* nagroda **-2.** *(compensation)* odszkodowanie, wynagrodzenie

aware *adj (conscious)* świadomy (**of sth** czegoś)

away *adv* **-1.** *(referring to distance, time)* daleko; **away from** z dala od; **three weeks away** za trzy tygodnie; **two hours away by car** dwie godziny jazdy samochodem **-2.** *(move)* **to walk away** odchodzić; **to put sth away** odkładać coś na bok **-3.** *(not present)* poza domem; **he's is away for two weeks** nie będzie go przez dwa tygodnie

awful *adj* **-1.** *(terrible)* okropny, straszny **-2.** *(very great)* ogromny, straszliwy

axe *BE*, **ax** *AE* *n* siekiera, topór

B

baby (*pl* **-ies**) *n* **-1.** *(child)* dziecko, niemowlę **-2.** *AE (term of affection)* dziecina, kochanie

baby-sitter *n* opiekun do dziecka

bachelor *n* kawaler

back *n* **-1.** *(of person)* plecy; *(of animal)* grzbiet **-2.** *(opposite or reverse side)* druga strona, tył; *(of chair)* oparcie; *(of envelope)* rewers **-3.** *(of room)* wnętrze; *(of car)* tył

back *vt* **-1.** *(car)* cofać **-2.** *(scheme, programme)* popierać **-3.** *(horse)* obstawiać **-4.** *vi* cofać się

→**back away** *vi* odsuwać się

→**back down** *vi* wycofywać się

→**back off** *vi* odsuwać się

→**back out** *vi* wycofywać się

→**back up** *vt* **-1.** *(person)* popierać **-2.** *(claim, story)* podtrzymywać

back *adv* **-1.** *(backwards)* do/z tyłu, w tyle; **to step back** cofać się **-2.** *(to former position or state)* z powrotem; **to come back** wracać **-3.** *(earlier)* przedtem, wcześniej

back *adj* **-1.** *(at the back)* tylny **-2.** *(overdue)* zaległy

backward *adj* **-1.** *(step, move)* do tyłu, wstecz **-2.** *pej (child)* opóźniony; *(country, society)* zacofany

backwards, backward *AE adv* **-1.** *(move, go)* do tyłu, wstecz **-2.** *(back to front)* na odwrót, tyłem na przód

bacon *n* bekon, boczek

bacteria *npl* bakterie

bad (*comp* **worse**, *superl* **worst**) *adj* **-1.** *(not good)* niedobry, zły **-2.** *(unhealthy)* chory, niezdrów **-3.** *(accident, mistake)* poważny

bag *n* **-1.** *(container)* siatka, torba **-2.** *(handbag)* torebka

bail *n* JUR kaucja

bake **-1.** *vt (bread, cake)* piec; *(clay, brick)* wypiekać, wypalać **-2.** *vi (food)* piec się

baker *n* piekarz

bakery (*pl* **-ies**) *n* piekarnia

balance *n* - *(equilibrium)* równowaga

balanced *adj* wyważony, zrównoważony

balcony (*pl* **-ies**) *n* balkon

bald *adj* łysy

ball *n* piłka

ballast *n* balast

ballet *n* balet

balloon *n* balon

ballpoint (pen) *n* długopis kulkowy

balm *n* balsam

ban *n* zakaz

ban (*pt & pp* **-ned**, *cont* **-ning**) *vt* zakazywać

banana *n* banan

band *n* - *(musical group)* orkiestra, zespół

bandage *n* bandaż

bandit *n* bandyta

bang - *vt (hit)* uderzać, walić; *(door)* trzaskać

bank *n* **-1.** FIN & fig bank **-2.** *(river, lake)* brzeg **-3.** *(slope)* nasyp, skarpa

bank account *n* konto bankowe

banker *n* bankier

bank holiday *n BE* dzień wolny od pracy

banknote *n* banknot

bankrupt *adj* niewypłacalny

bankrupt *n* bankrut

bankruptcy (*pl* **-ies**) *n* bankructwo, niewypłacalność

banner *n* transparent, sztandar

baptism *n* chrzciny, chrzest

baptize, -ise *vt* chrzcić

barbecue n -1. (grill) grill -2. (party) impreza z grillem
barber n fryzjer męski
barely adv ledwie, ledwo
bark vi (dog) szczekać
barn n stodoła
barometer n barometr
baroque adj barokowy
barrier n bariera
barrow n taczka
base n -1. (bottom) baza, podstawa -2. (of paint) podkład, podłoże -3. (of company, organization) centrala, siedziba
basement n piwnica
basic adj podstawowy, zasadniczy
basically adv zasadniczo, w zasadzie
basket n kosz, koszyk
bat n - (animal) nietoperz
bath n -1. (bathtub) wanna -2. (act of washing) kąpiel
bathe vt -1. (child) kąpać -2. (wound) przemywać -3. vi kąpać się
bathroom n -1. BE (room with bath) łazienka -2. AE (toilet) toaleta, ubikacja
bathtub n wanna
battle n -1. (in war) bitwa -2. (struggle) bój, walka
battlefield n pole walki
bay n - GEOGR zatoka
be (pt was OR were, pp been) -1. aux vb (in cont tenses) **what are you doing?** co robisz?; -2. (forming passives) **he was found yesterday** znaleziono go wczoraj; -3. (in tag questions) **Tom is nice, isn't he?** Tom jest miły, nieprawdaż?; -4. (followed by to + infin) **I'm to be fired** mam zostać zwolniony -5. copulative vb (with adj, n) być; **to be a teacher** być nauczycielem; mieć; **how old is she?** ile ona ma lat?; **she is 7** ma 7 lat; kosztować; **how much is it?** ile to kosztuje?

czuć się; **how are you?** jak się masz?; **I'm fine** czuję się świetnie; -6. v imp (referring to time, weather, distance) być; **it's midnight** jest północ; **it's hot** jest gorąco; **it's five miles to the town** do miasta jest pięć mil -7. vi (exist, occur) być; **where have you been?** gdzie byłeś?
beach n plaża
bean n BOT & CUL fasola, fasolka
bear n niedźwiedź
beat (pt beat, pp beaten) vt -1. (person, thing) uderzać, walić -2. (eggs) ubijać; (rhythm) wybijać, wystukiwać -3. (opponent, competitor) pobić, zwyciężać
beautiful adj piękny
beauty (pl -ies) n -1. (attractiveness) piękno, uroda -2. ifml (very good thing) coś pięknego, cudo -3. (beautiful woman) piękność
become (pt became, pp become) vt (grow) stawać się, zostawać; **to become fat** utyć
because conj ponieważ, bo; **because of** z powodu
bed n - łóżko
bedroom n sypialnia
bee n pszczoła
beech n buk
beef n wołowina
been pp of **be**
beer n piwo
beetle n chrząszcz, żuk
beetroot n burak
before adv przedtem, wcześniej
before prep (in time and space) przed
before conj nim, zanim
beg (pt & pp -ged, cont -ging) -1. vt & vi (for money, food, forgiveness, mercy) błagać -2. vi (on the street) żebrać (**for sth** o coś)
begin (pt began, pp begun, cont -ning) vt (start, initiate) rozpoczynać, zaczynać

began pt of **begin**
begun pp of **begin**
behave vi postępować, zachowywać się
behaviour BE, **behavior** AE n zachowanie
behind adv -1. (late) w tyle; **to be behind** być spóźnionym; **he asked me to stay behind** poprosił, żebym została -2. (at, in the back) z tyłu; **to leave sth behind** zapomnieć czegoś
behind prep -1. (supporting) za -2. (reffering to delay) po, za
behind n ifml pupa, tyłek
Belgian adj belgijski
Belgian n Belg
Belgium n Belgia
belief n -1. (faith) wiara -2. (opinion) przekonanie
believable adj wiarygodny
believe vt -1. (person, statement) wierzyć -2. (think) myśleć, sądzić -3. vi wierzyć
bell n dzwon, dzwonek
belong vi -1. (gen) należeć -2. (be situated in right place) mieć swoje miejsce, przynależeć
below adv niżej, poniżej
below prep -1. (at, to a lower position than) pod -2. (less than) mniej niż, poniżej
belt n pas, pasek
bench n -1. (seat) ławka -2. (in laboratory, workshop) stół, warsztat
bend (pt & pp **bent**) -1. vt (wire) wyginać, zginać -2. vi (arm, leg) zginać się; (tree) giąć się
beneath adv poniżej
benefit n korzyść, pożytek
bent pt & pp of **bend**
berry (pl **-ies**) n jagoda

beside prep -1. (next to) obok, przy -2. (compared with) przy, w porównaniu z
besides adv poza tym, ponadto
besides prep oprócz, poza
best adj najlepszy
bet n zakład
bet (pt & pp **bet** OR **-ted**, cont **-ting**) vi zakładać się
betray vt -1. (person, country, principles) zdradzać -2. (trust) nadużywać, zawodzić
better adj (comp of good) lepszy
between prep między, pomiędzy
bevel n skos, ukos
beverage n napój
beyond prep -1. (in space and in time) poza, za -2. (outside the range of) ponad, powyżej
biased adj stronniczy
Bible n biblia
bicycle n rower
big (comp **-ger**, superl **-gest**) adj (person) duży; (problem) wielki; (day) ważny, (brother, sister) starszy
bike n rower, motorower
bilingual adj dwujęzyczny
bill n -1. (statement of cost) faktura, rachunek -2. AE (banknote) banknot -3. (in parliament) projekt ustawy
billion num AE miliard
bin n BE (for rubbish) kosz, pojemnik
biography (pl **-ies**) n biografia
biology n biologia
birch n brzoza
bird n ptak
birth n narodziny
birthday n urodziny
birthplace n miejsce urodzenia
biscuit n -1. BE (thin dry cake) herbatnik, sucharek -2. AE (bread-like cake) biszkopt
bit n kawałek
bit pt of **bite**

bitch n -1. (female dog) suka -2. pej ifml (unpleasant woman) jędza, zdzira

bite (pt **bit**, pp **bitten**) vt & vi (person, animal) gryźć; (insect) ciąć

bitter adj -1. (sharp tasting) gorzki -2. (icy) przenikliwy -3. (painful) bolesny, przykry

bittersweet adj słodko-gorzki

bizarre adj dziwaczny

black adj czarny

black n czerń

blackberry (pl -ies) n jeżyna

blackbird n kos

blackboard n tablica

blackcurrant n czarna porzeczka

blackmail n szantaż

blade n ostrze

blame n odpowiedzialność, wina

blame vt obwiniać

blanket n -1. (bed cover) koc, nakrycie -2. (of snow, fog) warstwa

blemish n (flaw, scar) skaza; (on name, reputation) plama

blend vt mieszać, miksować

blender n mikser

blew pt of **blow**

blind adj niewidomy, ślepy

blind n roleta

blink vt & vi mrugać

blister n bąbel, pęcherz

blond adj (hair) blond, jasny

blonde n blondynka

blood n krew

blouse n bluzka

blow (pt **blew**, pp **blown**) vi -1. (wind) wiać -2. (through mouth) dmuchać; **to blow one's nose** wydmuchiwać nos

blow n cios, uderzenie

blown pp of **blow**

blue adj -1. (colour) błękitny, niebieski -2. (sad) przygnębiony, smutny

board n -1. (plank) deska; (for notices) tablica; (for games) plansza -2. ADMIN rada, zarząd

boarding house n pensjonat

boat n (ship) statek; (for rowing, sailing) łódka, łódź

body (pl -ies) n ciało

boil -1. vi gotować się, wrzeć -2. vt gotować, zagotowywać

bone n kość

bonus (pl -es) n -1. (extra money) premia -2. fig (added treat) bonus, dodatkowa korzyść

book n -1. (for reading) książka -2. (of stamps, matches, tickets) bloczek, karnet

book vt - rezerwować

bookcase n biblioteczka

bookmark n zakładka do książek

booth n budka, kabina

booze n ifml gorzała, wóda

border n -1. (between countries) granica -2. (edg-ing) obramowanie, obwódka -3. (outer limit) koniec, skraj

bore vt nudzić, przynudzać

bored adj znudzony

boredom n nuda

boring adj nudny

born adj urodzony

borrow vt pożyczać (**sth from sb** coś od kogoś)

boss n szef

both adj & pron obaj, obie

bother vt -1. (worry) martwić -2. (annoy) dokuczać -3. (pester) przeszkadzać, zawracać głowę

bottle n butelka, butla

bottom n dno, spód

bounce vi -1. (ball, light, sound) odbijać się (**off sth** od czegoś) -2. (person) podskakiwać, skakać

boundary (pl -ies) n -1. (of area) granica -2. fig (of science, knowledge) kres

bouqet *n* bukiet
bowl *n* misa, miska
bowling *n* gra w kręgle
box *n* pudełko, puszka
Boxing Day *n* BE *drugi dzień świąt Bożego Narodzenia*
box office *n* (in theatre, cinema) kasa biletowa
boy *n* chłopiec
boyfriend *n* chłopak
bra *n* biustonosz
bracelet *n* bransoletka
braces *npl* BE szelki
brain *n* -1. (organ) mózg -2. (fig) umysł
brake *n* hamulec
brake *vi* hamować
branch *n* -1. (of tree) gałąź -2. (of river, railway) odgałęzienie, odnoga -3. (of company, bank, organization) filia, oddział
brave *adj* dzielny, mężny
bread *n* chleb
break *n* -1. (pause, rest) przerwa, wolne -2. (fracture) złamanie -3. (rupture, change) zerwanie -4. (gap) luka
break (pt **broke**, pp **broken**) *vt* -1. (gen) łamać, rozbijać -2. (promise) nie dotrzymywać -3. (silence) przerywać -4. *vi* (gen) łamać się, tłuc się; (rope) rwać się; (machine) psuć się -5. *vi* (pause) robić przerwę, wstrzymywać pracę
→ **break down** -1. *vt sep* (destroy) rozwalać; (food, dead body) rozkładać -2. *vi* (machine, car) psuć się; (person) załamywać się
→ **break into** *vt fus* -1. (enter by force) włamywać się -2. (begin suddenly) przystępować do, zabierać się do
→ **break out** *vi* (fire, panic) wybuchać
→ **break with** *vt fus* zrywać z
breakdown *n* awaria
breakfast *n* śniadanie
breakthrough *n* przełom

breast *n* pierś
breath *n* oddech
breathe *vi & vi* oddychać
bribe *n* łapówka
brick *n* cegła
bride *n* panna młoda
bridge *n* most
briefcase *n* aktówka, teczka
bright *adj* jasny
brilliant *adj* -1. (clever) błyskotliwy -2. (colour) jaskrawy, oślepiający
bring (pt & pp **brought**) *vt* -1. (person) przyprowadzać; -2. (object, idea) przynosić
Britain *n* Wielka Brytania
British *adj* brytyjski; **the British** Brytyjczycy
Briton *n* Brytyjczyk
broad *adj* szeroki
broadcast (pt & pp **broadcast**) *vt* (programme) emitować, nadawać
broke *pt of* **break**
broken *adj* -1. (window) stłuczony, zbity; (arm) złamany; (contract) zerwany; (promise) niedotrzymany -2. (car) zepsuty
bronze *n* brąz
brooch *n* brożka
broom *n* miotła
broth *n* rosół
brother *n* brat
brother-in-law (pl **brothers-in-law**) *n* szwagier
brought *pt & pp of* **bring**
brown *adj* brązowy
browse *vi* przeglądać, oglądać, szperać
brush *n.* szczotka
brutal *adj* brutalny
bubble *n* bańka
bucket *n* kubeł, wiadro
buckle *n* klamra, sprzączka
bud *n* pączek
buddy (pl **-ies**) *n* ESP AE *ifml* kumpel
budged *n* budżet

bug n **-1.** *ESP AE (small insect)* robak; *(germ)* zarazek **-2.** *ifml (listening device)* pluskwa, podsłuch
build *(pt & pp* **built***)* vt budować
building n budynek
built *pt & pp of* **build**
bulb n żarówka
bull n byk
bullet n kula, pocisk
bullock n wół
bully *(pl* **-ies***)* n brutal, tyran
bump n **-1.** *(on head)* guz; *(in road)* garb, wybój **-2.** *(knock, blow)* uderzenie
bumper n AUT zderzak
bumpy *(comp* **-ier***, superl* **-iest***)* adj nierówny, wyboisty
bunch n *(of flowers)* bukiet, wiązanka; *(of people)* grono, grupka
bundle n *(of clothes)* tobołek, zawiniątko; *(of notes, papers)* plik
burn *(pt & pp* **burnt** OR **-ed***)* vi **-1.** *(be on fire)* palić się, płonąć **-2.** *(food)* przypalać się **-3.** *(skin)* oparzyć się, spalić się **-4.** *(give out light, heat)* świecić się **-5.** *(cause burning sensation)* piec, szczypać
burn n oparzenie
burnt *pt & pp of* **burn**
bury *(pt & pp* **-ied***)* vt **-1.** *(person)* pochować **-2.** *(thing)* zakopywać
bus n autobus
bush n krzak, krzew
business n biznes, interesy
busy *(comp* **-ier***, superl* **-iest***)* adj zajęty, zapracowany
but prep oprócz, poza
but conj ale, lecz
butcher masarz, rzeźnik
butter n masło
butterfly *(pl* **-ies***)* n motyl
button n **-1.** *(on clothes)* guzik **-2.** *(on machine)* przycisk
buy *(pt & pp* **bought***)* vt kupować
buyer n kupujący, nabywca

by prep **-1.** *(referring to cause, agent)* przez; **killed by lightening** zabity przez piorun; **painted/written by** namalowany/napisany przez; **what do you mean by that?** co chcesz przez to powiedzieć?; **by accident/chance** przez przypadek **-2.** *(referring to means, method, manner)* poprzez, za; **to pay by cheque** płacić czekiem; **by bus/train/plane** autobusem/pociągiem/samolotem **-3.** *(beside, close to)* obok, przy; **by the river** nad rzeką **-4.** *(past)* koło, obok; **she walks by the church everyday -5.** *(via, through)* przez; **by the back door** tylnymi drzwiami **-6.** *(in time)* do, na; **by six** do szóstej, na szóstą; **by day** za dnia; **by now** dotąd **-7.** *(reffering to change)* po, za; **day by day** dzień po dniu; **one by one** jeden po drugim; **bit by bit** kawałek po kawałku **-8.** *(in measurements)* na; **6 meters by 2** 6 metrów na 2; **to be paid by the week** otrzymywać zapłatę co tydzień; **it's broader by the metre** jest o metr szerszy **-9.** *(according to)* według; **by law** wedle prawa; **to play by the rules** grać fair; **by nature** z natury
bye(-bye) excl ifml cześć!, do widzenia
bygone adj miniony

C

cab n taksówka
cabbage n kapusta
cabin n **-1.** *(on ship)* kajuta; *(in aircraft)* kabina **-2.** *(house)* chata
cabinet n *(cupboard)* gablotka, szafka

cable n -1. (rope) lina -2. ELEC kabel, przewód; **cable (television)** kablówka, telewizja kablowa
cafe, café n kawiarnia
cafeteria n bufet, stołówka
cage n klatka
cake n ciastko, ciasto
calculate vt (result, figures) liczyć, obliczać; (consequences) oceniać, przewidywać
call n krzyk, wołanie
call -1. vt & vi (shout) krzyczeć -2. vt & vi (telephone) dzwonić -3. vt (name) nazywać, zwać
calm adj spokojny
calorie n kaloria
camomile rumianek
camp n obóz
camp (out) vi biwakować, obozować
campaign n kampania
campus (pl -es) n miasteczko uniwersyteckie
can n (container) puszka; (for water, oil) bańka, kanister; (with food) konserwa
can (pt & conditional **could**, negative **cannot** OR **can't**) modal vb -1. (be able to) móc, zdołać -2. (know how to) potrafić, umieć -3. (reffering to permission) mieć pozwolenie, móc -4. (reffering to possibility) móc
Canada n Kanada
Canadian adj kanadyjski
Canadian n Kanadyjczyk
canal n kanał
canary (pl -ies) n kanarek
cancel (BE pt & pp -led, cont -ling, AE pt & pp -ed, cont -ing) vt -1. (trip, meeting) odwoływać, rezygnować z; (order) cofać -2. (cheque, debt) anulować, unieważniać
cancellation n anulowanie, odwołanie
cancer n MED rak; **Cancer** Rak
candid adj szczery

candle n świeca, świeczka
candy (pl -ies) n ESP AE -1. (confectionery) słodycze -2. (sweet) coś słodkiego, cukierek
cane n -1. (gen) trzcina; **sugar cane** trzcina cukrowa -2. (walking stick) laska -3. (for punishment) rózga
cannot fml see **can**
canoe n kajak
can't cont of **cannot**
cap n -1. (hat) czapka -2. (on bottle, jar) kapsel, nakrętka
capability (pl -ies) n -1. (ability) możliwość, zdolność -2. MIL potencjał
capable adj zdolny
capacity (pl -ies) n pojemność
cape n przylądek
Capricorn n Koziorożec
captain n kapitan
captivate vt (audience, reader) porywać, urzekać
car n auto, samochód
carbon n węgiel
carbonated adj (water, drink) gazowany
card n karta
cardboard n karton, tektura
cardigan n sweter rozpinany
care n -1. (protection, looking after) opieka -2. (worry) troska -3. (caution, carefulness) dbałość, uwaga
care vi -1. (be concerned) przejmować się, troszczyć się -2. (mind) interesować się, zajmować się
career n kariera
careful adj ostrożny, uważny
careless adj -1. (inattentive) nieostrożny, nieuważny -2. (unconcerned) niedbały, nonszalancki
carol n: **(Christmas) carol** kolęda
carpet n dywan
carrot n marchew(ka)

243

carry (*pt* & *pp* **-ied**) *vt* nosić, przenosić
→**carry away** *vt fus* **to get carried away** dawać się ponieść emocjom
cartoon *n* **-1.** (*satirical drawing*) rysunek satyryczny, karykatura **-2.** (*comic strip*) komiks **-3.** (*film*) kreskówka
case *n* przypadek, wypadek
cash *n* gotówka
cashier *n* kasjer
casing *n* obudowa
cast (*pt* & *pp* **cast**) *vt* rzucać, kierować
castaway *n* rozbitek
castle *n* zamek
casual *adj* odprężony, swobodny
catastrophe *n* katastrofa
catch (*pt* & *pp* **caught**) *vt* chwytać, łapać
catchy (*comp* **-ier**, *superl* **-iest**) *adj* (*tune, song*) wpadający w ucho
cathedral *n* katedra
cattle *npl* bydło
cauliflower *n* kalafior
cause *n* przyczyna
cause *vt* powodować
caution *n* ostrożność, przezorność
cave *n* jaskinia
CD *n* (*abbr of* **compact disc**) (płyta) CD; **CD player** odtwarzacz płyt kompaktowych
cedar *n* cedr
ceiling *n* sufit, strop
celebrate *vt* **-1.** (*success, victory*) świętować **-2.** (*birthday, anniversary*) świętować
celebrity (*pl* **-ies**) *n* sława, znana osobistość
celery *n* seler naciowy
cell *n* komórka
cellar *n* piwnica
cello (*pl* **-s**) *n* wiolonczela
cellphone, **cellular phone** *n* komórka, telefon komórkowy
Celsius *n* skala Celsjusza
cemetery (*pl* **-ies**) *n* cmentarz

censor *vt* (*film, book*) cenzurować
centigrade *n* skala Celsjusza
centimetre *BE*, **centimeter** *AE n* centymetr
central *adj* centralny, środkowy
century (*pl* **-ies**) *n* stulecie, wiek
cereal *n* **-1.** (*crop*) zboże **-2.** (*food*) płatki śniadaniowe
certain *adj* pewny
certainly *adv* oczywiście, z pewnością
certificate *n* świadectwo, zaświadczenie
chain *n* łańcuch
chair *n* krzesło
chairman (*pl* **-men**) *n* przewodniczący
challenge *n* wyzwanie
champagne *n* szampan
champion *n* mistrz
chance *n* szczęśliwy traf, uśmiech losu, sznasa
change *n* zmiana
change *vt* zmieniać
changeable *adj* (*mood, weather*) zmienny
changing room *n* przebieralnia
channel *n* kanał, stacja
chaos *n* chaos
chapel *n* kaplica
chapter *n* rozdział
character *n* atmosfera, klimat, charakter
charcoal *n* wegiel drzewny
charge *n* opłata
charge *vt* & *vi* pobierać opłatę, ładować
charm *n* urok, wdzięk
charming *adj* czarujący, uroczy
chase *vt* gonić, ścigać
chaste *adj* czysty, cnotliwy
chat *n* pogawędka
cheap *adj* tani
cheat *vt* & *vi* oszukiwać; (*in exam*) ściągać
check *vt* & *vi* sprawdzać

checkout n **-1.** (in supermarket) kasa
-2. (in hotel) wymeldowanie
cheek n policzek
cheeky (comp **-ier**, superl **-iest**) adj
bezczelny, zuchwały
cheerful adj wesoły, radosny
cheers excl na zdrowie!
cheese n ser
cheesecake n sernik
chef n szef kuchni
chemistry n chemia
cherry (pl **-ies**) n czereśnia, wiśnia
chess n szachy
chestnut n kasztan
chew vt przeżuwać, żuć
chewing gum n guma do żucia
chicken n kurczak, kurczę
chickenpox n ospa wietrzna
chief n szef
child (pl **children**) n dziecko
childhood n dzieciństwo
children pl of **child**
chill n chłód, zimno
chimney n komin
chin n broda, podbródek
china n porcelana
China n Chiny
chit n notka, karteczka
chisel n dłuto
chives npl szczypiorek
chlorine n chlor
chocolate n czekolada
choice n wybór
choir n chór
choke vi dławić się
choose (pt **chose**, pp **chosen**) vt & vi
wybierać
chop (pt & pp **-ped**, cont **-ping**) vt
kroić, siekać
chorus n refren, chór
chose pt of **choose**
chosen pp of **choose**
Christ n Chrystus
christening n chrzciny, chrzest

Christian adj chrześcijański
Christmas n Boże Narodzenie
chronic adj chroniczny
church n kościół
cider n cydr, jabłecznik
cigarette n papieros
cinema n kino
circle n koło, okrąg
circumstances npl okoliczności,
warunki
citizen n obywatel
citizenship n obywatelstwo
city (pl **-ies**) n miasto
civilization n cywilizacja
claim vt domagać się, twierdzić
clarify (pt & pp **-ied**) vt objaśniać,
wyjaśniać
class n klasa
classic adj klasyczny
classified adj poufny, zastrzeżony
classified ad n (in newspaper)
ogłoszenie drobne
claw n pazur, szpon
clay n glina
clean adj czysty
clean vt czyścić
clear adj jasny, bezchmurny
clear vt oczyszczać, uprzątać, usuwać
clerk n urzędnik
cliché n banał, frazes
cliff n klif, urwisko
climate n klimat
climb vt wspinać się
clinic n klinika
cloakroom n garderoba, szatnia
clock n zegar, zegarek
clockwise adj & adv zgodny/zgodnie
z ruchem wskazówek zegara
clogged adj zapchany, zatkany
close adj bliski
close vt & vi zamykać (się);
closed adj zamknięty
closet n szafa ścienna

cloth n -1. *(material)* materiał, tkanina -2. *(for cleaning)* szmatka, ściereczka

clothes *npl* odzież, ubranie

cloud n chmura

cloudy *(comp* -ier, *superl* -iest) *adj* pochmurny, zachmurzony

clover n koniczyna

clown n klaun

club n klub, lokal

clue n ślad, wskazówka

clumsy *adj* niezdarny

clutch *vt* chwytać, ściskać

clutch n *AUT* sprzęgło

clutter n bałagan, nieład

coach n autobus, autokar, trener

coal n węgiel

coast n wybrzeże

coat n płaszcz, warstwa

cobbler n szewc

cock n kogut

cockpit n kabina pilota, kokpit

cockroach n karaluch

cocktail n koktajl

cocky *(comp* -ier, *superl* -iest) *adj* arogancki, zarozumiały

cocoa n kakao

coconut n kokos

cod *(pl inv* OR -s) n dorsz

code n kod, szyfr

coffee n kawa

coffin n trumna

coherent *adj* spójny

coin n moneta

coincidence n zbieg okoliczności

cold *adj* mroźny, zimny

collapse *vi* runąć, zawalać się

collar n -1. *(of coat)* kołnierz -2. *(of dog)* obroża

colleague n kolega, współpracownik

collect *vt & vi* gromadzić, zbierać

collection n zbiór, kolekcja

college n szkoła wyższa, uczelnia

collide *vi* zderzyć się

collision n kolizja, zderzenie

colloquial *adj* potoczny

colour *BE,* color *AE* n barwa, kolor

colourful *BE,* colorful *AE adj* barwny, kolorowy

colt n źrebię, źrebak

column n kolumna

comb n grzebień

combination n kombinacja, połączenie

combine *vt (gen)* łączyć

come *(pt* came, *pp* come) *vi (move, arrive)* przybywać, przychodzić, przyjeżdżać

comeback n powrót

comedy *(pl* -ies) n komedia

comet n kometa

comfortable *adj* komfortowy, wygodny

comma n przecinek

command n polecenie, rozkaz

comment n komentarz, uwaga

commerce n handel

commercial n reklama

commission n prowizja

commitment n -1. *(dedication)* oddanie, zaangażowanie -2. *(responsibility)* zobowiązanie

committee n komitet

common *adj* pospolity, zwyczajny

common law n prawo zwyczajowe

communicate *vt* komunikować, przekazywać

communicative *adj* rozmowny

community *(pl* -ies) n społeczność, wspólnota

compact *adj* niewielki, poręczny

companion n towarzysz

company *(pl* -ies) n przedsiębiorstwo, towarzystwo

compare *vt* porównywać

compassion n współczucie

competence n fachowość, kompetencje

competition n rywalizacja, konkurs

compile *vt* -1. *(report)* opracowywać -2. *(dictionary)* kompilować

complain vi narzekać
complete adj cały, kompletny
complex adj skomplikowany, złożony
complexion n cera, karnacja
component n składnik
comprehensive adj kompleksowy, wyczerpujący
compulsory adj obowiązkowy, przymusowy
conceal vt ukrywać
conceive vt & vi tworzyć, wymyślać
concern vt martwić, niepokoić, dotyczyć
concerning prep co się tyczy, odnośnie
concise adj zwięzły
conclusion n konkluzja, wniosek
concord n zgoda, ugoda
concrete n beton
condition n kondycja, stan, warunek
conditioner n (for hair) odżywka
confide vt zwierzać się
confidence n pewność siebie
confidential adj poufny, tajny
confirm vt potwierdzać
conflict n konflikt
confuse vt dezorientować, mylić
confusing adj mylący, niejasny
connect vt łączyć
connection n powiązanie, związek, połączenie
conscience n sumienie
conscious adj przytomny
consciousness n przytomność
consequence n konsekwencja, skutek
consider vt rozpatrywać, rozważać, brać pod uwagę, liczyć się z
consist:
→**consist in** vt fus polegać na
→**consist of** vt fus składać się z
consonant n spółgłoska
constant adj niezmienny, stały
constantly adv stale, wciąż
consul n konsul

consult vt radzić się, konsultować
consumer n konsument
contact n kontakt
contain vt obejmować, zawierać
container n pojemnik
contemporary (pl -ies) adj dzisiejszy, współczesny
content adj zadowolony
contest n rywalizacja, współzawodnictwo, konkurs
continent n GEOGR kontynent
continue vt kontynuować, nie przestawać
contraceptive n środek antykoncepcyjny
contract n kontrakt, umowa
contradict vt zaprzeczać
contribute vt wnosić, wpłacać, ofiarowywać
contribution n datek, wpłata, wkład
control (pt & pp -led, cont -ling) vt kierować, panować nad
controversial adj dyskusyjny, kontrowersyjny
convenient adj -1. (date, place) dogodny -2. (size) praktyczny, wygodny
conversation n konwersacja, rozmowa
convert vt przekształcać, zamieniać
convex adj wypukły
conviction n przekonanie, przeświadczenie
convince vt przekonywać
cook n kucharz
cook vt gotować
cookie n AE ciasteczko, herbatnik
cool adj chłodny, fajny
cooperate vi współdziałać, współpracować
cop n ifml glina, gliniarz
copy (pt & pp -ied) vt kopiować
cord n -1. (string) sznur, sznurek -2. (wire) kabel, przewód
corn n -1. BE (gen) zboże -2. AE (maize) kukurydza

corner n kąt, róg
corpse n trup, zwłoki
correct adj poprawny, prawidłowy
correspondence n korespondencja
corridor n korytarz
cosmetic adj kosmetyczny
cosmetic n kosmetyk
cosmic adj kosmiczny
cost n koszt
cost (pt & pp **cost**) vt kosztować
cosy BE (comp **-ier**, superl **-iest**, pl **-ies**), **cozy** AE (comp **-ier**, superl **-iest**, pl **-ies**) adj przytulny
cottage n domek (wiejski)
cotton n bawełna
couch n kanapa, sofa
cough vi kasłać, kaszleć
could pt of **can**
count vt & vi liczyć, rachować
countdown n odliczanie
counterclockwise AE adj & adv przeciwny/przeciwnie do ruchu wskazówek zegara
countless adj niezliczony
country (pl **-ies**) n **-1.** (nation) kraj, państwo **-2.** (countryside) **the country** wieś
couple n para
courage n odwaga, śmiałość
courageous adj odważny, śmiały
course n kurs
court n sąd, dwór
courtesy n grzeczność, uprzejmość
cousin n kuzyn
cover vt osłaniać, przykrywać
cow n krowa
coward n tchórz
cradle n **-1.** (baby's bed) kołyska **-2.** fig (birthplace) kolebka
crap n ifml gówno
crash vt & vi rozbijać (się), roztrzaskiwać (się), zderzać się
crash n kraksa, wypadek
crate n skrzynka

crawl vi czołgać się, raczkować
crayon n kredka woskowa
crazy (comp **-ier**, superl **-iest**) adj szalony
cream n śmietana
create vt tworzyć
creative adj kreatywny, twórczy
creature n **-1.** (animal) stworzenie **-2.** fml (person) istota
credibility n wiarygodność
creepy adj straszny
crew n **-1.** (of ship, plane, ambulance) załoga **-2.** CIN & TV ekipa, zespół
crime n przestępczość, przestępstwo
cripple n kaleka
crisp adj chrupiący, kruchy
critical adj krytyczny
crop n **-1.** (kind of plant) roślina uprawna **-2.** (harvested produce) plon, zbiór
cross vt **-1.** (street, room, desert) przechodzić przez; (line, limit) przekraczać; **-2.** (arms, legs) krzyżować
cross n **-1.** RELIG krzyż **-2.** (X-shape) krzyżyk
cross-eyed adj zezowaty
crossing n przejście dla pieszych
crossword (puzzle) n krzyżówka
crow n wrona
crucial adj kluczowy, rozstrzygający
cruel (comp **-ler**, superl **-lest**) adj okrutny
cruise n rejs wycieczkowy
crush vt **-1.** (seeds, grapes) gnieść, rozgniatać; (clothes) miąć; (car) zgniatać **-2.** (leg, arm) miażdżyć
crushing adj druzgocący
cry (pt & pp **cried**) **-1.** vt & vi (shout) krzyczeć, wołać **-2.** vi (weep) płakać
cube n kostka, sześcian
cuckoo n kukułka
cucumber n ogórek
culmination n kulminacja
culture n kultura

cup *n* **-1.** filiżanka; **-2.** *(prize)* puchar
cupboard *n* kredens
curb *n* *AE (in road)* krawężnik
cure *vt* leczyć
cure *n* lek, lekarstwo
curiosity *n* **-1.** *(inquisitiveness)* ciekawość, zaciekawienie **-2.** *(rarity)* ciekawostka
curious *adj* **-1.** *(inquisitive)* ciekawy **-2.** *(strange)* dziwny
curl *n* kędzior, lok
curly *(comp* **-ier,** *superl* **-iest)** *adj (hair)* kręcony
currency *(pl* **-ies)** *n* **-1.** *(type of money)* pieniądz, waluta **-2.** *(money)* gotówka
current *adj* aktualny, bieżący
curriculum vitae *(pl* **curricula vitae)** *n* życiorys
curtain *n* **-1.** *(at window)* zasłona; **-2.** *(in theatre)* kurtyna
cushion *n* poduszka
custody *n* **-1.** *(of child)* opieka **-2.** *(of suspect)* areszt
custom *n* obyczaj, zwyczaj
customer *n* klient
cut *n* cięcie, rozcięcie
cut *(pt & pp* **cut,** *cont* **-ting) -1.** *vt & vi* ciąć, kroić **-2.** *vt (finger, leg)* kaleczyć
cycle *n* **-1.** *(of events, poems, songs)* cykl **-2.** *(bicycle)* rower
cycling *n* jazda na rowerze, kolarstwo
cynical *adj* cyniczny

D

dad, daddy *(pl* **-ies)** *n ifml* tata, tatuś
daft *adj* **-1.** (person) głupi **-2.** *(thing)* zwariowany

daily *(pl* **-ies)** *adj* **-1.** codzienny **-2.** dzienny
daisy *(pl* **-ies)** *n* stokrotka
damage *n* *(physical harm)* szkoda, uszkodzenie
damage *vt* psuć, uszkadzać
damp *adj* wilgotny
dance *n* taniec
dance *vi* tańczyć
dandruff *n* łupież
danger *n* niebezpieczeństwo
dangerous *adj* niebezpieczny
dare *vi* **-1.** odważać się, ośmielać się **-2.** mieć czelność, śmieć
dark *adj* ciemny
darkness *n* ciemność
darling *n* kochanie
dashboard *n* deska/tablica rozdzielcza
data *n gen & COMP* dane
date *n* **-1.** *(in time)* data, termin; **-2.** *(appointment)* randka
daughter *n* córka
daughter-in-law *(pl* **daughters-in-law)** *n* synowa
dawn *n* brzask, świt
day *n* dzień
dead *adj* martwy, nieżywy
deadline *n* ostateczny termin
deaf *adj* głuchy
deal *n* interes, transakcja;
dean *n* dziekan
dear *adj* drogi, kochany
death *n* śmierć
debate *n* debata, dysputa
debt *n* dług
decade *n* dekada
decaffeinated *adj* bezkofeinowy
deceased *(pl inv) fml adj* zmarły
deceit *n* oszustwo
deceive *vt* okłamywać, oszukiwać
December *n* grudzień
decency *n* przyzwoitość
decent *adj* przyzwoity, uczciwy
decide *vt* decydować, postanawiać

decimal *adj* dziesiętny
decision *n* decyzja, postanowienie
deck *n* **-1.** *(of ship)* pokład **-2.** *(of bus)* piętro **-3.** *(of cards)* talia
declaration *n* -deklaracja, oświadczenie
declare *vt* deklarować, ogłaszać
decline *vt & vi* odmawiać
decorate *vt* **-1.** *(cake, with flags)* ozdabiać, przystrajać **-2.** *(with paint, wallpaper)* odnawiać
decorator *n* malarz pokojowy
decrease **-1.** *vt* obniżać, zmniejszać **-2.** *vi* spadać
deduce *vt* wnioskować
deduct *vt* odliczać, potrącać
deep *adj* głęboki
default *adj* COMP domyślny, standardowy
defeat *n* porażka, przegrana
defence *BE*, **defense** *AE n* obrona, ochrona
defend *vt* bronić
defer *vt* odraczać
deficiency *(pl* **-ies)** *n* **-1.** *(lack)* brak, niedobór **-2.** *(inadequacy)* niedoskonałość
define *vt* **-1.** *(give meaning of)* definiować **-2.** *(describe)* określać
deformed *adj* zdeformowany
degrade *vt* poniżać, upadlać
degree *n* stopień
delay *vt* opóźniać, wstrzymywać
delegate *n* delegat
delete *vt* skreślać, usuwać
deliberately *adv* celowo, umyślnie
delicious *adj* pyszny, wyborny
delight *vt* zachwycać
delightful *adj* uroczy, zachwycający
deliver *vt* dostarczać, doręczać
delivery *(pl* **-ies)** *n (of goods)* dostawa
delusion *n* iluzja, złudzenie
demand *n* wymaganie, żądanie
demand *vt* domagać się, żądać
democracy *(pl* **-ies)** *n* demokracja

demonstrate *vt* dowodzić, udowadniać, demonstrować
demote *vt* degradować
denial *n* zaprzeczenie, wyparcie się
denominator *n* mianownik
dense *adj* gęsty, zwarty
dentist *n* dentysta
deny *(pt & pp* **-ied)** *vt* **-1.** *(refute)* zaprzeczać, wypierać się **-2.** *fml (refuse)* odmawiać
department *n* dział, oddział
departure *n* odjazd, wyjazd
depart *vi fml* odjeżdżać, wyruszać **(from** z)
depend *vi* **-1.** *(gen)* zależeć **(on sb/sth** od kogoś/czegoś); **-2.** *(emotionally)* polegać **(on sb/sth** na kimś/czymś)
depress *vt* martwić, przygnębiać
depression *n* **-1.** depresja, przygnębienie **-2.** ECON kryzys
deputy *(pl* **-ies)** *n* zastępca
describe *vt* opisywać
desert *n* pustynia
deserve *vt* zasługiwać na
design *n* plan, projekt
design *vt* projektować
designer *n* projektant
desire *n* pragnienie, pożądanie
desire *vt* pragnąć, pożądać
desk *n* biurko
despair *n* rozpacz
desperate *adj* zdesperowany
dessert *n* deser
destination *n* cel
destiny *(pl* **-ies)** *n* los, przeznaczenie
destroy *vt* niszczyć, unicestwiać
destruction *n* destrukcja
detach *vt* oddzielać, odrywać
detail *n* drobiazg, szczegół
detect *vt* dostrzegać, wyczuwać
detector *n* czujnik, wykrywacz
determine *vt* określać, wyznaczać

devastated adj -1. (area, city)
zdewastowany, zniszczony
-2. (person) zdruzgotany
develop -1. vt & vi (land, industry,
plot) rozwijać (się) -2. vt PHOT (film)
wywoływać
development n rozwój
device n przyrząd, urządzenie
devil n diabeł
devotion n -oddanie, poświęcenie
diabetes n cukrzyca
diabetic n cukrzyk
diagnose vt MED & fig diagnozować,
rozpoznawać
dial (BE pt & pp -led, cont -ling, AE
pt & pp -ed, cont -ing) vt (number)
wykręcać
dialogue BE, **dialog** AE n dialog
diameter n średnica
diamond n -diament
diaper n AE pielucha
diary (pl -ies) n -1. kalendarz,
terminarz -2. dziennik, pamiętnik
dice (pl inv) n kostka (do gry)
dictate vt & vi dyktować
dictionary (pl -ies) n słownik
did pt of **do**
die (pt & pp died, cont dying) vi
ginąć, konać, umierać
diet n dieta, sposób odżywiania
difference n inność, odmienność
different adj odmienny, różny
difficult adj ciężki, trudny
difficulty (pl -ies) n kłopot, problem,
trudność
dig (pt & pp dug, cont digging) vt & vi
(in ground) kopać, wykopywać
digest vt -1. (food) trawić
-2. (information) przetrawiać
digit n cyfra
digital adj -1. (readout) cyfrowy
-2. (clock, watch) elektroniczny
dilute adj rozcieńczony
dime n AE dziesięciocentówka
dimension n rozmiar, wymiar

din n hałas, gwar
diner n knajpka, lokal
dining room n jadalnia
dinner n obiad
diploma (pl -s) n dyplom
direct adj (gen) bezpośredni
direct vt -1. (aim) kierować (sth at sb
coś na/do kogoś) -2. (film, play)
reżyserować -3. (person to place)
kierować, pokazywać kierunek
-4. (order) nakazywać, polecać
direct adv (travel, fly) bezpośrednio,
bez przystanków
direction n (gen) kierunek
directly adv (gen) bezpośrednio
director n -1. (of company) dyrektor
-2. (of film, play) reżyser
dirty (comp -ier, superl -iest) adj
brudny
disabled adj kaleki, upośledzony
disagree vi nie zgadzać się
disappear vi znikać
disappoint vt rozczarowywać,
sprawiać zawód
disappointed adj rozczarowany,
zawiedziony
disappointment n rozczarowanie,
zawód
disaster n katastrofa, klęska żywiołowa
discern vt (ledwie) dostrzegać
discipline n -1. (control) dyscyplina,
karność -2. (subject) dyscyplina,
dziedzina
disclaim vt wypierać się
disco (pl -s) (abbr of discotheque) n
dyskoteka
disconnect vt rozłączać
discount n rabat, zniżka
discover vt odkrywać
discovery (pl -ies) n odkrycie
discreet adj dyskretny
discuss vt dyskutować
disease n choroba
disguise n kamuflaż, przebranie

dish n -**1.** półmisek -**2.** AE *(plate)* talerz -**3.** *(food)* danie

dishwasher n zmywarka do naczyń

disorder n nieporządek, bałagan

display n prezentacja, wystawa

display vt prezentować, wystawiać

disposable adj jednorazowy

distance n dystans, odległość

distant adj daleki, odległy

distinct adj -**1.** *(different)* odmienny, odrębny -**2.** *(clear)* wyraźny, zdecydowany

distinguish vt odróżniać

distract vt *(person, attention)* rozpraszać

distribute vt -**1.** *(hand out)* rozdawać -**2.** *(share out)* rozdzielać -**3.** COMM *(supply)* dystrybuować

distributor n COMM dystrybutor

district n -**1.** *(of country)* okręg -**2.** *(of city)* dzielnica

disturb vt -**1.** *(interrupt)* przeszkadzać -**2.** *(upset, worry)* martwić

dive *(BE pt & pp* -**d**, *AE pt & pp* -**d** OR **dove**) vi nurkować, zanurzać się

diverse adj rozmaity, różnorodny

diversity n rozmaitość, różnorodność

divide vt -**1.** *(form barrier between)* dzielić, oddzielać -**2.** *(share out, distribute, split up)* rozdzielać

divine adj boski

division n podział, rozdział

divorce n JUR rozwód

do *(pt* **did**, *pp* **done**) vt & vi *(gen)* robić, wykonywać

doctor n -**1.** *(of medicine)* lekarz -**2.** *(holder of PhD)* doktor

document n dokument

documentary *(pl* -**ies**) n film dokumentalny

does *see* **do**

doesn't *cont of* **does not**

dog n pies

doll n lalka

dolphin n delfin

domain n dziedzina

domestic adj -**1.** *(flight)* krajowy; *(policy)* wewnętrzny -**2.** *(duty, chores)* domowy

donate vt ofiarowywać, przekazywać w darze

done pp of **do**

donkey *(pl* **donkeys**) n osioł

donor n dawca

don't *cont of* **do not**

door n drzwi

doorbell n dzwonek u drzwi

doorhandle, doorknob n klamka

doormat n -**1.** *(mat)* wycieraczka -**2.** fig *(person)* popychadło

dormitory *(pl* -**ies**) n -**1.** *(in school, institution)* bursa, internat -**2.** AE *(in university)* akademik

dosage n -**1.** *(giving in doses)* dawkowanie -**2.** *(amount)* dawka

dose n dawka

dot n kropka, punkcik

double adj podwójny

doubt n wątpliwość

dough n -**1.** *(for baking)* ciasto -**2.** ifml *(money)* forsa

doughnut n pączek

dove n gołąb

down adv *(go)* na dół, w dół *(be)* na dole, wdole

download vt COMP *(data, program)* ładować, ściągać

downstairs adv *(come, go)* na dół; *(live)* na dole, piętro niżej

downtown adv *(live)* w centrum

dozen n tuzin

drag *(pt & pp* -**ged**, *cont* -**ging**) vt ciągnąć, wlec

dragon n smok

dragonfly *(pl* -**ies**) n ważka

drain n odpływ, studzienka ściekowa

dramatically adj gwałtownie, radykalnie

dramatize, -ise *vt* **-1.** *(book, story)* adaptować **-2.** *pej (events)* dramatyzować

draw *(pt* **drew,** *pp* **drawn)** *vt & vi* rysować, szkicować

draw *n SPORT* remis

drawer *n* szuflada

drawing *n* rysunek, szkic

drawn *pp of* **draw**

dreadful *adj* okropny, straszny

dream *n* **-1.** *(during sleep)* sen **-2.** *(aspiration)* marzenie

dream *(pt & pp* **-ed** OR **dreamt)** **-1.** *vt & vi (during sleep)* śnić **-2.** *vi (aspire)* marzyć

dress *n* **-1.** sukienka, suknia **-2.** strój

dress *vt & vi* ubierać (się)

dresser *n* **-1.** *(for dishes)* kredens, szafka kuchenna **-2.** *AE (chest of drawers)* komoda

dressing gown *n* szlafrok

drew *pt of* **draw**

dried *pt & pp of* **dry**

drift *vi* dryfować, unosić się

drill *vt & vi* wiercić

drink *n* napój

drink *(pt* **drank,** *pp* **drunk)** *vt & vi* pić

drive *(pt* **drove,** *pp* **driven)** *vt* **-1.** *(vehicle)* kierować, prowadzić; *(passenger)* podwozić **-2.** *TECH (machine, engine)* napędzać

drive *n* jazda, przejażdżka

driven *pp of* **drive**

driver *n* kierowca

drop *n* kropla

drop *(pt & pp* **-ped,** *cont* **-ping)** *vt* **-1.** *(let fall)* upuszczać **-2.** *(lover)* porzucać

drought *n* susza

drove *pt of* **drive**

drown *vt & vi* topić (się)

drug *n* **-1.** *(medication)* lek, lekarstwo **-2.** *(illegal substance)* narkotyk

drugstore *n AE* drogeria

drum *n* bęben

drunk *pp of* **drink**

drunk *adj* pijany

drunkard *n* pijak

dry *(comp* **-ier,** *superl* **-iest)** *adj (gen)* suchy

dry cleaner's *n* pralnia chemiczna

dryer *n* suszarka

duchess *n* księżna

duck *n* kaczka

due *adj* oczekiwany, spodziewany

duel *n* pojedynek

duke *n* książę

dumb *adj* **-1.** *(unable to speak)* niemy **-2.** *ESP AE ifml (stupid)* durny, głupi

dusk *n* zmierzch, zmrok

dust *n* **-1.** proch, pył **-2.** kurz

dusty *(comp* **-ier,** *superl* **-iest)** *adj* zakurzony

Dutch *adj* holenderski

duty *(pl* **-ies)** *n* obowiązek, powinność

dwelling *n* mieszkanie

dye *vt* barwić, farbować

dynamic *adj* dynamiczny, prężny

E

each *adj & pron* każdy; **each of them** każdy z nich; **each day** każdego dnia

eager *adj* skory, zapalony

eagle *n* orzeł

ear *n* ucho

early *(comp* **-ier,** *superl* **-iest)** *adj* **-1.** przedwczesny, zbyt wczesny **-2.** poranny, wczesny

earn *vt* zarabiać

earphones *npl* słuchawki

earring *n* kolczyk

earth *n* **-1.** *(planet)* Ziemia **-2.** *(land surface, soil)* grunt

earthquake *n* trzęsienie ziemi
east *n* wschód
Easter *n* Wielkanoc
ease *n* łatwość
easy (*comp* -ier, *superl* -iest) *adj* łatwy, prosty
easygoing *adj* niekonfliktowy, spokojny
eat (*pt* ate, *pp* eaten) *vt* & *vi* jeść
eaten *pp of* eat
echo (*pl* -es) *n* echo
eclipse *n* zaćmienie
ecology *n* ekologia
economic *adj* -1. (*history, system*) ekonomiczny, gospodarczy -2. (*business*) rentowny
economical *adj* -1. (*system, car*) ekonomiczny, oszczędny -2. (*person*) gospodarny, oszczędny
economics *n* ekonomia
economist *n* ekonomista
economy (*pl* -ies) *n* -1. (*system*) gospodarka -2. (*saving*) oszczędność
edge *n* krawędź, skraj
edible *adj* jadalny
edition *n* wydanie
educate *vt* -1. SCOL kształcić, szkolić -2. (*inform*) uświadamiać
educated *adj* wykształcony
education *n* (*activity, sector*) edukacja, oświata
effect *n* rezultat, skutek
effective *adj* (*successful*) skuteczny
efficacy *n* skuteczność
efficiency *n* (*of person*) skuteczność, sprawność; (*of system, procedure*) wydajność
efficient *adj* (*person*) skuteczny; (*machine, method*) wydajny
e.g. (*abbr of* exempli gratia) *adv* np.
egg *n* jajko, jajo
eggplant *n* AE bakłażan
eight *num* osiem
eighteen *num* osiemnaście

either *adj* & *pron* (*one or the other*) jeden albo drugi, którykolwiek
either *conj* either... or albo... albo; (*in negatives*) ani... ani; **he didn't say either yes or no** nie powiedział tak, ani nie
elastic *n* guma
elbow *n* łokieć
elderly *adj* (*people*) starszy, w podeszłym wieku
elect *vt* wybierać
election *n* wybory
electric *adj* elektryczny
electrician *n* elektryk
electricity *n* elektryczność
electronic *adj* elektroniczny
elegant *adj* elegancki
element *n* -1. pierwiastek -2. element
elementary *adj* elementarny, podstawowy
elephant (*pl inv* OR -s) *n* słoń
elevator *n* AE winda
eleven *num* jedenaście
eliminate *vt* eliminować, pozbywać się
elm *n* wiąz
else *adv* jeszcze, prócz tego
elsewhere *adv* gdzie indziej
embarrass *vt* krępować, żenować
embarrassment *n* skrępowanie, zażenowanie
embassy (*pl* -ies) *n* ambasada
emerge *vi* (*come out*) pojawiać się, ukazywać się
emergency (*pl* -ies) *n* nagły wypadek
emotion *n* -1. emocja, wzruszenie -2. uczucie
emotional *adj* -1. uczuciowy -2. wzruszający
emphasize, -ise *vt* kłaść nacisk na, podkreślać
eminent *adj* znakomity, wybitny
empire *n* cesarstwo, imperium
employ *vt* zatrudniać
employee *n* pracownik, zatrudniony

employer *n* pracodawca
employment *n* zatrudnienie
empty (*comp* -ier, *superl* -iest) *adj*
pusty
enable *vt* umożliwiać
encounter *n* spotkanie
encourage *vt* ośmielać, zachęcać
encouragement *n* zachęta
encyclop(a)edia *n* encyklopedia
end *n* koniec, kres
end *vt* kończyć, zakańczać
endanger *vt* narażać
na niebezpieczeństwo, zagrażać
ending *n* zakończenie
endurable *adj* do wytrzymania,
znośny
endure *vt* wytrzymywać, znosić
enemy (*pl* -ies) *n* (*person*) wróg
energy (*pl* -ies) *n* energia
engage *vt* przyciągać, zajmować
engaged *adj* -1. (*couple*) zaręczony
-2. (*busy, occupied*) zajęty
engagement *n* zaręczyny
engine *n* silnik
England *n* Anglia
English *adj* angielski
English *n* język angielski
Englishman (*pl* -men) *n* Anglik
enjoy *vt* lubić, znajdować przyjemność
enjoyable *adj* miły, przyjemny
enjoyment *n* przyjemność, uciecha
enlarge *vt* powiększać
enormous *adj* niewyobrażalny,
ogromny
enough *adj & pron* dostatecznie dużo,
dość
enquire = **inquire**
enquiry (*pl* -ies) = **inquiry**
ensure *vt* zapewniać
enter *vt* wchodzić do; (*car*) wsiadać do
enterprise *n* przedsiębiorstwo
entertain *vt* rozbawiać, zabawiać
entertainment *n* -1. (*amusement*)
rozrywka -2. (*show*) przedstawienie

enthusiasm *n* entuzjazm
entire *adj* cały
entrance *n* wejście
entry (*pl* -ies) *n* -1. wejście (**into** do/
na) -2. wstęp
envelope *n* koperta
envious *adj* zazdrosny
environment *n* -1. otoczenie
-2. środowisko
envy (*pt & pp* -ied) *vt* zazdrościć
envy *n* zazdrość
epidemic *n* epidemia
episode *n* -1. epizod, zdarzenie
-2. odcinek
equal *adj* równy
equality *n* równość
equation *n* MATH równanie
equator *n*: **the equator** równik
equipment *n* ekwipunek,
wyposażenie
equitable *adj* słuszny, sprawiedliwy
equity *n* sprawiedliwość
equivalent *n* ekwiwalent,
odpowiednik
erase *vt* kasować, wymazywać
eraser *n* ESP AE gumka do wycierania
erect *adj* wyprostowany
erratic *adj* niekonsekwentny
error *n* błąd, pomyłka
escalation *n* eskalacja, nasilenie się
escalator *n* schody ruchome
escape *vt* uciekać, unikać
escort *n* eskorta, straż, osoba
towarzysząca
especially *adv* szczególnie, zwłaszcza
essay *n* SCOL wypracowanie
essential *adj* -1. niezbędny
-2. podstawowy
establish *vt* -1. ustanawiać, zakładać
-2. ustalać
estate *n* nieruchomość, posiadłość
esteem *n* szacunek
estimate *vt* szacować, wyceniać
eternal *adj* wieczny

ethics n (study) etyka, nauka
o moralności
EU (abbr of **European Union**) n Unia
Europejska
Europe n Europa
European n Europejczyk
European adj europejski
evacuate vt ewakuować
evaluate vt oceniać, szacować
evasive adj wymijający
even adj (gen) równy, gładki, płaski
even adv nawet
evening n wieczór
evening class n kurs wieczorowy
event n **-1.** wydarzenie **-2.** SPORT
konkurencja **-3.** przypadek,
wypadek
eventful adj urozmaicony
eventually adv ostatecznie, w końcu
ever adv kiedykolwiek, kiedyś
everlasting adj wieczny
every adj każdy, wszelki
everybody = **everyone**
everyday adj codzienny
everyone pron każdy, wszyscy
everyplace AE = **everywhere**
everything pron wszystko
everywhere AE adv wszędzie
evidence n dowód
evil adj zły
evoke vt wywoływać
evolution n BIOL & fig ewolucja,
rozwój
exact adj dokładny, ścisły
exactly adv dokładnie, precyzyjnie
exaggerate -1. vt wyolbrzymiać **-2.** vi
przesadzać
exam (abbr of **examination**) n
egzamin
examination n **-1.** (test) egzamin
-2. (inspection) kontrola
examine vt **-1.** (room, painting)
oglądać; (accounts, passport)
kontrolować **-2.** MED (patient) badać
example n przykład

exceed vt **-1.** przewyższać
-2. przekraczać
excellent adj doskonały, znakomity
except prep oprócz, poza, z wyjątkiem
exception n wyjątek
exceptional adj niezwykły, wyjątkowy
excerpt n fragment, urywek
exchange n wymiana, zamiana
excite vt ekscytować, podniecać
excitement n podekscytowanie,
podniecenie
exclusively adv wyłącznie
excuse vt **-1.** tłumaczyć,
usprawiedliwiać **-2.** wybaczać
excuse n pretekst, wymówka
execution n **-1.** egzekucja, stracenie
-2. fml przeprowadzenie, wykonanie
executive n COMM dyrektor,
kierownik
exercise n **-1.** ćwiczenia fizyczne
-2. MIL ćwiczenia, manewry
-3. SCOL ćwiczenie, zadanie
exercise vt & vi ćwiczyć
exhale vt wydychać, wypuszczać
z płuc
exhausting adj męczący, wyczerpujący
exhibition n wystawa
exist vi istnieć
existence n istnienie
exit n wyjście
expand vt & vi powiększać (się),
rozszerzać (się)
expect vt spodziewać się
expectation n nadzieja, oczekiwanie
expedition n ekspedycja, wyprawa
expel vt wydalać, usuwać
expense n wydatek
expensive adj drogi
experience n doświadczenie
experience vt doznawać, doświadczać
experiment n doświadczenie,
eksperyment
expert n ekspert, znawca
expire vi tracić ważność, upływać,
wygasać

explain vt & vi tłumaczyć, wyjaśniać
explanation n objaśnienie, wyjaśnienie
explode vi eksplodować, wybuchać
explore vt badać
explicit adj jasny, wyraźny
exploit vt wyzyskiwać, eksploatować, wykorzystywać
explore vt -1. odkrywać, poznawać -2. badać
explosion n eksplozja, wybuch
export n eksport
expose vt odsłaniać
expression n wyrażenie, zwrot
expressway n AE autostrada
extend vt powiększać, wydłużać, rozciągać
extension n -1. dobudówka -2. prolongata, przedłużenie
exterior adj zewnętrzny
external adj zewnętrzny
extinguish vt gasić
extra adj dodatkowy
extract vt wyciągać, usuwać
extraordinary adj -1. niezwykły -2. nadzwyczajny
extreme adj -1. najwyższy, niezmierny -2. ekstremalny
extremely adv niezmiernie, niezwykle
eye n oko
eyebrow n brew
eyelash n rzęsa
eyelid n powieka
eyesight n wzrok
eye witness n świadek naoczny

F

fable n bajka
fabric n materiał, tkanina

face n twarz
face vt odwracać się w stronę, być zwróconym do
facility (pl -ies) n -1. łatwość -2. udogodnienie, dodatkowa funkcja
fact n fakt
factor n czynnik
factory (pl -ies) n fabryka
fail -1. vt & vi SCOL nie zaliczać, nie zdawać -2. zawodzić
failure n niepowodzenie, porażka
faint vi mdleć, omdlewać
fair adj sprawiedliwy, uczciwy
fair-haired adj jasnowłosy
fairly adv -1. całkiem, dosyć -2. sprawiedliwie
fairy (pl -ies) n wróżka
fairy tale n bajka
faith n ufność, wiara
faithful adj wierny
fake adj fałszywy, podrabiany
falcon n sokół
fall (pt **fell**, pp **fallen**) vi spadać, przewracać się, upadać
fallen pp of **fall**
fallout n opad radioaktywny
false adj fałszywy, nieprawdziwy
fame n sława
familiar adj dobrze znany, znajomy
family (pl -ies) n rodzina
famous adj sławny, znany
fan n -1. wachlarz -2. wentylator, wiatraczek -3. fan, kibic
fanatic adj fanatyczny
fancy (comp -ier, superl -iest) adj wymyślny, wyszukany
fancy (pt & pp -ied) vt -1. ifml mieć ochotę -2. ifml mieć upodobanie
fantasize, -ise vi fantazjować, marzyć
fantastic adj fantastyczny, wspaniały
fantasy (pl -ies) n fantazja, marzenie
far (comp **farther** OR **further**, superl **farthest** OR **furthest**) adv daleko
fare n opłata za przejazd

farewell n pożegnanie
farm n farma, gospodarstwo rolne
farm vt uprawiać
farsighted adj dalekowzroczny
farther comp of **far**
farthest superl of **far**
fascinate vt fascynować
fashion n moda
fashionable adj modny, w modzie
fast adj prędki, szybki
fast n post
fasten vt zapinać, zaciskać
fat (comp **-ter**, superl **-test**) adj gruby, tłusty
fat n tłuszcz
fate n los, przeznaczenie
father n ojciec
fatherhood n ojcostwo
father-in-law (pl **father-in-laws** OR **fathers-inlaw**) n teść
fatigue n zmęczenie
faucet n AE kran, kurek
fault n wina
faulty (comp **-ier**, superl **-iest**) adj wadliwy, błędny
favour BE, **favor** AE n **-1.** przychylność, życzliwość **-2.** przysługa, uprzejmość
favour vt faworyzować, preferować
favourable BE, **favorable** AE adj korzystny, sprzyjający
favourite BE, **favorite** AE adj ulubiony
fax vt faksować
fear n przerażenie, strach
fear vt & vi bać się, lękać się
fearful adj przerażony
feast n **-1.** biesiada, uczta **-2.** święto
feather n pióro
feature n cecha, właściwość
February n luty
fed pt & pp of **feed**
federal adj federalny
federation n federacja
fed up adj: **to be fed up (with)** mieć dość

fee n opłata
feed (pt & pp **fed**) vt & vi karmić (się), żywić (się)
feedback n **-1.** (noise) sprzężenie **-2.** (from person) reakcja
feel (pt & pp **felt**) vi czuć się
feeling n uczucie
feet pl of **foot**
fellow n facet, gość
felt pt & pp of **feel**
female n **-1.** samica **-2.** kobieta
feminine adj damski, kobiecy
fence n ogrodzenie, płot
fern n paproć
ferry (pl **-ies**) n prom
ferryman n przewoźnik
festival n **-1.** festiwal **-2.** święto
fetch vt iść po, przyprowadzać, przynosić
fever n gorączka
few adj & pron mało, niewiele
fiancé n narzeczony
fiancée n narzeczona
fibre BE, **fiber** AE n włókno
fiction n **-1.** fikcja **-2.** beletrystyka, literatura piękna
fiddler n skrzypek
fidelity n wierność
field n pole
fifteen num piętnaście
fifty (pl **-ies**) num pięćdziesiąt
fight (pt & pp **fought**) vt bić się z, walczyć z
fighter n **-1.** myśliwiec **-2.** bojownik
figure n liczba
figure skating n jazda figurowa na lodzie
file n **-1.** segregator, skoroszyt **-2.** akta
fill vt & vi napełniać (się), zapełniać (się)
film n film
filter n filtr
fin n płetwa
final adj **-1.** ostatni **-2.** końcowy

final *n* finał
finally *adv* **-1.** w końcu, wreszcie
-2. na koniec
finance *vt* finansować
financial *adj* finansowy
find (*pt & pp* **found**) *vt* znaleźć
fine *adj* **-1.** świetny **-2.** ładny **-3.** cienki
-4. drobny
fine *n* grzywna, mandat
fine arts *npl* sztuki piękne
finger *n* palec
fingernail *n* paznokieć
finish *vt & vi* kończyć, zakańczać
fire *n* ogień
fire *vi* strzelać
fireplace *n* kominek
firm *n* firma, przedsiębiorstwo
firmness *n* twardość, zwartość
first *adj* pierwszy
firstly *adv* po pierwsze
first name *n* imię
fish (*pl inv*) *n* ryba
fish *vi* łowić ryby, wędkować
fisherman (*pl* **-men**) *n* rybak
fist *n* pięść
fit (*pt & pp* **-ted**, *cont* **-ting**) **-1.** *vt & vi*
pasować (na) **-2.** *vt* dopasowywać
fit *adj* odpowiedni, właściwy
fitness *n* kondycja, sprawność fizyczna
five *num* pięć
fix *vt* **-1.** ustalać, wyznaczać
-2. przymocowywać, przytwierdzać
-3. naprawiać
fixed *adj* **-1.** przymocowany,
przytwierdzony **-2.** stały, ustalony
fixture *n* element instalacji
flag *n* flaga
flair *n* **-1.** dar, smykałka **-2.** polot
flagrant *adj* rażący, skandaliczny
flake *n* (*of snow*) płatek; (*of paint, skin*)
łuska
flame *n* płomień
flammable *adj* łatwopalny
flap *n* (*of pocket*) klapa

flapjack *n* naleśnik
flash *vt & vi* błyskać, migać
flashlight *n* latarka
flat (*comp* **-ter**, *superl* **-test**) *adj* płaski
flat *n* mieszkanie
flatmate *n* *BE* współlokator
flatten *vt* spłaszczać
flattery *n* pochlebstwo
flavour *BE*, **flavor** *AE n* smak
flaw *n* skaza, wada
flawless *adj* doskonały, nieskazitelny
flea *n* pchła
fleet *n* flota
flesh *n* **-1.** ciało, mięso **-2.** miąższ
flew *pt of* **fly**
flex *vt* (*arm*) zginać; (*muscles*) napinać
flexible *adj* elastyczny, giętki
flick *n* wyrzut, przytyk
flicker *n* migotanie
flight *n* lot
flirt *vi* flirtować
float *vi* pływać, unosić się
flood *vt* zalewać, zatapiać
flood *n* **-1.** powódź **-2.** zalew,
zatrzęsienie
floor *n* podłoga
flop *n* (*failure*) klapa
florist *n* kwiaciarz
flour *n* mąka
flow *vi* **-1.** płynąć, upływać
-2. przepływać
flower *n* kwiat
flown *pp of* **fly**
flu *n* grypa
fluency *n* biegłość, płynność
fluent *adj* biegły, płynny
fluid *n* płyn
flush *vt* spłukiwać
flush *n* **-1.** spłukiwanie **-2.** rumieniec
fly (*pt* **flew**, *pp* **flown**) *vi* fruwać, latać
fly (*pl* **flies**) *n* mucha
flying *n* latanie
foam *n* (*bubbles*) piana

focus (*pt & pp* **-cussed**) **-1.** *vt* ogniskować, ustawiać ostrość **-2.** *vi* (*eyes, lens*) skupiać się
foe *n* nieprzyjaciel
fog *n* mgła
foggy (*comp* **-ier**, *superl* **-iest**) *adj* mglisty
foil *n* folia aluminiowa
fold -1. *vt* (*bend, close up*) składać; (*paper*) zaginać **-2.** (*organization*) upadać
folder *n* **-1.** (*for papers*) segregator, teczka **-2.** *COMP* katalog
folk *n* **-1.** (*people*) lud **-2.** (*music*) folk, muzyka ludowa
folklore *n* folklor
follow *vt* iść za, następować po
following *adj* **-1.** (*next*) kolejny, następny **-2.** (*to be described*) następujący
folly *n* szaleństwo
fond *adj* **-1.** czuły; **to be fond of sb/ sth** lubić kogoś/coś
font *n* czcionka
food *n* jedzenie, żywność
fool *n* dureń, głupiec
fool *vt* oszukiwać
foot (*pl senses 1 and 2* **feet**, *pl sense 3 inv* OR **feet**) *n* **-1.** (*of person*) stopa; (*of animal*) łapa **-2.** (*bottom*) dół, spód; (*of hill*) podnóże **-3.** (*unit of measurement*) stopa (= 30,48 cm)
football *n* futbol, piłka nożna
footnote *n* przypis
footstep *n* krok
footwear *n* obuwie
for *prep* **-1.** (*reffering to intention, destination, purpose*) dla, do; **clothes for children** ubrania dla dzieci **-2.** (*with regard to*) dla, na, za **she's mature for her age** jest dojrzała, jak na swój wiek **-3.** (*representing*) dla, za **-4.** (*reffering to time*) na, od, przez **-5.** (*reffering*

to price*) za; **they sold it for one pound** sprzedali to za funta
forbid (*pt* **-bade** OR **-bad**, *pp* **forbid** OR **-bidden**, *cont* **-bidding**) *vt* zabraniać
forbidden *adj* zabroniony, zakazany
force *n* **-1.** siła **-2.** (*power, influence*) moc, potęga
force *vt* zmuszać
forearm *n* przedramię
forecast *n* przepowiednia
forecast (*pt & pp* **forecast** OR **-ed**) *vt* prognozować, przepowiadać
forehead *n* czoło
foreign *adj* **-1.** zagraniczny, za granicą **-2.** obcy
foreigner *n* cudzoziemiec, obcokrajowiec
forest *n* las
forever *adv* **-1.** (na) zawsze, wiecznie **-2.** ciągle, nieustannie
forget (*pt* **-got**, *pp* **-gotten**, *cont* **-getting**) *vt & vi* zapominać
forgetful *adj* roztargniony, zapominalski
forget-me-not *n BOT* niezapominajka
forgive (*pt* **-gave**, *pp* **-given**) *vt* przebaczać, wybaczać
forgiveness *n* przebaczenie
forgot *pt of* **forget**
forgotten *pp of* **forget**
fork *n* widelec
form *n* forma, kształt, postać
formal *adj* **-1.** formalny, sztywny **-2.** oficjalny
former *adj* były, poprzedni
forsake (*pt* **-sook**, *pp* **-saken**) *vt fml* opuszczać, porzucać; zarzucać
forsaken *adj* opuszczony, porzucony
forthcoming *adj* nadchodzący, zbliżający się
fortress *n* forteca, twierdza
fortunate *adj* szczęśliwy; trafny, udany
fortunately *adv* na szczęście
fortune *n* bogactwo, fortuna

forty *num* czterdzieści
forward *adj* do przodu, naprzód
fossil *n* GEOL skamielina
fought *pt & pp of* **fight**
found *pt & pp of* **find**
found *vt* **-1.** *(town, castle)* zakładać
-2. *(hospital, school)* fundować
foundation *n* **-1.** ufundowanie,
założenie **-2.** fundament, podstawa
-3. fundacja
founder *n* fundator, założyciel
fountain *n* **-1.** fontanna **-2.** źródło
fountain pen *n* wieczne pióro
four *num* cztery
fourteen *num* czternaście
fox *n* lis
fraction *n* **-1.** MATH ułamek
-2. odrobina
fracture *n* pęknięcie, złamanie
fragile *adj* **-1.** kruchy, łamliwy
-2. delikatny, wątły
fragment *n* **-1.** kawałek, odłamek
-2. fragment
fragrance *n* **-1.** aromat, woń
-2. zapach
frame *n* rama, oprawki, ramki
France *n* Francja
frank *adj* otwarty, szczery
frantic *adj* oszalały, szalony
fraud *n* oszustwo
freak *n* dziwak
free *(comp* **freer**, *superl* **freest)** *adj*
-1. *(gen)* wolny **-2.** bezpłatny,
darmowy
free *(pt & pp* **freed)** *vt* uwalniać,
wypuszczać na wolność
freedom *n* swoboda, wolność
freelance *adj (translator, journalist)*
niezależny
freeway *n* AE autostrada
free will *n* wolna wola
freeze *(pt* **froze**, *pp* **frozen)** *vi*
zamarzać
freezer *n* zamrażarka
French *adj* francuski

French fries ESP AE frytki
Frenchman *(pl* **-men)** *n* Francuz
frenetic *adj* gorączkowy
requent *adj* częsty
frequently *adv* często
fresh *adj* świeży
friction *n* tarcie
Friday *n* piątek
fridge *n* ESP BE lodówka
fried *pt & pp of* **fry**
fried *adj* smażony
friend *n* przyjaciel
friendly *(comp* **-ier**, *superl* **-iest)** *adj*
przyjazny, życzliwy
friendship *n* przyjaźń
fries = **French fries**
fright *n* przerażenie
frighten *vt* przestraszać
frizzy *adj (hair)* kręcony
frog *n* żaba
frogman *(pl* **-men)** *n* płetwonurek
frolic *vi* baraszkować, igrać
from *prep* **-1.** *(reffering to source,
separation)* od, z **-2.** *(reffering
to position, distance, price, number)*
od, z **-3.** *(made out of)* z **-4.** *(because
of, on the basis of)* na, z(e)
-5. *(on the evidence of)* według, z
front czoło, przód
front *adj* frontowy, przedni
front page *n* strona tytułowa
frontier *n* granica
frost *n* **-1.** *(layer of ice)* szron
-2. *(weather)* mróz
frostbite *n* odmrożenie
froth *n* piana
froze *pt of* **freeze**
frozen *pp of* **freeze**
frozen *adj* zamarznięty
fruit *(pl inv* OR **fruits)** *n* owoc
fruitless *adj (fig)* bezowocny
frustration *n* frustracja
fry *(pt & pp* **fried)** *vt & vi (food)*
smażyć (się)

frying pan n patelnia
fuel n paliwo
fugitive n uciekinier, zbieg
fulfil (pt & pp -led, cont -ling), **fulfill**
AE vt -1. spełniać -2. wykonywać,
realizować
full adj pełny, wypełniony
full moon n pełnia (księżyca)
full stop n kropka
full-time adj & adv pełnoetatowy,
na cały etat
fun adj przyjemny, zabawny
fun n zabawa
function vi działać, funkcjonować
fund vt finansować
fundamental adj fundamentalny,
podstawowy
funeral n pogrzeb
funny (comp -ier, superl -iest) adj
-1. śmieszny, zabawny -2. dziwny
fur n futro, sierść
furious adj wściekły
furnish vt meblować
furniture n meble, umeblowanie
further comp of **far**
further adv dalej
furthermore adv co więcej, ponadto
furthest superl of **far**
furthest adj najdalszy
fuss n wrzawa, zamieszanie
fussy (comp -ier, superl -iest) adj
marudny, wybredny
future n przyszłość
fuzzy adj zamazany, nieostry

G

gable n szczyt
gadget n przyrząd, gadżet
gain vt zdobywać, zyskiwać

gallant adj waleczny, szarmancki
gallery (pl -ies) n -1. galeria
-2. (in parliament, theatre) balkon
gallon n galon (BE =4,546 l; AE
=3,785 l)
gamble vi grać hazardowo, uprawiać
hazard
gambler n hazardzista
gambling n hazard
game n gra
gang n banda, szajka
gap n szczelina, szpara
garage n -1. garaż -2. BF stacja
benzynowa -3. warsztat
samochodowy -4. salon
samochodowy
garbage n ESP AE (refuse) śmieci
garden n ogród
gardener n ogrodnik
garlic n czosnek
gas (pl **gases** OR **gasses**) n -1. CHEM
& gen gaz -2. AE (for vehicle)
benzyna, paliwo
gate n -1. brama, furtka -2. (at airport)
wyjście
gather vt (firewood) zbierać; (flowers)
zrywać; (information) gromadzić
gathering n zebranie, zgromadzenie
gave pt of **give**
gaze vi wpatrywać się
GB abbr of **Great Britain** n Wlk. Bryt.
gear n -1. TECH (mechanism)
przekładnia -2. (equipment) sprzęt,
wyposażenie -3. ifml (clothes)
ciuchy, rzeczy
gearbox n skrzynia biegów
gel n żel
gem n kamień szlachetny, klejnot
Gemini n Bliźnięta
gender n -1. (sex) płeć -2. GRAM
rodzaj
gene n gen
genealogy n genealogia
general adj ogólny, powszechny

generalize, -ise vi generalizować, uogólniać
generate vt wytwarzać
generation n pokolenie
generic adj ogólny
generosity n hojność, szczodrość
generous adj **-1.** wielkoduszny, wspaniałomyślny **-2.** hojny, szczodry
genius (pl **-es**) n **-1.** geniusz **-2.** dar, talent
gentle adj delikatny, łagodny
gentleman (pl **-men**) n dżentelmen
genuine adj autentyczny, prawdziwy
geography n geografia
geometry n geometria
germ n drobnoustrój, zarazek
German adj niemiecki
German n **-1.** (person) Niemiec **-2.** (language) język niemiecki
Germany (pl **-ies**) n Niemcy
gesture n **-1.** (movement) gest **-2.** (sign, symbol) akt, znak
get (BE pt & pp **got**, cont **-ting**, AE pt **got**, pp **gotten**, cont **-ting**) vt **-1.** (object) przynosić; (person, doctor) sprowadzać **-2.** (obtain, receive) dostawać, otrzymywać, uzyskiwać **-3.** (illness) zarażać się **-4.** (sensation) doznawać, odczuwać **-5.** (catch) chwytać, ujmować **-6.** vi (become) robić się, stawać się **-7.** vi (arrive) docierać, dostawać się
ghetto (pl **-s** OR **-es**) n getto
ghost n duch, zjawa
giant adj gigantyczny, olbrzymi
giant n olbrzym, wielkolud
gift n **-1.** podarunek, prezent **-2.** dar, umiejętność
gifted adj utalentowany, uzdolniony
gig n ifml koncert
gigantic adj gigantyczny, olbrzymi
giggle vi chichotać
gimmick n sztuczka
ginger n imbir

gingerbread n piernik
gingerly adj ostrożnie
gipsy n Cygan
giraffe (pl inv OR **-s**) n żyrafa
girl n dziewczynka
girlfriend n **-1.** dziewczyna, sympatia **-2.** przyjaciółka
gist n esencja, sedno
give (pt **gave**, pp **given**) vt **-1.** (gen) dawać; (information, answer) udzielać; **she gave the right answer** udzieliła prawidłowej odpowiedzi (opinion) wyrażać; (smile) obdarzać, posyłać **-2.** (hand over, pass) podawać **-3.** (speech) wygłaszać; (interview) udzielać; (concert, performance) dawać; (party) wydawać; **they give parties every week** wydają przyjęcia co tydzień
given pp of **give**
glacier n lodowiec
glad (comp **-der**, superl **-dest**) adj zadowolony
glamour n blask, świetność
glance vi rzucać okiem, zerkać
glass n **-1.** szkło **-2.** kieliszek, szklanka
glasses npl okulary
glee n radość
glitter vi błyszczeć, mienić się
global adj globalny, światowy
gloomy (comp **-ier**, superl **-iest**) adj **-1.** ponury, posępny **-2.** przygnębiający
glorious adj **-1.** świetlany; sławetny, znakomity **-2.** cudowny, wspaniały
glory (pl **-ies**) n **-1.** chwała, sława **-2.** świetność, wspaniałość
gloss n połysk
glossary (pl **-ies**) n słowniczek
glove n rękawiczka
glow vi jarzyć się, żarzyć się
glucose n glukoza
glue n klej
glue (cont **glueing** OR **gluing**) vt kleić, sklejać

glum *adj* przybity
go (*pt* **went**, *pp* **gone**, *pl* **goes**) *vi*
-1. *(move, travel)* iść, jechać; **he went to the bathroom** poszedł do łazienki -2. *(habitually)* chodzić, uczęszczać; **I go to work six times a week** pracuję sześć dni w tygodniu -3. *(become)* stawać się, zostawać -4. *(time, years)* mijać, płynąć; **years went by** lata mijały -5. *(mechanism)* chodzić, funkcjonować
goal *n* -1. SPORT bramka -2. *(aim)* cel
goalkeeper *n* bramkarz
goat *n* koza
god *n* bóg, bóstwo
godchild (*pl* **-children**) *n* chrześniak
goddaughter *n* chrześniaczka
goddess *n* bogini
godfather *n* ojciec chrzestny
godmother *n* matka chrzestna
godson *n* chrześniak
gold *n* złoto
goldfish (*pl inv*) *n* złota rybka
goldsmith *n* złotnik
gone *pp* of **go**
gone *adj (event)* miniony; *(person)* nieobecny
gonna *ifml cont of* **going to**
good (*comp* **better**, *superl* **best**) *adj* -1. *(gen)* dobry -2. *(kind)* grzeczny, miły
goodbye *excl* do widzenia!
good day *excl* dzień dobry!
good evening *excl* dobry wieczór!
Good Friday *n* Wielki Piątek
good-looking *adj* atrakcyjny, przystojny
good morning *excl* dzień dobry!
goodwill *n* dobra wola, życzliwość
gooseberry (*pl* **-ies**) *n* agrest
gorge *n* wąwóz
gorgeous *adj ifml* cudowny, wspaniały
gorilla *n* goryl
gossip *n* plotki
gossip *vi* plotkować

got *pt* & *pp* of **get**
gotta *ifml cont of* **got to**
gotten AE *pp* of **get**
govern *vt* rządzić
government *n* rząd
gown *n* suknia
grab (*pt* & *pp* **-bed**, *cont* **-bing**) *vt* chwytać
grace *n* gracja, wdzięk
graceful *adj* elegancki, pełen wdzięku
gradation *n* gradacja, stopniowanie
grade *n* -1. *(of worker, career)* stopień, szczebel -2. AE SCOL *(class)* klasa -3. *(mark)* ocena, stopień
gradient *n* -1. *(of road, slope)* nachylenie -2. MATH gradient
gradual *adj* stopniowy
graduate *n* absolwent
graduate *vi* kończyć studia
grain *n* -1. *(of corn, rice)* ziarno -2. *(crops)* zboże -3. *(of salt, sand)* ziarenko
grammar *n* gramatyka
grammatical *adj* gramatyczny
gran *n* BE *ifml* babcia, babunia
grand *adj* imponujący, wspaniały
grandchild (*pl* **-children**) *n* wnuk
granddad *n ifml* dziadek, dziadziuś
granddaughter *n* wnuczka
grandfather *n* dziadek
grandma *n ifml* babcia
grandmother *n* babcia, babka
grandpa *n ifml* dziadek, dziadziuś
grandparents *npl* dziadkowie
grandson *n* wnuk
grant *n* dotacja, subwencja
grape *n (plant)* winorośl; *(fruit)* winogrono
grapefruit (*pl inv* OR **-s**) *n* grejpfrut
graph *n* wykres
grasp *vt (with hands)* chwytać, ściskać
grass *n* trawa
grasshopper *n* konik polny, pasikonik
grateful *adj* wdzięczny

grave *n* grób
gravel *n* żwir
gravestone *n* nagrobek
graveyard *n* cmentarz
gravity *n (force)* ciążenie, grawitacja
gravy *n* sos pieczeniowy
gray *AE* = **grey**
grease *n* **-1.** *(animal fat)* tłuszcz **-2.** *(lubricant)* smar **-3.** *(dirt)* lepki brud
greasy *(comp* **-ier**, *superl* **-iest)** *adj* tłusty
great *adj* ogromny, wielki
Great Britain *n* Wielka Brytania
great-grandchild *n* prawnuk
great-grandfather *n* pradziadek
great-grandmother *n* prababcia, prababka
Greece *n* Grecja
greed *n* chciwość, zachłanność
greedy *(comp* **-ier**, *superl* **-iest)** *adj* chciwy, zachłanny
Greek *adj* grecki
green *adj (in colour)* zielony; *(unripe)* niedojrzały; *(with fear)* pobladły
greenery *n* zieleń
greenhouse *n* cieplarnia, szklarnia
greet *vt* pozdrawiać, witać
greeting *n* pozdrowienie, przywitanie
grew *pt of* **grow**
grey *BE*, **gray** *AE adj* **-1.** szary **-2.** siwy
greyhound *n* chart
grieve smucić, zasmucać
grim *(comp* **-mer**, *superl* **-mest)** *adj* groźny, srogi
grind *(pt & pp* **ground)** *vt* **-1.** *(coffee, flour)* mleć, proszkować **-2.** *(press, crush)* kruszyć, ucierać
grip *n* chwyt, uścisk
grip *(pt & pp* **-ped**, *cont* **-ping)** *vt* chwytać
gripping *adj* pasjonujący, fascynujący
gristle *n* chrząstka
groan *n* jęk
groceries *npl* artykuły spożywcze

groin *n* pachwina
ground *pt & pp of* **grind**
ground *n* ziemia
group *n* grupa
grow *(pt* **grew**, *pp* **grown)** **-1.** *vi (plant, hair)* rosnąć **-2.** *(company, city)* rozwijać się
→**grow apart** *vi* oddalać się od siebie
→**grow up** dorastać
growl *vi* warczeć
grown *pp of* **grow**
grown *adj (man, woman)* dorosły
grown-up *adj & n* dorosły
growth *n* rozrost, wzrost
gruesome *adj* makabryczny
guarantee gwarancja, rękojmia
guard *n* **-1.** *(person)* strażnik **-2.** *(supervision)* dozór, warta
guardian *n* **-1.** *JUR (of child)* opiekun **-2.** *(protector)* obrońca
guerrilla *n* partyzant(ka)
guess *vt & vi* odgadywać, zgadywać
guest *n* gość
guide *vt* prowadzić, przeprowadzać, oprowadzać
guide book *n* przewodnik
guidelines *npl* wskazówki
guilt *n* wina
guilty *(comp* **-ier**, *superl* **-iest)** *adj* winien, winny
guitar *n* gitara
guitarist *n* gitarzysta
gulf *n* **-1.** zatoka **-2.** przepaść
gull *n* mewa
gullet *n* przełyk
gulp *n* haust, łyk
gun *n* pistolet
gut *n MED* jelito
gutter *n* **-1.** *(ditch)* rynsztok, ściek **-2.** *(on roof)* rynna
guy *n* **-1.** *ifml (man)* facet, koleś **-2.** *ESP AE (person)* człowiek
gym *n* sala gimnastyczna
gymnast *n* gimnastyk

gymnastics *n* gimnastyka
gym shoes *npl* tenisówki
gypsy (*pl* -ies) *adj & n* = gipsy

H

habit *n* zwyczaj, nawyk,
   przyzwyczajenie
habitable *adj* nadający się
   do zamieszkania
habitat *n* środowisko (naturalne)
hack *vt* rąbać
hacker *n* COMP haker, pirat
   komputerowy
had *pt & pp of* have
hadn't *cont of* had not
hag *n* wiedźma
hail *n* grad
hair *n* włos, włosy
hairbrush *n* szczotka do włosów
haircut *n* -1. strzyżenie -2. fryzura
hairdo (*pl* -s) *n* ifml fryzura, uczesanie
hairdresser *n* fryzjer
hairdryer *n* suszarka do włosów
hairpiece *n* peruka
hairspray *n* lakier do włosów
hairstyle *n* fryzura, uczesanie
hairy (*comp* -ier, *superl* -iest) *adj*
   owłosiony, pokryty włosami
half (*pl* halves) *adj, n & pron* połowa,
   pół
halfway *adj & adv* w pół drogi
hall *n* -1. (*in house*) hol, przedpokój
   -2. (*meeting room*) sala
hallo = hello
hallway *n* hol
halt *n* zatrzymanie się
halves *pl of* half
ham *n* szynka
hamlet *n* wioska

hammer *n* młot, młotek
hamster *n* chomik
hand *n* ręka
handbag *n* torebka
handbook *n* podręcznik
handbrake *n* hamulec ręczny
handcuffs *npl* kajdanki
handicap *n* ułomność, upośledzenie
handicapped *adj* niepełnosprawny
handkerchief (*pl* -chiefs OR -chieves)
   n chusteczka (do nosa)
handle *n* rączka, uchwyt, klamka
handle *vt* -1. radzić sobie -2.
   obchodzić się z
handout *n* ulotka reklamowa
handrail *n* poręcz
handshake *n* uścisk dłoni
handsome *adj* (*man*) przystojny;
   (*woman*) atrakcyjny
handwriting *n* charakter pisma, pismo
hang (*pt & pp* hung) *vt & vi* (*curtains,
   picture*) zawieszać
hanger *n* wieszak
hangover *n* kac
happen *vi* wydarzać się, zdarzać się
happiness *n* szczęście
happy (*comp* -ier, *superl* -iest) *adj*
   szczęśliwy
harbour *BE*, harbor *AE n* port,
   przystań
hard *adj* -1. (*gen*) twardy -2. (*exam,
   question, work*) ciężki, trudny
   -3. (*push, kick*) mocny
hardly *adv* ledwie, prawie nie
hardware *n* -1. (*tools, equipment*)
   wyroby metalowe -2. COMP sprzęt
   komputerowy
harm *n* -1. (*injury*) skaleczenie,
   uszkodzenie ciała -2. (*damage*)
   szkoda, uszkodzenie
harm *vt* -1. (*injure*) ranić, wyrządzać
   krzywdę -2. (*damage*) szkodzić,
   uszkadzać
harmony (*pl* -ies) *n* zgoda

harsh adj -1. (life) surowy -2. (criticism, words) ostry, szorstki
harvest n żniwa
has vb see **have**
hasn't cont of **has not**
hat n kapelusz
hate n nienawiść
hate vt -1. (detest violently) nienawidzić -2. (dis-like) nie cierpieć
haunt vt -1. (subj: ghost) nawiedzać, straszyć -2. (subj: memory, fear, problem) dręczyć
have (pt & pp **had**) -1. vt (gen) **to have (got); she has (got) nice shoes** ma ładne buty -2. (in short questions and answers) **I've been there before - have you?** ju tam kiedyś byłam – naprawdę -3. modal vb (be obliged) **to have (got) to do sth** musieć coś zrobić; **I have (got) to be home soon** muszę być niedługo w domu
haven't cont of **have not**
hay n siano
hay fever n katar sienny
hazard n niebezpieczeństwo, zagrożenie
hazelnut n orzech laskowy
he pers pron on
head n głowa
head vt (procession, queue) być na czele; (organization) przewodzić
headache n ból głowy
head cold n katar
heading n PRESS nagłówek
headlight n reflektor
headphones npl słuchawki
heal vt leczyć; goić
health n zdrowie
healthy (comp -ier, superl -iest) adj zdrowy
heap n kupa, sterta
hear (pt & pp **heard**) vt & vi słyszeć
hearing n słuch
heart n serce
heartache n strapienie, zgryzota

heart attack n atak serca, zawał
heartbeat n puls, tętno
heartbreaking adj przejmujący, rozdzierający serce
heartbroken adj załamany
heartburn n zgaga
hearth n palenisko
hearty (comp -ier, superl -iest) adj -1. gorący, serdeczny -2. obfity, suty
heat n ciepło, gorąco
heater n grzejnik
heating n ogrzewanie
heaven n niebo, raj
heavy (comp -ier, superl -iest) adj ciężki
he'd cont of **he had**, **he would**
hedge n żywopłot
hedgehog n jeż
height n (of building, mountain, aircraft) wysokość; (of person) wzrost
heir n dziedzic, spadkobierca
held pt & pp of **hold**
helicopter n helikopter
hell n piekło
he'll cont of **he will**
hello excl (greeting) cześć!
helmet n hełm, kask
help n pomoc
help vt & vi pomagać
helpful adj -1. pomocny -2. przydatny
helpless adj bezradny, bezsilny
hence adv fml -1. (therefore) stąd, zatem -2. (from now) odtąd, od tej pory
her pers pron (direct) ją, ona
her poss adj jej
herb n ziele, zioło
herd n stado
here adv tu, tutaj
heritage n dziedzictwo, spuścizna
hermetic adj hermetyczny, szczelny
hero (pl -es) n bohater
heroism n bohaterstwo
herring (pl inv OR -s) n śledź

hers *poss pron* jej
herself *pron (reflexive)* się, siebie, sobie, sobą
he's *cont of* **he is, he has**
hesitate *vi* wahać się
heterogenous *adj* niejednorodny
hi *excl ifml* cześć!
hid *pt of* **hide**
hidden *pp of* **hide**
hidden *adj* ukryty
hide (*pt* **hid**, *pp* **hidden**) *vt* chować, ukrywać
hide-and-seek *n* zabawa w chowanego
hideaway *n* kryjówka
high *adv* wysoko
highlight *n* główna atrakcja
highlighter *n* marker
highlights *npl (in hair)* pasemka
highway *n* **-1.** *AE (motorway)* autostrada **-2.** *BE (main road)* droga główna
hijack *vt (plane)* porywać, uprowadzać
hike *vi* iść na wędrówkę, wędrować
hike *n* piesza wycieczka, wędrówka
hill *n* pagórek, wzgórze
hillside *n* stok, zbocze
hilt *n* rękojeść
him *pers pron (direct)* go, jego, on
himself *pron (reflexive)* się, siebie, sobie, sobą
hindrance *n* przeszkoda
Hindu *adj* hinduski
hint *n* **-1.** aluzja, napomknienie **-2.** rada, wskazówka
hire *vt* **-1.** *(equipment, hall)* wynajmować; *(boat)* wypożyczać **-2.** *(worker)* najmować, zatrudniać
his *poss pron* jego
history (*pl* **-ies**) *n* dzieje, historia
hit (*pt & pp* **hit**, *cont* **-ting**) *vt* uderzać
hitch *vi (hitchhike)* podróżować autostopem
hitchhike *vi* podróżować autostopem
hitchhiker *n* autostopowicz

hobby (*pl* **-ies**) *n* hobby
hog *n* wieprz
hold (*pt & pp* **held**) *vt* trzymać
holder *n* **-1.** podstawka, uchwyt **-2.** posiadacz
hole *n* dół, dziura
holiday *n* urlop, wakacje
holy (*comp* **-ier**, *superl* **-iest**) *adj* święty
home *n (house, family, own place)* dom
homeless *adj* bezdomny; **the homeless** bezdomni
homemade *adj* domowej roboty
homework *n* praca domowa, zadanie domowe
homicide *n fml* zabójstwo
honest *adj* **-1.** porządny, uczciwy, legalny **-2.** szczery
honesty *n* szczerość, uczciwość
honey *n* **-1.** *(food)* miód **-2.** *ESP AE (dear)* kochanie
honeybee *n* pszczoła
honeymoon *n* miesiąc miodowy
honour *BE*, **honor** *AE n* cześć, honor
hood *n* kaptur
hook *n* haczyk, hak
hooker *n AE ifml* prostytutka
hooligan *n* chuligan
hoover *vt & vi BE* odkurzać
hop *vi* podskakiwać, skakać
hope *n* nadzieja
hope *vt & vi* mieć/żywić nadzieję
hopeful *adj* **-1.** *(person)* pełen nadziei **-2.** *(sign, future)* obiecujący
hopeless *adj* **-1.** rozpaczliwy **-2.** beznadziejny
horizon *n* horyzont
horn *n* róg
horoscope *n* horoskop
horrible *adj* potworny, straszny
horrid *adj ESP BE* koszmarny, paskudny
horrific *adj* okropny, przerażający
horrify (*pt & pp* **-ied**) *vt* przerażać

horse *n* koń
horseradish *n* chrzan
horseshoe *n* podkowa
hose *n* szlauch, wąż
hosiery *n* wyroby pończoszane
hospitable *adj* gościnny
hospital *n* szpital
host *n* (at party, on TV programme) gospodarz
hostel *n* noclegownia, schronisko
hostile *adj* nieprzychylny, nieprzyjazny
hot (*comp* **-ter**, *superl* **-test**) *adj* gorący
hotel *n* hotel
hour *n* godzina
hourly *adj* cogodzinny
house *n* (building) dom
household *n* domownicy, rodzina
housekeeper *n* gosposia
housewife (*pl* **-wives**) *n* gospodyni domowa
how *adv* jak
however *conj* jakkolwiek, w jakikolwiek sposób
however *adv* jednakże, tym niemniej
howl *vi* wyć
hue *n* barwa, odcień
hug (*pt* & *pp* **-ged**, *cont* **-ging**) *vt* ściskać, przytulać
huge *adj* ogromny, olbrzymi
human *adj* ludzki
humble *adj* skromny
humid *adj* wilgotny
humidity *n* wilgotność
humiliate *vt* poniżać, upokarzać
humor *AE* = **humour**
humorous *adj* humorystyczny, zabawny
humour *BE*, **humor** *AE n* humor
hunch *n* *ifml* przeczucie
hundred *num* sto
hung *pt* & *pp of* **hang**
Hungarian *adj* węgierski
Hungary *n* Węgry
hunger *n* głód

hungry (*comp* **-ier**, *superl* **-iest**) *adj* głodny
hunt *vt* & *vi* **-1.** (for food, sport) polować (na) **-2.** (search) poszukiwać
hunter *n* myśliwy
hurricane *n* huragan
hurry (*pt* & *pp* **-ied**) *vi* śpieszyć się
hurt (*pt* & *pp* **hurt**) *vt* (physically) kaleczyć, ranić; (mentally) krzywdzić, sprawiać przykrość
husband *n* mąż, małżonek
hut *n* **-1.** chałupa, chata **-2.** szałas
hypnosis *n* hipnoza
hysterical *adj* **-1.** (laughter, crying, bahaviour) histeryczny **-2.** *ifml* (film, book, person) komiczny

I

I *pers pron* ja
ice *n* lód
iceberg *n* góra lodowa
ice cream *n* lody
ice cube *n* kostka lodu
Iceland *n* Islandia
ice rink *n* lodowisko
ice-skate *vi* jeździć na łyżwach
icicle *n* sopel
icing *n* lukier
icon *n* ikona
I'd *cont of* **I would**, **I had**
ID *n* (abbr of **identification**) dokumenty, dowód osobisty
idea *n* **-1.** pomysł **-2.** pojęcie, wyobrażenie
ideal *adj* doskonały, idealny
ideal *n* ideał
identical *adj* identyczny, jednakowy
identification *n* **-1.** identyfikacja **-2.** dokument tożsamości

269

identity (*pl* **-ies**) *n* tożsamość
idiom *n* idiom, wyrażenie idiomatyczne
idiot *n* idiota
idle *adj* **-1.** leniwy **-2.** nieczynny
idly *adv* bezczynnie, bezużytecznie
idol *n* bożyszcze, idol
i.e. (*abbr of* **id est**) tj., tzn.
if *conj* **-1.** (*gen*) jeśli, jeżeli
-2. (*in conditional clauses*) gdyby
-3. (*in indirect questions*) czy
igloo (*pl* **-s**) *n* igloo
ignite *vt* zapalać
ignition *n* **-1.** (*act*) zapalanie
-2. (*in car*) zapłon
ignorance *n* ignorancja, niewiedza
ignorant *adj* **-1.** nie znający się
-2. nieświadomy
ignore *vt* ignorować, nie zważać na
ill *adj* chory
ill *adv* niedobrze, źle
I'll *cont of* **I will, I shall**
ill-advised *adj* nierozważny
illegal *adj* bezprawny, nielegalny
illegitimate *adj* **-1.** (*child*) nieślubny
-2. (*activity*) bezprawny
ill-informed *adj* mylny
illiterate *adj* niepiśmienny
illness *n* choroba
illogical *adj* nielogiczny
illuminate *vt* oświetlać, podświetlać
illumination *n* oświetlenie
illusion *n* iluzja, złudzenie
illusory *adj* złudny
illustrate *vt* ilustrować
illustration *n* **-1.** (*picture*) ilustracja, rysunek **-2.** (*example*) objaśnienie
I'm *cont of* **I am**
image *n* **-1.** wyobrażenie **-2.** odbicie
-3. obraz
imaginable *adj* wyobrażalny
imaginary *adj* wyimaginowany, wymyślony
imagination *n* wyobraźnia

imaginative *adj* **-1.** pełen wyobraźni
-2. pomysłowy
imagine *vt* **-1.** wyobrażać sobie
-2. mieć wrażenie
imbalance *n* brak równowagi
imitate *vt* imitować, naśladować
imitation *n* **-1.** (*act*) naśladowanie
-2. (*copy*) imitacja
immaculate *adj* nieskazitelny
immature *adj* niedojrzały
immaturity *n* niedojrzałość
immediate *adj* **-1.** natychmias-towy, niezwłoczny **-2.** nagły
immediately *adv* **-1.** natychmiast, niezwłocznie **-2.** bezpośrednio
immediately *conj* jak tylko, skoro tylko
immense *adj* ogromny, olbrzymi
immigrant *n* imigrant
immigration *n* imigracja
immobilize, -ise *vt* unieruchamiać, zatrzymywać
immoral *adj* niemoralny
immortal *adj* nieśmiertelny
immortality *n* nieśmiertelność
immune *adj* odporny
immunity *n* odporność
immunize, -ise *vt* uodparniać
impact *n* **-1.** uderzenie
-2. oddziaływanie
impair *vt* osłabiać, pogarszać
impartial *adj* bezstronny
impatient *adj* niecierpliwy, zniecierpliwiony
impel *vt* **to impel sb to do sth** zmuszać kogoś do zrobienia czegoś
impending *adj* nadciągający, nieuchronny
imperceptible *adj* niedostrzegalny
imperfect *adj* niedoskonały
impersonal *adj* bezosobowy
impersonate *vt* naśladować, wcielać się w
implant *n* implant, wszczep
implant *vt* **-1.** wpajać, zaszczepiać
-2. wszczepiać

implement vt wdrażać, wprowadzać w życie

imply (pt & pp -ied) vt dawać do zrozumienia, sugerować

import n import

import vt importować

importance n ważność, znaczenie

important adj ważny

impose vt narzucać

impossible adj niemożliwy

impress vt & vi imponować, wywierać wrażenie

impression n wrażenie

impressive adj imponujący, robiący wrażenie

imprison vt wtrącać do więzienia

imprisonment n uwięzienie

improbable adj nieprawdopodobny

impromptu adj improwizowany

improve vt & vi polepszać (się), poprawiać (się)

improvise vt & vi improwizować

imprudence n nieroztropność

impulse n impuls, odruch

impulsive adj impulsywny, spontaniczny

in prep w

in adv (inside) do środka, do wewnątrz

inability n niemożność, niezdolność

inaccurate adj niedokładny, nieścisły

inadequate adj niedostateczny, nieodpowiedni

inane adj bezmyślny

inaugurate vt -1. wprowadzać uroczyście -2. inaugurować

inauguration n inauguracja

inborn adj wrodzony

incapable adj -1. (unable) niezdolny -2. (incompetent) nieudolny

incentive n bodziec, zachęta

inch n cal

incident n -1. (occurrence, event) wydarzenie, zajście -2. incydent

incidental adj nieistotny, uboczny

inclination n pociąg, upodobanie

include vt -1. (contain) obejmować, zawierać -2. (add) uwzględniać, włączać

including prep łącznie z, uwzględniając

inclusive adj łączny

income n dochód

incompetent adj niekompetentny, nieudolny

incomplete adj niekompletny, niepełny

inconsistent adj niezgodny, sprzeczny

inconvenience n niedogodność

inconvenient adj kłopotliwy, niedogodny

incorrect adj niewłaściwy; niepoprawny

increase -1. vt wzmagać, zwiększać -2. vi wzrastać

incredible adj -1. niesamowity -2. niewyobrażalny

incurable adj nieuleczalny

indecisive adj niezdecydowany

indeed adv istotnie, w rzeczy samej

indefinite adj nieokreślony

independent adj niezależny, niepodległy

index (pl -es) n indeks, spis alfabetyczny

index finger n palec wskazujący

India n Indie

Indian n -1. (from India) Hindus -2. (from the Americas) Indianin

Indian adj -1. (from India) hinduski, indyjski -2. (from the Americas) indiański

indicate vt pokazywać, wskazywać

indicator n wskaźnik

indifference n obojętność

indifferent adj obojętny

indigestion n niestrawność

indirect adj -1. okrężny -2. wymijający -3. pośredni

indiscreet adj niedyskretny

indisposed adj fml niedysponowany

indisputable *adj* niezaprzeczalny
indistinct *adj* niewyraźny
individual *adj* pojedynczy,
poszczególny
individual *n* jednostka, osoba
indoors *adv (be)* wewnątrz, w środku
indulgence *n* -1. pobłażanie,
pobłażliwość -2. słabostka,
zachcianka
industrial *adj* przemysłowy
industry (*pl* -ies) *n* przemysł
inert *adj* bezwładny
inevitable *adj* nieuchronny,
nieunikniony
inexact *adj* niedokładny
inexpensive *adj* niedrogi
inexperienced *adj* niedoświadczony
infant *n* niemowlę, noworodek
infantile *adj* -1. dziecięcy, niemowlęcy
-2. dziecinny, infantylny
inferior *adj* -1. niższy, podrzędny
-2. gorszy
inferiority *n* niższość
inferno (*pl* -s) *n* piekło
infertility *n* -1. bezpłodność
-2. nieurodzajność
infidelity *n* niewierność
infinite *adj* nieskończony
infinitive *n* LING bezokolicznik
infinity *n* nieskończoność
infirm *adj* niedołężny
inflammable *adj* łatwopalny
inflammation *n* MED zapalenie
inflation *n* ECON inflacja
inflexible *adj* nieelastyczny, sztywny
influence *n* wpływ
influence *vt* mieć wpływ na, wpływać
na
influential *adj* wpływowy
influenza *n fml* grypa
influx *n* napływ
inform *vt* informować, zawiadamiać
informal *adj* -1. swobodny, codzienny,
potoczny -2. nieformalny

information *n* informacje
informer *n* informator
infusion *n* napar
ingenious *adj* pomysłowy
ingredient *n* składnik
inhabit *vt* zamieszkiwać
inhabitant *n* mieszkaniec
inhale wdychać
inherit *vt & vi* dziedziczyć
inheritance *n* -1. spadek
-2. dziedziczenie
inhospitable *adj* -1. niegościnny
-2. nieprzychylny, nieprzyjazny
inhuman *adj* nieludzki
initial *adj* początkowy, wczesny
initiate *vt* inicjować,
zapoczątkowywać
initiation *n* inicjacja
initiative *n* inicjatywa
inject *vt* wstrzykiwać
injection *n* zastrzyk
injure *vt* -1. ranić -2. szkodzić
injury (*pl* -ies) *n* -1. obrażenie,
zranienie -2. rana, uraz
injustice *n* niesprawiedliwość
ink *n* atrament, tusz
inland *adj (waterways)* śródlądowy;
(trade) krajowy, wewnętrzny
in-laws *npl* teściowie
inmate *n* więzień
inn *n* gospoda, zajazd
inner *adj* środkowy, wewnętrzny
innocence *n* -1. niewinność
-2. naiwność
innocent *adj* -1. niewinny -2. naiwny
innovation *n* innowacja, nowość
innovative *adj* nowatorski
input *n* -1. wkład, nakład -2. COMP
(of data) wprowadzanie
inquire *vt* pytać
inquiry (*pl* -ies) *n* -1. zapytanie
-2. dochodzenie
insane *adj* -1. MED *(mad)* chory
umysłowo -2. *(very stupid)* obłąkany,
szalony

insanity n -**1.** MED choroba umysłowa -**2.** (great stupidity) obłęd, szaleństwo
insect n insekt, owad
insecure adj niepewny
insecurity n niepewność
insensitive adj nieczuły, niewrażliwy
inseparable adj -**1.** nieodłączny -**2.** nierozłączny
insert vt wkładać, wsuwać
insert n (in magazine, newspaper) wkładka
inshore adj przybrzeżny
inside prep wewnątrz, w środku
inside n: **the inside** wnętrze
insider n wtajemniczony
insight n -**1.** (wisdom) wnikliwość -**2.** (glimpse) wgląd
insist vt & vi domagać się, nalegać
insistent adj stanowczy
insolent adj bezczelny
insomnia n bezsenność
inspect vt -**1.** badać, sprawdzać -**2.** kontrolować, wizytować
inspection n -**1.** sprawdzenie, zbadanie -**2.** inspekcja, kontrola
inspiration n inspiracja, natchnienie
inspire vt inspirować, pobudzać
installation n instalacja
instalment BE, **installment** AE n rata
instance n przykład, przypadek
instant adj -**1.** momentalny, natychmiastowy -**2.** (coffee) rozpuszczalny
instant n chwila, moment
instantly adv bezzwłocznie, natychmiast
instead adv zamiast tego
instigation n namowa
instinct n instynkt
institute n instytut
institution n instytucja
instruct vt -**1.** instruować -**2.** kształcić, szkolić

instruction n -**1.** instrukcja, polecenie -**2.** instruktaż, szkolenie
instructor n instruktor
instrument n -**1.** instrument -**2.** narzędzie
instrumental n MUS utwór instrumentalny
insular adj ciasny
insulation n izolacja
insult vt obrażać, znieważać
insult n obraza, zniewaga
insurance n ubezpieczenie
insurance policy n skladka ubezpieczeniowa
insure vt & vi ubezpieczać
insurgent adj rebeliancki
intake n spożycie, zużycie
integral adj integralny, nieodłączny
integrity n -**1.** prawość, uczciwość -**2.** fml integralność
intellect n intelekt, umysł
intellectual adj intelektualny, umysłowy
intelligence n inteligencja, rozum
intelligent adj inteligentny
intemperate adj nieumiarkowany
intend vt zamierzać
intense adj -**1.** ożywiony -**2.** intensywny
intensive adj intensywny
intention n intencja, zamiar
intentional adj celowy, zamierzony
interact vi oddziaływać na siebie wzajemnie
interactive adj interakcyjny
intercontinental adj międzykontynentalny
intercourse n fml stosunek płciowy
interest n -**1.** (desire to know) zainteresowanie -**2.** (financial charge) odsetki, oprocentowanie -**3.** (advantage, benefit) interes
interest vt interesować
interesting adj ciekawy, interesujący
interfere vi ingerować, wtrącać się

interim adj tymczasowy
interior n wnętrze
intermission n -1. *(pause)* przerwa
-2. *THEATRE* antrakt
internal adj wewnętrzny
international adj międzynarodowy
Internet n: the Internet internet
interpret -1. vt *(understand)*
interpretować, rozumieć -2. vt & vi
(translate) tłumaczyć ustnie
interpretation n interpretacja
interpreter n tłumacz ustny
interrogate vt przepytywać,
przesłuchiwać
interrogation n przesłuchanie
interrupt vt & vi przerywać
interruption n przerwa, zakłócenie
intersection n skrzyżowanie
interstate (highway) n AE autostrada
interval n odstęp, przerwa
intervention n interwencja
interview n -1. *(for job)* rozmowa
kwalifikacyjna -2. *PRESS* wywiad
interview vt -1. *(candidate)*
przesłuchiwać -2. *PRESS*
przeprowadzać wywiad z
intimacy *(pl -ies)* n bliskość, zażyłość
intimate adj -1. bliski, serdeczny
-2. kameralny, zaciszny -3. *fml*
intymny
into prep do
intransitive adj GRAM *(verb)*
nieprzechodni
introduce vt -1. przedstawiać **(sb
to sb** kogoś komuś) -2. *RADIO & TV*
prezentować, prowadzić -3. *(animal,
plant)* sprowadzać -4. *(signal start of)*
zapoczątkowywać
introduction n -1. wprowadzenie
-2. *(preface)* przedmowa, wstęp
intrude vi naprzykrzać się,
przeszkadzać
intruder n intruz, natręt
intrusive adj natrętny, nieproszony
intuition n -1. intuicja -2. przeczucie

invade vt najeżdżać
invalid adj nieważny
invaluable adj -1. bezcenny
-2. nieoceniony
invariable adj niezmienny
invariably adv niezmiennie, stale
invasion n inwazja, najazd, naruszenie
invent vt -1. wynaleźć -2. obmyślać,
wynajdywać
invention n -1. wynalazek
-2. inwencja -3. wymysł
inventive adj pomysłowy
inventory *(pl -ies)* n -1. spis, wykaz
-2. inwentarz, zapasy
inverse adj odwrotny
invert vt fml odwracać
invest -1. vt & vi inwestować -2. vt
poświęcać
investigate -1. vt *(case)* badać -2. vi
prowadzić dochodzenie
investigation n -1. badanie
-2. dochodzenie, śledztwo
investment n -1. inwestycja
-2. nakład, wydatek
investor n inwestor
invisible adj niewidoczny,
niewidzialny
invitation n zaproszenie
invite vt -1. zapraszać -2. zachęcać
invoice n faktura
involve vt -1. to involve sth wymagać
czegoś, pociągać za sobą coś
-2. dotyczyć, obejmować
involved adj zaangażowany
iodine n jod
Ireland n Irlandia
Irish adj irlandzki
Irishman *(pl -men)* n Irlandczyk
irksome adj drażniący
iron adj żelazny
iron n -1. *(metal)* żelazo -2. *(for
clothes)* żelazko
iron vt prasować
ironic(al) adj ironiczny
ironing n prasowanie

ironing board n deska do prasowania
irony (pl -ies) n ironia
irrational adj irracjonalny,
  nieracjonalny
irregular adj -1. nierówny
  -2. nieregularny
irrelevant adj bez związku, nieistotny
irreplaceable adj niezastąpiony
irresistable adj nieodparty
irresponsible adj nieodpowiedzialny
irreversible adj nieodwracalny
irrigate vt nawadniać
irritable adj drażliwy
irritate vt -1. irytować -2. drażnić
irritating adj -1. irytujący
  -2. podrażniający
irritation n -1. irytacja, rozdrażnienie
  -2. podrażnienie
is vb form of **be**
island n wyspa
isle n fml wyspa
isn't cont of **is not**
isolate vt izolować
isolation n izolacja, odosobnienie
issue n -1. kwestia, sprawa
  -2. (edition) wydanie
issue vt ogłaszać, wydawać, emitować,
  publikować
it pron -1. (subj) on, ona, ono,
  to -2. (direct and indirect object)
  temu, tym
Italian adj włoski
Italian n Włoch
italic adj pisany kursywą
italics npl kursywa
Italy n Włochy
itch vi swędzić
itch n swędzenie
itchy (comp -ier, superl -iest) adj
  swędzący
it'd cont of **it would, it had**
item n rzecz
it'll cont of **it will**
its poss adj swój, jego

it's cont of **it is, it has**
itself pron -1. (reflexive) się
  -2. (after prep) siebie, sobie, sobą
  -3. (emphatic) samo
ivory n kość słoniowa
ivy n bluszcz

J

jab vt dźgać
jackal n szakal
jacket n kurtka, marynarka
jackpot n najwyższa stawka
jaguar n jaguar
jail n więzienie
jail vt wtrącać do więzienia
jam n -1. dżem -2. korek
jam (pt & pp -med, cont -ming) vt
  -1. tarasować -2. wciskać, wpychać
January n styczeń
Japan n Japonia
Japanese adj japoński
jasmine n jaśmin
jaunty (comp -ier, superl -iest) adj
  beztroski, wesoły
jaw n szczęka
jealous adj zazdrosny
jealousy n zazdrość
jeans npl dżinsy
jelly (pl -ies) n galareta, galaretka
jellyfish (pl inv OR -es) n meduza
jeopardize, -ise vt narażać na szwank
jeopardy n niebezpieczeństwo, ryzyko
jerk vt szarpać
jerk n frajer
jerky adj szarpany, urywany
jersey (pl jerseys) n -1. pulower,
  sweter -2. dżersej
jet n -1. odrzutowiec -2. strumień
jet engine n silnik odrzutowy

Jew n Żyd
jewel n klejnot
jeweller BE, **jeweler** AE n jubiler
jewellery BE, **jewelry** AE n biżuteria
Jewess n Żydówka
Jewish adj żydowski
jigsaw (puzzle) n łamigłówka, układanka
job n -1. praca, zatrudnienie -2. robota, zajęcie
jobless adj bez pracy, bezrobotny
jockey (pl **jockeys**) n dżokej
join vt & vi -1. łączyć (się) -2. dołączać, przyłączać się
joint adj -1. połączony -2. wspólny
joke n dowcip, kawał, żart
joke vi żartować
joker n -1. dowcipniś, żartowniś -2. dżoker
jolt vt potrząsać, szarpać
joss stick n kadzidełko
journal n -1. czasopis-mo, pismo -2. dziennik, pamiętnik
journalism n dziennikarstwo
journalist n dziennikarz
journey (pl **journeys**) n podróż
joy n -1. radość, wesołość -2. przyjemność
joyful adj radosny, wesoły
joystick n -1. drążek sterowy -2. dżojstik
jubilee n jubileusz
Judaism n judaizm
judge n -1. sędzia -2. arbiter, juror
judge vt & vi -1. JUR sądzić -2. (contest) sędziować -3. (estimate) oceniać, szacować
judg(e)ment n -1. JUR orzeczenie, wyrok -2. (opinion) ocena, osąd
judicial adj sądowy
judo n dżudo
jug n dzban, dzbanek
juggle vt & vi żonglować
juice n sok

juicy (comp **-ier**, superl **-iest**) adj soczysty
July n lipiec
jump n podskok, skok
jump vi skakać
jumper n pulower, sweter
jumpy (comp **-ier**, superl **-iest**) adj nerwowy
junction n skrzyżowanie
June n czerwiec
jungle n dżungla
junior adj młodszy
juniper n jałowiec
junk n graty, rupiecie
junk food n niezdrowa żywność
junkie n drugs sl ćpun
juror n -1. JUR sędzia przysięgły -2. (in contest) juror
jury (pl **-ies**) n -1. ława przysięgłych -2. jury
just adv -1. (recently, at this moment) dopiero co, właśnie -2. (only, simply) po prostu, tylko -3. (barely, almost not) ledwo, ledwie
just adj sprawiedliwy
justice n -1. (fairness) sprawiedliwość -2. (judge) sędzia -3. (of a cause, complaint) słuszność, zasadność -4. JUR (power of law) wymiar sprawiedliwości
justifiable adj słuszny, usprawiedliwiony
justification n usprawiedliwienie, uzasadnienie
justify (pt & pp **-ied**) vt uzasadniać
juvenile adj młodociany, nieletni
juxtapose vt zestawiać (ze sobą)

K

kaleidoscope n kalejdoskop
kangaroo n kangur
karat n AE karat
karate n karate
keen adj zapalony, zagorzały, gorliwy
keep (pt & pp **kept**) vt (retain)
zachowywać, zatrzymywać
keeper n dozorca
keep fit n zajęcia sportowe
keepsake n pamiątka, upominek
keg n beczułka
kept pt & pp of **keep**
ketchup n keczup
kettle n czajnik, kociołek
key n -**1**. klucz -**2**. klawisz -**3**. tonacja
keyboard n klawiatura
keyhole n dziurka od klucza
keynote n myśl przewodnia
keypad n klawiatura pomocnicza
key ring n breloczek na klucze
keystroke n uderzenie w klawisz
khaki n & adj khaki
kick vt kopać
kick n kopniak, kopnięcie
kickoff n FTBL rozpoczęcie gry
kid n dzieciak, dziecko
kid (pt & pp -**ded**, cont -**ding**) ifml vt
nabierać, oszukiwać
kiddie (pl -**ies**) n dzieciak
kidnapper BE, **kidnaper** AE n porywacz
kidney (pl **kidneys**) n nerka
kill vt & vi uśmiercać, zabijać
killer n zabójca
kilo n kilo
kilobyte n kilobajt
kilogram(me) n kilogram
kilometre BE, **kilometer** AE n kilometr
kind adj miły, uprzejmy, życzliwy
kind n rodzaj

kindness n uprzejmość, życzliwość
king n król
kingdom n królestwo
king-size(d) adj olbrzymi
kiosk n kiosk
kiss vt & vi całować
kiss n buziak, pocałunek
kit n komplet, zestaw
kitchen n kuchnia
kitchenette n kuchenka
kitchenware n naczynia kuchenne
kite n latawiec
kitsch n kicz
kitten n kociątko, kotek
knapsack n plecak
knead vt wyrabiać
knee n kolano
kneel (BE pt & pp **knelt**, AE pt & pp
knelt OR -**ed**) vi klęczeć, klękać
knew pt of **know**
knickers npl -**1**. BE figi, majtki -**2**. AE
spodenki
knife (pl **knives**) n nóż
knight n rycerz
knighthood n tytuł szlachecki
knit (pt & pp **knit** OR -**ted**, cont -**ting**)
vt & vi robić na drutach
knitting needle n drut
knitwear n wyroby z dzianiny
knives pl of **knife**
knob n gałka, rączka
knock n stuknięcie, uderzenie
knock vi pukać, stukać
knockout n nokaut
knot n supeł, węzeł
knotty adj zawiły
know (pt **knew**, pp **known**) -**1**. vt znać
-**2**. vi wiedzieć
know-how n znajomość rzeczy
knowing adj porozumiewawczy
knowledge n -**1**. (of language)
znajomość -**2**. (awareness) wiedza
knowledgeable adj dobrze
poinformowany

known adj znany
known pp of **know**
kosher adj koszerny

L

label n etykieta, nalepka, metka
label (BE pt & pp -**led**, cont -**ling**, AE
   pt & pp -**ed**, cont -**ing**) vt naklejać
   etykietę, oznakowywać
labor etc AE = **labour** etc
laboratory (pl -**ies**) n laboratorium
labour BE, **labor** AE n -**1.** praca
   fizyczna, trud -**2.** siła robocza
labourer BE, **laborer** AE n pracownik
   fizyczny, robotnik
labyrinth n labirynt
lace n -**1.** koronka -**2.** sznurowadło
lack n brak, niedobór
lack vt nie mieć, odczuwać brak
laconic adj lakoniczny
lacquer n lakier
ladder n drabina
ladies BE, **ladies room** AE n toaleta
   damska
lady (pl -**ies**) n kobieta, pani
ladybird BE, **ladybug** AE n biedronka
ladylike adj dystyngowany, wytworny
lag (pt & pp -**ged**, cont -**ging**) vi: **to lag**
   (**behind**) pozostawać w tyle, wlec
   się
lag n opóźnienie
lagoon n laguna
laid pt & pp of **lay**
laid-back adj ifml na luzie,
   wyluzowany
lain pp of **lie**
lake n jezioro
lamb n -**1.** jagnię -**2.** jagnięcina
lambswool n wełna jagnięca

lame adj -**1.** kulawy -**2.** kiepski, lichy
lamp n lampa
lamppost n latarnia (uliczna)
lampshade n abażur, klosz
land n -**1.** ląd, ziemia -**2.** kraina, kraj
   -**3.** teren, grunt
land vi lądować, spadać na ziemię
landmark n punkt orientacyjny
landscape n -**1.** (scenery) krajobraz
   -**2.** (painting) pejzaż
lane n -**1.** dróżka, alejka, uliczka
   -**2.** pas (ruchu)
language n język
languish vi usychać, marnieć
lantern n lampion, przenośna lampa
lap n -**1.** kolana -**2.** SPORT okrążenie
lapse n -**1.** uchybienie -**2.** upływ
large adj duży, wielki
largely adv głównie, w dużej mierze
lark n skowronek
larva (pl -**vae**) n larwa
larynx n krtań
laser n laser
lash n rzęsa
last adv jako ostatni, na końcu
last adj ostatni, zeszły
last pron & n ostatni
last vt & vi trwać
lasting adj trwały
lastly adv na koniec
last name n nazwisko
late adj spóźniony
late adv za późno, z opóźnieniem
latecomer n spóźnialski
lately adv ostatnio
later adj późniejszy
later adv później
latest adj najnowszy, ostatni
lather n piana (mydlana)
Latin n łacina
Latin adj -**1.** latynoski -**2.** łaciński
latitude n GEOGR szerokość
   geograficzna
latter adj -**1.** końcowy, ostatni -**2.** drugi

latter *n: the latter* (ten) drugi
latterly *adv* ostatnio
laugh *vi* śmiać się
laughter *n* śmiech
launch *vt* **-1.** wodować
 -2. rozpoczynać **-3.** COMM
 wprowadzać na rynek
laundry *(pl -ies) n* **-1.** pranie
 -2. pralnia
lava *n* lawa
lavatory *(pl -ies) n* toaleta, ubikacja
lavender *n* lawenda
lavender *adj* jasnofioletowy
lavish *adj* hojny, szczodry
law *n* prawo
lawful *adj fml* legalny, zgodny
 z prawem
lawless *adj* bezprawny
lawn *n* trawnik
lawnmower *n* kosiarka do trawy
lawsuit *n* proces
lawyer *n (gen)* prawnik; *(in court)*
 adwokat
lay *pt of* **lie**
lay *(pt & pp* **laid***) vt* kłaść
→**lay in** *vt* robić zapasy
→**lay off** *vt sep (staff, employees)*
 zwalniać (z pracy)
layer *n* warstwa
laziness *n* lenistwo
lazy *(comp* **-ier***, superl* **-iest***) adj*
 leniwy
lb *(abbr of* **pound***)* funt *(= 453,6 g)*
lead *n (metal)* ołów
lead *(pt & pp* **led***) vt* prowadzić,
 przewodniczyć, przewodzić
leader *n* **-1.** przywódca **-2.** lider
leadership *n* **-1.** *the leadership*
 kierownictwo **-2.** przywództwo
leaf *(pl* **leaves***) n* liść
leaflet *n* ulotka
league *n* **-1.** sprzymierzenie,
 sprzysiężenie **-2.** SPORT liga
leak *n* dziura, nieszczelność
leakage *n* przeciek, wyciek

leaky *(comp* **-ier***, superl* **-iest***) adj*
 nieszczelny
lean *adj* **-1.** szczupły **-2.** chudy
lean *(pt & pp* **leant** OR **-ed***)* **-1.** *vt*
 opierać **-2.** *vi* nachylać się, pochylać
 się
leaning *n* skłonności
leant *pt & pp of* **lean**
leap *(pt & pp* **leapt** OR **-ed***) vi* dawać
 susa, skakać
leap *n* skok, sus
leap year *n* rok przestępny
leapt *pt & pp of* **leap**
learn *(pt & pp* **-ed** OR **learnt***) vy & vi*
 uczyć się
learned *adj* uczony
learner *n* uczący się
learnt *pt & pp of* **learn**
lease *n* JUR dzierżawa, najem
lease *vt* wydzierżawiać, wynajmować
leash *n* smycz
least *adj & pron (superl of little)*
 the least najmniejszy
least *adv: (the) least* najmniej
leather *n* skóra
leave *(pt & pp* **left***)* **-1.** *vi* odjeżdżać,
 wyjeżdżać, odchodzić **-2.** *vt*
 opuszczać, wychodzić/wyjeżdżać z
leave *n* urlop, zwolnienie
lecture *n* odczyt, wykład
lecturer *n* **-1.** wykładowca **-2.** mówca
led *pt & pp of* **lead**
ledge *n* występ skalny
leech *n* pijawka
left *pt & pp of* **leave**
left *adj* **-1.** *(remaining)* pozostały
 -2. *(side, hand, foot)* lewy
left *adv* na lewo, w lewo
left *n (direction) the left* lewa strona
left-handed *adj* leworęczny
leftover *adj* pozostały
leftovers *npl* resztki
leg *n* noga
legacy *(pl -ies) n* spadek

legal adj **-1.** prawny **-2.** legalny
legal tender n prawny środek
  płatniczy
legalize, -ise vt legalizować
legend n legenda
legendary adj legendarny
legible adj czytelny
legislation n ustawodawstwo
legitimate adj legalny, prawowity
leisure n czas wolny
leisurely adj spokojny, zrelaksowany
lemon n cytryna
lemonade n lemoniada
lend (pt & pp **lent**) vt pożyczać
lender n pożyczkodawca
length n długość
lens n **-1.** soczewka **-2.** obiektyw
lent pt & pp of **lend**
Lent n Wielki Post
Leo n Lew
less (comp of **little**) adj & pron & adv
  mniej
lessen vt & vi zmniejszać (się)
lesser adj mniejszy
lesson n lekcja
let (pt & pp **let**, cont **-ting**) vt pozwalać
lethal adj śmiercionośny
letter n **-1.** (written message) list **-2.** (of
  alphabet) litera
letterbox n BE skrzynka na listy
lettuce n sałata
level n poziom
lever n dźwignia
liability (pl **-ies**) n **-1.** ciężar, kłopot
  -2. odpowiedzialność
liable adj **-1.** skłonny **-2.** podatny
  -3. JUR odpowiedzialny
liar n kłamca
liberal adj liberalny
liberation n wyzwolenie
liberty (pl **-ies**) n wolność
Libra n Waga
librarian n bibliotekarz
library (pl **-ies**) n biblioteka

licence BE, **license** AE n pozwolenie,
  koncesja
lick vt lizać
lid n pokrywka, wieczko
lie n kłamstwo
lie[1] (pt **lay**, pp **lain**, cont **lying**) vi
  leżeć, spoczywać
lie[2] (pt & pp **lied**, cont **lying**)
  vi kłamać
lieutenant n porucznik
life (pl **lives**) n życie
lifeboat n łódź ratunkowa
lifeguard n ratownik
life jacket n kamizelka ratunkowa
lifelong adj na całe życie
lifetime n życie
lift BE n winda
lift vt podnosić, unosić
light adj **-1.** jasny, widny
  -2. lekkostrawny
light n światło
light (pt & pp **lit** OR **-ed**) vt
  -1. podpalać, zapalać **-2.** oświetlać
light bulb n żarówka
lighten vt & vi rozjaśniać
lighter n zapalniczka
lighthouse n latarnia morska
lightning n błyskawica
likable adj miły, sympatyczny
like prep jak; **to look/be like**
  wyglądać/być jak
like vt (enjoy) lubić
likelihood n prawdopodobieństwo
likely adj prawdopodobny
likewise adv podobnie
liking n upodobanie
lilac n bez
lilac adj liliowy
lily (pl **-ies**) n lilia
lime n limonka
limit n limit, ograniczenie
limit vt ograniczać
limp adj (hand, body) bezwładny,
  zwiotczały

limpid adj przezroczysty
line n -1. (mark) linia, kreska -2. (row) rząd, szpaler -3. (queue) kolejka -4. (wrinkle) zmarszczka
linear adj liniowy
linen n (cloth) płótno
lingerie n damska bielizna
lining n podszewka
link vt -1. kojarzyć -2. łączyć
link n -1. ogniwo -2. połączenie
lion n lew
lip n warga
lipstick n pomadka, szminka
liquid n ciecz, płyn
liquid adj ciekły, płynny
liquidate vt likwidować, zamykać
liquor n ESP AE napój alkoholowy
list n lista, spis
list vt -1. spisywać, sporządzać listę -2. wyliczać
listen vi słuchać
listener n słuchacz
listing n pozycja, hasło
lit pt & pp of **light**
liter AM = **litre**
literacy n piśmienność
literal adj dosłowny
literate adj piśmienny
literature n literatura
litre BE, **liter** AE n litr
litter n odpadki, śmieci
litter vt zaśmiecać
litterbin n BE kosz na śmieci, śmietnik
little (comp **less**, superl **least**) adj mały, młodszy, krótki
little adv mało, niewiele
live vi żyć
live adj żywy
live adv na żywo
lively (comp **-ier**, superl **-iest**) adj pełen życia, żwawy
liver n wątroba
lives pl of **life**
livid adj siny

living adj żyjący
living n -1. (means of earning money) utrzymanie -2. (lifestyle) życie
living conditions npl warunki życia
living room n pokój dzienny, salon
living standards npl stopa życia
lizard n jaszczurka
llama n lama
load n -1. ciężar, ładunek -2. ifml (of money, work, food) kupa, mnóstwo
load vt załadowywać
loaf (pl **loaves**) n bochenek
loan n pożyczka
loan vt pożyczać
loathe vt nie cierpieć
loaves pl of **loaf**
lobby (pl **-ies**) n -1. (hall) hol -2. (pressure group) grupa nacisku, lobby
lobbyist n lobbysta
local adj lokalny, miejscowy
local (person) **the locals** miejscowi
localized, -ised adj umiejscowiony, zlokalizowany
locate -1. vt lokalizować, umiejscawiać -2. vi AE mieć siedzibę, mieścić się
locality n rejon
location n lokalizacja, położenie
lock n -1. zamek, zamknięcie -2. lok
lock vt & vi -1. zamykać (się) na klucz -2. blokować (się), unieruchamiać (się)
locker n szafka; **locker room** AE szatnia
locket n medalion
locomotive n lokomotywa
lodger n lokator
lodging n zakwaterowanie
lodgings npl wynajęte mieszkanie
loft n poddasze, strych
lofty adj wzniosły
log n kłoda
logic n logika
logical adj logiczny

logistics n logistyka
loin n polędwica
lollipop n lizak
London n Londyn
Londoner n londyńczyk
lone adj pojedynczy, samotny
loneliness n samotność
lonely (comp **-ier**, superl **-iest**) adj
  (person) osamotniony, samotny
loner n samotnik
long adj długi
long adv długo
long vt bardzo pragnąć
longevity n długowieczność
longing n tęsknota
longitude n długość geograficzna
long-life adj o przedłużonej trwałości
long-term adj długoterminowy
loofah n gąbka
look n spojrzenie
look vi patrzeć, spoglądać
look-alike n sobowtór
lookout n punkt obserwacyjny
loop n pętelka, petla
loose adj **-1.** (gen) luźny; (hair)
  rozpuszczony **-2.** rozwiązły
loosen vt & vi poluzowywać (się)
lord n lord, pan
lorry (pl **-ies**) n BE ciężarówka
lose (pt & pp **lost**) vt gubić, tracić
loser n **-1.** przegrany, przegrywający
  -2. pej ifml niedojda, ofiara losu,
  frajer
loss n **-1.** utrata; strata **-2.** przegrana
lost pt & pp of **lose**
lost adj **-1.** zagubiony **-2.** stracony,
  zmarnowany
lot n **-1.** (of things) partia, zestaw; (of
  people) grupa **-2.** (large amount)
  a lot of, lots of dużo, mnóstwo
  -3. (at auctions) artykuł **-4.** AE (of
  land) działka, parcela
lotion n balsam, płyn kosmetyczny
lottery (pl **-ies**) n loteria

loud adj głośny, hałaśliwy
loud adv głośno
loudspeaker n głośnik
lounge n **-1.** (in house) salon
  -2. (at hotel) hol; (in airport) hala,
  poczekalnia
lousy (comp **-ier**, superl **-iest**) adj ifml
  beznadziejny, denny
love n miłość
love vt **-1.** kochać **-2.** uwielbiać
love affair n romans
love life n życie intymne
lovely (comp **-ier**, superl **-iest**) adj
  śliczny, uroczy
lovemaking n miłość fizyczna
lover n kochanek
lovesick adj chory z miłości
loving adj kochający
low adj niski
low adv nisko
lower adj dolny, niższy
lower vt obniżać
loyal adj lojalny
loyalty (pl **-ies**) n lojalność
lubricant n smar
lubricate vt smarować
luck n szczęście
luckily adv na (całe) szczęście
lucky (comp **-ier**, superl **-iest**) adj
  szczęśliwy
lucky charm n amulet, talizman
luggage n BE bagaż
lukewarm adj letni
lullaby (pl **-ies**) n kołysanka
lunatic adj pej obłąkany, szalony
lunch n lunch
lunch vi jeść lunch
luncheon n fml lunch, oficjalny obiad
luncheon meat n mielonka
lunchtime n pora lunchu
lung n płuco
lure n czar, powab
lure vt kusić, wabić

luscious *adj* **-1.** smakowity, soczysty
  -2. *fig* apetyczny, ponętny
lust *n* pożądanie
luxuriant *adj* bujny
luxurious *adj* luksusowy
luxury (*pl* **-ies**) *n* luksus
lying *n* kłamanie, kłamstwa
lying *cont of* **lie**
lynx *n* ryś
lyrical *adj* liryczny
lyrics *npl* słowa, tekst

MA (*abbr of* **Master of Arts**) mgr
macabre *adj* makabryczny
macaroni *n* makaron rurki
machine *n* maszyna
machinegun *n* karabin maszynowy
machinery *n* maszyneria
machine washable *adj* nadający się
  do prania w pralce
macho *adj:* **macho man** macho
mad (*comp* **-der,** *superl* **-dest**)
  adj **-1.** szalony, zwariowany
  -2. obłąkany, pomylony
madam *n* *fml* pani
made *pt & pp of* **make**
made *suffix* wyprodukowany
madman (*pl* **-men**) *n* szaleniec, wariat
madness *n* obłęd, szaleństwo
maestro (*pl* **-tros** OR **-tri**) *n* maestro,
  mistrz
magazine *n* magazyn
magic *n* czary, magia
magic *adj* **-1.** czarodziejski, magiczny
  -2. cudowny
magician *n* magik, sztukmistrz
magistrate *n* sędzia
magnate *n* magnat, potentat

magnesium *n* magnez
magnet *n* magnes
magnetic *adj* **-1.** magnetyczny **-2.** *fig*
  pociągający
magnetism *n* **-1.** magnetyzm **-2.** siła
  przyciągania, urok osobisty
magnificence *n* wspaniałość
magnificent *adj* wspaniały
magnify (*pt & pp* **-ied**) *vt*
  -1. powiększać, wzmacniać **-2.** *fig*
  wyolbrzymiać
magnifying glass *n* szkło
  powiększajace
magpie *n* sroka
mahogany *n* mahoń
maid *n* pokojówka, służąca
maiden *n* *lit* panienka, panna
mail *n* poczta
mail *vt* wysyłać (pocztą)
mailbox *n* AE skrzynka pocztowa
mailman (*pl* **-men**) *n* AE listonosz
main *adj* główny
mainland *n* kontynent, ląd stały
mainly *adv* głównie, zasadniczo
maintain *vt* utrzymywać
maintenance *n* **-1.** konserwacja,
  obsługa **-2.** alimenty
  -3. utrzymywanie
maize *n* kukurydza
majestic *adj* majestatyczny, wspaniały
majesty (*pl* **-ies**) *n* majestatyczność
major *adj* **-1.** istotny, znaczący
  -2. główny
major *n* **-1.** MIL major **-2.** UNIV
  przedmiot kierunkowy
major *vi* AE UNIV robić specjalizację
majority (*pl* **-ies**) *n* większość
make (*pt & pp* **made**) *vt* **-1.** (*product*)
  robić, wytwarzać **-2.** (*cause to be*)
  sprawiać, powodować
make *n* (*of car*) marka
make-believe *n* pozory
maker *n* producent
make-up *n* (*cosmetics*) kosmetyki;
  (*on face*) makijaż

making n robienie, wytwarzanie
male n -1. (animal) samiec -2. (human) mężczyzna
male adj męski, płci męskiej
maladjusted adj nieprzystosowany (społecznie)
malfunction n niesprawność, uszkodzenie
malfunction vidziałać wadliwie
malice n złośliwość
malicious adj złośliwy
malign vt rzucać oszczerstwa
mall n centrum handlowe
malt n słód
mammal n ssak
mammoth adj gigantyczny, olbrzymi
mammoth n mamut
man (pl **men**) n -1. (adult male) mężczyzna -2. (human being) człowiek
man (pt & pp **-ned**, cont **-ning**) vt -1. obsadzać -2. obsługiwać
manage -1. vt & vi dawać sobie radę -2. vt zarządzać
manageable adj do opanowania
management n -1. prowadzenie, zarządzanie, gospodarowanie -2. kierownictwo, zarząd
manager n -1. dyrektor, kierownik -2. menedżer
manageress n kierowniczka
mandarin n -1. mandarynka -2. mandaryn -3. (official) szycha
mandate n -1. (elected right) mandat -2. zadanie
mandatory adj obligatoryjny, obowiązkowy
maneuver AE = **manoeuvre**
manhole n właz
manhood n -1. wiek męski -2. męskość
mania n -1. szał -2. mania
maniac n -1. maniak -2. fanatyk, maniak
manicure n manicure

manicure vt robić manicure
manifest vt (resistance, support, doubts) manifestować, okazywać
manipulate vt manipulować
mankind n ludzkość
manly (comp **-ier**, superl **-iest**) adj męski
man-made adj sztuczny
mannequin n manekin
manner n -1. sposób -2. zachowanie
manoeuvre BE, **maneuver** AE n -1. posunięcie, ruch -2. manewr
mansion n dworek, pałacyk
manual n podręcznik
manually adv ręcznie
manufacture vt -1. produkować, wytwarzać -2. fabrykować, preparować
manufacture n produkcja, wytwarzanie
manufacturer n producent, wytwórca
manuscript n -1. rękopis -2. manuskrypt, rękopis
many (comp **more**, superl **most**) adj & pron dużo, wiele
map n mapa
map (pt & pp **-ped**, cont **-ping**) vt sporządzać mapę
marble n marmur
marple n klon
march n marsz
march vi maszerować
March n marzec
margarine n margaryna
margin n -1. różnica -2. margines
marihuana n marihuana
marinade n marynata
marine adj morski
mark n -1. oznaka, znak -2. ślad, plama -3. ocena, stopień
mark vt -1. oznaczać, znakować -2. plamić -3. oceniać
markedly adv wyraźnie
marker n -1. znak -2. zakładka -3. zakreślacz

market *n* rynek, targ
marketplace *n* **-1.** plac targowy, targ **-2.** rynek
marking *n* oznakowanie
marmalade *n* marmolada
maroon *adj* bordowy, kasztanowy
marriage *n* **-1.** ślub **-2.** małżeństwo
married *adj (man)* żonaty; *(woman)* zamężny
marrow *n* kabaczek
marry *(pt & pp* **-ied)** *vt* poślubiać
Mars *n* Mars
marsh *n* bagna
marshal *n* marszałek
martial *adj* wojskowy, żołnierski
Martian *n* Marsjanin
martyr *n* męczennik
marvel *n* cudo, wspaniałość
marvel *(BE pt & pp* **-led,** *AE pt & pp* **-ed)** *vt & vi* zachwycać się, zdumiewać się
marvellous *BE,* **marvelous** *AE adj* cudowny, zachwycający
marzipan *n* marcepan
mascara *n* tusz do rzęs
mascot *n* maskotka
masculine *adj* **-1.** męski **-2.** rodzaju męskiego
masculinity *n* męskość
mash *vt CUL (potatoes, carrots)* tłuc, ucierać
mask *n* maska
masochism *n* masochizm
mass *n* masa, ogrom
mass *adj* masowy
mass *vt & vi* gromadzić (się), zbierać (się)
Mass *n RELIG* msza
massacre *n* masakra, rzeź
massacre *vt* masakrować
massage *n* masaż
massage *vt* masować
masseur *n* masażysta
masseuse *n* masażystka

massive *adj* ogromny, olbrzymi
mass media *n or npl:* **the mass media** środki masowego przekazu
master *n* pan, mistrz
master *vt* **-1.** przezwyciężać **-2.** opanowywać
masterful *adj* **-1.** rozkazujący, władczy **-2.** mistrzowski
mastermind *n (fig)* mózg
mastermind *vt* zaplanowywać
masterpiece *n* arcydzieło
masturbate *vi* onanizować się
mat *n* podkładka, mata
match *n* **-1.** mecz **-2.** zapałka
match *vt* **-1.** pasować do **-2.** dopasowywać
matchbox *n* pudełko zapałek
matchless *adj* niezrównany
mate *n* **-1.** *ifml* kumpel **-2.** *BE ifml* gość, koleś
mate *vi* łączyć się w parę
material *adj* **-1.** materialny **-2.** istotny
material *n* materiał
materialism *n* materializm
materialist *n* materialista
materialize, -ise *vi* **-1.** urzeczywistniać się, zaistnieć **-2.** materializować się, pojawiać się
maternal *adj* macierzyński
maternity *n* macierzyństwo
math *AE =* **maths**
mathematician *n* matematyk
mathematics *n* matematyka
maths *BE,* **math** *AE (abbr of* **mathematics)** *ifml n* matma
matinée *n (in cinema, theatre)* popołudniówka
matrix *(pl* **matrices** OR **-es)** *n* **-1.** kontekst **-2.** matryca **-3.** macierz
matron *n* **-1.** siostra przełożona **-2.** pielęgniarka szkolna
matt *BE,* **matte** *AE adj* matowy
matter *n* rzecz, sprawa
matter *vi* liczyć się, mieć znaczenie
mattress *n* materac

mature adj dojrzały
mature vi dojrzewać
maturity n dojrzałość
maudlin adj płaczliwy
maximum (pl **maxima** OR **-s**) n maksimum
may modal vb **-1.** być możliwym; **she may cry** może się rozpłakać **-2.** móc, mieć pozwolenie; **may I drive?** czy mogę prowadzić?
May n maj
maybe adv (być) może
mayday n s.o.s.
mayhem n chaos, zamieszanie
mayonnaise n majonez
mayor n burmistrz
maze n labirynt
me pers pron ja, mnie, mi
meadow n łąka
meal n posiłek
mealtime n pora posiłku
mean adj **-1.** skąpy **-2.** podły, przykry
mean n średnia
mean (pt & pp **meant**) vt **-1.** oznaczać, znaczyć **-2.** mieć na myśli
meaning n znaczenie, sens, treść
meaningful adj **-1.** znaczący **-2.** głęboki, ważny
meaningless adj **-1.** bezsensowny, niezrozumiały **-2.** bezcelowy, bez znaczenia
meanness n **-1.** skąpstwo **-2.** podłość
means (pl inv) n **-1.** (method, way) środek, sposób **-2.** (money) środki, fundusze
meant pt & pp of **mean**
meantime n: **in the meantime** tymczasem, wmiędzyczasie
meanwhile adv tymczasem
measles n odra
measure **-1.** vt mierzyć **-2.** vi mierzyć, mieć wymiar
measure n **-1.** (action) działanie, posunięcie **-2.** (degree) stopień **-3.** (standard) miara

measurement n rozmiar, wymiar
meat n mięso
mechanic n mechanik
mechanics n **-1.** mechanika **-2.** mechanizm, sposób funkcjonowania
mechanical adj **-1.** mechaniczny **-2.** machinalny, odruchowy
mechanism n mechanizm
medal n medal
medallist BE, **medalist** AE n medalista
meddlesome adj wścibski
media pl of **medium**
media n or npl: **the media** środki przekazu
mediaeval = **medieval**
median n pas zieleni
mediate vi mediować, pośredniczyć
medical adj lekarski, medyczny
medical n ifml badanie lekarskie
medication n leki
medicinal adj leczniczy
medicine n **-1.** medycyna **-2.** lek, lekarstwo
medieval adj średniowieczny
mediocre adj marny, mierny
mediocrity n mierność
meditate vi **-1.** rozmyślać **-2.** medytować
Mediterranean adj śródziemnomorski
medium adj średni
medium (pl sense 1 **-dia**, pl sense 2 **-diums**) n **-1.** ośrodek **-2.** medium
medium-dry adj półwytrawny
meet (pt & pp **met**) vt **-1.** napotykać, spotykać **-2.** poznawać
meeting n spotkanie, zebranie
megabit n COMP megabit
megabyte n COMP megabajt
melancholy adj melancholijny
mellow adj łagodny, spokojny
mellow vt & vi łagodnieć
melodrama n melodramat
melodramatic adj melodramatyczny

melody (*pl* -ies) *n* melodia
melon *n* melon
melt *vt* roztapiać
member *n* członek
membership *n* członkostwo
membrane *n* ANAT błona
memo (*pl* -s) *n* notatka służbowa
memoirs *npl* pamiętniki, wspomnienia
memorable *adj* niezapomniany,
  pamiętny
memorial *adj* pamiątkowy,
  upamiętniający
memorial *n* pomnik
memorize, **-ise** *vt* zapamiętywać
memory (*pl* -ies) *n* pamięć
men *pl* of **man**
menace *n* groźba, zagrożenie
menacing *adj* groźny
mend *vt* naprawiać, reperować
menstruation *n* menstruacja,
  miesiączka
mental *adj* umysłowy
mentality *n* mentalność
mentally-handicapped *adj*
  upośledzony umys-łowo
menthol *n* mentol
mention *vt* wspominać
menu *n* jadłospis
merchandise *n* COMM towar
merchant *adj* handlowy, kupiecki
merchant *n* kupiec
merciful *adj* litościwy
mercury *n* rtęć
Mercury *n* Merkury
mercy (*pl* -ies) *n* litość, łaskawość
merely *adv* -1. jedynie, tylko
  -2. zaledwie
merge *vt & vi* łączyć (się)
merger *n* fuzja, połączenie
merit *n* zaleta
merit *vt* zasługiwać na
mermaid *n* syrena
merrily *adj* wesoło

merry (*comp* -ier, *superl* -iest) *adj*
  radosny, wesoły
merry-go-round *n* karuzela
mesh *n* siatka
mess *n* -1. bałagan, nieporządek
  -2. kłopot
message *n* -1. wiadomość
  -2. przesłanie
messenger *n* kurier
Messiah *n:* **the Messiah** Mesjasz
met *pt & pp of* **meet**
metabolism *n* metabolizm, przemiana
  materii
metal *adj* metalowy
metal *n* metal
metallic *adj* metaliczny
metalwork *n* obróbka metali
metaphor *n* metafora, przenośnia
meteor *n* meteor
meteorite *n* meteoryt
meteorology *n* meteorologia
meter *n* -1. licznik, miernik
  -2. AE = **metre**
meter *vt* obliczać zużycie
methane *n* metan
method *n* metoda, sposób
methodical *adj* metodyczny
metre BE, **meter** AE *n* metr
metric *adj* metryczny, wyrażany
  w metrach
metro (*pl* -s) *n* metro
metropolis (*pl* -es) *n* metropolia
Mexican *adj* meksykański
Mexican *n* Meksykanin
Mexico *n* Meksyk
mezzanine *n* antresola, półpiętro
mice *pl of* **mouse**
microbe *n* mikrob
microbiology *n* mikrobiologia
microphone *n* mikrofon
microscope *n* mikroskop
microwave (oven) *n* kuchenka
  mikrofalowa, mikrofalówka
midday *n* południe

middle *adj* środkowy
middle *n* **-1.** środek **-2.** połowa,
środek
middle-aged *adj* w średnim wieku
middle-class *adj* z klasy średniej
middleman (*pl* **-men**) *n* pośrednik
midnight *n* północ
midriff *n* talia
midst *n* **in the midst of** pośrodku,
pośród
midsummer *n* środek lata
midway *adv* w połowie drogi
might *n* moc, potęga
mighty (*comp* **-ier,** *superl* **-iest**) *adj*
potężny
migrant *adj* **-1.** migrujący, wędrowny
-2. zmieniający pracę
migrate *vi* migrować
mild *adj* łagodny
mildness *n* łagodność
mile *n* mila
milestone *n* kamień milowy
milieu *n* środowisko
militant *adj* wojowniczy, wojujący
militant *n* bojownik
militarism *n* militaryzm
military *adj* militarny, wojskowy
military *n:* **the military** wojsko
militia *n* milicja
milk *n* mleko
milk *vt* (*cow, goat*) doić
milkman (*pl* **-men**) *n* mleczarz
milkshake *n* koktail mleczny
milky (*comp* **-ier,** *superl* **-iest**) *adj*
-1. z mlekiem **-2.** mleczny
mill *n* **-1.** młyn **-2.** zakład
(przemysłowy)
mill *vt* mielić, mleć
miller *n* młynarz
millimetre *BE,* **millimeter** *AE n*
milimetr
million *n* milion
millionaire *n* milioner
mime *n* **-1.** pantomima **-2.** mim

mime *vt* pokazywać na migi
mimic (*pt & pp* **-ked,** *cont* **-king**) *vt*
imitować, naśladować
mimicry *n* naśladowanie
mind *n* **-1.** (*intellect*) rozum, umysł
-2. (*thoughts*) myśli **-3.** (*opinion*)
zdanie
mind *vt & vi* **-1.** (*object*) mieć coś
przeciwko **-2.** (*be careful*) uważać
(na) **-3.** (*worry*) przejmować się
mindless *adj* bezmyślny
mine *poss pron* moja, moje, mój
mine *n* **-1.** kopalnia **-2.** mina
mine *vt* wydobywać
miner *n* górnik
mineral *adj* mineralny
mineral *n GEOL* minerał
miniature *adj* miniaturowy
minimal *adj* minimalny, niewielki
minimize, -ise *vt* minimalizować
minimum (*pl* **-mums** OR **-ma**) *n*
minimum
minimum *adj* minimalny, najmniejszy
mining *n* górnictwo
minister *n* **-1.** minister **-2.** duchowny
(protestancki)
ministry (*pl* **-ies**) *n* **-1.** ministerstwo
-2. the ministry duchowieństwo
mink (*pl inv*) *n* norka
minor *adj* drobny, niewielki
minor *n* nieletni
minority (*pl* **-ies**) *n* mniejszość
mint *n* **-1.** mięta **-2.** miętówka
-3. mennica
minus (*pl* **-es**) *n* minus
minute *n* (*period of 60 seconds*)
minuta
miracle *n* cud
miraculous *adj* cudowny
mirage *n* miraż, ułuda
mirror *n* lustro, zwierciadło
misbehave *vi* źle się zachowywać
miscarriage *n* poronienie
miscellaneous *adj* rozmaity,
różnorodny

mischief *n* -**1.** figlarność -**2.** figiel
misconception *n* błędne przekonanie
miserable *adj* -**1.** nieszczęśliwy,
  zbolały -**2.** żałosny
misery (*pl* -**ies**) *n* -**1.** bieda,
  nieszczęście -**2.** nędza
misfortune *n* nieszczęście, pech
misinform *vt* wprowadzać w błąd
misjudge *vt* -**1.** błędnie obliczać
  -**2.** mylić się w ocenie
mislead (*pt* & *pp* -**led**) *vt* wprowadzać
  w błąd
miss *vt* -**1.** tęsknić za -**2.** nie
  zauważać, przeoczać
miss *n* panna
missing *adj* zaginiony, zgubiony
missionary (*pl* -**ies**) *n* misjonarz
misspelling *n* błędna pisownia
mist *n* mgiełka, mgła
mistake (*pt* -**took**, *pp* -**taken**) *vt*
  -**1.** opacznie rozumieć -**2.** mylić
mistaken *pp of* mistake
mistaken *adj* w błędzie
mister *n* pan
mistletoe *n* jemioła
mistook *pt of* mistake
mistreat *vt* maltretować, znęcać się
  nad
mistress *n* -**1.** pani -**2.** kochanka
mistrust *n* brak zaufania, nieufność
mistrust *vt* nie dowierzać, nie ufać
misty (*comp* -**ier**, *superl* -**iest**) *adj*
  mglisty
misunderstand (*pt* & *pp* -**stood**) *vt*
  niewłaściwie rozumieć
misunderstanding *n* -**1.** brak
  zrozumienia -**2.** nieporozumienie
misunderstood *pt* & *pp of*
  misunderstand
misuse *n* -**1.** nadużycie, wykorzystanie
  -**2.** niewłaściwe użycie
misuse *vt* -**1.** nadużywać,
  wykorzystywać -**2.** źle
  wykorzystywać
mitigation *n* złagodzenie

mix *vt* & *vi* mieszać
mix *n* mieszanka
mixture *n* mieszanka
mix-up *n* nieporozumienie,
  zamieszanie
moan *n* -**1.** jęk -**2.** lament, skarga
moan *vi* jęczeć
mobile *adj* przenośny, ruchomy
mobile phone *n* komórka, telefon
  komórkowy
mobility *n* możliwość przemieszczania
  się
mobilize, -**ise** *vt* & *vi* mobilizować (się)
mock *vt* & *vi* drwić (z), naśmiewać się
  (z)
mockery *n* kpina
mode *n* sposób, tryb
model *adj* -**1.** miniaturowy
  -**2.** modelowy
model (*BE pt* & *pp* -**led**, *cont*
  -**ling**, *AE pt* & *pp* -**ed**, *cont* -**ing**)
  vt -**1.** kształtować, modelować
  -**2.** prezentować -**3.** wzorować
modem *n* modem
moderate *adj* rozsądny, umiarkowany
moderation *n* umiarkowanie
modern *adj* -**1.** współczesny
  -**2.** nowoczesny
modernize, -**ise** *vt* & *vi* modernizować
  (się), unowocześniać (się)
modest *adj* skromny
modesty *n* skromność
modification *n* modyfikacja, zmiana
modify (*pt* & *pp* -**ied**) *vt* modyfikować,
  zmieniać
module *n* -**1.** moduł
mogul *n* magnat
mohair *n* moher
moist *adj* wilgotny
moisten *vt* zwilżać
moisture *n* wilgoć
moisturize, -**ise** *vt* nawilżać
mold *etc AE* = **mould**
mole *n* -**1.** (*animal*) kret -**2.** (*on skin*)
  pieprzyk

molecule n cząsteczka, molekuła
molest vt napastować
mom n AE ifml mama, mamusia
moment n chwila, moment
momentary adj chwilowy
mommy n AE mama, mamusia
monarchy (pl -ies) n -1. monarchia
-2. królestwo
monastery (pl -ies) n klasztor
Monday n poniedziałek
monetary adj monetarny, walutowy
money n pieniądze
moneybox n skarbonka
mongrel n kundel
monitor n monitor
monitor vt -1. monitorować
-2. nasłuchiwać, śledzić
monk n mnich, zakonnik
monkey (pl monkeys) n małpa
monogamy n monogamia
monologue, monolog AE n monolog
monopolize, -ise vt monopolizować
monopoly (pl -ies) n monopol
monotonous adj monotonny
monotony n monotonia
monster n potwór
monstrous adj ohydny, potworny
month n miesiąc
monthly adj & adv miesięczny/nie
monthly (pl -ies) n miesięcznik
monument n -1. pomnik -2. zabytek
monumental adj -1. monumentalny;
pomnikowy -2. ogromny, straszny
mood n humor, nastrój
moody (comp -ier, superl -iest)
adj pej -1. humorzasty, kapryśny
-2. markotny, w złym nastroju
moon n księżyc
moonlight n światło księżyca
moonlight (pt & pp -ed) vi ifml (legally)
chałturzyć, dorabiać na boku
moor n ESP BE wrzosowisko
moose (pl inv) n łoś
mop n -1. mop -2. czupryna

mop (pt & pp -ped, cont -ping) vt
myć, zmywać
moral adj moralny
morality (pl -ies) n moralność
morbid adj chorobliwy, niezdrowy
more adv bardziej, więcej
more adj więcej
moreover adv fml co więcej, ponadto
morgue n kostnica
mortal adj śmiertelny
mortality n śmiertelność
mortgage n kredyt hipoteczny
mosaic n mozaika
Moscow n Moskwa
Moslem = **Muslim**
mosque n meczet
mosquito (pl -es OR -s) n komar
moss n mech
most adj & pron (superl of many &
much) większość
most adv (the) most najbardziej
mostly adv głównie, przeważnie
motel n motel
moth n -1. ćma -2. mól
mother n matka
mother vt (child) matkować
motherhood n macierzyństwo
mother-in-law (pl mothers-in-law OR
mother-in-laws) n teściowa
motherland n ojczyzna
motherly adj macierzyński, matczyny
mother-sof-pearl n macica perłowa
motion n -1. ruch -2. wniosek
motion -1. vi skinąć -2. vt dawać znak
motionless adj nieruchomy
motivate vt motywować, uzasadniać
motivation n motywacja
motive n motyw, pobudka
motor n motor, silnik
motorbike n ifml motor
motorboat n motorówka
motorcycle n motocykl
motorcyclist n motocyklista

motorist n kierowca samochodu, zmotoryzowany

motorway n BE autostrada

motto (pl -s OR -es) n motto

mould, mold AE n pleśń

mould vt kształtować, urabiać

mount n -1. oprawa -2. wierzchowiec -3. góra

mount vt dosiadać, wsiadać na

mountain n góra

mountaineer n alpinista

mountainous adj górzysty

mounted adj konny, na koniach

mourn -1. vt opłakiwać -2. vi być w żałobie

mourner n żałobnik

mourning n żałoba

mouse (pl mice) n mysz

mousetrap n pułapka na myszy

moustache BE, **mustache** AE n wąsy

mouth n usta

mouthwash n płyn do płukania ust

mouth-watering adj apetyczny

movable adj ruchomy, przenośny

move vt & vi (po)ruszać (się), przemieszczać (się)

move n -1. ruch -2. przeprowadzka -3. posunięcie

movement n ruch

movie n ESP AE film

moving adj poruszający, wzruszający

mow vt kosić

mower n kosiarka

MP (abbr of Member of Parliament) BE poseł

mph (abbr of miles per hour) mil/h

Mr n Pan

Mrs n Pani

Ms n Pani/Panna

much (comp more, superl most) adj & pron dużo, wiele

much adv (time, money) dużo; (fatter, quicker) znacznie; (by far) znacznie

mud n błoto

muddy (comp -ier, superl -iest) adj -1. ubłocony, zabłocony -2. mętny

mug n kubek

mug (pt & pp -ged, cont -ging) vt napadać na

mugger n złodziej uliczny

multimedia adj multimedialny

multimillionaire n multimilioner

multiple adj wielokrotny

multiplication n mnożenie

multiply (pt & pp -ied) vt mnożyć

multitude n mnóstwo, multum

mummy (pl -ies) n -1. BE ifml mama, mamusia -2. mumia

mumps n MED świnka

mundane adj prozaiczny, przyziemny

municipal adj komunalny, miejski

municipality (pl -ies) n miasto, powiat miejski

murder n mord, morderstwo

murder vt mordować

murderer n morderca

murderous adj morderczy

murmur vt mruczeć

muscle n mięsień

muscular adj muskularny, umięśniony

muse n muza

museum n muzeum

mushroom n grzyb

music n muzyka

musician n muzyk

Muslim adj muzułmański

Muslim n muzułmanin

mussel n małż

must modal vb -1. musieć -2. (with negative) you mustn't go home yet nie wolno ci jeszcze iść do domu

must n ifml: a must konieczność, mus

mustache AE = moustache

mustard n musztarda

mustn't cont of must not

mutant n mutant

mutate vi mutować, ulegać mutacji

mutation *n* mutacja
mute *adj* niemy
mutiny (*pl* **-ies**) *n* bunt
mutter *vt & vt* mamrotać, mruczeć
mutual *adj* obustronny, wzajemny, wspólny
my *poss adj* moja, moje, mój
myself *pron* **-1.** *(reflexive)* się, sobie **-2.** *(after prep)* siebie, sobą, sobie
mysterious *adj* tajemniczy, zagadkowy
mystery (*pl* **-ies**) *n* tajemnica
mystic *adj* mistyczny
mystic *n* mistyk
mystify *vt* zadziwiać
myth *n* mit
mythological *adj* mitologiczny
mythology (*pl* **-ies**) *n* mitologia

N

nail *n* **-1.** gwóźdź **-2.** paznokieć
nail *vt* przybijać
nail polish *n* lakier do paznokci
naive *adj* naiwny, prostoduszny
naked *adj* goły, nagi
name *n* **-1.** *(first name)* imię **-2.** *(of place, animal)* nazwa **-3.** *(surname)* nazwisko
name *vt* nadawać imię, nazywać
namely *adv* mianowicie
nanny (*pl* **-ies**) *n* niania
nap *n* drzemka
nap (*pt & pp* **-ped**, *cont* **-ping**) *vi* drzemać
napkin *n* serwetka
narcotic *n* narkotyk
narrate *vt* być narratorem, opowiadać
narrator *n* narrator
narrow *adj* **-1.** wąski **-2.** ograniczony

narrow *vt & vi* zmniejszać (się), zwężać (się)
narrow-minded *adj* ograniczony, o wąskich horyzontach
nasal *adj* nosowy
nasty (*comp* **-ier**, *superl* **-iest**) *adj* **-1.** podły, złośliwy **-2.** paskudny
nation *n* **-1.** kraj, państwo **-2.** naród
national *adj* **-1.** ogólnokrajowy, ogólnonarodowy **-2.** narodowy
national *n* obywatel
nationalism *n* nacjonalizm
nationality (*pl* **-ies**) *n* **-1.** narodowość, obywatelstwo **-2.** nacja, naród
nationalize, -ise *vt* nacjonalizować, upaństwawiać
nationwide *adj* ogólnokrajowy, ogólnonarodowy
nationwide *adv* po/w całym kraju
native *adj* ojczysty, rodzimy
native speaker *n* rodzimy użytkownik języka
native *n* **-1.** *(person born in area, country)* miejscowy **-2.** *(original inhabitant)* krajowiec, tubylec
Native American *n* Indianin
natural *adj* **-1.** naturalny **-2.** wrodzony; *(comedian, musician)*
naturally *adv* naturalnie
nature *n* **-1.** natura, przyroda **-2.** charakter, usposobienie
naughty (*comp* **-ier**, *superl* **-iest**) *adj* niegrzeczny, niesforny
nausea *n* mdłości
nautical *adj* żeglarski
naval *adj* marynarski, morski
navel *n* pępek
navigate *vt* nawigować, sterować
navy (*pl* **-ies**) *n* marynarka wojenna
navy (blue) *adj* granatowy
Nazi (*pl* **-s**) *n* nazista
Nazi *adj* nazistowski
near *adj* bliski, niedaleki
near *adv* blisko, niedaleko
near *vt* dochodzić do, zbliżać się do

nearby *adv* w pobliżu
nearly *adv* niemal, prawie
near-sighted *adj* krótkowzroczny
neat *adj* czysty, schludny
necessarily *adv* siłą rzeczy,
z konieczności
necessary *adj* konieczny, niezbędny
necessity (*pl* -ies) *n* konieczność,
potrzeba
neck *n* szyja
necklace *n* naszyjnik
neckline *n* dekolt, wycięcie
nectarine *n* nektarynka
need *vt* potrzebować, wymagać
need *n* potrzeba
needle *n* igła
needless *adj* niepotrzebny, zbyteczny
needn't *cont of* need not
needy (*comp* -ier, *superl* -iest) *adj*
ubogi
negate *vt fml* negować, zaprzeczać
negative *adj* -1. negatywny, przeczący
-2. ujemny
negative *n* -1. negatyw -2. przeczenie
neglect *vt* zaniedbywać
neglect *n* zaniedbanie
neglectful *adj* zaniedbujący
negligent *adj* niedbały
negotiable *adj* do negocjacji,
do uzgodnienia
negotiate *vt & vi* negocjować
negotiation *n* negocjowanie
negotiator *n* negocjator
Negro (*pl* -es) *n* Murzyn
neighbour *BE*, neighbor *AE n* sąsiad
neighbourhood *BE*, neighborhood *AE*
n okolica, sąsiedztwo
neither *adv*: neither... nor... ani...
ani…
neither *adj & pron* ani jeden ani drugi,
żaden z dwóch
neither *conj* też nie; I don't like Ann
and neither my husband does nie
lubię Ann i mój mąż też nie
neon *n CHEM* neon

nephew *n* bratanek, siostrzeniec
Neptune *n* Neptun
nerve *n* -1. nerw -2. opanowanie,
zimna krew -3. czelność, śmiałość
nervous *adj* nerwowy, zdenerwowany
nervously *adv* nerwowo
nest *n* gniazdo
nestle *vi* mościć się, wtulać się
net *n* siatka, siateczkan, sieć
net, *BE* nett *adj COMM* netto
net curtains *npl* firanki
Netherlands *npl*: the Netherlands
Holandia
network *n* sieć
neurologist *n* neurolog
neurology *n* neurologia
neurosis (*pl* -ses) *n* nerwica
neurosurgery *n* neurochirurgia
neuter *adj* rodzaju nijakiego
neutral *adj* bezstronny, neutralny
neutralize, -ise *vt* neutralizować
neutron *n* neutron
never *adv* nigdy
never-ending *adj* bez końca, nie
kończący się
nevertheless *adv* tym niemniej
new *adj* nowy
newborn *adj* nowo narodzony
newcomer *n* nowicjusz
newly *adv* świeżo, tylko co
new moon *n* nów
news *n* wiadomości
newspaper *n* gazeta
newsstand *n* stoisko z gazetami
next *adj* najbliższy, następny
next *adv* następnie, potem
next-door *adj* sąsiedni
nibble *vt* pogryzać, skubać, przygryzać
nice *adj* -1. ładny, śliczny -2. miły,
sympatyczny
niche *n* nisza, wnęka
nickel *n* -1. (metal) nikiel -2. *AE*
pięciocentówka
nickname *n* przezwisko, przydomek

293

nicotine n nikotyna
niece n bratanica, siostrzenica
night n =1. (not day) noc =2. (evening)
  wieczór
nightclub n nocny lokal
nightfall n zmierzch, zmrok
nightgown n koszula nocna
nightingale n słowik
nightlight n lampka nocna
nightly adj (co)nocny, (co)wieczorny
nightly adv co noc, co wieczór
nightmare n koszmar, zły sen
night school n szkoła wieczorowa
night shift n nocna zmiana
nightspot n nocny lokal
nighttime n noc
nightwear n bielizna nocna
nil n =1. nic =2. BE SPORT zero
nine num dziewięć
nineteen num dziewiętnaście
ninety num dziewięćdziesiąt
nipple n brodawka sutkowa
nitrogen n CHEM azot
nitroglycerin(e) n nitrogliceryna
no adv nie
no adj (not one, not any) żaden
no (pl =es) n odmowa
nobility n =1. the nobility szlachta
  =2. szlachetność
noble adj =1. szlachecki =2. szlachetny,
  zacny
noble, nobleman (pl =men) n szlachcic
nobody pron nikt
nobody (pl =ies) n pej nikt, zero
nod (pt & pp =ded, cont =ding) vt & vi
  skinąć (głową)
nod n skinienie głowy
noise n =1. głos, odgłos =2. hałas
noisy (comp =ier, superl =iest) adj
  głośny, hałaśliwy
nominal adj =1. nominalny
  =2. symboliczny
nominate vt =1. nominować,
  wyznaczać =2. mianować

nomination n =1. nominacja
  =2. mianowanie
nominee n kandydat, nominowany
non= prefix (used with adj & n) bez-,
  nie-
nonchalant adj nonszlancki
nondrinker n abstynent
nonconformist adj
  nonkonformistyczny
none pron =1. (not any) ani trochę, nic
  =2. (not one) ani jeden, żaden
none adv bynajmnie, wcale
nonetheless adv pomimo to, tym
  niemniej
nonflammable adj niepalny
non-iron adj nie wymagający
  prasowania
nonsense n bezsens, nonsens
nonsmoker n niepalący
nonstop adj bezustanny, nieprzerwany
noodles npl makaron
noon n (midday) południe
no one pron = **nobody**
no-place Am = **nowhere**
nor conj =1. see **neither** =2. (and not)
  też nie; **nor do I** ja też nie
norm n norma
normal adj normalny, zwyczajny
normality, normalcy AE n normalność
normalize, -ise vt & vi normalizować
  (się), normować (się)
north n =1. (direction) północ
  =2. (region) the north północ
north adj północny
north adv na północ
northeast n: the northeast północny
  wschód
northeast adj północno-wschodni
northeast adv na północny wschód
northerly adj (wind, direction)
  północny
northern adj (region) północny
northward(s) adj & adv na północ,
  w kierunku północnym

northwest n: **the northwest** północny
zachód
northwest adj północno-zachodni
northwest adv na północny zachód
Norway n Norwegia
Norwegian adj norweski
nose n nos
nosebleed n krwawienie z nosa
nostalgia n nostalgia, tęsknota
nosy (comp **-ier,** superl **-iest**) adj
ciekawski, wścibski
not adv nie
notable adj godny uwagi
notably adv **-1.** zwłaszcza,
w szczególności **-2.** zauważalnie,
wyraźnie
notary (pl **-ies**) n: **notary (public)**
notariusz
notation n notacja, zapis
note n **-1.** notka, liścik **-2.** notatka,
zapisek
note vt **-1.** odnotowywać, zauważać
-2. sygnalizować, zwracać uwagę na
noted adj słynny, znany
notepaper n papier listowy
noteworthy (comp **-ier,** superl **-iest**)
adj godny uwagi
nothing pron nic
notice vt & vi zauważać, zwracać
uwagę (na)
notice n **-1.** ogłoszenie,
zawiadomienie **-2.** uwaga
noticeable adj wyraźny, zauważalny
notice board n tablica ogłoszeń
notification n uprzedzenie,
zawiadomienie
notify (pt & pp **-ied**) vt powiadamiać
notion n **-1.** koncepcja, pojęcie
-2. pogląd
notorious adj **-1.** notoryczny
-2. osławiony, cieszący się złą sławą
notwithstanding fml prep pomimo
notwithstanding adv mimo wszystko,
niemniej jednak
nougat n nugat

nought num zero
noun n rzeczownik
nourish vt karmić, odżywiać
nourishment n pokarm, pożywienie
novel n powieść
novel adj nowatorski, oryginalny
novelist n powieściopisarz
novelty (pl **-ies**) n nowość,
oryginalność
November n listopad
now adv teraz, w tej chwili
now conj: **now (that)** teraz gdy
nowadays adv obecnie, w dzisiejszych
czasach
nowhere BE, **no-place** AE adv nigdzie
noxious adj (gas) trujący
nuance n niuans, odcień
nuclear adj jądrowy, nuklearny
nucleus (pl **-lei**) n (of an atom or cell)
jądro
nude adj nagi
nude n akt
nudge n kuksaniec, szturchnięcie
nudity n nagość
nuisance n kłopot, niedogodność
numb adj bez czucia, zdrętwiały
number n **-1.** liczba **-2.** numer
-3. ilość
number vt liczyć, wynosić
numberless adj niezliczony
numberplate n AUT tablica
rejestracyjna
numbness n zdrętwienie
numeracy n umiejętność liczenia
numeral n **-1.** MATH cyfra **-2.** GRAM
liczebnik
numerate adj BE umiejący liczyć
numerical adj liczbowy
numerous adj liczny
nun n siostra zakonna, zakonnica
nurse n pielęgniarka
nurse vt doglądać, pielęgnować
nursery (pl **-ies**) n żłobek

nursery rhyme *n* rymowanka, wierszyk dziecięcy
nursery school *n* przedszkole
nut *n* -1. *(to eat)* orzech -2. nakrętka -3. *ifml (mad person)* świr, wariat
nutcrackers *npl* dziadek do orzechów
nutmeg *n* gałka muszkatołowa
nutrition *n* odżywianie
nutritionist *n* dietetyk
nutritious *adj* pożywny
nuts *adj ifml* stuknięty
nutshell *n:* **in a nutshell** w dużym skrócie
nylon *n* nylon
nymph *n* nimfa
nymphomaniac *n* nimfomanka

O

oak *n (tree)* **oak (tree)** dąb
oarsman *(pl* -**men**) *n* wioślarz
oasis *(pl* **oases**) *n* oaza
oath *n (promise)* przysięga
oatmeal *n* płatki owsiane
oats *npl* owies
obedience *n* posłuszeństwo
obedient *adj* posłuszny
obelisk *n* obelisk
obese *adj* otyły
obesity *n* otyłość
obey -1. *vt* słuchać, przestrzegać -2. *vi* być posłusznym, okazywać posłuszeństwo
obituary *(pl* -**ies**) *n* nekrolog
object *n* -1. przedmiot -2. cel -3. obiekt, przedmiot -4. *GRAM* dopełnienie
object *vt* oponować, protestować
objector *n* przeciwnik
objection *n* sprzeciw

objective *adj* obiektywny, rzeczywisty
objective *n* cel
objectivity *n* obiektywizm, obiektywność
obligate *vt fml* obligować, zobowiązywać
obligation *n* -1. przymus, zobowiązanie -2. obowiązek
obligatory *adj* obowiązkowy
oblige *vt* zmuszać, zobowiązywać
obliging *adj* uczynny, usłużny
oblivious *adj* nieświadomy
oblong *adj* prostokątny
obscene *adj* nieprzyzwoity, obsceniczny
obscenity *(pl* -**ies**) *n* nieprzyzwoitość
obscure *adj* -1. mało znany -2. niejasny, niezrozumiały
observant *adj* spostrzegawczy, uważny
observation *n* -1. obserwacja -2. spostrzeżenie, uwaga
observatory *(pl* -**ies**) *n* obserwatorium
observe *vt* -1. *fml* dostrzegać, zauważać -2. przestrzegać
observer *n* obserwator
obsess *vt* nie dawać spokoju, prześladować, dręczyć
obsession *n* obsesja
obsessive *adj* chorobliwy, obsesyjny
obsolete *adj* przestarzały, zdezaktualizowany
obstacle *n* przeszkoda
obstruct *vt* blokować, zagradzać, tamować, tarasować
obtain *vt* uzyskiwać
obtainable *adj* dostępny, osiagalny
obviate *vt* usuwać, eliminować
obvious *adj* oczywisty
occasion *n* -1. okazja, sposobność -2. wydarzenie
occasional *adj* sporadyczny
occasionally *adv* czasami, od czasu do czasu
occupant *n* -1. lokator, mieszkaniec -2. pasażer

occupation n -**1.** zawód -**2.** zajęcie
-**3.** okupacja
occupational hazard n ryzyko
zawodowe
occupy (pt & pp -**ied**) vt -**1.** zajmować
- **2.** okupować
occur (pt & pp -**red**, cont -**ring**) vi
-**1.** mieć miejsce, zdarzać się
ocean n ocean
o'clock adv: **four o'clock** (godzina)
czwarta
octagon n ośmiokąt
octane n oktan
October n październik
octopus (pl -**puses** OR -**pi**) n
ośmiornica
oculist n okulista
odd adj -**1.** dziwaczny, osobliwy
-**2.** nie do pary -**3.** nieparzysty
oddity n osobliwość
odds npl szanse (powodzenia)
odour BE, **odor** AE n zapach
of prep -**1.** (in possesive function)
a friend of mine mój przyjaciel
-**2.** (made from, part of) z; **the table
was made of glass** stół był zrobiony
ze szkła -**3.** (reffering to source,
relation) **it was kind of her** to było
uprzejme z jej strony -**4.** (about) **I've
never heard about her** nigdy o niej
nie słyszałem
off adv -**1.** (in time) za; **three weeks
off** za trzy tygodnie -**2.** (referring
to distance) **it's a long way
off** to daleko stąd -**3.** (referring
to removal) **to take off clothes**
zdejmować ubranie -**4.** (referring
to disconnection) **to turn off
the light** wyłączać światło
off prep -**1.** (referring to movement
away from) z, ze -**2.** (referring
to removal, deduction) od, z
-**3.** (referring to location) w bok od
off adj -**1.** nieświeży, zepsuty
-**2.** wyłączony, zgaszony
-**3.** odwołany

offence BE, **offense** AE przestępstwo,
wykroczenie
offend vt obrażać, urażać
offense n AE = **offence**
offensive adj napastliwy, obraźliwy;
odpychający
offensive n ofensywa
offer vt oferować
offer n propozycja, oferta
office n biuro
office hours npl godziny urzędowania
officer n officer, funkcjonariusz
official adj formalny, oficjalny
official n wysoki urzędnik
off-limits adj niedostępny
off season n: **the off season** martwy
sezon
offspring (pl inv) n potomstwo
often adv często
oil n -**1.** olej, oliwa -**2.** smar
oil vt oliwić, smarować
oily (comp -**ier**, superl -**iest**) adj
-**1.** oleisty -**2.** zatłuszczony, tłusty
OK ifml adj w porządku
old adj -stary
old-fashioned adj niemodny,
przestarzały, staromodny
olive n oliwka
Olympic adj olimpijski
omelet(te) n omlet
omen n omen, znak
ominous adj złowrogi, złowieszczy
omit (pt & pp -**ted**, cont -**ting**) vt
opuszczać, pomijać
on prep -**1.** na -**2.** na temat, o -**3.** na,
w
once adv -**1.** raz -**2.** kiedyś, niegdyś
once conj jak tylko
one num jeden
one adj -**1.** jedyny -**2.** któryś, pewien
one pron jakiś, któryś, ten
one-off ifml adj jedyny w swoim
rodzaju

oneself pron fml =**1.** (reflexive) się
=**2.** (after prep) siebie, sobą, sobie
=**3.** (stressed) samemu
one-sided adj jednostronny
one-way adj =**1.** jednokierunkowy
=**2.** w jedną stronę
onion n cebula
only adv =**1.** jedynie, wyłącznie
=**2.** tylko, zaledwie
only adj jedyny
only conj ale, tylko że
onto prep do, na
onward adj dalszy, do przodu
open adj =**1.** otwarty =**2.** otwarty,
podatny
open-air adj na wolnym powietrzu
opener n otwieracz
opening n =**1.** początek, rozpoczęcie
=**2.** dziura, otwór
opening night n premiera
openly adv otwarcie, szczerze
open-minded adj otwarty,
pozbawiony uprzedzeń
openness n otwartość, szczerość
opera n opera
operatic adj operowy
operate vt obsługiwać, kierować,
prowadzić)
operating theatre BE, **operating room**
AE n sala operacyjna
operation n akcja, operacja
operator n =**1.** telefonista
=**2.** obsługujący, operator
opinion n =**1.** pogląd, zdanie =**2.** opinia
opinionated adj pej uparty, zadufany
opponent n oponent, przeciwnik
opportunity (pl =**ies**) n możliwość,
sposobność
oppose vt przeciwstawiać się,
sprzeciwiać się
opposite adj =**1.** z naprzeciwka
=**2.** odwrotny, przeciwny
opposite adv & prep naprzeciw(ko)
opposite n przeciwieństwo

opposition n =**1.** opór, sprzeciw
=**2.** opozycja
oppress vt ciemiężyć, uciskać
oppressive adj gnębiący,
oppressor n ciemiężca, gnębiciel
opt vt decydować się
optical adj optyczny
optics n optyka
optician n optyk
optimism n optymizm
optimist n optymista
optimistic adj optymistyczny
optimum adj optymalny
option n opcja, wybór
optional adj fakultatywny,
nieobowiązkowy
opulent adj bardzo bogaty
or conj =**1.** czy =**2.** albo, lub
oracle n wyrocznia
oral adj =**1.** ustny =**2.** doustny
orange n =**1.** pomarańcza =**2.** kolor
pomarańczowy
orange adj pomarańczowy
orator n mówca, orator
orb n kula
orbit n orbita
orchard n sad
orchestra n orkiestra
orchid n orchidea, storczyk
ordeal n gehenna
order n =**1.** polecenie, rozkaz
=**2.** zamówienie, zlecenie
=**3.** (sequence) kolejność, porządek
=**4.** ład, porządek
order =**1.** vt polecać, rozkazywać =**2.** vt
& vi zamawiać
orderly adj zdyscyplinowany
ordinal adj (number) porządkowy
ordinary adj normalny, zwykły
organ n =**1.** narząd, organ =**2.** organy
organic adj =**1.** organiczny
=**2.** ekologiczny, naturalny
organism n organizm
organization n organizacja

organize, -ise vt & vi organizować (się)
organizer n organizator
orgasm n orgazm
orgy (pl **-ies**) n orgia
Orient n: **the Orient** Orient, Wschód
oriental adj orientalny, wschodni
oriented adj nastawiony,
  ukierunkowany
orientation n orientacja,
  zorientowanie
origin n **-1,** początek, źródło
  -2, pochodzenie
original adj **-1,** początkowy
  -2, autentyczny **-3,** oryginalny
originate -1, vt zapoczątkowywać
  -2, vi brać się
ornament n ozdoba
ornithology n ornitologia
orphan n sierota
orphanage n sierociniec
orthopaedic adj ortopedyczny
ostentatious adj ostentacyjny
ostracize vt bojkotować
ostrich n struś
other adj **-1,** inny, różny **-2,** drugi
other pron **-1,** inny; **others** inni
  -2, the other (ten) drugi; **the others**
  pozostali
otherwise adv poza tym
otherwise conj bo inaczej,
  w przeciwnym razie
ought aux vb należy, trzeba
ounce n uncja
our poss adj nasz
ours poss pron nasz
ourselves pron pl **-1,** (reflexive) się
  -2, (after prep) siebie, sobą, sobie
  -3, (stressed) sami
out adv **-1,** (not inside, away)
  na zewnątrz **-2,** zgaszony **-3,** (dress)
  niemodny
outbreak n **-1,** wybuch **-2,** wybuch
  epidemii
outburst n **-1,** wybuch **-2,** eksplozja
outcast n wyrzutek

outcome n rezultat, wynik
outcry n głosy protestu
outdated adj przestarzały
outdo (pt **-did,** pp **-done**) vt
  prześcigać, przewyższać
outdoor adj na wolnym powietrzu
outdoors adv na zewnątrz, poza
  domem
outer adj zewnętrzny
outerwear n ubiór wierzchni
outfit n strój
outgoing adj otwarty, towarzyski
outgrow (pt **-grew,** pp **-grown**) vt
  wyrastać z
outlast vt przetrwać, przeżywać
outlaw n banita, wyjęty spod prawa
outlaw vt zakazywać
outlet n ujście, upust
outline n szkic, zarys
outline vt szkicować, zarysowywać
outlive vt przeżywać
outlook n pogląd, spojrzenie
outmoded adj niedzisiejszy,
  przestarzały
out of prep **-1,** (outside) poza
  -2, (reffering to cause) przez,
  z powodu **-3,** (reffering to source)
  -4, (without) bez
out-of-date adj **-1,** nieważny
  -2, niemodny, przestarzały
out-of-doors adv na świeżym
  powietrzu
outrage n wzburzenie,
  zbulwersowanie
outrage vt szokować, wzburzać
outrageous adj bulwersujący,
  oburzający
outside adj zewnętrzny
outside adv na zewnątrz
outside n zewnętrzna strona
outskirts npl: **the outskirts** peryferie
outspoken adj bezpośredni, otwarty
outstanding adj wybitny, wyjątkowy;
  (achievement, performance)
  nadzwyczajny

outweigh vt przeważać
outwit (pt & pp -ted, cont -ting) vt
przechytrzać
oval n owal
oval adj owalny
ovary (pl -ies) n ANAT jajnik
ovation n owacja
oven n piekarnik
ovenproof adj żaroodporny
oven-ready adj do podgrzania
w piekarniku
over prep -1. (directly above) nad,
ponad -2. (on top of, covering)
na -3. (through) przez -4. (more
than) ponad, więcej niż
over adj skończony, zakończony
over- prefix nad-, zbyt
overall adj całkowity, ogólny
overall adv ogólnie biorąc, w sumie
overalls npl -1. kombinezon roboczy
-2. AE ogrodniczki
overbearing adj pej rozkazujący,
władczy
overboard adv za burtą/ę
overcast adj (sky, day) pochmurny,
zachmurzony
overcharge vt & vi COMM brać zbyt
wiele
overcoat n płaszcz
overcome (pt -came, pp -come) vt
pokonywać, przezwyciężać
overdo (pt -did, pp -done) vt
przesadzać z
overdone adj (food) przypieczony,
rozgotowany
overdose n przedawkowanie
overdose vi przedawkowywać
overdraft n FIN debet
overdue adj -1. zaległy -2. spóźniony
overeat (pt -ate, pp -eaten) vi
przejadać się
overestimate vt przeceniać
overflow vi przelewać się gi
overhear (pt & pp -heard) vt
podsłuchać, słyszeć przypadkiem

overheat vt & vi przegrzewać (się)
overland adj lądowy
overlook vt -1. wychodzić
na -2. przeoczyć
overnight adj -1. całonocny–2. z dnia
na dzień
overpay (pt & pp -paid) vt przepłacać
overpopulated adj przeludniony
overpowering adj -1. nieodparty
-2. obezwładniający
-3. przytłaczający
overpriced adj zbyt drogi
overprotective adj nadopiekuńczy
overrated adj przeceniany,
przereklamowany
overseas adj zagraniczny
oversleep (pt & pp -slept) vi zaspać
overtake (pt -took, pp -taken) -1. vt
& vi AUT wyprzedzać -2. (emotion)
dotykać, owładać -3. (event)
zaskakiwać
overtime n nadgodziny
overtook pt of overtake
overview n przegląd, przekrój
overweight adj z nadwagą
overwhelming adj nieodparty,
przemożny
overwrought adj wyczerpany
nerwowo
overworked adj przepracowany
ovulation n jajeczkowanie, owulacja
owe vt być winnym
owl n sowa
own adj & pron własny; **to do sth
on one's own** robić coś samemu
own vt posiadać
owner n właściciel
ownership n własność
ox (pl oxen) n wół
oxygen n tlen
oyster n ostryga
ozone n ozon

P

pace *n* szybkość, tempo
pacifier *n* smoczek
pacifist *n* pacyfista
pack *n (bag)* paczka, pakunek
pack *vt & vi* pakować (się)
package *n* paczka, pakunek
package holiday *n BE* wczasy
zorganizowane
packaging *n* opakowanie
packed *adj* wypełniony, zatłoczony
packet *n* opakowanie, paczka
paddle *n* wiosło
paddle *vt & vi* wiosłować
padlock *n* kłódka
pagan *adj* pogański
page *n* -1. strona; page 3 strona 3
-2. kartka -3. paź
paginate *vt* numerować strony
paid *pt & pp of* pay
paid *adj* -1. płatny -2. opłacany
pain *n* ból
painful *adj* bolący
painkiller *n* środek przeciwbólowy
painstaking *adj* skrupulatny
paint *n* farba
paint *vt & vi* malować
paintbrush *n* pędzel
painter *n* malarz
painting *n* malowidło, obraz
pair *n* para
pajamas *npl AE* piżama
pal *n ifml* kumpel
palace *n* pałac
pale *adj* blady
palm *n* palma
palmistry *n* wróżenie z ręki
palpitations *npl* palpitacje
pamphlet *n* broszura

pan *n* -1. patelnia, rondel -2. blacha
do pieczenia
pancake *n* naleśnik
pancreas *n* trzustka
pane *n* tafla
panelling *n* boazeria
panic *n* panika
panic *(pt & pp -ked, cont -king) vi*
panikować, wpadać w panikę
panic-stricken *adj* ogarnięty strachem
panorama *n* panorama
panoramic *adj* panoramiczny
panther *(pl inv OR -s) n* pantera
panties *npl ifml (for women)* figi,
majtki
pants -1. *BE* majtki, slipy -2. *AE*
spodnie
panty hose *npl AE* rajstopy
paper *n* -1. papier -2. gazeta
paper *adj* papierowy
paperback *n* książka w miękkiej
oprawie
paper clip *n* spinacz
paprika *n* papryka *(w proszku)*
parachute *n* spadochron
parade *n* parada, pochód
parade *vi* iść w pochodzie, paradować
paradise *n* raj
paradox *n* paradoks
paraffin (oil) *n* nafta; paraffin wax
parafina; liquid paraffin parafina
płynna
paragraph *n* akapit, ustęp
parallel *adj* -1. *GEOM (lines, roads)*
równoległy to run parallel with/
to biec równolegle do -2. *fig*
(process, investigation) analogiczny,
podobny, zbliżony
parallel *n* równoległa, odpowiednik
paralyse *BE*, paralyze *AE vt*
paraliżować
paralysis *(pl -lyses) n MED* paraliż,
porażenie
parameter *n* parametr
paranoia *n* paranoja

parasite n pasożyt
parcel paczka, pakunek
pardon n przebaczenie, ułaskawienie
pardon vt przebaczać, wybaczać
pardonable adj wybaczalny
parent n rodzic
parentage n pochodzenie
parental adj rodzicielski
parenthesis (pl -theses) n nawias
parenthood n rodzicielstwo
parish n parafia
park n park
park AUT vt & vi parkować
parliament n parlament
parlour BE, **parlor** AE n salon
parody (pl -ies) n parodia
parrot n papuga
parsley n pietruszka
part adv częściowo, po części
part n (gen) część; **for the best part of the day** przez większą część dnia
part vt & vi rozdzielać (się)
partial adj =1. częściowy =2. stronniczy
participant n uczestnik
participate vi brać udział, uczestniczyć
participle n imiesłów
particle n cząsteczka, cząstka
particular adj =1. konkretny, określony =2. (care, attention) szczególny, wyjątkowy
particularly adj szczególnie
parting n pożegnanie, rozstanie
partition vt =1. przedzielać =2. dzielić
partly adv częściowo
partner n =1. partner =2. wspólnik
partnership n =1. partnerstwo =2. spółka
part-time adj w niepełnym wymiarze
party (pl -ies) n =1. partia =2. przyjęcie
pass n =1. podanie =2. abonament, karta wstępu, przepustka
pass =1. vt & vi przechodzić (obok), przejeżdżać (obok) =2. vt & vi AUT mijać, wyprzedzać =3. vt podawać

passage n korytarz, pasaż; przejście
passenger n pasażer
passerby (pl **passersby**) n przechodzień
passion n =1. namiętność =2. pasja, uczucie
passionate adj =1. namiętny =2. (speech) ognisty, żarliwy
passive adj bierny, pasywny
passport n paszport
password n hasło
past adj =1. były, dawny =2. poprzedni, wcześniejszy
past n: **the past** przeszłość
past prep =1. po =2. obok =3. po drugiej stronie, za
pasta n makaron, pasta
paste vt kleić, przyklejać
pastel adj pastelowy
pastille n pastylka
pastime n hobby, rozrywka
pastry (pl -ies) n =1. ciasto =2. ciastko
pasty adj niezdrowo blady
pat (pt & pp -ted, cont -ting) vt klepać, poklepywać
patch n łata, skrawek
patch vt łatać
pâté n pasztet
patent n patent
paternal adj ojcowski
paternity n ojcostwo
path n dróżka, ścieżka
pathetic adj rozpaczliwy, żałosny
pathological adj chorobowy, patologiczny
pathology n patologia
pathway n droga, ścieżka
patience n cierpliwość
patient n pacjent
patient adj cierpliwy
patriot n patriota
patrol (cont -ling) n patrol
patrol (pt & pp -led) vt patrolować
patronage n mecenat, patronat

patronize, **-ise** vt traktować protekcjonalnie
patter n tupot, tętnienie
pattern n **-1.** deseń, wzór **-2.** szablon, wykrój
pause vi przerywać, robić pauzę
pause n pauza
pavement n chodnik
paw n łapa
pawn n pionek
pawn vt zastawiać
pay (pt & pp **paid**) vt & vi płacić
pay n płaca, wynagrodzenie
payable adj należny, płatny
payday n dzień wypłaty
payee n beneficjant
payer n płatnik
payment n **-1.** płatność **-2.** wypłata, zapłata
payoff n **-1.** rezultat, wynik **-2.** BE odprawa
payroll n lista płac
pea n groch, groszek
peace n **-1.** spokój **-2.** pokój
peaceful adj **-1.** spokojny **-2.** pokojowy
peacefulness n spokój
peach n brzoskwinia
peacock n paw
peak n szczyt, wierzchołek
peanut n orzeszek ziemny
pear n gruszka
pearl n perła
peculiar adj specyficzny, szczególny, dziwny, osobliwy
pedagogy n pedagogia
pedal n pedał
pedestal n **-1.** cokół, podstawa **-2.** piedestał
pedestrian n pieszy
pediatrician n pediatra
pedigree n **-1.** rodowód **-2.** genealogia, pochodzenie

pedigree adj (dog, cat) rasowy, z rodowodem
pedophile n pedofil
pee vi sikać, siusiać
peek vi rzucać okiem, zerkać
peel n **-1.** skórka **-2.** obierka
peel -1. vt obierać **-2.** vi łuszczyć się, odpadać
peep vi zaglądać, zerkać
peephole n wizjer
peerless adj nie mający sobie równych
pelican (pl inv OR **-s**) n pelikan
pen n pisak
penalty (pl **-ies**) n kara
pence BE pl of **penny**
pencil n ołówek
pendant n wisiorek
pendulum (pl **-s**) n wahadło
penetrate vt przedostawać się do/przez, przenikać (przez)
penguin n pingwin
penicillin n penicylina
penis (pl **penises**) n członek, prącie
penitentiary (pl **-ies**) n AE więzienie, zakład karny
penniless adj bez grosza
penny (pl sense 1 **-ies**, pl sense 2 **pence**) n **-1.** (coin) BE pens; **-2.** AE cent, jednocentówka
pension n **-1.** BE emerytura **-2.** renta
pensioner n BE emeryt
penthouse n luksusowy apartament
peony (pl **-ies**) n piwonia
people n(pl) ludzie, osoby
pepper n (spice) pieprz
peppermint n mięta pieprzowa
per prep od, za; **per room** za pokój
perceive vt postrzegać
per cent adv & n procent
percentage n odsetek, procent
perceptible adj dostrzegalny, zauważalny
perception n percepcja, postrzeganie

303

perch n -1. *(fish)* okoń -2. *(for bird)* grzęda
percussion n MUS perkusja
perfect adj doskonały, idealny
perfect vt doskonalić, udoskonalać
perfection n doskonałość, perfekcja
perforate vt dziurkować, przekłuwać
perform vt przedstawiać, wykonywać, działać
performance n -1. wykonanie -2. przedstawienie, występ -3. osiągi
performer n odtwórca, wykonawca
perfume n -1. perfumy -2. woń, zapach
perhaps adv (być) może
peril n fml niebezpieczeństwo, zagrożenie
period n -1. *(of time)* okres -2. epoka -3. kropka -4. miesiączka
periodical n czasopismo, periodyk
perky adj żwawy
perm n trwała (ondulacja)
permanent adj stały, trwały
permissible adj dopuszczalny, dozwolony
permission n pozwolenie, zezwolenie **(to do sth** na zrobienie czegoś)
permit *(pt & pp* -ted, *cont* -ting) vt zezwalać na, pozwalać na, umożliwiać
permit n pozwolenie, zezwolenie
perpendicular adj prostopadły
perplex vt wprawiać w zakłopotanie
perplexity n zakłopotanie, zmieszanie
per se adv jako taki
persecute vt prześladować, szykanować
perseverance n wytrwałość
persevere vi wytrwać **(with sth** przy czymś)
persist vi trwać, utrzymywać się
persistence n -1. trwałość -2. uporczywość, wytrwałość
person *(pl* **people** OR **persons** fml) n człowiek, osoba

personal adj osobisty
personal n AE ogłoszenie drobne
personal column n ogłoszenia drobne
personality *(pl* -ies) n osobowość
personalize, -ise vt -1. podpisywać -2. nadawać osobiste zabarwienie
personify *(pt & pp* -ied) vt ucieleśniać, uosabiać
personnel n(pl) *(staff)* personel, pracownicy
perspective n perspektywa
perspiration n -1. pot -2. pocenie się
perspire vi pocić się
persuade vt namawiać, przekonywać
persuasion n perswazja, przekonywanie
persuasive adj przekonujący
perverse adj perwersyjny
perversion n perwersja, zboczenie
perversity n przekora, przewrotność
pervert n zboczeniec
pessimism n pesymizm
pessimist n pesymista
pessimistic adj pesymistyczny
pest n szkodnik
pester vt męczyć, nie dawać spokoju
pesticide n pestycyd
pet *(cont* -ting) n -1. zwierzę domowe -2. pupil
pet *(pt & pp* -ted) -1. vt głaskać pieszczotliwie -2. vi pieścić się
petal n płatek
petite adj *(woman)* drobny
petition n petycja, podanie
petitioner n -1. *(in divorce)* powód -2. wnioskodawca
petrified adj skamieniały, sparaliżowany strachem
petrify *(pt & pp* -ied) vt przerażać, wprawiać w osłupienie
petrol n BE benzyna
petroleum n ropa naftowa
petticoat n halka
petty *(comp* -ier, *superl* -iest) adj -1. małostkowy -2. błahy, nieważny

petunia n petunia
phallus (pl -es OR phalli) n członek,
    fallus
phantom n upiór, widmo
pharaoh n faraon
pharmaceutical adj farmaceutyczny
pharmaceuticals npl farmaceutyki
pharmacist n aptekarz, farmaceuta
pharmacy (pl -ies) n apteka
phase n faza, stadium
phenomenal adj fenomenalny,
    niezwykły
phenomenon (pl -mena) n zjawisko,
    fenomen
philanthropist n filantrop
philatelist n filatelista
philharmonic adj filharmonii
philosopher n filozof
philosophize, -ise vi filozofować
philosophy (pl -ies) n filozofia
phobia n fobia, paniczny lęk
phone n telefon
phone vt & vi dzwonić/telefonować
    (do)
phonecard n karta telefoniczna
phonetic adj fonetyczny
phonetics n fonetyka
phoney BE, phony AE (comp -ier,
    superl -iest) ifml adj fałszywy,
    zmyślony
phoney (pl -ies) n pozer
photo n fotografia
photocopy (pl -ies) n fotokopia, ksero
photocopy (pt & pp -ied) vt kopiować,
    kserować
photogenic adj fotogeniczny
photograph n fotografia
photograph vt fotografować
photographer n fotograf
photography n fotografia,
    fotografowanie
photon n foton
phrase n wyrażenie, zwrot
phrasebook n rozmówki

physical adj -1. fizyczny -2. materialny
physical n badanie lekarskie
physician n lekarz
physicist n fizyk
physics n fizyka
physiology n fizjologia
physique n budowa ciała
pianist n pianista
piano (pl -s) n pianino
pick vt & vi (select, choose) wybierać
pickings npl (dodatkowe) zyski
pickle n marynata
pickpocket n kieszonkowiec
pick-up n półciężarówka
picky adj grymaśny, wybredny
picnic n piknik
picture n -1. obraz, rysunek
    -2. zdjęcie -3. obraz, wizja
picturesque adj malowniczy
pie n słodki placek, tarta
piece n -1. kawałek -2. element,
    sztuka
piecemeal adj po kawałku
pierce vt przebijać, przekłuwać
piercing adj przeszywający,
    rozdzierający
pig n świnia
pigeon (pl inv OR -s) n gołąb
piggish adj niechlujny
piggy (pl -ies) n świnka
pig-headed adj uparty jak osioł
piglet n prosiak, prosię
pigment n barwnik, pigment
pigsty (pl -ies), pigpen AE n chlew
pile n kupa, sterta
pilgrim n pielgrzym
pilgrimage n pielgrzymka
pill n pigułka, tabletka
pillar n filar, kolumna
pillow n poduszka
pillowcase n poszwa
pilot n pilot
pilot vt pilotować
pimp n alfons, sutener

pimple n pryszcz, wyprysk
pin n -1. szpilka -2. pinezka
-3. agrafka
pin (pt & pp -ned, cont -ning) vt
przypinać
pinafore n bezrękawnik
pinch vt -1. szczypać -2. cisnąć,
uwierać
pinch n (nip) uszczypnięcie
pine n sosna
pineapple n ananas
pinhole n ucho igielne
pink adj różowy
pinnacle n apogeum, szczyt
pinpoint vt precyzować, ustalać
pint n pół kwarty (BE = 0,568 l; AE =
0,473 l)
pioneer n pionier
pious adj pobożny
pipe dream n mrzonka
pipeline n rurociąg
piracy n piractwo
piranha n pirania
pirate n, pirat
pirate vt kopiować nielegalnie
pirouette n piruet
Pisces n Ryby
piss vi vulg sikać, szczać
piss n vulg siki, szczyny
pissed adj vulg wkurzony
pissed off adj vulg wkurzony
pistol n pistolet
pit n -1. dół, wykop -2. dołek
pitch n -1. boisko
pitch-black adj czarny jak smoła
pitcher n AE dzban(ek)
pitiable adj godny pożałowania
pitiful adj żałosny
pitiless adj bezlitosny, niemiłosierny
pity n -1. litość, współczucie
-2. szkoda, żal
pity (pt & pp -ied) vt współczuć,
żałować
pixie n skrzat; elf

place n miejsce
place vt) kłaść, umieszczać
placement n -1. lokalizacja -2. pozycja
placid adj -1. łagodny; (smile)
pogodny -2. spokojny
plagiarism n plagiat
plague n -1. epidemia, zaraza
-2. dżuma
plaid n materiał w kratę
plain adj -1. gładki, jednolity
-2. niewyszukany, prosty -3. jasny,
oczywisty
plain n GEOGR równina
plan n plan
plan (pt & pp -ned, cont -ning) vt
planować
plane adj płaski, równy
plane n -1. samolot -2. płaszczyzna
planet n planeta
plant n -1. roślina -2. fabryka
plant vt sadzić, siać
plantation n plantacja
plant pot n doniczka
plaque n -1. tablica -2. płytka nazębna
plaster n -1. tynk -2. gips
plastic n plastik
plastic adj plastikowy
plasticine BE, play dough AE n
plastelina
plate n -1. talerz -2. płyta -3. tabliczka,
tablica rejestracyjna
plateau (pl -s OR -x) n GEOGR
płaskowyż
platform n -1. podium, trybuna
-2. platforma -3. peron
platinum n platyna
platonic adj platoniczny
platter n półmisek
plausible adj przekonujący,
wiarygodny
play vt & vi grać, bawić się
play n -1. gra, zabawa -2. (piece of
drama) sztuka
play dough n AE plastelina
player n -1. gracz -2. muzyk -3. aktor

playful adj figlarny, wesoły
playground n boisko, plac zabaw
playroom n pokój do zabawy
plaything n zabawka
playwright n dramatopisarz,
dramaturg
plaza n plac, skwer
plea n błaganie, prośba
plead (pt & pp -ed OR pled) -1. vt & vi
JUR bronić (się); -2. vi (beg) błagać
pleasant adj przyjemny
pleasantry (pl -ies) n miła uwaga,
uprzejmość
please adv proszę
please vt & vi sprawiać przyjemność,
zadowalać
pleased adj zadowolony
pleasing adj -1. radujący -2. miły,
przyjemny
pleasure n -1. zadowolenie
-2. przyjemność
pled pt & pp of **plead**
pledge n -1. przyrzeczenie,
zobowiązanie -2. dowód
pledge vt -1. przyrzekać
-2. zobowiązywać
plentiful adj obfity, pod dostatkiem
plenty n & pron dostatek, obfitość
plenty adv AE ifml bardzo, zupełnie
pliable, pliant adj -1. giętki -2. uległy
plot n -1. spisek, zmowa -2. fabuła,
intryga
plot (pt & pp -ted, cont -ting) vt & vi
spiskować
plough BE, **plow** AE n pług
plough vt (field) orać
ploy n ifml chwyt, (chytra) sztuczka
pluck vt -1. zrywać -2. wyrywać,
wyszarpywać
plug n -1. wtyczka -2. korek, zatyczka
plug (pt & pp -ged, cont -ging) vt
zatykać
plughole n odpływ
plum n śliwka
plumage n upierzenie

plumber n hydraulik
plumbing n instalacja wodno-
kanalizacyjna
plump adj pulchny, zaokrąglony
plunder vt -1. grabić, rabować
-2. łupić, plądrować
plunder n -1. grabież, plądrowanie
-2. łup
plunge -1. vt zagłębiać, zanurzać -2. vi
nurkować
plunge n -1. gwałtowny spadek
-2. nurkowanie
plural n liczba mnoga
plural adj -1. GRAM w liczbie mnogiej
-2. różnorodny
plus (pl -es OR -ses) n -1. MATH plus,
znak dodawania -2. plus, pozytyw
plus conj co więcej, a przy tym
plush adj ifml komfortowy, luksusowy
p.m. (abbr of **post meridiem**)
po południu
pneumatic adj pneumatyczny
pneumonia n zapalenie płuc
poach -1. vt & vi kłusować (na) -2. vt
gotować we wrzątku
poacher n kłusownik
pocket n kieszeń
pocketbook n notatnik, notes
pocketknife (pl -knives) n scyzoryk
pocket money n kieszonkowe
pocket-sized adj kieszonkowy
pod n strąk
podium (pl -diums OR -dia) n podium
poem n wiersz
poet n poeta
poetic adj poetycki, poetyczny
poetry n poezja
poignancy n poruszenie, przejmujące
doznanie
poignant adj poruszający, przejmujący
point n -1. czubek, koniuszek
-2. punkt -3. sedno -4. MATH
przecinek
point vt & vi -1. kierować (się),
wycelowywać -2. wskazywać

point-blank adj kategoryczny
point-blank adv kategorycznie
pointed adj -1. ostro zakończony,
  spiczasty -2. niedwuznaczny,
  uszczypliwy
pointer n -1. rada -2. wskazówka
  -3. wskaźnik
pointless adj bezcelowy, daremny
poise n opanowanie, równowaga
poison n trucizna
poison vt -1. otruwać, truć
  -2. zatruwać
poisoning n zatrucie
poisonous adj -1. trujący -2. jadowity
poke n dźgnięcie, szturchnięcie
poke -1. vt dźgać, szturchać -2. vt
  wsadzać, wtykać
poker n -1. poker -2. pogrzebacz
Poland n Polska
polar adj GEOGR polarny
pole n -1. maszt, pal, słup -2. biegun
Pole n Polak
pole vault n skok o tyczce
police npl: **the police** policja
policeman (pl **-men**) n policjant
police station n komisariat
policy (pl **-ies**) n -1. polityka -2. polisa
policy holder n ubezpieczony
polio n polio, choroba Heinego-
  Medina
Polish adj polski; **the Polish** Polacy
Polish n język polski
polish n -1. pasta, środek
  do polerowania -2. blask, połysk
polish vt -1. pastować -2. fig szlifować,
  wygładzać
polite adj -1. grzeczny, uprzejmy
  -2. dobrze wychowany, kulturalny
politeness n grzeczność, uprzejmość
political adj polityczny
politician n polityk
politics n polityka
poll n -1. głosowanie -2. ankieta,
  sonda
poll vt ankietować, sondować

pollen n pyłek kwiatów
pollinate vt zapylać
pollute vt zanieczyszczać
pollution n -1. zanieczyszczanie
  -2. zanieczyszczenia
polygamy n poligamia
pomp n pompa, przepych
pompous adj -1. nadęty, napuszony
  -2. pompatyczny, pretensjonalny
pond n staw
ponder vt & vi rozmyślać (nad),
  rozważać
pontoon n ponton
pony (pl **-ies**) n kucyk
ponytail n (hair) koński ogon, kucyk
poodle n pudel
pool n -1. sadzawka -2. basen
pools npl BE: **the pools** totalizator
poor adj -1. biedny, ubogi -2. biedny,
  nieszczęsny -3. kiepski, słaby
poorly adv kiepsko, słabo
pop (pt & pp **-ped**) vi -1. pękać
  z hukiem -2. wpadać, wyskakiwać
pop (cont **-ping**) n -1. pop -2. napój
  gazowany -3. huk, wystrzał
popcorn n popcorn, prażona
  kukurydza
pope n papież
poplar n topola
poppy (pl **-ies**) n mak
popular adj -1. ogólnie lubiany,
  popularny -2. masowy
popularity n popularność
population n -1. liczba mieszkańców,
  zaludnienie -2. populacja
porcelain n porcelana
porch n ganek, przedsionek
pore n por
pork n wieprzowina
pork chop n kotlet schabowy
porn n & adj ifml porno
pornographic adj pornograficzny
pornography n pornografia
porous adj porowaty

porridge *n* owsianka
port *n* **-1.** port, przystań **-2.** porto
portable *adj* przenośny
porter *n* **-1.** *BE* odźwierny, portier
  -2. bagażowy
portion *n* **-1.** część **-2.** porcja
portrait *n* **-1.** portret **-2.** obraz,
  wizerunek
portray *vt* **-1.** odgrywać **-2.** ukazywać
  -3. portretować
Portugal *n* Portugalia
Portuguese *adj* portugalski
pose -1. *vt* stanowić, stawiać, zadawać
  -2. *vi* pozować
pose *n* poza
poseur *n* pozer
posh *adj* elegancki
position *n* miejsce, pozycja
position *vt* umieszczać
positive *adj* **-1.** przekonany,
  przeświadczony **-2.** pozytywny
possess *vt* **-1.** mieć, posiadać
  -2. owładać
possession *n* posiadanie
possessive *adj* **-1.** zaborczy **-2.** *GRAM*
  dierżawczy
possibility (*pl* **-ies**) *n* możliwość
possible *adj* **-1.** możliwy, wykonalny
  -2. ewentualny
possibly *adv* być może, możliwe
post *n* **-1.** poczta **-2.** słup **-3.** posada,
  stanowisko
post *vt* **-**nadawać, wysyłać
postage *n* opłata pocztowa
postal *adj* pocztowy
postbag *n BE* listy
postbox *n BE* skrzynka pocztowa
postcard *n* kartka pocztowa,
  pocztówka
postcode *n BE* kod pocztowy
poster *n* afisz, plakat
postgraduate *adj* podyplomowy
postman (*pl* **-men**) *n* listonosz
postmark *n* stempel pocztowy
post office *n* poczta, urząd pocztowy

postpone *vt* odkładać, odraczać
postponement *n* odłożenie,
  odroczenie
posture *n* postawa, postura
pot (*cont* **-ting**) *n* **-1.** garnek, rondel
  -2. dzbanek **-3.** słoik **-4.** doniczka
potato (*pl* **-es**) *n* kartofel, ziemniak
potato crisps *npl BE* chipsy
  ziemniaczane
potency *n* **-1.** potęga, siła **-2.** moc
  -3. potencja
potent *adj* **-1.** przekonujący, silny
  -2. mocny **-3.** sprawny seksualnie
potential *adj* możliwy, potencjalny
potential *n* możliwości, potencjał
potion *n* (*magic, love*) eliksir, napój
pottery (*pl* **-ies**) *n* **-1.** wyroby
  garncarskie **-2.** garncarstwo
pouch *n* **-1.** torebka, woreczek,
  sakiewka
poultry *n* drób
pound *n* funt
pound *vt & vi* łomotać (w), walić (w
pour *vt* nalewać, nasypywać
→**pour in** *vi* (*news, letters*) napływać
pouring *adj* (*rain*) ulewny
poverty *n* bieda, ubóstwo
poverty-stricken *adj* dotknięty
  ubóstwem
powder *n* **-1.** proszek **-2.** puder
powdered *adj* **-1.** w proszku
  -2. upudrowany
power *n* **-1.** władza **-2.** możność,
  zdolność **-3.** potęga, siła
power *vt* dostarczać energię, zasilać
power cut *n* przerwa w dopływie
  energii
powerful *adj* potężny, wpływowy, silny
powerless *adj* bezsilny
power plant *n* elektrownia
practical *adj* praktyczny
practically *adv* **-**praktycznie
practice, practise *AE n* **-1.** ćwiczenie,
  powtarzanie **-2.** wprawa **-3.** zwyczaj

practise, practice *AE vt & vi* ćwiczyć
(na), trenować, praktykować
practising, practicing *AE adj*
praktykujący
prairie *n* preria, step
praise *vt* chwalić, wychwalać
praise *n* pochwała, uznanie
praiseworthy *adj* chwalebny
pram *n BE* wózek dziecięcy
prawn *n* krewetka
pray *vi RELIG* modlić się
prayer *n* modlitwa
pre- *prefix* pre-, przed-
preach *vt* wygłaszać, głosić,
propagować, moralizować
preacher *n* kaznodzieja
preamble *n* preambuła, wstęp
precarious *adj* niebezpieczny,
niepewny
precaution *n* środek zapobiegawczy
precede *vt* poprzedzać
precedence *n* pierwszeństwo
precedent *n* precedens
preceding *adj* poprzedni
precious *adj* cenny, drogocenny,
wartościowy
precious stone *n* kamień szlachetny
precise *adj* dokładny, precyzyjny
precision *n* dokładność, precyzja
preconception *n* uprzedzenie, z góry
wyrobiony sąd
precursor *n fml* prekursor
predator *n* drapieżnik
predatory *adj* drapieżny
predecessor *n* poprzednik
predict *vt* przepowiadać, przewidywać
predictable *adj* przewidywalny,
do przewidzenia
prediction *n* przepowiednia
predictor *n* wskaźnik, wyznacznik
predisposed *adj* predysponowany
predisposition *n* predyspozycje,
skłonność
predominance *n* dominacja, przewaga

predominate *vi* dominować,
przeważać
pre-empt *vt* udaremniać
preface *n* przedmowa, wstęp
preface *vt* poprzedzać, rozpoczynać
prefer (*pt & pp* **-red,** *cont* **-ring**) *vt*
woleć
preferable *adj* bardziej pożądany,
lepszy
preferably *adv* najchętniej, najlepiej
preference *n* **-1.** preferencja
-2. pierwszeństwo
preferential *adj* preferencyjny,
uprzywilejowany
prefix *n GRAM* przedrostek
pregnancy (*pl* **-ies**) *n* ciąża
pregnant *adj* w ciąży
preheated *adj* podgrzany
prehistoric *adj* prehistoryczny
prejudge *vt* osądzać z góry
prejudice *n* stronniczość, uprzedzenie
do kogoś/czegoś
prejudice *vt* nastawiać, usposabiać
preliminaries *npl* **-1.** kroki wstępne
-2. eliminacje
preliminary (*pl* **-ies**) *adj* początkowy,
wstępny
prelude *n* preludium
premarital *adj* przedmałżeński
premature *adj* **-1.** przedwczesny
-2. pochopny
premeditated *adj* **-1.** przemyślany
-2. z premedytacją, zaplanowany
premiere *n* premiera
premise *n* przesłanka
premises *npl* siedziba, teren
premium *n* **-1.** premia **-2.** składka
ubezpieczeniowa
preoccupation *n* troska, zmartwienie
preoccupy (*pt & pp* **-ied**) *vt*
absorbować, zajmować
prepaid *adj* opłacony
preparation *n* przygotowanie
preparatory *adj* przygotowawczy

prepare vt & vi przygotowywać (się), szykować (się)
preposition n GRAM przyimek
prerequisite n warunek wstępny
preschool n AE przedszkole
prescribe vt MED przepisywać, zalecać
prescription n MED recepta
presence n **-1.** obecność **-2.** prezencja
present adj bieżący, obecny
present n **-1. the present** teraźniejszość **-2.** (gift) podarunek, prezent
present vt **-1.** dawać, wręczać **-2.** przedstawiać, stanowić **-3.** prezentować
presentable adj dobrze się prezentujący
present-day adj dzisiejszy, współczesny
presenter n BE prezenter
presently adv obecnie, w chwili obecnej
preservation n **-1.** utrzymywanie, zachowywanie **-2.** konserwowanie
preservative n środek konserwujący, konserwant
preserve vt **-1.** utrzymywać, zachowywać **-2.** konserwować
preshrunk adj zdekatyzowany
preside vi przewodniczyć
presidency (pl **-ies**) n urząd prezydenta
president n **-1.** prezydent **-2.** prezes, przewodniczący **-3.** dyrektor
press vt naciskać, wciskać
press clipping n wycinek prasowy
pressing adj naglący, pilny
pressure n **-1.** napór, ciśnienie **-2.** nacisk, presja
pressure vt zmuszać
prestige n prestiż
prestigious adj prestiżowy
presumably adv prawdopodobnie, przypuszczalnie

presume vt domniemywać,
presumption n domniemanie, przypuszczenie
pretence, pretense AE n pozory, udawanie; **under false pretence** pod fałszywym pretekstem
pretend vt & vi udawać
pretentious adj pretensjonalny
pretext n pozór, pretekst
pretty (comp **-ier**, superl **-iest**) adj ładny, śliczny
pretty adv dosyć, raczej
prevail vi **-1.** dominować, panować **-2.** przeważać, zwyciężać
prevailing adj dominujący, powszechnie panujący
prevent vt nie dopuszczać, zapobiegać
preventable adj możliwy do uniknięcia
prevention n prewencja, profilaktyka
preventive adj **-1.** profilaktyczny **-2.** prewencyjny, zapobiegawczy
preview n pokaz przedpremierowy
previous adj poprzedni
prewar adj przedwojenny
prey n zdobycz
price n (cost) cena
price vt wyceniać
priceless adj bezcenny
prick vt **-1.** kłuć, nakłuwać **-2.** drapać, piec
prick n **-1.** ukłucie **-2.** kutas **-3.** palant
pride n duma
priest n ksiądz, kapłan
prig n zarozumialec
primacy n pierwszeństwo, prymat
primarily adv głównie, przede wszystkim
primary adj **-1.** główny, najważniejszy **-2.** SCOL podstawowy
prime adj **-1.** główny, najważniejszy **-2.** doskonały, pierwszorzędny
prime n pełnia, rozkwit
primitive adj prymitywny
primrose n pierwiosnek

prince n książę
princess n królewna, księżniczka
principal adj główny, podstawowy
principal n SCOL dyrektor
principle n -1. zasady -2. reguła
print n -1. druk -2. odcisk, ślad
print vt & vi drukować
printed matter n druki
printer n -1. drukarz -2. drukarnia
-3. drukarka
printout n wydruk
prior adj uprzedni, wcześniejszy
priority (pl -ies) n -1. priorytet
-2. nadrzędność, pierwszeństwo
prison n więzienie
prisoner n więzień
pristine adj nieskazitelny
privacy n prywatność
private adj -1. prywatny -2. osobisty
private n szeregowiec
privately adv -1. prywatnie
-2. na osobności
privatize, -ise vt prywatyzować
privilege n -1. przywilej
-2. wyróżnienie, zaszczyt
prize n nagroda
prize vt cenić sobie
prizewinner n zdobywca nagrody
pro n SPORT zawodowiec
probability (pl -ies) n
prawdopodobieństwo
probable adj prawdopodobny
probably adv prawdopodobnie
problem n -1. problem -2. zadanie,
zagadka
problematic(al) adj problematyczny
procedural adj proceduralny
procedure n procedura
proceed -1. vt przechodzić,
przystępować -2. vi postępować,
toczyć się dalej
proceedings npl obrady, przebieg
proceeds npl dochód, wpływy
process n proces, przebieg

process vt -1. obrabiać, przetwarzać
-2. rozpatrywać
procession n pochód
processor n -1. procesor -2. mikser,
robot kuchenny
proclaim vt fml ogłaszać,
proklamować
proclivity n fml skłonność
procreate vi fml płodzić, rodzić
procreation n prokreacja
procure vt zdobywać
prod (pt & pp -ded, cont -ding) vt
dźgać, szturchać
prod n (with finger) kuksaniec,
szturchnięcie
prodigy (pl -ies) n cudowne dziecko
produce vt -1. produkować
-2. wytwarzać -3. powodować,
produce n -1. produkcja, produkty
-2. płody rolne
producer n -1. producent
-2. producent, wytwórca
product n -1. produkt, wyrób
-2. wytwór
production n produkcja, wytwarzanie
productive adj produktywny, wydajny
productivity n produktywność,
wydajność
profane adj bezbożny, bluźnierczy
profanity (pl -ies) n -1. bezbożność,
bluźnierczość -2. bluźnierstwo,
przekleństwo
profession n zawód
professional adj profesjonalny,
zawodowy
professional n zawodowiec
professionalism n fachowość,
profesjonalizm
professor n -1. BE profesor -2. AE
nauczyciel akademicki
proficiency n biegłość, wprawa
proficient adj biegły, wprawny
profile n profil
profit n zarobek, zysk
profit vi zyskiwać

ooo

profitable adj opłacalny, zyskowny
profit-sharing n udział w zysku
profound adj -1. głęboki -2. dogłębny, gruntowny
profuse adj wylewny
profusion n nadmiar, obfitość
prognosis (pl -noses) n rokowanie, prognoza
program (pt & pp -med OR -ed, cont -ming OR -ing) vt programować
programme BE, **program** AE n program
progress n -1. posuwanie się -2. postęp
progress vi iść do przodu, rozwijać się, robić postępy
progressive adj -1. postępowy -2. postępujący, stopniowy
prohibit vt zakazywać
prohibition n zakaz, prohibicja
project n plan, projekt
project vt -1. planować, projektować -2. prognozować -3. wyświetlać
projection n -1. prognoza, szacunek -2. projekcja, wyświetlenie
projector n rzutnik
proliferate vi mnożyć się
prolific adj płodny
prologue, **prolog** AE n prolog
prolong vt przedłużać
prominence n -1. rozgłos -2. wydatność
prominent adj -1. wybitny, znaczny -2. wyróżniający się
promiscuity n rozwiązłość
promiscuos adj rozwiązły
promise vt & vi obiecywać, przyrzekać
promise n obietnica, przyrzeczenie
promising adj obiecujący
promo (pl -s) n COMM ifml promocja, reklama
promote vt -1. popierać, propagować -2. lansować, promować
promotion n -1. awans -2. promocja, reklama

prompt vt -1. popychać, skłaniać -2. nakłaniać -3. THEAT podpowiadać
prompt adj błyskawiczny, natychmiastowy
prompter n THEAT sufler
prone adj skłonny
pronoun n GRAM zaimek
pronounce vt -1. wymawiać, wypowiadać -2. ogłaszać, wygłaszać
pronunciation n wymowa
proof n dowód
propaganda n propaganda
proper adj -1. autentyczny, prawdziwy -2. prawidłowy, właściwy
properly adv -1. należycie, właściwie -2. odpowiednio, stosownie
property (pl -ies) n -1. własność -2. nieruchomość
prophecy (pl -ies) n proroctwo, przepowiednia
prophesy (pt & pp -ied) vt prorokować, przepowiadać
prophet n prorok
proportion n -1. część, odsetek -2. proporcja, stosunek
proportional adj proporcjonalny, współmierny
proposal n -1. propozycja -2. oświadczyny
propose -1. vt proponować -2. vi oświadczać się
proposition n -1. twierdzenie -2. propozycja
proprietary adj firmowy
prosaic adj prozaiczny, zwyczajny
prose n proza
prosecute JUR -1. ścigać sądownie -2. vi oskarżać
prospect n -1. szansa -2. perspektywa
prospective adj potencjalny, przewidywany; przyszły
prospectus (pl -es) n prospekt
prosper vi kwitnąć, prosperować
prosperity n pomyślność, powodzenie

prosperous adj kwitnący, prosperujący
prostitute n prostytutka
prostrate adj leżący twarzą do ziemi
protect vt -1. bronić, chronić
-2. ochraniać, osłaniać
protection n obrona, ochrona
protective adj ochronny,
zabezpieczający
protector n obrońca, opiekun
protein n białko
protest n protest
protest vt & vi protestować
Protestant n protestant
Protestant adj protestancki
protester n protestujący
prototype n prototyp
protrude vi wystawać, sterczeć
proud adj dumny
prove (pp -d OR **proven**) vt dowodzić,
udowadniać
proven pp of **prove**
proven adj sprawdzony, udowodniony
proverb n przysłowie
provide vt dostarczać
provided conj: **provided that** o ile,
pod warunkiem, że
providing conj: **providing that** o ile,
pod warunkiem, że
province n prowincja
provincial adj prowincjonalny,
zaściankowy
provision n -1. dostarczanie,
zaopatrywanie -2. zabezpieczenie
provocation n prowokacja
provocative adj kontrowersyjny,
prowokacyjny
provoke vt drażnić, prowokować
prow n dziób
proximity n fml bliskość, sąsiedztwo
prude n świętoszek
prudent adj roztropny, rozważny
prune n suszona śliwka
pry (pt & pp **pried**) vi węszyć, być
wścibskim

psyche n dusza, psychika
psychiatric adj psychiatryczny
psychiatrist n psychiatra
psychiatry n psychiatria
psychic adj -1. psychiczny
-2. nadnaturalny, parapsychiczny
psychic n medium
psychoanalyst n psychoanalityk
psychological adj psychologiczny
psychologist n psycholog
psychology n psychologia
psychopath n psychopata
psychosis n psychoza
puberty n dojrzewanie płciowe
public adj -1. społeczny
-2. państwowy, rządowy
-3. publiczny
public n: **the public** ogół,
społeczeństwo
publication n -1. wydanie
-2. publikacja
public holiday n święto urzędowe
publicist n publicysta
publicity n nagłośnienie, rozgłos
publish vt & vi publikować, wydawać
publisher n wydawca
publishing house n wydawnictwo
puck n krążek
pudding n (food) pudding
puddle n kałuża
puff vt & vi zaciągać się
puke vi ifml rzygać
pull -1. vt & vi ciągnąć (za) -2. vt
pociągać za
pull n pociągnięcie
pullover n pulower
pulp n miąższ
pulp adj tandetny
pulsate vi -1. pulsować, tętnić
-2. drgać, wibrować
pulse n puls, tętno
pulse vi pulsować, tętnić
puma n puma
pumice (stone) n pumeks

pump n pompa
pump vt & vi pompować
pumpkin n dynia
punch vt -1. uderzać pięścią
-2. dziurkować
punch n -1. cios, uderzenie pięścią
-2. dziurkacz -3. poncz
punch line n (of joke, story) puenta
punctual adj punktualny
punctuation n interpunkcja
puncture n przebicie
pungent adj gryzący, cierpki
punish vt karać
punishing adj forsowny, wyczerpujący
punishment n kara
punnet n kobiałka
pup n -1. szczeniak, szczenię
-2. młode
pupil n -1. uczeń -2. źrenica
puppet n kukiełka, marionetka
puppy (pl -ies) n szczeniak, szczenię
purchase fml vt dokonywać zakupu,
nabywać
purchase fml n -1. kupno, nabycie
-2. nabytek, zakup
purchaser n nabywca
pure adj czysty
puree n przecier, puree
purely adv całkowicie, wyłącznie
pureness n czystość
purgatory n czyściec
purge vt -1. robić czystkę
w -2. oczyszczać
purify (pt & pp -ied) vt oczyszczać
puritan adj purytański
puritan n purytanin
purity n czystość
purple adj fioletowy, purpurowy
purpose n cel
purposely adv celowo, rozmyślnie
purr vi (cat) mruczeć
purse n -1. (for money) portmonetka
-2. AE (handbag) torebka
purse vt (lips) ściągać, zaciskać

pursue vt -1. gonić, ścigać
-2. oddawać się, realizować
pursuit n -1. fml pogoń -2. pościg
pus n MED ropa
push -1. vt & vi naciskać, pchać -2. vt
dopingować
push n -1. (shove) pchnięcie
-2. (on button, bell) naciśnięcie
pushy (comp -ier, superl -iest) adj pej
nachalny, natrętny
put (pt & pp put, cont -ting) vt kłaść
pussy(cat) n ifml kiciuś
putty n kit
puzzle n -1. puzzle, układanka
-2. łamigłówka, zagadka
puzzle -1. vt frapować, intrygować
-2. vi głowić się
puzzled adj zafrapowany, zakłopotany
puzzling adj zagadkowy
pyjamas npl piżama
pyramid n -1. ostrosłup -2. piramida
python (pl inv OR -s) n pyton

Q

quack vi kwakać
quadrilateral n czworobok
quadruple adj czterokrotny,
poczwórny
quadruple vt & vi zwiększać (się)
czterokrotnie
quadruplets npl czworaczki
quagmire n trzęsawisko
quail (pl inv OR -s) n przepiórka
quaint adj osobliwy, urokliwy
quake vi dygotać, trząść się
quake n (abbr of earthquake) ifml
trzęsienie ziemi
qualification n -1. dyplom, papiery
-2. kompetencje,

qualified adj wykwalifikowany;
dyplomowany
qualify (pt & pp -ied) -1. vt
uwarunkowywać -2. vt upoważniać
-3. vi kwalifikować się
qualitative adj jakościowy
quality (pl -ies) n -1. jakość
-2. przymiot, zaleta -3. cecha
quantitative adj ilościowy
quantity (pl -ies) n ilość, wielkość
quarantine n kwarantanna
quarantine vt poddawać kwarantannie
quarrel n kłótnia, sprzeczka
quarrel (BE pt & pp -led, AE pt & pp
-ed, BE cont -ling, AE cont -ing) vi
kłócić się
quarrelsome adj kłótliwy
quarry (pl -ies) n kamieniołom
quart n kwarta
quarter n -1. ćwiartka, ćwierć
-2. kwadrans -3. kwartał
-4. ćwierćdolarówka
quarterfinal n SPORT ćwierćfinał
quarter-hour adj piętnastominutowy
quarterly adj kwartalny
quarterly adv co kwartał
quarterly (pl -ies) n kwartalnik
quarters npl MIL kwatery
quartet n MUS kwartet
quartz n kwarc
quash vt unieważniać
queen n królowa
queer adj dziwaczny, dziwny
queer n ifml pedał, pedzio
quench vt gasić
query (pl -ies) n wątpliwość, zapytanie
query (pt & pp -ied) vt kwestionować,
poddawać w wątpliwość
quest n fml poszukiwanie
question n -1. pytanie -2. wątpliwość
-3. kwestia, sprawa
question vt -1. pytać, przesłuchiwać
-2. kwestionować
questionable adj dyskusyjny, wątpliwy

questioner n pytający, zadający
pytanie
questioning adj badawczy, pytający
questioning n przesłuchanie
question mark n znak zapytania
questionnaire n kwestionariusz
queue BE n kolejka, ogonek
queue vi tworzyć kolejkę
queue-jump vi BE wpychać się bez
kolejki
quiche n tarta
quick adj szybki, bystry
quick adv szybko
quicken vt & vi przyśpieszać
quickly adv szybko
quickness n szybkość
quicksand n ruchomy piasek
quick-tempered adj porywczy,
zapalczywy
quick-witted adj bystry
quiet adj -1. cichy, spokojny
-2. dyskretny, skromny
quiet n cisza, spokój
quiet AE, **quieten** vt uspokajać
quietly adv cicho, spokojnie
quietness n cisza, spokój
quill n gęsie pióro
quilt n narzuta
quit (BE pt & pp quit OR -ted, cont
-ting) vt & vi -1. rezygnować (z)
-2. rzucać, zaprzestawać
quite adv -1. całkowicie,
zupełnie-2. całkiem, dosyć
quiver vi drżeć, dygotać
quiver n drżenie, dygotanie
quiz (pl -zes, cont -zing) n -1. konkurs
-2. sprawdzian, test
quiz (pt & pp -zed) vt przepytywać
quizzical adj zagadkowy
quorum n kworum
quota n -1. przydział, udział -2.
kontyngent, limit
quotation n cytat
quotation marks npl cudzysłów

quote *vt & vi (cite)* cytować
quote *n* **-1.** cytat **-2.** wycena
quotes *npl* cudzysłów
quotient *n* iloraz
qwerty keyboard *n* klawiatura

R

rabbit *n* królik
rabies *n* wścieklizna
raccoon *n* szop (pracz)
race *n* **-1.** wyścig **-2.** rasa
race -1. *vt & vi* ścigać się (z) **-2.** *vi*
gnać, pędzić
racecourse *n* tor wyścigowy
racehorse *n* koń wyścigowy
racetrack *n* **-1.** bieżnia **-2.** tor
wyścigowy
racial *adj* rasowy
racing *n* wyścigi
racism *n* rasizm
racist *n* rasista
racist *adj* rasistowski
rack *n* **-1.** regał, stojak **-2.** półka
racked *adj* dręczony, nękany
racquet *n* rakieta
racy *adj* pikantny
radar *n* radar
radiant *adj* promienny,
rozpromieniony
radiate *vt & vi* promieniować
radiation *n* promieniowanie
radiator *n* **-1.** grzejnik, kaloryfer
-2. *AUT* chłodnica
radical *adj* radykalny
radio *(pl* **-s)** *n* radio
radioactive *adj* promieniotwórczy,
radioaktywny
radioactivity *n* promieniotwórczość,
radioaktywność

radio-controlled *adj* zdalnie
sterowany
radish *n* rzodkiewka
radium *n* rad
radius *(pl* **radii)** *n MATH* promień
raft *n* **-1.** tratwa **-2.** ponton
rag *n* gałgan, szmata
rage *n* furia, wściekłość
rage *vi* pienić się, wściekać się
ragged *adj* **-1.** obdarty, w łachmanach
-2. nierówny
ragout *n* potrawka, ragout
raid *n* **-1.** atak, najazd, nalot **-2.** napad
raid *vt* **-1.** atakować **-2.** napadać na
rail *n* **-1.** reling, poręcz
-2. wieszakkarnisz **-3.** szyna **-4.** *RAIL*
kolej
railing *n* balustrada, ogrodzenie
railway *BE,* **railroad** *AE n* **-1.** szyny,
tory (kolejowe) **-2.** kolej
rain *n* deszcz
rain -1. *v* pada (deszcz) **-2.** *vi (tears)*
kapać
rainbow *n* tęcza
raincoat *n* płaszcz przeciwdeszczowy
raindrop *n* kropla deszczu
rainfall *n* opady deszczu
rainforest *n* las tropikalny
rainstorm *n* ulewa
rainy *(comp* **-ier,** *superl* **-iest)** *adj*
deszczowy
raise *vt* **-1.** podnosić, unosić
-2. podnosić, podwyższać hodować
raise *n AE* podwyżka
raisin *n* rodzynek
rake *n* grabie
rally *(pl* **-ies)** *n* **-1.** wiec, zlot **-2.** rajd
rally *(pt & pp* **-ied)** *vt & vi* mobilizować
(się), skupiać (się)
ram *(pt & pp* **-med,** *cont* **-ming)**
vt **-1.** taranować, wbijać się
w **-2.** wciskać na siłę, wpychać
ramble *vi* **-1.** wędrować **-2.** trajkotać
jak nakręcony
ramble *n* piesza wędrówka

rambling adj bezładny, chaotyczny
ramification n implikacja, konsekwencja
ramp n podjazd
ran pt of **run**
ranch n ranczo
rancid adj zjełczały
rancour BE, **rancor** AE n rozgoryczenie, uraza
random adj losowy, przypadkowy
rang pt of **ring**
range n -1. zasięg -2. wachlarz, zakres -3. (sof mountains) łańcuch
range vt ustawiać w
ranger n strażnik leśny
rank n -1. ranga, stopień -2. klasa, warstwa
rank -1. vt klasyfikować, zaliczać -2. vi zajmować pozycję
rank adj cuchnący, odpychający
ranking n klasyfikacja, ranking
ransack vt -1. grabić, plądrować -2. przeszukiwać, przetrząsać
ransom n okup
rap (pt & pp **-ped**, cont **-ping**) vi rapować
rap n MUS rap
rape vt gwałcić
rape n gwałt
rapid adj -1. gwałtowny, nagły -2. szybki
rapidity n szybkość
rapist n gwałciciel
rapture n uniesienie, zachwyt
rare adj -1. rzadki -2. niecodzienny, niezwykły -3. CUL krwisty, niedogotowany
rarely adv rzadko
rarity (pl **-ies**) n rarytas, rzadkość
rascal n drań, łobuz
rash n wysypka
rash adj nieprzemyślany, pochopny
rasp vi chrypieć
rasp n zgrzyt, zgrzytanie
raspberry (pl **-ies**) n malina

rat n szczur
rate n -1. prędkość, tempo -2. stopa, współczynnik -3. kurs, stawka
rate vt oceniać
rather adv -1. dosyć, dość -2. całkiem, nawet
ratify (pt & pp **-ied**) vt ratyfikować, zatwierdzać
rating n notowanie, wskaźnik
ratio (pl **-s**) n stosunek
ration n przydział, racja
ration vt racjonować, wydzielać
rational adj racjonalny, rozsądny
rationalization n racjonalne wytłumaczenie
rattle vt & vi pobrzękiwać, stukać
rattle n grzechotanie, brzęk
rattlesnake, rattler AE n grzechotnik
ratty adj ifml nerwowy, popędliwy
ravage vt pustoszyć
ravages npl spustoszenia
rave vi -1. wściekać się -2. entuzjazmować się, zachwycać się
rave adj entuzjastyczny, pełen zachwytu
raven n kruk
ravine n parów, wąwóz
raving adj szalony, zwariowany
ravish vt -1. fml brukać, hańbić -2. oczarowywać, olśniewać
ravishing adj olsniewający
raw adj -1. surowy -2. nieprzetworzony
ray n promień
rayon n sztuczny jedwab
razor n -1. brzytwa -2. maszynka do golenia
razor blade n żyletka
reach n zasięg
reach -1. vt docierać do -2. vt kontaktować się z
reachable adj dostępny
react vi reagować

reaction n -**1.** *(response)* reakcja, odruch -**2.** *(rebellion)* bunt, protest
reactionary adj reakcyjny
reactivate vt reaktywować, uaktywniać
read *(pt & pp* **read**) vt & vi czytać
read n lektura
readable adj -**1.** do poczytania -**2.** czytelny
reader n czytelnik
readily adv -**1.** chętnie, skwapliwie -**2.** łatwo, z łatwością
readiness n gotowość
reading n -**1.** czytanie -**2.** lektura
ready adj gotowy, przygotowany
ready *(pt & pp* -**ied**) vt przygotowywać
ready-made adj -**1.** gotowy -**2.** *fig* przygotowany
reaffirm vt potwierdzać
real adj autentyczny, prawdziwy
real adv AE ifml naprawdę
realism n realizm
realist n realista
reality *(pl* -**ies**) n rzeczywistość
realize, -ise vt uświadamiać sobie, uzmysławiać sobie
really adv naprawdę, rzeczywiście
realm n dziedzina, sfera
reapply *(pt & pp* -**ied**) vi ponownie ubiegać się
rear n *(back)* tył
rear adj tylny, z tyłu
rear vt wychowywać, hodować
reargaurd n straż tylna
rearrange vt -**1.** przemeblowywać -**2.** przekładać, przesuwać
rear-view mirror n AUT lusterko wsteczne
reason n powód, przyczyna
reason vi myśleć, rozumować
reasonable adj -**1.** rozsądny -**2.** racjonalny, sensowny
reasonably adv -**1.** całkiem, dosyć -**2.** rozsądnie
reassurance n otucha, wsparcie

reassure vt -**1.** dodawać otuchy, uspokajać -**2.** zapewniać
rebate n bonifikata, rabat
rebel n buntownik
rebel *(pt & pp* -**led**, *cont* -**ling**) vi buntować się
rebellion n bunt, rebelia
rebellious adj buntowniczy, zbuntowany
rebirth n odrodzenie
rebuff n odtrącenie
rebuild *(pt & pp* -**built**) vt odbudowywać
rebuke vt karcić
recall vt przypominać sobie
recede vi cofać się, ustępować
receipt n -**1.** paragon, pokwitowanie -**2.** odbiór
receive vt -**1.** odbierać, otrzymywać -**2** spotykać się z
receiver n -**1.** słuchawka -**2.** odbiornik
recent adj niedawny, ostatni
recently adv niedawno, ostatnio
receptacle n pojemnik
reception n -**1.** recepcja, portiernia -**2.** przyjęcie
reception class n SCOL zerówka
reception desk n recepcja, rejestracja, portiernia
receptionist n recepcjonista, portier
receptive adj chłonny, otwarty
recession n recesja, zastój
rechargeable adj wielokrotnego ładowania
recipe n przepis
recipient n odbiorca
reciprocal adj obustronny, wzajemny
recite vt -**1.** deklamować, recytować -**2.** wyliczać
reckless adj beztroski, lekkomyślny
reckon vt -**1.** myśleć, sądzić -**2.** uważać, uznawać
reckoning n kalkulacje, obliczenia
reclaim vt -**1.** odbierać -**2.** rekultywować

recline *vi* **-1.** rozkładać się **-2.** kłaść się, wyciągać się
recluse *n* odludek
recognition *n* **-1.** rozpoznanie **-2.** uznanie
recognize, -ise *vt* **-1.** poznawać, rozpoznawać **-2.** dostrzegać
recollect *vt* pamiętać, przypominać sobie
recollection *n* wspomnienie
recommence *vt* wznawiać
recommend *vt* polecać, rekomendować
recommendation *n* polecenie, rekomendacja
recompense *vt* rekompensować, wynagradzać
reconcile *vt* godzić, łączyć
recondite *adj* tajemny
reconsider *vt* ponownie rozważać
reconstruct *vt* **-1.** odbudowywać **-2.** rekonstruować
record *n* **-1.** zapis **-2.** dokument **-3.** płyta (analogowa) **-4.** rekord
record *adj* rekordowy
record *vt* **-1.** odnotowywać, zapisywać **-2.** nagrywać, rejestrować
recorder *n* magnetofon
record holder *n* rekordzista
recording *n* nagranie
record library *n* płytoteka
record player *n* gramofon
recover -1. *vt* odbierać **-2.** *vi* powracać do zdrowia
recovery (*pl* **-ies**) *n* **-1.** *(from illness)* powrót do zdrowia, wyzdrowienie **-2.** *(of stolen goods, money)* odzyskanie **-3.** *(in economy)* ożywienie
recreation *n* rekreacja, wypoczynek
recruit -1. *vt* rekrutować, werbować **-2.** *vi* prowadzić nabór
recruit *n* poborowy, rekrut
rectangle *n* prostokąt
rectangular *adj* prostokątny

recur (*pt & pp* **-red,** *cont* **-ring**) *vi* powracać, powtarzać się
recurrent *adj* powracający, powtarzający się
recycle *vt* przetwarzać wtórnie, utylizować
red (*comp* **-der,** *superl* **-dest**) *adj* **-1.** czerwony **-2.** rudy
red *n* czerwień, kolor czerwony
redcurrant *n* czerwona porzeczka
reddish *adj* czerwonawy
redecorate *vt & vi* robić remont
redeem *vt* **-1.** odkupywać, ratować **-2.** wykupywać
redemption *n* odkupienie, zbawienie
redhead *n* *(man)* rudzielec; *(woman)* ruda
redirect *vt* kierować gdzie indziej
redo (*pt* **-did,** *pp* **-done**) *vt* poprawiać, przerabiać
redress *n* zadośćuczynienie
reduce *vt* ograniczać, zmniejszać
reduction *n* ograniczenie, zmniejszenie
redundancy (*pl* **-ies**) *n* **-1.** *BE* zwolnienie z pracy **-2.** bezrobocie
redundant *adj* **-1.** *BE* zwolniony **-2.** zbędny, zbyteczny
reedy *adj* piskliwy
reef *n* rafa
reek *vi* cuchnąć, śmierdzieć
reel *n* szpulka, rolka
reel *vi* kręcić się
reelect *vt* ponownie wybierać
refer (*pt & pp* **-red,** *cont* **-ring**) *vt* **-1.** odsyłać **-2.** kierować, przekazywać
referee *n* sędzia
reference *n* **-1.** nawiązanie, odniesienie **-2.** wzmianka
reference library *n* księgozbiór podręczny
referendum (*pl* **-dums** OR **-da**) *n* referendum
refill *n* **-1.** wkład **-2.** dolewka

refill *vt* napełniać ponownie
refillable *adj* wielorazowego użytku
refine *vt* oczyszczać, rafinować
refined *adj* **-1.** subtelny, wytworny
-2. oczyszczony, rafinowany
refinery (*pl* **-ies**) *n* rafineria
reflect *vt* odbijać;
reflection *n* **-1.** odbicie **-2.** refleksja
reflective *adj* pełen zadumy, zamyślony
reflex *n* (*pl* **reflexes**) odruch
reflexive *adj* GRAM zwrotny
reform *n* reforma
reform *vt* reformować, usprawniać
refrain *vi* powstrzymywać się
refresh *vt* odświeżać, pokrzepiać
refreshments *npl* przekąski i napoje
refrigerator *n* **-1.** chłodnia
-2. chłodziarka, lodówka
refuel *vt & vi* tankować
refuge *n* azyl, schronienie
refugee *n* uchodźca, uciekinier
refund *n* refundacja, zwrot pieniędzy
refund *vt* zwracać
refurbish *vt* odnawiać
refusal *n* odmowa
refuse *vt & vi* odmawiać
refuse *n* odpadki, śmieci
regain *vt* odzyskiwać
regal *adj* królewski
regard *n* **-1.** *fml* poważanie, szacunek
-2. wzgląd
regard *vt* **-1.** patrzeć, spoglądać
-2. uważać się/kogoś/coś za
regarding *prep* co się tyczy, odnośnie
regardless *adv* mimo wszystko
regenerate *vt* odradzać, ożywiać
regime *n* *pej* reżim
region *n* **-1.** kraina, region **-2.** obszar, okolica
regional *adj* lokalny, regionalny
register *n* rejestr, spis
register **-1.** *vt & vi* rejestrować (się)
-2. *vt* wykazywać

registered *adj* **-1.** zarejestrowany
-2. polecony
registration *n* rejestracja
registry (*pl* **-ies**) *n* archiwum
regret *n* *fml* smutek, żal
regret (*pt & pp* **-ted,** *cont* **-ting**) *vt* żałować
regretful *adj* pełen żalu
regrettable *adj* *fml* godny pożałowania
regrettably *adv* niestety
regular *adj* **-1.** regularny **-2.** stały, zwykły
regulate *vt* kontrolować
regulation *n* **-1.** przepis **-2.** kontrola, regulacja
rehabilitate *vt* **-1.** resocjalizować
-2. poddawać rehabilitacji
rehearsal *n* próba
rehearse *vi* robić próbę
reheat *vt* odgrzewać
rehouse *vt* przesiedlać
reign *vi* rządzić, władać
reincarnation *n* reinkarnacja
reindeer (*pl inv*) *n* renifer
reinforce *vt* wzmacniać
reinforcement *n* umocnienie, wzmocnienie
reissue *n* wznowienie
reissue *vt* wznawiać
reject *vt* nie przyjmować, odrzucać
reject *n* odrzut
rejection *n* odrzucenie
rejoinder *n* replika, riposta
rejuvenate *vt* odmładzać
relapse *vi:* **to relapse into** popadać w
relate **-1.** *vt & vi* łączyć (się), wiązać (się) **-2.** *vt* relacjonować
related *adj* spokrewniony
relating *prep:* **relating to** odnośnie do
relation *n* **-1.** powiązanie, **-2.** krewny
relationship *n* **-1.** relacje, stosunki
-2. związek
relative *adj* stosunkowy, względny
relative *n* krewny

relatively adv stosunkowo
relativity n względność
relax vt & vi odprężać (się), relaksować (się)
relaxation n odprężenie, relaks
relay vt **-1.** transmitować **-2.** przekazywać
relay n **-1.** sztafeta **-2.** RADIO & TV transmisja
release vt **-1.** uwalniać, wypuszczać **-2.** zwalniać
release n **-1.** uwolnienie, zwolnienie **-2.** ulga **-3.** oficjalny komunikat
relegate vt degradować
relentless adj nieugięty, nieustępliwy
relevance n **-1.** powiązanie, związek **-2.** doniosłość,
relevant adj **-1.** związany **-2.** istotny,
reliability n niezawodność, pewność
reliable adj **-1.** niezawodny, solidny **-2.** pewny, wiarygodny
relic n pozostałość, relikt
relief n ulga
relieve vt łagodzić, zmniejszać
religion n religia
religious adj religijny
relinquish vt zrzekać się
relish vt rozkoszować się
relish n upodobanie
relocate vt & vi przenosić (się)
reluctance n niechęć, ociąganie się
reluctant adj niechętny
rely (pt & pp **-ied**): **rely on -1.** liczyć, polegać **-2.** zależeć
remain vt & vi pozostawać, zostawać
remainder n: **the remainder** pozostałość, reszta
remaining adj pozostały
remains npl pozostałości, resztki, szczątki
remark n spostrzeżenie, uwaga
remark vt zauważać
remarkable adj nadzwyczajny, niezwykły

remedy (pl **-ies**) n **-1.** lekarstwo **-2.** środek zaradczy
remember vt & vi pamiętać
remembrance n fml pamięć
remind vt przypominać
reminder n -przypomnienie
reminiscences npl reminiscencje, wspomnienia
remiss adj niedbały
remit n kompetencje, zakres obowiązków
remorse n wyrzuty sumienia
remote adj daleki, odległy
remote control n zdalne sterowanie
remotely adv **-1.** w niewielkim stopniu **-2.** daleko
remoteness n oddalenie, nieprzystępność
removal n usunięcie
remove vt usuwać
remover n odplamiacz, wywabiacz
Renaissance n: **the Renaissance** odrodzenie, renesans
renal adj MED nerkowy
rename vt przemianowywać
render vt czynić, sprawiać
renegade n odstępca, renegat
renew vt ponawiać, wznawiać
renewal n podjęcie, wznowienie
renovate vt odnawiać, remontować
renowned adj słynny, znany
rent vt dzierżawić, wynajmować
rent n czynsz
reorder vt przekładać, przestawiać
reorganize, -ise vt & vi reorganizować (się)
repaid pt & pp of **repay**
repair vt naprawiać, reperować
repair n naprawa
repay (pt & pp **repaid**) vt oddawać, spłacać
repayment n spłata
repeat vt) powtarzać
repeatedly adv ciągle, wielokrotnie

repel (*pt* & *pp* **-led**, *cont* **-ling**) *vt* odpychać, odpierać, odrzucać

repellent *n* środek odstraszający

repetition *n* powtórka, powtórzenie

replace *vt* zastępować

replacement *n* zastąpienie, zastępstwo

replay *vt* rozgrywać powtórnie, odtwarzać

replay *n* powtórka, riplej

replica *n* kopia, replika

reply (*pt* & *pp* **-ied**) *vt* & *vi* odpowiadać

reply (*pl* **-ies**) *n* odpowiedź

report *n* raport, sprawozdanie

report informować, relacjonować

reportedly *adv* jak się wydaje, podobno

reporter *n* reporter

reprehensible *adj* naganny

represent *vt* reprezentować, występować w imieniu

representation *n* reprezentacja

representative *adj* reprezentatywny

representative *n* przedstawiciel, reprezentant

repress *vt* powstrzymywać, tłumić

repression *n* ucisk

reprimand *n* nagana, reprymenda

reproduce kopiować, powielać

reproduction *n* BIOL rozmnażanie

reptile *n* gad

republic *n* republika

repulsive *adj* odpychający, odrażający

reputable *adj* poważany, szanowany

reputation *n* renoma, reputacja

request *n* prośba, życzenie

request *vt* prosić

require *vt* potrzebować, życzyć sobie

requirement *n* wymaganie, wymóg

rescue *vt* ratować

rescue *n* pomoc, ratunek

rescuer *n* ratownik

research *n* badanie, badania

research **-1.** *vt* badać, studiować **-2.** *vi* prowadzić badania

researcher *n* badacz

resemblance *n* podobieństwo

resemble *vt* być podobnym do, przypominać

resent *vt* czuć urazę do

resentful *adj* dotknięty, urażony

reservation *n* **-1.** rezerwacja **-2.** zastrzeżenie

reserve *vt* rezerwować

reserve *n* **-1.** rezerwa, zapas **-2.** dystans, powściągliwość

reserved *adj* **-1.** powściągliwy **-2.** zarezerwowany

reservoir *n* **-1.** zbiornik wodny **-2.** kopalnia, skarbnica

reset (*pt* & *pp* **reset**, *cont* **-ting**) **-1.** *vt* przestawiać, resetować, zerować

reshape *vt* zmieniać kształt

reside *vi* fml zamieszkiwać

residence *n* **-1.** rezydencja **-2.** pobyt, zamieszkiwanie

resident *n* **-1.** mieszkaniec **-2.** gość

residential *adj* mieszkaniowy; mieszkający na miejscu pracy

residue *n* pozostałość, reszta

resign **-1.** *vt* odchodzić z, ustępować z **-2.** *vi* rezygnować

resignation *n* **-1.** odejście, ustąpienie **-2.** poddanie się, rezygnacja

resilient *adj* elastyczny, sprężysty

resin *n* żywica

resist *vt* przeciwstawiać się, stawiać opór

resistance *n* opór, sprzeciw

resistant *adj* niechętny, przeciwny, odporny

resold *pt* & *pp* of **resell**

resolution *n* **-1.** rezolucja, uchwała **-2.** postanowienie

resolve *vt* **-1.** postanawiać **-2.** rozstrzygać, rozwiązywać

resolve *n* stanowczość, zdecydowanie

resort n kurort, miejscowość wypoczynkowa
resort to vt fus uciekać się do
resourceful adj pomysłowy, zaradny
resources npl zasoby
respect n poważanie, szacunek
respect vt poważać, szanować
respectability n poważanie, szacunek
respectable adj -1. porządny, szanowany -2. niezły, przyzwoity
respectful adj pełen szacunku
respective adj odpowiedni, poszczególny
respectively adv odpowiednio
respiration n oddychanie
respiratory adj oddechowy
respire vi oddychać
respond vt & vi odpowiadać
response n odpowiedź
responsibility (pl -ies) n -1. odpowiedzialność -2. obowiązek, powinność
responsible adj odpowiedzialny
rest n -1. odpoczynek, przerwa -2. MUS pauza -3. **the rest** reszta
rest odpoczywać
restart vt & vi ponownie uruchamiać
restaurant n restauracja
rested adj wypoczęty
restless adj nerwowy, niespokojny
restore vt -1. przywracać -2. odnawiać, restaurować
restrain vt powstrzymywać, tłumić
restraint n ograniczenie, opanowanie
restrict vt ograniczać
restriction n ograniczenie
restroom n AE toaleta
result n rezultat, skutek
result vi -1. kończyć się -2. wynikać
resume wznawiać
résumé n CV, życiorys
resurrection n wskrzeszenie
retail n handel detaliczny

retain vt -1. zachowywać -2. zatrzymywać
retarded adj opóźniony w rozwoju
retch vi mieć torsje
retire vi przechodzić na emeryturę
retirement n emerytura
retiring adj odchodzący, ustępujący
retreat vi wycofywać się
retreat n odwrót
retrieve vt odzyskiwać
retriever n pies myśliwski
retrospective adj retrospektywny; z perspektywy czasu
return vt oddawać, zwracać, (po) wracać
return n -1. powrót -2. zwrot
returnable adj zwrotny
reunion n spotkanie, zjazd
reunite vt -1. jednoczyć -2. scalać
reuse vt ponownie używać/ wykorzystywać
revamp vt reformować
reveal vt odkrywać, odsłaniać, wyjawiać
revelry n hulanka
revenge n zemsta
revenge vt pomścić
revenue n dochód
reversal n zupełna zmiana, zwrot
reverse -1. vt & vi cofać (się), jechać do tyłu -2. vt odwracać
reverse (gear) n (bieg) wsteczny
reverse adj odwrotny, przeciwny
reversible adj odwracalny
review n -1. przegląd -2. recenzja
review vt -1. przeglądać -2. recenzować
reviewer n recenzent
revise vt -1. rewidować -2. korygować -3. powtarzać
revision n -1. korekta, zmiana -2. powtórka
revitalize, -ise vt ożywiać
revival n ożywienie, odrodzenie

revive -1. *vt* cucić **-2.** *vt* ożywiać
revolt -1. *vi* buntować się**-2.** *vt* budzić
 odrazę
revolt *n* bunt, rewolta
revolting *adj* odrażający, wstrętny
revolution *n* rewolucja
revolutionary *(pl* **-ies)** *adj* rewolucyjny
revolutionary *n POL* rewolucjonista
revolve *vi* obracać się
revolver *n* rewolwer
revulsion *n* obrzydzenie, odraza
reward *n* nagroda
reward *vt* nagradzać
rewind *(pt & pp* **rewound)** *vt*
 przewijać do tyłu
rhapsody *n* rapsodia
rheumatic *adj* reumatyczny
rheumatism *n* reumatyzm
rhinoceros *(pl inv* OR **-es)** *n* nosorożec
rhyme *vt & vi* rymować (się)
rhyme *n* **-1.** rym **-2.** rymowanka,
rib *n* żebro
ribbon *n* wstążka, wstęga
rice *n* ryż
rich *adj* bogaty
riches *npl* bogactwo
richness *n* bogactwo
rickshaw *n* ryksza
rid *adj*: **to rid sb/sth of** uwalniać
 kogoś/coś od; **to get rid of sb/sth**
 pozbywać się kogoś/czegoś
riddle *n* zagadka
ride *(pt* **rode,** *pp* **ridden)** jeździć (na)
ride *n* jazda, przejażdżka
rider *n* jeździec
ridicule *vt* kpić z, wyśmiewać
ridiculous *adj* śmiechu wart, śmieszny
rifle *n* karabin, strzelba
right *adj* **-1.** dobry; poprawny
 -2. prawy
right *adv* **-1.** dobrze, poprawnie
 -2. na/w prawo
right *n* **-1.** dobro, słuszność **-2.** prawo
 -3. prawa strona

righteous *adj* prawy
rightful *adj* legalny, prawowity
right-handed *adj* praworęczny
rightly *adv* dobrze, prawidłowo
rightness *n* słuszność
rigid *adj* **-1.** sztywny, twardy
 -2. surowy, ścisły
rigorous *adj* dokładny, rygorystyczny
rigour *BE,* **rigor** *AE n* rygor, surowość
rile *vt* drażnić
rim *n* brzeg, krawędź
ring *n* **-1.** dzwonek **-2.** kółko, pierścień
 -3. koło, krąg
ring *(senses 1 & 2 pt* **rang,** *pp* **rung,**
 sense 3 pt & pp **ringed)** *vt & vi*
 dzwonić (do)
ring binder *n* segregator
ring finger *n* palec serdeczny
ring road *n BE* obwodnica
rink *n* lodowisko
rinse *vt* opłukiwać, płukać
riot *n* rozruchy, zamieszki
rip *(pt & pp* **-ped,** *cont* **-ping)** *vt & vi*
 drzeć (się), rozrywać (się)
ripe *adj* dojrzały
ripen *vi* dojrzewać
ripple *n* **-1.** zmarszczka **-2.** szmer
rise *(pt* **rose,** *pp* **risen)** *vi* unosić się,
 podnosić się
rise *n* wzrost
risk *n* niebezpieczeństwo, ryzyko
risk *vt* narażać, ryzykować
risky *(comp* **-ier,** *superl* **-iest)** *adj*
 niepewny, ryzykowny
rissole *n* kotlet mielony
rite *n* obrzęd
ritual *n* rytuał
ritual *adj* rytualny
rival *n* konkurent, rywal
rival *adj* konkurencyjny, rywalizujący
rival *vt* rywalizować z
rivalry *n* rywalizacja,
 współzawodnictwo
river *n* rzeka

river bank *n* brzeg rzeki
riverside *n* brzeg rzeki
rivet *n TECH* nit
road *n* droga
roadhog *n* zawalidroga
road map *n* mapa samochodowa
roadside *n* pobocze
roadway *n* jezdnia
roam *vt & vi* wędrować (po), włóczyć
   się (po)
roar *vi* ryczeć
roar *n* ryk
roast *vt* piec
roast *n* pieczeń
roast *adj* pieczony
rob (*pt & pp* -bed, *cont* -bing) *vt*
   obrabowywać, okradać
robber *n* rabuś, złodziej
robbery (*pl* -ies) *n* napad rabunkowy,
   rabunek
robe *n* szlafrok; toga
robust *adj* krzepki, zdrowy
rock *n* -1. skała -2. *MUS* rock
rock *vt* bujać
rock climber *n* alpinista
rocket *n* rakieta
rocky (*comp* -ier, *superl* -iest) *adj*
   kamienisty, skalisty
rod *n* pręt
rode *pt of* ride
role *n* funkcja, stanowisko, rola
roll *vt & vi* toczyć (się), turlać (się
roll *n* -1. bela, rolka -2. bułka
roller-skate *vi* jeździć na rolkach
Roman *adj* rzymski
Roman *n* Rzymianin
romance *n* romans
Romania *n* Rumunia
Romanian *adj* rumuński
Romanian *n* Rumun
romantic *adj* romantyczny
romanticism *n* romantyczność
Rome *n* Rzym
roof *n* dach

roof rack *n AUT* bagażnik dachowy
room *n* -1. pokój, pomieszczenie
   -2. miejsce
roommate *n* współlokator
room service *n* obsługa hotelowa
roomy (*comp* -ier, *superl* -iest) *adj*
   przestronny
roost *n* grzęda
rooster *n* kogut
root *n* korzeń
rope *n* lina, sznur
rope *vt* wiązać, związywać
rosary (*pl* -ies) *n* różaniec
rose *pt of* rise
rose *n* -1. róża -2. róż
rosebed *n* klomb róż
rosemary *n* rozmaryn
rosy (*comp* -ier, *superl* -iest) *adj*
   różowy
rot (*pt & pp* -ted, *cont* -ting) gnić
rot *n* gnicie
rotate *vt & vi* obracać (się)
rotten *adj* -1. spróchniały, zgniły 2.
   beznadziejny, kiepski
rouge *n* róż
rough *adj* -1. chropowaty, szorstki
   -2. brutalny, grubiański
roughness *n* -1. chropowatość,
   szorstkość -2. brutalność,
   obcesowość
round *adj* (o)krągły
round *prep & adv* dookoła, wokół
round *n* runda, tura
round *vt* okrążać
→**round off** *vt sep* zakańczać
→**round up** *vt sep* -1. spędzać,
   zaganiać -2. *MATH* zaokrąglać
roundabout *adj* okrężny
roundabout *n* rondo
rounded *adj* zaokrąglony
round the clock *adv* całą dobę, dzień
   i noc
round trip *n* podróż w obie strony
rouse *vt* -1. budzić -2. podrywać

rousing adj (speech) płomienny, porywający
route n trasa
routine n procedura, rutyna
routine adj rutynowy
row n -1. rząd, rządek -2. ciąg, seria
row -1. vt & vi wiosłować -2. vi kłócić się
rowboat AE, **rowing boat** BE n łódź wiosłowa
rowdiness n awanturnictwo
royal adj królewski
royalties npl tantiemy
royalty n rodzina królewska
rub (pt & pp -bed, cont -bing) vt pocierać, trzeć, wcierać
rubber n guma
rubber adj gumowy, z gumy
rubber stamp n pieczątka
rubbish n -1. odpadki, śmieci -2. ifml szmira, tandeta, bzdury
ruby (pl -ies) n rubin
rucksack n plecak
rude adj niegrzeczny, nieuprzejmy
ruffian n zbój
rug n dywanik
rugged adj poszarpany, skalisty
ruin vt niszczyć, burzyć, rujnować
ruin n ruina
rule n przepis, zasada
rule vt & vi panować, władać
ruler n -1. linijka -2. rządzący, władca
rum n rum
rumble vi dudnić
rumble n dudnienie
rumour BE, **rumor** AE n pogłoska
run (pt **ran**, pp **run**, cont -**ning**) vi biec, biegać
run n bieg, bieganie
runaway adj pędzący, rozpędzony
runaway n uciekinier, zbieg
rung pp of **ring**
rung n szczebel

runner n -1. biegacz -2. płoza, prowadnica
runner bean n BE fasolka szparagowa
running n bieganie, biegi
runway n pas startowy
rural adj rolniczy, wiejski
ruse n podstęp
rush vi pędzić, spieszyć się
rush n pośpiech
rush hour n godzina szczytu
Russia n Rosja
Russian n -1. (person) Rosjanin
Russian adj rosyjski
rust n rdza
rustic adj rustykalny, wiejski
rusty (comp -**ier**, superl -**iest**) adj -1. zardzewiały -2. zaniedbany
ruthless adj bezlitosny, bezwzględny
ruthlessness n bezwzględność
rye n żyto

S

sabotage n sabotaż
sabre BE, **saber** AE n szabla
saccharin(e) n sacharyna
sachet n torebeczka
sack n -1. worek -2. zwolnienie
sack vt BE ifml wylewać, wywalać z pracy
sacrament n sakrament
sacred adj święty
sacrifice n -1. ofiara -2. poświęcenie, wyrzeczenie
sacrifice vt -1. składać w ofierze -2. poświęcać
sacrilege n świętokradztwo
sad (comp -**der**, superl -**dest**) adj smutny
sadden vt zasmucić

saddle *n* siodło
saddle *vt* -1. siodłać -2. *fig* obarczać
sadism *n* sadyzm
sadist *n* sadysta
sadly *adv* -1. smutno, ze smutkiem
   -2. niestety
sadness *n* smutek, zasmucenie
safari *n* safari
safe *adj* bezpieczny, ostrożny
safe *n* sejf
safe-conduct *n* list żelazny
safeguard *n* zabezpieczenie
safeguard *vt* ochraniać, zabezpieczać
safely *adv* -1. bezpiecznie -2. bez
   szwanku, cało i zdrowo
safety *n* bezpieczeństwo
safety catch *n* bezpiecznik
safety pin *n* agrafka
saffron *n* szafran
Sagittarius *n* Strzelec
said *pt & pp of* **say**
sail *n* żagiel
sail *vt* żeglować
sailboat *AE*, **sailing boat** *BE n*
   żaglówka
sailing *n* żeglowanie, żeglarstwo
sailor *n* marynarz, żeglarz
saint *n* święty
salad *n* sałatka
salad bowl *n* salaterka
salamander *n* salamandra
salami *n* salami
salary (*pl* **-ies**) *n* pensja, pobory
sale *n* sprzedaż
sales *npl* -1. obroty, zbyt -2. dział
   sprzedaży
sales assistant, **salesclerk** *AE n*
   ekspedient, sprzedawca
salesman (*pl* **-men**) *n* ekspedient,
   sprzedawca
sales manager *n* kierownik działu
   sprzedaży
sales slip *n AE* paragon
saliva *n* ślina

salivate *vi* ślinić się
salmon (*pl inv* OR **-s**) *n* łosoś
salon *n* -1. zakład fryzjerski
   -2. gabinet kosmetyczny
salt *n* sól
salt *vt* solić
saltcellar *BE*, **salt shaker**
   AE n solniczka
salt-free *adj* nie zawierający soli
saltwater *n* woda morska
salty (*comp* **-ier**, *superl* **-iest**) *adj* słony
salute *vt & vi* MIL salutować
salvage *vt* ocalać, ratować
salvage vessel *n* statek ratowniczy
salvation *n* -1. ratunek, wybawienie
   -2. zbawienie
same *adj* -1. ten sam -2. taki sam
same *pron* (*unchanged*) **the same** ten
   sam, taki sam
sample *n* próbka
sample *vt* -1. kosztować, próbować
   -2. zakosztowywać
sanatorium *n* sanatorium
sanctify *vt* uświęcać
sanction *n* -1. aprobata, zezwolenie
   -2. sankcja
sanction *vt* aprobować, sankcjonować
sanctuary (*pl* **-ies**) *n* -1. rezerwat
   -2. azyl, sanktuarium
sand *n* piasek
sandal *n* sandał
sandbox *AE*, **sandpit** *BE n* piaskownica
sandpaper *n* papier ścierny
sandstorm *n* burza piaskowa
sandwich *n* kanapka
sandy (*comp* **-ier**, *superl* **-iest**) *adj*
   piaszczysty
sane *adj* przy zdrowych zmysłach,
   zdrowy psychicznie
sang *pt of* **sing**
sanitorium *AE* = **sanatorium**
sank *pt of* **sink**
Santa (Claus) *n* Święty Mikołaj
sapphire *n* szafir**

sarcasm *n* sarkazm
sarcastic *adj* sarkastyczny
sardine *n* sardynka
sash *n* szarfa, wstęga
sat *pt & pp of* sit
Satan *n* Szatan
satellite *n* satelita
satin *n* atłas, satyna
satire *n* satyra
satirical *adj* satyryczny
satirize, -ise *vt* obśmiewać, wyszydzać
satisfaction *n* satysfakcja, zadowolenie
satisfactory *adj* satysfakcjonujący, zadawalający
satisfied *adj* zadowolony
satisfy (*pt & pp* -ied) *vt* satysfakcjonować, zadawalać
saturation *n* nasycenie
Saturday *n* sobota
Saturn *n* Saturn
sauce *n* - sos
saucepan *n* rondel
saucer *n* spodek
saucy (*comp* -ier, *superl* -iest) *adj* bezczelny, zuchwały
sausage *n* kiełbasa
sauté (*pt & pp* sautéed OR sautéd) *vt* podsmażać, przysmażać
sauté *adj* podsmażany, przysmażany
savage *adj* -1. bestialski, dziki -2. gwałtowny, ostry
savage *n* dzikus
savage *vt* poniewierać, turbować
save *vt* -1. ocalać, ratować 2. oszczędzać, zachowywać
savings *npl* oszczędności
saviour *BE*, savior *AE n* wybawca, zbawca
savour *BE*, savor *AE vt* -1. smakować -2. delektować się
savoury *adj* -1. ostry, pikantny -2. apetyczny, smakowity
savvy *n* zmysł
saw *pt of* see

saw *n* piła
saw (*BE pt* -ed, *pp* sawn, *AE pt & pp* -ed) *vt* piłować
sawdust *n* trociny
sawmill *n* tartak
sawn *BE pp of* saw
saxophone *n* saksofon
say (*pt & pp* said) *vt* mówić, powiedzieć
say *n* głos, prawo głosu
saying *n* powiedzenie
scab *n* strup
scaffolding *n* rusztowanie
scald *vt* poparzyć
scald *n* oparzenie
scale *n* -1. skala; -2. podziałka -3. łuska
scales *npl* waga
scale *vt* -1. wspinać się na -2. oskrobywać
scalpel *n* skalpel
scan (*pt & pp* -ned, *cont* -ning) *vt* -1. przeszukiwać -2. przeglądać
scandal *n* skandal
scandalize, -ise *vt* bulwersować, szokować
scandalous *adj* skandaliczny
scanner *n* skaner
scapegoat *n* kozioł ofiarny
scar *n* blizna, szrama
scar (*pt & pp* -red, *cont* -ring) *vt* kiereszować
scarce *adj* niewystarczający
scarcely *adv* ledwo, z trudem
scarcity *n* niedobór
scare *vt* przerażać, wystraszać
scare *n* przerażenie, przestrach
scarecrow *n* strach na wróble
scared *adj* przerażony, wystraszony
scarf (*pl* -s OR scarves) *n* szalik, apaszka
scarlet *adj* jasnoczerwony, szkarłatny
scarlet fever *n* szkarlatyna

scary (*comp* -ier, *superl* -iest) *adj ifml* przerażający, straszny
scathing *adj* cięty, zjadliwy
scatter -1. *vt* rozrzucać -2. *vi* rozpraszać się
scattered *adj* porozrzucany
scenario (*pl* -s) *n* scenariusz
scene *n* scena
scenery *n* krajobraz, sceneria
scenic *adj* malowniczy
scent *n* aromat, woń
scent *vt* wywęszać
scented *adj* pachnący, perfumowany
sceptic *BE*, **skeptic** *AE n* sceptyk
sceptical *Br*, **skeptical** *AE adj* sceptyczny
scepticism *BE*, **skepticism** *AE n* sceptycyzm
schedule *n* plan, program, rozkład jazdy
schedule *vt* planować
schematic *adj* schematyczny
scheme *n* plan
scheme *vt & vi pej* knuć intrygi, spiskować
scholar *n* naukowiec, uczony
scholarship *n* stypendium
school *n* szkoła
schoolbook *n* podręcznik szkolny
schoolboy *n* uczeń
schoolchild (*pl* -children) *n* uczeń
schoolgirl *n* uczennica
schoolmaster *n dated* nauczyciel
schoolmistress *n dated* nauczycielka
school report *n* świadectwo szkolne
schoolroom *n dated* klasa, sala lekcyjna
schooner *n* szkuner
science *n* nauka
scientific *adj* naukowy
scientist *n* naukowiec
scissors *npl* nożyce, nożyczki
scoop *n* -1. łopatka, łyżka -2. gałka, kulka

scoop *vt* czerpać, nabierać
scope *n* -1. możliwości, pole -2. zakres, zasięg
scorch *vt* przypiekać, przypalać
score *n* -1. rezultat, wynik -2. partytura
score *vt & vi* zdobywać (gola/ punkt(y)
scoreboard *n* tablica wyników
scorn *n* pogarda
scorn *vt* gardzić, pogardzać
Scorpio (*pl* -s) Skorpion
scorpion *n* skorpion
Scot *n* Szkot
Scotch *adj* szkocki
Scotch *n* szkocka (whisky)
Scotland *n* Szkocja
Scotsman (*pl* -men) *n* Szkot
Scottish *adj* szkocki
scour *vt* -1. czyścić, szorować -2. przeszukiwać, przetrząsać
scout *n* -1. *MIL* zwiadowca -2. (*boy scout*) harcerz, skaut
scowl *vi* krzywić się, krzywo patrzeć
scrabble *vi* macać rękami dookoła
scramble *n* szamotanina, szarpanina; wdrapanie się
scrambled eggs *npl* jajecznica
scrap *n* -1. kawałek, świstek -2. złom
scrap (*pt & pp* -ped, *cont* -ping) *vt* wyrzucać do kosza
scrapbook *n* album z wycinkami
scrape *vt* zdrapywać, zeskrobywać
scrape *n* drapanie, skrobanie
scraper *n* skrobaczka
scrapings *npl* obierki
scrap metal *n* złom
scrap yard *n* złomowisko
scratch *vt* drapać
scratch *n* zadrapanie, zadraśnięcie
scrawl *n* bazgroły, gryzmoły
scrawny *adj* kościsty
scream *vt & vi* krzyczeć, wrzeszczeć
scream *n* krzyk, wrzask
screech *n* piszczenie, skrzeczenie

screen *n* ekran, parawan, zasłona
screen *vt* **-1.** pokazywać, wyświetlać
-2. przesłaniać, zasłaniać
screenplay *n* scenariusz
screen saver *n* wygaszacz ekranu
screen test *n* zdjęcia próbne
screenwriter *n* scenarzysta
screw *n* śrubka, wkręt
screw *vt & vi* **-1.** przykręcać **-2.** *ifml*
pieprzyć
screwdriver *n* śrubokręt
script *n* **-1.** scenariusz **-2.** pismo
scriptwriter *n* autor scenariusza
scroll *n* zwój
scroll *vt* przesuwać, przewijać
scrub (*pt & pp* **-bed,** *cont* **-bing**) *vt*
skrobać, szorować
scrub *n* **-1.** skrobanie, szorowanie
-2. busz
scruffy *adj* niechlujny
scruples *npl* skrupuły
scrupulous *adj* sumienny, uczciwy ,
skrupulatny
scrutiny *n* analiza, badanie
scuba diving *n* nurkowanie
sculpt *vt* rzeźbić
sculptor *n* rzeźbiarz
sculpture *n* **-1.** rzeźba **-2.** rzeźbiarstwo
sculptured *adj* rzeźbiony
scurf *n* łupież
scurry *vi* mknąć
sea *n* (*gen*) morze
seabird *n* ptak morski
seafood *n* owoce morza
seagoing *adj* dalekomorski
seagull *n* mewa
seal (*pl sense 1 only inv* OR **-s**) *n*
-1. foka **-2.** pieczęć **-3.** uszczelka
seal *vt* **-1.** pieczętować, zaklejać
-2. uszczelniać
sea level *n* poziom morza
seam *n* szew
seaman (*pl* **-men**) *n* marynarz
seaport *n* port morski

search *n* poszukiwanie
search przeszukiwać, przetrząsać
seashell *n* muszla
seashore *n:* the seashore brzeg
morski
seasick *adj:* to be seasick dostać
choroby morskiej
seaside *n:* the seaside wybrzeże
seaside resort *n* ośrodek nadmorski
season *n* **-1.** pora roku **-2.** sezon, pora
season *vt* (*food*) doprawiać,
przyprawiać
seasonal *adj* sezonowy
seasoned *adj* doświadczony,
zaprawiony
seasoning *n* przyprawa
seat *n* miejsce, siedzenie
seat *vt* sadzać
seat belt *n* AUT pas bezpieczeństwa
secluded *adj* odosobniony, ustronny
second *num* drugi
second *n* (*part of minute*) sekunda
secondary *adj* **-1.** ponadpodstawowy,
średni **-2.** drugorzędny
secondary school *n* szkoła średnia
second-best *adj* zastępczy
second-hand *adj* używany, z drugiej
ręki
secondly *adv* po drugie, po wtóre
second-rate *adj pej* drugorzędny,
podrzędny
secrecy *n* -dyskrecja
secret *adj* sekretny, tajny
secret *n* sekret, tajemnica
secretariat *n* sekretariat
secretary (*pl* **-ies**) *n* sekretarka
secretive *adj* skryty, tajemniczy
sect *n* sekta
section *n* **-1.** część, odcinek **-2.** dział,
sekcja
sector *n* sektor
secure *adj* bezpieczny, zabezpieczony
secure *vt* zabezpieczać
security (*pl* **-ies**) *n* bezpieczeństwo

sedan n AE AUT sedan
sedate adj spokojny, wyciszony
sedate vt uspokajać lekami
sedative n środek uspokajający
seduce vt kusić; uwodzić
seduction n uwiedzenie
seductive adj uwodzicielski
see (pt saw, pp seen) vt & vi widzieć
seed n nasienie, ziarno
seedy adj zapuszczony
seek (pt & pp sought) fml vt & vi
    poszukiwać, szukać
seem wydawać się
seemingly adv na pozór, pozornie
seen pp of see
seersaw n huśtawka
see-through adj prześwitujący,
    przezroczysty
segment n część, wycinek
segregate vt rozdzielać
segregation n rozdział, segregacja
seismic adj sejsmiczny
seize vt chwytać (za), łapać; korzystać
seldom adv rzadko
select vt wybierać
select adj wyselekcjonowany
selection n wybór
selective adj selektywny, wybiórczy
self- prefix samo-, auto-
self-adhesive adj samoprzylepny
self-assured adj pewny siebie
self-centred adj egocentryczny,
    samolubny
self-confidence n pewność siebie
self-conscious adj skrępowany,
    zażenowany
self-defence n samoobrona; to act
    in self-defence działać w obronie
    własnej
self-employed adj pracujący
    na własny rachunek
self-esteem n poczucie własnej
    wartości
selfish adj egoistyczny, samolubny

selfishness n egoizm, samolubstwo
selfless adj bezinteresowny
self-pity n pej rozczulanie się nad sobą
self-portrait n autoportret
self-service n samoobsługa
self-sufficient adj samowystarczalny
self-tanning adj samoopalający
sell (pt & pp sold) vt & vi sprzedawać
→sell off vt wyprzedawać
→sell out vi wyprzedawać
seller n sprzedawca
selves pl of self
semaphore n semafor
semen n nasienie, sperma
semester n semestr
semi- prefix pół-, na wpół
semicircle n półkole
semicolon n średnik
semiconscious adj półprzytomny
semifinal n półfinał
seminar n seminarium
senate n senat
senator n senator
send (pt & pp sent) vt wysyłać
sender n nadawca
senior adj wysoki rangą
senior n starszy (człowiek), uczeń
    ostatniej klasy
senior citizen n emeryt, osoba starsza
sensation n -1. odczucie, poczucie
    -2. sensacja, wydarzenie
sensational adj -1. sensacyjny
    -2. fantastyczny, rewelacyjny
sense n -1. zmysł -2. poczucie
sense vt czuć, wyczuwać
senseless adj bezsensowny
sensible adj rozsądny, sensowny
sensitive adj wrażliwy
sensor n czujnik
sensual adj zmysłowy
sensuous adj przyjemny w dotyku
sent pt & pp of send
sentence n -1. zdanie -2. wyrok
sentence vt skazywać

sentiment *n* **-1.** odczucie, pogląd **-2.** sentymenty

sentimental *adj* sentymentalny

separate *adj* oddzielny, osobny

separate *vt & vi* oddzielać (się), rozdzielać (się)

separately *adv* oddzielnie, osobno

separation *n* oddzielenie, rozdział

separatism *n* separatyzm

September *n* wrzesień

septic *adj* zainfekowany, zakażony

sequel *n* - dalszy ciąg, kontynuacja

sequence *n* **-1.** ciąg, seria **-2.** kolejność, porządek

sequin *n* cekin

serenade *n* serenada

serene *adj* pogodny, spokojny

sergeant *n* sierżant

sergeant-major *n* starszy sierżant

serial *n* serial

series (*pl inv*) *n* **-1.** seria, szereg **-2.** cykl

serious *adj* poważny;

seriously *adv* na poważnie, na serio

seriousness *n* powaga

sermon *n* kazanie

servant *n* służący

serve *vt & vi* służyć

service *n* usługi, służba, obsługa

service *vt* **-1.** dokonywać przeglądu **-2.** obsługiwać

service station *n* stacja obsługi

servile *adj* służalczy

session *n* posiedzenie, sesja

set (*pt & pp* **set,** *cont* **-ting**) *vt* **-1.** umieszczać, ustawiać **-2.** instalować **-3.** przygotowywać

set *n* komplet, zestaw

set *adj* **-1.** stały, ustalony **-2.** niezmienny

setting *n* **-1.** oprawa, tło **-2.** położenie, ustawienie

settle -1. *vt* rozstrzygać, regulować,uspokajać **-2.** *vi* osiedlać się

settlement *n* **-1.** porozumienie, ugoda **-2.** kolonia, osada

settler *n* osadnik

set-up *n* *ifml* pułapka

seven *num* siedem

seventeen *num* siedemnaście

seventeenth *num* siedemnasty

seventy *num* siedemdziesiąt

several *adj & pron* kilka

severe *adj* **-1.** poważny **-2.** srogi, surowy

sew (*BE pp* **sewn,** *AE pp* **sewed** OR **sewn**) *vt & vi* szyć

sewage *n* ścieki

sewer *n* kanał ściekowy, ściek

sewerage *n* instalacja kanalizacyjna

sewing *n* szycie

sewn *pp of* **sew**

sex *n* **-1.** płeć **-2.** seks

sextet *n* sekstet

sexual *adj* **-1.** seksualny **-2.** płciowy

sexuality *n* seksualność

sexy (*comp* **-ier,** *superl* **-iest**) *adj* seksowny

shabby (*comp* **-ier,** *superl* **-iest**) *adj* **-1.** sfatygowany, wytarty **-2.** obdarty, zaniedbany

shack *n* chałupa, chata

shackles *npl* kajdany

shade *n* **-1.** cień **-2.** abażur

shade *vt* zacieniać, zasłaniać

shadow *n* cień

shady (*comp* **-ier,** *superl* **-iest**) *adj* **-1.** cienisty, zacieniony **-2.** podejrzany

shaft *n* **-1.** szyb **-2.** wał, wałek

shaggy (*comp* **-ier,** *superl* **-iest**) *adj* **-1.** potargany, zmierzwiony **-2.** kudłaty

shake (*pt* **shook,** *pp* **shaken**) *vt* potrząsać, wstrząsać

shaken *pp of* **shake**

shaky (*comp* **-ier,** *superl* **-iest**) *adj* chwiejny, niestabilny, niepewny

shall *aux vb (to express future tense)*
 I shall go pójdę
shallow *adj* płytki
shambles *n* bałagan
shame *n* wstyd
shame *vt* zawstydzać
shameless *adj* bezwstydny
shampoo *(pl -s) n* szampon
shampoo *(pt & pp -ed, cont -ing) vt*
 myć szamponem
shan't *cont of* shall not
shape *n* -1. kształt -2. forma, stan
shape *vt* -1. formować -2. kształtować,
 urabiać
shapeless *adj* bezkształtny
share *vt & vi* dzielić (się)
share *n* część, udział
shareholder *n* akcjonariusz,
 udziałowiec
shark *n* rekin
sharp *adj* ostry
sharp *adv* dokładnie
sharpen *vt* naostrzać
sharpener *n* -1. ostrzarka
 -2. temperówka
sharp-tempered *adj* porywczy
shatter *vt & vi* rozbijać (się),
 roztrzaskiwać (się)
shatterproof *adj* nietłukący
shave *vt & vi* golić (się)
shave *n* golenie
shaven *adj* ogolony, wygolony
shaver *n* golarka elektryczna
she *pers pron* ona
shed *n* buda, szopa
shed *(pt & pp* shed, *cont* -ding)
 vt -1. gubić, tracić, zrzucać
 -2. pozbywać się, odrzucać
 -3. wylewać; przelewać
she'd *cont of* she had, she would
sheep *(pl inv) n* owca
sheer *adj* czysty, zupełny
sheet *n* -1. prześcieradło -2. arkusz,
 kartka
shelf *(pl* shelves) *n* półka

shelf life *n* okres przechowywania
shell *n* -1. skorupka -2. łupina
 -3. muszla
shell *vt* -obierać, łuskać
she'll *cont of* she will, she shall
shellfish *(pl inv) n* -1. skorupiak
 -2. małż
shelter *n* -1. schronienie -2. osłona
shelter *vt & vi* chronić (się), osłaniać
 (się)
shelving *n* półki, regały
shepherd *n* pasterz
sheriff *n AE* szeryf
she's *cont of* she is, she has
shield *n* tarcza, ekran, osłona
shield *vt* chronić, osłaniać
shift *n* zmiana, zwrot
shift *vt & vi* przemieszczać (się),
 przesuwać (się)
shine *(pt & pp* shone) *vi* błyszczeć,
 świecić
shine *n* blask, połysk
shingle *n (on beach)* kamyki, żwir
shiny *(comp* -ier, *superl* -iest) *adj*
 błyszczący, lśniący
ship *n* okręt, statek
ship *(pt & pp* -ped, *cont* -ping) *vt*
 przewozić drogą morską
shipment *n* -1. *(cargo)* ładunek
 -2. przewóz, transport
shipper *n* spedytor
shipwreck *n* -1. katastrofa morska
 -2. wrak statku
shipwrecked *adj* rozbity
shipyard *n* stocznia
shirt *n* koszula
shit *vulg n* -1. gówno -2. bzdury,
 głupoty
shit *vulg vi* srać
shiver *vi* drżeć, dygotać, trząść się
shiver *n* dreszcz, drżenie
shock *n* szok, wstrząs
shock *vt* wstrząsać, bulwersować,
 szokować
shock absorber *n* amortyzator

shocking adj -1. okropny, straszny
-2. szokujący, wstrząsający
shoe n but
shoebrush n szczotka do butów
shoelace n sznurowadło, sznurówka
shoemaker n szewc
shone pt & pp of **shine**
shook pt of **shake**
shoot (pt & pp **shot**) vt & vi strzelać
shooting n -1. strzelanina
-2. polowanie
shooting range n strzelnica
shop n -1. sklep -2. pracownia,
warsztat
shop (pt & pp -**ped,** cont -**ping**) vi
robić zakupy
shop assistant n BE ekspedient,
sprzedawca
shopkeeper n sklepikarz
shoplifter n złodziej sklepowy
shopper n klient, kupujący
shopping n zakupy
shopping centre BE, **shopping mall**
AE n centrum handlowe
shopwindow n witryna, wystawa
sklepowa
shore n brzeg, wybrzeże
shoreline n linia brzegowa
short adj krótki, niski
short adv krótko
shortage n brak, niedobór
short circuit n krótkie spięcie, zwarcie
short cut n skrót
shorten vt & vi skracać (się)
shortfall n deficyt, niedobór
shorthand n stenografia
short-lived adj krótkotrwały
shortly adv -1. niebawem, wkrótce
-2. krótko, zwięźle
shorts npl krótkie spodenki, szorty
shortsighted adj (person)
krótkowzroczny
short story n nowela, opowiadanie
short-term adj -1. krótkoterminowy
-2. krótkotrwały

shot pt & pp of **shoot**
shot n strzał, wystrzał
shotgun n dubeltówka, śrutówka
should aux vb należy, trzeba
shoulder n bark, ramię
shouldn't cont of **should not**
should've cont of **should have**
shout vt & vi krzyczeć
shout n krzyk, okrzyk
shove vt pchać, popychać
shovel n łopata, szufla
shovel vt -1. odgarniać, szuflować
-2. wcinać, wsuwać
show (pt -**ed**, pp **shown** OR -**ed**) vt
pokazywać
show n przedstawienie, spektakl,
program rozrywkowy, show
show business n przemysł
rozrywkowy
showcase n gablota
shower n -1. prysznic -2. przelotny
deszcz
shower brać prysznic
shown pp of **show**
showroom n salon wystawowy
showy (comp -**ier,** superl -**iest**) adj
krzykliwy, ostentacyjny
shrank pt of **shrink**
shred n pasek, strzęp
shred (pt & pp -**ded,** cont -**ding**) vt
-1. szatkować -2. drzeć na strzępy
shriek vt & vi piszczeć
schrill adj piskliwy
shrimp n krewetka
shrine n sanktuarium, świątynia
shrink (pt **shrank,** pp **shrunk**) vi
kurczyć się, zbiegać się, zmniejszać
się
shrink n ifml psychiatra
shroud n całun
shrug n wzruszenie ramion
shrunk pp of **shrink**
shudder vi -1. dygotać, wzdrygać się
-2. trząść się
shuffle vt powłóczyć, szurać, tasować

shut (*pt* & *pp* **shut,** *cont* **-ting**) *vt* & *vi* zamykać (się)

shut *adj* zamknięty

shutter *n* **-1.** okiennica, żaluzja **-2.** migawka

shuttle *n* wahadłowy środek transportu

shuttle **-1.** *vi* kursować wahadłowo **-2.** *vt* dowozić, przewozić

shy *adj* bojaźliwy, nieśmiały

shyness *n* nieśmiałość

sick *adj* chory

sickening *adj* obrzydliwy, odpychający

sickle *n* sierp

sickly (*comp* **-ier,** *superl* **-iest**) *adj* chorowity

sickness *n* choroba;

side *n* strona

side *adj* boczny

side:

→side with *vt fus* stawać po stronie, trzymać z

side dish *n* sałatka, surówka

side drum *n* werbel

side effect *n* działanie uboczne

sideline *n* uboczne zajęcie

sidewalk *n AE* chodnik

sideways *adj* & *adv* na/w bok

sieve *n* sito

sieve *vt* przesiewać

sift **-1.** *vt* przesiewać **-2.** *vt* & *vi fig* segregować

sigh *vi* wzdychać

sigh *n* westchnienie, westchnięcie

sight *n* **-1.** wzrok **-2.** widok

sight *vt* spostrzegać

sightseeing *n* oglądanie, zwiedzanie

sign *n* symbol, znak, napis, wywieszka

sign *vt* podpisywać

signal *n* sygnał, znak

signal wysyłać sygnały, dawać znak

signatory *n* sygnatariusz

signature *n* podpis

significance *n* waga, znaczenie

significant *adj* istotny, znaczny

signify (*pt* & *pp* **-ied**) *vt* oznaczać

sign language *n* język migowy

signpost *n* drogowskaz

silage *n* kiszonka

silence *n* milczenie, cisza

silence *vt* uciszać

silencer *n* tłumik

silent *adj* **-1.** milczący **-2.** cichy, małomówny

silhouette *n* sylwetka, zarys

silicon *n* krzem

silicone *n* silikon

silk *n* jedwab

sill *n* parapet; próg

silly (*comp* **-ier,** *superl* **-iest**) *adj* **-1.** głupi, niemądry **-2.** śmieszny

silver *n* **-1.** srebro **-2.** bilon, drobne monety **-3.** srebra

silver *adj* srebrny

silver-plated *adj* posrebrzany

silverware *n* srebra

similar *adj* podobny

similarity (*pl* **-ies**) *n* podobieństwo

simile *n* porównanie

simmer *vt* & *vi* gotować (się) na wolnym ogniu

simple *adj* łatwy, prosty

simple-minded *adj* naiwny, prostoduszny

simplicity *n* **-1.** łatwość **-2.** prostota

simplify (*pt* & *pp* **-ied**) *vt* upraszczać

simplistic *adj* nadto uproszczony

simply *adv* **-1.** po prostu **-2.** w prosty sposób

simulate *vt* **-1.** pozorować, udawać, symulować **-2.** imitować

simultaneous *adj* jednoczesny, równoczesny

sin *n* grzech

sin (*pt* & *pp* **-ned,** *cont* **-ning**) *vi* grzeszyć

since *prep* & *adv* od

since *conj* **-1.** odkąd, od kiedy **-2.** jako że, ponieważ

sincere *adj* szczery
sincerely *adv* szczerze
sincerity *n* szczerość
sinful *adj* grzeszny
sing (*pt* sang, *pp* sung) *vt* & *vi* śpiewać
singer *n* piosenkarz, śpiewak
single *adj* -1. jedyny, pojedynczy
-2. *(person)* stanu wolnego
single *n* *(one-way ticket)* bilet w jedną
stronę
single-handed *adv* samemu,
w pojedynkę
single room *n* pokój pojedynczy
singular *adj* GRAM w liczbie
pojedynczej
singular *n* liczba pojedyncza
sinister *adj* złowieszczy, złowrogi
sink (*pt* sank, *pp* sunk) *vi* tonąć,
grzęznąć, zapadać się
sink *n* zlew, zlewozmywak
sinner *n* grzesznik
sip (*pt* & *pp* -ped, *cont* -ping) *vt*
popijać, sączyć
sip *n* łyczek, łyk
siphon *n* syfon
sir *n* -1. *(form of address)* pan; yes, sir!
tak, proszę pana! -2. *(in titles)* sir
siren *n* syrena (alarmowa)
sister *n* siostra
sister-in-law *n* bratowa, szwagierka
sit (*pt* & *pp* sat, *cont* -ting) *vi* siedzieć
sitcom *n* ifml serial komediowy
site *n* -1. plac, teren -2. miejsce, punkt
sitting *n* -1. tura -2. posiedzenie, sesja
sitting room *n* pokój gościnny,
salon(ik)
situate *vt* lokalizować, umiejscawiać
situation *n* położenie, sytuacja
six *num* sześć
sixteen *num* szesnaście
sixty (*pl* -ies) *num* sześćdziesiąt
size *n* wielkość, rozmiar
skate *n* -1. łyżwa -2. wrotka
-3. płaszczka

skate *vi* -1. jeździć na łyżwach
-2. jeździć na deskorolce
skateboard *n* deskorolka
skater *n* -1. łyżwiarz -2. deskorolkarz
skating *n* łyżwiarstwo
skeleton *n* kościec, szkielet
skeptic *etc* AE = sceptic *etc*
sketch *n* szkic
sketch *vt* & *vi* szkicować
sketchbook *n* szkicownik
sketchy *adj* pobieżny
ski *n* narta
ski (*pt* & *pp* skied, *cont* skiing) *vi*
jeździć na nartach
skid (*pt* & *pp* -ded, *cont* -ding) *vi* AUT
wpadać w poślizg
skid *n* AUT poślizg
skier *n* narciarz
skiing *n* jazda na nartach, narciarstwo
skilful, skillful AE *adj* wprawny,
zręczny
skill *n* -1. biegłość, wprawa
-2. umiejętność
skimp -1. *vt* skąpić, żałować -2. *vi*
oszczędzać
skin *n* skóra
skin (*pt* & *pp* -ned, *cont* -ning) *vt*
obdzierać ze skóry, obierać
skinny (*comp* -ier, *superl* -iest) *adj*
chudy, kościsty
skin-tight *adj* obcisły
skip *n* podskok
skip (*pt* & *pp* -ped, *cont* -ping) *vt*
(page) pomijać
skirt *n* spódnica
skull *n* czaszka
skunk *n* skunks
sky (*pl* skies) *n* niebo
skylark *n* skowronek
skyscraper *n* drapacz chmur
slacken *vt* zwalniać, poluzowywać
slalom *n* slalom
slam (*pt* & *pp* -med, *cont* -ming) -1. *vt*
& *vi* trzaskać -2. *vt* *(object)*
slander *vt* oczerniać, zniesławiać

337

slang *n* slang, żargon
slant -1. *vt* przedstawiać tendencyjnie -2. *vi* przechylać się
slant *n* -1. nachylenie, pochyłość -2. punkt widzenia
slap (*pt & pp* -**ped**, *cont* -**ping**) *vt* (*person*) policzkować, poklepywać
slap *n* klaps, klepnięcie
slash *vt* ciąć, rozcinać, przycinać
slash *n* -1. cięcie, nacięcie -2. ukośnik
slaughter *vt* -1. dokonywać uboju, zarzynać -2. masakrować
slaughter *n* -1. rzeź, ubój -2. masakra, mord
slaughterhouse *n* rzeźnia
Slav *n* Słowianin
Slav *adj* słowiański
slave *n* niewolnik
slavery *n* niewolnictwo
Slavic *adj* słowiański
sleazy (*comp* -**ier**, *superl* -**iest**) *adj* obskurny, zapuszczony
sledge, sled *AE n* sanie, sanki
sleek *adj* -1. gładki, lśniący -2. elegancki, wymuskany
sleep (*pt & pp* **slept**) *vi* spać
sleep *n* sen
sleeping bag *n* śpiwór
sleeping car *n RAIL* wagon sypialny
sleeping pill *n* pigułka nasenna
sleepless *adj* bezsenny
sleeplessness *n* bezsenność
sleepwalk *vi* być lunatykiem
sleepy (*comp* -**ier**, *superl* -**iest**) *adj* senny, śpiący
sleet *n* deszcz ze śniegiem
sleeve *n* rękaw
sleigh *n* sanie
slender *adj* smukły, szczupły
slept *pt & pp of* **sleep**
sleuth *n* detektyw
slice *n* kromka, plasterek
slice *vt* (*cheese, meat*) kroić; (*hand*) rozcinać

slide (*pt & pp* **slid**) -1. *vt* wsuwać -2. *vi* ślizgać się
slide *n* -1. *PHOT* przeźrocze, slajd -2. zjeżdżalnia
slight *adj* nieznaczny, niewielki
slightly *adv* nieco, trochę
slim (*comp* -**mer**, *superl* -**mest**, *cont* -**ming**) *adj* smukły, szczupły
slim (*pt & pp* -**med**) *vi* odchudzać się
slime *n* muł, szlam
slimming *n* odchudzanie
sling (*pt & pp* **slung**) *vt* zarzucać, zawieszać
slip (*pt & pp* -**ped**, *cont* -**ping**) *vi* poślizgnąć się
slip *n* -1. pomyłka, potknięcie -2. kawałek, świstek; **a slip of paper** świsek papieru
slipper *n* kapeć, pantofel
slippery *adj* śliski
slit (*pt & pp* **slit**, *cont* -**ting**) *vt* przecinać, rozcinać
slit *n* nacięcie, rozcięcie
sliver *n* drzazga
slogan *n* hasło, slogan
slope *n* -1. nachylenie -2. pochyłość, zbocze
sloppy (*comp* -**ier**, *superl* -**iest**) *adj* niechlujny
slot *n* -1. otwór -2. rowek, szczelina
slot machine *n* automat do gry
slouch *vi* garbić się
slow *adj* powolny, wolny
slow, slowly *adv* powoli, wolno
slow (down) *vt* spowalniać
sluggish *adj* ociężały, ospały
slum *n* slumsy
slung *pt & pp of* **sling**
slurp *vt* chłeptać, siorbać
slut *n ifml* dziwka
sly *adj* -1. chytry, szelmowski -2. cwany, przebiegły
smack *vt* -1. (*slap*) dawać klapsa -2. policzkować
smack *n* -1. klaps -2. policzek

small *adj* -mały, niewielki
smallish *adj* przymały
smallpox *n* ospa
small-time *adj* pomniejszy, trzeciorzędny
smart *adj* -1. elegancki, szykowny -2. bystry, sprytny
smash *vt & vi* -1. roztrzaskiwać (się), tłuc (się) -2. uderzać, walić
smash *n* -1. druzgot, trzask -2. kolizja, kraksa
smashing *adj ifml* kapitalny, odlotowy
smash-up *n* kolizja, kraksa
smear *vt* plamić, zasmarowywać
smear *n* maźnięcie, plama
smell (*pt & pp* -ed OR smelt) -1. *vt* wąchać; wyczuwać -2. *vi* pachnieć
smell *n* -1. zapach -2. powonienie, węch
smelly (*comp* -ier, *superl* -iest) *adj* śmierdzący
smile *vi* uśmiechać się
smile *n* uśmiech
smith *n* kowal
smithy (*pl* -ies) *n* kuźnia
smock *n* fartuch, kitel
smoke *n* dym
smoke -1. *vt & vi* palić -2. *vt* wędzić -3. *vi* dymić, kopcić
smoked *adj* wędzony
smoker *n* palacz, palący
smokescreen *n fig* zasłona dymna
smoking *n* palenie
smoky *adj* zadymiony
smooth *adj* gładki, równy
smooth *vt* wygładzać
smudge *n* (*dirty mark*) plama, smuga
smudge *vt* rozmazywać
smuggle *vt* przemycać, szmuglować
smuggler *n* przemytnik, szmugler
snack *n* przekąska
snag *n* drobny problem, mała trudność
snail *n* ślimak
snake *n* wąż

snake *vi* wić się
snap *adj* błyskawiczny, nagły
snap *n* -1. (*of branch, bone*) trzask -2. (*photo*) fotka, zdjęcie
snap (*pt & pp* -ped, *cont* -ping) -1. *vt & vi* łamać (się), -2. *vt & vi* warknąć
snappy (*comp* -ier, *superl* -iest) *adj ifml* -1. elegancki, szykowny -2. energiczny
snapshot *n* fotka, zdjęcie
snare *n* -1. sidła, wnyki -2. *fig* pułapka
snarl *vi* warczeć
snarl *n* burknięcie, warknięcie
snatch *vt* -1. chwytać, wyrywać -2. *fig* podkradać, urywać
sneakers *npl AE* tenisówki, trampki, adidasy
sneer *vi* szyderczo się uśmiechać
sneer *n* szyderczy uśmiech
sneeze *vi* kichać
sneeze *n* kichnięcie
sniff *vt* czuć zapach, wyczuwać; wąchać
sniffle *vi* pociągać nosem
sniper *n* snajper
snob *n* snob
snobbery *n* snobizm
snobbish *adj* snobistyczny
snooze *vi* drzemać
snooze *n* drzemka
snore *vi* chrapać
snore *n* chrapanie
snorkel *n* (*for underwater swimming*) fajka
snort *vi* parskać, prychać
snort *n* parsknięcie, prychnięcie
snout *n* -1. ryj -2. pysk
snow *n* śnieg
snow *v imp:* it's snowing pada śnieg
snowball *n* śnieżka
snowdrift *n* zaspa śnieżna
snowdrop *n* przebiśnieg
snowfall *n* opad śniegu
snowflake *n* płatek śniegu

snowman (*pl* **-men**) *n* bałwan
snowplough *BE*, **snowplow** *AE n* pług
śnieżny
snowstorm *n* śnieżyca
snowy (*comp* **-ier**, *superl* **-iest**) *adj*
-1. śnieżny **-2.** ośnieżony
snub (*pt & pp* **-bed**, *cont* **-bing**) *vt*
czynić afront, lekceważyć
snug (*comp* **-ger**, *superl* **-gest**) *adj*
-1. błogi, przyjemny **-2.** (*place*)
cieplutki, przytulny
snuggle *vi* kulić się
so *adv* **-1.** tak **-2.** owszem, więc
-3. także, też **-4.** tyle
so *conj* więc, zatem
soak *vt & vi* **-1.** moczyć **-2.** przemakać,
przesiąkać
soap *n* **-1.** mydło **-2.** telenowela
telewizyjna
soap *vt* mydlić
soar *vi* **-1.** wzbijać się, wzlatywać
-2. iść w górę, wzrastać
sob *n* łkanie, szloch
sob (*pt & pp* **-bed**, *cont* **-bing**) *vi* łkać,
szlochać
sober *adj* **-1.** trzeźwy **-2.** poważny,
rozsądny
sobriety *n* trzeźwość; powaga
so-called *adj* tak zwany
soccer *n* futbol, piłka nożna
sociable *adj* towarzyski
social *adj* **-1.** społeczny **-2.** towarzyski
socialism *n* socjalizm
socialist *adj* socjalistyczny
socialist *n* socjalista
socialize, -ise *vi* udzielać się
towarzysko
society (*pl* **-ies**) *n* **-1.** społeczeństwo
-2. towarzystwo
sociological *adj* socjologiczny
sociology *n* socjologia
sock *n* skarpet(k)a
socket *n* gniazdko, oprawka
sodium *n* sód
sofa *n* kanapa, sofa

sofabed *n* kanapa rozkładana
soft *adj* **-1.** delikatny, miękki **-2.** lekki,
łagodny
soft-boiled *adj* (*egg*) na miękko
soft drink *n* napój bezalkoholowy
soften *vt* zmiękczać, łagodzić
softener *n* środek zmiękczający
softness *n* miękkość, delikatność
soft toy *n* maskotka, pluszowa
zabawka
software *n* oprogramowanie
soil *n* gleba
soil *vt* brudzić, plamić
solace *n* ulga
solar *adj* słoneczny
sold *pt & pp of* **sell**
solder *vt* lutować
soldier *n* żołnierz
sold out *adj* wyprzedany
sole (*pl sense 2 only inv* OR **-s**) *n*
-1. podeszwa **-2.** (*fish*) sola
sole *adj* **-1.** jedyny **-2.** wyłączny
solely *adv* jedynie, wyłącznie
solemn *adj* **-1.** poważny **-2.** solenny,
uroczysty
solicitor *n BE* adwokat, prawnik
solid *adj* **-1.** stały **-2.** lity, twardy
solid *n* ciało stałe
solidarity *n* solidarność
solitary *adj* pojedynczy
solitude *n* samotność
solo *adv* **-1.** solo **-2.** samemu,
w pojedynkę
soloist *n* solista
soluble *adj* **-1.** rozpuszczalny
-2. do rozwiązania
solution *n* **-1.** rozwiązanie **-2.** roztwór
solve *vt* rozwiązywać
solvent *n* rozpuszczalnik
some *adj* trochę, kilka, parę
some *pron* trochę, kilka, parę
some *adv* jakieś, około
somebody *pron* ktoś
someday *adv* kiedyś, któregoś dnia

somehow AE adv **-1.** jakoś, w jakiś sposób **-2.** z jakiegoś powodu
something pron coś
sometime adv kiedyś
sometimes adv czasami
somewhat adv dość, nieco
somewhere BE, **someplace** AE adv gdzieś
son n syn
song n pieśń, piosenka
songbook n śpiewnik
songwriter n autor piosenek
sonic adj dźwiękowy
son-in-law (pl **sons-in-law** OR **son-in-laws**) n zięć
soon adv niebawem, wkrótce
sooner adv prędzej, szybciej
soot n sadza
soothe vt łagodzić, uśmierzać
sophisticated adj **-1.** wyrafinowany **-2.** wyrobiony
soprano (pl **-s**) n sopran
sorcerer n czarnoksiężnik
sordid adj obskurny; podły, wstrętny
sore adj bolący, obolały
sore n MED otwarta rana
sorrow n smutek, żal
sorrowful adj przygnębiony, smutny
sorry (comp **-ier**, superl **-iest**) adj **-1.** przepraszać **-2.** opłakany, żałosny
sort n rodzaj, gatunek, klasa
sort vt segregować, sortować
sought pt & pp of **seek**
sought-after adj poszukiwany
soul n dusza
soul-destroying adj przygnębiający
soulful adj ujmujący, wzruszający
soulless adj (job, work) męczący, nużący
sound n **-1.** dźwięk **-2.** dźwięk, odgłos
sound -1. vt włączać **-2.** vi brzmieć, dźwięczeć
sound adj **-1.** zdrowy **-2.** solidny **-3.** (advice) rozsądny

sound adv mocno; dotkliwie
sound effects npl efekty dźwiękowe
soundproof adj dźwiękoszczelny
soundtrack n ścieżka dźwiękowa
soup n zupa
sour adj kwaśny
source n źródło
south n południe
south adj południowy
southeast adj południowo-wschodni
southeast adv na południowy wschód
southern adj południowy
southwest n południowy zachód
southwest adj południowo-zachodni
southwest adv na południowy zachód
souvenir n pamiątka
sovereign adj niezależny, suwerenny
sovereign n monarcha, władca
sow (pt **-ed**, pp **sown** OR **-ed**) vt siać, wysiewać
soya n soja
spa n uzdrowisko
space n **-1.** miejsce, przestrzeń **-2.** przestrzeń kosmiczna
spaceman (pl **-men**) n kosmonauta
spaceship n statek kosmiczny
spacious adj przestronny
Spain n Hiszpania
span pt of **spin**
span n **-1.** odstęp, okres **-2.** rozpiętość
span (pt & pp **-ned**, cont **-ning**) vt obejmować, rozciągać się na
Spaniard n Hiszpan
Spanish adj hiszpański
spank vt dawać klapsa, sprawiać lanie
spank n klaps, lanie
spare adj dodatkowy, zapasowy
spare vt **-1.** dysponować, posiadać w zapasie **-2.** oszczędzać **-3.** darować
spark n iskierka, skra
spark vt **-1.** inicjować, wywoływać **-2.** wzbudzać
sparkle vi mienić się, połyskiwać

sparkle n -1. połysk -2. błysk
sparrow n wróbel
sparse adj rozrzucony, rozsiany
spasm n skurcz, spazm
spasmodic adj spazmatyczny
spat pt & pp of **spit**
spatter vt obryzgiwać, opryskiwać
speak (pt **spoke**, pp **spoken**) vi mówić, rozmawiać
speaker n -1. mówca -2. głośnik
spear n dzida, włócznia
special adj specjalny, szczególny
special n - danie dnia, specjalność dnia
special delivery n ekspres
specialist adj specjalistyczny
specialist n specjalista
speciality (pl **-ies**), **specialty** AE (pl **-ies**) n specjalność
specialize, -ise vi specjalizować się
specially adv -1. specjalnie -2. szczególnie
species (pl inv) n gatunek
specific adj konkretny, określony
specifics npl szczegóły
specification n specyfikacja, wyszczególnienie
specify (pt & pp **-ied**) vt precyzować, wyszczególniać
specimen n egzemplarz, okaz
speck n drobinka, pyłek
spectacle n -1. widok -2. przedstawienie, widowisko
spectacular adj imponujący, okazały
spectate vi być widzem
spectator n widz
speculate vt & vi snuć przypuszczenia, spekulować
sped pt & pp of **speed**
speech n mowa
speechless adj oniemiały
speed n szybkość, tempo
speed (pt & pp **-ed** OR **sped**) vi mknąć, pędzić

speeding n jazda z nadmierną prędkością
speed limit n ograniczenie prędkości
speedometer n prędkościomierz
speedy adj szybki
spell (BE pt & pp **spelt** OR **-ed**, AE pt & pp **-ed**) vt & vi literować
spell n -1. okres czasu -2. czar, urok
spellbound adj oczarowany, zauroczony
spelling n ortografia, pisownia
spelt BE pt & pp of **spell**
spend (pt & pp **spent**) vt -1. wydawać -2. spędzać
spending n wydatki
spending money n kieszonkowe
sperm (pl inv OR **-s**) n -1. nasienie, sperma -2. plemnik
sphere n -kula
spice n -1. przyprawa -2. fig pikanteria
spice vt -1. przyprawiać -2. fig dodawać pikanterii
spicy (comp **-ier**, superl **-iest**) adj mocno doprawiony, ostry
spider n pająk
spider's web AE n pajęczyna
spike n szpikulec
spill vt & vi rozlewać (się), rozsypywać (się)
spin (pt **span** OR **spun**, pp **spun**, cont **-ning**) vt kręcić, obracać
spin n ruch obrotowy, wirowanie
spinach n szpinak
spinal cord n rdzeń kręgowy
spine n -1. kręgosłup -2. grzbiet
spineless adj bez charakteru
spiral n spirala
spiral adj spiralny
spirit n dusza
spirited adj -1. żarliwy -2. ożywiony
spirit level n poziomnica
spirits npl humor, nastrój
spiritual adj duchowy

spit (*BE pt & pp* **spat,** *AE pt & pp* **spit,** *BE cont* **-ting,** *AE cont* **-ting**) *vi* pluć, spluwać
spite *n* uraza, złość
spite *vt* robić na złość
spiteful *adj* **-1.** mściwy, zawzięty **-2.** złośliwy
spitroast *n* pieczeń z rożna
splash -1. *vt & vi* chlapać (się) **-2.** *vi* rozchlapywać się
splash *n* plusk, pluśnięcie
splash guard *n* AE błotnik
splendid *adj* **-1.** doskonały, świetny **-2.** wspaniały, znakomity
splendour *BE,* **splendor** *AE n* wspaniałość
splinter *n* **-1.** drzazga **-2.** odłamek, odprysk
splinter *vt & vi* rozbijać (się)
split (*pt & pp* **split,** *cont* **-ting**) *vt & vi* rozłupywać (się), rozszczepiać (się); rozdzierać (się)
split *n* **-1.** pęknięcie **-2.** rozłam
split personality *n* rozdwojenie jaźni
split second *n* ułamek sekundy
spoil (*pt & pp* **-ed** OR **spoilt**) *vt* -psuć
spoiled *adj* rozpieszczony
spoke *pt of* **speak**
spoken *pp of* **speak**
spokesman (*pl* **-men**) *n* rzecznik
sponge *n* **-1.** gąbka **-2. sponge (cake)** biszkopt
sponge (*BE cont* **spongeing,** *AE cont* **sponging**) *vt* czyścić gąbką, wycierać gąbką
sponsor *n* **-1.** sponsor **-2.** darczyńca
sponsor *vt* sponsorować
sponsorship *n* patronat finansowy
spontaneity *n* spontaniczność
spontaneous *adj* spontaniczny
spook *vt* AE ifml przerażać, przestraszać
spooky *adj* ifml straszny
spoon *n* łyżka
spoon *vt* nakładać łyżką

spoonful *n* łyżka
sporadic *adj* sporadyczny
sport *n* **-1.** sport **-2.** super gość
sporting *adj* **-1.** sportowy **-2.** szlachetny
sports *adj* sportowy
sportsman (*pl* **-men**) *n* sportowiec
sportsmanship *n* sportowa postawa
sportswear *n* odzież sportowa
spot (*cont* **-ting**) *n* **-1.** kropka, plamka **-2.** krostka, pryszcz
spot (*pt & pp* **-ted**) *vt* dostrzegać, zauważać
spotless *adj* nieskazitelny, nienaganny
spotlight *n* reflektor punktowy
spotted *adj* w kropki, w plamki
spotty *adj* pryszczaty
spouse *n* fml małżonek, małżonka
spout *vi* chlustać, wytryskać, buchać
sprang *pt of* **spring**
sprawl *vi* rozkładać się, rozwalać się
spray -1. *vt & vi* opryskiwać, spryskiwać **-2.** *vt* rozpylać
spray *n* **-1.** mgiełka **-2.** aerozol, spray
spread (*pt & pp* **spread**) *vt* **-1.** rozkładać **-2.** rozsmarowywać
spread *n* **-1.** CUL pasta **-2.** rozszerzanie się
sprig *n* gałązka
spring (*pt* **sprang,** *pp* **sprung**) *vi* podskakiwać, skakać
spring *n* **-1.** wiosna **-2.** sprężyna **-3.** podskok
springboard *n* trampolina
springtime *n* pora wiosenna
sprinkle *vt* **-1.** rozpryskiwać **-2.** rozsypywać
sprinkling *n* odrobina, szczypta
sprout -1. *vt* wypuszczać **-2.** *vi* kiełkować
sprouts *npl* CUL: **(Brussels) sprouts** brukselka
sprung *pp of* **spring**
spun *pt & pp of* **spin**
spur *n* **-1.** bodziec, impuls **-2.** ostroga

sputter *vi* **-1.** dławić się, prychać
-2. jąkać się, zacinać się
spy (*pt & pp* **spied**) **-1.** *vt* dostrzegać,
zauważać **-2.** *vi* szpiegować
spy (*pl* **spies**) *n* szpieg
squad *n* **-1.** brygada, grupa **-2.** oddział
-3. drużyna
squall *n* nawałnica, szkwał
squalor *n* nędza
square *adj* kwadratowy
square *n* **-1.** kwadrat **-2.** *(in town, city)*
plac, skwer
square *vt* **-1.** podnosić do kwadratu
-2. godzić
squarely *adv* **-1.** prosto **-2.** wprost
square root *n* pierwiastek kwadratowy
squash *vt* ściskać, zgniatać
squash *n* **-1.** squash **-2.** napój, sok
-3. *AE (vegetable)* kabaczek
squawk *vi* skrzeczeć
squeak *vi* **-1.** piszczeć **-2.** skrzypieć
squeak *n* **-1.** pisk **-2.** skrzypienie
squeal *vi* **-1.** *(person, child)* jęczeć,
zawodzić; *(pig)* kwiczeć **-2.** *(brakes,
tyres)* piszczeć
squeal *n* **-1.** jęk, zawodzenie **-2.** pisk
squeeze *vt* **-1.** ściskać, zgniatać
-2. wyciskać
squeeze *n* **-1.** *(of hand)* uścisk
-2. *(crush of people)* ścisk
squid (*pl inv* OR **-s**) *n* kałamarnica
squint *vi* **-1.** mieć zeza, zezować
-2. mrużyć oczy
squint *n* MED zez
squirrel *n* wiewiórka
squirt *vt* strzykać, tryskać
stab (*pt & pp* **-bed,** *cont* **-bing**) *vt & vi*
dźgać (nożem), pchnąć
stab *n* dźgnięcie, pchnięcie
stabbing *adj* kłujący, przeszywający
stabbing *n* napad z użyciem noża
stability *n* stabilność, stabilizacja
stabilize, -ise *vt & vi* stabilizować (się)
stabilizer stabilizator
stable *adj* stabilny, ustabilizowany

stable *n* stajnia
stack *n* sterta
stack *vt* układać w stos
stadium (*pl* **-diums** OR **-dia**) *n* stadion
staff *n* personel
staff *vt* obsadzać personelem
stag (*pl inv* OR **-s**) *n* jeleń
stage *n* **-1.** faza, stadium, etap
-2. scena
stage *vt* **-1.** inscenizować, wystawiać
-2. organizować
stagger *vi* zataczać się
stain *n* plama
stain *vt* plamić
stained *adj* **-1.** poplamiony,
zaplamiony **-2.** zagruntowany
stainless steel *n* stal nierdzewna
stair *n* schodek, stopień
staircase, stairway *n* klatka schodowa
stake *n* **-1.** udział **-2.** palik, słupek
-3. stawka
stake *vt* **-1.** ryzykować **-2.** stawiać
stalactite *n* stalaktyt
stalagmite *n* stalagmit
stale *adj* nieświeży, stęchły
stalk *n* **-1.** łodyga **-2.** szypułka
stall *n* **-1.** kram, stragan, stoisko
-2. przegroda
stall **-1.** *vi* AUT gasnąć **-2.** *vi* grać
na czas, zwlekać
stallion *n* ogier
stamina *n* wytrwałość, wytrzymałość
stammer *vi* jąkać się
stamp *n* **-1.** znaczek **-2.** pieczątka,
stempel
stamp **-1.** *vt* stemplować **-2.** *vt & vi*
stąpać
stand (*pt & pp* **stood**) *vi* stać; *(rise)*
podnosić się, wstawać
stand *n* **-1.** budka, kiosk **-2.** stojak
-3. trybuna **-4.** opór **-5.** pozycja
standard *n* **-1.** poziom **-2.** norma,
standard
standard *adj* **-1.** typowy
-2. znormalizowany

standardize, -ise *vt* standaryzować, ujednolicać
standing *n* -**1.** notowanie, pozycja -**2.** trwanie
standing *adj* -**1.** wciąż aktualny -**2.** stały
standpipe *n* hydrant
standpoint *n* punkt widzenia, stanowisko
standstill *n* unieruchomienie
stank *pt of* **stink**
staple *n* zszywka
staple *vt* zszywać
stapler *n* zszywacz (biurowy)
star *n* gwiazda
star (*pt & pp* **-red**, *cont* **-ring**) *vt* mieć w obsadzie
stare *vi* wpatrywać się
stare *n* uporczywe spojrzenie
stark *adj* -**1.** nagi -**2.** posępny, surowy
starlight *n* światło gwiazd
starling *n* szpak
start *n* początek
start *vt* rozpoczynać (się), zaczynać (się
starter *n* -**1.** przystawka -**2.** rozrusznik
starting point *n* punkt wyjścia
starting price *n* cena wyjściowa, cena wywoławcza
startle *vt* przestraszać, zaskakiwać
starvation *n* głód
starve *vi* głodować, przymierać głodem
state *n* -**1.** stan -**2.** kraj, państwo
state -**1.** *vt* podawać -**2.** *vi* oświadczać, stwierdzać
statement *n* -**1.** stwierdzenie -**2.** oświadczenie
state-owned *adj* należący do państwa, państwowy
statesman (*pl* **-men**) *n* mąż stanu
static *adj* -nieruchomy, niezmienny
station *n* -**1.** dworzec, stacja -**2.** radiostacja -**3.** posterunek
stationary *adj* nieruchomy

stationer's (shop) *n* sklep papierniczy
stationery *n* materiały piśmienne
station wagon *n AE AUT* kombi
statistics -**1.** *npl* dane statystyczne -**2.** *n* statystyka
statistical *adj* statystyczny
statue *n* posąg, rzeźba
stature *n* -**1.** postura -**2.** ranga
status *n* pozycja, status
statute *n* -**1.** prawo, ustawa -**2.** statut
statutory *adj* statutowy, ustawowy
stave *n* pięciolinia
stay *vi* pozostawać, zostawać
stay *n* pobyt
steadfast *adj* -**1.** niezawodny, oddany -**2.** nieugięty, niezłomny
steady (*comp* **-ier**, *superl* **-iest**) *adj* -**1.** regularny, stały -**2.** miarowy, równomierny
steady (*pt & pp* **-ied**) *vt* osadzać, unieruchamiać
steak *n* -**1.** stek -**2.** filet, kawałek
steal (*pt* **stole**, *pp* **stolen**) *vt & vi* kraść
stealthily *adv* chyłkiem, ukradkiem
stealthy (*comp* **-ier**, *superl* **-iest**) *adj* potajemny, ukradkowy
steam *n* para
steam -**1.** *vt* gotować na parze -**2.** *vi* parować
steamboat *n* parowiec, statek parowy
steam iron *n* żelazko z nawilżaczem
steel *n* stal
steep *adj* -**1.** stromy -**2.** gwałtowny, ostry
steeple *n* iglica, wieżyczka
steeply *adj* stromo; gwałtownie
steer *vt* kierować, prowadzić, sterować
steering *n AUT* układ kierowniczy
stem *n* -**1.** łodyga -**2.** nóżka
stem (*pt & pp* **-med**, *cont* **-ming**) *vt* tamować
step *n* krok
step (*pt & pp* **-ped**, *cont* **-ping**) *vi* kroczyć, stąpać

stepbrother *n* brat przyrodni
stepchild (*pl* -children) *n* pasierb, pasierbica
stepdaughter *n* pasierbica
stepfather *n* ojczym
stepmother *n* macocha
stepsister *n* siostra przyrodnia
stepson *n* pasierb
stereo (*pl* -s) *n* -1. zestaw stereo -2. stereo
stereophonic *adj* stereofoniczny
stereotype *n* stereotyp
sterile *adj* -1. jałowy, sterylny -2. bezpłodny
sterilize, -ise *vt* sterylizować
stern *adj* srogi, wymagający
stern *n* rufa
stew *n* gulasz
stew *vt* dusić
stewardess *n* stewardessa
stick (*pt & pp* stuck) -1. *vt & vi* wbijać (się) -2. *vt & vi* przyklejać (się) -3. *vt ifml* wkładać, wsadzać
stick *n* -1. kijek, patyk -2. laska
sticker *n* naklejka, nalepka
sticking plaster *n* plaster opatrunkowy, przylepiec
stick-on *adj* samoprzylepny
stick-up *n* ifml napad z bronią w ręku
sticky (*comp* -ier, *superl* -iest) *adj* klejący się, lepki
stiff *adj* sztywny, twardy
stiffen *vt* usztywniać, sztywnieć
stifle -1. *vt & vi* dusić (się) -2. *vt* powstrzymywać, tłumić
stigma *n* -1. piętno -2. znamię
still *adv* ciągle, nadal
still *adj* -1. stojący -2. nieruchomy -3. cichy, spokojny
still life (*pl* -s) *n* martwa natura
stillness *n* -1. bezruch -2. cisza, spokój
stimulant *n* -1. środek pobudzający -2. bodziec

stimulate *vt* -1. stymulować -2. pobudzać
stimulus (*pl* -li) *n* bodziec
sting (*pt & pp* stung) *vt & vi* -1. kłuć, żądlić -2. parzyć
sting *n* użądlenie, oparzenie
stingy (*comp* -ier, *superl* -iest) *adj* skąpy
stink (*pt* stank OR stunk, *pp* stunk) *vi* cuchnąć, śmierdzieć
stink *n* smród
stipulate *vt* określać, ustalić
stir (*pt & pp* -red, *cont* -ring) *vt* -1. mieszać -2. poruszać
stir *n* -1. mieszanie -2. poruszenie, zamieszanie
stitch *n* -1. ścieg -2. szew
stitch *vt* szyć, obszywać
stock *n* -1. zapas -2. asortyment, towar -3. papier wartościowy -4. bulion, wywar
stock *vt* -1. mieć na składzie -2. zaopatrywać
stocking *n* pończocha
stockpile *vt* składować
stockroom *n* magazyn, skład
stocktaking *n* inwentaryzacja, remanent
stocky (*comp* -ier, *superl* -iest) *adj* krępy, przysadzisty
stodgy (*comp* -ier, *superl* -iest) *adj* ciężko strawny
stole *n* szal
stole *pt of* steal
stolen *pp of* steal
stomach *n* żołądek, brzuch
stomach *vt* ifml trawić, znosić
stomach ache *n* ból żołądka
stomach ulcer *n* wrzód żołądka
stone (*pl sense 4 only inv* OR -s) *n* -1. (*material, rock*) kamień -2. pestka
stone *vt* -1. kamienować -2. drylować
stone-deaf *adj* głuchy jak pień
stood *pt & pp of* stand
stool *n* stołek, taboret

stop (*pt & pp* **-ped,** *cont* **-ping**) *vt*
kończyć, przerywać
stop *n* **-1.** przystanek **-2.** postój,
przerwa
stopwatch *n* stoper
storage *n* magazynowanie,
przechowywanie
store *n* **-1.** sklep **-2.** zapas, zapasy
-3. magazyn, skład
store (up) *vt(sep)* **-1.** magazynować,
składować **-2.** przechowywać
storehouse *n* **-1.** *ESP AE* magazyn
-2. *fig* kopalnia, skarbnica
storekeeper *n AE* sklepikarz
storeroom *n* schowek, składzik
storey *BE* (*pl* **storeys**), **story** *AE* (*pl*
-ies) *n* piętro
stork *n* bocian
storm *n* burza, sztorm
storm -1. *vt* szturmować **-2.** *vt & vi*
grzmieć, pieklić się
storm cloud *n* chmura burzowa
stormy (*comp* **-ier,** *superl* **-iest**) *adj*
burzowy, wzburzony
story (*pl* **-ies**) *n* historyjka, opowieść
stout *adj* **-1.** gruby, tęgi **-2.** mocny,
solidny
stout *n* ciemne piwo, porter
stove *n* **-1.** kuchenka **-2.** piecyk
stowaway *n* pasażer na gapę
straight *adj* **-1.** prosty **-2.** prostolinijny,
szczery
straight *adv* **-1.** prosto
-2. bezpośrednio, od razu
straightaway *adv* bezzwłocznie,
natychmiast
straighten *vt* **-1.** porządkować,
poprawiać **-2.** prostować
straightforward *adj* bezpośredni,
prostolinijny
strain *n* napięcie, stres
strain *vt* obciążać, przemęczać,
nadwerężać
strainer *n* cedzak, durszlak
strait *n GEOGR* cieśnina

strait-laced *adj* purytański
strand *n* kosmyk
stranded *adj* znajdujący się
w tarapatach
strange *adj* **-1.** dziwny, osobliwy
-2. nieznany, obcy
stranger *n* nieznajomy, obcy
strangle *vt* **-1.** dusić **-2.** *fig* dławić,
tłamsić
strap *n* **-1.** pasek **-2.** ramiączko
strap (*pt & pp* **-ped,** *cont* **-ping**) *vt*
przypinać, zapinać
strapless *adj* bez ramiączek
strategic *adj* strategiczny
strategy (*pl* **-ies**) *n* strategia
straw *n* **-1.** słoma **-2.** (*for drinking*)
słomka
strawberry (*pl* **-ies**) *n* truskawka
stray *vi* **-1.** błąkać się **-2.** błądzić
stray *adj* **-1.** bezpański, błąkający się
-2. zbłąkany
streak *n* **-1.** pasmo, smuga, pasemko
-2. rysa, tendencja
streak *vi* mknąć, pędzić
stream *n* potok, strumyk
stream *vi* płynąć
streamlined *adj* aerodynamiczny,
opływowy
street *n* ulica
streetcar *n AE* tramwaj
street map *n* plan miasta
strength *n* siła
strenuous *adj* **-1.** forsowny, męczący
-2. wytężony
stress *n* **-1.** nacisk, podkreślenie
-2. napięcie, stres
stressful *adj* stresujący
stretch *n* **-1.** obszar, powierzchnia
-2. rozciągnie (się)
stretch rozciągać
stretcher *n* nosze
stretch marks *npl MED* rozstępy
strewn *adj* **-1.** porozrzucany **-2.** pokryty
stricken *adj* ogarnięty kryzysem

strict *adj* -**1.** srogi, wymagający -**2.** rygorystyczny -**3.** ścisły

strike *n* -**1.** uderzenie -**2.** strajk

strike *(pt & pp* **struck)** -**1.** *vt & vi (subj: person)* uderzać (w) -**2.** *vi (stop working)* strajkować

strikebreaker *n* łamistrajk

striking *adj* uderzający, zdumiewający

string *n* sznurek

string bean *n* fasola strączkowa

stringy *(comp* -**ier**, *superl* -**iest**) *adj (meat)* żylasty

strip *n* pasek

strip *(pt & pp* -**ped**, *cont* -**ping**) -**1.** *vt & vi* rozbierać (się) -**2.** *vt* ściągać,

stripe *n* -**1.** pasek, prążek -**2.** galon, naszywka

striped *adj* prążkowany, w paski

stripper *n* striptizerka

striptease *n* striptiz

strive *(pt* **strove**, *pp* **striven)** *vi fml* -**1.** dążyć (do czegoś) -**2.** usiłować

stroke *n* -**1.** *MED* udar, wylew -**2.** pociągnięcie

stroke *vt* gładzić, głaskać

stroll *vi* przechadzać się, spacerować

stroll *n* przechadzka, spacer

stroller *n AE* spacerówka, wózek spacerowy

strong *adj* mocny, silny

strongbox *n* kasa ogniotrwała

stronghold *n* forteca

strong-minded *adj* stanowczy, zdecydowany

strong-willed *adj* uparty

strove *pt of* **strive**

struck *pt & pp of* **strike**

structure *n* -**1.** struktura, budowa -**2.** gmach, konstrukcja

structure *vt* kształtować, konstruować

struggle *vi* -**1.** walczyć, zmagać się -**2.** szamotać się, szarpać się

struggle *n* walka, zmaganie się

strum *(pt & pp* -**med**, *cont* -**ming**) -**1.** *vt & vi* brzdąkać -**2.** *vt* grać niedbale

strung *pt & pp of* **string**

stubborn *adj* -**1.** nieustępliwy, uparty -**2.** oporny

stuck *pt & pp of* **stick**

stuck *adj* -**1.** zablokowany, zaklinowany -**2.** *fig* unieruchomiony, uwiązany

stud *n* -**1.** ćwiek -**2.** kolczyk -**3.** ogier rozpłodowy

student *n* -**1.** student -**2.** uczeń

studied *adj* wystudiowany

studio *(pl* -**s)** *n* -**1.** atelier, pracownia -**2.** studio

studio apartment *AE*, **studio flat** *BE n* kawalerka

study *(pl* -**ies)** *n* -**1.** nauka, studiowanie -**2.** badanie, studium -**3.** gabinet, pracownia

study *(pt & pp* -**ied)** *vt & vi* studiować, uczyć się

stuff *n* -**1.** sprawy -**2.** (to) coś -**3.** rzeczy

stuff *vt* -**1.** upychać, wciskać -**2.** *CUL* faszerować, nadziewać

stuffing *n* -**1.** wypełnienie -**2.** *CUL* farsz, nadzienie

stumble *vi* -**1.** potykać się -**2.** zająkiwać się

stump *n* -**1.** pieniek, pniak -**2.** kikut

stump -**1.** *vt* zabijać ćwieka, zbijać z pantałyku -**2.** *vi* stąpać

stung *pt & pp of* **sting**

stunk *pt & pp of* **stink**

stunt *n* -**1.** chwyt, sztuczka -**2.** popis kaskaderski

stunt *vt* hamować, opóźniać

stupendous *adj* zdumiewający, znakomity

stupid *adj* głupi

stupidity *n* głupota

sturdy *(comp* -**ier**, *superl* -**iest)** *adj* -**1.** mocny, silny -**2.** solidny, wytrzymały

sturgeon *(pl inv) n* jesiotr
stutter *vi* jąkać się
stutter *n* jąkanie się
style *n* -**1.** styl -**2.** gust, szyk -**3.** fason, model
style *vt (hair)* modelować, układać
stylish *adj* gustowny, stylowy
stylist *n* fryzjer
subconscious *adj* podświadomy
subconscious *n:* **the subconscious** podświadomość
subculture *n* subkultura
subdue *vt* -**1.** podporządkowywać sobie, ujarzmiać -**2.** opanowywać, tłumić
subject *n* -**1.** temat -**2.** podmiot -**3.** przedmiot
subject *adj* -**1.** poddany, podległy -**2.** narażony, podatny
subject *vt* -**1.** podporządkowywać -**2.** poddawać
subjective *adj* subiektywny
sublime *adj* -**1.** wysublimowany, zachwycający -**2.** wzniosły
submarine *n* łódź podwodna
submerge -**1.** *vt & vi* zanurzać (się) -**2.** *fig* zalewać, zarzucać
submission *n* posłuszeństwo, uległość
submissive *adj* posłuszny, uległy
submit *(pt & pp* -**ted,** *cont* -**ting)** -**1.** *vt* przedkładać, wysuwać -**2.** *vi* poddawać się, podporządkowywać się
subordinate *adj fml* podrzędny
subordinate *n* podwładny
subscribe *vi* -**1.** prenumerować -**2.** przychylać się
subscriber *n* prenumerator, subskrybent
subscription *n* -**1.** prenumerata -**2.** składka członkowska
subsequent *adj* dalszy, kolejny
subside *vi* -**1.** ustawać, ustępować -**2.** uciszać się -**3.** osiadać

subsidize, -ise *vt* dotować, subsydiować
subsidy *(pl* -**ies)** *n* dotacja, subwencja
substance *n* -**1.** substancja -**2.** istota, sedno -**3.** waga, znaczenie
substandard *adj* niskiej jakości
substantial *adj* -**1.** pokaźny, znaczny -**2.** obfity, pożywny -**3.** solidny, trwały
substitute *n* zastępca, substytut
substitute *vt* zastępować
subtle *adj* niewielki, subtelny
subtract *vt* odejmować
subtraction *n* odejmowanie
suburb *n* przedmieście
suburban *adj* podmiejski
suburbia *n* peryferie, przedmieścia
subversive *adj* wywrotowy
subway *n* metro
succeed -**1.** *vi* osiągać cel -**2.** *vi* powieść się, udawać się
succeeding *adj fml* kolejny, następny
success *n* -**1.** powodzenie -**2.** sukces
successful *adj* -**1.** pomyślny, udany -**2.** odnoszący sukcesy
succession *n* seria, kolejno, po kolei
successive *adj* kolejny, następujący po sobie
succumb *vi* ulegać
such *adj & pron* taki
suchlike *adj & pron* tego rodzaju
suck *vt* ssać
sucker *n ifml* frajer
suction *n* ssanie, zasysanie
sudden *adj* nagły, raptowny
suddenly *adv* nagle, niespodziewanie
sue *vt* podawać do sądu, pozywać
suede *n* zamsz
suffer *vt* cierpieć chorować
suffering *n* cierpienie
suffice *vi fml* wystarczać
sufficient *adj* dostateczny, wystarczający
suffix *n* przyrostek

suffocate vt & vi dusić (się)
sugar n cukier
sugar vt słodzić
sugarcane n trzcina cukrowa
suggest vt **-1.** proponować **-2.** (imply) sugerować
suggestion n **-1.** propozycja **-2.** sugestia
suicidal adj samobójczy
suicide n samobójstwo
suit n **-1.** garnitur, kostium **-2.** JUR proces
suit vt być twarzowym, pasować
suitable adj dogodny, odpowiedni
suitably adv odpowiednio, właściwie
suitcase n walizka
suite n **-1.** apartament **-2.** komplet, zestaw
suited adj **-1.** (suitable) odpowiedni, pasujący; **-2.** dobrany
sulphuric acid BE, **sulfuric acid** AE n kwas siarkowy
sum n kwota, suma
sum (pt & pp **-med**, cont **-ming**): **sum up** vt sep & vi podsumowywać, reasumować
summarize, -ise vt streszczać
summary (pl **-ies**) n streszczenie
summer n lato
summer holidays npl wakacje letnie
summerhouse n altana
summertime n lato, pora letnia
summit n **-1.** szczyt, wierzchołek **-2.** spotkanie na szczycie, szczyt
summon vt **-1.** wzywać **-2.** zwoływać
sun n słońce
sun (pt & pp **-ned**, cont **-ning**) vt: **to sun o.s.** grzać się w słońcu
sunbathe vi opalać się
sunbather n opalający się
sunburn n oparzenie słoneczne
sunburned adj spalony słońcem
sundae n deser lodowy
Sunday n niedziela
sundown n zachód słońca

sunflower n słonecznik
sung pp of **sing**
sunglasses npl okulary słoneczne
sunk pp of **sink**
sunken adj **-1.** zatopiony **-2.** obniżony, zagłębiony
sunlight n światło słoneczne
sunlit adj nasłoneczniony
sunny (comp **-ier**, superl **-iest**) adj **-1.** słoneczny **-2.** pogodny, promienny
sunrise n **-1.** brzask, świt **-2.** wschód słońca
sunset n **-1.** zmierzch **-2.** zachód słońca
sunshade n **-1.** daszek, markiza **-2.** parasol od słońca
sunshine n światło słoneczne
sunstroke n udar słoneczny
suntan n opalenizna
super adj super
superb adj kapitalny, pierwszorzędny
superficial adj pobieżny, powierzchowny
superfluous adj zbędny, zbyteczny
superhuman adj nadludzki
superior adj **-1.** lepszy **-2.** pierwszorzędny **-3.** pej wyniosły
superior n przełożony, zwierzchnik
superiority n **-1.** przewaga, wyższość **-2.** pej wyniosłość
superlative adj doskonały, znakomity
superlative n GRAM stopień najwyższy
supernatural adj nadprzyrodzony
supersonic adj naddźwiękowy, ponaddźwiękowy
superstition n przesąd, zabobon
superstitious adj przesądny
superstore n megasam
supervise vt **-1.** doglądać, pilnować **-2.** kontrolować, nadzorować
supervision n nadzór
supervisor n **-1.** kierownik budowy **-2.** opiekun, promotor **-3.** kierownik

supine adj leżący na wznak
supper n kolacja
supple adj -1. elastyczny, ustępliwy
-2. giętki, miękki
supplement n -1. dopłata,
uzupełnienie -2. suplement
supplement vt uzupełniać
supplier n dostawca
supplies npl zaopatrzenie
supply (pl -ies) n -1. (of food, jokes)
zapas -2. ECON podaż
supply (pt & pp -ied) vt dostarczać
support vt popierać, podtrzymywać,
wspierać
support n oparcie, wsparcie,
potwierdzenie, poparcie
supporter n stronnik, zwolennik
suppose vt & vi przypuszczać, sądzić
suppose, supposing conj -1. a gdyby,
przypuśćmy że -2. a może by
supposed adj domniemany, rzekomy
supposition n przypuszczenie
suppress vt -1. dławić, tłumić
-2. przemilczać, zatajać
supremacy n przewaga, supremacja
supreme adj -1. naczelny, najwyższy
-2. najznamienitszy
supremely adv niezwykle
sure adj niezawodny, pewny
sure adv ESP AE ifml jasne, pewnie
surely adv zapewne
surety n gwarancja, poręczenie
surf vi pływać na desce, surfować
surface n powierzchnia
surface vi -1. wynurzać się, wypływać
na powierzchnię -2. pojawiać się,
wychodzić na światło dzienne
surfboard n deska surfingowa
surge vi -1. napływać -2. wzbierać
-3. rosnąć gwałtownie
surge n przypływ
surgeon n chirurg
surgery (pl -ies) n chirurgia, gabinet
lekarski
surname n nazwisko

surpass vt fml przekraczać,
przewyższać
surplus n nadmiar, nadwyżka
surprise n niespodzianka, zaskoczenie
surprise vt zaskakiwać
surprising adj niespodziewany,
zaskakujący
surrender -1. vi poddawać się -2. vi fig
ulegać, ustępować
surround vt -1. otaczać -2. okrążać,
osaczać
surrounding adj okoliczny, otaczający
surroundings npl -1. okolica
-2. otoczenie, środowisko
survey n badanie, oględziny
survey vt -1. obserwować, lustrować,
oceniać -2. ankietować, badać
survival n przetrwanie, przeżycie
survive vt przetrzymywać, przetrwać,
przeżywać
susceptible adj -1. czuły, wrażliwy
-2. MED podatny
suspect adj & n podejrzany
suspect vt podejrzewać
suspend vt zawieszać
suspenders npl -1. szelki
-2. podwiązki
suspense n niepewność, stan napięcia
suspension n wstrzymanie,
zawieszenie
suspicion n podejrzenia,
podejrzliwość
suspicious adj podejrzliwy, podejrzany
sustain vt podtrzymywać, utrzymywać
swallow vt połykać
swam pt of **swim**
swamp n bagno, moczary
swan n łabędź
swap (pt & pp -ped, cont -ping) vt & vi
wymieniać (się), zamieniać (się)
swap n wymiana, zamiana
sway vt & vi kołysać (się)
swear (pt swore, pp sworn) -1. vt &
vi przyrzekać, przysięgać -2. vi kląć,
przeklinać

swearword n przekleństwo
sweat vi pocić się
sweat n *(perspiration)* pot
sweater n sweter
sweatshirt n bluza
sweaty *(comp* **-ier,** *superl* **-iest)** *adj*
spocony; przepocony
sweep *(pt & pp* **swept)** *vt* **-1.** zamiatać
-2. przeszukiwać **-3.** *(with hand)*
zagarniać
sweep n **-1.** machnięcie, zamaszysty
gest **-2.** zamiatanie
sweeping *adj* **-1.** gruntowny, radykalny
-2. pochopny, uogólniający
sweepstake n zakłady, totalizator
sweet *adj* **-1.** słodki **-2.** dobry,
uprzejmy
sweet n cukierek
sweeten vt słodzić
sweetener n słodzik
sweetheart n ukochany, kochanie
sweetness n słodkość, słodycz
swell *(pt* **-ed,** *pp* **swollen** OR **-ed)** *vi*
wzmagać, narastać
swell *adj* AE odlotowy, świetny
swelling n obrzęk, opuchlizna
swept *pt & pp of* **sweep**
swerve vi skręcać gwałtownie
swift *adj* prędki, szybki
swim *(pt* **swam,** *pp* **swum,** *cont*
-ming) *vi* pływać
swim n pływanie
swimmer n pływak
swimming pool n basen, pływalnia
swimming trunks npl kąpielówki
swimsuit n kostium kąpielowy
swindle n oszustwo, szwindel
swing n **-1.** huśtawka **-2.** odmiana,
zwrot **-3.** kołysanie
swing *(pt & pp* **swung)** *vi* **-1.** kołysać
się **-2.** zawracać
swirl n **-1.** wirowanie **-2.** wir
swirl **-1.** vi wirować **-2.** vt mieszać
switch vt zmieniać, zamieniać

switch n **-1.** przełącznik, wyłącznik
-2. przejście, zmiana
switchboard n centrala telefoniczna
swollen *pp of* **swell**
swollen *adj* **-1.** *(ankle, arm, face)*
spuchnięty
swop = **swap**
sword n miecz
swore *pt of* **swear**
sworn *pp of* **swear**
sworn *adj* zaprzysięgły
swum *pp of* **swim**
swung *pt & pp of* **swing**
syllable n sylaba, zgłoska
symbol n symbol
symbolic *adj* symboliczny
symbolize, -ise vt symbolizować
symmetrical *adj* symetryczny
symmetry n symetria
sympathetic *adj* **-1.** współczujący
-2. przychylny, życzliwie nastawiony
sympathize, -ise vi **-1.** współczuć
-2. podzielać, solidaryzować się
sympathy n **-1.** współczucie
-2. zrozumienie
symphony *(pl* **-ies)** n symfonia
symptom n objaw, symptom
symptomatic *adj* znamienny
synagogue n synagoga
synchronize, -ise synchronizować
syndicate n konsorcjum, syndykat
syndrome n syndrom, zespół
synonym n synonim
synonymous *adj* równoznaczny,
synonimiczny
synopsis *(pl* **-ses)** n streszczenie
synthesis *(pl* **-ses)** n synteza
synthesizer n MUS syntezator
synthetic *adj* syntetyczny, sztuczny
syrup n syrop
system n system
systematic *adj* metodyczny,
systematyczny

T

tab *n* etykietka, metka
table *n* **-1.** stół **-2.** tabela, tablica
tablecloth *n* obrus
tablespoon *n* łyżka stołowa
tablet *n* pigułka, tabletka
tableware *n* zastawa stołowa
tabloid *n* brukowiec
taboo *adj* tabu, zakazany
taboo (*pl* **-s**) *n* tabu
tack *n* **-1.** gwoździk, pinezka **-2.** hals **-3.** sposób postępowania, taktyka
tackle *vt* uporać się z
tact *n* takt, wyczucie
tactful *adj* taktowny
tactic *n* metoda, sposób postępowania
tactical *adj* taktyczny
tactless *adj* nietaktowny
tadpole *n* kijanka
tag *n* **-1.** naszywka, plakietka **-2.** etykietka **-3.** berek
tag (*pt & pp* **-ged,** *cont* **-ging**) *vt* oznaczać
tail *n* ogon
tail *vt ifml* deptać po piętach, siedzieć na ogonie
taillight *n AUT* światło tylne
tailor *n* krawiec
tailor *vt* dostosowywać, przykrajać
tailor-made *adj* szyty na miarę
tail pipe *n AE AUT* rura wydechowa
tails *n* reszka **-2.** *npl* frak
tail wind *n* wiatr w plecy
taint *vt* plamić, szargać
taint *n* plama, skaza
take *n* ujęcie
take (*pt* **took,** *pp* **taken**) *vt* brać, zabierać
takeaway *BE,* **takeout** *AE n* danie na wynos

takeoff *n (of plane)* start
takeover *n* przejęcie
taking *adj fml* czarujący, ujmujący
takings *npl* utarg, wpływy
talc *n* talk
tale *n* **-1.** *(fictional story)* historyjka, opowieść **-2.** *(anecdote)* anegdotka, dykteryjka
talent *n* talent
talisman (*pl* **-s**) *n* talizman
talk *n* pogawędka, rozmowa
talk *vi (speak)* mówić, rozmawiać
talkative *adj* gadatliwy, rozmowny
talker *n* rozmówca
talking point *n* temat do rozmów
tall *adj* wysoki
tallboy *n* komoda
tallness *n* wzrost
talon *n* pazur, szpon
tame *adj* **-1.** oswojony **-2.** potulny, uległy
tame *vt* **-1.** oswajać **-2.** podporządkowywać sobie
tampon *n* tampon
tan *n* opalenizna
tan (*pt & pp* **-ned,** *cont* **-ning**) *vi* opalać się
tan *adj* jasnobrązowy
tandem *n* tandem
tangent *n* **-1.** styczna **-2.** tangens
tangerine *n* mandarynka
tangible *adj* dotykalny, namacalny
tangle *n* **-1.** kłąb, plątanina **-2.** *fig* mętlik
tangle *vt & vi* plątać (się), zaplątywać (się)
tango (*pl* **-s**) *n* tango
tank *n* **-1.** zbiornik, akwarium **-2.** czołg
tankard *n* kufel
tanker *n* **-1.** tankowiec, zbiornikowiec **-2.** cysterna
tanned *adj* opalony
tap (*pt & pp* **-ped,** *cont* **-ping**) **-1.** *vt & vi* stukać, uderzać **-2.** *vt* zakładać podsłuch w/na

tap n **-1.** kran, kurek **-2.** klepnięcie, stuknięcie

tape n **-1.** taśma **-2.** tasiemka

tape vt **-1.** nagrywać **-2.** przyklejać, sklejać

taper vi zwężać się

tape-record vt nagrywać

tape recorder n magnetofon

tapered adj zwężany

tapestry (pl **-ies**) n arras, gobelin

tapeworm n tasiemiec

tar n smoła

tarantula n tarantula

tardy adj spóźniony

target n **-1.** cel **-2.** tarcza **-3.** obiekt, przedmiot

target vt **-1.** brać na cel **-2.** adresować, kierować

tariff n **-1.** taryfa celna **-2.** cennik

tarn n staw (górski)

tart adj **-1.** cierpki, kwaśny **-2.** kąśliwy, zgryźliwy

tart n **-1.** ciastko, tarta **-2.** BE ifml dziwka

task n zadanie

taste n smak

taste vi smakować

tasteful adj gustowny, w dobrym guście

tasteless adj **-1.** bez gustu, niegustowny **-2.** bez smaku

tasty (comp **-ier**, superl **-iest**) adj pyszny, smaczny

tattoo (pl **-s**) n tatuaż

tattoo vt tatuować

taught pt & pp **teach**

Taurus n Byk

taut adj napięty, naprężony

tavern n gospoda, tawerna

tax n podatek

tax vt **-1.** opodatkowywać **-2.** wystawiać na próbę

taxation n **-1.** opodatkowanie **-2.** podatki

tax collector n poborca podatkowy

tax-exempt AE, **tax-free** BE adj wolny od podatku

tax exemption n zwolnienie od podatku

taxi n taksówka

taximeter n taksometr

taxman (pl **-men**) n poborca podatkowy

taxpayer n podatnik

tax return n deklaracja podatkowa, zeznanie podatkowe

tea n **-1.** herbata **-2.** BE herbatka, podwieczorek

teach (pt & pp **taught**) vt & vi uczyć

teacher n nauczyciel

teaching aids npl pomoce naukowe

teacup n filiżanka do herbaty

tealeaves npl fusy

team n **-1.** drużyna, ekipa **-2.** grupa, zespół

teamwork n praca zespołowa

teapot n czajniczek, imbryk

tear n rozdarcie

tear (pt **tore**, pp **torn**) vt & vi (rip) drzeć (się), rwać (się)

teardrop n łza

tearful adj **-1.** zapłakany **-2.** łzawy, płaczliwy

tease vt dokuczać

tea service n serwis do herbaty

tea shop n herbaciarnia

teasing adj przekorny

teaspoon n łyżeczka

teatime n BE pora podwieczorku

technical adj techniczny

technician n technik

technique n technika

technological adj technologiczny

technology (pl **-ies**) n technologia

teddy (bear) (pl **-ies**) n miś (pluszowy)

tedious adj **-1.** nudny, nużący **-2.** monotonny, żmudny

teenage adj młodzieżowy, nastoletni

teenager n nastolatek

tee shirt *n* koszulka z krótkim
rękawkiem
teeter *vi* chwiać się
teeth *pl of* **tooth**
teethe *vi* ząbkować
teetotaller *BE,* **teetotaler** *AE n*
abstynent, niepijący
telecast *n* transmisja telewizyjna
telecommunications *npl*
telekomunikacja
telegram *n* telegram
telegraph *n* telegraf
telepathy *n* telepatia
telephone *n* telefon
telephoto lens *n* teleobiektyw
telescope *n* teleskop
televise *vt* nadawać w telewizji
television *n* **-1.** telewizja **-2. television
(set)** telewizor
tell (*pt & pp* **told**) *vt* mówić
telly *n Br ifml* telewizja
temper *n* **-1.** nastrój, usposobienie
-2. irytacja, zły humor
temper *vt fml* powściągać,
temperować
temperament *n* temperament
temperance *n* powściągliwość, umiar
temperate *adj* umiarkowany
temperature *n* **-1.** temperatura
-2. gorączka, temperatura
temple *n* **-1.** świątynia **-2.** skroń
temporarily *adv* chwilowo,
tymczasowo
temporary *adj* prowizoryczny,
tymczasowy
tempt *vt* kusić, skłaniać
temptation *n* **-1.** pokuszenie
-2. pokusa
ten *num* dziesięć
tenacious *adj* nieustępliwy, wytrwały
tenacity *n* nieustępliwość, upór
tenancy (*pl* **-ies**) *n* dzierżawa, najem
tenant *n* lokator, najemca
tend *vt* mieć skłonność/tendencję

tendency (*pl* **-ies**) *n* **-1.** tendencja
-2. skłonność
tender *adj* **-1.** czuły, delikatny
-2. kruchy, miękki
tenderness *n* czułość, delikatność
tennis *n* tenis
tenor *n* **-1.** tenor **-2.** wydźwięk,
wymowa
tense *adj* **-1.** spięty, zdenerwowany
-2. napięty
tense *vt & vi* napinać (się), naprężać
(się)
tense *n GRAM* czas
tension *n* **-1.** napięcie **-2.** naprężenie
tent *n* namiot
tentative *adj* **-1.** niepewny
-2. do dyskusji, wstępny
tenuous *adj* słaby, wątły
term *n* **-1.** określenie, termin **-2.** okres,
trymestr **-3.** kadencja **-4.** czas
trwania, okres
term *vt* nazywać, określać
terminal *adj MED* nieuleczalny,
śmiertelny
terminal *n* terminal
terminate -1. *vt fml* kończyć **-2.** *vi*
(contract) wygasać
terminology *n* terminologia
terminus (*pl* **-ni** OR **-nuses**) *n*
przystanek końcowy
terms *npl* **-1.** warunki **-2.** stosunki
terrace *n* **-1.** szereg **-2.** taras
terracotta *n* terakota
terrain *n* teren
terrible *adj* okropny, straszny
terribly *adv* okropnie, strasznie
terrific *adj* **-1.** świetny, wspaniały
-2. ogromny, zawrotny
terrify (*pt & pp* **-ied**) *vt* przerażać
terrifying *adj* przerażający
territory (*pl* **-ies**) *n* **-1.** terytorium
-2. teren
terror *n* paniczny strach, przerażenie
terrorism *n* terroryzm
terrorist *n* terrorysta

terrorize, -ise vt terroryzować, zastraszać

terror-stricken adj owładnięty przerażeniem

test n -**1.** próba, test -**2.** egzamin, sprawdzian

test vt -**1.** próbować, testować -**2.** badać, sprawdzać

testament n -**1.** testament -**2.** świadectwo

test-drive vt dbywać jazdę próbną

tester n -**1.** kontroler -**2.** próbka

testicles npl jądra

testify (pt & pp -**ied**) -**1.** vt & vi zeznawać -**2.** vi świadczyć

testimonial n opinia, referencje

testimony n -**1.** zeznanie -**2.** świadectwo

text n tekst

textbook n podręcznik

textile n materiał, tkanina

texture n -**1.** struktura, tekstura -**2.** faktura

than conj niż

thank vt dziękować

thankful adj wdzięczny

thankless adj niewdzięczny

thanks npl podziękowania

thanksgiving n dziękczynienie

that (pl **those**) pron -**1.** (demonstrative) to -**2.** (as opposed to this) tamto -**3.** który

that (pl **those**) adj -**1.** (demonstrative) ten, ta, to -**2.** tamta, tamten, tamto

that adv tak

that conj że

that's cont of **that is**

the def art -**1.** (referring to a specific thing or person) **the sky was full of stars** niebo było pełne gwiazd -**2.** (generally) **the panda is rare** panda jest rzadkością -**3.** (with an adj to form a noun) **the happy** szczęśliwi -**4.** (with names) **the Schmidts are coming**

on Sunday rodzina Schmidtów przychodzi w niedzielę

theatre BE, **theater** AE n -**1.** teatr -**2.** sala operacyjna -**3.** AE kino

theatrical adj teatralny

theft n kradzież

their poss adj ich

theirs poss pron ich

them pers pron pl ich, je im, nich, nim

theme n -**1.** temat -**2.** motyw, wątek

themselves pron się

then adv -**1.** wówczas, wtedy -**2.** następnie, później -**3.** więc -**4.** w takim razie -**5.** poza tym, z kolei

theologian n teolog

theology n teologia

theoretical adj teoretyczny

theory (pl -**ies**) n teoria

therapeutic adj leczniczy, terapeutyczny

therapist n terapeuta

therapy n leczenie, terapia

there pron **there is/there are** jest/ są; **there has been an accident** wydarzył się wypadek

there adv -**1.** tam; **down there** tam na dole -**2.** tu, w tym miejscu

thereabouts adv gdzieś tam, w okolicy

thereafter adv fml od tego czasu

thereby adv fml tym samym, wskutek tego

therefore adv w rezultacie, zatem

there's cont of **there is**

thermal adj -**1.** TECH (energy) cieplny, termiczny -**2.** (clothes) ocieplany

thermometer n termometr

Thermos (flask) n termos

thermostat n termostat

thesaurus n tezaurus

these pl of **this**

thesis (pl **theses**) n -**1.** teza -**2.** praca naukowa, rozprawa

they pers pron pl oni

they'd cont of **they had, they would**

they'll *cont of* **they shall, they will**
they're *cont of* **they are**
they've *cont of* **they have**
thick *adj* -1. gruby -2. gęsty, zbity
-3. gęsty, zawiesisty
thicken -1. *vt* zagęszczać -2. *vi*
gęstnieć
thickness *n* -1. grubość -2. gęstość
thickset *adj* krępy, przysadzisty
thief (*pl* **thieves**) *n* złodziej
thigh *n* udo
thimble *n* naparstek
thin (*comp* **-ner**, *superl* **-nest**, *pt &*
pp **-ned**, *cont* **-ning**) *adj* -1. cienki
-2. chudy
thing *n* przedmiot, rzecz
think (*pt & pp* **thought**) *vt & vi*
-1. myśleć -2. sądzić, uważać
thinker *n* myśliciel
thinking *adj* myślący, rozumny
thinking *n* -1. pogląd, zapatrywanie
-2. przemyślenie, rozmyślanie
thinner *n* rozcieńczalnik
third *num* trzeci
third *n* jedna trzecia, trzecia część
thirdly *adv* po trzecie
thirst *n* -1. pragnienie -2. głód, żądza
thirsty (*comp* **-ier**, *superl* **-iest**) *adj*
spragniony
thirteen *num* trzynaście
thirty (*pl* **-ies**) *num* trzydzieści
this (*pl* **these**) *pron* -1. to -2. ta, ten, to
this *adj* -1. ta, ten, to -2. taki jeden
this *adv* tak; **this big** takie duże
thong *n* -1. rzemień, rzemyk
-2. klapek
thorn *n* cierń, kolec
thorny *adj* ciernisty; (*fig*) najeżony
trudnościami
thorough *adj* -1. dokładny, gruntowny
-2. skrupulatny, sumienny
those *pl of* **that**
though *conj* -1. mimo że -2. chociaż,
choć
though *adv* *ifml* jednak

thought *pt & pp of* **think**
thought *n* myśl
thoughtful *adj* zadumany, zamyślony,
rozważny
thoughtless *adj* bezmyślny,
nierozważny
thousand *num* tysiąc
thrash *vt* -1. bić, lać -2. bić na głowę,
roznosić
thread *n* -1. nić, nitka -2. gwint -3. *fig*
wątek
thread *vt* nawlekać
threat *n* -1. groźba, pogróżka
-2. zagrożenie
threaten -1. *vt* grozić -2. *vt & vi*
zagrażać
threatening *adj* groźny, zagrażający
three *num* trzy
three-dimensional *adj* trójwymiarowy
threefold *adj* potrójny, trzykrotny
threefold *adv* trzykrotnie
three-quarters *npl* trzy czwarte
threesome *n* trójka, grupa trzech osób
threshold *n* próg
threw *pt of* **throw**
thrift *n* gospodarność, oszczędność
thrifty *adj* oszczędny
thrill *vt* ekscytować, zachwycać
thrill *n* -1. dreszczyk -2. doznanie,
przeżycie
thriller *n* dreszczowiec, thriller
thrilling *adj* porywający, ekscytujący
thrive (*pt* **-d** OR **throve**, *pp* **-d**) *vi*
-1. pięknie się rozwijać, wzrastać
-2. kwitnąć, prosperować
throat *n* gardło
throaty (*comp* **-ier**, *superl* **-iest**) *adj*
gardłowy, ochrypły
throne *n* tron
throng *n* rzesza, tłum
throttle *vt* dusić
throttle *n* przepustnica
through *prep* przez
through *adv* na drugą stronę,
na wskroś

through adj zakończony
throughout prep -**1**. podczas, przez
cały -**2**. po całym, w całym
throughout adv -**1**. cały czas
-**2**. wszędzie
throve pt of **thrive**
throw (pt **threw**, pp **thrown**) vt rzucać
throw n rzut
throwaway adj -**1**. jednorazowego
użytku -**2**. mimochodem,
od niechcenia
throwback n powrót (**to sth**
do czegoś)
thrown pp of **throw**
thru AE = **through**
thrush n drozd
thrust (pt & pp **thrust**) vt -**1**. wbijać
-**2**. wciskać
thrust n -**1**. cios, pchnięcie -**2**. ciąg,
siła ciągu -**3**. sedno, zasadnicza myśl
thug n bandzior, oprych
thumb n kciuk
thumbnail n paznokieć kciuka
thump -**1**. vt grzmocić, walić -**2**. vi bić
mocno, walić, pękać, pulsować
thump n -**1**. grzmotnięcie, walnięcie
-**2**. głuchy odgłos, łomot
thunder n -**1**. grzmot -**2**. huk, pogłos
thunder -**1**. vt grzmieć -**2**. vi huczeć
thunderclap n trzask pioruna
thundercloud n chmura burzowa
thundering adj ifml ogromny, olbrzymi
thunderous adj -**1**. gromki
-**2**. ogłuszający
thunderstorm n burza z piorunami
thunderstruck adj fig jak rażony
gromem
thundery adj burzowy
Thursday n czwartek
thus adv fml -**1**. stąd, tym samym
-**2**. tak oto, w ten sposób, zatem
thyme n tymianek
tiara n diadem
tibia n piszczel
tic n tik

tick n -**1**. haczyk, ptaszek -**2**. tykanie
-**3**. kleszcz
tick -**1**. vt odhaczać, zaznaczać
ptaszkiem -**2**. vi tykać
ticket n -**1**. bilet -**2**. mandat
tickle -**1**. vt & vi łaskotać -**2**. vt fig
rozbawiać
ticklish adj -**1**. wrażliwy na łaskotki
-**2**. fig (problem) delikatny
tide n -**1**. pływ; **high tide** przypływ;
low tide odpływ; **the tide was
coming** nadchodził przypływ -**2**. fig
prąd
tidily adv schludnie, starannie
tidy (comp -**ier**, superl -**iest**) adj czysty,
schludny
tidy (pt & pp -**ied**) vt porządkować,
sprzątać
tie (pt & pp **tied**, cont **tying**) vt
przywiązywać,
tie n -**1**. krawat -**2**. wiązanie -**3**. więzy,
więź -**4**. remis
tier n -**1**. rząd -**2**. kondygnacja,
poziom
tiger n tygrys
tight adj -**1**. ciasny, obcisły, opinający
-**2**. dokręcony
tight adv -**1**. mocno -**2**. szczelnie
tighten vt & vi (knot, grip, hold)
zaciskać (się), napinać (się)
tights npl rajstopy
tile n -**1**. dachówka -**2**. kafelek, płytka
ceramiczna
till prep (aż) do
till conj aż, dopóki nie
till n kasa sklepowa
tilt vt & vi -**1**. pochylać (się), skłaniać
(się) -**2**. odchylać (się)
timber n -**1**. drewno budulcowe
-**2**. belka
time n czas
time vt -**1**. ustalać czas, wyznaczać
-**2**. mierzyć czas
time clock n zegar kontrolny
time-consuming adj czasochłonny

timekeeping n punktualność
timeless adj ponadczasowy
time limit n termin
timely (comp **-ier**, superl **-iest**) adj
  w czas, w porę
time off n wolne
timer n minutnik
times prep MATH pomnożyć przez,
  razy
timetable n **-1.** SCH plan zajęć,
  rozkład lekcji **-2.** rozkład jazdy
time zone n strefa czasowa
timid adj bojaźliwy, nieśmiały
timing n **-1.** wyczucie czasu
  -2. wybrany moment
tin n **-1.** cyna **-2.** puszka **-3.** blaszane
  pudełko, puszka **-4.** blacha, forma
tinder n podpałka
tinfoil n cynfolia, folia aluminiowa
tinge n **-1.** odcień, zabarwienie
  -2. domieszka, nuta
tingle vi mrowić, swędzić
tinkle vi brzęczeć, dzwonić
tinned adj BE (food) konserwowy,
  w puszce
tint n odcień, zabarwienie
tint vt **-1.** farbować **-2.** barwić
tiny (comp **-ier**, superl **-iest**) adj
  malutki, tyci
tip n **-1.** koniec, koniuszek, czubek,
  wierzchołek **-2.** hałda, wysypisko
  -3. napiwek
tip (pt & pp **-ped**, cont **-ping**) vt & vi
  -1. przechylać (się) **-2.** wysypywać
  (się) **-3.** dawać napiwek
tiptoe vi chodzić na paluszkach
tire n AE = **tyre**
tire vt & vi męczyć (się)
tireless adj niestrudzony,
  niezmordowany
tiresome adj **-1.** męczący, nużący
  -2. ifml dokuczliwy, nieznośny
tiring adj męczący, wyczerpujący
tissue n **-1.** chusteczka higieniczna
  -2. tkanka

tissue paper n bibułka
tit n **-1.** sikora **-2.** cyc, cycek
title n tytuł
titled adj **-1.** utytułowany
  -2. zatytułowany
to prep **-1.** (reffering to direction)
  do, w kierunku; **to go to Poland**
  pojechać do Polski **-2.** (intorducing
  indirect obj) **to talk to sb** rozmawiać
  z kimś **-3.** (opinion) dla; **it was very
  important to her** to było dla niej
  bardzo ważne **-4.** (in expressions
  of time) za; **it's quarter to ten** jest
  za kwadrans dziesiąta
to with infin **-1.** (simple infinitive)
  to go iść **-2.** (following another
  vb) **to want to sleep** chcieć spać
  -3. (following an adj) żeby; **too
  old to walk** za stary, żeby chodzić
  -4. (purpose, result) żeby; **she
  came to see you** przyszła, żeby cię
  zobaczyć
toad n ropucha
toast n **-1.** chleb tostowy **-2.** toast
toast vt **-1.** opiekać **-2.** wznosić toast
  za
toaster n opiekacz, toster
tobacco n tytoń
today n **-1.** dzisiaj, dziś **-2.** dzień
  dzisiejszy, obecne czasy
today adv **-1.** dzisiaj, dziś **-2.** obecnie,
  w dzisiejszych czasach
toe n **-1.** palec u nogi **-2.** czubek
toffee n toffi
together adv razem, wspólnie
toilet n toaleta, ubikacja
token n **-1.** bon, kupon, szton, żeton
  -2. symbol, znak
token adj symboliczny
told pt & pp of **tell**
tolerable adj znośny
tolerance n tolerancja
tolerant adj tolerancyjny, wyrozumiały
tolerate vt tolerować, znosić

toll n -**1.** liczba ofiar -**2.** opłata
za przejazd
toll vt & vi (bell) bić (w)
toll-free AE adj darmowy
toll-free AE adv za darmo
tomato (pl -es) n pomidor
tomb n grobowiec
tomboy n chłopczyca
tombstone n nagrobek, płyta
nagrobna
tomcat n kocur
tomorrow n -**1.** jutro -**2.** fig dzień
jutrzejszy, przyszłość
tomorrow adv jutro
ton (pl inv OR -s) n tona
tone n -**1.** ton -**2.** sygnał -**3.** brzmienie
-**4.** wydźwięk, tonacja
tone-deaf adj niemuzykalny,
pozbawiony słuchu
tongue n język
tongue-tied adj oniemiały
tonic n tonik
tonight n -**1.** dzisiejszy wieczór
-**2.** dzisiejsza noc
tonight adv -**1.** dziś wieczorem
-**2.** dzisiejszej nocy
tonsil n ANAT migdałek
tonsillitis n zapalenie migdałków
too adv -**1.** (also) również, także, też
-**2.** (excessively) za, zbyt
took pt of **take**
tool n narzędzie
tooth (pl **teeth**) n ząb
toothache n ból zęba
toothbrush n szczoteczka do zębów
toothless adj bezzębny
toothpaste n pasta do zębów
toothpick n wykałaczka
top n adj -**1.** najwyższy -**2.** najlepszy,
najsławniejszy -**3.** maksymalny,
najwyższy
top -**1.** szczyt, czubek, wierzchołek
-**2.** zakrętka, pokrywka -**3.** wierzch,
blat -**4.** czoło

top (pt & pp -**ped**, cont -**ping**)
vt -**1.** być na czele, otwierać
-**2.** przebijać, przewyższać
topic n temat, zagadnienie
topical adj aktualny
topless adj (woman) bez stanika,
w toplesie
topmost adj najwyższy
topography n topografia
topping n CUL przybranie
top-ranking adj -**1.** wysoko
klasyfikowany -**2.** wysoko
postawiony
top-secret adj ściśle tajny
topsy-turvy adv do góry nogami
torch n -**1.** latarka -**2.** pochodnia
tore pt of **tear**
torment vt dręczyć, zamęczać
torment n męczarnia, udręka
tormentor n dręczyciel
torn pp of **tear**
tornado (pl -**es** OR -s) n tornado
torrent n -**1.** potok -**2.** grad, nawałnica
torrential adj ulewny
torrid adj -**1.** gorący, upalny -**2.** fig
gorący, rozpalony
torso (pl -s) n -**1.** tors, tułów
-**2.** popiersie
tortoise n żółw (lądowy)
tortuous adj -**1.** kręty, wijący się
-**2.** pokrętny, zawiły
torture n -**1.** tortury -**2.** fig męczarnia,
udręka
torture vt torturować, zadręczać
torturer n dręczyciel, oprawca
toss -**1.** vt rzucać, potrząsać, mieszać,
przewracać w locie
toss n -**1.** rzut monetą -**2.** nagły ruch,
potrząśnięcie
tot n -**1.** kapka, kropelka -**2.** brzdąc,
maluch
total adj całkowity, zupełny
total n -**1.** ogólna liczba -**2.** suma
total vt -**1.** dodawać, sumować
-**2.** wynosić

totalitarian *adj* totalitarny
totally *adv* całkowicie
totality *n* całość
touch *-vt* dotykać
touch *n* **-1.** dotyk **-2.** charakter, ręka
touchdown lądowanie
touching *adj* poruszający, wzruszający
touchy (*comp* **-ier**, *superl* **-iest**) *adj* przewrażliwiony
tough *adj* **-1.** odporny, twardy **-2.** mocny, wytrzymały
tour *n* **-1.** objazd, wycieczka **-2.** zwiedzanie **-3.** tournee, trasa
tour **-1.** *vt & vi* zwiedzać **-2.** *vt* jechać na tournee po
tourism *n* turystyka
tourist *n* turysta
tournament *n SPORT* turniej
tousle *vt* czochrać, mierzwić
tow *vt AUT* holować
tow *n AUT* holowanie
towards *BE*, **toward** *AE prep* **-1.** ku, w stronę **-2.** wobec, względem
towel *n* ręcznik
tower *n* wieża
tower *vi* górować, wznosić się
towering *adj* niebotyczny, ogromny
town *n* miasto
toxic *adj* toksyczny, trujący
toy *n* zabawka
trace *vt* **-1.** docierać do, odnajdywać **-2.** śledzić **-3.** odrysowywać
trace *n* **-1.** ślad **-2.** cień, nutka
track *n* **-1.** szlak, ścieżka **-2.** bieżnia, tor **-3.** *RAIL* tory **-4.** ślad **-5.** utwór
track **-1.** *vt* śledzić, tropić **-2.** *vi CIN* podążać w ślad
tracksuit *n* dres
tract *n* **-1.** traktat **-2.** obszar, teren **-3.** przewód
tractor *n* ciągnik, traktor
trade *n* **-1.** handel **-2.** fach, zawód
trade **-1.** *vt* wymieniać **-2.** *vi COMM* handlować

trademark *n* **-1.** znak handlowy **-2.** wizytówka, znak firmowy
trade-off *n* kompromis
trader *n* handlowiec
trades union *BE*, **trade union** *n* związek zawodowy
trading *n* handel, obrót
tradition *n* tradycja
traditional *adj* tradycyjny
traffic *n* **-1.** ruch drogowy **-2.** pokątny handel
tragedy (*pl* **-ies**) *n* tragedia
tragic *adj* tragiczny
trail *n* **-1.** szlak, trasa **-2.** smuga, ślad
trail *vt & vi* **-1.** ciągnąć (się), wlec (się) **-2.** prowadzić z, wygrywać
trailer *n* **-1.** przyczepa **-2.** przyczepa kempingowa
train *n* **-1.** pociąg, kolejka **-2.** tren
train *vt & vi* **-1.** kształcić (się), szkolić (się) **-2.** trenować **-3.** *vt* tresować
trainer *n* **-1.** treser **-2.** trener **-3.** *BE* but sportowy
training *n* **-1.** szkolenie **-2.** trening
trait *n* cecha, rys
traitor *n* zdrajca
tram *n BE* tramwaj
tramp *n* **-1.** włóczęga **-2.** *AE ifml* puszczalska
tramp **-1.** *vt* przemierzać, wędrować po **-2.** *vi* brnąć, ciężko stąpać
trample *vt & vi* deptać, tratować
tranquil *adj fml* cichy, spokojny
tranquillity *BE*, **tranquility** *AE n* cisza, spokój
tranquillizer *BE*, **tranquilizer** *AE n* środek uspokajający
transaction *n* operacja, transakcja
transatlantic *adj* transatlantycki
transcribe *vt* spisywać, przepisywać
transcript *n* tekst, zapis
transfer (*pt & pp* **-red**, *cont* **-ring**) **-1.** *vt & vi* przenosić (się) **-2.** *vt* (*money*) przelewać

transfer *n* **-1.** przekaz, przelew
-2. przekazanie **-3.** przeniesienie
-4. transfer
transform *vt* przekształcać,
przeobrażać
transformation *n* przemiana,
transformacja
transformer *n* ELEC transformator
transfusion *n* transfuzja
transistor *n* tranzystor
transit *n* przewóz, transport
transition *n* **-1.** przemiana **-2.** *(act of
changing)* przejście
transitive *adj* GRAM *(verb)* przechodni
transitory *adj* przejściowy,
przemijający
translate *vt & vi* przekładać, tłumaczyć
translation *n* przekład, tłumaczenie
translator *n* tłumacz
transmission *n* przenoszenie,
przekazywanie, przesyłanie
transmit *(pt & pp* **-ted,** *cont* **-ting)**
vt **-1.** nadawać, transmitować
-2. *(disease)* przenosić
transmitter *n* nadajnik, przekaźnik
transparency *n* **-1.** *(to watch)*
przezrocze, slajd **-2.** przezroczystość
transparent *adj* **-1.** przejrzysty,
przezroczysty **-2.** ewidentny, jawny
transplant *n* transplantacja
transplant *vt* dokonywać
transplantacji, przeszczepiać
transport *n* **-1.** przewóz, transport
-2. środki transportu
transport *vt* przewozić, transportować
transportation *n* ESP AE przewóz,
transport
transvestite *n* transwestyta
trap *n* **-1.** potrzask, pułapka **-2.** *fig*
pułapka, zasadzka
trap *(pt & pp* **-ped,** *cont* **-ping)** *vt*
-1. łapać w potrzask **-2.** łapać
w pułapkę
trappings *npl* przywileje

trash *n* **-1.** śmieci **-2.** badziewie,
chłam
trash *vt* AE *ifml* **-1.** mieszać z błotem,
objeżdżać **-2.** kasować, rozwalać
trashcan *n* AE kosz na śmieci
trashy *(comp* **-ier,** *superl* **-iest)** *adj ifml*
badziewny, tandetny
travel *vi* jeździć, podróżować
travel *n* podróż, podróżowanie
travelcard *n* bilet okresowy
traveller BE, **traveler** AE *n* podróżnik,
podróżny
travelling BE, **traveling** AE *adj*
-1. objazdowy, wędrowny
-2. podróżny;
tray *n* taca
tread *(pt* **trod,** *pp* **trodden)** **-1.** *vt*
deptać **-2.** *vi* chodzić, stąpać
tread *n* **-1.** bieżnik **-2.** chód, stąpanie
treasure *n* skarb
treasure *vt* cenić, pielęgnować
treasurer *n* skarbnik
treasury *(pl* **-ies)** *n* skarbiec
treat *vt* obchodzić się z, traktować
treat *n* rozkosz, uczta
treatment *n* **-1.** MED leczenie, terapia
-2. podejście, traktowanie
treaty *(pl* **-ies)** *n* pakt, traktat
tree *n* drzewo
tree-lined *adj* wysadzany drzewami
tree-trunk *n* pień drzewa
trek *(pt & pp* **-ked,** *cont* **-king)** *vi*
wędrować
trek *n* wędrówka, wyprawa
tremble *vi* **-1.** dygotać **-2.** drżeć
tremendous *adj* ogromny, olbrzymi
tremor *n* dreszcz, drżenie
trench *n* rów, okop
trend *n* kierunek, trend
trendy *adj* modny, na topie
trespass *vi* wkraczać bez pozwolenia
trespasser *n* intruz
trial *n* **-1.** JUR proces, rozprawa
sądowa **-2.** próba, test
triangle *n* **-1.** trójkąt **-2.** ekierka

triangular *adj* trójkątny
tribe *n* plemię
tribulation *n* utrapienie, zgryzota
tribunal *n* trybunał
tribute *n* hołd, wyrazy uznania
trick *n* -**1.** figiel, podstęp -**2.** sztuczka, trik
trick *adj* nieprawdziwy, oszukańczy
trick *vt* oszukiwać
trickery *n* oszustwo
trickle *n* -**1.** strużka -**2.** grupka, sznurek
trickle *vi* -**1.** kapać, sączyć się -**2.** przemieszczać się
tricky (*comp* -**ier**, *superl* -**iest**) *adj* podstępny
tried *pt & pp of* **try**
trifle *n* -**1.** przekładaniec -**2.** drobiazg, drobnostka
trifling *adj pej* błahy, mało znaczący
trigger *n* cyngiel, spust
trigonometry *n* trygonometria
trilogy (*pl* -**ies**) *n* trylogia
trim (*comp* -**mer**, *superl* -**mest**) *adj* -**1.** schludny, zadbany -**2.** szczupły
trim *n* -**1.** podcięcie, przystrzeżenie -**2.** lamówka, obramowanie; (*inside car*) wykończenie
trim (*pt & pp* -**med**, *cont* -**ming**) *vt* -**1.** podcinać, przystrzygać -**2.** ozdabiać, przystrajać
trimming *n* dodatek, ozdoba
trimmings *npl* -**1.** przybranie -**2.** skrawki, ścinki
Trinity *n RELIG* **the Trinity** Trójca Święta
trinket *n* błyskotka, świecidełko
trip *n* -**1.** podróż, wycieczka -**2.** odjazd
trip (*pt & pp* -**ped**, *cont* -**ping**) *vi* potykać się
triple *adj* -**1.** trojaki -**2.** potrójny
triple *vt & vi* potrajać (się)
triplets *npl* trojaczki
triumph *n* triumf

triumph *vi* triumfować
triumphant *adj* triumfujący, zwycięski
trivia *n* błahostki, drobiazgi
trivial *adj pej* błahy, trywialny
triviality (*pl* -**ies**) *n* błahostka
trod *pt of* **tread**
trodden *pp of* **tread**
trolley (*pl* **trolleys**) *n* -**1.** wózek -**2.** tramwaj
trolleybus *n* trolejbus
troop *n* -**1.** drużyna -**2.** oddział -**3.** chmara, stado
trophy (*pl* -**ies**) *n* trofeum
tropic *n* zwrotnik
tropical *adj* tropikalny, zwrotnikowy
trot (*pt & pp* -**ted**, *cont* -**ting**) *vi* -**1.** (*horse*) kłusować -**2.** biec truchtem
trot *n* -**1.** kłus -**2.** trucht
trouble *n* kłopot, trudność
trouble *vt* martwić, zasmucać
trouble-free *adj* beztroski
troublesome *adj* kłopotliwy
trousers *npl* spodnie
trout (*pl inv* OR -**s**) *n* pstrąg
truce *n* rozejm, zawieszenie broni
truck *n ESP AE* ciężarówka, samochód ciężarowy
trudge *vi* brnąć, wlec się
true *adj* prawdziwy, rzeczywisty
truly *adv* faktycznie, rzeczywiście
trump *n* atut, karta atutowa
trumpet *n MUS* trąbka
trunk *n* -**1.** pień -**2.** tułów -**3.** (*of elephant*) trąba -**4.** kufer, skrzynia -**5.** bagażnik
trunks *npl* kąpielówki
trust *vt* ufać, wierzyć)
trust *n* -**1.** zaufanie -**2.** powiernictwo
trustee *n* -**1.** powiernik -**2.** administrator, zarządca
trustworthy *adj* godny zaufania
truth *n* prawda

truthful n -1. prawdomówny -2. prawdziwy, zgodny z prawdą
try (pt & pp -ied) vt & vi próbować, starać się
try (pl -ies) n (attempt) próba
try-out n próba, test
tub n (bath) wanna
tube n -1. rura, rurka -2. tubka -3. (underground train) kolejka
tuberculosis n gruźlica
tuck vt wkładać, wsuwać
Tuesday n wtorek
tug (pt & pp -ged, cont -ging) vt & vi pociągać, szarpać
tug n pociągnięcie, szarpnięcie
tugboat n holownik
tuition n nauczanie, nauka
tulip n tulipan
tumble vi -1. przewracać się, wywracać się -2. spadać, staczać się
tummy (pl -ies) n ifml brzuch, brzuszek
tumour BE, **tumor** AE n guz
tumult n fml tumult, wrzawa
tuna (pl inv OR -s) n tuńczyk
tune n melodia
tune vt -1. MUS stroić -2. RADIO nastawiać -3. (engine) podregulowywać
tunic n tunika
tunnel n tunnel
turbine n turbina
turbulence n -1. turbulencja -2. fig poruszenie, wzburzenie
turf (pl -s OR **turves**) n darń
turkey (pl **turkeys**) n indyk
turmoil n wrzawa, zamieszanie
turn vt & vi -1. obracać (się), przekręcać (się) -2. przewracać (się) -3. skręcać
→**turn against** vt fus nastawiać przeciwko
→**turn (a)round** -1. vt sep obracać, przekręcać; przestawiać -2. vi (person) odwracać się

turn n -1. zakręt -2. obrót, przekręcenie
turning n odgałęzienie, skręt
turning point n punkt zwrotny
turnout n frekwencja, liczba uczestników
turnover n -1. fluktuacja, rotacja -2. FIN obrót, obroty
turpentine n terpentyna
turquoise n -1. turkus -2. kolor turkusowy
turtle (pl inv OR -s) n żółw wodny
turtleneck n golf
turves BE pl of **turf**
tusk n kieł
tutor n korepetytor, nauczyciel prywatny
tutor vt & vi uczyć prywatnie
tuxedo (pl -s) n AE smoking
TV abbr of **television**
tweed n tweed
tweet vi ćwierkać, kwilić
tweezers npl pinceta, szczypczyki
twelfth num dwunasty
twelve num dwanaście
twenty (pl -ies) num dwadzieścia
twice adv dwa razy
twig n gałązka
twilight n zmierzch, zmrok
twin n bliźniak
twin adj -1. bliźniaczy -2. podwójny, dwuosobowy
twine n sznurek, szpagat
twine vt owijać (**sth round sth** coś wokół czegoś)
twinge n odczucie, ukłucie (**of sth** czegoś)
twinkle vi -1. migotać -2. błyszczeć, skrzyć się
twinkle n -1. migotanie -2. błysk, iskierka
Twins bliźnięta
twirl vt kręcić, obracać
twist vt skręcać, przekręcać, skręcać

twist *n* **-1.** zakręt; skręt **-2.** skręcenie, splot
twister *n AE* tornado
two *num* dwa
twofaced *adj pej* dwulicowy
twofold *adj* dwojaki, podwójny
two-way *adj* dwukierunkowy
tycoon *n* magnat
type *n* rodzaj, typ
type *vt & vi* pisać, wystukiwać
typescript *n* maszynopis
typesetter *n* zecer
typewriter *n* maszyna do pisania
typhoon *n* tajfun
typhus *n* dur plamisty
typical *adj* charakterystyczny, typowy
typify (*pt & pp* **-ied**) *vt* **-1.** być typowym dla **-2.** być uosobieniem, ucieleśniać
typing *n* pisanie na maszynie
typist *n* maszynistka
tyranny *n* tyrania
tyrant *n* tyran
tyre *BE*, **tire** *AE n* opona
tyre pressure *n* ciśnienie w ogumieniu

U

ugliness *n* brzydota
ugly (*comp* **-ier**, *superl* **-iest**) *adj* brzydki, szpetny
ulcer *n* wrzód
ultimate *adj* końcowy, ostateczny
ultimatum (*pl* **-tums** OR **-ta**) *n* ultimatum
ultrasonic *adj* ponaddźwiękowy
ultrasound *n* ultradźwięk
umbrage *n* obraza, uraza
umbrella *n* parasolka
umpire *vt & vi SPORT* sędziować

unable *adj* niezdolny
unacceptable *adj* niedopuszczalny
unaccountable *adj* niewytłumaczalny, niezrozumiały
unaccustomed *adj* nienawykły, nieprzyzwyczajony
unaffected *adj* nie tknięty, nie zmieniony
unafraid *adj* bez obaw, bez strachu
unanimity *n fml* jednogłośność, jednomyślność
unanimous *adj* jednogłośny, jednomyślny
unannounced *adj* niezapowiedziany
unappreciative *adj* niewdzięczny
unarmed *adj* nieuzbrojony
unashamed *adj* bezwstydny
unassuming *adj* nie wynoszący się, skromny
unattended *adj* bez opieki
unattractive *adj* nieatrakcyjny, nieładny
unauthorized, -ised *adj* **-1.** bez zezwolenia **-2.** nie autoryzowany
unavailable *adj* niedostępny, nieosiągalny
unavoidable *adj* nieunikniony
unaware *adj* nieświadomy
unbearable *adj* nie do wytrzymania, nieznośny
unbelievable *adj* nieprawdopodobny, niewiarygodny
unbend (*pt & pp* **unbent**) *vi* odprężać się, rozluźniać się
unborn *adj* (*child*) nienarodzony
unbreakable *adj* **-1.** niełamliwy **-2.** nietłukący
unbutton *vt* (*coat, shirt*) rozpinać
uncalled-for *adj* niestosowny, nie na miejscu
uncared-for *adj* pozostawiony samemu sobie, zaniedbany
uncertain *adj* **-1.** niepewny **-2.** niejasny, nie ustalony
unchanged *adj* nie zmieniony

unchanging adj niezmienny
uncivilized, -ised adj niecywilizowany
uncle n wuj(ek), stryj(ek)
unclean adj -1. brudny -2. nieczysty
unclear adj -1. niejasny, niezrozumiały -2. niepewny, niewyraźny
uncomfortable adj -1. niewygodny -2. nieprzyjemny, niezręczny -3. nieswój
uncommon adj -1. niezwykły, rzadki -2. fml niepospolity, niezwyczajny
uncomplicated adj nieskomplikowany
unconditional adj bezwarunkowy
unconscious adj -1. nieprzytomny -2. nieświadomy -3. podświadomy
unconventional adj niekonwencjonalny
uncork vt (bottle) odkorkowywać
uncover vt -1. odkrywać, odsłaniać -2. demaskować, ujawniać
undamaged adj nie uszkodzony
undecided adj nie rozstrzygnięty
undeniable adj niezaprzeczalny
under prep -1. (beneath, below) pod -2. (less than) poniżej
under adv -1. pod spód; pod spodem -2. (less) mniej, poniżej
under- prefix nie(do)-, pod-
underage adj nieletni, niepełnoletni
undercarriage n podwozie
undercover adj tajny
undercover adv w przebraniu
underestimate vt -1. nie doszacowywać -2. nie doceniać
undergo (pt -went, pp -gone) vt -1. poddawać się, przechodzić (przez) -2. ulegać
underground adj podziemny
underground adv (be) pod ziemią; (go) pod ziemię
underground n -1. metro -2. podziemie
undergrowth n podszycie leśne, ściółka

underline vt -1. podkreślać -2. fig podkreślać, uwypuklać
undermine vt fig podkopywać, podrywać
underneath prep pod
underneath adv pod spodem
underneath adj dolny, spodni
undernourished adj niedożywiony
underpants npl majtki, slipy
underpass n -1. przejście podziemne -2. przejazd podziemny
underprice vt zaniżać cenę
underrated adj niedoceniany
undershirt n AE podkoszulek
underside n: the underside spód
undersize(d) adj za mały
understand (pt & pp -stood) vt & vi rozumieć
understandable adj zrozumiały
understanding adj pełen zrozumienia, wyrozumiały
understanding n -1. rozumienie, znajomość -2. wyrozumiałość, zrozumienie
understate vt bagatelizować, umniejszać
understatement n niedomówienie, niedopowiedzenie
understood pt & pp of understand
undertake (pt -took, pp -taken) vt -1. brać na siebie, podejmować się -2. zobowiązywać się
undertaker n przedsiębiorca pogrzebowy
undertaking n -1. przedsięwzięcie -2. zobowiązanie
undertook pt of undertake
underwater adj podwodny
underwear n bielizna
underweight adj z niedowagą
underwent pt of undergo
underworld n -1. zaświaty -2. półświatek
undeserved adj niezasłużony
undesirable adj niepożądany

undid *pt of* **undo**

undiscovered *adj* nie odkryty, nieznany

undisputed *adj* bezdyskusyjny, nie kwestionowany

undo (*pt* **-did**, *pp* **-done**) *vt* **-1.** rozwiązywać, rozpinać **-2.** niweczyć, przekreślać

undone *adj* **-1.** rozpięty, rozwiązany **-2.** nie wykonany

undoubted *adj* niewątpliwy, niezaprzeczalny

undress *vt & vi* rozbierać (się)

undue *adj fml* nadmierny, niewłąściwy

undying *adj fml* dozgonny, wieczny

unearth *vt* **-1.** odkopywać, wykopywać **-2.** *fig* wydobywać na światło dzienne

unearthly *adj* **-1.** nie z tej ziemi **-2.** *ifml* niechrześcijański, nieludzki

unease *n* niepewność, niepokój

uneasy (*comp* **-ier**, *superl* **-iest**) *adj* **-1.** niespokojny **-2.** nieprzyjemny, niezręczny

uneaten *adj* nie zjedzony, zostawiony

unemployable *adj* niezdatny do pracy

unemployed *adj* bezrobotny, niezatrudniony

unemployment *n* bezrobocie

unequal *adj* **-1.** nierówny **-2.** zróżnicowany

uneven *adj* nierówny

uneventful *adj* bez przygód, spokojny

unexceptional *adj* zwyczajny

unexpected *adj* nieoczekiwany, niespodziewany

unexplained *adj* niewyjaśniony, niewytłumaczony

unfailing *adj* **-1.** nie słabnący, nie ustający **-2.** niewyczerpany, niezawodny

unfair *adj* **-1.** krzywdzący, niesprawiedliwy **-2.** niesłuszny, nieuczciwy

unfaithful *adj* niewierny

unfamiliar *adj* **-1.** nieznany, obcy **-2.** nie obeznany

unfasten *vt* **-1.** rozpinać **-2.** odwiązywać

unfavourable *BE*, **unfavorable** *AE* *adj* **-1.** niekorzystny, nie sprzyjający **-2.** niepomyślny, nieprzychylny

unfeeling *adj* bezduszny, nieczuły

unfinished *adj* nie dokończony

unfit *adj* **-1.** bez kondycji, nie w formie **-2.** niezdatny

unfold -1. *vt* rozkładać, roztaczać **-2.** *vi* wyjaśniać się

unforeseeable *adj* nieprzewidywalny

unforeseen *adj* nieprzewidziany

unforgettable *adj* niezapomniany

unforgivable *adj* niewybaczalny

unfortunate *adj* **-1.** pechowy **-2.** niefortunny, nieszczęśliwy

unfortunately *adv* niestety

unfounded *adj* bezpodstawny, nieuzasadniony

unfriendly (*comp* **-ier**, *superl* **-iest**) *adj* nieprzyjazny

ungrateful *adj* niewdzięczny

unhappily *adv* **-1.** nieszczęśliwie **-2.** *fml* niestety

unhappiness *n* nieszczęście, niedola

unhappy (*comp* **-ier**, *superl* **-iest**) *adj* **-1.** nieszczęśliwy **-2.** niezadowolony **-3.** *fml* niefortunny

unhealthy (*comp* **-ier**, *superl* **-iest**) *adj* **-1.** chory **-2.** niezdrowy

unheard-of *adj* niespotykany, nieznany

unhurt *adj* bez uszczerbku, cały i zdrowy

unicorn *n* jednorożec

unidentified *adj* **-1.** bliżej nie określony, nieznany **-2.** niezidentyfikowany

uniform *n* **-1.** mundur **-2.** mundurek

uniform *adj* jednolity

unify (*pt & pp* **-ied**) *vt* jednoczyć, ujednolicać

unilateral adj jednostronny
unimportant adj mało istotny,
nieważny
unimpressed adj niewzruszony,
obojętny
uninhabited adj niezamieszkały
unintentional adj nie zamierzony
uninterested adj nie zainteresowany,
obojętny
uninvited adj nieproszony
union n -1. (trade union) związek
zawodowy -2. unia
unique adj niepowtarzalny, unikalny,
nadzwyczajny, wyjątkowy
unison n porozumienie, zgoda
unit n -1. rozdział -2. (of
measurement) jednostka -3. element
-4. dział, oddział
unite vt & vi jednoczyć (się)
united adj -1. w zgodzie, zgodny
-2. zjednoczony
unity n -1. jedność -2. zgoda,
zgodność
universal adj powszechny,
uniwersalny
universe n wszechświat
university (pl -ies) n uniwersytet
unjust adj niesprawiedliwy
unjustified adj -1. niczym nie
usprawiedliwiony -2. bezpodstawny,
nieuzasadniony
unkind adj -1. niemiły, nieprzyjemny
-2. fig niesprzyjający
unknown adj nieznany
unlace vt rozsznurowywać,
rozwiązywać
unlawful adj bezprawy, nielegalny
unleaded adj bezołowiowy
unless conj chyba że, o ile nie
unlike prep -1. niepodobny do,
różny od -2. w odróżnieniu od,
w przeciwieństwie do
unlikely adj mało prawdopodobny,
nierealny
unlimited adj nieograniczony

unload vt -1. wyładowywać
-2. rozładowywać
unlock vt otwierać (zamek)
unloved adj niekochany
unlucky (comp -ier, superl -iest)
adj -1. niefortunny, nieszczęśliwy
-2. pechowy
unmask vt -1. zrywać maskę -2. fig
demaskować, ujawniać
unmatched adj niezrównany
unmistakable adj wykluczający
pomyłkę, wyraźny
unmoved adj niewzruszony, obojętny
unnamed adj anonimowy, bezimienny
unnatural adj nienaturalny
unnecessary adj niepotrzebny,
zbyteczny
unnoticed adj nie dostrzeżony, nie
zauważony
unobserved adj nie zauważony
unoccupied adj -1. bez zajęcia -2. nie
zajęty, wolny, niezamieszkały
unofficial adj nieoficjalny
unpack vt & vi rozpakowywać (się)
unpaid adj -1. nie opłacany -2. nie
zapłacony
unplanned adj nie planowany, nie
przewidziany
unpleasant adj nieprzyjemny, przykry
unplug (pt & pp -ged, cont -ging) vt
wyłączać z sieci
unpolluted adj nie skażony, nie
zanieczyszczony
unpopular adj niepopularny
unpredictable adj -1. nieobliczalny
-2. nieprzewidywalny
unprejudiced adj bezstronny, bez
uprzedzeń
unprepared adj nie przygotowany
unpretentious adj bezpretensjonalny
unproductive adj -1. jałowy
-2. bezproduktywny
unprofessional adj
-1. nieprofesjonalny -2. sprzeczny
z etyką zawodową

unprotected adj bez zabezpieczenia
unqualified adj
-1. niewykwalifikowany -2. pełen,
całkowity, kompletny
unquestionable adj bezsporny, nie
kwestionowany
unreal adj nierealny, nierzeczywisty
unrealistic adj nierealistyczny
unreasonable adj -1. niemądry,
nierozsądny -2. bezsensowny,
niedorzeczny
unrelated adj -1. nie powiązany
-2. nie spokrewniony
unreliable adj -1. nieodpowiedzialny,
niesolidny -2. zawodny
unreserved adj -1. całkowity, pełny
-2. nie zarezerwowany
unresolved adj nie rozwiązany, nie
rozstrzyg-nięty
unrest n -1. niepokój, wzburzenie
-2. ruchawka, wrzenie
unrestrained adj niepohamowany,
niepowstrzymany
unrestricted adj nieograniczony
unripe adj (fruit) niedojrzały
unroll vt rozwijać
unruffled adj niewzruszony, spokojny
unruly (comp -ier, superl -iest) adj
niesforny
unsafe adj -1. niebezpieczny
-2. zagrożony
unsaid adj nie dopowiedziany
unsatisfactory adj niezadowalający
unscheduled adj nie planowany, nie
przewidziany
unscrew vt odkręcać, rozkręcać
unseemly (comp -ier, superl -iest) adj
nie na miejscu, niestosowny
unseen adv niezauważenie
unseen adj -1. (object) niewidoczny
-2. (person) nie zauważony
unselfish adj bezinteresowny,
wielkoduszny
unsettled adj -1. niespokojny,
zaniepokojony -2. niepewny,

zmienny -3. nie rozstrzygnięty, nie
uregulowany -4. nie zaludniony
unshak(e)able adj niewzruszony,
niezachwiany
unshaven adj nie ogolony
unskilled adj niewykwalifikowany
unsolicited adj -1. nie proszony
-2. nie zamawiany
unsolved adj nie rozwiązany
unsound adj -1. bezpodstawny,
błędny -2. w złym stanie
unspeakable adj niewypowiedziany,
niewysłowiony
unspecified adj nie określony, nie
sprecyzowany
unspoken adj cichy, milczący
unstable adj -1. chwiejny, niestabilny
-2. niezrównoważony
unstated adj nie wyrażony
unsteady (comp -ier, superl -iest)
adj -1. niepewny -2. chwiejący się,
chybotliwy
unstoppable adj niepowstrzymany
unstrap (pt & pp -ped, cont -ping) vt
rozpinać
unsuccessful adj -1. bezowocny
-2. nieudany -3. odrzucony;
niespełniony
unsuitable adj nieodpowiedni
unsure adj niepewny
unsurpassed adj nieprześcigniony,
niezrównany
untamed adj -1. dziki -2. nie
zagospodarowany -3. nieokiełznany
untangle vt rozplątywać
unthinkable adj nie do pomyślenia,
niewyobrażalny
untidy (comp -ier, superl -iest) adj
-1. nie posprzątany, w nieładzie
-2. niedbały, niestaranny
untie (cont **untying**) vt rozwiązywać
until prep -1. (up to, till) (aż)
do -2. (after negative) dopiero
until conj aż, dopóki nie

untiring adj niestrudzony, niezmordowany

untold adj nieopisany, niewypowiedziany

untrue adj -1. nieprawdziwy -2. niewierny

untrustworthy adj niegodny zaufania

untruthful adj -1. kłamliwy -2. fałszywy, nieprawdziwy

unused adj -1. nie używany, nie użytkowany -2. nie nawykły

unusual adj niecodzienny, niezwykły

unveil vt -1. odsłaniać -2. fig odkrywać, wyjawiać

unwanted adj -1. niepotrzebny -2. niechciany

unwelcome adj -1. kłopotliwy, niepożądany -2. niemile widziany

unwell adj lekko chory, niezdrowy

unwilling adj niechętny, ociągający się

unwind (pt & pp -**wound**) vt odwijać, rozwijać

unwise adj niemądry, nierozsądny

unworkable adj niewykonalny

unwound pt & pp of **unwind**

unwrap (pt & pp -**ped**, cont -**ping**) vt rozpakowywać

unzip (pt & pp -**ped**, cont -**ping**) vt rozpinać (suwak)

up adv (in a higher or upright position) do góry, wyżej

up prep (towards or in a higher position) na, po

upbringing n wychowanie

update vt -1. uaktualniać -2. modernizować, unowocześniać

upgrade vt -1. unowocześniać, usprawniać -2. podnosić, podwyższać

uphill adj & adv pod górę

uphold (pt & pp -**held**) vt -1. przestrzegać -2. (sb's decision, system) popierać

upholster vt obijać

upholstery n -1. obicie -2. tapicerka

uplift vt podnosić na duchu

upon prep fml -1. (on, on top of) na -2. (after, when) po

upper adj -1. górny -2. wyższy

uppermost adj najwyższy

upright adj -1. wyprostowany, stojący pionowo -2. fig (citizen) prawy, uczciwy

upright adv pionowo, prosto

uprising n powstanie

upset adj -1. poruszony, zaniepokojony -2. urażony, zirytowany

upset (pt & pp **upset**, cont -**ting**) vt -1. denerwować, niepokoić -2. dezorganizować, zakłócać

upside down adj & adv do góry nogami

upstairs adv (go) na górę, na piętro, na górze, na piętrze

upstairs adj na górze, na piętrze

upstairs n góra, piętro

upstanding adj prawy, uczciwy

upstream adj & adv w górę rzeki

upsurge n -1. przypływ -2. wzrost

uptight adj ifml spięty

up-to-date adj -1. najnowszy, nowoczesny -2. aktualny, najświeższy

up-to-the-minute adj z ostatniej chwili

uptown AE adj & adv na przedmieściach, w dzielnicy mieszkaniowej

upturn n zwyżka

upward adj & adv do góry, w górę

upwind adj pod wiatr

Uranus n Uran

urban adj miejski

urge vt -1. nalegać, namawiać -2. namawiać do, zalecać

urge n pragnienie, silny impuls

urgency n pilna potrzeba, pośpiech

urgent adj -1. naglący, pilny -2. nalegający, natarczywy

urinate vi oddawać mocz

urine *n* mocz, uryna
urn *n* urna
us *pers pron* **-1.** *(direct & indirect)*
nam, nas **-2.** *(after prep)* nami, nas
usage *n* **-1.** obieg, użycie **-2.** używanie
use *n* używanie, stosowanie,
posługiwanie
used *adj* **-1.** używany **-2.** nawykły,
przyzwyczajony
useful *adj* **-1.** przydatny, pożyteczny
-2. pomocny, użyteczny
useless *adj* **-1.** bezużyteczny,
nieprzydatny **-2.** bezcelowy,
nadaremny **-3.** *ifml* beznadziejny,
do niczego
user *n* użytkownik
user-friendly *adj* łatwy w użyciu
usual *adj* typowy, zwykły
usually *adv* zazwyczaj, zwykle
utensil *n:* **kitchen utensils** przybory
kuchenne
uterus *(pl* **-ri** OR **-ruses)** *n* ANAT
macica
utilize, -ise *vt* pożytkować,
wykorzystywać
utmost *adj* największy, najwyższy
utmost *n* maksimum, szczyt
utter *adj* całkowity, kompletny
utter *vt* **-1.** wydawać **-2.** wygłaszać,
wypowiadać
utterly *adv* całkowicie, zupełnie
U-turn *n* **-1.** zawracanie **-2.** *fig*
całkowity zwrot

V

vacancy *(pl* **-ies)** *n* **-1.** wakat, wolna
posada **-2.** wolny pokój
vacant *adj* **-1.** wolny **-2.** nieobecny,
pusty

vacate *vt* **-1.** *(job)* odchodzić
z **-2.** *(seat)* zwalniać
-3. wyprowadzać się
vacation *n* **-1.** wakacje **-2.** urlop
vaccinate *vt* szczepić
vaccination *n* szczepienie
vaccine *n* szczepionka
vacuum *n* **-1.** próżnia **-2.** *fig* próżnia,
pustka
vacuum *vt* odkurzać
vacuum (cleaner) *n* odkurzacz
vacuum-packed *adj* pakowany
próżniowo
vagina *n* pochwa
vague *adj* niesprecyzowany,
ogólnikowy
vain *adj* **-1.** próżny, pyszny
-2. daremny, próżny
Valentine's Day *n,* walentynki
valid *adj* **-1.** sensowny, zasadny,
uzasadniony **-2.** ważny
validity *n* **-1.** zasadność **-2.** ważność
valley *(pl* **valleys)** *n* dolina
valour BE, **valor** AE *n fml* męstwo
valuable *adj* **-1.** cenny, wartościowy
-2. kosztowny, o dużej wartości
valuables *npl* kosztowności
value *n* **-1.** wartość, znaczenie
-2. cena, wartość
value *vt* **-1.** wyceniać **-2.** cenić sobie,
doceniać
valued *adj* **-1.** *(friend)* cenny, drogi
-2. ceniony
values *npl* wartości (moralne)
valve *n* **-1.** zawór **-2.** wentyl
van *n* AUT furgonetka, samochód
dostawczy
vandal *n* wandal
vandalism *n* wandalizm
vanilla *n* wanilia
vanish *vi* **-1.** znikać **-2.** ginąć,
wymierać
vanity *n pej* próżność
vapour BE, **vapor** AE *n* para

variable *adj* **-1.** niestały, zmienny
-2. nierówny, zróżnicowany
variable *n* **-1.** czynnik, parametr
-2. *MATH* zmienna
variant *n* wariant
variation *n* **-1.** odchylenie, różnica
-2. różnorodność, zmienność
-3. wariacja
varied *adj* **-1.** różnorodny,
zróżnicowany **-2.** urozmaicony
variety (*pl* **-ies**) *n* **-1.** różnorodność,
urozmaicenie **-2.** bogactwo, wybór
-3. rodzaj
various *adj* rozmaity, różnorodny
varnish *n* lakier
varnish *vt* lakierować
vary (*pt & pp* **-ied**) **-1.** *vt* urozmaicać
-2. *vi* różnić się, zmieniać się
vase *n* wazon
vast *adj* **-1.** obszerny, rozległy
-2. ogromny, olbrzymi
vastness *n* ogrom
vault *n* **-1.** skarbiec **-2.** krypta **-3.** *(roof)*
sklepienie
VCR *(abbr of* **video casette recorder)**
n magnetowid, wideo
veal *n* cielęcina
vegetable *n* jarzyna, warzywo
vegetarian *n* wegetarianin
vegetarian *adj* wegetariański
vegetarianism *n* wegetarinizm
vegetate *vi pej* wegetować
vegetation *n* roślinność
vehicle *n* **-1.** pojazd **-2.** narzędzie,
środek
veil *n* **-1.** welon, woalka **-2.** *fig* zasłona
veiled *adj* zawoalowany
vein *n* **-1.** żyła **-2.** żyłka **-3.** nastrój, ton
velocity (*pl* **-ies**) *n* prędkość, szybkość
velour *n* welur
velvet *n* aksamit
vendetta *n* wendeta
vendor *n* sprzedawca
vengeance *n* zemsta
venison *n* dziczyzna

venom *n* jad
venomous *adj* jadowity
vent *n* odpowietrznik, otwór
wentylacyjny
vent *vt* dawać upust
ventilate *vt* wentylować, wietrzyć
ventilation *n* wentylacja
ventilator *n* **-1.** wentylator
-2. respirator
venture *n* przedsięwzięcie
venture **-1.** *vt* ryzykować **-2.** *vi*
zapuszczać się, podejmować ryzyko
wejścia
venturesome *adj* **-1.** lubiący ryzyko
-2. ryzykowny
Venus *n* Wenus
veranda(h) *n* weranda
verb *n* czasownik
verbal *adj* **-1.** słowny, ustny
-2. czasownikowy, werbalny
verbatim *adj* dosłowny
verdict *n* orzeczenie, werdykt
verge *n* krawędź, skraj
verify (*pt & pp* **-ied**) *vt* sprawdzać,
weryfikować
verruca (*pl* **-cas** OR **-cae**) *n* brodawka
versatile *adj* **-1.** wszechstronny
-2. uniwersalny, wielofunkcyjny
verse *n* **-1.** poezja, wiersze **-2.** strofa,
zwrotka **-3.** werset
version *n* wersja
versus *prep* **-1.** kontra, przeciw
-2. w stosunku do
vertebra (*pl* **-brae**) *n* *ANAT* kręg
vertebrate *n* kręgowiec
vertical *adj* pionowy
vertigo *n* zawroty głowy
verve *n* werwa
very *adv* bardzo
vessel *n* *fml* **-1.** okręt, statek
-2. naczynie
vest *n* **-1.** *BE* podkoszulek **-2.** *AE*
kamizelka
vestry (*pl* **-ies**) *n* zakrystia

veteran *n MIL* kombatant, weteran wojenny
veteran *adj* doświadczony, zaprawiony
veterinarian *n AE* weterynarz
veterinary *adj* weeterynaryjny
veto *(pl -es) n* weto
veto *(pt & pp -ed, cont -ing) vt* wetować
via *prep* przez; za pośrednictwem
viaduct *n* wiadukt
vibrant *adj* -**1.** jaskrawy, żywy -**2.** tętniący życiem -**3.** wibrujący
vibrate *vi* drżeć, wibrować
vicar *n* pastor anglikański
vicarage *n* plebania
vice *n* -**1.** występek, zło moralne -**2.** przywara, wada -**3.** imadło
vice-chairman *n* wiceprzewodniczący
vice-president *n* wiceprezes, wiceprezydent
vicious *adj* -**1.** brutalny, wściekły -**2.** zjadliwy, złośliwy -**3.** zły
vicious circle *n* błędne koło
victim *n* ofiara
victorious *adj* zwycięski
victory *(pl -ies) n* zwycięstwo
video *(pl -s, cont -ing) n* -**1.** teledysk -**2.** magnetowid
video *(pt & pp -ed) vt* -**1.** nagrywać (na wideo) -**2.** filmować
videorecorder *n* magnetowid, wideo
videotape *n* kaseta wideo
view *n* -**1.** *(opinion)* pogląd, zapatrywanie -**2.** widok
view *vt* -**1.** postrzegać, zapatrywać się na -**2.** obserwować, oglądać
viewer *n* telewidz
viewfinder *n* celownik, wizjer
viewpoint *n* -**1.** pogląd, stanowisko -**2.** punkt widokowy
vigilance *n* czujność
vigilant *adj* czujny
vigor *AE* = **vigour**

vigorous *adj* -**1.** energiczny, prężny, mocny -**2.** energiczny, żywy -**3.** aktywny, żywotny
vigour *BE*, **vigor** *AE n* energia, wigor
villa *n* dom jednorodzinny, willa
village *n* wieś, wioska
villain *n* -**1.** czarny charakter -**2.** *ifml* łotr, złoczyńca
vindictive *adj* mściwy
vine *n* winorośl
vinegar *n* ocet
vineyard *n* winnica
vintage *n (wine)* rocznik
violate *vt* -**1.** gwałcić, łamać -**2.** naruszać, zakłócać -**3.** bezcześcić
violence *n* -**1.** gwałt, przemoc -**2.** gwałtowność
violent *adj* -**1.** brutalny, gwałtowny -**2.** pełen przemocy -**3.** jaskrawy, krzykliwy
violet *n* -**1.** fiołek -**2.** fiolet
violin *n* skrzypce
violinist *n* skrzypek
viper *n* żmija
viral *adj* wirusowy
virgin *n* -**1.** dziewica -**2.** prawiczek
virgin *adj* dziewiczy
virginity *n* dziewictwo
Virgo *(pl -s) n* Panna
virile *adj* męski
virility *n* męskość
virtual *adj* -**1.** faktyczny, praktyczny -**2.** *COMP* wirtualny
virtue *n* -**1.** cnotliwość, prawość -**2.** cnota, zaleta -**3.** zasługa
virtuoso *(pl -sos OR -si) n* wirtuoz
virtuous *adj* cnnotliwy, prawy
virus *n* wirus
visa *n* wiza
visibility *n* -**1.** widzialność -**2.** widoczność
visible *adj* -**1.** widoczny, widzialny -**2.** dostrzegalny, wyraźny
vision *n* -**1.** wzrok -**2.** *fig* dalekowzroczność, dar

przewidywania **-3.** wizja **-4.** *TV* obraz, wizja

visit *vt* **-1.** wstępować do, zachodzić do **-2.** odwiedzać

visit *n* **-1.** odwiedziny, wizyta **-2.** pobyt

visiting card *n* wizytówka

visiting hours *npl* godziny odwiedzin

visitor *n* **-1.** gość **-2.** odwiedzający

visual *adj* wizualny, wzrokowy

vital *adj* istotny, zasadniczy

vitality *n* witalność

vitamin *n* witamina

vivid *adj* **-1.** jaskrawy **-2.** wyraźny, żywy

vixen *n* lisica

vocabulary (*pl* **-ies**) *n* słownictwo, zasób słów

vocal *adj* głosowy, wokalny

vocals *npl* partie wokalne, śpiew

vocalist *n* wokalista

vocation *n* powołanie

vodka *n* wódka

vogue *n* moda

voice *n* głos

voice *vt* **-1.** wygłaszać, wypowiadać **-2.** wyrażać

voice box *n* krtań

void *adj* **-1.** nieważny **-2.** *fml* pusty, próżny

void *n* **-1.** pustka **-2.** próżnia, przepaść

voile *n* woal

volcanic *adj* wulkaniczny

volcano (*pl* **-es** OR **-s**) *n* wulkan

volleyball *n* siatkówka

volt *n* wolt

voltage *n* napięcie

volume *n* **-1.** natężenie, głośność **-2.** pojemność, objętość **-3.** ilość **-4.** tom, wolumin

voluntary *adj* **-1.** dobrowolny **-2.** ochotniczy

volunteer -1. *vt* & *vi* zgłaszać się dobrowolnie **-2.** *vt* udzielać spontanicznie

volunteer *n* **-1.** *MIL* ochotnik **-2.** wolontariusz

vomit *vi* wymiotować

vomit *n* wymiociny

vote *n* **-1.** *(individual decision)* głos **-2.** głosowanie

vote -1. *vi* głosować **-2.** *vt* obierać, głosować na

vote of confidence (*pl* **votes of confidence**) *n* wotum zaufania

voter *n* głosujący, wyborca

voucher *n* kupon, talon

vow *n* przyrzeczenie, ślubowanie

vow *vt* przyrzekać, ślubować

vowel *n* samogłoska

voyage *n* podróż, wyprawa

voyeur *n* podglądacz

vulgar *adj* **-1.** pospolity **-2.** ordynarny, wulgarny

vulnerable *adj* **-1.** delikatny **-2.** podatny

vulture *n* **-1.** *(bird)* sęp **-2.** *fig* *(exploitative person)* hiena

wad *n* *(of cotton wool)* tampon

waddle *vi* człapać

wafer *n* **-1.** wafelek **-2.** hostia, opłatek

waffle *n* **-1.** gofr **-2.** *BE ifml* ględzenie

waft *vi* nieść się, unosić się

wage *n* pensja, płaca

wager *n* zakład

wagon, waggon *BE* *n* **-1.** wóz **-2.** wagon (towarowy)

wail *vi* **-1.** płakać przeraźliwie **-2.** jęczeć, zawodzić

wail *n* jęki, zawodzenie

waist *n* pas, talia

waistband *n* pasek

waistcoat *n ESP AE* kamizelka
wait *vi & vt* czekać
wait *n* czekanie, oczekiwanie
waiter *n* kelner
waiting list *n* lista oczekujących
waiting room *n* poczekalnia
waitress *n* kelnerka
wake (*pt* **woke** OR **-d**, *pp* **woken** OR
  -d) *vt & vi* budzić (się)
walk *vt & vi* chodzić, iść pieszo
walk *n* przechadzka, spacer
walker *n* **-1.** spacerowicz **-2.** piechur
walking *n* spacery, wycieczki piesze
walkout *n* protest, strajk
walkway *n* łącznik, pasaż naziemny
wall *n* **-1.** ściana **-2.** mur
wallet *n* portfel
wallpaper *n* tapeta
walnut *n* orzech włoski
waltz *n* walc
waltz *vi* tańczyć walca
wander *vi* **-1.** wędrować, włóczyć się
  -2. błądzić
wane *vi* maleć, zmniejszać się
want *vt* **-1.** chcieć **-2.** potrzebować,
  wymagać
want *n* brak, potrzeba
war *n* **-1.** wojna **-2.** *fig* bój, walka
ward *n* oddział szpitalny
warden *n* **-1.** strażnik **-2.** naczelnik
warder *n* dozorca, strażnik więzienny
wardrobe *n* **-1.** szafa na ubrania
  -2. garderoba
warehouse *n* hurtownia, magazyn
wares *npl* towary, wyroby
warfare *n* działania wojenne
warm *adj* (*gen*) ciepły
warm *vt* **-1.** podgrzewać **-2.** ogrzewać,
  rozgrzewać
warm-blooded *adj BIOL* ciepłokrwisty,
  stałocieplny
warm-hearted *adj* serdeczny, życzliwy
warmness *n* serdeczność
warmth *n* **-1.** ciepło **-2.** serdeczność

warm-up *n* rozgrzewka
warn *vt* ostrzegać, przestrzegać
warning *n* **-1.** ostrzeżenie, przestroga
  -2. (*notice*) uprzedzenie
warning triangle *n* trójkąt
  ostrzegawczy
warpath *n* wojenna ścieżka
warrant *n JUR* nakaz sądowy
warrant *vt fml* **-1.** uprawniać do,
  uzasadniać **-2.** gwarantować,
  zapewniać
warranty *n* gwarancja
warrior *n* wojownik
Warsaw *n* Warszawa
warship *n* okręt wojenny
was *pt of* **be**
wash *n* **-1.** mycie **-2.** pranie
wash *vt* myć, prać, zmywać
washable *adj* nadający się do prania
washbasin *BE*, **washbowl** *AE n*
  umywalka
washed-out *adj* **-1.** sprany, wyblakły
  -2. *ifml* ledwie żywy, wykończony
washer *n* pralka
washing *n* **-1.** mycie, pranie
washing machine *n* pralka
washing powder *n BE* proszek
  do prania
washing-up *n* **-1.** *BE* brudne naczynia
  -2. mycie naczyń, zmywanie
washroom *n AE* toaleta, ubikacja
wasn't *cont of* **was not**
wasp *n* osa
wastage *n* marnotrawstwo
waste *n* **-1.** marnowanie, strata
  -2. odpadki, odpady
waste *vt* **-1.** marnować, tracić
  -2. marnotrawić, trwonić
waste *adj* **-1.** odpadowy, z odrzutu
  -2. leżący odłogiem, nie użytkowany
wastebasket *n AE* kosz na śmieci
wasteful *adj* marnotrawny, rozrzutny
waste paper *n* makulatura
wastepaper basket *n* kosz na śmieci
wastes *npl* pustkowie

watch *vt* **-1.** oglądać, przyglądać się **-2.** pilnować

watch *n* **-1.** zegarek **-2.** obserwacja, pilnowanie **-3.** strażnik, warta

watchful *adj* czujny

watchmaker *n* zegarmistrz

watchman (*pl* **-men**) *n* dozorca, stróż

water *n* woda

water **-1.** *vt* podlewać **-2.** *vi* łzawić

watercolour *n* akwarela

waterfall *n* wodospad

waterhole *n* kałuża, oczko wodne

watering can *n* konewka

water lily *n* nenufar

watermark *n* **-1.** znak wodny **-2.** linia wody

watermelon *n* arbuz

waterproof *adj* **-1.** wodoodporny, wodoszczelny **-2.** nieprzemakalny

waterproof *vt* **-1.** uszczelniać **-2.** impregnować

water-resistant *adj* wodoodporny, wodoszczelny

waters *npl* **-1.** akwen, wody terytorialne **-2.** wody

water skiing *n* narciarstwo wodne

watertight *adj* **-1.** wodoszczelny **-2.** *fig* bez zarzutu, nie do obalenia

water tower *n* wieża ciśnień

waterworks (*pl inv*) *n* wodociągi, zakład wodociągowy

watery *adj* **-1.** rozwodniony, wodnisty **-2.** blady, słaby

watt *n* wat

wave **-1.** *vt & vi* machać, wymachiwać **-2.** *vi* łopotać, powiewać

wave *n* **-1.** machnięcie, pomachanie **-2.** fala **-3.** *fig (of emotion)* przypływ

waver *vi* **-1.** wahać się, chwiać się **-2.** drżeć, trząść się **-3.** migotać

wavy (*compar* **-ier**, *superl* **-iest**) *adj* **-1.** falujący, pofalowany **-2.** falisty

wax *n* wosk

wax *vt* woskować

way *n* **-1.** sposób **-2.** droga

way *adv ifml* dużo, o wiele

way-out *adj ifml* nietypowy, odmiennny

wayside *n* pobocze

we *pers pron pl* my

weak *adj* **-1.** słaby **-2.** kiepski, nieprzekonujący

weaken **-1.** *vt* osłabiać, podważać **-2.** *vi* słabnąć, tracić na wartości

weakness *n* **-1.** brak sił, osłabienie, słabość **-2.** słaby punkt

wealth *n* **-1.** bogactwo, majątek **-2.** dobrobyt, zamożność **-3.** mnogość, obfitość

wealthy (*comp* **-ier**, *superl* **-iest**) *adj* **-1.** majętny, zamożny **-2.** bogaty

weapon *n* broń

wear (*pt* **wore**, *pp* **worn**) **-1.** *vt* mieć na sobie, nosić **-2.** *vt & vi* zużywać (się)

wear *n* **-1.** strój, ubranie **-2.** zniszczenie **-3.** używanie

wearable *adj* zdatny do noszenia

weary (*comp* **-ier**, *superl* **-iest**) *adj* **-1.** wyczerpany, zmęczony **-2.** znużony

weather *n* pogoda

weather **-1.** *vt* pokonywać, zostawiać za sobą **-2.** *vi* erodować, wietrzeć

weather forecast *n* prognoza pogody

weatherman (*pl* **-men**) *n* synoptyk

weave (*pt* **wove**, *pp* **woven**) **-1.** *vt* tkać **-2.** *vi* prześlizgiwać się, wić się

weaver *n* tkacz

web *n* **-1.** pajęczyna **-2.** *fig* splot, sieć

wed (*pt & pp* **wed** OR **-ded**) *fml* **-1.** *vt* poślubiać **-2.** *vi* brać ślub, pobierać się

we'd *cont of* **we had**, **we would**

wedding *n* **-1.** ślub **-2.** wesele

Wednesday *n* środa

weed *n* **-1.** chwast **-2.** *BE* cherlak, chudzina

weed *vt* odchwaszczać, plewić

week *n* **-1.** tydzień **-2.** tydzień pracy

weekday *n* dzień roboczy
weekend *n* weekend
weekly *adj* **-1.** tygodniowy
-2. cotygodniowy
weekly *adv* co tydzień, raz na tydzień
weekly (*pl* **-ies**) *n* tygodnik
weep (*pt & pp* **wept**) *vt & vi* łkać,
płakać, ronić łzy
weep *n* płacz, płakanie
weigh **-1.** *vt* ważyć **-2.** *vt* rozważać,
ważyć w myślach
weight *n* **-1.** ciężar, waga **-2.** ciężar
weight *vt* obciążać, przyciskać
weightlessness *n* nieważkość
weird *adj* dziwny, dziwaczny
weirdo (*pl* **-s**) *n ifml* dziwak
welcome *adj* **-1.** mile widziany
-2. pożądany
welcome *n* powitanie, przyjęcie
welcome *vt* **-1.** przyjmować, witać **-2**
cieszyć się z, chętnie przyjmować
welcoming *adj* ciepły, serdeczny
weld *vt* spawać
welfare *n* **-1.** dobro, pomyślność
-2. *AE* zasiłek socjalny
well (*comp* **better**, *superl* **best**) *adv*
dobrze
well *excl* hm!, no cóż!
well *n* studnia, szyb naftowy
we'll *cont of* **we shall, we will**
well-balanced *adj* zrównoważony
well-behaved *adj* grzeczny
wellbeing *n* dobro, pomyślność
well-bred *adj* dobrze wychowany
well-earned *adj* należny, zasłużony
well-informed *adj* dobrze
poinformowany
wellingtons *npl* gumowce, kalosze
well-kept *adj* **-1.** dobrze utrzymany,
zadbany **-2.** starannie strzeżony
well-known *adj* dobrze znany
well-off *adj* dobrze sytuowany,
zamożny
well-paid *adj* dobrze opłacany
well-read *adj* oczytany

well-timed *adj* w czas, w porę
went *pt of* **go**
wept *pt & pp of* **weep**
were *see* **be**
we're *cont of* **we are**
weren't *cont of* **were not**
west *adj* zachodni
west *adv* na zachód (**of** od)
west *n* zachód
westbound *adj* w kierunku zachodnim
western *adj* zachodni
western *n* western
westward *adj* zachodni
wet (*comp* **-ter**, *superl* **-test**) *adj*
-1. mokry, zmoczony **-2.** deszczowy
-3. wilgotny
wet (*pt & pp* **wet** OR **-ted**, *cont* **-ting**)
vt **-1.** moczyć, zwilżać **-2.** moczyć
we've *cont of* **we have**
whale *n* wieloryb
what *pron* co
what *adj* jaki, co za, jakiż
whatever *pron* cokolwiek
whatever *adj* jakikolwiek
whatsoever *adj* jakikolwiek
wheat *n* pszenica
wheatmeal *n* mąka pszenna
wheel *n* **-1.** koło **-2.** *AUT* kierownica
wheel **-1.** *vt* pchać, prowadzić **-2.** *vi*
kołować, zataczać koła
wheelchair *n* wózek inwalidzki
wheel-clamp *vt AUT* zakładać blokadę
na koło
when *adv* kiedy
when *conj* gdy, kiedy
whenever *adv* kiedykolwiek, kiedyś
whenever *conj* **-1.** ilekroć, zawsze gdy
-2. kiedykolwiek, kiedy tylko
where *adv* gdzie
where *conj* (tam) gdzie
whereabouts *npl* gdzie, w którym
miejscu
whereas *conj* natomiast, podczas gdy
wherever *adv* byle gdzie, gdziekolwiek

wherever *conj* gdziekolwiek
whether *conj* czy
which *adj & pron* który
whichever *adj & pron* którykolwiek
while *n* chwila, jakiś czas
while, whilst *BE conj* **-1.** podczas gdy, w trakcie **-2.** skoro **-3.** chociaż
whine *vi* **-1.** jęczeć, zawodzić, wyć **-2.** marudzić, stękać
whip *n* bat, bicz
whip (*pt & pp* **-ped,** *cont* **-ping**) *vt* **-1.** biczować, chłostać **-2.** *fig* smagać **-3.** *CUL (cream, eggs)* ubijać
whipped cream *n* bita śmietana
whirl *n* **-1.** wir **-2.** natłok, wir
whirl **-1.** *vt* obracać, okręcać **-2.** *vi* kręcić się, wirować
whirlpool *n* wir wodny
whirlwind *n* trąba powietrzna
whiskers *npl* **-1.** *(of cat, mouse)* wąsy **-2.** *(of man)* baki, bokobrody
whisky (*pl* **-ies**) *n* whisky
whisper *n* szept
whisper *vt & vi* szeptać
whistle *n* **-1.** gwizd, świst **-2.** gwizdek
whistle **-1.** *vt & vi (person)* gwizdać **-2.** *vi (train)* wydawać gwizd; *(bullet)* świstać
white *adj* biały
white *n* biel, kolor biały
white-collar *adj* biurowy, urzędniczy
whiten **-1.** *vt* wybielać, bielić, pobielać **-2.** *vi* bieleć, blednąć
whitener *n* wybielacz
whiteness *n* biel
whitewash *n* **-1.** wapno **-2.** *pej* wybielanie, wyciszanie
who *pron* kto
who'd *cont of* **who had, who would**
whoever *pron* ktokolwiek
whole *adj* cały
whole *adv ESP AE* całkowicie, zupełnie
whole *n* całość
whole-hearted *adj* całkowity, na całego

wholemeal *BE,* **whole wheat** *AE adj* pełnoziarnisty, razowy
wholesale *adj* **-1.** hurtowy **-2.** *pej* masowy, totalny
wholesale *adv* **-1.** hurtowo **-2.** *pej* masowo
wholesaler *n* hurtownik
wholesome *adj* pożywny, zdrowy
who'll *cont of* **who will**
wholly *adv* całkowicie, w zupełności
whom *pron fml* kogo, komu, którego, którym
whore *n vulg pej* dziwka, kurwa
who're *cont of* **who are**
whose *adj & pron* czyj, którego
who've *cont of* **who have**
why *adv & conj* czemu, dlaczego
wicked *adj* **-1.** niedobry, podły **-2.** *ifml* czadowy, odlotowy
wicker *adj* wiklinowy, wyplatany
wide *adj* szeroki, duży, szeroki
wide *adv* szeroko
widen *vt & vi* poszerzać (się), rozszerzać (się)
widespread *adj* powszechny, rozpowszechniony
widow *n* wdowa
widower *n* wdowiec
width *n* **-1.** szerokość
widthways *adv* wszerz
wife (*pl* **wives**) *n* żona
wig *n* peruka
wild *adj* **-1.** dziki, nie oswojony **-2.** agresywny, wściekły
wild *n* **-1.** naturalne środowisko **-2.** głusza
wilderness *n* **-1.** głusza, pustkowie **-2.** dzicz
wildlife *n* dzika przyroda
will *n* **-1.** wola **-2.** ostatnia wola, testament
will *modal vb* **-1.** *(forming future tense)* **I will finish it tomorrow** skończę to jutro **-2.** *(in commands, requests)* **will you help me?** pomożesz mi?

willing *adj* gotowy, skłonny
willingness *n* -**1.** gotowość, skłonność -**2.** entuzjazm, ochota
willow *n* wierzba
willpower *n* siła woli
willy (*pl* -**ies**) *n BE ifml* siusiak
win (*pt & pp* **won**, *cont* -**ning**) *vt & vi* wygrywać, zwyciężać
win over *vt sep* pozyskiwać, zjednywać sobie
win *n* wygrana, zwycięstwo
wince *n* grymas
wind *n* -**1.** wiatr -**2.** dech
wind (*pt & pp* **wound**) *vt* nawijać, zwijać, nakręcać
winding *adj* kręty, wijący się
windmill *n* wiatrak
window *n* okno
window ledge *n* parapet
windpipe *n* tchawica
windscreen *BE*, **windshield** *AE n AUT* przednia szyba
windy (*comp* -**ier**, *superl* -**iest**) *adj* wietrzny
wine *n* wino
wineglass *n* kieliszek do wina
wing *n* -**1.** skrzydło -**2.** (*of car*) błotnik
wings *npl THEATRE:* **the wings** kulisy
wink *vi* mrugać, puszczać oko
wink *n* mrugnięcie
winner *n* -**1.** zwycięzca -**2.** zdobywca
winning *adj* -**1.** zwycięski -**2.** ujmujący
winnings *npl* wygrana
winter *n* zima
wintertime *n* zima, zimowa pora
wipe *vt* -**1.** przecierać, ścierać -**2.** wycierać
wipe *n* wytarcie
wiper *n AUT* wycieraczka
wire *n* -**1.** drut -**2.** kabel, przewód -**3.** *ESP AE* depesza, telegram
wire *vt* -**1.** przymocowywać drutem -**2.** *ELEC* podłączać, okablowywać -**3.** *ESP AE* depeszować do
wiring *n* instalacja, okablowanie

wisdom *n* mądrość
wise *adj* mądry, rozważny
wish *vt* pragnąć, życzyć sobie
wish *n* -**1.** chęć, pragnienie -**2.** życzenie
wishful thinking *n* pobożne życzenia
wit *n* -**1.** dowcip -**2.** inteligencja, rozum
witch *n* czarownica, wiedźma
witchcraft *n* czary
with *prep* -u, z, przy użyciu, za pomocą
withdraw (*pt* -**drew**, *pp* -**drawn**) -**1.** *vt & vi* wycofywać (się) -**2.** *vt fml* usuwać, zabierać -**3.** *vt FIN* podejmować, wypłacać
withdrawal *n* -**1.** wycofanie (się) -**2.** cofnięcie, odwołanie -**3.** *FIN* podjęcie, wypłata
withdrawn *adj* zamknięty w sobie
withhold (*pt & pp* -**held**) *vt* -**1.** wstrzymywać -**2.** zatajać
within *prep* -**1.** w, wewnątrz -**2.** (*in time*) w przeciągu -**3.** w obrębie, w granicach
within *adv* wewnątrz
without *adv & prep* bez
witness *n* -**1.** świadek -**2.** świadectwo
witness *vt* -**1.** (*accident, changes*) być świadkiem -**2.** (*will, oath*) poświadczać
witty (*comp* -**ier**, *superl* -**iest**) *adj* -**1.** błyskotliwy -**2.** dowcipny, skrzący się humorem
wives *pl of* **wife**
wizard *n* -**1.** czarodziej -**2.** *fig* geniusz
woke *pt of* **wake**
woken *pp of* **wake**
wolf (*pl* **wolves**) *n* wilk
woman (*pl* **women**) *n* kobieta
woman doctor *n* lekarka
womanizer, -iser *n pej* kobieciarz
womanly *adj* kobiecy
womb *n ANAT* macica
women *pl of* **woman**

won *pt & pp of* **win**
wonder *n* -**1.** zdumienie, zdziwienie
-**2.** cud
wonder *vt & vi* zastanawiać się
wonderful *adj* cudowny, wspaniały
wonderland *n* kraina czarów
won't *cont of* **will not**
wood *n* -**1.** drewno -**2.** *(group of trees)*
wood(s) las
wooden *adj* -**1.** drewniany -**2.** *pej*
sztywny
woodpecker *n* dzięcioł
woodwork *n* -**1.** stolarka, wyroby
z drewna -**2.** stolarstwo
woodworm *n* kornik
woof *n* szczekanie
wool *n* wełna
woollen *BE*, **woolen** *AE adj* wełniany
word *n LING* słowo, wyraz
word *vt* formułować
wording *n* sformułowanie
wordplay *n* gra słów
word processor *n COMP* edytor
tekstu
wordy *adj* rozwlekły, przegadany
wore *pt of* **wear**
work *n* -**1.** praca, zajęcie -**2.** *ART & LIT*
utwór, dzieło
work *vi* -**1.** pracować
-**2.** funkcjonować -**3.** dawać wyniki
-**4.** *vt* obsługiwać -**5.** *vt* uprawiać
workable *adj* realny, wykonalny
workaholic *n* pracoholik
workday *n* -**1.** dzień pracy -**2.** dzień
roboczy
worked up *adj* wyprowadzony
z równowagi, zdenerwowany
worker *n* pracownik, robotnik
workforce *n* siła robocza
working *adj* -**1.** działający, sprawny
-**2.** pracujący -**3.** roboczy
workload *n* obciążenie
workman *(pl* -**men**) *n* robotnik
workmanship *n* fachowość
workmate *n* kolega z pracy

work of art *n* -**1.** *ART* dzieło sztuki
-**2.** *fig* majstersztyk
workout *n* trening
work permit *n* pozwolenie na pracę
workplace *n* miejsce pracy
work placement *n* praktyka, staż
workroom *n* pracownia
workshop *n* -**1.** warsztat -**2.** warsztaty
workstation *n* stanowisko pracy
world *n* świat
world-class *adj* światowej klasy
world-famous *adj* światowej sławy
worldly *adj* -**1.** doczesny, materialny
-**2.** przyziemny
worldwide *adj* (ogólno)światowy
worm *n* dżdżownica, robak
worn *pp of* **wear**
worn-out *adj* -**1.** zniszczony, znoszony
-**2.** wyczerpany, wykończony
worried *adj* zatroskany, zmartwiony
worry *(pl* -**ies**) *n* -**1.** troska -**2.** kłopot
worry *(pt & pp* -**ied**) -**1.** *vt* martwić,
niepokoić -**2.** *vi* martwić się
worse *adj* -**1.** gorszy -**2.** *(sicker)*
w gorszym stanie
worse *adv* gorzej
worse *n* gorsze
worse off *adj* biedniejszy, gorzej
sytuowany
worsen *vt & vi* pogarszać się
worship (*BE cont* -**ping**, *AE cont* -**ing**)
n -**1.** kult -**2.** uwielbienie
worship (*BE pt & pp* -**ped**, *AE pt &
pp* -**ed**) *vt* -**1.** *RELIG* czcić, wielbić
-**2.** ubóstwiać, uwielbiać
worshipper *BE*, **worshiper** *AE n*
-**1.** *RELIG* czciciel, wyznawca
-**2.** wielbiciel
worst *adj* najgorszy
worst *adv* najgorzej
worst *n:* **the worst** najgorsze
worth *adj* -**1.** warty -**2.** godzien, wart
worth *n* -**1.** wartość -**2.** odpowiednik,
równowartość

worthless *adj* **-1.** bezwartościowy
-2. nic nie wart
worthwhile *adj* wart zachodu
worthy (*comp* **-ier**, *superl* **-iest**) *adj*
-1. godny, zasługujący na szacunek
-2. godzien, wart
would *modal vb* **-1.** (*conditional*)
**if you told her she would help
you** jeśli byś jej powiedział, to by
ci pomogła **-2.** (*in invitations,
requests, offers*) **would you like
some tea?** napijesz się herbaty?
-3. (*indirect speech*) **she said she
would go** powiedziała, że pójdzie
-4. (*conjecture*) **it would have been
too late** pewnie było już za późno
-5. (*reffering to habit*) **he would
have a beer every evening** pijał
co wieczór piwo
wouldn't *cont of* **would not**
wound *n* rana
wound *vt* (*physically*) okaleczać, ranić
wound *pt & pp of* **wind**
wove *pt of* **weave**
woven *pp of* **weave**
wrap (*pt & pp* **-ped**, *cont* **-ping**)
vt **-1.** pakować, zapakowywać
-2. zawijać **-3.** obejmować
wrapped up *adj* pochłonięty
wrapper *n* **-1.** opakowanie
-2. obwoluta
wreath *n* wieniec
wreck *vt* **-1.** niszczyć, rozbijać
-2. psuć, rujnować
wreck *n* **-1.** wrak **-2.** *ifml* cień/wrak
człowieka
wreckage *n* szczątki
wrestle *vi* **-1.** mocować się, siłować się
-2. *fig* zmagać się
wrestler *n* zapaśnik
wrestling *n* zapasy
wretch *n* biedactwo, nieszczęśnik
wretched *adj* **-1.** nieszczęsny, żałosny
-2. *ifml* cholerny, przeklęty

wring (*pt & pp* **wrung**) *vt* wykręcać;
załamywać
wrinkle *n* **-1.** zmarszczka **-2.** fałda,
zgniecenie
wrinkle *vt & vi* marszczyć (się)
wrist *n* nadgarstek, przegub
wristwatch *n* zegarek (na rękę)
write (*pt* **wrote**, *pp* **written**) *vt & vi*
pisać
writer *n* **-1.** pisarz **-2.** autor
writhe *vi* wić się, zwijać się
writing *n* **-1.** pismo **-2.** napis
-3. pisanie
writings dzieła, twórczość
written *pp of* **write**
written *adj* **-1.** pisemny **-2.** na piśmie
wrong *adj* **-1.** nie w porządku
-2. nieodpowiedni, niewłaściwy
-3. błędny, nieprawidłowy
wrong *adv* niewłaściwie, źle
wrong *n* krzywda, zło
wrong *vt* *fml* krzywdzić, wyrządzać
krzywdę
wrongful *adj* **-1.** krzywdzący,
niesprawiedliwy **-2.** niesłuszny,
bezpodstawny
wrong side *n:* **the wrong side** (*of
material*) lewa strona
wrote *pt of* **write**
wrung *pt & pp of* **wring**
wry *adj* drwiący

xenophobia *n* ksenofobia
xerox *n* ksero, kserokopiarka
xerox *vt* kserować, odbijać na ksero
Xmas *n* Boże Narodzenie
X-ray *n* **-1.** promień X **-2.** zdjęcie
rentgenowskie, prześwietlenie

X-ray vt prześwietlać, robić
   prześwietlenie

yacht n jacht
yachting n jachting, żeglarstwo
yachtsman (pl **-men**) n żeglarz
yank vt pociągać za, szarpać za
Yankee n pej Jankes
yap (pt & pp **-ped**, cont **-ping**) vi
   ujadać
yard n **-1.** podwórko, ogródek **-2.** jard
   -3. zakład
yardstick n miara, przymiar
yarn n **-1.** przędza **-2.** historia,
   opowieść
yawn n ziewnięcie
yawn vi **-1.** ziewać **-2.** rozwierać się,
   ziać
yawning adj ziejący
year n rok
yearbook n rocznik
yearling n roczniak
yearly adj doroczny, rokroczny, roczny
yearly adv **-1.** raz w roku
   -2. dorocznie, rokrocznie
yearn vi tęsknić
yeast n drożdże
yell vt & vi wrzeszczeć
yell n wrzask
yellow adj **-1.** żółty **-2.** ifml tchórzliwy
yellow n kolor żółty
yellow vi żółknąć
yellow fever n żółta febra
yelp vi **-1.** skowyczeć **-2.** piszczeć
yelp n **-1.** skowyt **-2.** pisk
yep adv ifml acha
yes adv tak
yes n głos za

yesterday adv & n wczoraj
yet adv **-1.** (up until now) dotąd, już
   -2. (to emphasize, in negatives)
   jeszcze **-3.** (still) nadal, wciąż
yet conj jednak, mimo to
yield n **-1.** AGR plon **-2.** COMM zysk
yield vi **-1.** (control) oddawać **-2.** fml
   ulegać, ustępować **-3.** vt (result,
   profits) przynosić
yo excl czołem!, hej!
yoga n joga
yog(h)ourt n jogurt
yoke n fml jarzmo
yolk n (of egg) żółtko
you pers pron **-1.** (sg) ty; (pl) wy;
   (formal) Pan/Pani, Państwo **-2.** (direct
   or indirect object) ciebie, tobie; was,
   wam **-3.** (anyone, one) człowiek,
   każdy nie wiadomo **-4.** (after prep,
   in comparisons) **she's older than
   you** jest starsza od ciebie
you'd cont of **you had, you would**
you'll cont of **you will**
young adj młody
young npl **-1. the young** młodzież
   -2. (baby animals) młode
younger adj młodszy
youngish adj dość młody
youngster n **-1.** dziecko **-2.** młody
   człowiek
your poss adj **-1.** (sg) twój; (pl) wasz
   -2. (one's) swój (własny)
you're cont of **you are**
yours poss pron **-1.** (sg) twój; (pl)
   wasz; (fml) Pana/Pani, Państwa
   a friend of yours twój kolega
   -2. (in letters) **sincerely/faithfully
   yours** z poważaniem
yourself (pl **-selves**) pron **-1.** (reflexive)
   się **-2.** (after prep) siebie, sobie
   -3. (stressed) sam
youth n **-1.** młodość, młody wiek
   -2. młodzieniec **-3.** młodzież
youthful adj młodzieńczy

youth hostel *n* schronisko
  młodzieżowe
you've *cont of* **you have**
yowl *vi* **-1.** miauczeć przeraźliwie
  -2. *(dog)* wyć
yummy *(comp* **-ier**, *superl* **-iest)** *adj*
  ifml mniam mniam, pyszny

zoology *n* zoologia
zoom *vi* **-1.** przybliżać **-2.** szybować
  w górę **-3.** mknąć, pędzić
zoom lens *n* teleobiektyw
zucchini *(pl inv* OR **-s)** *n AE* cukinia

Z

zany *(comp* **-ier**, *superl* **-iest)** *adj*
  dziwaczny
zeal *n fml* gorliwość, zapał
zealot *n fml* fanatyk
zealous *adj fml* zagorzały
zebra *(pl inv* OR **-s)** *n* zebra
zenith *n* **-1.** zenit **-2.** *fig* szczyt
zero *adj* zerowy, żaden
zero *(pl* **-s** OR **-es)** *n* zero
zest *n* **-1.** entuzjazm, radość życia
  -2. werwa, zapał
zigzag *n* zygzak
zigzag *(pt & pp* **-ged,** *cont* **-ging)** *vi*
  -1. poruszać się zygzakiem **-2.** biec
  zygzakiem
zilch *n AE ifml* nic, zero
zinc *n* cynk
zip *BE,* **zipper** *AE n* suwak, zamek
  błyskawiczny
zip *(pt & pp* **-ped,** *cont* **-ping)** *vt*
  zapinać
→**zip up** *vt sep (* trousers, bag)
  zapinać, zasuwać
zip code *n AE* kod pocztowy
zither *n* cytryna
zodiac *n:* **the zodiac** zodiak
zone *n* strefa
zoo *n* zoo
zoological *adj* zoologiczny
zoologist *n* zoolog

ANGIELSKO-POLSKI
SŁOWNIK
TEMATYCZNY

- **HUMAN BODY** – CIAŁO LUDZKIE
- **APPEARANCE** – WYGLĄD CZŁOWIEKA
- **HEALTH** – ZDROWIE
- **PERSONAL DATA** – DANE OSOBOWE
- **TEMPER** – USPOSOBIENIE CZŁOWIEKA
- **HOUSE** – DOM
- **FAMILY, RELATIVES** – RODZINA, KREWNI
- **FOOD** – JEDZENIE
- **BARS, RESTAURANTS** – BARY, RESTAURACJE
- **CLOTHES** – ODZIEŻ
- **SHOPPING** – ZAKUPY
- **A DAY** – ZWYKŁY DZIEŃ
- **EDUCATION** – SZKOLNICTWO
- **WORK** – PRACA
- **MONEY AND BANK** – PIENIĄDZE I BANK
- **CORRESPONDENCE** – KORESPONDENCJA
- **TELEPHONE** – TELEFON
- **LEISURE TIME** – WYPOCZYNEK, CZAS WOLNY
- **SPORT** – SPORT
- **FOOTBALL** – PIŁKA NOŻNA

SKRÓTY ZASTOSOWANE W SŁOWNIKU:

(pl) plural	liczba mnoga
(fig) figurative	w przenośni
(GB) in Great Britain	w Wielkiej Brytanii
(US) in the United States of America	w Stanach Zjednoczonych

1 HUMAN BODY
CIAŁO LUDZKIE

parts of the body części ciała
abdomen brzuch
ankle kostka nogi
arm ramię
armpit pacha, dół pachowy
back grzbiet, plecy
breast pierś
buttock pośladek
calf łydka
chest klatka piersiowa
elbow łokieć
finger palec
foot stopa
forearm przedramię
hand dłoń, ręka
head głowa
heel pięta
hip biodro
knee kolano
leg noga
limb kończyna
neck szyja
nipple sutek
penis penis, prącie
shoulder bark
skin skóra
tigh udo
wrist nadgarstek

head głowa
broken tooth ząb złamany
cheek policzek
chin podbródek, broda
ear ucho
eye oko
eyebrow brew
eyelid powieka
eye-tooth kieł
face twarz
forehead czoło
fore-tooth siekacz
gum dziąsło

hair *(pl)* włosy
healthy tooth zdrowy ząb
lash/eyelash rzęsa
lips *(pl)* wargi
milk tooth ząb mleczny
molar ząb trzonowy
mouth usta
nose nos
temple skroń
tongue język
tooth ząb
wisdom tooth ząb mądrości

vitals *(pl)* narządy wewnętrzne
anus odbyt
appendix wyrostek robaczkowy
bladder pęcherz moczowy
brain mózg
bronchi *(pl)* oskrzela
duodenum dwunastnica
gall bladder pęcherzyk żółciowy
genitals genitalia
gland gruczoł
gullet przełyk
heart serce
intestine jelito
kidney nerka
larynx krtań
liver wątroba
lung płuco
midriff przepona
ovary jajnik
pancreas trzustka
rectum odbytnica
spleen śledziona
stomach żołądek
testicle jądro
throat gardło
thyroid tarczyca
trachea tchawica
uterus macica
vagina pochwa

bones kości
bone kość
chest klatka piersiowa
collarbone obojczyk
joint staw
lower/upper jaw dolna/górna szczęka
mandible żuchwa
pelvis miednica
pubic bone kość łonowa
rib żebro
scapula/shoulder-blade łopatka
skeleton kościec, szkielet
spine kręgosłup
sternum mostek
vertebra kręg

heart, blood vesels and veins
  serce, naczynia krwionośne i żyły
aorta aorta

artery tętnica
atrium przedsionek serca
atria *(pl)* przedsionki
blood krew
blood vesels *(pl)* naczynia krwionośne
coronary vessel *(pl)* naczynia wieńcowe
heart serce
pericardium osierdzie
pulse tętno
vein żyła
ventricle of the heart komora serca

senses zmysły
hearing słuch
sight wzrok
smell węch
taste smak
touch dotyk

2 APPEARANCE
WYGLĄD CZŁOWIEKA

chubby pucołowaty
corpulent korpulentny
emaciated wychudzony
fat gruby
frail wątły
middle height średniego wzrostu
obese otyły
pretty ładny
handsome przystojny
short niski
slender smukły
slim szczupły
stout tęgi
tall wysoki
thin chudy
ugly brzydki
well-built dobrze zbudowany

beard broda
bristly beard szczeciniasta broda
bushy beard bujna broda
bushy moustache bujne wąsy
moustache wąsy
short beard krótka broda

lips *(pl)* usta
full lips *(pl)* duże, pełne usta
large lips *(pl)* duże usta
small lips *(pl)* małe usta
thin lips *(pl)* wąskie usta

hair *(pl)* włosy
brown hair *(pl)* kasztanowe włosy
bushy hair *(pl)* bujne, gęste włosy
curly hair *(pl)* kręcone włosy
cut hair przystrzyżone włosy
dyed hair *(pl)* farbowane włosy
grey hair *(pl)* siwe włosy

long hair *(pl)* długie włosy
red hair *(pl)* rude włosy
short hair *(pl)* krótkie włosy
sleek hair *(pl)* gładkie włosy
soft hair *(pl)* miękkie włosy
straight hair *(pl)* proste włosy
thin hair *(pl)* cienkie włosy
wavy hair *(pl)* faliste włosy

complexion cera, karnacja
dark complexion ciemna cera
delicate complexion delikatna cera
pale complexion blada cera
sensitive complexion wrażliwa cera
olive complexion oliwkowa cera

lashes, eyelashes *(pl)* rzęsy
fair lashes jasne rzęsy
long lashes długie rzęsy
short lashes krótkie rzęsy
silky lashes jedwabiste rzęsy
thin lashes rzadkie rzęsy

neck szyja
long neck łabędzia, długa szyja
slim neck smukła szyja
wrinkled neck pomarszczona szyja

face twarz
emaciated face wychudzona twarz
pudding face nalana twarz
round face okrągła twarz
triangle face trójkątna twarz

hips *(pl)* biodra
broad hips *(pl)* szerokie biodra
narrow hips *(pl)* wąskie biodra
slim hips *(pl)* szczupłe biodra

figure sylwetka
slim figure smukła sylwetka
stout figure krępa sylwetka

forehead czoło
broad forehead szerokie czoło
flat forehaed płaskie czoło
high forehead wysokie czoło

lined/wrinkled forehead czoło poorane zmarszczkami
low forehead niskie czoło

legs *(pl)* nogi
crooked legs *(pl)* krzywe, kabłąkowate nogi
long legs *(pl)* długie nogi
short legs*(pl)* krótkie nogi
slim legs *(pl)* smukłe nogi

cheeks *(pl)* policzki
chubby cheeks *(pl)* pucołowate policzki
dimples *(pl)* dołeczki
emaciated cheeks *(pl)* wychudzone policzki
sunken cheeks *(pl)* zapadnięte policzki

lips *(pl)* wargi
chapped lips *(pl)* spierzchnięte wargi
clenched lips *(pl)* zaciśnięte wargi
full lips *(pl)* mięsiste wargi
sensual lips *(pl)* zmysłowe wargi
soft lips *(pl)* miękkie wargi

chin podbródek
pointed chin spiczasty podbródek
protruding chin wystający podbródek

nose nos
aquiline nose orli nos
chubby nose nos jak kartofel
crooked nose zakrzywiony nos
hooked nose haczykowaty nos
turned-up nose zadarty nos

eyes *(pl)* oczy
almond-shaped eyes *(pl)* migdałowe oczy
baggy eyes *(pl)* worki pod oczami
beer eyes *(pl)* piwne oczy
black eyes *(pl)* czarne oczy
blue eyes *(pl)* niebieskie oczy
brown eyes *(pl)* brązowe oczy
cat eyes *(pl)* kocie oczy
clever eyes *(pl)* sprytne oczy
colourless eyes *(pl)* bezbarwne oczy
scared eyes *(pl)* sarnie oczy
sea-blue eyes *(pl)* błękitne oczy

slanting eyes (pl) skośne oczy
squint eyes (pl) zezowate oczy
sunken eyes (pl) wpadnięte oczy
swollen eyes (pl) spuchnięte oczy

ears (pl) uszy
protruding ears (pl) odstające uszy

skin skóra
chapped skin spierzchnięta skóra
delicate skin delikatna skóra
dry skin sucha skóra
fresh skin świeża skóra
greasy hair tłusta skóra
light skin jasna skóra
mixed skin skóra mieszana
rough skin szorstka skóra
silk skin jedwabista skóra
smooth skin gładka skóra
sun-tanned skin opalona, ogorzała skóra
thin skin cienka skóra
velvet skin aksamitna skóra
white skin biała skóra
wrinkled skin pomarszczona skóra
young skin młoda skóra

chest pierś
muscular chest muskularna pierś
well-built chest dobrze zbudowana,
  silna klatka piersiowa

foot stopa
big foot duża stopa
flat foot płaska stopa

small foot drobna, maleńka stopa

breasts (pl) piersi
full breasts (pl) pełne piersi
small breasts (pl) małe piersi
under-developed breasts (pl) piersi
  mało rozwinięte
well-developed breasts (pl) dobrze
  rozwinięte piersi

eyebrows (pl) brwi
bushy eyebrows gęste brwi

shoulders (pl) ramiona
broad shoulders (pl) szerokie ramiona
muscular shoulders (pl) muskularne
  ramiona
powerful shoulders (pl) potężne ramiona
strong shoulders (pl) silne ramiona

height wzrost
medium height średni wzrost
of medium height średniego wzrostu
short niski (wzrost)
tall/high wysoki (wzrost)

face twarz
beautiful/pretty face piękna twarz
bony face koścista twarz
delicate face delikatna twarz
made-up face umalowana twarz
smiling face uśmiechnięta twarz

waist talia
slender waist szczupła talia

3 HEALTH
ZDROWIE

diseases and ailments
  choroby i dolegliwości
abscess ropień
acne trądzik
AIDS zespół nabytego upośledzenia
  odporności

alcoholism alkoholizm
allergy alergia, uczulenie
anaemia anemia, niedokrwistość
appendicitis zapalenie wyrostka
  robaczkowego

arrhythmia arytmia serca
arteriosclerosis stwardnienie tętnic
asthma astma
avitaminosis awitaminoza
boil czyrak
bronchitis zapalenie oskrzeli, nieżyt
 oskrzeli
bulimia bulimia
calculosis kamica
cancer rak, nowotwór
cataract katarakta
catarrh katar, nieżyt
chicken-pox ospa wietrzna
cholecystitis zapalenie pęcherzyka
 żółciowego
cholelithiasis/gall stones kamica
 żółciowa
cholera cholera
cirrhosis marskość wątroby
cold przeziębienie
colic kolka
constipation zaparcie
cough kaszel
cyst cysta, torbiel
dermatitis zapalenie skóry
diabetes cukrzyca
diarrhoea/diarrhoea biegunka
diphtheria błonica, dyfteryt
dislocation/sprain skręcenie,
 zwichnięcie
dysentery czerwonka, dyzenteria
embolism zator
epilepsy padaczka
fever gorączka
fracture złamanie
gastritis nieżyt żołądka
haemorrhage krwotok
haemorrhoids *(pl)* hemoroidy, żylaki
 odbytu
heart attack zawał serca
hepatitis żółtaczka wirusowa, zakaźna
hypertension nadciśnienie
hypotension niskie ciśnienie

indigestion/dyspepsia niestrawność,
 zaburzenia trawienia
infection infekcja
influenza/flu grypa
insufficiency niewydolność
intoxication/poisoning zatrucie
jaundice zapalenie wątroby, żółtaczka
leuk(a)emia białaczka
measles różyczka
migraine/headache migrena, ból
 głowy
mumps świnka
mycosis grzybica
myopia krótkowzroczność
neuralgia nerwoból
oedema obrzęk
osteoarthritis zapalenie stawów
paralysis paraliż, porażenie
paralytic stoke udar mózgu
pertussis koklusz
pharyngitis zapalenie gardła
pneumonia zapalenie płuc
rheumatism reumatyzm
rhinosinusitis zapalenie zatok
seasickness choroba morska
smallpox czarna ospa
spasm skurcz
trauma uraz psychiczy, trauma
tuberculosis gruźlica
tumour guz, nowotwór
typhoid dur brzuszny
typhus tyfus
vertigo zawroty głowy
vomiting wymioty

disease symptoms objawy choroby
anxiety lęk, niepokój
breathlessness duszność
chills/shivering *(pl)* dreszcze
constipation zaparcie
cough kaszel
diarrhoea/diarrhea biegunka
fever gorączka
headache ból głowy

heartburn zgaga
lack of appetite/anorexia brak
łaknienia
nausea nudności
oedema obrzęk
pruritus/itch swędzenie, świąd
sore throat ból gardła
swelling opuchlizna
tingling (sensation) mrowienie
toothache ból zęba
vomiting wymioty

pain ból
burning palący, piekący
chronic przewlekły
dull/aching tępy
intensive silny, intensywny
labour pain/contractions (pl) bóle
porodowe
muscular mięśniowy
neuralgia nerwoból
rheumatic reumatyczny
sharp ostry
stabbing kłujący
throbbing/pulsating pulsujący

medicine/drug types rodzaje leków
analgesic/painkiller lek
przeciwbólowy
antiallergic lek przeciwalergiczny
antibiotic antybiotyk
antipyretic lek przeciwgorączkowy
cardiac lek nasercowy
contraceptive środek antykoncepcyjny
psychotropic lek psychotropowy
purgatic/laxative środek
przeczyszczający
sedative środek uspokajający
soporific lek nasenny
sulphonamide/sulfonamide sulfamid
vitamin witamina

medicine forms postacie leków
aerosol aerozol

ampoule ampułka
atomizer atomizer, rozpylacz
balm balsam
capsule kapsułka
coated tablet pastylka, drażetka
powlekana
contraceptive pill pigułka
antykoncepcyjna
cream krem
drops (pl) krople
effervescent pill tabletka musująca
eye drops (pl) krople do oczu
gargle (liquid) płyn do płukania gardła
gel żel
heart drops krople nasercowe
intravaginal tablet globulka
dopochwowa
mixture mikstura
ointment maść
powder zasypka
suppository czopek
syrup syrop
tablet/pill tabletka

medicine administration
sposób podawania leków
injection zastrzyk
intravenous dożylnie
intramuscular domięśniowo
orally doustnie
rectally doodbytniczo
subcutaneous podskórnie
vaginally dopochwowo
inhalatorly wziewnie

wound dressing opatrywanie ran
bandage bandaż
cotton wool wata
disinfecting agent środek
dezynfekujący
distilled water woda destylowana
elastic bandage bandaż elastyczny
gauze gaza
gauze pads (pl) tampony, gaziki

sanitary towels *(pl)* podpaski
semi elastic bandage bandaż
  półelastyczny
sticking plaster plaster opatrunkowy
tampons *(pl)* tampony higieniczne
tincture of iodine jodyna

types of hospitals rodzaje szpitali
army hospital szpital wojskowy
children/paediatric hospital szpital
  dziecięcy
clinic klinika
dermatological hospital szpital
  dermatologiczny
gynaecological hospital szpital
  ginekologiczny
maternity ward/hospital szpital
  położniczy
municipal hospital szpital miejski
oncology hospital szpital
  onkologiczny
polyclinic poliklinika
public hospital szpital państwowy
surgical hospital szpital chirurgiczny

specialists lekarze specjaliści
allergist alergolog
an(a)esthesiologist anestezjolog
cardiologist kardiolog
cardio surgeon kardiochirurg
dentist dentysta
dermatologist dermatolog
general practitioner internista
geriatrician geriatra
gynaecologist ginekolog
haematologist hematolog
laryngologist laryngolog
neurologist neurolog
neurosurgeon neurochirurg
obstetrician położnik
oculist okulista
oncologist onkolog
orthodontist ortodonta
orthop(a)edist ortopeda

paediatrician pediatra
prosthetician/prosthetist protetyk
psychiatrist psychiatra
radiologist radiolog
rheumatologist reumatolog
stomatologist stomatolog
surgeon chirurg

medical examination and procedures
  badanie i zabiegi
abortion aborcja, przerwanie ciąży
acupuncture akupunktura
amputation amputacja
anaesthesia znieczulenie, narkoza
analysis analiza
bacteriological inoculation/culture
  posiew
biopsy biopsja
blood analysis analiza krwi
blood drawing pobranie krwi
blood pressure examination pomiar
  ciśnienia krwi
bronchoscopy bronchoskopia
case history wywiad lekarski
check–up badanie okresowe
computer tomography tomografia
  komputerowa
curettage łyżeczkowanie
detoxication odtrucie, detoksykacja
diet dieta
ECG EKG, elektrokardiografia
endoscopy endoskopia
enema lewatywa
examination badanie
examination of f(a)eces badanie kału
extraction ekstrakcja, usunięcie
gastroscopy gastroskopia
hearing examination badanie słuchu
injection zastrzyk
laparotomy laparotomia
mammography mammografia
Pap-smear/Pap-test badanie
  cytologiczne
plastering gipsowanie

rehabilitation rehabilitacja
resection resekcja
spirometry spirometria
swab wymaz
test test
transfusion transfuzja
treatment kuracja, leczenie
ultrasonography USG, ultrasonografia
urine analysis analiza moczu
vaccination szczepiene
X-ray examination RTG,
  prześwietlenie

TERMINY OGÓLNE
blood donor krwiodawca
childbirth/delivery poród
death śmierć
delivery by the caesarean section
  poród poprzez cięcie cesarskie
health zdrowie
to be as fit as a fiddle być zdrowym jak
  ryba
to be born urodzić się

to be pregnant być w ciąży
to be sick/ill być chorym
to catch a cold przeziębić się
to treat leczyć
to die umrzeć
to be/fall sick/ill with zachorować na,
  rozchorować się na
to feel czuć się
to feel bad czuć się źle
to feel not well czuć się niezbyt
  dobrze
to feel sick mieć nudności
to feel well czuć się dobrze
to give birth/to deliver a baby rodzić
to have a cold być przeziębionym
to have troubles mieć dolegliwości
to look healthy mieć zdrowy wygląd
to recover wyzdrowieć
to ruin one's health zniszczyć sobie
  zdrowie
to sneeze kichać
to suffer from cierpieć na
to sweat pocić się

4 PERSONAL DATA
DANE OSOBOWE

address miejsce zamieszkania
age wiek
bachelor kawaler
citizenship obywatelstwo
condition stan cywilny
divorced rozwiedziony
date of birth data urodzenia
female płeć żeńska
fiancé narzeczony
fiancée narzeczona
husband mąż
maiden name nazwisko panieńskie
male płeć męska
married żonaty, mężatka
miss panna

nationality narodowość
place of birth miejsce urodzenia
place of residence miejsce stałego
  pobytu
sex płeć
spouse małżonek, małżonka
surname nazwisko
widow wdowa
widower wdowiec
wife żona

age wiek
adolescent nastolatek, nastolatka
adult dorosły
boy chłopczyk

children *(pl)* dzieci
girl dziewczynka
infant noworodek
juvenile małoletni, małoletnia
major pełnoletni, pełnoletnia
old stary
oldster starszy człowiek
young młody, młoda

religion religia
Anglicanism anglikanizm
believer osoba wierząca
Buddhism buddyzm
Catholic Church Kościół katolicki
Catholicism katolicyzm
church kościół
confession spowiedź
faith wiara
give/preach a sermon wygłaszać kazanie
go to the church chodzić do kościoła
holly mass msza święta
homily homilia
Islam islam
mass msza
prayer modlitwa
Protestant protestantyzm
religion kult, religia, obrzęd

Russian/Greek Orthodox Church
   prawosławie
sermon kazanie
to pray modlić się
worshipper wierny
archbishop arcybiskup
bishop biskup
cardinal kardynał
chaplin kapelan, duszpasterz
   academicki
diocese diecezja
parish parafia
parish priest proboszcz
pope papież
priest ksiądz, kapłan
religion religia
vicar wikary

address miejsce zamieszkania
flat mieszkanie
house dom
house number numer posesji
live mieszkać
postal code kod pocztowy
square plac
street ulica

5 TEMPER
USPOSOBIENIE CZŁOWIEKA

affectionate przywiązany
amiable uprzejmy
antipathetic antypatyczny
arrogant arogancki
bad zły
brave odważny
cheeky bezczelny
clever zdolny
competent kompetentny
conceited zarozumiały

considerate ostrożny
courageous śmiały
cruel okrutny
decisive zdecydowany
educated, good-tempered dobrze
   wychowany
emotional uczuciowy
friendly przyjacielski
generous hojny
hard-working pracowity

incapable mało zdolny
indecisive niezdecydowany
intelligent inteligentny
irresponsible nieodpowiedzialny
jolly wesoły, radosny
kind dobry, poczciwy
lazy leniwy
likeable sympatyczny
lively żywy
malcontent malkontent
mean skąpy
mild spokojny, łagodny
modest skromny
nice grzeczny
open otwarty
optimist optymista
pessimist pesymista
precise dokładny
quiet spokojny
reserved zamknięty w sobie, odludek
responsible odpowiedzialny
satisfied zadowolony

self-confident pewny siebie
sensibile wrażliwy
serious poważny
shy nieśmiały
sociable towarzyski
stubborn uparty
talented uzdolniony
timorous bojaźliwy
vain próżny
wicked nikczemny
witty dowcipny

addictions uzależnienia
addiction uzależnienie
alcoholism alkoholizm
pharmacomania, pharmacophilia
  lekomania
drug addiction narkomania
sex addiction seksoholizm
smoking palenie tytoniu
TV addiction uzależnienie
  od oglądania telewizji

6 HOUSE
DOM

building budynek
hall hol
attic strych
balcony balkon
basement suterena
ceiling sufit
central heating centralne ogrzewanie
corridor korytarz
door drzwi
entrance wejście
entry phone domofon
exit wyjście
fireplace kominek
floor podłoga
floor piętro

foundation fundamenty
frame futryna
front door drzwi wejściowe
garage garaż
garden ogród
garret/loft poddasze
gate brama, furtka
ground floor parter
handle klamka
heater kaloryfer, grzejnik
hood okap kuchenki
lift winda osobowa
loggia loggia
mezzanine antresola
outhouse przybudówka

panel panel
reception portiernia
revolving-door drzwi obrotowe
roof dach
roof gutter rynna
room pokój, pomieszczenie
room, place lokal, pomieszczenie
sliding-door drzwi przesuwne
staircase klatka schodowa
stairs schody
stove piec
terrace taras
threshold próg
veranda(h) weranda
wall ściana
window okno
window shutter okiennica
wood flooring parkiet
yard dziedziniec, podwórko

types of houses and flats/
   apartments (USA)
   rodzaje domów i mieszkań
barracks koszary
bedsit/studio flat kawalerka
block of flats blok mieszkalny, duży
   budynek
building budynek
bungalow bungalow, domek
   letniskowy
cabin/hut chata
castle zamek
detached house dom jednorodzinny
extended family house dom
   wielorodzinny
flat mieszkanie
luxury flat/apartment luksusowe
   mieszkanie
palace pałac
semi-detached (house) dom
   jednorodzinny
skyscraper wieżowiec
tenement house kamienica
villa willa

rooms pomieszczenia
basement suterena/piwnica
bathroom łazienka
bedroom sypialnia
cellar piwnica
children's room pokój dziecinny
corridor korytarz
dining room jadalnia
hall przedpokój
kitchen kuchnia
laundry pralnia
living room salon
room pokój
sauna sauna
sitting room pokój dzienny
storage schowek
store room spiżarnia
study gabinet
toilet toaleta, WC

furniture umeblowanie
armchair fotel
bank-beds łóżko piętrowe
bar bufet
bed łóżko
bookshelf regał, półka na książki
bookcase biblioteczka
built-in wardrobe szafa w ścianie
case witryna
chair krzesło
chest of drawers komoda
coffee table ława, stolik
computer table stolik pod komputer
cot łóżeczko dziecięce
couch kanapa
cupboard szafka
desk biurko
double bed łóżko podwójne,
   małżeńskie
dressing table toaletka
drinks trolley stolik na kółkach, barek
folding sofa kanapa rozkładana,
   wersalka

high chair wysokie krzesełko dla
   dziecka
mobile drawer unit ruchoma szafka
newspapers stand stojak
   na czasopisma
revolving chair fotel obrotowy
rocking chair fotel bujany, fotel
   na biegunach
shelf półka
sideboard kredens
sofa sofa
phone table stolik pod telefon
stool stołek, taboret
table stół
TV table szafka, stolik pod telewizor
umbrella stand stojak na parasole
wardrobe duża szafa ubraniowa

lighting oświetlenie
bedside lamp lampka nocna, żarówka
ceiling fitting plafoniera
chandelier kandelabr, żyrandol
clamp spotlights (pl) reflektorki
   ruchome
floor lamp lampa stojąca
lamp lampa
shade abażur, klosz
wall light kinkiet

bathroom łazienka
bath wanna
bathing towel ręcznik kąpielowy
bathrobe płaszcz kąpielowy
bidet bidet
boiler piecyk łazienkowy
electric shaver elektryczna maszynka
   do golenia
Jacuzzi wanna z hydromasażem
mirror lustro
razor brzytwa
safety razor maszynka do golenia
shampoo szampon
shower prysznic
soap mydło

soapbox/soap-dish mydelniczka
tap kran
tiles (pl) glazura, kafelki
toilet muszla klozetowa
toilet lid deska klozetowa
toilet paper papier toaletowy
toilet roll holder wieszak na papeir
   toaletowy
toothbrush szczoteczka do zębów
toothpaste pasta do zębów
towel ręcznik
towel hanger wieszak na ręczniki
towel rail suszarka łazienkowa
washbasin umywalka

kitchen kuchnia
bin kosz na śmieci
coffee grinder młynek do kawy
coffee machine ekspres do kawy
cooker kuchenka
cupboard szafka
dishcloth/dishtowel ścierka do naczyń
dishwasher zmywarka do naczyń
drawer szuflada
electric cooker kuchenka elektryczna
food processor robot kuchenny
freezer zamrażalnik
fridge lodówka, chłodziarka
gas cooker kuchenka gazowa
hood okap
microwave kuchenka mikrofalowa
mixer mikser
oven piekarnik
plate-rack suszarka do naczyń
shelf półka
sink zlew, zlewozmywak
table top blat
toaster toster, opiekacz do pieczywa

storage schowek
bin kosz
bowl miska
broom miotła
bucket kubeł, wiadro

cleaners *(pl)* środki czystości
dust cloth ściereczka do kurzu
dustpan szufelka
floor polish pasta do podłóg
iron żelazko
ironing board deska do prasowania
ladder drabina
polisher froterka
vacuum cleaner odkurzacz

housework prace domowe
to clean czyścić
to clean/tidy robić porządki
to cook gotować

to dust odkurzać, wycierać kurz
to handwash prać ręcznie
to iron prasować
to make bed ścielić łóżko
to patch up cerować, łatać
to polish czyścić/polerować
to prepare food przygotować jedzenie
to repair naprawiać
to sew szyć
to take the rubbish out wynosić
    śmiecie
to wash myć, prać
to wash up zmywać naczynia

7 FAMILY, RELATIVES
RODZINA, KREWNI

aunt ciotka, stryjenka
brother brat
brother-in-law szwagier
brothers *(pl)* bracia
children *(pl)* dzieci
cousin kuzynka, kuzyn
dad, daddy tatuś
daughter córka
daughter-in-law synowa
father-in-law teść
first-born son syn pierworodny
godmother matka chrzestna
granddaughter wnuczka
grandfather dziadek
grandmother/grandma babcia
grandpa dziadziuś
grandparents *(pl)* dziadkowie
grandson wnuk
great granddaughter prawnuczka
great grandfather pradziadek
great grandmother prababka
great grandson prawnuk

husband mąż
mother matka
mother-in-law teściowa
mum, mummy mamusia
nephew siostrzeniec, bratanek
niece siostrzenica, bratanica
older brother starszy brat
only child jedynaczka, jedynak
parents *(pl)* rodzice
relative krewny, krewna
sister-in-law szwagierka
son syn
son-in-law zięć
siblings rodzeństwo
sister siostra
stepbrother brat przyrodni
stepdaughter pasierbica
stepfather ojczym
stepmother macocha
stepsister przyrodnia siostra
stepson pasierb
twin bliźniak

uncle wujek, stryj
wife żona
younger brother młodszy brat

family life życie rodzinne
anniversary rocznica
baptism chrzest, chrzciny
birthday urodziny
church wedding ślub kościelny
civil marriage ślub cywilny
confirmation bierzmowanie
divorce rozwód
engagement zaręczyny
first communion pierwsza komunia
funeral pogrzeb
golden wedding złote gody
marriage małżeństwo
name day imieniny
silver wedding srebrne wesele
wedding ślub
wedding anniversary rocznica ślubu
wedding reception wesele

TERMINY OGÓLNE
head of the family głowa rodziny
paterfamilias ojciec rodziny
to baptise ochrzcić
to celebrate birthday obchodzić
    urodziny
to celebrate engagement świętować
    zaręczyny
to get married ożenić się, wyjść
    za mąż, pobrać się
to invite to a wedding zaprosić na ślub
to organise a wedding wyprawić wesele
to remarry ponownie ożenić się,
    wyjść za mąż

friends, acquaintances
    przyjaciele, znajomi
acquaintance znajomy, znajoma
ally sprzymierzeniec
close friend serdeczny przyjaciel
colleague kolega, koleżanka

companion towarzysz, kompan
comrade kolega z wojska, towarzysz
    broni
countryman krajan, rodak
co-worker współpracownik
friend przyjaciel
friendship przyjaźń
good friend serdeczny przyjaciel
life partner towarzysz życia
pal/mate kumpel
partner partner
to be on a friendly foot with
    somebody utrzymywać
    przyjacielskie stosunki
to be very close friend with
    somebody być z kimś bardzo
    zaprzyjaźnionym
to get to know (somebody) poznać kogoś
to know znać
to live together mieszkać razem
to make friends zaprzyjaźnić się

feelings and emotions
    uczucia i emocje
admiration podziw
adoration uwielbienie, adoracja
agitation podniecenie, wzburzenie
alienation wyobcowanie
anger gniew, złość
apprehension obawa
attachment przywiązanie
bitterness rozgoryczenie
cheerfulness radość, wesołość
concern zaniepokojenie, zmartwienie
depression depresja, przygnębienie
desire pragnienie
desperation rozpacz, desperacja
disappointment rozczarowanie
distress przykrość
emotion wzruszenie
envy zawiść
fear lęk, strach
feeling uczucie
fondness sympatia

grief żal
happiness szczęście
hatred nienawiść
impatience niecierpliwość,
    zniecierpliwienie
jealousy zazdrość
joy radość
longing tęsknota
love at the first sight miłość
    od pierwszego wejrzenia
love miłość
melancholia/melancholy
    melancholia
patience cierpliwość
sorrow smutek
stress stres
tension napięcie
willingness ochota, chęć

distracted rozproszony
inconsolable niepocieszony
jealous zazdrosny
scared przestraszony
unlucky mający pecha, pechowy
unsatisfied niezadowolony
to be agitated być wzburzonym
to be broken być załamanym
to be concerned być zaniepokojonym,
    zmartwionym

to be disappionted być
    rozczarowanym
to be in love być zakochanym
to be spoilt być rozpieszczonym
to be/feel unhappy być
    nieszczęśliwym
to be/feel happy być szczęśliwym
to be/feel exited być podnieconym
to feel touched być wzruszonym
to irritate złościć się, zezłościć się
to be afraid bać się, obawiać się
to complain skarżyć się, żalić się
to console pocieszać
to cry płakać, opłakiwać
to cry bitter tears płakać z żalu
to cry tears of joy płakać z radości
to embrace obejmować
to feel like (something) mieć ochotę
to feel nostalgia czuć tęsknotę
to get scared przestraszyć się
to hug przytulać
to jump up and down podskakiwać
    z radości
to kiss całować
to lose control stracić cierpliwość
to want chcieć
to worry/bother martwić się,
    niepokoić się

8 FOOD
JEDZENIE

groceries artykuły spożywcze
bean coffee kawa ziarnista
bitter chocolate czekolada gorzka
bread chleb
bread crumbs bułka tarta
butter masło
cacao kakao
caster sugar cukier puder
cheese ser żółty
chocolate czekolada

ciabatta ciabatta
coffee kawa
condensed milk mleko
    skondensowane
corn flour mąka kukurydziana
cracker krakers
cream śmietana
croissant rogalik, rożek
dairy products (pl) nabiał
egg jajko

fat milk tłuste mleko
filled chocolate czekolada
nadziewana
flour mąka
fruit in syrup owoce w syropie
honey miód
instant coffee kawa rozpuszczalna
jam dżem, konfitury
jelly galaretka
margarine margaryna
marmalade dżem, marmolada
meat mięso
mild cheese ser łagodny
milk mleko
milk chocolate czekolada mleczna
nut cream krem orzechowy
oil olej
olive oil oliwa
pasta makaron, kluski
pasteurized milk mleko pasteryzowane
pork butcher's meat *(pl)* wędliny
powdered milk mleko w proszku
puree przecier
rise ryż
roll/bread roll kajzerka, bułka
rusk sucharek
rye bread chleb żytni
salt sól
salted sticks *(pl)* paluszki słone
semolina kasza manna
skimmed milk chude mleko
sour cream kwaśna śmietana
stock cube kostka rosołowa
sugar cukier
sweets *(pl)* cukierki
tea herbata
tin konserwa
tomato concentrate koncentrat
pomidorowy
vanilla sugar cukier waniliowy
vinegar ocet
wheat flour mąka pszenna
whipped cream bita śmietana
white bread biały chleb

wholemeal bread chleb razowy
yeast drożdże

pasta makaron, kluski
fresh pasta świeży makaron
gnocchi kopytka
lasagne lasagna
macaroni rurki
noodles wstążki
pasta makaron
pierogi pierożki
rigatoni rurki
spaghetti spaghetti
tortellini pierożki, uszka

vegetables warzywa
artichoke karczoch
asparagus szparagi
aubergine bakłażan
bean fasola
beetroot burak
broad bean bób
Brussels/winter sprouts *(pl)* brukselka
cabbage kapusta
cabbage lettuce sałata głowiasta
carrot marchew
cauliflower kalafior
celery seler
chicory cykoria
corn kukurydza
cucumber ogórek
French bean fasolka szparagowa
garlic czosnek
horseradish chrzan
leek por
lettuce sałata
marrow cukinia, kabaczek
onion cebula
parsley pietruszka
potato ziemniak
peas *(pl)* groch, groszek
pepper papryka
pumpkin dynia
radish rzodkiewka

spinach szpinak
tomato pomidor
turnip rzepa
watercress rzeżucha

edible mushrooms grzyby jadalne
boletus borowik
chanterelle kurka
cultivated mushroom pieczarka
delicious lactarius rydz
morel smardz
oyster mushroom boczniak
truffle trufla

fruit owoce
almond migdał
apple jabłko
apricot morela
banana banan
blackcurrant czarna porzeczka
blueberry borówka, czarna jagoda
cherry czereśnia
cherry wiśnia
chestnut kasztan
citrus fruit (pl) cytrusy
coconut orzech kokosowy
date daktyl
gooseberry agrest
grape winogrono
grapefruit grejpfrut
hazelnut orzech laskowy
kiwi kiwi
melon melon
nectarine nektarynka
olive oliwka
orange pomarańcza
papaya papaja
peach brzoskwinia
peanut orzech arachidowy, ziemny
pear gruszka
pineapple ananas
pistachio orzeszek pistacjowy
plum śliwka
pomegranate granat

raisin rodzynek
raspberry malina
redcurrant czerwona porzeczka
strawberry truskawka
tangerine mandarynka
walnut orzech włoski
watermelon arbuz
wild strawberry poziomka

herbs and spices przyprawy ziołowe i korzenne
anise anyżek
basil bazylia
bay liść laurowy, wawrzyn
caraway kminek
cinnamon cynamom
clove (pl) goździki
coriander kolendra
ginger imbir
juniper jałowiec
lavender lawenda
lovage lubczyk
marjoram majeranek
nutmeg gałka muszkatołowa
oregano lebiodka, oregano
parsley natka pietruszki
pepper pieprz
rosemary rozmaryn
saffron szafran
sage szałwia
tarragon estragon
thyme tymianek
vanilla wanilia

meat mięso
bacon boczek
beef wołowina
beef loin polędwica wołowa
chuck/chuck steak karkówka
collar podgardle
entrecote/steak antrykot
giblets (pl) podroby
haunch/leg udziec
horsemeat konina

lamb jagnięcina
loin polędwica
mutton baranina
pork wieprzowina
pork loin schab karkowy, szynka
(wieprzowa)
rabbit królik
ribs (pl) żeberka
roast beef rostbef
saddle comber
shoulder łopatka
stock meat mięso rosołowe
tripe flaki
veal cielęcina

poultry drób
chicken kurczak
duck kaczka
goose gęś
guinea-fowl/guinea-hen perliczka
hen kura
turkey indyk

venison dziczyzna
deer jeleń
(wild) boar dzik
pheasant bażant
hare zając
partridge kuropatwa

butcher's meat wędliny
black pudding kaszanka
brawn salceson
cooked ham szynka gotowana
ham szynka
lard smalec
loin schab
pork fat słonina
raw ham szynka surowa
salami salami
sausage kiełbasa
sausage parówka
smocked bacon boczek wędzony
smoked ham szynka wędzona

fish ryby
anchovy sardela
carp karp
catfish sum
cod dorsz
eel węgorz
herring śledź
mackerel makrela
perch okoń
pike szczupak
place płastuga
salmon łosoś
sardine sardynka
shark rekin
sole sola
sturgeon jesiotr
tench lin
trout pstrąg
tuna tuńczyk

seafood owoce morza
calamari kalmar
crab rak, homar
crayfish/spiny lobster langusta
lobster homar
mussel małż, omułek
octopus ośmiornica
oyster ostryga
shrimp/prawn krewetka

taste smak
acrid ostry
bitter gorzki
bitter-sweet słodko-kwaśny
delicate delikatny
delicious wyborny
insipid mdły
mild łagodny
nauseating obrzydliwy, mdlący
spicy pikantny
salty słony
sour kwaśny
sweet słodki
tart cierpki

refreshing drinks napoje orzeźwiające
freshly squeezed fruit juice sok
  ze świeżo wyciskanych owoców
fruit cocktail koktail owocowy
fruit juice sok owocowy
lemonade lemoniada
mineral water woda mineralna
orangeade oranżada
sparkling gazowana
still niegazowana
tonic tonik
water woda

hot drinks napoje gorące
black coffee czarna kawa
cacao kakao
camomile tea herbatka rumiankowa
cappuccino cappuccino
coffee kawa
coffee with alcohol kawa z alkoholem
espresso kawa z ekspresu
hot chocolate gorąca czekolada
strong coffee bardzo mocna kawa
tea herbata
tea with lemon herbata z cytryną
tisane herbatka ziołowa
Turkish style coffee kawa po turecku
white coffee kawa z mlekiem

alcoholic drinks napoje alkoholowe
amaretto likier migdałowy
aperitif aperitif
beer piwo
beer on draught piwo beczkowe
brandy brandy
brown ale ciemne piwo
champagne szampan
cognac koniak
dry wine wino wytrawne
gin gin
kirsch likier z wisni
kummel likier mętowy
lager jasne piwo

liquor likier, alkohol
  wysokoprocentowy
punch poncz
red wine wino czerwone
rum rum
semi dry wine wino półwytrawne
semi-sweet wine wino półsłodkie
sider jabłecznik, cydr
sparkling wine wino musujące
sweet wine wino słodkie
table wine wino stołowe
vodka wódka
white wine białe wino

food preparation
  przygotowanie potraw
to add dodać
to bake piec, opiekać
to boil gotować we wrzątku
to chop posiekać
to coat in breadcrumbs panierować
to condensate zagęszczać
to cook gotować
to cool down studzić, schładzać
to cut kroić
to dilute rozcieńczyć
to dissolve rozpuścić
to evaporate odparować
to fill nadziewać
to fillet filetować ryby
to freeze zamrażać
to fry podsmażyć, smażyć
to grate trzeć na tarce
to grind/to mill zemleć
to knead zagniatać ciasto
to marinate marynować mięso
to mix miksować
to peel obierać ze skórki
to pepper pieprzyć
to pour przelać, nalać
to put into the oven włożyć do pieca
to remove bones usunąć kości
to roll zawijać

to **rub through a sieve to puree**
  przecierać
to **salt** solić
to **slice** kroić w plastry
to **stew** dusić na małym ogniu
to **stir** mieszać
to **strain** odcedzać
to **stuff** faszerować
to **sweeten** słodzić
to **warm up/to heat up** podgrzać
to **wash up** myć, zmywać
to **whip** ubijać śmietanę, jajka

ways of serving sposoby podawania
al dente nie rozgotowany (makaron)
barbecue z rożna
boiled gotowany
condensated skondensowany,
  zagęszczony
fried pieczony, smażony
grilled grilowany
grilled z rusztu
in brine w solance
in jelly w galarecie
in vinegar w occie
minced mielony
overboiled rozgotowany
pan-fried z patelni
roasted opiekany
roasted/baked pieczony
sliced w plasterkach
slightly fried przysmażony
smoked wędzony
spiced przyprawiony
steamed na parze
stewed duszony
stuffed/filled nadziewany
underdone/rare krwisty

meals posiłki
breakfast śniadanie
brunch połączenie późnego śniadania
  z lunchem

lunch drugie śniadanie/lunch
dinner obiad
supper kolacja

courses dania
cold meal danie zimne
dessert deser
first course pierwsze danie
hot meal danie gorące
main course danie główne
salad surówka, dodatek z warzyw
second course drugie danie
soup zupa
starter przystawka

dishes potrawy

starters przystawki
caviar kawior
cooked ham szynka gotowana
ham szynka
Italian salad sałatka włoska
pate/pie pasztet
raw ham szynka surowa
salad sałatka
sandwich sandwicz, kanapka
seafood owoce morza
smoked salmon łosoś wędzony
snails *(pl)* ślimaki

egg dishes potrawy z jaj
egg in a cup jajko w szklance,
  po wiedeńsku
fried egg jajko sadzone, smażone
hard-boiled egg jajko na twardo
omelette omlet
poached egg jajko w koszulce
scrambled eggs jajecznica
soft-boiled egg jajko na miękko

soups zupy
broth rosół
cream zupa krem
fish soup zupa rybna

stock bulion
vegetable soup zupa jarzynowa

second courses drugie dania

meat dished potrawy mięsne
beef loin polędwica wołowa
beef steak befsztyk
boiled meat mięso gotowane
chicken breast pierś kurczęcia
chop kotlet
collops *(pl)* zraziki
grilled chicken kurczę z rożna
liver wątróbka
meat-ball klops
minced meat mięso mielone
piece of meat sztuka mięsa
pig's knuckles *(pl)* golonka
roast beef pieczeń wołowa
roast veal pieczeń cielęca
roast chicken kurczak pieczony
roast turkey indyk pieczony
stewed meat mięso duszone
veal goulash/stew gulasz cielęcy

fish dishes potrawy z ryb
boiled crayfish raki gotowane
fried squid smażone kalmary
grilled fish ryba z rusztu
grilled prawns krewetki z rożna
grilled trout pstrąg z rusztu
roasted carp karp pieczony
roasted fish ryba pieczona

additives dodatki
dressing sos do sałaty
curry sauce sos curry
gravy sos do pieczeni
mayonnaise majonez
mustard musztarda
sauce sos
soya sauce sos sojowy
tartar sauce sos tatarski
white sauce beszamel

vegetables dodatki warzywne
baked beans fasolka w sosie
    pomidorowym
boiled vegetables warzywa gotowane
chips frytki
fried mushrooms grzyby smażone
green onion zielona cebulka
grilled vegetables warzywa grilowane
jacket potatoes ziemniaki
    w mundurkach
potatoes puree purèe z ziemniaków
salad sałatka
sauerkraut kiszona kapusta
season vegetable salad sałatka
    z warzyw sezonowych
spinach with butter szpinak z masłem
tomato salad sałatka z pomidorów

desserts desery
birthday cake tort urodzinowy
biscuit biszkopt, herbatnik
cookies *(pl)* ciasteczka
cream krem
croissant rożek
custard budyń
doughnut pączek
fruit salad sałatka owocowa
ice-cream lody
iced dessert deser mrożony
layer cake/cream cake tort
meringue beza
pancake naleśnik
rum cake babka rumowa
sponge-cake ciasto biszkoptowe
strudel strudel
tiramisu deser z sera mascarpone
    i biszkoptów nasączonych kawą
wafer wafel
whipped cream bita śmietana
yeast cake babka drożdżowa, ciastko
    drożdżowe

kitchen utensils przybory kuchenne
bottle opener otwieracz do butelek
cake tin/pan forma do ciasta

citrus juicer/squeezer wyciskacz
do cytrusów
cleaver tasak
coffee machine ekspres do kawy
colander durszlak, cedzak
corkscrew korkociąg
fork widelec
frying pan patelnia
funnel lejek
garlic press prasa do czosnku
grater tarka
grill ruszt
knife nóż
ladle łyżka wazowa
lid pokrywka
meat tenderizer tłuczek do mięsa
mincer maszynka do mielenia
mixer mikser
pan płaski rondel
potato masher ugniatacz do ziemniaków
pot garnek
removable-bottomed tin/pan
tortownica
saucepan rondel
scale waga
sieve sito
spatula łopatka
spoon łyżka
teaspoon łyżeczka
tin opener otwieracz do konserw

crockery naczynia stołowe
beer glass kufel
butter dish maselniczka
champagne glass kieliszek do szmpana
coffee jug ekspresik do kawy, dzbanek
do kawy
dinner plate płytki talerz
glass kieliszek, szklanka
gravy boat sosjerka
plate talerz
rim soup bowl głęboki talerz
saltcellar solniczka
saucer spodek, talerzyk
serving dish półmisek
soup tureen waza
sugar bowl cukiernica
tea cup filiżanka
teapot imbryk
tray taca

cutlery sztućce
knife nóż
teaspoon łyżeczka
spoon łyżka
fork widelec
dessert fork widelczyk

9 BARS, RESTAURANTS
BARY, RESTAURACJE

types of bars rodzaje barów
cafe/coffee bar kawiarnia
fast food restaurant bar szybkiej obsługi
ice cream shop lodziarnia
inn gospoda, zajazd
pizzeria pizzeria
pub piwiarnia

restaurant restauracja
self service bar samoobsługowy
snack–bar bar przekąskowy

restaurant restauracja
bill rachunek
chef szef kuchni

cook kucharz
menu karta dań, menu
napkin serwetka
order zamówienie
reservation rezerwacja
serviette serwetka papierowa
tablecloth obrus
tip napiwek
waiter kelner
waitress kelnerka
wine list karta win

TERMINY OGÓLNE
side table stolik z przystawkami
table for two stolik na dwie osoby
to book a table rezerwować stolik
to call off a reservation odwołać
  rezerwację
to call a waiter zawołać kelnera
to clean a table sprzątać ze stołu
to eat al fresco jeść na świeżym
  powietrzu

to eat out jeść poza domem
to eat/have breakfast jeść śniadanie
to eat/have dinner jeść obiad
to eat/have supper jeść kolację
to fill the glass napełnić kieliszek
to host gościć
to invite for a dinner zaprosić
  na obiad
to lay a table nakryć do stołu
to leave a tip dać napiwek
to miss a meal omijąc posiłek
to order zamawiać
to pay at a restaurant zapłacić
  w restauracji
to pay a bill zapłacić rachunek
to pour nalewać
to prepare food przygotować jedzenie
to prepare a meal przygotować
  posiłek
to serve podać do stołu
to taste/to try próbować, kosztować
to treat poczęstować

10 CLOTHES
ODZIEŻ

clothes ubrania
apron fartuszek
babies' wear ubranko dziecięce
Bermuda shorts (pl) bermudy
blouse bluzka koszulowa
cardigan kardigan, blezer
children's wear odzież dziecięca
clothing odzież, ubranie
dinner jacket smoking
dress sukienka
dungarees (pl) ogrodniczki
evening dress strój wieczorowy
fur futro
gloves (pl) rękawiczki
hat czapeczka
hooded sweat shirt bluza z kapturem

jacket kurtka
jacket marynarka, żakiet
jeans (pl) dżinsy
knee-length socks (pl) podkolanówki
knit shirt bluzka polo
ladies' wear odzież damska
layette wyprawka niemowlęca
menswear odzież męska
mini skirt spódniczka
mittens rękawiczki z jednym palcem
nightgown/nightdress koszula nocna
overcoat/coat płaszcz, jesionka
pinafore bezrękawnik (sukienka)
polo neck golf
pullover pulower
pyjamas piżama

409

raincoat płaszcz nieprzemakalny,
  przeciwdeszczowy
rompers śpioszki
scarf apaszka, fular, szalik
shirt bluzeczka dziecięca, kaftanik
shirt koszula męska, bluzka koszulowa
shorts (pl) krótkie spodenki
skirt spódnica
sleep suit piżamka dziecięca, pajacyk
slipover bezrękawnik (sweter)
snuggle suit śpiworek z kapturem
socks skarpetki
stockings (pl) pończochy
suit garnitur męski
suit kostium, garsonka
sweater/jumper sweter
sweatshirt bluza, gruby sweter
tie krawat
tights (pl) rajstopy
top bluzeczka
tracksuit dres, kombinezon
trench coat trencz
trench coat/car coat prochowiec
trousers (pl) spodnie
T-shirt koszulka z krótkimi rękawami
vest podkoszulek
waistcoat/vest kamizelka, kamizelka
  od garnituru
windcheater wiatrówka

underwear bielizna osobista
body siut body
boxer shorts (pl) bokserki
bra biustonosz
briefs (pl) majtki męskie, slipy
corset gorset
knee-length socks (pl) podkolanówki
panties/knickers (pl) majteczki
  damskie
slip halka
socks (pl) skarpety
stockings (pl) pończochy,
suspender belt pas do pończoch
tanga skąpe majteczki

footwear obuwie
ankle boots (pl) trzewiki
ballerinas (pl) baleriny
bootee (pl) pantofelki niemowlęce
boots (pl) kozaczki
clogs (pl) klapki, chodaki
espadrilles (pl) espadryle
flip-flops (pl) klapki
high heeled shoes (pl) buty
  na wysokim obcasie
leather shoes (pl) buty skórzane
moccasins (pl) mokasyny
plimsolls/sneakers (pl) tenisówki
pumps (pl) czółenka
sandals (pl) sandały
shoes (pl) buty
slippers (pl) kapcie
stilettos(pl) szpilki

accessories dodatki
balaclava kominiarka
belt pasek
beret beret, czapka
boater kapelusz słomkowy
bow tie muszka
bowler melonik
braces/suspenders (pl) szelki
cap czapka z daszkiem
cuff links (pl) spinki do mankietów
ear flap nausznik
felt hat kapelusz filcowy
handbag torebka
hanky chusteczka do nosa
hat kapelusz
mittens (pl) rękawiczki z jednym palcem
panama hat kapelusz panama
ribbon wstążka
riding cap dżokejka
shopping bag torba na zkupy
shoulder bag torebka na długim pasku
skullcap mycka
tie krawat
top hat cylinder
umbrella parasolka

jewellery biżuteria
amber necklace naszyjnik
  z bursztynów
bracelet bransoletka, bransoletka
  do zegarka
brooch broszka
chain łańcuszek
clip earrings *(pl)* klipsy
necklace naszyjnik
pendant wisiorek
ring pierścionek
screw earrings/ear studs *(pl)* kolczyki

fabrics tkaniny
cambric batyst
cashmere kaszmir
chiffon szyfon
corduroy/cord sztruks
cotton bawełna
cretonne kreton
felt filc
flannel flanela
gabardine gabardyna
jersey dżersej
linen płótno lniane, len
loden loden
nylon nylon
organza organdyna
plush plusz
poplin popelina
rayon sztuczny jedwab
satin satyna
silk jedwab naturalny
taffeta tafta
terry frotte
tulle tiul
tweed tweed
velour welur
velvet aksamit
viscose wiskoza
wool wełna

patterns wzory
checked w kratę

floral w kwiaty
herringbone w jodełkę
polka dotted w grochy
shepherd's plaid w czarno-białą kratę
striped w paski
tartan w szkocką kratę

colours kolory
azure błękitny
beige beżowy
black czarny
blue niebieski
brown brązowy
canary-yellow kanarkowy
green zielony
greenish zielonkawy
grey szary
lilac liliowy
navy blue granatowy
olive oliwkowy
orange pomarańczowy
pearly perłowy
pink różowy
purple/violet fioletowy
red czerwony
salmon pink łososiowy
sea-blue morski
silver srebrny
straw-coloured słomkowożółty
turquoise turkusowy
white biały
yellow żółty
yellowish żółtawy

TERMINY OGÓLNE
(it) suits me pasuje mi
(they) suit me pasują mi
elegant dress eleganckie ubranie
fabric tkanina
fashionable modne ubranie
fit garment przylegające ubranie
loose obszerny, luźny
out of fashion niemodne ubranie
size rozmiar

soft fabric miękka tkanina
tear rozdarcie
tight wąski/wąska
to be naked być nagim
to button zapiąć (na) guziki
to dress (up)/to change przebrać się
to get dressed ubrać się
to lace one's shoes zasznurować buty

to try on przy/mierzyć
to undress/to trake off one's clothes
   rozebrać się
to wear nosić ubranie
too loose for me za szeroki dla mnie
too tight for me dla mnie za wąski
wide szeroki/szeroka

11 SHOPPING
ZAKUPY

types of shops rodzaje sklepów
antique shop antykwariat,
   sklep ze starociami
book shop księgarnia
boutique butik
butcher's sklep mięsny
chemistry apteka
confectioner's - cukiernia
dairy sklep nabiałowy
furniture shop sklep meblowy
grocery sklep spożywczy
haberdashery - pasmanteria
jeweller's sklep jubilerski
newsagent's kiosk z gazetami
perfumery perfumeria
shoe shop sklep obuwniczy
shop sklep
shopping center dom towarowy,
   centrum handlowe
stationery sklep papierniczy
supermarket supermarket
sweet shop sklep ze słodyczami
tobacconist's sklep z wyrobami
   tytoniowymi
toyshop sklep z zabawkami

diffrent products różne produkty

cosmetics kosmetyki
after shave balm balsam po goleniu

anti-wrinkle cream krem
   przeciwzmarszczkowy
balm balsam
blusher róż do policzków
body balm balsam do ciała
body cream krem do pielęgnacji ciała
bronzing powder krem brązujący
bubble bath płyn do kąpieli, piana
cologne woda kolońska
compact powder puder w kamieniu
cream powder fluid, puder w kremie
day cream krem na dzień
deo stick dezodorant w sztyfcie
deodorant dezodorant
eye liner kredka do oczu
eye shadow cień do powiek
face cream krem do twarzy
face powder puder
hair balm balsam do włosów
hair dye farba do wlosów
hair gel żel do włosów
hair styling foam pianka do układania
   włosów
hairspray lakier do włosów
hair-conditioner lotion do włosów,
   odżywka
hand cream krem do rąk
lipstick szminka, pomadka
make-up cleanser mleczko
   kosmetyczne

mascara tusz do rzęs, mascara
moisturizing balm balsam nawilżający
moisturizing cream krem nawilżający
nail polish lakier do paznokci
nail polish remover zmywacz
do paznokci
night cream krem na noc
nourishing cream krem odżywczy
perfume perfumy
revitalising cream krem rewitalizujący
shampoo szampon
shaving cream krem do golenia
shaving foam pianka do golenia
soap mydło
sunbathe cream krem do opalania
toilet water woda toaletowa
tonic tonik
tooth paste pasta do zębów

cleaners środki czystości
cleaner środek piorący, środek
czyszczący
detergent detergent
detergent liquid płyn do prania
fabric softener płyn zmiękczający
do płukania
floor polish pasta do podłóg
handwash powder proszek do prania
ręcznego
lime scale cleaner środek usuwający
tzw. kamień
stain remover środek do usuwania
plam
washing machine powder proszek
do prania w pralce
washing-up liquid płyn do zmywania
naczyń

stationery artykuły biurowe
(cardboard) folder teczka kartonowa
adhesive tape taśma klejąca
ball pen pióro kulkowe
binder segregator
calculator kalkulator
carbon paper kalka, papier kopiowy

copybook zeszyt
correcting fluid korektor w płynie
diary notatnik, kalendarz biurowy
książkowy
drawing pin pinezka
envelope koperta
felt pen pisak, flamaster
file skoroszyt
glue klej
ink atrament
inkjet printer paper papier
do drukarki atramentowej
notebook notes
notepad blok do pisania
paper papier
paper clip spinacz
paperweight przycisk do papieru
pen długopis
pen pióro wieczne
pencil ołówek
pencil sharpener temperówka
rubber gumka do wycierania
ruler linijka
stapler zszywacz
typewriter paper papier do maszyny
do pisania
writing paper papier listowy

haberdasheries
artykuły pasmanteryjne
button guzik
cotton thread bawełniane nici
do szycia
crochet hook szydełko
elastic gumka
embroidery thread nić do haftowania
hook and eye haftka
knitting needles druty
lace koronka
needle igła
pin szpilka
ribbon wstążka
stripes *(pl)* aplikacje, naszywki
tailor's meter centymetr krawiecki

tape tasiemka
thimble naparstek
thread nić
trimming lamówka
woollen yarn włóczka
zip zamek błyskawiczny

household equipment artykuły
gospodarstwa domowego
coffee maker ekspres do kawy
coffee mill młynek do kawy
dishwasher zmywarka do naczyń
DVD player odtwarzacz DVD
electric cooker kuchenka elektryczna
electric knife nóż elektryczny
fridge lodówka
gas-lighter zapalarka
hair dryer suszarka do włosów
microwave kuchenka mikrofalowa
mixer mikser
MP3 player odtwarzacz MP3
multipurpose food procesor
wielofunkcyjny robot kuchenny
player odtwarzacz
sewing machine maszyna do szycia
steam iron żelazko z nawilżaczem
parowym
television set telewizor
toaster opiekacz, toster
vacuum cleaner odkurzacz
video cassette player magnetowid
walkman walkman
washing machine pralka
automatyczna

tools narzędzia
adjustable spanner klucz francuski
bolt śruba
cap nut nakrętka kołpakowa
drills wiertła do wiertarki
electric drill wiertarka elektryczna
electric probe próbnik elektryczny
file pilnik
grinding machine szlifierka

hacksaw piłka do metalu
hammer młotek
hand drill wiertarka ręczna
hook hak
mallet pobijak
mill frez
mole wrench szczypce ztrzaskowe
movable vice imadło stołowe
multipurpose tool szczypce, obcęgi
nail gwóźdź
nut nakrętka
paint roller wałek malarski
plane strug, hebel
pliers (pl) obcęgi
punch punktak
rasp file tarnik
saw piła
screw wkręt
screwdriver śrubokręt, wkrętak
self-threading screw wkręt
samogwintujący
slide calliper suwmiarka
soldering iron/tool lutownica
elektryczna
spade łopata
spanners (pl) klucze
spirit level poziomica
square kątownik
trowel kielnia
washer podkładka
water pump players klucz do rur
wing nut nakretka motylkowa
wire cutters (pl) nożyce do drutu
wood chisel dłuto

going shopping idziemy po zakupy
at a fair price w dobrej cenie
cashier kasjerka
counter lada, kontuar
customer/client klient, klientka
everyday spending codzienne
wydatki
high price wysoka cena
instalment sale sprzedaż ratalna

low price niska cena
price cena
purchase sprawunek, zakup
receipt paragon
sale sprzedaż
sale/clearance wyprzedaż
shop assistant sprzedawczyni,
  ekspedientka
spending wydatki
till kasa
window display wystawa sklepowa

to queue stać w kolejce
to buy kupować
to do shopping robić zakupy
to get a bargain kupować tanio

to overpay przepłacić
to pay by credit card płacić kartą
  kredytową
to pay cash płacić gotówką
to pay płacić
to sell sprzedawać
to spend a lot of money wydać dużo
  pieniędzy
to spend money (on) wydawać pieniądze
to try on przymierzać

How much does it cost? Ile
  to kosztuje?
How much do I pay? Ile płacę?
I would like to try it on. Chciałbym
  (to) przymierzyć.

12 A DAY
ZWYKŁY DZIEŃ

to clean/brush one's teeth umyć zęby
to comb/to brush one's hair uczesać
  się
to come back wrócić
to come back from school wrócić
  ze szkoły
to come back home wrócić do domu
to cover oneself up przykryć się
to do homework odrabiać lekcje
to drive somebody home odwieźć
to dry wytrzeć się, osuszyć się
to eat jeść
to feed nakarmić
to feed children nakarmić dzieci
to get dressed ubrać się
to get up wstać, podnosić się
to go out wyjść
to go outside wyjść z domu
to go to bed iść spać, iść do łóżka
to go to school iść do szkoły
to go to the office iść do biura
to go to work iść do pracy

to have a good sleep wyspać się
to have/eat breakfast/dinner/supper
  jeść śniadanie, obiad, kolację
to have/eat lunch jeść lunch
to have/take a nap zdrzemnąć się,
  uciąć sobie drzemkę
to listen to the radio słuchać radia
to make bed słać łóżko
to make up robić makijaż
to play bawić się
to prepare food przygotować jedzenie
to rest odpoczywać, wypoczywać
to rest after the dinner odpocząć
  po obiedzie
to set the alarm clock nastawić
  budzik
to shave golić się
to sleep spać
to sleep badly źle spać
to sleep well dobrze spać
to soap oneself namydlić się

415

to take somebody home
odprowadzić, odwieźć
to take a bath kąpać się, brać kąpiel
to turn off wyłączyć, zgasić
to turn off the light zgasić światło
to turn off the radio wyłączyć radio
to turn on the radio włączyć radio
to turn on the light zapalić światło

to turn on włączyć, zapalić
to undress rozebrac się
to wake up obudzić się
to wash hair umyć włosy
to wash myć się
to wash one's face umyć twarz
to watch television/TV oglądać
telewizję

13 EDUCATION
SZKOLNICTWO

day nursery żłobek
elementary/primary school szkoła
podstawowa
lower secondary/junior high school
gimnazjum
kindergarten przedszkole
polytechnic politechnika, szkoła
wyzsza zawodowa
school szkoła
secondary school szkoła średnia
secondary/grammar school liceum
trade/vocational school technikum,
zawodówka
university uniwersytet

going to school idziemy do szkoły
(assembly) hall aula, sala
answer odpowiedź
behaviour zachowanie
break pauza, przerwa
canteen stołówka
classroom sala lekcyjna
diploma dyplom
mistake błąd
examination/exam egzamin
exercise ćwiczenie
headmaster dyrektor
high school exams matura
homework zadanie domowe
lesson lekcja

library biblioteka
mark ocena, stopień
primary school teacher nauczycielka
w szkole podstawowej
professor profesor
pupil uczeń
question pytanie
result wynik
school report świadectwo
school year rok szkolny
schoolboy uczeń
schoolgirl uczennica
teacher nauczyciel, nauczycielka
term półrocze, semestr
test klasówka
to answer odpowiadać
to examine egzaminować
trimester kwartał
writing test sprawdzian pisemny

subjects przedmioty
algebra algebra
arithmetic arytmetyka
biology biologia
chemistry chemia
drawing rysunek
English angielski
French francuski
geography geografia

geometry geometria
German niemiecki
history historia
Italian włoski
languages (pl) języki
math/mathematics matematyka
musical education wychowanie
  muzyczne
philosophy filozofia
physical education/PE wychowanie
  fizyczne
physics fizyka
Polish polski
religious education/RE religia
social studies nauka/wiedza
  o społeczeństwie
technical education wychowanie
  techniczne

TERMINY OGÓLNE
absence niebecność, absencja
absent nieobecny
absent-minded roztargniony,
  roztrzepany
clever zdolny

diligent pilny
intelligent inteligentny
master's thesis praca magisterska
present obecny
student uczeń szkoły średnie, student
teaching/training nauczanie
to attend uczęszczać
to be absent być nieobecnym
to be promoted przejść do następnej
  klasy
to do homework odrabiać lekcje
to fail an exam oblać egzamin
to go to school iść do szkoły, chodzić
  do szkoły
to go to the blackboard iść do tablicy
to learn uczyć się czegoś
to learn by heart uczyć się na pamięć
to pass an exam zdać egzamin
to play truant chodzić na wagary
to recite a poem recytować wiersz
to repeat powtarzać
to revise powtarzać przed egzaminem
to study uczyć się, studiować
to take an exam zdawać egzamin
to teach uczyć kogoś

14 WORK
PRACA

economy departments działy
  gospodarki
administration administracja
advertisement reklama
agriculture rolnictwo
banking bankowość
building industry budownictwo
craft rzemiosło
culture kultura
education szkolnictwo
foreign trade handel zagraniczny
forestry leśnictwo
health service służba zdrowia

industry przemysł
science nauka
services (pl) usługi
shipping spedycja
tourism turystyka
trade handel
transport transport

professions zawody
accountant księgowy
actor/actress aktor, aktorka
agronomist agronom

417

analyst analityk
architect architekt
artist artysta
baker piekarz
barber fryzjer męski
bartender barman
bookbinder introligator
breeder hodowca bydła
bricklayer murarz
businessman przedsiębiorca
carpenter cieśla
carpenter stolarz
cashier kasjer
chemist chemik
coach trener
composer kompozytor
conductor dyrygent
confectioner cukiernik
cook kucharz
cosmetician kosmetyczka
craftsman rzemieślnik
critic krytyk
custom officer celnik
dancer tancerka, tancerz
designer projektant
designer/constructor konstruktor
director reżyser
doctor lekarz
domestic help pomoc domowa
driver kierowca
dustman śmieciarz
economist ekonomista
editor wydawca
electrician elektryk
electromachanic elktromechanik
engine driver maszynista
engineer inżynier
farmer rolnik
farmer/cultivator hodowca, rolnik
firefighter strażak
fisherman rybak
fitter instalator, monter
geographer geograf
geologist geolog

grower hodowca roślin
hairdresser fryzjer damski
hotelier hotelarz
industrialist/manufacturer
  przemysłowiec
interior decorator dekorator
interior designer dekorator wnętrz
interpreter tłumacz ustny
journalist dziennikarz
judge sędzia
lawyer prawnik
librarian bibliotekarz
mechanic mechanik
middleman/agent pośrednik
miner górnik
model modelka
musician muzyk
notary notariusz
nurse pielęgniarka
office worker urzędnik
orchadist/fruit-grower sadownik
painter malarz pokojowy
pharmacist aptekarz
photographer fotograf
pianist pianista
pilot pilot
plumber hydraulik
poet poeta
policeman policjant
politician polityk
porter tragarz, bagażowy
postman listonosz
priest ksiądz
printer drukarz
programmer programista
psychologist psycholog
public prosecutor prokurator
railwayman kolejarz
reporter fotoreporter
runner goniec
sailor marynarz
sales representative agent handlowy
sculptor rzeźbiarz
secretary sekretarka

serviceman wojskowy
shoemaker szewc
shop assistant sprzedawca
singer piosenkarz, piosenkarka
smith kowal
solicitor/barrister adwokat, radca
    prawny
speaker spiker, konferansjer
stock-broker makler giełdowy
stylist stylista
tailor krawiec
taxi-driver taksówkarz
teacher nauczyciel
telephonist telefonista
ticket inspector kontroler biletów
trader kupiec, handlowiec
translator tłumacz
upholsterer tapicer
usher bileter
veterinary surgeon/vet weterynarz
violinist skrzypek
waiter kelner
warehouse manager magazynier
weaver tkacz
welder spawacz
worker robotnik
writer pisarz

positions stanowiska
administrator administrator, zarządca
ambassador ambasador
apprentice czeladnik, praktykant
assessor rzeczoznawca, biegły
assistant asystent
commercial councelor radca
    handlowy
consul konsul
consultant konsultant
counsellor doradca, radca
curator *kustosz*
custodian/warden kurator
dean dziekan
deputy manager wicedyrektor
foreman brygadzista

headmaster/principal dyrektor szkoły
inspector inspektor
lecturer wykładowca, nauczyciel
    akademicki
manager/director dyrektor
mayor burmistrz
member of parliament poseł, senator,
    członek parlamentu
military councellor radca wojskowy
minister minister
office worker urzędnik
prefect prefekt
president prezydent, prezes,
    przewodniczący
prime minister premier
professor profesor
rector rektor
representative przedstawiciel
sales representative przedstawiciel
    handlowy
senator senator
stationmaster zawiadowca stacji
superior naczelnik biura

TERMINY OGÓLNE
basic wage/salary płaca zasadnicza
blue collar worker robotnik,
    pracownik fizyczny
business activity działalność
    gospodarcza
business trip delegacja służbowa
certificate świadectwo
collective contract umowa zbiorowa
collective work structure zbiorowy
    układ pracy
compassionate leave urlop
    okolicznościowy
contract umowa, kontrakt
contribution składka
cottage work chałupnictwo
dismissal/discharge zwolnienie
    z pracy
efficiency wydajność
employee pracownik, podwładny

employer pracodawca
employment zatrudnienie, przyjęcie
do pracy
employment agency biuro
zatrudnienia
employment contract for definite time
umowa o pracę na czas określony
employment contract for indefinite
time umowa o pracę na czas
nieokreślony
employment fee wynagrodzenie
employment legislation
ustawodawstwo pracy
employment contract umowa o pracę
freelance wolny zawód
full term of service wysługa lat
full-time worker urzędnik etatowy
holiday leave urlop wypoczynkowy
incapacity to work niezdolność
do pracy
labour certificate świadectwo pracy
labour code kodeks pracy
labour law prawo pracy
labour service świadczenie pracy
labour/work praca
leave urlop
maternity leave urlop macierzyński
medical certificate zaświadczenie
lekarskie
notice wypowiedzenie
overtime work praca nadliczbowa
part-time job praca na pół etatu
pay płaca
pension emerytura
pensioner emeryt
piecework praca na akord
preliminary work prace wstępne
premium składki na ubezpieczenie
społeczne
preretirement services/benefits
świadczenia przedemerytalne
public work roboty publiczne
re-employment ponowne przyjęcie
do pracy
retirement emerytura

retirement age wiek emerytalny
severance pay odprawa pieniężna
shift work praca na zmiany
social benefits/welfare (pl)
świadczenia socjalne
strike strajk
withdrawal from a contract
odstąpienie od umowy
unemployed bezrobotny
unemployment bezrobocie
union związek zawodowy
unionist związkowiec
wage/salary płaca
white-collar worker urzędnik,
pracownik umysłowy
work działalność, zajęcie, praca
work conditions (pl) warunki pracy
work day dzień powszedni, roboczy
work structure struktura pracy
workbook książeczka pracy
working card legitymacja związkowa
working hours godziny pracy
to ask for a rise prosić o podwyżkę
to be dismissed być zwolnionym
to be retired być na emeryturze
to be unemployed być bezrobotnym
to be without work być bez pracy
to dismiss zwolnić z pracy
to employ zatrudnić, przyjąć do pracy
to go to work iść do pracy
to live by one's labour żyć z własnej
pracy
to look for work szukać pracy
to lose work stracić pracę
to retire iść na emeryturę
to start work rozpoczynać pracę
to work flexie time pracować
w nienormowanym czasie
to work full-time pracować na cały
etat
to work on one's own pracować
na swoim
to work part-time pracować na pół
etatu

to **work** pracować
**certificate of temporal working
disability** zaświadczenie o czasowej
niezdolności do pracy
disability to work niezdolność do pracy

permanent disability to work stała
niezdolnośc do pracy
temporary disability to work
tymczasowa niezdolnośc do pracy

15 MONEY AND BANK
PIENIĄDZE I BANK

account owner posiadacz rachunku
advance payment zaliczka
bad account rachunek bez pokrycia
**bad cheque/cheque that is not
covered** czek bez pokrycia
bank account rachunek bankowy,
konto
bank balance saldo rachunku
bank bank
bank charge opłata bankowa
bank statement wyciąg z konta
banker bankier
banknote banknot
bill of exchange weksel
blank cheque czek in blanco
cash desk kasa
cash point/cashdispenser bankomat
cheque book książeczka czekowa
cheque czek
closed account rachunek zamknięty
coin moneta
commercial bank bank komercyjny
credit kredyt
credit account uznanie rachunku
credit bank bank kredytowy
credit card karta kredytowa
creditor wierzyciel
currency waluta
current account rachunek bieżący
debit account obciążenie rachunku
debtor dłużnik
debts (dług), zadłużenie
deposit depozyt

drawer of a cheque wystawca czeku
Euro cheque card karta euroczek
Euro cheque euroczek
exchange rate kurs
foreign currency dewizy
funds/means *(pl)* fundusz, kapitał
government securities *(pl)* obligacje
rządowe
guarantee poręczenie
high/low-interest loan pożyczka
wysoko/nisko oprocentowana
interest (rates) *(pl)* odsetki
interest rate stopa oprocentowania
invest-free credit kredyt
bezprocentowy
letter of credit akredytywa
loan pożyczka
long-term credit kredyt
długoterminowy
money transfer przelew bankowy
money transfer within the bank
przelew z rachunku w tym samym
banku
money withdrawal wypłata
z rachunku
mortgage loan kredyt hipoteczny
national bank bank narodowy
open credit otwarty kredyt
overdue cheque czek
przeterminowany
payment wpłata, spłata
pension fund fundusz emerytalny
preferential credit kredyt preferencyjny

421

quotation notowanie giełdowe
instalment rata
rest reszta
savings (pl) oszczędności
savings bank kasa oszczędnościowa
savings book książeczka
oszczędnościowa
securities (pl) obligacje
share akcja
short-term credit kredyt
krótkoterminowy
transaction transakcja
to buy something on instalments
kupić coś na raty
to grant a credit przyznać kredyt
to go/get into debts zadłużyć się
to open an account otworzyć rachunek
to pay płacić, spłacać
to pay an instalment zapłacić ratę
to pay in cash płacić gotówką
to pay off the money/debt zwrócić
pieniądze/dług
to transfer przelać, wpłacić
to withdraw money from the account
wypłacić z rachunku

currency waluta
dollar dolar
Euro euro
franc frank
koruna korona
pound funt
rublo rubel
shekel szekel
Switzerland franc frank szwajcarski
yen jen
zloty złoty

income dochody
annual/yearly salary wynagrodzenie
roczne
bonus premia, dodatek
commission prowizja
disability pension renta inwalidzka

family benefit zasiłek rodzinny
fee honorarium
pay/salary/wage wynagrodzenie
pension emerytura
perk dodatkowa korzyść/świadczenie
(samochód/telefon)
royalty tantiema/należność za prawa
autorskie
salary pensja miesięczna
scholarship stypendium naukowe
severance pay odprawa pieniężna
supplement dodatek
wage pensja tygodniowa

costs koszty
bill opłata, rachunek
income tax podatek dochodowy
payments (pl) składki, opłaty
tax on natural podatek od osób
fizycznych
tax on persons of law podatek
od osób prawnych
tax relief zwolnienie z podatku
tax/duty podatek
telephone bill rachunek za telefon
value-added tax podatek od wartości
dodanej (VAT)

TERMINY OGÓLNE
on request/on demand na żądanie
payment conditions warunki zapłaty,
spłaty
taxpayer podatnik
to ask for a loan prosić o pożyczkę
to be penniless być spłukanym, bez
grosza
to be poor być biednym
to be rich być bogatym
to change money rozmienić,
wymienić pieniądze
to get something out of pawn
wykupić z zastawu
to grant a credit/loan udzielić
kredytu, pożyczki

to have a lot of money mieć mnóstwo
   pieniędzy
to pay dokonać płatności
to place something in pawn pożyczyć
   pod zastaw

to return zwrócić
to splash money around szastać
   pieniędzmi
to withdraw on demand wypłacić
   na żadanie

16 CORRESPONDENCE
KORESPONDENCJA

address adres
addressee adresat
correspondence korenspondencja
counter okienko
envelope koperta
fax faks
form formularz
heading/letterhead nagłówek
letter list
notification zawiadomienie
paper papier
post office poczta, urząd pocztowy
postal code kod pocztowy
post-box skrzynka pocztowa
postcard kartka pocztowa, pocztówka
postman listonosz
post-office box (PO box) skrytka pocztowa
registered letter list polecony
sender nadawca
stamp znaczek pocztowy
stationery papier listowy
telegram telegram

TERMINY OGÓLNE
by airmail pocztą lotniczą
illegible writing nieczytelne pismo
legible writing czytelne pismo
signature podpis
to address a letter zaadresować list
to answer the letter odpowiedzieć na list
to correspond with korespondować
to fill in a form wypełnić formularz
to post a letter wrzucić list do skrzynki
   pocztowej
to scrawl gryzmolić
to send a letter wysłać list
to send an express letter wysłać list
   ekspresowy
to send a telegram wysłać telegram
to stick a stamp nakleić znaczek
to weigh ważyć
to write a letter napisać, pisać list
writing pismo (styl pisania)

17 TELEPHONE
TELEFON

automatic connection połączenie
   automatyczne
token żeton
connection połączenie

dialling code prefiks, numer kierunkowy
engaged line signal sygnał zajętej linii
free line wolna linia
free line signal sygnał wolnej linii

international call rozmowa
 międzynarodowa
line linia
local call rozmowa lokalna
long distance call rozmowa
 międzymiastowa
number numer
operator operator centrali
 telefonicznej
phone card karta telefoniczna
receiver słuchawka telefoniczna
signal sygnał
telephone box/booth budka
 telefoniczna
telephone call rozmowa telefoniczna
telephone directory książka
 telefoniczna
telephone exchange centrala
 telefoniczna

TERMINY OGÓLNE
Can I talk to ....., please. Czy mogę
 rozmawiać z...
directory inquiries informacja
 telefoniczna
hallo/hello halo, słucham
I can't hear you. Nie słyszę Cię/Pana/
 Pani.

mobile/cell phone telefon komórkowy
mobile phone recharger ładowarka
 do telefonu komórkowego
phone call rozmowa telefoniczna
telephone/phone aparat telefoniczny
telephone connection połączenie
 telefoniczne
to answer odpowiedzieć
to answer a phone odebrać telefon
to be engaged in a phone call być
 zajętym rozmową telefoniczną
to call someone zadzwonić do kogoś
to recharge a mobile phone
 naładować telefon komórkowy
to cut off the connection przerwać a
 połączenie
to dial a number wykręcić numer
 telefonu
to dial a wrong number pomylić numer
to hear badly źle słyszeć
to hear well dobrze słyszeć
to phone back/again odzwonić,
 zatelefonować ponownie
to talk on the phone rozmawiać przez
 telefon
to telephone/phone/call telefonować,
 dzwonić

18 LEISURE TIME
WYPOCZYNEK, CZAS WOLNY

festivals dni wolne od pracy
New Year Nowy Rok, 1 stycznia
Epiphany Trzech Króli, 6 stycznia
Shrove Tuesday ostatki, wtorek przed
 Środą Popielcową
St Valentine's Day Walentynki, 14 lutego
St Patrick's Day dzień Św. Patryka,
 17 marca
April Fools' Day Prima Aprilis,
 1 kwietnia

Palm Sunday Niedziela Palmowa
Ash Wednesday Środa Popielcowa
Maundy Thursday Wielki Czwartek
Good Friday Wielki Piątek
Easter Eve Wielka Sobota
Easter Wielkanoc
Mother's Day Dzień Matki
Corpus Christi Boże Ciało
4 July Independence Day Dzień
 niepodległości, 4 lipca (USA)

Columbus Day dzień Columba, drugi
poniedziałek października
Thanksgiving Day Święto
dziękczynienia, czwarty czwartek
listopada (USA)
Halloween halloween, święto duchów,
31 pażdziernika
Christmas Eve Wigilia Bożego
Narodzenia, 24 grudnia
Christmas Boże Narodzenie,
25 grudnia
Boxing Day Św. Stefana, 26 grudnia
New Year's Eve Sylwester

ceremonies uroczystości
anniversary rocznica
ball bal
banquet bankiet
barbecue przyjęcie na wolnym
powietrzu przy grillu
carnival karnawał
cocktail party koktajl, przyjęcie
popołudniowe
dance wieczorek taneczny
disco dyskoteka
family ceremony uroczystość rodzinna
fancy dress ball bal kostiumowy
garden party garden party
masked ball bal maskowy
reception przyjęcie
wedding reception wesele

entertainment rozrywki
alpinism alpinizm
angling/fishing wędkarstwo
billiards/pool bilard
board games gry planszowe
bridge brydż
cinema kino
circus cyrk
computer games gry komputerowe
concert koncert
crossword krzyżówka
cycling kolarstwo

do-it-yourself majsterkowanie
funfair wesołe miasteczko
gardening ogrodnictwo
hunting polowanie
jogging bieganie rekreacyjne
modelling modelarstwo
music muzyka
painting malarstwo
philately/stamp collecting filatelistyka
photography fotografowanie
reading lektura, czytanie
sculpture rzeźbiarstwo
sewing szycie
singing śpiew
television telewizja
theatre teatr
travelling podróże
walking wędrowanie

cinema kino
actor aktor
actress aktorka
adventure film film przygodowy
box office kasa biletowa
crime story/thriller
film kryminalny
cult film film kultowy
direction reżyseria
director reżyser
dubbing dubbing
film film
film star gwiazda filmowa
historical film film historyczny
horror film horror
melodrama melodramat
performance seans
science-fiction film film fantastyczno-
-naukowy
screen ekran
seat miejsce
spectator widz
subtitles napisy
western western
to book a seat zarezerwować miejsce

to go to the cinema iść, chodzić do kina
to watch a film obejrzeć film

theatre teatr
actor aktor
cabaret kabaret
cabaret theatre teatr kabaretowy
comedian aktor komiczny, komik
comedy komedia
drama actor aktor dramatyczny
drama dramat, sztuka teatralna
fringe theatre teatr awangardowy
lover amant
music theatre teatr muzyczny
opera house teatr operowy, opera
performance przedstawienie teatralne
premiere/first night premiera
public publiczność, widzowie
puppet show teatr kukiełkowy
stage scena
stage setting scenografia
theatre teatr
tragedy tragedia

games and fun gry i zabawy
bingo gra liczbowa
blind man's buff ciuciubabka
bridge brydż
cards gra w karty
chess szachy
dice kostka
domino domino
draughts warcaby

football pools totalizator sportowy
game gra
hide-and-seek zabawa w chowanego
lottery loteria
merry-go-round karuzela
patience pasjans
poker poker
puzzle puzle
roulette ruletka
video game gra video
yo-yo jo-jo

TERMINY OGÓLNE
to cycle/to ride a bike jeździć
    na rowerze
to dance tańczyć
to do/play sport uprawiać sport
to go hunting/to hunt jeździć
    na polowanie, polować
to go to the cinema chodzić do kina
to go to the theatre chodzić do teatru
to knit robić na drutach
to paint malować
to play an instrument grać
    na instrumencie
to play bawić się w coś, grać w coś
to play cards grać w karty
to read czytać
to ride a horse jeździć konno
to sew szyć
to travel podróżować
to watch television oglądać telewizję

19 SPORT
SPORT

disciplines dyscypliny
alpinism/mountain climbing alpinizm
archery łucznictwo
artistic gymnastic gimnastyka artystyczna
athletics atletyka

athletics lekkoatletyka
aviation lotnictwo
badminton badminton
basketball koszykówka
baseball basseball

bike racing sport motocyklowy
bobsleigh bobsleje
boxing boks
canoeing kajakarstwo, wioślarstwo
cricket krykiet
cross country run bieg przełajowy
cross country skiing narciarstwo
  biegowe
cycling kolarstwo
decathlon dziesięciobój
discus rzut dyskiem
diving skoki do wody
downhill skiing narciarstwo zjazdowe
fencing szermierka
figure skating łyżziwarstwo figurowe
football piłka nożna
giant slalom slolm gigant
gliding szybownictwo
golf golf
gymnastics gimnastyka
hammer throw rzut młotem
handball piłka ręczna
high jump skok wzwyż
hockey hokej na trawie
horse-riding jeździectwo
hurdle race bieg przez płotki
ice hockey hokej
ice-yachting bojery
javelin rzut oszczepem
judo judo, dżudo
karate karate
long jump skok w dal
marathon marathon
motor races wyścigi samochodowe
parachuting spadochroniarstwo
pentathlon pięciobój
pole-vault skok o tyczce
relay race bieg sztafetowy
running bieg
sailing żeglarstwo
shooting strzelectwo
shot put pchnięcie kulą
skating łyżwiarstwo
skiing narciarstwo

slalom slalom narciarski
tobogganing saneczkarstwo
special slalom slalom specjalany
speed skating łyżwiarstwo szybkie
sport gymnastic gimnastyka sportowa
surfing surfing, pływanie na desce
swimming pływanie
table tennis tenis stołowy
tennis tenis
triple jump trójskok
volleyball siatkówka
weight lifting podnoszenie ciężarów
windsurfing pływanie na desce
  z żaglem
wrestling zapasy

water sports sporty wodne
angling/fishing wędkarstwo
motorboat sports sport motorowodny
scuba diving nurkowanie
  z akwalungiem
snorkelling nurkowanie z rurką
water polo piłka wodna
water skiing narty wodne
yachting żeglarstwo

sportsmen/sportswomen sportowcy
archer łucznik
athlete lekkoatleta, sportowiec
basketball player koszykarz
bobsleigh rider bobsleista
boxer pięściarz
canoeist kajakarz
cross country skier narciarz
  biegowy
cyclist kolarz
decathlete dziesięcioboista
discus thrower dyskobol
diver skoczek do wody
downhill skier narciarz zjazdowy
fencer szermierz
footballer piłkarz
glider pilot pilot szybowcowy
gymnast gimnastyk

hammer thrower młociarz
handball player piłkarz ręczny
high jumper skoczek wzwyż
hockey player hokeista
javelin thrower oszczepnik
jockey dżokej
judo expert judoka, dżudoka
long distance runner długodystansowiec
long jumper skoczek w dal
pentathlete pięcioboista
pole vaulter skoczek o tyczce
racing driver kierowca wyścigowy
row man wioślarz
runner biegacz
shooter strzelec
skater łyżwiarz
skier narciarz
slalom skier slalomista
swimmer pływak
tennis player tenisista
tobboganist saneczkarz
triple jumper trójskoczek
volleyball player siatkarz
water skier narciarz wodny
wrestler zapaśnik
yachtsman/yachtswoman żeglarz

sport equipment sprzęt sportowy
arrow strzała
badminton racket rakietka
    do badmintona
ball piłka
barbell sztanga
baseball piłka do baseballa
basketball piłka do koszykówki
beam równoważnia
bobsleigh bobslej
bow łuk
bowl kula kręglarska
boxing gloves (pl)rękawice bokserska
canoe kajak
cross-country skis (pl)narty biegowe
discus dysk
fencing mask maska szermiercza

foil floret
goal bramka
golf ball piłka golfowa
golf club kij golfowy
gymnastic ladder drabinka gimnastyczna
gymnastic ring obręcz gimnastyczna
hammer młot
hang glider lotnia
hockey skates łyżwy hokejowe
hockey stick kij hokejowy
horizontal bar drążek gimnastyczny
javelin oszczep
net siatka
oars (pl) wiosła
parallel bars (pl) poręcze gimnastyczne
pole tyczka
polo ball piłka do polo
racing bike rower wyścigowy
racket rakieta
sabre szabla
shot kula do pchnięcia
shuttlecock lotka do badmintona
skates łyżwy
ski boots (pl) buty narciarskie
ski poles (pl) kijki narciarskie
skis (pl) narty
sledge sanki
surfboard deska surfingowa
sword szpada
table tennis ball piłeczka do tenisa
    stołowego, ping-ponga
table tennis bat rakietka do tenisa
    stołowego, ping-ponga
target tarcza strzelnicza
tennis racket rakieta tenisowa
trampoline batut
vaulting horse koń gimnastyczny
volleyball piłka do siatkówki
water skis narty wodne

TERMINY OGÓLNE
basketball course boisko
    do koszykówki
golf course pole golfowe

gymnasium/gym sala gimnastyczna
hippodrome hipodrom
mat mata
Olympic stadium stadion olimpijski
playing field/field boisko
preliminaries eliminacje
race-course tor samochodowy, motocyklowy
racing track tor, bieżnia
rifle-range strzelnica odkryta
ring ring
shooting gallery strzelnica
stadium stadion
swimming pool pływalnia
tennis court kort tenisowy
volleyball course boisko do siatkówki

amateur sport sport amatorski
professional sport sport zawodowy

team game gra drużynowa
championship mistrzostwa
classification klasyfikacja
coach trener
competition zawody, rozgrywki
competitor zawodnik
cup puchar (zawody)
cycle race wyścig kolarski
disqualification dyskwalifikacja
draw remis
final finał
finish meta
general classification klasyfikacja generalna, ogólna

guest team drużyna gości
host team drużyna gospodarzy
interval/braek przerwa
leg etap
loser przegrywający
meeting spotkanie
motor race rajd samochodowy
national championship mistrzostwa krajowe
opponent przeciwnik
quarterfinal ćwierćfinał
race wyścig
record rekord
semifinal półfinał
special leg odcinek specjalny
starting point/starting line start
team drużyna
training trening
winner zwycięzca
world championship mistrzostwa świata

medal medal
bronze medal brązowy medal
silver medal srebrny medal
gold medal złoty medal

to do/to go in for/to play sport uprawiać sport
to draw zremisować
to enter the final wejść do finału
to loose przegrać
to play football grać w piłkę nożną
to set a (new) record ustanowić rekord
to win wygrać

20 FOOTBALL
PIŁKA NOŻNA

players zawodnicy
centre back środkowy obrońca
centre forward środkowy napastnik
centre player środkowy

defensive midfielder defensywny pomocnik
forward midfielder środkowy pomocnik
goalkeeper bramkarz

left midfielder lewy pomocnik
left wing back lewy obrońca
left wing player lewoskrzydłowy
right midfielder prawy pomocnik
right wing back prawy obrońca
right wing player prawoskrzydlowy
striker/forward napastnik

referees sędziowie
linesman sędzia liniowy
referee sędzia główny

playing field boisko
centre line linia środkowa
centre spot środek boiska
goal bramka
goal area pole podbramkowe
goal line linia bramki
penalty area pole karne
side line linia boczna

match mecz
attack atak
centre (kick) dośrodkowanie
corner kick rzut rożny
cover krycie
defence obrona
dribble drybling
foul faul
free kick rzut wolny
goal gol
header główka, uderzenie piłki głową
out aut
own goal bramka samobójcza
pass podanie
penalty kick rzut karny
red card czerwona kartka
tripping podcięcie
yellow card żółta kartka

21 TRAVELLING AND TOURISM
PODRÓŻE I TURYSTYKA

means of transport środki transportu
by bike rowerem
by car samochodem
by coach autokarem
by ferry promem
by plane samolotem
by ship statkiem
by train pociągiem
on foot pieszo
guide przewodnik
guided tour wycieczka z przewodnikiem
package tour wycieczka
  zorganizowana
trip/excursion/journey wycieczka
to hitchhike podróżować autostopem
to go iść, jechać
to tramp trampować, włóczyć się,
  wędrować

to travel podróżować
to travel on foot podróżować pieszo
to walk chodzić

tourist turysta
cyclist rowerzysta
globetrotter obieżyświat
hitchhiker autostopowicz
holiday maker letnik, wczasowicz
passenger pasażer
sightseer zwiedzający
tourist/tripper wycieczkowicz
tramp tramp, wagabunda
walker piechur

accommodation zakwaterowanie

"bed and breakfast" hotel w którym
otrzymuje się nocleg i śniadanie
bivouac biwak
bungalow bungalow, dom parterowy,
domek kempingowy
campsite/camping site kemping, pole
namiotowe
caravan przyczepa kempingowa
guesthouse/pension pensjonat
hotel hotel
inn zajazd
lodgings/accommodation kwatera,
zakwaterowanie
luxurious hotel hotel luksusowy
motel motel
mountain hut/mountain hotel
schronisko górskie
shelter schronisko
tent namiot
three-star hotel hotel trzygwiazdkowy
youth hostel schronisko młodzieżowe

hotel hotel
air-conditioned room pokój
klimatyzowany
ball-room sala bankietowa
bar bar
bed łóżko
bill rachunek
booking rezerwacja
corridor korytarz
double bed łóżko małżeńskie
double room pokój dwuosobowy
double bed room pokój z łóżkiem
małżeńskim
emergency exit wyjście awaryjne
full board and lodging pokój
z pełnym wyżywieniem
key klucz
lift winda
maid pokojówka
porter portier
reception desk recepcja

reception desk kontuar, lada
w recepcji
restaurant restauracja
room with a bathroom pokój
z łazienką
room pokój
room service room service
room with breakfast pokój
ze śniadaniem
shower prysznic
single bed łóżko jednoosobowe
single room pokój jednoosobowy
suite (of rooms) apartament

campsite kemping
axe siekierka
backpack plecak
bag torba
battery bateria
binoculars lornetka
bucket wiadro
camp bed łóżko polowe
camper van samochód kempingowy
camping equipment sprzęt
kempingowy
can/container bidon
can/container kanisterek, pojemnik
caravan przyczepa kempingowa
compass kompas
cylinder butla gazowa
deckchair leżak
fire/bonfire ognisko
first aid kit apteczka
flask/canteen manierka
flysheet tropik
foam pad karimata
folding chair krzesło składane
folding table stolik składany
gas stove kuchenka gazowa
inflatable mattress materac
nadmuchiwany
line linka
matches (pl) zapałki
mattress materac

mess-tin menażka
penknife scyzoryk
portable fridge lodówka przenośna
pump pompka
sleeping bag śpiwór
spirit stove kuchenka, kocher,
   maszynka spirytusowa
tent namiot
tent-peg kołek, sledź
tin opener otwieracz do konserw
torch latarka

TERMINY OGÓLNE
accommodation for the night/
   lodgings nocleg

reservation rezerwacja
to dismantle/to take down a tent
   zwinąć namiot
to make/pitch a camp rozbić
   obozowisko
to pitch/to put up a tent rozbić
   namiot
to sleep in the tent spać pod
   namiotem
to sleep under the open sky spać pod
   gołym niebem
to stay at a camp zatrzymać się
   na kempingu
to stay in a hotel zatrzymać się
   w hotelu

22 HOLIDAYS
WAKACJE

at the seaside nad morzem
bath towel ręcznik kąpielowy
bathrobe płaszcz kąpielowy
beach ball piłka plażowa
bikini kostium dwuczęściowy
black flag czarna flaga
breaker duża fala, bałwan
breakwater falochron
buoy boja
sand castle zamek z piasku
coast wybrzeże
current prąd
diving board trampolina
gangway pomost
high tide przypływ
inflatable dinghy pontom
life-belt koło ratunkowe
lifeboat łódź ratunkowa
lifeguard ratownik
lighthouse latarnia morska
low tide odpływ

motorboat motorówka
paddle boat rower wodny
pier molo
quay nabrzeże, keja
sand piasek
sea front promenada nadmorska
shelf muszla
shore brzeg
slide zjeżdżalnia
spade łopatka
straw hat kapelusz słomkowy
sunglasses (pl) okulary
   przeciwsłoneczne
sunshade parasol słoneczny
suntan cream krem do opalania
suntan lotion balsam do opalania
suntan oil olejek do opalania
swimmer pływak
swimming suit/swimsuit/bathing suit
   kostium kąpielowy

swimming trunks *(pl)* kąpielówki
underwater rock skała podwodna
wave fala
whirlpool wir

in the mountains w górach
avalanche lawina
cable-car wagonik kolejki linowej
cableway kolejka linowa
cave jaskinia
chair lift wyciąg krzesełkowy
climbing wspinaczka, podejście
dale kotlina
decrease/drop/fall spadek
gable wzgórze
glacier lodowiec
gradient pochyłość
grotto grota
hill wzniesienie
ledge wystep skalny
massif masyw
mountain chain łańcuch górski
mountain foot podnóże góry
mountain range pasmo górskie
pass przełęcz
peak szczyt
perpetual snow wieczny śnieg
plateau płaskowyż
precipice przepaść
precipice urwisko
ravine wąwóz
ridge grań
rock skała
ski route trasa narciarska
skiing jazda na nartach
skiing slope stok narciarski
ski-pass karnet
skis *(pl)* narty
slope stok

slope zbocze
stream potok
T-bar lift wyciąg orczykowy
terrace terasa
trail szlak
valley dolina
waterfall wodospad

TERMINY OGÓLNE
holiday urlop wypoczykowy
holiday resort kurort/miejscowość
  wakacyjna
leave urlop
public beach kąpielisko
spa uzdrowisko
summer leave urlop letni
summer resort/holiday resort
  miejscowość letniskowa
winter camp zimowisko
winter leave urlop zimowy
winter resort kurort zimowy

to be on holiday/vacation być
  na urlopie/wakacjach
to climb wspinać się
to dive nurkować
to drown u/tonąć, u/topić się
to get burnt poparzyć się
to go on holiday jechać na wakacje
to go skiing jechać na narty
to go to the seaside jechać nad morze
to have peeling skin mieć schodzącą
  skórę
to sink zatonąć
to ski jeździć na nartach
to spend holiday spędzać wakacje
to splash chlapać, ochlapać
to splash around pluskać się
to sunbathe opalać się
to swim pływać

23 GREAT BRITAIN
WIELKA BRYTANIA

the counties of Great Britain and their most important cities
hrabstwa (powiaty) Wielkiej Brytanii i ich najważniejsze miasta

ENGLAND Anglia

Bedfordshire (Bedford, Luton, Dunstable, Leighton Buzzard, Biggleswade, Sandy)

Berkshire (Reading, Bracknell, Maidenhead, Newbury, Windsor, Wokingham, Abingdon)

Buckinghamshire (Aylesbury, Milton Keynes, Slough, Buckingham, High Wycombe)

Cambridgeshire (Cambridge, Wisbech, Ely, March, Whittlesey, Chatteris, Linton)

Cheshire (Chester, Stockport, Birkenhead, Wallasey, Runcorn, Macclesfield, Crewe)

Cornwall (Bodmin, Truro, Camborne, Redruth, St. Austell, Falmouth, Penzance, Newquay)

Cumberland (Carlisle, Whitehaven, Workington, Penrith, Keswick, Brampton)

Derbyshire (Derby, Chesterfield, Ilkeston, Swadlincote, Buxton, Matlock, Ashbourne)

Devon (Exeter, Plymouth, Torquay, Paignton, Barnstaple, Tiverton, Newton Abbot, Tavistock)

Dorset (Dorchester, Poole, Weymouth, Sherborne, Wimborne Minster, Shaftesbury)

Durham (Durham, Sunderland, Stockton-on-Tees, Darlington, Hartlepool, Gateshead, Washington)

Essex (Chelmsford, Basildon, Romford, Southend, Colcheter, Harlow, Brentwood, West Ham)

Gloucestershire (Gloucester, Bristol, Cheltenham, Stroud, Cirencester, Tewkesbury)

Hampshire (Winchester, Southampton, Portsmouth, Bournemouth, Basingstoke, Newport)

Herefordshire (Hereford, Ross-on-Wye, Leominster, Ledbury, Bromyard, Kington)

Hertfordshire (Hertford, Watford, St. Albans, Hemel Hempstead, Stevenage, Hatfield)

Huntingdonshire (Huntingdon, St. Ives, St. Neots, Ramsey, Yaxley)

Kent (Maidstone, Canterbury, Bromley, Rochester, Margate, Folkestone, Dover, Greenwich)

Lancashire (Lancaster, Liverpool, Manchester, Preston, Bolton, Warrington, Barrow-in-Furness)

Leicestershire (Leicester, Loughborough, Hinckley, Melton Mowbray, Coalville, Lutterworth)

Lincolnshire (Lincoln, Grimsby, Scunthorpe, Boston, Grantham, Stamford, Skegness, Louth)

Middlesex (City of London, Harrow, Enfield, Staines, Ealing, Potters Bar, Westminster)

Norfolk (Norwich, Great Yarmouth, King's Lynn, Dereham, Cromer, Hunstanton)

Northamptonshire (Northampton, Peterborough, Corby, Kettering, Wellingborough)

Northumberland (Alnwick, Newcastle-upon-Tyne, Morpeth, Hexham, Berwick-upon-Tweed)

Nottinghamshire (Nottingham, Mansfield, Worksop, Newark, Retford, Southwell)

Oxfordshire (Oxford, Banbury, Witney, Bicester, Henley-on-Thames, Carterton, Thame)

Rutland (Oakham, Uppingham. Cottesmore)

Shropshire (Shrewsbury, Telford, Oswestry, Bridgnorth, Whitchurch, Market Drayton, Ludlow)

Somerset (Taunton, Bath, Weston-super-Mare, Yeovil, Bridgwater, Wells, Glastonbury)

Staffordshire (Stafford, Stoke-on-Trent, Wolverhampton, Walsall, Cannock, Lichfield)

Suffolk (Ipswich, Bury St. Edmunds, Lowestoft, Felixstowe, Sudbury, Haverhill, Bungay)

Surrey (Guildford, Croydon, Woking, Sutton, Kingston-on-Thames, Wandsworth, Wimbledon, Brixton)

Sussex (Chichester, Brighton, Worthing, Crawley, Hastings, Eastbourne, Bognor Regis, Horsham)

Warwickshire (Warwick, Birmingham, Coventry, Nuneaton, Rugby, Solihull, Stratford-upon-Avon)

Westmorland (Appleby, Kendal, Windermere, Ambleside, Kirkby Lonsdale)

Wiltshire (Trowbridge, Salisbury, Swindon, Chippenham, Devizes, Marlborough, Warminster)

Worcestershire (Worcester, Dudley, Kidderminster, Stourbridge, Halesowen, Malvern, Evesham)

Yorkshire North Riding (Northallerton, Middlesbrough, Scarborough, Whitby)

East Riding (Beverley, Hull, Bridlington, Driffield, Hornsea, Filey)

West Riding (Wakefield, Leeds, Sheffield, Bradford, Halifax, Harrogate)

York

WALES Walia

Anglesey/Sir Fon (Beaumaris, Holyhead, Llangefni, Amlwch, Menai Bridge)

Brecknockshire/Sir Frycheiniog (Brecon, Builth Wells, Hay-on-Wye, Talgarth, Llanwrtwd Wells)

Caernarfonshire/Sir Gaernarfon (Caernarfon, Bangor, Llandudno, Conwy, Pwllheli, Porthmadog)

Carmarthenshire/Sir Gaerfyrddin (Carmarthen, Llanelli, Ammanford, Llandovery, Kidwelly, St. Clears)

Cardiganshire/Ceredigion (Cardigan, Aberystwyth, Lampeter, New Quay, Tregaron)

Denbighshire/Sir Ddinbych (Denbigh, Wrexham, Ruthin, Abergele, Llangollen)

Flintshire/Sir Fflint (Mold, Flint, Rhyl, Prestatyn, Connah's Quay, Holywell, Buckley, St. Asaph)

Glamorgan/Morgannwg (Cardiff, Swansea, Merthyr Tydfil, Barry, Caerphilly, Bridgend, Neath, Pontypridd)

Merioneth/Meirionnydd (Dolgellau, Bala, Tywyn, Blaenau Ffestiniog, Barmouth, Harlech)

Monmouthshire/Sir Fynwy (Monmouth, Newport, Blackwood, Cwmbran, Abergavenny, Chepstow, Tredegar)

Montgomeryshire/Sir Drefaldwyn (Montgomery, Newtown, Welshpool, Machynlleth, Llanidloes)

Pembrokeshire/Sir Benfro (Pembroke, Milford Haven, Haverfordwest, Fishguard, Tenby, St. David's)

Radnorshire/Sir Faesyfed (Presteigne, Llandrindod Wells, Knighton, Rhayader, New Radnor)

SCOTLAND Szkocja
Aberdeenshire (Aberdeen, Peterhead, Fraserburgh, Inverurie, Huntley, Ellon, Turriff)
Angus/Forfarshire (Forfar, Dundee, Arbroath, Brechin, Montrose, Carnoustie, Kirriemuir)
Argyllshire (Inveraray, Oban, Dunoon, Campbeltown, Lochgilphead, Tobermory)
Ayrshire (Ayr, Kilmarnock, Irvine, Saltcoats, Kilwinning, Largs, Troon, Cumnock)
Banffshire (Banff, Buckie, Keith, Macduff, Portsoy, Dufftown)
Berwickshire (Greenlaw, Duns, Eyemouth, Lauder, Coldstream)
Buteshire (Rothesay, Millport, Brodick, Lochranza)
Cromartyshire (Cromarty, Ullapool)
Caithness (Wick, Thurso, Halkirk, Castletown)
Clackmannanshire (Clackmannan, Alloa, Tillicoultry, Tullibody)
Dumfriesshire (Dumfries, Annan, Lockerbie, Moffat, Sanquhar, Langholm, Gretna)
Dunbartonshire/Dumbartonshire (Dumbarton, Clydebank, Cumbernauld, Helensburgh, Alexandria, Kirkintilloch)
East Lothian/Haddingtonshire (Haddington, North Berwick, Dunbar, Tranent, East Linton)
Fife (Cupar, Dunfermline, Glenrothes, Kirkcaldy, St. Andrews, Cowdenbeath, Burntisland)
Inverness-shire (Inverness, Fort William, Kingussie, Newtonmore, Portree)
Kincardineshire (Stonehaven, Banchory, Laurencekirk, Inverbervie)

Kinross-shire (Kinross, Milnathort)
Kirkcudbrightshire (Kircudbright, Castle Douglas, Dalbeattie, New Galloway)
Lanarkshire (Lanark, Glasgow, East Kilbride, Hamilton, Motherwell, Coatbridge, Carluke)
Midlothian/Edinburghshire (Edinburgh, Musselburgh, Penicuik, Dalkeith, Bonnyrigg)
Morayshire (Elgin, Forres, Rothes, Lossiemouth, Fochabers)
Nairnshire (Nairn, Auldearn, Cawdor, Ferness)
Orkney (Kirkwall, Sromness, Balfour)
Peeblesshire (Peebles, Innerleithen, West Linton)
Perthshire (Perth, Crieff, Pitlochry, Callander, Blairgowrie, Rattray, Coupar Angus, Kincardine)
Renfrewshire (Renfrew, Paisley, Greenock, Johnstone, Port Glasgow, Barrhead, Kilmalcolm)
Ross-shire (Dingwall, Stornaway, Tain, Alness, Invergorden)
Roxburghshire (Jedburgh, Hawick, Kelso, Melrose, Roxburgh)
Selkirkshire (Selkirk, Clovenfords, Galashiels)
Shetland (Lerwick, Scalloway, Baltasound)
Stirlingshire (Stirling, Falkirk, Grangemouth, Kilsyth, Bridge of Allan, Denny, Alva)
Sutherland (Dornoch, Helmsdale, Brora, Golspie, Lairg, Durness, Tongue)
West Lothian/Linlithgowshire (Linlithgow, Livingston, Bo'ness, Broxburn, Whitburn, Armadale, Bathgate)
Wigtownshire (Wigtown, Stranraer, Newton Stewart, Whithorn)

Some cities of the United Kingdom niektóre miasta Zjednoczonego Królestwa

Aberdeen	Eastbourne	Newport
Bath	Edinburgh	Nottingham
Belfast	Exeter	Oxford
Blackpool	Glasgow	Penzance
Brighton	Gloucester	Plymouth
Bristol	Hastings	Preston
Cambridge	Inverness	Swindon
Cardiff	Leeds	Reading
Coventry	London	Sheffield
Derby	Luton	Stradford
Dover	Manchester	York

24 CONTINENTS, REGIONS
KONTYNENTY, REGIONY

Africa Afryka
Antarctica Antarktyda
Asia Azja
Australia Australia
Europe Europa
North America Ameryka Północna
South America Ameryka Południowa

regions of the world regiony świata
Balkans *(pl)* Bałkany
Central Europe Europa Środkowa
East Europe Europa Wschodnia

Far East Daleki Wschód
Indo-China Indochiny
Middle East Środkowy Wschód
Third World trzeci świat
West Europe Europa Zachodnia

the four points of the compass cztery strony świata
North Północ
South Południe
East Wschód
West Zachód

25 SOME COUNTRIES OF THE WORLD
NIEKTÓRE KRAJE ŚWIATA

countries kraje
Argentina Argentyna
Australia Australia
Austria Austria
Belgium Belgia

Bosnia Bośnia
Brazil Brazylia
Bulgaria Bułgaria
Belarus Białoruś
Canada Kanada

SOME COUNTRIES OF THE WORLD

Chile Chile
China Chiny
Colombia Kolumbia
Congo Kongo
Corsica Korsyka
Croatia Chorwacja
Cuba Kuba
Czech Czechy
Denmark Dania
Ecuador Ekwador
Egypt Egipt
England Anglia
Estonia Estonia
Finland Finlandia
Georgia Gruzja
Germany Niemcy
Ghana Ghana
Great Britain Wielka Brytania
Greece Grecja
Holland Holandia
Hungary Węgry
India Indie
Indonesia Indonezja
Iran Iran
Iraq Irak
Ireland Irlandia
Island Islanda
Israel Izrael
Italy Włochy
Japan Japonia
Kenya Kenia
Korea Korea
Latvia Łotwa
Lebanon Liban
Libya Libia
Lithuania Litwa
Luxembourg Luksemburg
Macedonia Macedonia
Madagascar Madagaskar
Mexico Meksyk
Moldavia Mołdawia
Monaco Monako
Morocco Maroko
Nepal Nepal

New Zealand Nowa Zelandia
Nigeria Nigeria
Norway Norwegia
Pakistan Pakistan
Palestine Palestyna
Panama Panama
Peru Peru
Poland Polska
Portugal Portugalia
Romania Rumunia
Russia Rosja
San Marino San Marino
Saudi Arabia Arabia Saudyjska
Scotland Szkocja
Serbia Serbia
Sweden Szwecja
Siam Syjam
Sicily Sycylia
Slovakia Słowacja
Slovenia Słowenia
Spain Hiszpania
Switzerland Szwajcaria
Syria Syria
Tanzania Tanzania
Tasmania Tasmania
Thailand Tajlandia
Tunisia Tunezja
Turkey Turcja
Uganda Uganda
Ukraine Ukraina
United States of America (pl) Stany
    Zjednoczone
Vietnam Wietnam
Yugoslavia Jugosławia
Zaire Zair

some capitals stolice niektórych
    państw
Algeri Algier
Ankara Ankara
Athens Ateny
Baghdad Bagdad
Beijing Pekin
Belgrade Belgrad

Berlin Berlin
Bern Berno
Bogota Bogota
Bratislava Bratysława
Brussels Bruksela
Bucharest Bukareszt
Budapest Budapeszt
Buenos Aires Buenos Aires
Cairo Kair
Damascus Damaszek
Dublin Dublin
Hague Haga
Helsinki Helsinki
Jakarta Dżakarta
Kiev Kijów
Lima Lima
Lisbon Lizbona
London Londyn
Madrid Madryt
Minsk Mińsk

Moscow Moskwa
Oslo Oslo
Paris Paryż
Prague Praga
Rabat Rabat
Riga Ryga
Rome Rzym
Sofia Sofia
Stockholm Sztokholm
Tallinn Talin
Tbilisi Tbilisi
Teheran Teheran
Tel Aviv Tel Awiw
Tokio Tokio
Tripoli Trypolis
Tunisia Tunis
Vienna Wiedeń
Vilnius Wilno
Warsaw Warszawa
Zagreb Zagrzeb

26 NATIONALITIES
NARODOWOŚCI

Albanian Albańczyk
Algierian Algierczyk
American Amerykanin
Argentinian Argentyńczyk
Australian Australiczyk
Austrian Austriak
Belgian Belg
Brasilian Brazylijczyk
British Brytyjczyk
Bulgarian Bułgar
Byelorussian Białorusin
Canadian Kanadyjczyk
Chilean Czylijczyk
Chinese Chińczyk
Croatian Chorwat
Czech Czech
Dane Duńczyk

Dutch Holender
Egyptian Egipcjanin
English Anglik
Estonian Estończyk
Finn Fin
French Francuz
Georgian Gruzin
Greek Grek
Hungarian Węgier
Irish Irlandczyk
Israeli Izraelczyk
Italian Włoch
Japanese Japończyk
Korean Koreańczyk
Lebanese Libańczyk
Lett Łotysz
Liberian Liberyjczyk

Lithuanian Litwin
Mexican Meksykanin
Moldavian Mołdawianin
Moroccan Marokańczyk
New Zealander Nowozelanczyk
Norwegian Norweg
Pakistani Pakistańczyk
Palestinian Palestyńczyk
Polish Polak
Portugese Portugalczyk

Romanian Rumun
Russian Rosjanin
Slovakian Słowak
Swedish Szwed
Swiss Szwajcar
Tunisian Tunezyjczyk
Turkish Turek
Ukrainian Ukrainiec
Vietnamese Wietnamczyk

27 RIVERS, SEAS, OCEANS, MOUNTAINS
RZEKI, MORZA, OCEANY, GÓRY

rivers rzeki
Amazon Amazonka
Amur Amur
Arno Arno
Colorado River Colorado
Congo Kongo
Danube Dunaj
Ebro Ebro
Euphrates Eufrates
Ganges (River) Ganges
Hudson River Rzeka Hudson
Indus (River) Indus
Main Men
Mekong Meckong
Mississippi River Misisipi
Moscow Moskwa
Nile Nil
Oder Odra
Rhine Ren
River Jordan Jordan
Rodan Rodan
Rubicon Rubikon
Seine Sekwana
Sprea Szprewa
Thames Tamiza
Tiber Tybr
Vistula Wisła

Vltava Wełtawa
Volga River Wołga

seas morza
Adriatic Adriatyk
Arctic Sea Morze Arktyczne
Baltic Sea Bałtyk
Black Sea Morze Czarne
Caspian Sea Morze Kaspijskie
Dead Sea Morze Martwe
Mediterranean Sea Morze Śródziemne
Red Sea Morze Czerwone

oceans oceany
Atlantic Ocean Atlantyk, Ocean Atlantycki
Indian Ocean Ocean Indyjski
Pacific Ocean Pacyfik, Ocean Spokojny

some islands niektóre wyspy
Antilles (pl) Antyle
Azores (pl) Azory
Bahamas (pl) Bahamy
Bermuda (pl) Bermudy
Borneo Borneo

Canaries *(pl)* Wyspy Kanaryjskie
Corsica Korsyka
Crete Kreta
Cuba Kuba
Cyprus Cypr
Elba Elba
Greenland Grenlandia
Haiti Haiti
Hawaii *(pl)* Hawaje
Jamaica Jamajka
Java Jawa
Java Jawa
Madagascar Madagaskar
Majorca Majorka
Malta Malta
Minorca Minorka

Sicily Sycylia
Sumatra Sumatra
Tahiti Taiti
Taiwan Tajwan
Tasmania Tasmania

mountains góry
Alps *(pl)* Alpy
Andes *(pl)* Andy
Apennines *(pl)* Apeniny
Ardennes *(pl)* Ardeny
Carpathians *(pl)* Karpaty
Caucasus Kaukaz
Dolomites *(pl)* Dolomity
Himalayas *(pl)* Himalaje
Pyrenees *(pl)* Pireneje

28 AIR TRANSPORT
TRANSPORT LOTNICZY

airport port lotniczy
air fleet flota powietrzna
air terminal dworzec lotniczy
airline linie lotnicze, przedsiębiorstwo
   lotnicze
airport port lotniczy, lotnisko
arrivals sala przylotów
boarding card karta pokładowa
charter flight lot czarterowy
check-in odprawa bagażowo celna
control tower wieża kontroli lotów
customs officer celnik
customs clearance kontrola celna
departures sala odlotów
domestic flights loty krajowe
duty free zone strefa wolnocłowa
customs duty cło
escalator schody ruchome
excess luggage nadbagaż
exchange (office) kantor wymiany
   walut

fleet flota powietrzna
flight lot
hangar hangar
information informacja
international flights loty
   międzynarodowe
left luggage office przechowalnia
   bagażu
luggage receipt kwit bagażowy
luggage trolley wózek bagażowy
passport control kontrola
   paszportowa
post office urząd pocztowy
public toilet toalety
radar beacon latarnia nawigacyjna
runway pas startowy
tourist information informacja
   turystyczna
waiting room poczekalnia
weather vane rękaw lotniskowy,
   wiatrowskaz

on the plane w samolocie
board pokład samolotu
board mechanic mechanik pokładowy
bucket seat fotel lotniczy
crew załoga samolotu
flight attendant steward, stewardesa
life jacket kamizelka ratunkowa
navigator nawigator
non smoking dla niepalących
passenger pasażer
pilot pilot
radio operator radiotelegrafista
safety belt pas bezpieczeństwa
seat miejsce
smoking miejsce dla palących

TERMINY OGÓLNE
autopilot autopilot, pilot
  automatyczny
cancelled lot odwołany
delayed lot opóźniony
direct flight lot bezpośredni
flight lot
jet liner samolot odrzutowy pasażerski
jet samolot odrzutowy
landing lądowanie
landing on water wodowanie
take-off start samolotu
taxing kołowanie
to fasten the seat belt zapiąć pasy
transfer flight lot z przesiadką

29 RAILWAY
KOLEJ

railway station dworzec kolejowy
aid post/dressing-station punkt
  pierwszej pomocy medycznej
arrivals rozkład przyjazdów
barrier zapora, szlaban
bench ławka
blind track ślepy tor
departures rozkład odjazdów
express way tor przelotowy
left luggage office przechowalnia
  bagażu
level crossing przejazd kolejowy
lost property office biuro rzeczy
  znalezionych
loudspeaker głośnik, megafon
luggage trolley wózek bagażowy
manoeuvre track tor manewrowy
newsagent's/kiosk kiosk z gazetami
pavement chodnik
platform peron
porter bagażowy
rail szyna

railway protection service służba
  ochrony kolei
railway track tor
railwayman kolejarz
semaphore semafor
shelter daszek nad peronem
shunting yard stacja rozrządowa
sidetrack tor boczny, tor postojowy
taxi rank postój taksówek
ticket office kasa biletowa
timetable rozkład jazdy
toilet toaleta
underground passage przejście
  podziemne
waiting-room poczekalnia

on the train w pociągu
air conditioning klimatyzacja
armrest podłokietnik
carriage wagon
compartment przedział
corridor korytarz

couchette kuszetka
diesel locomotive lokomotywa spalinowa
door drzwi
electric locomotive elektrowóz
emergency brake hamulec
  bezpieczeństwa
emergency exit wyjście awaryjne
folding seat rozkładane siedzenie
  na korytarzu
folding table stolik rozkładany
headrest zagłówek
locomotive lokomotywa
mail carriage wagon pocztowy
non smoking compartment przedział
  dla niepalących
passenger podróżny, pasażer
passenger carriage wagon pasażerski
restaurant car wagon restauracyjny
seat miejsce, siedzenie
sleeping-car wagon sypialny
sliding door drzwi przesuwne
smoking compartment przedział dla
  palących
steam locomotive lokomotywa
  parowa
step stopień wagonu
ticket inspector konduktor
toilet toaleta
window okno

types of trains rodzaje pociągów
commuter train pociąg podmiejski
electric train pociąg elektryczny
Euro City międzynarodowy pociąg
  ekspresowy
express train pociąg ekspresowy
Intercity ekspresowy pociąg
  międzymiastowy
narrow gauge railway kolejka
  wąskotorowa
stopping train pociąg osobowy
subway metro (US)
train pociąg
underground metro (GB)

tickets bilety
extra charge dopłata
first/second class ticket bilet
  pierwszej, drugiej klasy
one way ticket bilet w jedną stronę
reduced ticket bilet ulgowy, zniżkowy
reserved-seat ticket bilet
  z miejscówką
return ticket bilet w obydwie strony,
  tam i z powrotem
season ticket bilet okresowy
ticket bilet
valid ticket ważny bilet

TERMINY OGÓLNE
to change trains mieć połączenie,
  przesiadkę
to come by train przyjechać
  pociągiem
to derail wykoleić się
to get off the train wysiąść z pociągu
to get on the train wsiąść do pociągu
to go by train pojechać pociągiem
to miss the train spóźnić się na pociąg
to see somone off to the station
  odprowadzać na dworzec
to travel by train podróżować
  pociągiem

30 SHIPS AND BOATS
STATKI I ŁODZIE

types of ships and boats rodzaje statków i łodzi
barge barka, łódź
bathyscaphe batyskaf
boat łódka
canoe kajak
fishing boat kuter rybacki
fishing ship statek rybacki
flagship okręt flagowy
freighter frachtowiec
gondola gondola
icebreaker lodołamacz
life boat szalupa
motorboat motorówka
oil tanker tankowiec
passenger ship statek pasażerski
pleasure boat statek wycieczkowy
rowing boat łódź wiosłowa
schooner szkuner
ship statek, okręt
speedboat ślizgacz
steamer/steamship parowiec
transatlantic transatlantyk
tug/tug-boat holownik
whaler statek wielorybniczy
yacht/sailing boat żaglówka
yacht/sailing ship żaglowiec

ship statek
anchor kotwica
boom bom
bow dziób
bridge mostek kapitański
cabin kajuta
caboose kambuz
chimney komin
deck pokład
gangway trap
hold ładownia, luk
hull kadłub

keel kil
life boat szalupa ratunkowa
mast maszt
port board side lewa burta
porthole illuminator
rudder ster
sail żagiel
starboard side prawa burta
stern rufa
to anchor zakotwiczyć
to get on board/to board wsiąść na statek

harbour port
crane dźwig
dock basen portowy, dok
embankment wharf
fishing harbour przystań rybacka
marina przystań
pilot pilot
port authority kapitanat portu
roadstead przedporcie, reda
ship-owner armator
ship-owner partnership spółka armatorska
trans-shipment wharf nabrzeże przeładunkowe
unloading wharf nabrzeże rozładunkowe

31 CITY TRANSPORT
KOMUNIKACJA MIEJSKA

means of transport środki transportu
bus autobus
taxi taksówka
tram tramwaj
trolley bus trolejbus
underground metro

driver kierowca
taxi driver taksówkarz
ticket inspector kontroler biletów
tram driver motorniczy

bus/tram stop przystanek autobusowy, tramwajowy
season ticket bilet okresowy
shelter daszek, zadaszenie
stop przystanek
taxi rank postój taksówek
terminal pętla
ticket machine automat z biletami

directions and location kierunki i lokalizacja
on the left na lewo, po lewej stronie
on the right na prawo. po prawej stronie
straight prosto
straight ahead prosto przed siebie
behind za
close to blisko czegoś, w pobliżu
far (away) daleko
far from daleko od
in w
in front of przed
in the background w głębi
in the middle pośrodku
inside wewnątrz
longwise/along wzdłuż
next to obok
opposite naprzeciwko
outside na zewnątrz
over nad
under pod
where gdzie

32 VEHICLES
POJAZDY SAMOCHODOWE

ambulance ambulans, karetka
articulated bus autobus przegubowy
bus autobus
camper van mikrobus turystyczny
coach autokar
concrete mixer betoniarka
convertible kabriolet
coupé coupé
emergency breakdown service samochód pomocy drogowej

estate car kombi
fire engine pojazd pożarniczy, wóz strażacki
hearse karawan
heavy goods vehicle samochód ciężarowy
jeep dżip
limousine limuzyna
lorry samochód półciężarowy
minibus mikrobus

off-road car samochód terenowy
refrigerated lorry samochód chłodnia
rubbish disposal van śmieciarka
snow plough odśnieżarka, pług
  śnieżny
sport car samochód sportowy
sweeper zamiatarka
tanker cysterna
tripper lorry wywrotka
truck ciężarówka
van furgon

outer parts of the car samochód
  z zewnątrz
antenna/aerial antena
body (of the car) nadwozie, karoseria
boot bagażnik, kufer
bumper zderzak
catalytic converter katalizator
dipped/low lights światła mijania
door drzwi
door handle klamka
exhaust pipe rura wydechowa
fog lights światła przeciwmgielne
full/high lights (pl) światła długie
headlight reflektor
hood maska silnika
indicator kierunkowskaz
lights (pl) światła
mirror lusterko
number plate tablica rejestracyjna
parking lights (pl) światła postojowe
radiator chłodnica
radiator cover osłona chłodnicy
rear window tylna szyba
reverse lights (pl) światła cofania
road lihts (pl) światła drogowe
roof dach
roof-rack bagażnik dachowy
stop lights swiatła stopu
tank zbiornik paliwa, bak
tyre opona
warning/hazard lights (pl) światła
  awaryjne

wheel koło
wind screen przednia szyba
window szyba
wing błotnik
wiper wycieraczka

inner parts of the car wnętrze
  samochodu
accelerator pedal pedał
  przyspieszenia, gazu
airbag poduszka powietrzna
armrest podłokietnik
ash-tray popielniczka
brake pedal pedał hamulca
car radio radio samochodowe
clutch pedal pedał sprzęgła
control light lampka kontrolna
dash-board tablica rozdzielcza
display wskaźnik
fuel level gauge wskaźnik poziomu
  paliwa
gear lever dźwignia zmiany biegów
handbrake hamulec ręczny
headrest zagłówek
horn klakson
ignition switch stacyjka
indicator switch przełącznik
  kierunkowskazów
light switch przełącznik świateł
locker schowek
meter licznik kilometrów
oil level indicator wskaźnik poziomu
  oleju
pedal pedał
rear-view mirror lusterko wsteczne
seat siedzenie
seat belt pas bezpieczeństwa
speed gauge prędkościomierz
steering wheel kierownica
switch przełącznik
tachometer obrotomierz
temperature indicator wskaźnik
  temperatury
wiper switch przełącznik wycieraczek

engine silnik
air-cooled engine silnik chłodzony
  powietrzem
diesel engine silnik wysokoprężny
engine silnik
four-cycle engine silnik czterosuwowy
four-stroke engine czterotakt
injection engine silnik wtryskowy
internal combustion engine silnik
  spalinowy
oil-cooled engine silnik chłodzony
  olejem
petrol engine silnik benzynowy
piston engine silnik tłokowy
spark ignition engine silnik
  z zapłonem iskrowym
two-cycle engine silnik dwusuwowy
two-stroke engine dwutakt
V engine silnik widlasty, silnik
  w układzie V
water-cooled engine silnik chłodzony
  wodą

mechanical and electric parts, drive
  części mechaniczne, elektryczne,
  napęd
air filter filtr powietrza
alternator alternator
axle oś
ball bearing łożysko kulkowe
battery akumulator
bearing łożysko
brake fluid płyn hamulcowy
brake pump pompa hamulcowa
brake system układ hamulcowy
camshaft wałek rozrządu
carburettor gaźnik
combustion chamber komora
  spalania
connecting rod korbowód
cooling water pump pompa wodna,
  pompa cieczy chłodzącej
crankshaft wał korbowy
cylinder cylinder
dynamo prądnica

engine block blok silnika
exhaust unit kanał wydechowy
filter filtr
flywheel koło zamachowe
frame rama
fuel filter filtr paliwa
fuel pump pompa paliwa
gearbox skrzynia biegów
head głowica
ignition coil cewka zapłonowa
injection pump pompa wtryskowa
injector wtryskiwacz
inlet unit kanał ssący, dolotowy
oil filter filtr oleju
oil pump pompa oleju
piston tłok
pump pompa
radiator chłodnica
radiator fan wentylator chłodnicy,
  chłodzący
shaft wał
shaft bearing łożysko wału
shock absorber amortyzator
spark plug świeca zapłonowa
starter rozrusznik
steering system układ kierowniczy
suction pump pompa ssąca
sump miska olejowa
suspension zawieszenie
suspension spring resor
thermostat termostat
transmission shaft wał napędowy
turbo-compressor turbosprężarka,
  turbina
valves *(pl)* zawory

TERMINY OGÓLNE
accident insurance ubezpieczenie
  od nieszczęśliwych wypadków
Anti-Lock Brakes System ABS, system
  przeciwpoślizgowy
braking distance droga hamowania
car alarm autoalarm
collision kolizja, zderzenie

collision/crash zderzenie
diesel oil olej napędowy
driving licence prawo jazdy
fuel consumption zużycie paliwa, spalanie
gear bieg
head-on collision zderzenie czołowe
leaded petrol benzyna ołowiowa
lead-free/unleaded petrol benzyna bezołowiowa
liquefied petroleum gas paliwo gazowe, LPG
reverse gear bieg wsteczny
road atlas atlas samochodowy
road map mapa samochodowa
to accelerate przyspieszać
to block the way/to cut in zajechać drogę
to brake hamować
to change oil wymienić olej
to change wheel zmieniać koło
to change/shift gear zmienić/wrzucić bieg

to decelerate zmniejszyć prędkość
to declutch puścić sprzęgło
to drive a car prowadzić samochód
to drive fast jechać szybko
to engage the clutch wcisnąć sprzęgło
to fill the car up zatankować do pełna
to go by car jechać samochodem
to hit uderzyć
to overtake wyprzedzać
to refuel zatankować
to reverse cofać się, jechać na wstecznym biegu
to run in docierać silnik
to run into another car/vehicle najechać na inny pojazd
to skid wpadać w poślizg
to stop zatrzymać się
to turn skręcać
to turn left skręcić w lewo
to turn right skręcić w prawo

33 ROAD, STREET
DROGA, ULICA

types of roads rodzaje dróg
access road droga dojazdowa
asphalt road droga asfaltowa
avenue aleja
dead end street droga bez wyjazdu, ślepa uliczka
detour/bypass droga objazdowa, objazd
dirt-road droga polna
exit road droga wylotowa
highway droga szybkiego ruchu
lane pas ruchu, jezdnia
main road arteria, główna droga
motorway autostrada
multilane road droga wielopasmowa
one-way road droga jednokierunkowa

paved road/street droga/ulica brukowana
private road droga prywatna
public road droga państwowa
right of way road droga z pierwszeństwem przejazdu
ring road obwodnica
road droga
side-road boczna droga
street ulica
subordinated road droga podporządkowana
throughway/expressway droga/trasa przelotowa

toll motorway/turnpike highway autostrada płatna
two-lane road droga dwupasmowa
two-way road droga dwukierunkowa

TERMINY OGÓLNE
bridge most
car park parking
crossroads skrzyżowanie
exit wyjazd
flyover/overpass estakada
flyover/viaduct wiadukt
kerb krawężnik
lane pas ruchu
motorway fee opłata za przejazd autostradą
pavement chodnik
pedestrian/zebra crossing przejście dla pieszych
pedestrian pieszy
petrol station stacja benzynowa
reserved area/traffic island wysepka
road/roadway jezdnia
roadside pobocze
roundabout rondo
rush hours (pl) godziny szczytu
signal light sygnalizator świetlny
signpost znak drogowy, drogowskaz
stop przystanek
subway przejście podziemne
traffic ruch uliczny
traffic lights sygnalizacja świetlna
tunnel tunel

turn/turning/bend zakręt
vehicle podjazd

some road signs wybrane znaki drogowe
ban zakaz
bend to right/left zakręt w prawo/lewo
closed to pedestrians/motorcycles/bicycles zakaz ruchu pieszych/motorów/rowerów
closed to vehicles zakaz ruchu wszelkich pojazdów w obybwu kierunkach
direction to be followed obowiązujący kierunek jazdy
falling rocks spadające kamienie
give way ustąp pierszeństwa
horizontal signs znaki poziome
no entry zakaz wjazdu
no parking zakaz postoju
no U-turn zakaz zawracania
overtaking prohibited zakaz wyprzedzania
priority intersection połączenie z drogą podporządkowaną
road sign znak drogowy
road works ahead roboty drogowe
slippery road sliska nawierzchnia
speed limit ograniczenie prędkości
vertical signs znaki pionowe
warning signs znaki ostrzegawcze

34 WEATHER POGODA

atmospheric pressure ciśnienie atmosferyczne
bad weather brzydka pogoda, niepogoda
breeze lekki wiatr

climate klimat
continental climate klimat kontynentalny
dew rosa

downpour/rainstorm ulewa
drizzle mżawka
drought susza
dry climate suchy klimat
fog mgła
frost mróz, szron
gale sztorm
good weather ładna pogoda
hail grad
heavy rain ulewny deszcz
high wyż
high pressure wysokie cisnienie
humid climate wilgotny klimat
hurricane huragan
ice lód
light rain lekki deszczyk
lightning błyskawica
low niż
low pressure niskie cisnienie
maritime climate klimat morski
mild climate łagodny klimat
pouring rain ulewa
puddle kałuża
rain deszcz
rainbow tęcza
rainfall opady
sandstorm burza piaskowa
severe climate surowy klimat
snow śnieg
snowstorm/blizzard zawieja śnieżna
storm burza
temperate climate klimat umiarkowany

thunder grzmot
thunderbolt piorun
wet weather słota
wind wiatr

TERMINY OGÓLNE
it's clearing up przejaśnia się,
  wypogadza się
it's clouding over chmurzy się
it's cold jest zimno
it's hot jest gorąco
it's lightening błyska się
it's pouring down leje
it's raining pada deszcz
it's raining cats and dogs leje jak z cebra
it's snowing pada śnieg
it's spitting kropi
it's sunny jest słonecznie
it's thundering grzmi
it's windy wieje wiatr

cloudiness zachmurzenie
rainy weather deszczowa pogoda
sultry parno, duszno
variable weather zmienna pogoda
weather deterioration pogorszenie
  pogody
weather improvement poprawa
  pogody
what's the weather like? jaka jest
  pogoda?
weather forecast prognoza pogody

35 SEASONS, MONTHS, DAYS OF THE WEEK
PORY ROKU, MIESIĄCE, DNI TYGODNIA

seasons pory roku
autumn jesień (GB)
fall jesień (US)
spring wiosna
summer lato

winter zima
in autumn jesienią, na jesieni
in spring wiosną, na wiosnę
in summer w lecie, latem
in winter zimą, w zimie

months miesiące
January styczeń
February luty
March marzec
April kwiecień
May maj
June czerwiec
July lipiec
August sierpień
September wrzesień
October październik
November listopad
December grudzień

days of the week dni tygodnia
Monday poniedziałek
Tuesday wtorek
Wednesday środa
Thursday czwartek
Friday piątek
Saturday sobota
Sunday niedziela
year rok
month miesiąc
week tydzień
day dzień

TERMINY OGÓLNE
tomorrow jutro
the day after tomorrow pojutrze
yesterday wczoraj
the day before yesterday przedwczoraj
today dzisiaj
every year co roku
everyday codziennie
every month co miesiąc
every week co tydzień
this year w tym roku
this month w tym miesiącu
this week w tym tygodniu
the next year przyszły rok
the last year ubiegły rok
next month w przyszłym miesiącu
last month ubiegłym miesiącu
next week w przyszłym tygodniu
last week w ubiegłym tygodniu

year ago rok temu
month ago miesiąc temu
week ago tydzień temu
next year za rok
next day za dzień
next week za tydzień

current year bieżący rok
calendar year rok kalendarzowy

36 MASS MEDIA
ŚRODKI MASOWEGO PRZEKAZU

radio radio
advertisement reklama
announcer spiker
frequency band pasmo
  częstotliwości
information informacja
listener radiosłuchacz
listener słuchacz
live coverage relacja bezpośrednia

outside broadcast van/OB van wóz
  transmisyjny
program program
quiz kwiz
radio advertisement reklama radiowa
radio announcement komunikat
  radiowy
radio announcer spiker radiowy
radio broadcast/programme audycja
  radiowa

radio broadcasting radiofonia
radio commentator/reporter
sprawozdawca radiowy
radio subscriber abonent radiowy
the news wiadomości, dziennik
informacyjny
waveband pasmo

television/TV telewizja
TV broadcast transmisja telewizyjna
cable television telewizja kablowa
cartoon kreskówka, film rysunkowy
channel kanał
commentary komentarz
commentator komentator, publicysta
commercial break blok reklamowy
documentary film dokumentalny
episode odcinek
feature film film długometrażowy,
fabularny
film film
presenter prezenter, gospodarz
programu
remote control pilot (zdalnego
sterowania)
report sprawozdanie
satellite TV telewizja satelitarna
serial serial, film w odcinkach
short film film krótkometrażowy
soap opera telenowela, tzw. opera
mydlana
telecast program telewizyjny
teletext telegazeta
television telewizja
the news dziennik telewizyjny
TV announcer spiker telewizyjny
TV camera kamera telewizyjna
TV programme program telewizyjny
TV quiz kwiz telewizyjny
TV reporter sprawozdawca
telewizyjny
TV set telewizor
TV subscriber abonent telewizyjny
viewer telewidz

press prasa
advertisement ogłoszenie, reklama
agony aunt redaktorka rubryki porad
osobistych
agony column rubryka porad
osobistych
agony uncle redaktor rubryki porad
osobistych
article artykuł
biweekly (magazine) dwutygodnik
chief editor redaktor naczelny
circulation nakład
column rubryka
correspondent korespondent
daily (newspaper) prasa codzienna
editor redaktor
glossy magazine dziennik ilustrowany
insertion/insert wkładka do gazety
journalism dziennikarstwo, ogół
dziennikarzy
journalist dziennikarz
magazine czasopismo
monthly magazine miesięcznik
newspaper dziennik, gazeta
codzienna
notice wzmianka
page strona
photo report fotoreportaże
photo reporter fotoreporter
press prasa
press agency agencja prasowa
press conference konferencja
prasowa
press review przegląd prasy
reportage reportaż
reporter reporter
sport column rubryka sportowa
tabloid brukowiec, gazeta brukowa
title tytuł
title article artykuł tytułowy
war correspondent korespondent
wojenny
weekly (magazine) tygodnik

37 INFORMATICS
INFORMATYKA

access dostęp
address adres
antivirus program antywirusowy
application software oprogramowanie użytkowe
automatic data processing automatyczne przetwarzanie danych, ADP
Basic Input Output System/Support BIOS, oprogramowanie podstawowe
buffer (memory) bufor
card karta
computer komputer
data dane
data processing przetwarzanie danych
data processing przetwarzanie danych
data transfer przesyłanie danych
database baza danych
diagnostic diagnostyczny
disc dysk
electronic mail poczta elektroniczna, e-mail
EPROM erasable programmable read-only memory pamięć stała wymazywalna i progamowalna
eronomic keyboard klawiatura ergonomiczna
external modem modem zewnętrzny
floppy disc dyskietka, floppy disk
function key klawisz funkcyjny
graphical interface interfejs graficzny
graphics card karta graficzna
hard disc twardy dysk
hardware sprzęt komputerowy
image processing przetwarzanie obrazów
information processing przetwarzanie informacji

information system system informacyjny
initial data dane wejściowe
interface interfejs, sprzęg
internal modem modem wewnętrzny
Internet portal portal internetowy
key klawisz
keyboard klawiatura
laptop komputer przenośny
local area network sieć lokalna, LAN
memory pamięć
modem modem
mother board płyta główna
network sieć
numeric key klawisz numeryczny
numerical data dane numeryczne
operating system system operacyjny
optical disk dysk optyczny
page strona
parallel interface interfejs równoległy
password hasło
peripherals *(pl)* urządzenia peryferyjne
personal computer komputer osobisty, PC
port port, bramka
portal portal
processor procesor
program program
random access memory pamięć swobodnego dostępu, RAM
read-only memory pamięć tylko do odczytu, ROM
register rejestr
resolution rozdzielczość
screen monitor
sequence sekwencja
serial port port szeregowy
software oprogramowanie
sound card karta dźwiękowa

stream processing przetwarzanie
    ciągłe
system system
system disc dysk systemowy
web pages strony internetowe
website miejsce w Internecie, strona
    internetowa

to computerize skomputeryzować
to enter data wprowadzać dane
to process data przetwarzać dane
to process przetwarzać
to save data zachować, zapisać dane
to transfer data przesłać dane

38 POLITICS
POLITYKA

parliament parlament
act, law ustawa
amendment poprawka, nowela
bill projekt ustawy
carrying by acclamation głosowanie
    przez aklamację
committee komisja
constitution konstytucja, ustawa
    zasadnicza
court of discipline komisja
    dyscyplinarna
court of inquiry komisja śledcza
parliamentary crisis kryzys
    parlamentarny
debate debata parlamentarna
deputy/MP deputowany
    do parlamentu
parliamentary election wybory
    do parlamentu
election wybory
ethnic minority mniejszość
    narodowościowa
House Izba (w parlamencie)
House of Commons Izba Gmin
House of Lords Izba Lordów
legislation ustawodawstwo,
    prawodawstwo
legislative commision komisja
    ustawodawcza, legislacyjna
member of parliament/MP poseł
null and void vote głos nieważny

parliament commission komisja
    parlamentarna
parliamentarian parlamentarzysta
parliamentary commission komisja
    parlamentarna
parliamentary majority większość
    parlamentarna
parliamentary minority mniejszość
    parlamentarna
parliamentary session posiedzenie
    parlamentu, Sejmu
plenary commission komisja plenarna
plenary session posiedzenie plenarne
pronouncing of the deed wydanie,
    ogłoszenie aktu prawnego
resolution uchwała
seat in parliament mandat poselski
senator senator
session/meeting posiedzenie
speaker przewodniczący Izby Gmin/
    Reprezentantów
speech wystąpienie
valid vote głos ważny
veto weto, sprzeciw
vote głos
voting głosowanie

government rząd
appointment nominacja, mianowanie
Cabinet Rada Ministrów

caretaker government rząd tymczasowy
decree dekret rządu, rozporządzenie
democratic government rząd demokratyczny
government rząd
government collapse upadek rządu
government corporation agencja rządowa
government crisis kryzys rządowy
government employee urzędnik rządowy
government politics polityka rządu
government resignation dymisja rządu
majority government rząd większościowy
minister minister
minister without portfolio minister bez teki
minority government rząd mniejszościowy
prime minister premier, szef rządu
secretary of state sekretarz stanu
government commitee komisja rządowa
spokesman/spokeswoman/ spokesperson rzecznik

public administration administracja państwowa
civil servant urzędnik państwowy
clerk urzędnik
Constitutional Tribunal Trybunał Konstytucyjny
Court of Appeal Sąd Apelacyjny
Court of Cassation Sąd Kasacyjny
department resort, departament
Foreign Office Ministerstwo Spraw Zagranicznych
General Public Prosecutor's Office Prokuratura Generalna
Home Office Ministerstwo Spraw Wewnętrznych
Jury Sąd Przysięgłych

ministry ministerstwa
Ministry of Agriculture Ministerstwo Rolnictwa
Ministry of Culture Ministerstwo Kultury
Ministry of Defence Ministerstwo Obrony
Ministry of Finance Ministerstwo Finansów
Ministry of Justice Ministerstwo Sprawiedliwości
Ministry of Public Health Ministerstwo Zdrowia
Ministry of Economics Ministerstwo Gospodarki
National Health Service publiczna służba zdrowia
National Insurance Company Krajowy Zakład Ubezpieczeń Społecznych
President Prezydent Państwa
Supreme Court Sąd Najwyższy
The Supreme Control Chamber Najwyższa Izba Kontroli
Treasury Ministerstwo Skarbu, Skarb Państwa

parties partie polityczne
activist/politician aktywista, działacz
convention kongres, zjazd partii
member członek
member of a party członek partii
party comrade towarzysz partyjny
party discipline dyscyplina partyjna

party partia
catholic party partia katolicka
centre party partia centrum
communist party partia komunistyczna
conservatist party partia konserwatywna
conservative party partia konserwatywna
country party partia chłopska

democratic party partia
demokratyczna
labour party partia robotnicza, pracy
left party partia lewicowa
liberal party partia liberalna
peasant party partia ludowa
republican party partia republikańska
right party partia prawicowa
social democratic party partia
socjaldemokratyczna
socialistic party partia socjalistyczna

TERMINY OGÓLNE
absolut monarchy monarchia
absolutna
accession przystąpienie, wstąpienie
anarchism anarchizm
anarchist anarchista
ballot box urna wyborcza
bilateral agreement umowa
bilateralna, dwustronna
candidate kandydat (w wyborach)
communism komunizm
communist regime ustrój
komunistyczny
democratic regime ustrój
demokratyczny
democracy demokracja
election fraud (pl) oszustwa wyborcze
elector wyborca
electorate elektorat, wyborcy

extremist ekstremista
fascism faszyzm
foreign policy polityka zagraniczna
internal policy polityka wewnętrzna
international agreement umowa
międzynarodowa
Marxism marksizm
Marxist marksista
monarchist monarchista, rojalista
monarchy monarchia
Nazi nazista
Nazism nazizm
negotiations (pl) negocjacje
pacifism pacyfizm
pacifist pacyfista
party accession wstąpienie do partii
politician polityk
politics polityka
racism rasizm
racist rasista
radicalism radykalizm
regime ustrój, system polityczny
socialism socjalizm
socialist regime ustrój socjalistyczny
suffrage prawo wyborcze
the right to vote prawo do głosowania
to elect wybierać
to resign podać się do dymisji
to stand for kandydować
to vote głosować
treaty traktat

39 ECONOMICS
EKONOMIA

acting/circulating/business capital
kapitał obrotowy
activity działalność, działanie
advance (payment) zaliczka
amount due należność, kredyt
assets aktywa

balance/budget bilans, budżet
bankruptcy upadłość
business interes/działalność
cash/ready money gotówka
capital kapitał
capitalist kapitalista

commerce handel
commodity exchange giełda towarów
company/enterprise/firm/
  establishment przedsiębiorstwo,
  zakład, firma
competition konkurencja
competitive price cena konkurencyjna
contract kontrakt, umowa
contract of lease umowa dzierżawy,
  najmu
contract of sale umowa sprzedaży
cost/expense koszt/y
capital stock kapitał zakładowy
debt/overdraft zadłużenie,
  zobowiązania
demand popyt
dividend dywidenda
economic activity działalność
  gospodarcza
economy gospodarka
exchange giełda
expedient funds (pl) fundusze celowe
expenditure wydatki
feasibility study analiza wykonalności
final balance bilans zamknięcia
financial liquidity płynność finansowa
first cost koszt własny
funds (pl) fundusze
foreign investor inwestor zagraniczny
founder założyciel
frozen capital kapitał zamrożony
fund/capital fundusz, kapitał
gross charges koszty brutto
income dochód
investment inwestycja
investment cost koszty inwestycji,
  nakłady inwestycyjne
investor inwestor
join stock kapitał akcyjny
join stock company spółka akcyjna
labour market rynek pracy
limited partnership spółka
  komandytowa

loan pożyczka
loss strata
manufacturing enterprise
  przedsiębiorstwo
  produkcyjne
market rynek
market rynek zbytu
market economy gospodarka rynkowa
market study badanie rynku
marketing marketing
national economy gospodarka
  narodowa, krajowa
overheads (pl) koszty stałe
partner wspólnik
partnership capital kapitał spółki
portage koszty transportu
price cena
prepayment przedpłata
production cost koszty produkcji
profit/gain zysk
property nieruchomość
public limited company spółka
  z ograniczoną odpowiedzialnością
purchase contract umowa kupna
purchase prise cena zakupu
quotations (pl) notowania giełdowe
real capital kapitał rzeczowy
rental wynajm
reserve rezerwa
running costs (pl) koszty bieżące
sale price cena sprzedaży
securities (pl) papiery wartościowe
share akcja
shareholder akcjonariusz
shares (pl) udziały
statutory funds (pl) fundusze
  statutowe
stock exchange giełda papierów
  wartościowych
strategic investor inwestor
  strategiczny
supply podaż

MATERIALS

TERMINY OGÓLNE
chief executive officer CEO dyrektor
naczelny/generalny
board of directors zarząd
duration of contract czas trwania
umowy
foundation act akt założycielski
profitable rentowny, zyskowny
rise of the capital podwyższenie
kapitału
share gain zbycie udziałów
single-handed management zarząd
jednoosobowy
the aim of partnership activity cel
działalności spółki
to (go) bankrupt zbankrutować

to set up/found
a company/partnership utworzyć,
założyć przedsiębiorstwo/spółkę
to dissolve a partnership rozwiązać
spółkę
to execute a contract wywiązywać się
z umowy
to implement wprowadzić, wdrożyć
to make/to enter/to conclude
a contract/agreement zawrzeć
umowę
to register the partnership wpisać
spółkę do rejestru
to run up a debt zaciągnąć dług
to satisfy zaspokoić

40 MATERIALS
SUROWCE

acrylic akryl
aluminium aluminium
brass mosiądz
bronze brąz
brown coal węgiel brunatny
cellulose celuloza
clay glina
charcoal węgiel drzewny
coal węgiel
copper miedź
gold złoto
hard coal węgiel kamienny
iron żelazo
lead ołów
leather skóra
marble marmur
metal metal
petroleum ropa naftowa
plastics tworzywa sztuczne
platinum platyna
polyester poliester
polypropylene polipropylen

silver srebro
steel stal
stone kamień
sulphur siarka
tin cyna
wood drewno
zinc cynk

41 EUROPEAN UNION
UNIA EUROPEJSKA

Access Pact/Treaty Traktat Akcesyjny

access to documents of public knowledge dostęp do dokumentów w instytucjach, jawność instytucji

accession akcesja, przystąpienie

accession to The European Union przystąpienie do Unii Europejskiej

act akt

adaptation/adjustment dostosowanie

additional payment dopłaty

adjustment of tax regulations dostosowanie przepisów podatkowych

agreement umowa, układ

aid/assistance pomoc

amount kwota

Arbitration Committee Komitet Rozjemczy

area/zone obszar, strefa

assistance/support wsparcie, pomoc

association stowarzyszenie

autonomy/self-government autonomia, samorząd

balance zrównoważenie

balanced deficit deficyt zrównoważony

barrage duty cła zaporowe, ochronne

base agreement umowa ramowa

beneficiary beneficjent

balance równowaga

border granica

cohesion spójność

commercial exchange wymiana handlowa

commissioner komisarz

committee komitet, komisja

Community Wspólnota

Community patent patent wspólnotowy

community norm norma unijna, wspólnotowa

competitiveness konkurencyjność

consumer protection ochrona konsumentów

contracted duty cła umowne

cooperation agreement umowa o współpracy

cooperation współpraca

corruption prevention campaign kampania przeciwko korupcji

country kraj

criterion/criteria kryterium/kryteria

criteria of convergence kryteria zbieżności

currency waluta

Customs Union Unia Celna

deficit deficyt

developing countries kraje rozwijające się

development programme program rozwoju

development strategy strategia rozwoju

direct additional payment dopłaty bezpośrednie

directive wytyczna, dyrektywa

document dokument

duty free zone strefa wolnocłowa

customs duty cło

Economic and Monetary Union Unia Gospodarcza i Monetarna

economic policy polityka gospodarcza

effect skutek

enterprise przedsiębiorstwo

environment protection ochrona środowiska

EU mark znak Unii Europejskiej

Euro deputy eurodeputowany, europoseł

Europe Council Rada Europy
European Card Karta Europejska
European citizenship obywatelstwo europejskie
European Commission Komisja Europejska
European Community Wspólnota Europejska (EU)
European Community deeds akty prawne Wspólnoty
European Community law prawo wspólnotowe, unijne
European currency waluta europejska
European flag flaga europejska
European law prawo wspólnotowe, prawo unijne
European Parliament Parlament Europejski
European Summit Szczyt Europejski
European partnership partnerstwo europejskie
European Union Unia Europejska
European Union budget budżet unijny
European Union Commission Komisja Wspólnot Europejskich
European Union Council Rada Unii Europejskiej
exchange wymiana
export customs duties cła eksportowe
extension poszerzenie
external border granica zewnętrzna
feasibility wykonalność
fight against corruption walka z korupcją
fight against drugs walka z narkotykami
fight against terrorism walka z terroryzmem
fight against organised crime walka z przestępczością zorganizowaną
financing finansowanie
financial instruments instrumenty, narzędzia finansowe
financial subsidy dotacje finansowe

fixed rate kurs stały
forced cooperation współpraca wymuszona
free trade zone strefa wolnego handlu
fund fundusz
globalization globalizacja
goal/aim/target cel
heart of the matter jądro sprawy
High Commissioner Wysoki Komisarz
human resources (pl) zasoby ludzkie
Human Rights (pl) Prawa Człowieka
immigration imigracja
implementation wdrażanie
import customs duties cła importowe
indirect additional payment dopłaty pośrednie
indirect calculations obliczenia pośrednie
information exchange wymiana informacji
inquiry desk punkt informacyjny
instrument instrument, narzędzie
integration integracja
intergovernmental cooperation współpraca międzyrządowa
internal market rynek wewnętrzny
international organization organizacja międzynarodowa
internationalization internacjonalizacja, umiędzynarodowienie
law prawo
leadership prezydencja, przewodnictwo
local government samorząd terytorialny
mark znak
market rynek
marking znakowanie
media środki przekazu
member country kraj członkowski
monetary policy polityka walutowa, monetarna

net beneficiary beneficjent netto
non-profit organization organizacja
  typu non-profit
official language język urzędowy
Operation Programme Program
  Operacyjny (dokument)
organisation organizacja
own resources zasoby własne
pact pakt, porozumienie
patent patent
payment płatność, dopłata
pilot project projekt pilotażowy
policy polityka
policy of coherent economy polityka
  spójności gospodarczej
policy of competition polityka
  konkurencji
practical effect skutek praktyczny
procedure procedura
programme program
project projekt
motion wniosek
protection ochrona
protocol protokół
partnership partnerstwo
public order zamówienie publiczne
exchange rate kurs walutowy
ratification ratyfikacja
referendum referendum
region region
regionalisation regionalizacja
regulation rozporządzenie, regulamin
representative przedstawiciel
resources (pl) zasoby
restriction restrykcja, ograniczenie
Section Programme Program
  Sektorowy (dokument)
service usługa, służba
simplification uproszczenie
SME's (small and medium
  enterprises) małe i średnie
  Przedsiębiorstwa

social surety zabezpieczenia
  społeczne
stance stanowisko
standard, regulation norma, przepis
state assistance pomoc państwa
strategy strategia
Structural Funds Fundusze
  Strukturalne
subsidy subsydium, dotacja, pomoc
subvention dotacja, subwencja,
  pomoc
supervision nadzór
tariff duty bariera celna
task zadanie
tax barrier bariera podatkowa
tender przetarg
territory obszar, terytorium
terrorism terroryzm
the right to the initiation of
  legislation prawo do inicjatywy
  ustawodawczej
third countries kraje trzecie
trade agreement umowa handlowa
transit tranzyt
transitional period okres przejściowy
treaty traktat
uniform market rynek jednolity
Uniform Program Document
  Jednolity Dokument Programowy
  (WE)
variable rate kurs zmienny
VAT (value additive tax) podatek
  od wartości dodanej
differentiated integration integracja
  zróżnicowana
zone strefa

42 THE MOST POPULAR FIRST NAMES IN ENGLAND
NAJPOPULARNIEJSZE IMIONA ANGIELSKIE

female names
imiona żeńskie

Abigail	Kayla	Alex
Alexa	Kimberly	Alexander
Alexandra	Kylie	Andrew
Alexis	Lauren	Angel
Allison	Leah	Anthony
Amanda	Lillian	Ashton
Amber	Lily	Austin
Amelia	Madeline	Benjamin
Andrea	Madison	Blake
Angelina	Mary	Brandon
Anna	Maya	Brian
Ashley	Megan	Cameron
Audrey	Melanie	Charles
Brianna	Melisa	Christian
Caroline	Mia	Christopher
Chloe	Michelle	Cody
Claire	Molly	Colin
Danielle	Morgan	Connor
Destiny	Natalie	Daniel
Diana	Nicola	David
Elizabeth	Olivia	Dylan
Ella	Rachel	Elijah
Emily	Samantha	Eric
Emma	Sarah	Evan
Evelyn	Sarah	Gabriel
Faith	Savannah	George
Gabrielle	Sophia	Hunter
Grace	Stephanie	Ian
Hannah	Sydney	Isaac
Isabella	Taylor	Jack
Jasmine	Trinity	Jacob
Jenna	Vanessa	Jake
Jennifer	Victoria	James
Jessica	Zoe	Jason
Jordan		Jesus
Julia	**male names imiona**	John
Katherine	**męskie**	Jonathan
	Adam	Jordan
	Adrian	

Jose	Michael	Sean
Joseph	Nathan	Sebastian
Joshua	Nathaniel	Stephen
Kevin	Nicholas	Thomas
Logan	Owen	Tyler
Luis	Patrick	William
Lukas	Richard	Wyatt
Luke	Robert	Xavier
Mason	Ryan	Zachary
Matthew	Samuel	

environmental protection ochrona środowiska
forestry leśnictwo
fumes emission emisja dymów
green house effect efekt cieplarniany
natural resources zasoby naturalne
noise pollution skażenie środowiska hałasem
purification oczyszczanie
purified sewage oczyszczone ścieki
radioactive/nuclear waste odpady radioaktywne
reclamation osuszanie terenów bagnistych, melioracja,
recycling recykling, przetwarzanie odpadów
recycling materials surowce wtórne
resources zasoby

sewage treatment plant oczyszczalnia ścieków
solid waste odpady stałe
toxic waste odpady toksyczne
urban waste odpady miejskie
utilization/recycling utylizacja
waste burning spalanie śmieci
waste dump wysypisko śmieci
waste odpady
waste paper makulatura
water contamination zanieczyszczenie wód
water resources zasoby wodne
water conditoning uzdatnianie wody pitnej

44 ANIMALS AND PLANTS
ZWIERZĘTA I ROŚLINY

amphibians and reptiles płazy i gady
alligator aligator
boa boa
cobra kobra
crocodile kokodryl
frog żaba
grass snake zaskroniec
lizard jaszczurka
rattle snake grzechotnik
snake wąż
nonvenomous snake wąż niejadowity
toad ropucha
tortoise żółw lądowy
turtle żółw wodny
viper żmija

mammals ssaki
antelope antylopa
bear niedźwiedź

bison żubr
camel wielbłąd
deer jeleń
dolphin delfin
dromedary dromader
elephant słoń
fox lis
gazelle gazela
giraffe żyrafa
hare zając
hedgehog jeż
hippopotamus/hippo hipopotam
kangaroo kangur
koala (bear) koala
llama lama
leopard lampart
lion lew
lioness lwica
monkey małpa

panda (bear) panda
rat szczur
rhinoceros/rhino nosorożec
seal foka
tiger tygrys
whale wieloryb
wild boar dzik
wolf wilk

birds ptaki
blackbird kos
canary kanarek
cuckoo kukułka
dove gołąb
eagle orzeł
falcon sokół
flamingo flaming
hawk jastrząb
humming bird koliber
magpie sroka
nightingale słowik
owl sowa
parrot papuga
peacock paw
penguin pingwin
pheasant bażant
raven kruk
robin rudzik
seagull mewa
skylark skowronek
sparrow wróbel
starling szpak
stork bocian
swallow jaskółka
swan łabędź
tern rybitwa
wagtail pliszka

insects owady
ant mrówka
bee pszczoła
bumblebee trzmiel
butterfly motyl
cicada cykada

cockroach karaluch, prusak
cricket świerszcz
dragonfly ważka
flee pchła
fly mucha
grasshopper konik polny, pasikonik
ladybird biedronka
midge muszka
mosquito komar
moth ćma
clothes moth mól
wasp osa

domestic animals zwierzęta domowe
bull byk
calf cielę
cat kot
cock kogut
cow krowa
dairy cow krowa mleczna
dog pies
duck kaczka
goat koza
goose gęś
guinea pig świnka morska
hamster chomik
hen kura
hog wieprz
horse koń
lamb jagnię
mare klacz
mule muł
ox wół
rabbit królik
ram baran
sheep owca
turkey indyk

trees drzewa
ash tree jesion
beech buk
birch brzoza
cedar cedr
chestnut tree kasztan jadalny

465

cypress cyprys
elm tree wiąz
fir jodła
lime lipa
maple klon
nut tree orzech włoski
oak dąb
pine sosna
plane platan
poplar topola
spruce świerk zwyczajny
weeping willow wierzba płacząca
yew tree cis

fruit trees drzewa owocowe
almond tree migdałowiec
apple tree jabłoń
apricot morela
cherry tree czereśnia, wiśnia
fig tree figowiec
lemon tree drzewo cytrynowe
orange tree drzewo pomarańczowe
peach brzoskwinia
pear tree grusza
plum tree śliwa

flowers kwiaty
anemone zawilec, anemon
buttercup jaskier
carnation goździk
chrysanthemum chryzantema
cornflower chaber
cyclamen cyklamen, fiolek alpejski
daisy stokrotka
forget-me-not niezapominajka
hyacinth hiacynt
lily lilia
lily of the valley konwalia
narcissus narcyz
orchid orchidea, storczyk
poppy mak
rose róża

snowdrop przebiśnieg
tulip tulipan
violet fiołek

TERMINY OGÓLNE
amphibian płaz
animal zwierzę
bird ptak
bird of prey ptak drapieżny
branch gałąź
breeding hodowla
bush krzak
carnivorous animal zwierzę mięsożerne
conifer drzewo iglaste
cultivation uprawa
deciduous trees drzewa liściste
domestic animal zwierzę domowe
flower kwiat
insect owad
leaf liść
nestling pisklę
reptile gad
trunk pień
wild animal dzikie zwierzę, drapieżnik
wild flower kwiat polny

farmland pole uprawne
field pole
forest/woods las, puszcza
meadow łąka
orchard sad
undergrowth runo leśne

to bark szczekać
to bloom kwitnąć
to breed chodować
to crow krakać
to grow rosnąć
to grow/to cultivate uprawiać
to miow miuczeć
to neigh rżeć
to roar ryczeć
to whine skomleć
to wither więdnąć, schnąć

45 QUANTITIES, UNITS OF MEASURE
ILOŚCI, JEDNOSTKI MIARY

quantity ilość
a bit nieco, trochę
a few trochę (policzalne)
a hundred setka
a little trochę (niepoliczalne)
a little bit troszeczkę
a lot of dużo, wiele
a lot of time dużo czasu
a quarter/one fourth jedna czwarta
about około
at least co najmniej, przynajmniej
a couple of kilka, parę
dozen tuzin (12)
few mało (policzalne)
few hours kilka godzin
half połowa
handful of garść (czegoś)
hundreds of people setki osób
little mało (niepoliczalne)
many people sporo ludzi, wiele osób
many sporo, wiele (policzalne)
much sporo, wiele (niepoliczalne)
millions miliony
much time sporo czasu
number liczba, ilość
number of people liczba osób
part część
partial częściowy
pinch szczypta (czegoś)
plenty of mnóstwo
plenty of work mnóstwo pracy
spoonful of łyżkę czegoś
ten dziesiątka, dziesięcioro
ten children dziesięcioro dzieci
thousands tysiące
the same tyle samo
too much zbyt dużo (niepoliczalne)
too many zbyt dużo (policzalne)

units of measure jednostki miary
ampere amper
area powierzchnia
capacity pojemność
centigrade stopień Celsjusza
centilitre centylitr
centimetre centymetr
cubic metre metr sześcienny
decagram(me) dekagram
decimetre decymetr
dimension wymiar, wielkość
gram gram
hectare hektar
hectolitre hektolitr
How much does it weigh? Ile waży
how much ile (niepoliczalne)
how many ile (policzalne)
inch cal
kilogram(me) kilogram
kilometre kilometr
kilowatt kilowat
length długość
litre litr
metre metr
mile mila
ounce uncja
pound funt
square metre metr kwadratowy
temperature temperatura
to measure mierzyć
to weigh ważyć
ton tona
volt wolt
volume/capacity objętość
watt wat
weight waga, ciężar
width szerokość

time division podział czasu
century wiek

epoch/age epoka
era era
half an hour pół godziny
hour godzina
local time czas lokalny
minute minuta
quarter kwadrans
second sekunda
standard time czas urzędowy
24 hours doba

after po
afternoon popołudnie
always zawsze
at dawn świcie
at midday/at noon w południe
at night w nocy
at one (o'clock) o pierwszej
at the moment w tej chwili
at three (o'clock) o trzeciej
before przed
dawn świt
during podczas
during the day w dzień
early wcześnie
evening wieczór
from time to time od czasu do czasu
in a moment zaraz, za chwilę
in nine hours za dziewięć godzin

in the afternoon po południu
in the evening wieczorem
in the morning rano
It's one (o'clock). Jest pierwsza (godzina).
It's two (o'clock). Jest druga (godzina).
late późno
lately ostatnio
long time ago dawno
midday/noon południe
midnight północ
morning poranek
never nigdy
night noc
now teraz
recently ostatnio
since morning till evening od rana
   do wieczora
since seven (o'clock) od siódmej
sometimes czasem
sometime kiedyś
then wtedy
What is the time?/What time is it?
   Która jest godzina?
What time? O której godzinie?

alarm clock budzik
clock zegarek
cuckoo clock zegar z kukułką
pendulum clock zegar z wahadłem
watch zegarek ręczny

46 NUMBERS
LICZEBNIKI

one jeden	nine dziewięć	seventeen siedemnaście
two dwa	ten dziesięć	eighteen osiemnaście
three trzy	eleven jedenaście	nineteen dziewiętnaście
four cztery	twelve dwanaście	twenty dwadzieścia
five pięć	thirteen trzynaście	thirty trzydzieści
six sześć	fourteen czternaście	forty czterdzieści
seven siedem	fifteen piętnaście	fifty pięćdziesiąt
eight osiem	sixteen szesnaście	sixty sześćdziesiąt

seventy siedemdziesiąt
eighty osiemdziesiąt
ninety dziewięćdziesiąt
a hundred sto
a thousand tysiąc
two thousand dwa
    tysiące

million milion
first pierwszy
second drugi
third trzeci
fourth czwarty
fifth piąty
sixth szósty

seventh siódmy
eighth ósmy
ninth dziewiąty
tenth dziesiąty
last but one przedostatni
the last one ostatni

47 POLITE FORMS
FORMY GRZECZNOŚCIOWE

Bon Apettit! Smacznego!
Can I have a mineral water, please?
    Proszę o wodę mineralną.
Congratulations! Gratulacje!
Good afternoon dzień dobry
    (używane po południu)
Good evening Dobry wieczór
Good Luck! Powodzenia!
Good morning Dzień dobry (używane
    rano)
Goodnight Dobranoc
Have a good day! Miłego dnia!
Have a good trip! Szczęśliwej
    podróży!
Have fun! Miłej zabawy!
please proszę
See you later! Do zobaczenia później!
See you soon! Do szybkiego
    zobaczenia!
See you tomorrow! Do jutra!
See you! Do widzenia, do zobaczenia,
    na razie!
Thank you. Dziękuję.
Thank you very much. Bardzo
    dziękuję.
expressions wyrażenia
Could/Can you give me..., please?
    Czy możesz mi dać...?
Could/Can you show me, please
    Czy możesz mi pokazać...?

Could/Can you tell me..., please?
    Czy możesz mi powiedzieć...?
Excuse me przepraszam cię (przy
    zapytaniach)
Excuse me, Madam przepraszam
    Panią (przy zapytaniach)
Excuse me, Sir przepraszam Pana
    (przy zapytaniach)
Give me..., please proszę mi dać (coś)
Have a seat, please proszę usiąść
I would like chciałbym, chciałabym
Let me pozwolę sobie
Let me say pozwolę sobie powiedzieć
Listen to..., please proszę posłuchać
    (kogo, czego)
Repeat, please proszę powtórzyć
Show me, please pokaż mi proszę
Tell me, please powiedz mi, proszę
Wait a moment, please proszę
    poczekać
Wait, please proszę zaczekać
Welcome! Witaj!witajcie!

Happy Easter! Wesołych Świąt
    Wielkanocnych!
Merry Christmas! Wesołych Świąt
    Bożego Narodzenia!
Happy New Year! Szczęśliwego
    Nowego Roku!

48 SOME ENGLISH EXPRESSIONS
NIEKTÓRE WYRAŻENIA ANGIELSKIE

as good as nothing tyle co kot napłakał

at random na chybił trafił

face to face twarzą w twarz

from head to foot od stóp do głów

it is rumoured... chodzą słuchy, że ...

it's a load/weigh off my mind/chest kamień spadł mi z serca kontakt

to ache boleć

to agree with somebody zgadzać się z kimś

to be a godsend spaść z nieba

to be able to do something być w stanie coś zrobić

to be afraid of something bać się

to be all ears zamieniáć się w słuch

to be as bold as a coot być łysym jak kolano

to be at loggerheads with somebody drzeć z kimś koty

to be cold być zmarzniętym

to be crazy about somebody szaleć za kimś

to be deadbeat być śmiertelnie zmęczonym

to be greedy for something być chciwym na coś

to be hard up być spłukanym

to be hungry być głodnym

to be in a hurry spieszyć się

to be in a mood być w podłym nastroju

to be in seventh heaven/to be on cloud nine być w siódmym niebie

to be late spóźniać się

to be on the bottle często zaglądac do butelki

to be plastered być zalanym w trupa

to be quiet nie odzywać się, być cicho

to be right mieć rację

to be scared of something bać się czegoś

to be silent as a grave milczec jak grób

to be wrong mylić się, nie mieć racji

to become an addict wpaść w nałóg

to boss somebody rządzić się, rozkazywać komuś

to burn one's bridges/boats palić mosty, zrywać

to burst out laughing wybuchnąć śmiechem

to buy a pig in a poke kupować kota w worku

to celebrate bawić się, świętować

to chatter szczękać zębami

to collect zabrać ze sobą, odebrać

to collect somebody wyjść, wyjechać po kogoś

to come to mind przyjść na myśl, do głowy

to come to nothing spełznąć na niczym

to consider wziąć pod uwagę

to continue kontynuować

to count sheep liczyć barany

to cuckold przyprawić rogi

to cudgel one's brains zachodzić w głowę

to cut one's teeth on something zjeść na czymś zęby

to disturb somebody przeszkadzać komuś

to do harm to somebody wyrządzić krzywdę

to endear przypodobać się

to face stawić czoło, sprostać

to fall in love zadurzyć się

to feel uneasy czuć się nieswojo

to get back cofać się

to **get something a wrong way**
zrozumieć na opak
to **give somebody a dressing-down**
zmyć komuś głowę
to **give somebody a helping hand**
pomóc komuś
to **give somebody a lift** podwieźć
kogoś
to **go away** pójść sobie
to **go for a walk** pójść na spacer
to **go mad** wściec się (o człowieku)
to **go to and fro** chodzić tam
i z powrotem
to **have a bath** kąpać się
to **have a hand in something** mieć
w czymś udział
to **have desire** mieć pragnienie
to **have nerves of steel** mieć żelazne
nerwy
to **have teeth** być skutecznym
to **hit the bull's eye** trafić w dziesiątkę
to **hit the nail on the head** trafić
w sedno sprawy
to **laugh at somebody** żartować,
wygłupiać się
to **laugh out loud** zaśmiać się głośno
to **leave alone** zostawić w spokoju
to **lie through one's teeth** kłamać
w żywe oczy
to **lose contact** stracić kontakt
to **lose one's head** (fig) stracić głowę
to **make a bad impression on
somebody** robić złe wrażenie
to **make an impression on somebody**
robić na kimś wrażenie
to **make enquiries** zasięgnąć
informacji
to **make somebody laugh** rozśmieszać
to **need** potrzebować
to **nod** skinąć głową, przytaknąć
to **play games** prowadzic podwójną
grę
to **pretend/to simulate** udawać
to **put the cart before the horse**
odwracac kota ogonem

to **question something** poddać
w wątpliwość
to **resign** zrezygnować
to **return empty-handed** (fig) wracać
z pustymi rękami
to **run after** biegać za czymś, za kimś
to **run headlong** biec na złamanie
karku
to **say sorry** przepraszać kogoś, prosić
o wybaczenie
to **set/put/lay aside** odłożyć na bok,
zaoszczędzić
to **shake hands with somebody**
podać rękę na powitanie
to **shave** golić się
to **speak quietly** mówić cicho
to **speak up** mówić głośno
to **stay awake** być rozbudzonym,
czuwać
to **steal** kraść
to **take pains** stawać na głowie
to **take pity on/to have mercy on
somebody** mieć litość nad kimś
to **tell the truth** prawdę
powiedziawszy
to **throw away** wyrzucić
to **turn somebody out** wyrzucić
za drzwi
to **work out** (fig) dobrze wyjść (coś,
komuś)
with open arms z otwartymi
ramionami

49 ABBREVIATIONS
SKRÓTY

ABTA (Association of British Travel Agents) Stowazyszenie Brytyjskich Biur Podróży

ACAS (Advisory Conciliation and Arbitration Service) komisja pojednawacza w sporach pracowniczych

Accident and Emergency Unit odział pomocy doraźnej

AC/DC (alternating current/direct current) prąd zmienny/prąd stały

ACPO (Association of Chief Police Officers) Związek Wyższych oficerów Policji

Action on Smoking and Health organizacja do walkiz tytoniem

AD (Anno Dommini) Roku Pańskiego

A/D (analogue-digital) analogowo-cyfrowy

ADC (analogue-digital conventer) przetwornik analogowo--cyfrowy

ADP (automatic data processing) automatyczne przetwarzanie danych

AFB (Air Force Base) baza lotnicza

ALA (all letters answered) odpowiadamy na wszystkie listy

an. w roku

Angl. (Anglican) anglikański

A.N. Other Kowalski, Kowalska

AOB (any other business) wolne wnioski

APEX (Association of Proffesional, Executive, Clerical and Computer Stuff) Związek Zawodowy Pracowników Biurowych

Asst. asystent

B and B (bed and breakfast) zakwaterowanie ze śniadaniem

B Ed (Bachelor of Education) licencjat w dziedzinie pedagogiki

B film film niskobudżetowy

BM (British Museum) Muzeum Brytyjskie

BM (Bachelor of Medicine) dyplom ukończenia studiów medycznych

BR (British Rail) Koleje Brytyjskie

Br (British) brytyjski

BS (British Standard) norma brytyjska

B-school szkoła handlowa

BST (British Summer Time) brytyjski czas letni

BT (British Telecom) telekomunikacja brytyjska

BYOB (bring your own bottle) każdy przynosi swój alkohol (na zaproszeniu)

CAF (cost and freight) koszt i fracht

CALL (Computer Aided Language Learning) uczenie się języka przy pomocy komputera

CALT (Computer Aided Language Learning and teaching) uczenie sie i nauczanie języka przy pomocy komputera

CP (Communist Party) Partia Komunistyczna

Cpl kapral

cps (cycles per second) cykle na sekundę

CRM (Customer Relationship Management) dział łączności z klientem

CST (central standard time) centralny czas

CT (computerized tomography) tomografia komputerowa

CV, cv (curriculum vitae) życiorys

dB (decibel) decybel

DEA (Drug Enforcement Agency) Rządowa Agencja do Walki z Narkotykami

Department for Education and Employment (DfEE) Ministerstwo Edukacji i Zatrudnienia

Department for International Development (DFID) Ministerstwo Rozwoju Międzynarodowego

Department of Defence (DOD) Ministerstwo Obrony

Department of Education and Science (DES) Ministerstwo Szkolnictwa i Nauki

Department of Health (DOH) Ministerstwo Zdrowia

Department of Social Security (DSS) Ministerstwo Opieki Społecznej

Department of the Environment (DOE) Ministerstwo Ochrony Środowiska

Department of Trade and Industry (DTI) Ministerstwo Handlu i Przemysłu

DEW (distance early warning) system wczesnego ostrzegania

DOA (dead on arrival) zmarły w drodze do szpitala

d.o.b. (date of birth) data urodzin

DVD (Digital Video Disc, Digital Versatile Disc) DVD

DVM (Doctor of Veterinary Medicine) weterynarz

DWI (driving while intoxicated) prowadzenie pojazdu w stanie nietrzeźwym

ECG (electrocardiogram, electrocardiograph) ekg

ECU (European Currency Unit) europejska jednostka walutowa

EDD (Estimated date of delivery) przybliżony termin porodu

EDF (European Devolvement Fund) europejski fundusz rozwoju

eg na przykład

EMS (European Monetary System) europejski system monetarny

EMU (European Monetary Union) europejska unia monetarna

enc./encl. (enclosure) załącznik

ER (Elizabeth Regina) Królowa Elżbieta

ETV (Educational television) telewizja edukacyjna

FAO (for the attention of) do wiadomości

FAQ (frequently asked questions) najczęściej zadawane pytania

fig. (figure) rysunek - **see fig. 3** patrz rysunek 3

fl. oz (fluid ounce) uncja objętości

FO (Foreign Office) Biuro Spraw Zagranicznych

FOB (free on board) punkt dostawy

FOC (free of charge) bezpłatny

fwd (forward) do przodu

GB (Great Britain) Wielka Brytania

Gbyte (gigabyte) gigabajt

GCE (General Certificate of Education) swiadectwo ukończenia szkoły średniej

gdn (garden) ogród

GDB (gross domestic product) PKB

Gen. (general) generał

G-force siła grawitacji

GHQ (General Headquarters) kwatera główna

GM (genetically modified) modyfikowany genetycznie

GNP (gross national product) PNB

govt (government) rząd

GP (General Practitioner) lekarz pierwszego kontaktu

HC (hot and cold water) ciepła i zimna woda

HE (high explosive) materiał wybuchowy

HGV (heavy goods vehicle) samochód ciążarowy

hp (horse power) koń mechaniczny

hr (hour) godzina

HS (High School) Szkoła Wyższa

ID card (identity card) dokument potwierdzający tożsamość
IDD (international direct dialling) połączenie międzynarodowe automatyczne
i.e. (that is) to jest/tj.
in. (inch) cal
int. (international) międzynarodowy
IQ (intelligence quotient) IQ
IRA (Irish Republican Army) Irlandzka Armia Republikańska
JD (Jurum Doctor) doktor praw
Jr (junior) junior, młodszy
kmp/kph (kilometres per hour) kilometry na godzinę
KO (knock out) nokaut
LCD (liquid crystal display) panel ciekłokrystaliczny
L-driver poczatkujący kierowca
LT (low tension) niskonapięciowy
LPG (liquefied petrolium gas) gaz płynny
Lt (lieutenant) porucznik
Lt. Col (Lieutenant Colonel) podpółkownik
Lt. Comdr (Lieutenant Comander) komandor porucznik
Ltd (limited) z ograniczona odpowiedzialnością
MA (Master of Arts) magister nauk humanistycznych
Maj (Major) major
Mb (megabyte) magabajt
MD (Doctor of Medicine) doktor medycyny
(Managing Director) dyrektor naczelny
MDF (medium-density fibreboard) płyta pilśniowa
MEd (Master of Education) magister edukacji
med. (medium) średni
MEP (Member of European Parliament) członek Parlamentu Europejskiego

MF (medium frequency) średnia częstotliwość
min (minute) minuta
MLR (minimum lending rate) minimalne oprocentowanie kredytu
mph (miles per hour) mile na godzinę
MPV (Multi Purpose Vehicle) pojazd wielozadaniowy
Mr pan
Mrs pani (o mężatce)
Ms pani (bez względu na stan cywilny)
mth (month) miesiąc
MV (medium wave) fale średnie
n/a/N/A (not applicable) nie dotyczy
NASA (National Aeronautics and Space Administration) NASA
NC (no charge) bez opłaty
NICS (National Insurance Contribution) składki na państwowe ubezpieczenie społeczne
no., No. (number) numer
NPV (net present value) wartość bieżąca netto
OAP (old age pensioner) emeryt
OC (Officer Commanding) dowódca
OE (Old English) staroangielski
OTE (on-target earnings) zarobki do 20000 funtów rocznie
OTT (over the top) skrajny
OU (Open University) uniwersytet otwarty
oz (ounce) uncja
p. (page) strona
PA (Personal Assistant) osobista sekretarka, asystentka
p.a. (per annum) rocznie
PAYE (pay-as-you-earn) odliczenie podatku dochodowego od bieżącego wynagrodzenia
p/c (prices current) ceny bieżące
pcm (per calendar month) za miesiąc kalendarzowy
pd (paid) zapłacono

PG (Parental Guidance) film, który
mogą oglądać dzieci tylko za zgodą
rodziców
plc, PLC (public limited company)
publiczna spółka akcyjna
z ograniczona odpowiedzialnością
pm (post meridiem) po południu
p&p (postage and packing) koszt
pakowania i wysyłki
Pvt (privat) szeregowy
pw (per week) na tydzień
Q and A (question and answer)
pytanie i odpowiedź
qty (quantity) ilość
RAF (Royal Air Force) Królewskie Siły
Powietrzne
Rd (road) droga
Rep (representative) przedstawiciel
ret. (retired) emerytowany
RN (registered nurse) pielegniarka
dyplomowana
RP (Received Pronunciation)
wzorowa wymowa brytyjska
RPI (Retail price index) wskaźnik cen
detalicznych
RRP (Recommended retail price)
sugerowana cena Detaliczna
**SERPS (state earnings-related
pension scheme)** państwowy
system emerytalny
**SME's (small and medium
enterprises)** małe i średnie
Przedsiębiorstwa
Snr. (senior) senior
Sq (square) plac
Sq (square) metr kwadratowy
St (street) ulica
St (saint) święty
STD area code numer kierunkowy
SWAT (Special Weapons and Tactics)
brygada Antyterrorystyczna
T-bar orczyk (wyciąg orczykowy)
Tbsp (tablespoon) łyżka stołowa
TT (teetotal) abstynent

UB40 (unemployment benefit 40)
karta rejestracyjna bezrobotnego
UFO (unidentified flying object) UFO
UHT (ultra-heat treated)
styrylizowany w wysokiej
temperaturze
UK (United Kingdom) Zjednoczone
Królestwo
Ult. (ultimo) ubiegłego miesiąca
UN (United Nations) ONZ
**UNESCO (United Nations
Educational, Scientific and Cultural
Organization)** UNESCO
**UNICEF (United Nations Children's
Fund)** UNICEF
USA (United States of America) Stany
Zjednoczone Ameryki Północnej
VAT (value added tax) podatek
od wartości dodanej
VC (vice chairman)
wiceprzewodniczący, wiceprezes
Vg (very good) bardzo dobry
VIP (very important person) bardzo
wazna osoba, VIP
Vs (versus) przeciwko, kontra
WHO (World Health Organisation)
Światowa Organizacja Zdrowia
WCC (World Council of Churches)
Swiatowa Rada Kościołów
wt (weight) waga
X-ray zdjęcie rentgenowskie
YHA (Youth Hostels Association)
Towarzystw Schronisk
Młodzieżowych
yr (year) rok

INDEKS

INDEKS

A

a bit 467
a couple of 467
A/D (analogue-digital) 472
a few 467
a hundred 467, 469
a little 467
a little bit 467
a lot of 415, 423, 467
a lot of time 467
A.N. Other 472
a quarter/one fourth 467
a thousand 469
abdomen 387
abortion 393
about 467, 470
abscess 390
absence 417
absent 417
absent-minded 417
absolut monarchy 456
ABTA (Association of British Travel Agents) 472
AC/DC (alternating current/ direct current) 472
ACAS (Advisory Conciliation and Arbitration Service) 472
accelerator pedal 446
access 448, 453, 459
Access Pact/Treaty 459
access road 448
access to documents of public knowledge 459
accession 456, 459
accession to The European Union 459
accessories 410
Accident and Emergency Unit 472

accident insurance 447
accommodation 430, 431, 432
accommodation for the night/lodgings 432
account owner 421
accountant 417
acne 390
ACPO 472
acquaintance 400
acrid 404
acrylic 458
act 454, 458, 459
act, law 454
acting/circulating/business capital 456
Action on Smoking and Health 472
activist/politician 455
activity 419, 456, 457, 458
actor 417, 425, 426
actor/actress 417
actress 417, 425
acupuncture 393
AD (Anno Dommini) 472
adaptation/adjustment 459
ADC (analogue-digital converter) 472
addiction 396
addictions 396
additional payment 459, 460
additives 407
address 394, 395, 423, 453
addressee 423
adhesive tape 413
adjustable spanner 414
adjustment of tax regulations 459
administration 392, 417, 455

administrator 419
admiration 400
adolescent 394
adoration 400
ADP (automatic data processing) 472
Adriatic 440
adult 394
advance (payment) 456
advance payment 421
adventure film 425
advertisement 417, 451, 452
aerosol 392
AFB (Air Force Base) 472
affectionate 395
Africa 437
after 412, 415, 451, 468, 471
after shave balm 412
afternoon 468, 469
age 394, 420, 468, 474
agitation 400
agony aunt 452
agony column 452
agony uncle 452
agreement 456, 458, 459, 461
agriculture 417
agronomist 417
aid/assistance 459
aid post/dressing-station 442
AIDS 390
air 431, 441, 442, 447, 463
air-conditioned room 431
air conditioning 442
air-cooled engine 447
air filter 447
air fleet 441
air pollution 463

cockroach 465
cocktail party 425
coconut 403
cod 404
coffee 397, 398, 401, 402, 405, 408, 414
coffee grinder 398
coffee jug 408
coffee machine 398, 408
coffee maker 414
coffee mill 414
coffee table 397
coffee with alcohol 405
cognac 405
cohesion 459
coin 421
colander 408
cold 391, 394, 406, 450, 470, 473
cold meal 406
colic 391
collar 403, 419, 420
collarbone 388
colleague 400
collective contract 419
collective work structure 419
collision 447, 448
collision/crash 448
collops 407
cologne 412
Colombia 438
Colorado River 440
colourless eyes 389
colours 411
Columbus Day 425
column 452
combustion chamber 447
comedian 426
comedy 426
commentary 452
commentator 452
commerce 457
commercial bank 421
commercial break 452
commercial councelor 419

commercial exchange 459
commission 422, 454
commissioner 459
committee 454, 459
commodity exchange 457
communism 456
communist party 455
communist regime 456
Community 459, 460
community norm 459
Community patent 459
commuter train 443
compact powder 412
companion 400
company/enterprise/firm/ establishment 457
compartment 442, 443
compass 431, 437
compassionate leave 419
competent 395
competition 429, 457, 461
competitive price 457
competitiveness 459
competitor 429
complexion 389
composer 418
composting 463
computer 393, 397, 425, 453
computer games 425
computer table 397
computer tomography 393
comrade 400, 455
conceited 395
concern 400
concert 425
concrete mixer 445
condensated 406
condensed milk 401
condition 394
conductor 418
confectioner 412, 418
confectioner's 412
confession 395
confirmation 400
Congo 438, 440

Congratulations! 469
conifer 466
connecting rod 447
connection 423, 424
conservatist party 455
conservative party 455
considerate 395
constipation 391
constitution 454
Constitutional Tribunal 455
consul 419
consultant 419
consumer protection 459
continental climate 449
contraceptive 392
contraceptive pill 392
contract 419, 420, 457, 458
contract of lease 457
contract of sale 457
contracted duty 459
contribution 419
control light 446
control tower 441
convention 455
convertible 445
cook 399, 405, 409, 418
cooked ham 404, 406
cooker 398, 414
cookies 407
cooling water pump 447
cooperation 459, 460
copper 458
copybook 413
corduroy/cord 411
coriander 403
corkscrew 408
corn 401, 402
corn flour 401
corner kick 430
cornflower 466
coronary vessel 388
corpulent 388
Corpus Christi 424
correcting fluid 413
correspondence 423

horsemeat 403
horseradish 402
host team 429
hot chocolate 405
hot drinks 405
hot meal 406
hotel 431, 432
hotelier 418
hour 468, 473, 474
House 454
house 395, 397, 426, 464
house number 395
House of Commons 454
House of Lords 454
household equipment 414
housework 399
how many 467
how much 467
How much do I pay? 415
How much does it cost?
415
How much does it weigh?
467
hp (horse power) 473
hr (hour) 473
HS (High School) 473
Hudson River 440
hull 444
human resources 460
Human Rights 460
humid climate 450
humming bird 465
hundreds of people 467
Hungarian 439
Hungary 438
hunting 425, 426
hurdle race 427
hurricane 450
husband 394, 399
hyacinth 466
hypertension 391
hypotension 391

I

I can't hear you 424
i.e. (that is) 474
I would like 415, 469
I would like to try it on.
415
ice 407, 408, 427, 450
ice-cream 407
ice cream shop 408
ice hockey 427
ice–yachting 427
icebreaker 444
iced dessert 407
ID card (identity card) 474
IDD (international direct
dialling) 474
ignition coil 447
ignition switch 446
illegible writing 423
image processing 453
immigration 460
impatience 401
implementation 460
import customs duties 460
in 397, 399, 401, 402,
405, 406, 421, 422,
423, 424, 429, 432,
433, 434, 441, 445,
448, 450, 454, 468,
470, 471, 474
in. (inch) cal 474
in a moment 468
in autumn 450
in brine 406
in front of 445
in jelly 406
in nine hours 468
in spring 450
in summer 450
in the afternoon 468
in the background 445
in the evening 468
in the middle 445
in the morning 468
in the mountains 433

in vinegar 406
in winter 450
incapable 396
incapacity to work 420
inch 467, 474
income 422, 457
income tax 422
inconsolable 401
indecisive 396
India 438
Indian Ocean 440
indicator 446
indicator switch 446
indigestion/dyspepsia 391
indirect additional pay-
ment 460
indirect calculations 460
Indo-China 437
Indonesia 438
Indus (River) 440
industrialist/manufacturer
418
industry 417
infant 395
infection 391
inflatable dinghy 432
inflatable mattress 431
influenza/flu 391
information 441, 451,
453, 460
information exchange 460
information processing
453
information system 453
inhalatorly 392
initial data 453
injection 392, 393, 447
injection engine 447
injection pump 447
injector 447
ink 413
inkjet printer paper 413
inlet unit 447
inn 408, 431
inner parts of the car 446
inquiry desk 460

IDIOMY ANGIELSKIE

SKRÓTY ZASTOSOWANE W SŁOWNIKU:

am.	angielski amerykański
ang.	angielski brytyjski
lit.	język literacki
pol.	język polski
pot.	język potoczny
przen.	przenośnie
przest.	przestarzale
slang.	slangowe
żart.	żartobliwie

A

ACADEMY
the laughing academy *pot.* dom
wariatów

ACCOUNT
give a good account of oneself
dobrze się spisać; wyjść z honorem;
dać o sobie dobre świadectwo

**put something down to someone's
account** *pot.* zapisać coś na czyjś
rachunek; przypisać komuś zasługę

put something to good account
(*też* **turn something to good
account; put something to good
use; turn something to good use**)
dobrze coś wykorzystać; zrobić
dobry użytek z czegoś

settle one's account with someone
1. rozliczyć się z kimś; uregulować
   rachunki
2. porachować się z kimś; wyrównać
   krzywdy, rachunki

take account of something (*też* **take
something into account**) brać coś
pod uwagę; liczyć się z czymś

ACE
have an ace up one's sleeve *pot.*
(*też* **have a card up one's sleeve;
keep another ace up one's sleeve;
keep another card up one's sleeve;
have an ace in the hole**) mieć atut
w ręku, asa w rękawie

ACQUAINTANCE
have a nodding acquaintance (*też*
have a bowing acquaintance)
mieć powierzchowną wiedzę; znać
z widzenia

ACT
act high and mighty zachowywać się
wyniośle; porosnąć w piórka

catch someone in the act (*też* **catch
someone in the act of doing
something**) przyłapać kogoś
na gorącym uczynku

ACTION
bring an action against someone
wytoczyć komuś sprawę sądową

bring something into action
(*też* **call something into action;
bring something into play; call
something into play**) wprowadzić
coś w życie; uruchomić coś

suit one's action to one's word (*też*
suit the action to the word) obrócić
słowo w czyn

ADMIRATION
lost in admiration pełen podziwu

ADMISSION
on someone's own admission (*też* **by
someone's own admission**) według
własnych słów; jak sam przyznaje

ADVANTAGE
have the advantage of someone (*też*
**have the advantage over someone;
get the advantage of someone**)
górować nad kimś, mieć przewagę
nad kimś

press home an advantage
(*też* **press home one's advantage**)
wykorzystać okazję

take advantage of something
(*też* **take full advantage of
something**) wykorzystać coś

to someone's advantage z korzyścią
dla kogoś

ADVICE
act on someone's advice pójść
za czyjąś radą

ADVOCATE
devil's advocate adwokat diabła

AFFAIRS
wind up one's affairs zamknąć sprawy przed wyjazdem itp.

AFTERNOON
while away afternoon (też **while away days; while away hours; while away the time**) zabijać, skracać sobie czas

AGE
at a tender age w bardzo młodym wieku
come of age (też **be of age**) osiągnąć pełnoletność
under age niepełnoletni; za młody

AGONY
pile on the agony *pot.* przesadnie dramatyzować; przedstawiać w wyolbrzymionych proporcjach

AGREEMENT
a gentleman's agreement umowa dżentelmeńska; porozumienie oparte na zaufaniu

AIM
take aim brać na cel

AIR
cut the air with a knife (też **cut the atmosphere with a knife**) wyczuć nieprzyjemną, ciężką atmosferę
get the air *am. pot* (też **get the bounce; get the gate**) zostać zwolnionym z pracy
go off the air zejść z anteny
go on the air wejść na antenę
go up in the air dostać furii; wybuchnąć
hot air *pot.* czcza gadanina
out of thin air z nikąd; z powietrza
vanish into thin air (też **melt into thin air**) rozpłynąć się; ulotnić się
walk on air (też **tread on air**) nie posiadać się z radości; być wniebowziętym.

AIRS
airs and graces zmanierowanie; puszenie się; wywyższanie się
give oneself airs (też **put on airs**) udawać ważnego; zadzierać nosa

AISLES
rock them in the aisles (też **knock them in the aisles; lay them in the aisles**) podbić widownię
roll in the aisles *pot.* pękać ze śmiechu (o publiczności)

ALBATROSS
have an albatross round one's neck mieć wyrzuty sumienia; mieć poczucie winy

ALECK
smart aleck chłopski filozof; mądrala

ALL
all at once nagle; znienacka
all very well *pot.* z pozoru w porządku
for all one is worth z całych sił
it's all up with someone koniec z kimś
least of all w najmniejszym stopniu; najmniej
let it all hang out *pot.* wyrzucić z siebie, np. emocje
when all is said and done (też **after all is said and done**) mimo wszystko; biorąc wszystko pod uwagę

ALLOWANCE
make allowance for something brać coś pod uwagę; zważać na coś

ALTAR
lead someone to the altar *przen.* zaprowadzić kogoś do ołtarza

AMENDS
make amends (też **make all possibile amends**) zadośćuczynić; wynagrodzić krzywdy

ANCHOR
come to anchor ustatkować się
sheet anchor stała podpora (podpora moralna, podpora materialna)

ANSWER
get a dusty answer otrzymać niejasną, pokrętną odpowiedź
give a civil answer to a civil question udzielić grzecznej odpowiedzi na grzeczne pytanie
not take no for an answer nie przyjmować odmowy do wiadomości; nie dawać za wygraną

APPEARANCE
put in an appearance (*też* **make one's appearance; make an appearance; make appearance**) pokazać się; wystąpić; zjawić się

APPEARANCES
keep up appearances zachowywać pozory

APPLE
an apple of discord kość niezgody
the apple of one's eye oczko w głowie

APPLE-CART
upset the apple-cart *pot.* (*też* **upset someone's apple-cart**) pokrzyżować plany

APPOINTMENT
break an appointment nie dotrzymać terminu; nie stawić się na spotkanie
keep an appointment dotrzymać terminu; stawić się na spotkanie

ARE
here you are
1. proszę (podając coś lub wskazując na coś)
2. (*też* **here he is; here they are** *itp.*) i oto jesteś; oto i on (oni itp.)

ARK
out of ark *pot.* z lamusa

ARM
chance one's arm *pot.* zaryzykować, wykorzystać sposobność
cost an arm and a leg *pot.* kosztować krocie, fortunę
give one's right arm dać sobie rękę uciąć za coś; dać wszystko
nudge someone's arm (*też* **nudge someone's elbow; jog someone's arm; jog someone's elbow**) trącać kogoś porozumiewawczo; ponaglać
stretch the arm of coincidence (*też* **stretch the long arm of coincidence**) stanowić nieprawdopodobny zbieg okoliczności
twist someone's arm *pot., przen.* wywierać nacisk na kogoś

ARMS
rise up in arms *lit.* stanąć z bronią w ręku; być gotowym do walki
take up arms chwycić za broń
up in arms
1. zbuntowany
2. oburzony

ARREARS
fall into arrears zalegać (ze spłatą długu lub z terminową pracą)

ASHES
rake over old ashes (*też* **rake over the ashes; rake over old coals; rake over the coals**) odgrzebywać stare dzieje, wspomnienia (szczególnie nieprzyjemne)
rise from the ashes odrodzić się z popiołów

ASPERSIONS
cast aspersions on someone (*też* **cast aspersions upon someone**) oczerniać kogoś; znieważać kogoś

ASS
make an ass of oneself *pot.* zrobić z siebie durnia; ośmieszyć się

ASSURANCE
make assurance doubly sure usunąć wątpliwości; upewnić się

ATTENDANCE
dance attendance on someone trzymać się czyjejś klamki; nadskakiwać komuś

ATTENTION
come to someone's attention (*też* **come to someone's notice**) zwrócić czyjąś uwagę

stand at attention stać na baczność

ATTITUDE
strike an attitude (*też* **strike a pose**) przybierać pozę

AUNT
Aunt Sally *pot.* przedmiot kpin; pośmiewisko

AWAKENING
a rude awakening gorzkie rozczarowanie; przykre przebudzenie

AXE
get the axe *pot.* wylecieć (np. z posady, studiów)

have an axe to grind *pot.* chcieć upiec pieczeń przy cudzym ogniu; kierować się własnym interesem

B

BABE
a babe in arms (*też* **a babe in the wood; a babe in the woods**) niemowlę; naiwniaczek; prostaczek

BABY
leave someone holding baby *pot.* (*też* **leave someone holding the bag; leave someone carrying the baby; leave someone carrying the bag; leave someone to carry the baby; leave someone to carry the bag; leave someone to hold the baby; leave someone to hold the bag**) zrzucić na kogoś kłopot

throw the baby out with the bathwater (*też* **throw out the baby with the bathwater**) wylać dziecko razem z kąpielą

BABY'S
wet the baby's head oblewać narodziny dziecka

BACK
fall off the back of a lorry *pot., żart.* pochodzić z kradzieży; pochodzić z nielegalnego źródła

get off someone's back *pot.* odczepić się od kogoś; zostawić kogoś w spokoju

get to the back of something dojść do sedna czegoś; dokładnie coś zrozumieć

have one's back to the wall (*też* **have one's back against the wall**) być przypartym do muru; być w sytuacji bez wyjścia

have one's own back on someone *pot.* (*też* **get one's own back on someone**) odegrać się na kimś; wziąć odwet na kimś

pat someone on the back *pot.* (też
give someone a pat on the back)
pochwalić kogoś; pogratulować
komuś

put someone's back up *pot.* (też **get
someone's back up**) rozzłościć
kogoś; denerwować kogoś

see the back of something *pot.*
uporać się z czymś; pozbyć się
czegoś

stab someone in the back *pot.* zadać
komuś cios w plecy; zdradzić kogoś

turn one's back on someone (też
turn one's back upon someone)
odwrócić się od kogoś; unikać kogoś

**you scratch my back and I'll scratch
yours** ręka rękę myje; przysługa
za przysługę

BACKBONE
to the backbone do szpiku kości;
na wskroś

BACON
bring home the bacon *pot.*
1. zarabiać na chleb
2. wykonać zadanie; sprawdzić się

save one's bacon *pot.* (też **save one's
life; save one's neck; save one's
skin**) ratować własną skórę

BAD
too bad *pot.* (też **it's too bad**) szkoda;
jaka szkoda

BAG
a bag of bones *pot.* chudzielec; skóra
i kości

a mixed bag *pot.* (też **a mixed bunch**)
mieszanina ludzi lub rzeczy

bag and baggage z całym dobytkiem;
ze wszystkim

have something in the bag *pot.*
mieć coś w kieszeni; mieć coś
załatwionego

the whole bag of tricks *pot.* (też **the
bag of tricks**) wszystkie możliwości;
cały arsenał możliwości, sztuczek

BAIL
surrender to one's bail stawić się
na rozprawę sądową z wolnej stopy

BAIT
rise to the bait *pot.* dać się nabrać
swallow the bait *przen.* połknąć
przynętę; dać się złapać na haczyk

BALANCE
hang in the balance ważyć się; wisieć
na włosku

hold the balance mieć decydujący
głos

in the balance niezdecydowany;
wahający się

keep one's balance *pot.* zachować
rozwagę rozsądek

lose one's balance stracić
równowagę; stracić pewność siebie

strike a balance utrzymać
równowagę; zachować proporcje

throw someone off his balance
wytrącić kogoś z równowagi

tip the balance (też **tip the scales;
turn the scales**) przechylić szalę

BALL (1)
be on the ball *pot.* (też **get on the
ball**) być czujnym; być fachowcem

have the ball at one's feet *pot.* mieć
szansę; mieć wszystkie atuty w ręku

keep the ball rolling *pot.*
podtrzymywać rozmowę, dyskusję;
kontynuować

play ball *pot.* współpracować

start the ball rolling *pot.* (też **get the
ball rolling; set the ball rolling**)
rozpocząć coś, np. rozmowę

the ball is in someone's court *pot.*
czyjaś kolej na działanie; czyjś ruch

BALL (2)
have a ball *pot.* bawić się dobrze;
mieć ubaw

BALLOON
when the balloon goes up *pot.* gdy
stanie się to najgorsze; kiedy obawy
się potwierdzą

BANANA
the big banana *slang.* ważny gość;
gruba ryba

BAND
to beat the band *am. pot.* z całych sił;
obficie

BANDBOX
**look as if one has just stepped out
of a bandbox** wyglądać schludnie,
jak spod igły

BANDWAGON
jump on the bandwagon *pot.* (też
**jump aboard the bandwagon;
climb on the bandwagon; climb
aboard the bandwagon**) przejść
na stronę zwycięzców

BANG
not with a bang but a whimper *pot.*
bez oszołamiającego sukcesu; bez
fanfar

BANNER
carry the banner for something *pot.*
popierać coś

BAR
the colour bar dyskryminacja rasowa;
dyskryminacja kolorowej ludności

BARGAIN
drive a hard bargain wytargować,
wymusić najkorzystniejsze warunki
into the bargain na dodatek; również;
na domiar złego
strike a bargain dobić targu; ubić
interes

BARGEES
squabble like bargees *pot.* sprzeczać
się jak przekupki

BARGEPOLE
**not touch something with
a bargepole** *pot.* (też **not touch
something with a ten-foot pole;
not touch something with a stick**)
unikać czegoś; obchodzić coś
z daleka

BARK
**someone's bark is worse than his
bite** *pot.* nie taki diabeł straszny jak
go malują

BASE
get to first base *am. pot.* (też **make
first base; reach first base**) zrobić
dobry początek; zacząć coś dobrze

BASH
have a bash at something *pot.*
spróbować swoich sił w czymś

BAT (1)
like a bat out of hell *pot.* szybko jak
piorun; jak oparzony

BAT (2)
off one's own bat *pot.* na własną rękę;
samodzielnie

BATH
blood bath *pot.* rozlew krwi; jatka;
rzeź

BATS
have bats in the belfry *pot.* nie mieć
piątej klepki

BATTLE
a pitched battle walna, rozstrzygająca
bitwa
a running battle *pot.* ciągła wojna
fight a losing battle toczyć walkę
beznadziejną; walczyć bez szans

gain half the battle *pot.* osiągnąć połowę sukcesu
half the battle *pot.* połowa wygranej
the battle of the bulge *żart.* walka z otyłością

BAY
keep at bay (*też* **hold at bay**) trzymać na dystans

BE
be around *pot.* niejedno widzieć w życiu; przetrzeć się w świecie trochę
be born yesterday *pot.* być naiwnym, niedoświadczonym; łatwo dawać się oszukać
be fed up with something *pot.* mieć czegoś dość; mieć czegoś po dziurki w nosie; mieć czegoś po uszy
be had *pot.* dać się nabrać
be hail-fellow-well-met with someone *lit.* (*też* **in a hail-fellow-well-met way**) spoufalać się z kimś
be hard on someone *pot.* być surowym dla kogoś
be hard put to it to do something zachodzić w głowę jak coś zrobić
be keen on someone *pot.* być zakochanym w kimś; czuć miętę do kogoś
be keen on something *pot.* być entuzjastą czegoś
be no good nie zdać się na nic; być bezużytecznym; nie mieć sensu
be through with something *pot.*
1. ukończyć coś
2. mieć czegoś dosyć
be to the good mieć zysk

BEAD
draw a bead on someone
1. upatrzyć sobie kogoś; zagiąć parol na kogoś
2. wziąć kogoś na muszkę

BEAM
broad in the beam *pot.* szeroki w biodrach

BEANS
full of beans *pot.* pełen werwy; w doskonałym humorze
give someone beans *pot.* obrugać kogoś; zadać komuś bobu
spill the beans *pot.* wygadać się, wydać tajemnicę

BEAR
like a bear with a sore head *pot.* zły jak osa; niecierpliwy; niezadowolony
play the bear *pot., rzadkie* drażnić; szkodzić

BEARINGS
get one's bearings (*też* **take one's bearings; find one's bearings**) ustalić położenie; zorientować się
lose one's bearings (*też* **be out of one's bearings**) stracić orientację; być zdezorientowanym

BEAT (1)
beat someone to it *pot.* (*też* **beat someone one the punch**) uprzedzić kogoś; ubiec kogoś

BEAT (2)
be on the beat dozorować; obchodzić rejon (o policjancie)

BEAVER
an eager beaver *pot.* entuzjasta; nadgorliwiec

BECK
at one's beck and call na zawołanie

BED
a bed of thorns *pot.* cierniowa droga
get out of bed on the wrong side *pot.* (*też* **get out of bed the wrong side**) wstać z łóżka lewą nogą

make one's bed and lie in it *pot.* jak sobie pościelesz, tak się wyśpisz; ponosić skutki

take to one's bed położyć się do łóżka; rozchorować się

BEDPOST

between you, me and the bedpost *pot.* (też **between you, me and the gatepost; between you, me and the lamppost**) między nami mówiąc

BEE

have a bee in one's bonnet *pot.* mieć bzika na punkcie czegoś

BEER

all beer and skittles *pot.* (też **beer and skittles**) bajka; same przyjemności

BEHAVIOUR

be on one's best behaviour zachowywać się nienagannie; pamiętać o dobrych manierach

BELIEVE

make believe udawać; wyobrażać sobie

BELL

as sound as a bell *pot.* zdrów jak ryba

be saved by the bell *pot.* wyjść obronną ręką z opresji

ring a bell *pot.* kojarzyć; wydawać się znajomym

BELT

a hit below the belt *pot.* cios poniżej pasa; postępowanie niezgodnie z regułami

BENEFIT

give someone the benefit of the doubt (też **have the benefit of the doubt**) interpretować wątpliwości na korzyść osoby zainteresowanej

without benefit of clergy bez posługi kościelnej; bez błogosławieństwa kościelnego

BENT

follow one's own bent *pot.* (też **follow one's bent**) chodzić własnymi ścieżkami; robić po swojemu

BERTH

give something a wide berth *pot.* unikać czegoś; omijać coś z daleka

BET

a safe bet *pot.* pewnik; pewna sprawa

BETS

hedge one's bets *pot.* zabezpieczyć się; asekurować się

BETTER

so much the better *pot.* tym lepiej

BIB

one's best bib and tucker *pot.* odświętne ubranie

BILL

a clean bill of health zaświadczenie o dobrym stanie zdrowia

bill of fare plan; program; wykaz rzeczy do zrobienia

fill the bill (też **fit the bill**) wypełniać obowiązki; robić co do kogo należy

foot the bill
1. zapłacić rachunek
2. wziąć winę na siebie

top the bill być gwiazdą; być gwoździem programu

BILLY

a silly billy błazen; dzieciuch

BIRDS

kill two birds with one stone upiec dwie pieczenie na jednym ogniu

strictly for the birds *am. slang.* (też **for the birds**) bez sensu; dla naiwnych

BISCUIT

take the biscuit *pot.* (*też* **take the cake**) zyskać palmę pierwszeństwa

BIT (1)

bit of skirt *pot.* (*też* **bit of stuff; bit of crumpet**) kociak; babka

give someone a bit of one's mind *pot.* (*też* **give someone a piece of one's mind**) powiedzieć komuś prawdę w oczy

BIT (2)

champ at the bit (*też* **chafe at the bit**) wiercić się jak na szpilkach

take the bit between one's teeth zbuntować się; zawziąć się

BITES

two bites at the cherry *pot.* (*też* **two bites of the cherry**) dwa podejścia do czegoś; dwie szanse

BITS

bits and bobs (*też* **bits and pieces**) drobiazgi; szczegóły

take something to bits (*też* **take something to pieces; pull something to bits**)
1. rozebrać coś na części
2. (*też* **tear something to bits; tear something to pieces**) nie zostawić na czymś suchej nitki; ostro coś krytykować; (*pot.*) zjechać coś

BITTER

take the bitter with the sweet brać życie takim, jakie jest

BLACK

black and blue posiniaczony, pobity

in black and white czarno na białym; na piśmie; wyraźnie

BLANKET

a wet blanket *pot.* człowiek odbierający innym ochotę do zabawy

BLESSEDNESS

single blessedness stan bezżenny

BLESSING

a blessing in disguise szczęście w nieszczęściu; niespodziewane szczęście

a mixed blessing coś, co posiada zarówno dobre jak i złe strony

BLESSINGS

count one's blessings przywołać pozytywne strony swego życia (w chwilach zwątpienia)

BLIND

the blind leading the blind uczył Marcin Marcina; wiódł ślepy kulawego

BLOCK

go to the block (*też* **be sent to the block**) iść na szafot

knock someone's block off *pot.* zdzielić kogoś; pobić kogoś

BLOOD

bad blood zła krew; niechęć

blood and thunder rozlew krwi; mordobicie

make someone's blood boil sprawiać, że w kimś się gotuje krew; rozwścieczać kogoś

make someone's blood run cold (*też* **make someone's blood freeze; freeze someone's blood; make someone's blood turn to ice; chill someone's spine**) zamrozić komuś krew w żyłach; przyprawiać kogoś o dreszcz grozy

run in the blood (*też* **run in one's blood; run in the family; run in one's family**) być dziedzicznym

sweat blood *pot.*
1. pracować w krwawym pocie
2. pocić się ze zdenerwowania

BLOT
a blot on someone's escutcheon *lit,*. żart. plama na czyjejś reputacji

BLOW
blow hot and cold *pot.* często zmieniać zdanie; wahać się
blow something sky-high *pot.*
1. wysadzić coś w powietrze
2. obalić coś

BLUE
out of the blue *pot.* (też out of a clear sky; out of a clear blue sky) jak grom z jasnego nieba; niespodziewanie

BLUFF
call someone's bluff kazać komuś odkryć karty; sprawdzić kogoś

BLUSH
at first blush *lit.* na pierwszy rzut oka

BLUSHES
spare someone's blushes oszczędzić komuś zażenowania

BOARD
across the board powszechnie; od góry do dołu
go back to the drawing board zaczynać od nowa
go by the board (też pass by the board) przepaść; minąć na zawsze
sweep the board (też sweep the board clean) zgarnąć wszystkie stawki ze stołu; wygrać wszystko co możliwe

BOAT
in the same boat *pot.* w tym samym położeniu; na tym samym wózku
miss the boat *pot.* (też miss the bus) stracić okazję; zaprzepaścić sposobność
push the boat out *pot.* dobrze się zabawić

rock the boat *pot.* wprowadzać zamieszanie

BOATS
burn one's boats *pot.* (też burn one's bridges; burn one's boats behind one; burn one's bridges behind one) palić za sobą mosty
take to the boats uciec; odejść

BODY
keep body and soul together utrzymać się przy życiu; przeżyć

BOIL
bring to the boil doprowadzić do szału, pasji; doprowadzić do wrzenia

BOLT
a bolt from the blue grom z jasnego nieba
make a bolt for something (też make a dash for something) pośpieszyć, popędzić na coś
make a bolt for it (też make a break for it) uciec; zbiec
shoot one's bolt *pot.* (też shoot one's wad) wyczerpać swoje zasoby; wyeksploatować się

BOMB
cost a bomb *pot.* kosztować krocie

BONE
bone of contention kość niezgody
bred in the bone trudny do usunięcia; zakorzeniony
chilled to the bone *pot.* (też frozen to the bone; chilled to the marrow; frozen to the marrow) przemarznięty do szpiku kości
have a bone to pick with someone *pot.* (też have a crow to pluck with someone) mieć z kimś na pieńku

BONES
feel in one's bones *pot.* (też know in one's bones) mieć przeczucie

make no bones about something *pot.*
nie krępować się czymś; robić coś
bez żadnych ceremonii

BOOK
read someone like a book *pot.* czytać
w czyichś myślach; znać kogoś
na wylot
suit someone's book (też **fit
someone's book**) odpowiadać
czyimś planom
throw the book at someone *pot.*
(też **throw the book of rules at
someone**) wymierzać komuś
najwyższą karę

BOOKS
be in someone's black books *pot.*
(też **be in someone's bad books**)
być źle przez kogoś widzianym,
zapisanym; nie cieszyć się czyjąś
sympatią
cook the books *pot.* preparować
księgi rachunkowe
keep books prowadzić księgowość

BOOT (1)
the boot is on the other foot *pot.*
(też **the boot is on the other leg**)
prawda lub sytuacja wygląda wręcz
przeciwnie

BOOT (2)
to boot ponadto; na dodatek

BOOTLACES
**pull oneself up by one's own
bootlaces** (też **pull oneself up by
the bootlaces; pull oneself up by
one's own bootstraps; pull oneself
up by the bootstraps**) samodzielnie
dojść do czegoś; iść o własnych
siłach

BOOTS
lick someone's boots *pot.* płaszczyć
się przed kimś

too big for one's boot *pot.* (też
too big for one's breeches)
zarozumiały; mający o sobie zbyt
duże mniemanie

BOOZE
go on the booze *pot.* (też **be on the
booze**) zalewać się; upijać się

BOTTLE
be on the bottle zaglądać do kieliszka
crack a bottle *pot.* (też **break a bottle**)
wysuszyć butelkę; wypić
hit the bottle *pot.* upijać się

BOTTOM
from the bottom to one's heart
z głębi serca; szczerze
get to the bottom of something
dotrzeć do źródła czegoś; wniknąć
w coś
rock the bottom najniższy poziom
scrape the bottom of the barrel *pot.*
wyskrobać resztki; oferować coś
najniższej jakości
the bottom drops out of the market
pot. (też **the bottom falls out of the
market**) rynek się załamuje
touch bottom (też **hit bottom**)
osiągnąć dno, najniższy poziom

BOTTOMS
bottoms up *pot.* (pijmy) do dna

BOWS
be down by the bows *morskie* (też
be down by the stern) zanurzać się
dziobem (rufą) w dół

BOY
a whipping boy chłopiec do bicia;
kozioł ofiarny
old boy *pot.* stary; bracie
send a boy to do a man's work (też
send a boy on a man's errand) dać
komuś zadanie ponad jego siły
the boy next door swój chłopak

BOYS

backroom boys *pot.* naukowcy prowadzący tajne badania

BRAIN

pick someone's brain (też **pick someone's brains**) poradzić się kogoś; skorzystać z czyjejś wiedzy

BRAINS

tax someone's brain dać komuś trudne zadanie

turn someone's brain doprowadzić kogoś do szału

blow someone's brains out *pot.* rozwalić komuś łeb

rack one's brains (też **rack one's brains; beat one's brains; cudgel one's brains**)
1. łamać sobie głowę; głowić się
2. odgrzebywać w pamięci; szukać w pamięci

BREACH

step into the breach przejąć czyjąś rolę; zastąpić kogoś

BREAD

bread and butter chleb powszedni; utrzymanie

bread and circuses *lit.* chleb i igrzyska

cast one's bread upon the waters (też **throw one's bread upon the water**) robić coś bezinteresownie

one's daily bread środki utrzymania

quarrel with one's bread and butter kłócić się z chlebodawcą; sprzeczać się z szefem

take bread out of someone's mouth odbierać komuś chleb; odejmować komuś od ust

BREAK

give someone a break
1. zostawić kogoś w spokoju
2. dać komuś szansę

BREAST

make a clean breast of something przyznać się do czegoś

BREATH

a breath of fresh air ożywczy powiew

below one's breath (też **under one's breath; beneath one's breath**) szeptem; pod nosem

catch one's breath
1. zaniemówić (ze zdziwienia, ze strachu itd.)
2. złapać oddech

draw one's first breath *lit.* przyjść na świat

draw one's last breath *lit.* (też **breathe one's last**) wydać ostatnie tchnienie; wyzionąć ducha

hold one's breath oczekiwać z niecierpliwością, czekać z zapartym tchem

out of breath (też **short of breath**) bez tchu; zadyszany

save one's breath (też **save one's breath to cool one's porridge**) oszczędzić sobie gadaniny

take someone's breath away zapierać komuś dech; zatykać kogoś

waste one's breath mówić na próżno; strzępić sobie język niepotrzebnie

with bated breath z zapartym tchem

BRICK

drop a brick *pot.* popełnić gafę

BRICKS

make bricks without straw *przest.* rzucać się z motyką na słońce; wykonywać syzyfową pracę

BRIEF

hold a brief bronić

BRIGADE

the old brigade (też **the old guard**) stara gwardia

BRIGHT-EYED
bright-eyed and bushy-tailed *pot.* cały rozanielony

BROKE
flat broke (*też* **stone-broke; dead broke; stony broke**) bez grosza; zrujnowany; spłukany

BROWS
knit one's brows (*też* **knit one's brow; knit one's eyebrows**) marszczyć brwi, czoło

BRUSH
tarred with the same brush ulepiony z tej samej gliny

BUBBLE
prick the bubble rozwiać złudzenia

BUCK
a fast buck *pot.* (*też* **a quick buck**) szybka fortuna
pass the buck zwalać odpowiedzialność na kogoś
the buck stops here to twoja odpowiedzialność; koniec spychania odpowiedzialności

BUCKET
kick the bucket *pot. żart.* umrzeć, wyciągnąć kopyta

BUCKETS
come down in buckets *pot.* (*też* **come down in sheets; rain buckets; rain cats and dogs; pour cats and dogs**) lać jak z cebra

BUD
nip something in the bud stłumić coś w zarodku

BUFF
in the buff *slang.* w stroju Adama

BUFFER
an old buffer *slang.* (*też* **an old codger; an old geezer**) stary ramol; dziadyga

BUG
as snug as a bug in a rug przytulnie jak u Pana Boga za piecem
get bitten by the bug (*też* **be bitten by the bug; have a bug**) połknąć bakcyla; zarazić się

BULL
like a bull in a china shop jak słoń w sklepie z porcelaną
take the bull by the horns *pot.* brać byka za rogi

BULLET
bite the bullet *pot.* (*też* **bite on the bullet**) wziąć się w garść
give someone the bullet *pot.* (*też* **get the bullet**) wylać kogoś z pracy

BULL'S-EYE
hit the bull's-eye (*też* **score the bull's-eye**) trafić w dziesiątkę

BUN
have a bun in the oven *pot. żart.* (*też* **a bun in the oven**) być przy nadziei

BUNCH
give someone a bunch of five *pot.* uderzyć kogoś pięścią
the best of the bunch *pot.* (*też* **the pick of the bunch**) najlepszy z nich (z pewnej grupy)

BUNK
do a bunk *pot.* dać nogę; uciec

BURDEN
bear the burden and heat of the day *lit.* odegrać kluczową rolę
shoulder a burden ponieść ciężar, trud; dźwigać ciężar

BURTON

go for a burton *pot.* zginąć; spalić na panewce

BUSH

beat about the bush *pot.* (*też* **beat around the bush**) owijać w bawełnę

BUSINESS

be about one's business (*też* **go about one's business**) zabrać się do roboty; zająć się swoimi sprawami

get down to business przejść do sprawy; przystąpić do sedna rzeczy; zabrać się do dzieła

have no business doing something nie mieć prawa czegoś robić

mean business mówić serio; traktować coś poważnie

mind one's own business (*też* **mind one's business**) nie wtrącać się (do nieswoich spraw); pilnować swego nosa, interesu

monkey business *pot.* (*też* **funny business**) podejrzany interes; dziwna sprawa

none of your business *pot.* nie twoja rzecz; nic cię to nie obchodzi

send someone about their business odprawić kogoś z kwitkiem; posłać kogoś do diabła

BUST

go on the bust *slang.* zaszaleć; pójść w tango

BUTTER

look as if butter wouldn't melt in one's mouth *pot.* (*też* **look as though butter wouldn't melt in one's mouth**) wyglądać niewinnie

BUTTERFLIES

have butterflies in one's stomach *pot.* (*też* **have butterflies in one's tummy; get butterflies in one's stomach; get butterflies**

in one's tummy; get butterflies**) denerwować się; mieć tremę

BUTTONS

not have all one's buttons *slang.* (*też* **not have all one's marbles**) być nienormalnym; mieć nie wszystko po kolei w głowie

BY

by and by po pewnym czasie; za jakiś czas

BYGONES

let bygones by bygones puścić w niepamięć przeszłe urazy

C

CABIN

from log cabin to White House z pucybuta milioner; z chłopa pan

CABLES

cut one's cables palić za sobą mosty

CABOODLE

the whole caboodle *slang.* cały kram; cała ta zgraja

CACKLE

cut the cackle *pot.* (*też* **cut the cackle and come to the hosses**) przestać gadać

CAKE

have one's cake and eat it (*też* **have one's cake and eat it too**) mieć wszystko na raz

CAKES

cakes and ale *lit.* sielanka; zabawa

sell like hot cakes *pot.* (*też* **go like hot cakes**) iść jak gorące bułeczki; rozchodzić się w mig

CALF
kill the fatted calf *lit.* wydać wystawne przyjęcie

CALL
call something into being stworzyć coś; powołać coś do życia
call something one's own rościć sobie prawa do czegoś; uważać coś za swoje
pay a call *pot.* (*też* **answer a call of nature; obey a call of nature**) iść do toalety; iść na stronę
pay a call on someone odwiedzić kogoś; złożyć komuś wizytę

CAN
carry the can *pot.* wziąć winę na siebie

CANDLE
burn the candle at both ends *pot.* szafować zdrowiem
not hold a candle to something (*też* **not hold a stick to something**) nie umywać się do czegoś

CANE
get the cane dostać lanie; dostać cięgi

CANOE
paddle one's own canoe *pot.* polegać wyłącznie na sobie; radzić sobie samemu

CAP
cap in hand pokornie
put one's thinking cap on *pot.* przemyśleć; ruszyć głową
set one's cap at someone (*też* **set one's cap for someone**) zalecać się do kogoś; zagiąć na kogoś parol; zastawiać na kogoś sidła

CAPER
cut a caper *pot.* skakać z radości

CARD
play one's winning card *pot.* (*też* **play one's best card; play one's trump card**) zagrać mocną (atutową) kartą

CARDS
lay one's cards on the table *pot.* (*też* **put one's cards on the table**) odkryć, odsłonić swoje karty; ujawnić swoje intencje
play one's cards close to one's chest *pot.* (*też* **keep one's cards close to one's chest; hold one's cards close to one's chest**) nie wykładać kart na stół; nie ujawniać faktów
play one's cards right *pot.* (*też* **play one's cards well**) dobrze rozegrać partię

CARE
have a care *lit. przest.* być ostrożnym
take care
1. opiekować się; troszczyć się
2. zająć się
take care of oneself poradzić sobie, zatroszczyć się o siebie

CARPET
on the carpet *pot.* (być) na cenzurowanym; (wezwać) na dywanik
pull the carpet out from under someone (*też* **pull the carpet from under someone; pull the carpet from under someone's feet; pull the rug out from under someone**) podciąć czyjąś egzystencję; odciąć komuś źródło dochodów
sweep under the carpet *pot.* (*też* **sweep beneath the rug; brush under the carpet; brush under the rug**) tuszować; ukrywać
the red carpet królewskie przyjęcie

CARRY
carry all before one (też **carry everything before one**) odnieść pełen sukces

CART
in the cart *pot.* w opałach; w kropce
put the cart before the horse *pot.* (też **set the cart before the horse**) stawiać sprawę na głowie

CASE
a case in point właściwy przypadek
make out one's case dowieść swego; udowodnić swoją rację

CASTLES
castles in the air (też **castles in Spain**) nierealne marzenia; zamki na lodzie

CAT
bell the cat *pot. przest.* wychylić się; odważyć się; narazić się
fight like cat and dog *pot.* (też **fight like cats and dogs; lead a cat-and-dod life; have a cat-and-dog life**) żyć jak pies z kotem
grin like a Cheshire cat *pot.* wyszczerzać zęby; uśmiechać się od ucha do ucha
let the cat out of the bag *pot.* wygadać się; zdradzić sekret; puścić farbę
like a cat on hot bricks *pot.* jak na rozżarzonych węglach
like the cat that stole the cream *pot.* dumny jak paw; zadowolony z siebie
not have a cat in hell's chance *pot.* (też **not stand a cat in hell's chance**) być bez szans
play cat and mouse (też **play a cat-and-mouse game**) bawić się w kotka i myszkę; zwodzić
put the cat among the pigeons *pot.* (też **set the cat among the pigeons**) włożyć kij w mrowisko

see which way the cat jumps *pot.* patrzeć skąd wiatr wieje

CATCALLS
make catcalls (też **make catcall**) gwizdać; robić kocią muzykę

CATCH
catch it *pot.* oberwać; dostać za swoje
catch someone red-handed przyłapać na gorącym uczynku

CATS
fight like Kilkenny cats *przest.* bić się zajadle

CAUSE
make common cause podjąć wspólne działania; połączyć wysiłki

CAUTION
throw caution to the winds (też **throw discretion to the wind; fling caution to the winds; fling discretion to the wind**) lekceważyć niebezpieczeństwo; ryzykować

CAVIAR
caviar to the general *lit. żart.* perły przed wieprze

CENT
not have a red cent *am. pot.* być bez grosza

CENTS
feel like two cents *am. pot.* chcieć zapaść się pod ziemię ze wstydu; zawstydzić się

CEREMONY
stand on ceremony robić ceremonie; zachowywać się sztywno

CHAIR
leave the chair zakończyć obrady

CHALK
not by long chalk *pot.* daleko od tego; dużo do tego brakuje

CHANCE
a dog's chance nikła szansa
a snowball's chance in hell *pot.* jedna
szansa na milion
give someone a chance dać komuś
szansę, możliwość
stand a good chance of something
(*też* **stand a fair chance of**
something) mieć duże szanse
na coś; mieć widoki na coś
take a chance (*też* **take chances; take**
one's chance) zaryzykować

CHANGE
a change of heart zmiana planów,
nastroju, uczuć
for a change dla odmiany
get no change out of someone *pot.*
nic u kogoś nie wskórać
give someone short change *pot.*
lekceważyć kogoś

CHANGES
ring the changes wprowadzać
urozmaicenia

CHAPTER
chapter and verse dokładne źródło
informacji
chapter of accidents seria nieszczęść

CHARGE
be drunk in charge *prawn.* prowadzić
(samochód) w stanie nietrzeźwym
free of charge bezpłatny; bezpłatnie
lay something to someone's charge
zarzucać coś komuś; oskarżać kogoś
o coś
take charge of something
1. zająć się czymś; poprowadzić coś
2. wziąć coś pod opiekę; przejąć
nad czymś kontrolę

CHARITY
live on charity (*też* **live off charity**)
żyć z datków; żyć z jałmużny

CHARM
work like a charm działać jak magia

CHASE
a wild goose chase beznadziejne
przedsięwzięcie; daremny trud
lead someone a merry chase (*też*
lead someone on a merry chase)
wodzić kogoś za nos

CHAT
have a chat pogadać; porozmawiać

CHEAP
get something on the cheap kupić
coś okazyjnie; nabyć coś bardzo
tanio

CHEEK
cheek by jowl poufale; za pan brat;
ramię przy ramieniu
turn the other cheek nadstawić drugi
policzek

CHEERS
give three cheers wydać okrzyk „hip
hip hura!"

CHEQUE
a blank cheque *pot.* carte blanche;
wolna ręka

CHEST
get something off one's chest *pot.*
(*też* **off one's chest**) zrzucić coś
z serca; przyznać się do czegoś

CHESTNUTS
pull someone's chestnuts out of the
fire *pot.* (*też* **pull the chestnuts out**
of the fire) wyciągnąć dla kogoś
kasztany z ognia; narażać się dla
kogoś

CHICKEN
be no spring chicken *pot.* być nie
pierwszej młodości

539

CHICKENS

someone's chickens have come home to roost kogoś dosięgła ręka sprawiedliwości; los się na kimś zemścił

CHIN

chuck someone under the chin *pot.* wziąć kogoś pod brodę

keep one's chin up *pot.* nie upadać na duchu; trzymać głowę do góry

stick one's chin out *pot.* (*też* **stick one's neck out**) nadstawiać karku; ryzykować

take something on the chin *pot.* znosić coś dzielnie, po męsku

CHINK

chink in one's armour *pot.* miejsce wrażliwe na atak; pięta Achillesa; słaby punkt

CHIP

a chip off the old block *pot.* nieodrodny syn; wykapany ojciec

have a chip on one's shoulder *pot.* (*też* **have a chip on the shoulder**) mieć pretensje do całego świata

CHIPS

in the chips *pot.* (*też* **in the money**) przy forsie; zamożny

let the chips fall where they may niech się dzieje co chce

when the chips are down *pot.* gdy przyjdzie czas

CHOICE

take Hobson's choice być postawionym w sytuacji bez wyboru

CHOP

chop and change wahać się; ustawicznie zmieniać plany, poglądy itp.

CHOPS

like one's chops (*też* **lick one's lips**) cieszyć się (na myśl o czymś)

CHORD

strike a chord (*też* **touch a chord**) uderzyć w strunę; przywołać wspomnienie

CHORUS

the dawn chorus śpiew ptaków o świcie

CIRCLE

a vicious circle (*też* **a vicious cycle**) błędne koło

come full circle wrócić do punktu wyjścia; zatoczyć pełen krąg

square the circle rozwiązywać kwadraturę koła

CIRCLES

go round circle *pot.* (*też* **go around in circles**) kręcić się w kółko; dreptać w kółko

CIRCUIT

make a circuit of something objechać coś okrężną drogą

CIRCUS

a three-ring circus *am. pot.* miejsce pełne zgiełku i zamieszania; chaos

CLAIM

stake one's claim wysuwać roszczenie; zgłaszać pretensje; pretendować

CLANGER

drop a clanger popełnić gafę; popełnić nietakt

CLASS

read round the class (*też* **read round the room**) czytać na głos po kolei

CLAWS

cut the claws of someone *pot.* (*też* **pare the claws of someone**) poskromić, osłabić kogoś

CLEANER'S
take someone to the cleaner's *pot.* ogolić kogoś z pieniędzy

CLOCK
put the clock back (też put back the clock; turn the clock back; turn back the clock) cofać (się) w czasie; cofnąć wskazówki zegara; hamować postęp
round the clock bez przerwy; całą dobę
work against the clock *pot.* (też run against the clock) prowadzić wyścig z czasem

CLOUD
cast a cloud over something zepsuć coś (atmosferę, nastrój itp.)
on cloud nine *am. slang.* w siódmym niebie
under a cloud podejrzany; w niełasce

CLOVER
in clover *pot.* w luksusie; w dostatku; jak pączek w maśle

CLUB
in the club *pot.* przy nadziei; w ciąży
join the club *pot. żart.* ja też

COACH
drive a coach and horses through something *pot.* rozprawić się z czymś; obalić coś

COALS
carry coals to Newcastle *pot.* wozić drzewo do lasu; niepotrzebnie się trudzić
haul someone over the coals *pot.* (też rake someone over the coals) zmieszać kogoś z błotem; zwymyślać komuś
heap the coals of fire on someone's head *lit. przest.* odpłacić komuś dobrym za złe; odpłacić komuś pięknym za nadobne

COAST
the coast is clear *pot.* droga wolna; nie ma przeszkód

COAT
cut one's coat according to one's cloth *pot.* dostosowywać zamiary do swoich możliwości
turn one's coat *przest.* (też change one's coat) zmieniać przekonania

COCK
cock of the walk *pot.* (też cock of the school) wodzirej; prowodyr
live like a fighting cock *przest.* (też live like fighting cocks) żyć jak pączek w maśle, opływać w dostatki

COCKLES
warm the cockles of someone's heart *pot.* (też warm the cockles of the heart) wlewać miód w czyjeś serce

COG
a cog in the machine (też a cog in the wheel) tryb w maszynie; pionek

COIN
pay someone back in his own coin odpłacać pięknym za nadobne

COLD
out in the cold *pot.* pozostawiony sam sobie; osamotniony

COLLAR
feel someone's collar *slang.* zamknąć kogoś; wsadzić kogoś do paki
hot under the collar *pot.*
1. rozzłoszczony; rozwścieczony
2. zmieszany; zakłopotany; speszony

COLLECTION
take up a collection (też take a collection; make a collection) zbierać pieniądze na tacę; kwestować

COLLYWOBBLES

give someone the collywobbles *pot.*
(*też* **give someone the willies**)
przyprawiać o gęsią skórkę

COLONEL

a Colonel Blimp *lit.* zajadły
konserwatysta, reakcjonista

COLOUR

change colour mienić się na twarzy,
nabierać niezdrowych kolorów

give colour to something (*też*
lend colour to something)
uwiarygodniać coś

off colour
1. blady; nie w formie
2. nieprzyzwoity; sprośny

see the colour of someone's money
pot. upewnić się, czy ktoś ma dosyć
pieniędzy by zapłacić; sprawdzić
czyjąś wypłacalność

COLOURS

follow the colours *przest.* (*też* **join
the colours; be with the colours;
go with the colours**) przywdziać
mundur; wstąpić do wojska

give false colours to something (*też*
**give a false colour to something;
give a colour to something; put
a false colour on something**)
zniekształcać coś; przedstawiać coś
w fałszywym świetle

lower one's colours *pot.* (*też* **lower
one's flag; strike one's flag; haul
down one's colours; haul down
one's colours**) spuścić z tonu;
poddać się

nail one's colours to the mast
(*też* **nail one's flag to the mast**)
powiedzieć co się myśli; przedstawić
swoje poglądy; nie odstępować
od zasad

paint something in glowing colours
przedstawić coś w jaskrawych
kolorach

sail under false colours stroić się
w cudze piórka; udawać kogoś
innego

show one's true colours (*też* **show
one's colours; show oneself in
one's true colours**) pokazać swój
prawdziwy charakter

with flying colours śpiewająco;
zaszczytnie

COMB

run a comb through one's hair
pot. (*też* **give one's hair a comb**)
poczesać się

COME

come in handy (*też* **come in useful**)
przydać się; okazać się użytecznym

come into one's own odnaleźć się;
odnaleźć swoje miejsce w życiu

come off scot-free wyjść bez
uszczerbku; nie ponieść strat

come off second-best *pot.* zostać
pokonanym (o jednej z dwu
rywalizujących ze sobą stron)

come to think of it *pot.* (*też* **when
you come to think of it**) na dobrą
sprawę; jak by się zastanowić;
właściwie

come true spełnić się; stać się

come unstuck *pot.* zawalić się

come up smiling *pot.* zachowywać
pogodę ducha; trzymać głowę
do góry

come what may niech się dzieje
co chce; co by się nie działo

first come first served kto pierwszy
ten lepszy

how come *pot.* dlaczego

COMFORT

cold comfort marna pociecha; żadna
pociecha

get too close for comfort zbliżać się
w niepokojącym tempie

COMMAND
have command of something (też **take command of**) mieć lub przejąć władzę nad czymś

COMMON
common or garden pot. pospolity; zwykły
have something in common (też **have something in common with someone**) mieć coś wspólnego (z kimś)

COMMONS
on short commons pot. na chudym, głodowym wikcie

COMPANY
keep company (też **keep company with someone**) chodzić ze sobą; chodzić z kimś
keep someone company dotrzymywać komuś towarzystwa
part company (też **part company with someone**) rozejść się (z kimś); rozdzielić się
present company excepted wyłączając obecnych

COMPLIMENT
left-handed compliment (też **back-handed compliment; two-edged compliment**) dwuznaczny, nieszczery komplement
return the compliment odwzajemnić się uprzejmością; odpowiedzieć komplementem

COMPLIMENTS
angle for compliments (też **fish for compliments**) szukać pochwał, komplementów

CONCLUSIONS
jump to conclusions (też **rush to conclusions**) wyciągnąć pochopne wnioski

CONDITION
in mint condition w idealnym stanie; jak nowy
out of condition nie w formie; bez kondycji

CONFIDENCE
in strict confidence w wielkim zaufaniu
take someone into one's confidence zwierzyć się komuś

CONSCIENCE
ease someone's conscience (też **ease someone's mind**) uspokoić kogoś; ulżyć komuś
have something on one's conscience mieć coś na sumieniu; mieć nieczyste sumienie
in all conscience z ręką na sercu; naprawdę

CONTENT
to one's heart's content pot. do woli; do syta; ile dusza zapragnie

CONTRADICTION
a contradiction in terms sprzeczność między dwoma terminami; antynomia

CONVERTED
preach to the converted przekonywać przekonanych; nawracać wierzących

COOK
head cook and bottle-washer (też **bottle-washer**) chłopiec do wszystkiego; chłopiec na posyłki

COOKING
what's cooking pot. co się dzieje

COOL
cool, calm and collected opanowany; panujący nad sobą
keep one's cool pot. (też **keep cool**) zachowywać spokój, panować nad sobą

lose one's cool *pot.* stracić panowanie nad sobą; zdenerwować się; rozzłościć się

COPYBOOK
blot one's copybook zepsuć sobie opinię

CORNER
at a tight corner (*też* **a tight spot**) trudna sytuacja; sytuacja podbramkowa
drive someone into a corner (*też* **force someone into a corner**) zapędzić kogoś w kozi róg, ślepą uliczkę, sytuację bez wyjścia
turn the corner wyjść z kryzysu; wyjść na prostą

CORNERS
cut corners (*też* **cut corners on something**) iść na łatwiznę, na skróty; oszczędzać na czymś

COST
count the cost skalkulować ryzyko; rozważyć wszystkie za i przeciw
to one's cost z własnego doświadczenia

COUNSEL
keep one's own counsel *przest.* nie wyjawiać swych planów, zamiarów, opinii itp.

COUNT
be out for the count *pot.* być znokautowanym, nieprzytomnym

COUNTENANCE
keep one's countenance nic po sobie nie pokazywać; zachować poważną minę
put someone out of countenance *przest.* (*też* **stare someone out of countenance**) zdetonować, zmieszać kogoś

COUNTRY
appeal to the country (*też* **go to the country**) odwołać się do narodu; ogłosić powszechne wybory

COURAGE
Dutch courage odwaga po pijanemu
have the courage of one's convictions mieć odwagę postępować zgodnie ze swoimi przekonaniami
pluck up courage (*też* **screw up one's courage**) zebrać się na odwagę
take one's courage in both hands zebrać się na odwagę; nabrać odwagi

COURSE
par for the course *pot.* normalny; typowy
steer a middle course znajdować złoty środek

COURT
laugh someone out of court *pot.* wyśmiać kogoś

COUSIN
country cousin krewny z prowincji; prostak; ubogi krewny

COVENTRY
send someone to Coventry zbojkotować kogoś

COW
a sacred cow święta krowa

COWS
till the cows come home *pot.* (*też* **until the cows come home**) bez końca; nieustannie

CRACK
crack of dawn świt; brzask
fair crack of the whip *pot.* uczciwa szansa

get a crack at something *pot.*
(też **have a crack at something**)
spróbować czegoś
the crack of doom koniec świata

CRACKS
paper over the cracks *pot.*
zatuszować niedociągnięcia lub dzielące różnice

CREDIT
Give oneself some credit *pot.*
uwierzyć w siebie
take the credit for something zbierać pochwały za coś; przypisywać sobie zasługi za coś

CREEK
up the creek *pot.*
1. (też **up the creek without a paddle**) w kłopotach; w tarapatach
2. zdezaktualizowany; błędny

CREEPS
give someone the creeps *pot.*
przyprawiać kogoś o gęsią skórkę; sprawiać, że komuś skóra cierpnie

CREST
on the crest of the wave u szczytu (np. sukcesu)

CRINGE
by the cringe *slang. żart.* jasny gwint itp.

CROPPER
come a cropper *pot.*
1. wywrócić się; spaść na głowę
2. ponieść porażkę

CROSS
bear one's cross (też **carry one's cross; carry one's crosses**) dźwigać swój krzyż
make one's cross postawić krzyżyk (zamiast nazwiska)

CROW
as the crow flies w linii prostej

CROWS
stone the crows *pot. przest.*
do diaska; a niech to

CRUEL
be cruel to be kind być dla kogoś surowym choć życzliwym

CRUNCH
if it comes to the crunch *pot.* (też **when it comes to the crunch**) jeśli przyjdzie co do czego

CRUST
the upper crust *pot.* wyższe klasy; góra społeczna

CRY
be a far cry from something *pot.*
różnić się od czegoś o całe niebo

CUD
chew the cud *pot.* rozmyślać; przeżuwać

CUDGELS
take up the cudgels *pot. przest.*
stanąć w obronie

CUE
take one's cue from someone *pot.*
pójść za czyimś przykładem; brać przykład z kogoś

CUFF
off the cuff bez przygotowania

CUP
another cup of tea *pot.* inna para kaloszy; inna sprawa
not be someone's cup of tea *pot.*
nie być w czyimś guście; nie odpowiadać komuś

CUSTOMER
awkward customer trudny przypadek

CUT

cut and run *pot.* zwiać; wziąć nogi za pas

cut and thrust pojedynek słowny; ścieranie się poglądów

cut loose *pot.*
1. zerwać więzi; odseparować się
2. wyrwać się (np. spod czyjejś kontroli)
3. użyć sobie; dobrze się zabawić

cut someone dead *pot.* udać, że się kogoś nie widzi; nie odwzajemnić czyjegoś powitania

D

DAGGERS

look daggers at someone *pot.* rzucić na kogoś mordercze spojrzenie; skarcić kogoś wzrokiem

DAISIES

push up the daisies *pot. żart.* gryźć piach; porastać trawką; leżeć w grobie

DAMN

not give a damn about something *pot.* (też **not care a damn about something; not give a brass farthing about something; not give two hats about something; not give a hang about something, not give a shit about something**) gwizdać na coś; mieć coś gdzieś

DAMPER

put a damper on something *pot.* (też **put the dampers on something**) zepsuć atmosferę czegoś

DANCE

lead someone a dance *pot.* sprawiać komuś kłopoty; wodzić za nos

DARK

keep someone in the dark about something (też **keep something dark from someone**) trzymać coś w tajemnicy przed kimś

whistle in the dark *pot.* dodawać sobie animuszu

DAY

a red-letter day *pot.* święto

call it a day *pot.* zakończyć pracę (np. na dany dzień)

carry the day (też **win the day**) odnieść zwycięstwo; zwyciężyć

for a rainy day na czarną godzinę

in this day and age w dzisiejszych czasach

late in the day późno; poniewczasie

make a day of it poświęcić na coś cały dzień

put off the evil day (też **put off the evil hour**) grać na zwłokę

save the day uratować sytuację

DAYLIGHT

see daylight *pot.*
1. (też **see the light**) znaleźć rozwiązanie problemu
2. (też **see the light of day; come to light**) ujrzeć światło dzienne

DAYLIGHTS

beat the living daylights out of someone *pot.* (też **knock the living daylights out of someone**) zbić kogoś na kwaśne jabłko

DAYS

all the days of one's life *lit.* przez czyjś cały żywot

high days and holidays specjalne okazje

salad days lata cielęce; zielone lata; młodzieńcze lata

someone's days are numbered czyjeś
  dni są policzone

DEAD
dead and buried martwy; skończony
dead and gone od dawna na drugim
  świecie
in the dead of the night (też **at
  dead of night; the dead of night**)
  w środku nocy
in the dead of winter (też **in dead of
  winter**) w środku zimy
loud enough to wake the dead (też
  enough to wake the dead) tak
  głośny, że zbudziłby umarłego

DEATH
be sick to death of something (też **be
  tired to death of something**) mieć
  czegoś serdecznie dość
be tickled to death pot. (też **be
  tickled pink**) szaleć z radości;
  radować się
catch one's death pot. (też **catch
  one's death of cold**) zaziębić się
  śmiertelnie
dice with death igrać ze śmiercią,
  z losem
die the death pot. (o aktorze) zostać
  wygwizdanym
flog something to death pot.
  wyświechtać coś; powtarzać coś
  do znudzenia
hang on like grim death pot. (też
  **hang on to something like grim
  death; hold on like grim death;
  hold on to something like grim
  death**) trzymać się kurczowo
  (czegoś)
look like death warmed over pot.
  (też **look like death**) wyglądać jak
  śmierć

DECK
clear the deck pot. (też **clear the
  decks**) przygotować się do akcji;
  oczyścić przedpole

DEGREE
one degree under pot. nienajlepiej;
  kiepsko

DENT
make a dent in something (też **make
  a hole in something**) uszczuplić
  coś; nadszarpnąć coś

DEPTH
get out of one's depth pot. tracić
  grunt pod nogami

DEVICES
leave someone to their own devices
  pozostawiać kogoś samemu sobie;
  dać komuś wolną rękę

DEVIL
**between the devil and the deep
  blue sea** pot. między młotem
  a kowadłem
go to the devil pot.
  1. (też **go to hell**) iść do diabła
  2. (też **go to the dogs**) zejść na psy
to give the devil his due trzeba
  uczciwie przyznać, że...

DIAMOND
a rough diamond (też **a diamond in
  the rough**) człowiek wartościowy
  ale bez ogłady
diamond cut diamond trafiła kosa
  na kamień

DICE
load the dice against someone
  utrudniać komuś życie; rzucać
  komuś kłody pod nogi
no dice slang. nic z tego

DICTIONARY
swallow the dictionary posługiwać
  się skomplikowanym, słownikowym
  językiem; mówić górnolotnie

DIE
as straight as a die czysty jak kryształ;
  bezwzględnie uczciwy

DIFFERENCE

make all the difference zmieniać postać rzeczy; mieć decydujący wpływ

split the difference pójść na kompromis; załatwić sprawę krakowskim targiem

DIFFERENCES

sink one's differences zaniechać sporów; zapomnieć o dzielących różnicach

DIGNITY

beneath someone's dignity poniżej czyjejś godności

stand on one's dignity (też **stand upon one's dignity**) zachowywać się wyniośle

DINNER

a dog's dinner *pot.* (też **a dog's breakfast**) bigos; bałagan; partactwo

dressed up like a dog's dinner *pot.* (też **done up like a dog's dinner**) wystrojony jak na bal

DIP

a lucky dip *pot.* loteria

DIRT

eat dirt *pot.* znieść upokorzenie, afront

pay dirt *am. pot.* żyła złota (także w przenośni)

treat someone like a dirt pot. (też **treat someone like a piece of dirt**) traktować kogoś jak śmieć

DISADVANTAGE

take someone at a disadvantage wykorzystać przewagę nad kimś; zaskoczyć kogoś

DISTANCE

go the distance *pot.* dobrnąć do mety; doprowadzić coś do końca

keep one's distance (też **keep a safe distance**) zachowywać dystans

within striking distance nieopodal; blisko; w bliskim zasięgu

DITCH

die in the last ditch bronić się do ostatka

DIVIDE

cross the great divide przenieść się na tamten świat

DOCTOR

just what the doctor ordered *pot.* właśnie tego było mi brak do szczęścia; tego mi trzeba

DOG

a dog in the manger *pot.* pies ogrodnika (sam nie zje, drugiemu nie da)

be as sick as a dog *pot.* wymiotować; rzygać jak kot

dog eat dog *pot.* (też **a case of dog eat dog**) mordercza walka

help a lame dog over a stile *przest.* pomóc w potrzebie

keep a dog and bark oneself *pot.* wykonywać robotę za kogoś

let the dog see the rabbit *pot.* zejść z drogi; usunąć się

top dog *pot.* gruba ryba; ważna persona

DOGS

let sleeping dogs lie *pot.* nie budzić licha; nie wywoływać wilka z lasu

throw to the dogs *pot.* (też **give to the dogs**) rzucić psom na pożarcie; poświęcić

DOLDRUMS

in the doldrums w zastoju; w stanie stagnacji

DOLLAR

bet one's bottom dollar *pot.* (też **bet one's boots; bet one's shirt**) założyć się o ostatni grosz; być pewnym

DOLLARS
feel like a million dollars *pot.* (*też*
look like a million dollars) czuć
się jak młody bóg; wyglądać
atrakcyjnie, ponętnie

DONE
have done with something skończyć
z czymś; przestać coś używać

DOOR
at death's door w obliczu śmierci;
na łożu śmierci
darken someone's door again (*też*
darken someone's doors again)
odważyć się ponownie postawić
nogę w czyimś domu
door to door (*też* from door to door)
1. od początku do końca; od punktu
wyjścia do punktu docelowego
2. od domu do domu; po domach;
od drzwi do drzwi
get in by the back door *pot.* (*też* get
in by the side door) wejść tylnymi,
kuchennymi drzwiami; wkręcić się
lay something at someone's
door przypisywać coś (winę,
odpowiedzialność itp.) komuś
lock the stable door after the horse
has bolted zrobić coś poniewczasie;
mądry Polak po szkodzie
next door obok; za ścianą;
w sąsiedztwie
slam the door in someone's face
zatrzasnąć komuś drzwi przed
nosem

DOSE
like a dose of salts *pot.* jak burza

DOT
on the dot *pot.* punktualnie;
w odpowiednim momencie

DOUBLE
at the double *pot.* (*też* on the double)
na jednej nodze; raz raz

DOUBT
no doubt niewątpliwie
throw doubt on something (*też* cast
doubt on something; throw doubt
upon something) postawić coś pod
znakiem zapytania

DOVECOTES
flutter the dovecotes (*też* cause
a rustle in the dovecote; cause
a flutter in the dovecote)
narobić zamieszania; wsadzić kij
w mrowisko

DOWN
down and out *pot.*
1. wyeliminowany z gry;
znokautowany
2. bez środków do życia; w skrajnej
nędzy
have a down on someone uwziąć się
na kogoś

DOZEN
daily dozen codzienna gimnastyka

DRAIN
go down the drain *pot.* pójść
na marne; splajtować
laugh like a drain *pot.* śmiać się
do rozpuku

DRAUGHT
feel the draught *przest.* (*też* feel
the wind) odczuwać złą passę,
niepomyślny wiatr

DRAWER
bottom drawer *pot.* posag; wiano
top drawer *pot.* wyższe sfery

DREAM
like a dream *pot.* (*też* like a charm)
doskonale

DRIBS
in dribs and drabs *pot.* (*też* by dribs
and drabs) nieregularnie; w małych
ilościach; po trochu

DRINK

stand someone a drink *pot.* postawić komuś wódkę

stiff drink *pot.* duża wódka; jeden głębszy

DRIVE

drive someone mad *pot.* doprowadzać kogoś do szału; rozwścieczać kogoś

DROP

at the drop of a hat *pot.* bez zastanowienia

drop in the bucket *pot.* (też **a drop in the ocean**) kropla w morzu

DRUG

drug on the market *pot.* niechodliwy towar

DRUM

beat the drum *pot.* (też **bang the drum**) bezczelnie reklamować; dąć w tubę; oznajmić wszem i wobec

DUCK

break one's duck *pot.* odnieść pierwszy sukces; przełamać lody

dead duck *pot.* przeżytek

take to something like a duck to water *pot.* (też **take to something like a duck to the mill-pond**) ciągnąć do czegoś jak ryba do wody

DUCKLING

ugly duckling *pot.* brzydkie kaczątko

DUCKS

play ducks and drake *pot.* psuć szyki; przeszkadzać

DUDGEON

in high dudgeon *pot.* rozgniewany; wściekły

DUE

give someone their due oddać komuś sprawiedliwość; potraktować kogoś sprawiedliwie

DUST

after the dust settles *pot.* (też **when the dust settles**) gdy wszystko wróci do normy; kiedy wszystko się uspokoi

not see someone for dust *pot.* nie zobaczyć kogoś, bo uciekał tak, że aż się za nim kurzyło

shake the dust of something off one's feet (też **shake the dust of something off one's shoes; shake the dust off one's shoes; shake the dust from one's feet; shake the dust from one's shoes**) odejść (skądś)

throw dust in someone's eyes *pot.* odwracać czyjąś uwagę; sypać komuś piaskiem w oczy

DUTCH

double Dutch *pot.* bełkot; chińszczyzna; niezrozumiała mowa

DUTY

do duty for something zastąpić coś; spełniać rolę czegoś innego

E

EACH

each and every (też **each and all**) każdy bez wyjątku

EAR

for someone's private ear *pot.* wyłącznie dla czyjejś informacji; w sekrecie; w zaufaniu

give someone a thick ear *pot.*
trzepnąć kogoś w ucho
go in one ear and out the other
pot. wchodzić jednym uchem,
a wychodzić drugim
have no ear for something *pot.*
nie mieć słuchu (muzycznego,
językowego itp.)
have someone's ear to something
pot. zostać wysłuchanym przez
kogoś
keep one's ear to the ground *pot.*
(też have one's ear to the ground)
trzymać rękę na pulsie
lend someone an ear *lit.* (też give
someone an ear) dać komuś
posłuch; odpowiedzieć na czyjś apel
itp.
play it by ear *pot.* improwizować;
działać bez planu, na bieżąco
turn a deaf ear to someone *pot.*
odmawiać wysłuchania kogoś

EARNEST
in sad aernest *pot.* (też in deadly
earnest) zupełnie poważnie;
na serio; ze śmiertelną powagą

EARS
be all ears *pot.* słuchać uważnie;
zamieniać się w słuch
be wet behind the ears *pot.* nie mieć
doświadczenia, praktyki lub wiedzy;
być zielonym
crumble down about someone's ears
(też fall down about someone's
ears) zawalić się komuś nad głową
eat until it comes out of one's ears
pot. (też drink until it comes out of
one's ears) jeść, pić do przesady;
najeść się po uszy
keep one's ears open *pot.* mieć uszy
otwarte
someone's ears burn *pot.* palą, pieką
kogoś uszy
prick up one's ears *pot.* nadstawiać
uszu; słuchać z uwagą

up to one's ears in something *pot.*
(też up to the ears in something;
up to one's eyes in something; up
to one's eyeballs in something;
up to one's neck in something)
po uszy w czymś

EARSHOT
within earshot *pot.* (też within call;
within hail) w zasięgu słuchu

EARTH
cost the earth *pot.* kosztować fortunę
how on earth *pot.* (też what on earth;
who on earth; where on earth) jak
(co, kto, gdzie itp.) na Boga

EASE
at one's ease swobodnie; bez
skrępowania
ill at ease skrępowany; zakłopotany;
nieswój

EAT
eat oneself sick *pot.* zjeść zbyt dużo;
przejeść się

ECHO
cheer someone to the echo *przest.*
oklaskiwać kogoś głośno i długo

EDGE
give someone the rough edge
of one's tongue *pot.* (też give
someone the edge of one's tongue)
natrzeć komuś uszu; zmyć komuś
głowę
have the edge on someone *pot.* mieć
nad kimś przewagę
on edge *pot.* rozdrażniony,
podenerwowany; spięty
on the edge of one's chair *pot.*
w napięciu
take the edge off something *pot.*
osłabić efekt czegoś; złagodzić coś

EEL
as slippery as an eel

1. śliski jak ryba; trudny
do utrzymania w ręce
2. pokrętny; śliski; nie budzący
zaufania; zakłamany

EFFECT
take effect
1. przynieść oczekiwany skutek;
zaowocować
2. (też **go into effect**) wejść w życie;
zacząć obowiązywać

EGG
lay an egg
1. popełnić błąd
2. położyć spektakl; zrobić klapę

EGGS
as sure as eggs is eggs *pot.* z całą
pewnością; bez wątpienia; jak dwa
i dwa to cztery
pull all one's eggs in one basket
pot. rzucić wszystko na jedną szalę;
zaryzykować wszystko

ELBOW
at one's elbow pod ręką

ELEMENT
in one's element w swoim żywiole;
jak ryba w wodzie

ELEPHANT
white elephant *pot.* przedmiot,
którego posiadanie sprawia więcej
kłopotów niż przyjemności

EMPEROR
the emperor has no clothes król jest
nagi; co się mówi jest nieprawdą

END
an end in itself cel sam w sobie
at the end of one's tether *pot.*
(też **at the end of one's rope**)
u kresu wytrzymałości; na granicy
cierpliwości
at the end of the day *pot.* koniec
końców; po wzięciu wszystkiego

pod uwagę; w ostatecznym
rozrachunku
be at a loose end *pot.* (też **be at loose
ends**) nie mieć nic do roboty
be at one's wit's end *pot.* (też **be
at one's wits' end**) nie wiedzieć
co począć; znaleźć się w kropce
come to a bad end *pot.* (też **come
to a sticky end**) źle skończyć
end for end na odwrót; do góry
nogami; tył do przodu
end of the road *pot.* (też **end of the
line**) koniec
**get hold of the wrong end of the
stick** *pot.* zrozumieć coś opacznie,
na odwrót
go off the deep end *pot.*
1. (też **go overboard**) zapalić się
(do czegoś); podniecić się
2. wpaść w szał, w gniew
jump in at the deep end rzucić się
na głęboką wodę; zaryzykować
keep one's end up *pot.* (też **hold
one's end up**) bronić swojej sprawy;
robić swoje; nie poddawać się
no end *pot.* szalenie; bardzo
no end of something mnóstwo,
zatrzęsienie czegoś
tag end *pot.* (też **tail end**) sam koniec
the end of the world *pot.* koniec
świata; katastrofa
the thin end of the wedge coś
z pozoru mało ważnego, lecz
brzemienne w skutkach
throw someone in at the deep end
pot. rzucić kogoś na głęboką wodę
to the bitter end *pot.* do samego
końca; do ostatka

ENDS
at loose ends *pot.* w nieładzie
leave a lot of loose ends *pot.* nie
dopracować ostatnich szczegółów
make ends meet *pot.* (też **make both
ends meet**) wiązać koniec z końcem

on one's beam ends *pot.* w trudnej sytuacji; w położeniu bez wyjścia; w wielkich tarapatach

tie up the loose ends *pot.* wykończyć szczegóły; dopracować

ENOUGH
enough is enough *pot.* (tego już) dosyć; co za dużo to niezdrowo

ERROR
be in error *lit.* mylić się; być w błędzie

ESCAPE
have a narrow escape *pot.* cudem ujść cało; o włos uniknąć nieszczęścia

EVERY
every now and then *pot.* (też **every now and again**) czasami; od czasu do czasu; raz po raz

EVILS
lesser of two evils mniejsze zło

EXAMPLE
make an example of someone uczynić z kogoś przykład; przykładnie kogoś ukarać

set a good example świecić przykładem; dać dobry przykład

EXCEPTION
take exception to something przeciwstawić się czemuś; obrazić się o coś

EXPENSE
at one's own expense na własny koszt; z własnej kieszeni

EXPENSES
spare no expenses nie szczędzić kosztów, wydatków

EXTREMES
go to extremes przesadzać; popadać w skrajność

EYE
easy on the eye przyjemny dla oka

get the eye *pot.* zostać obrzuconym (zalotnym, taksującym, lodowatym itp.) spojrzeniem

give someone the glad eye *pot.* robić do kogoś oko; kokietować kogoś wzrokiem

have an eye for something mieć dobre oko do czegoś; umieć coś dobrze ocenić

have an eye on the main chance (też **have an eye to the main chance**) kierować się własnym interesem; mieć nosa do interesów

have half an eye on someone (też **keep half an eye on someone**) pilnować kogoś kątem oka

in the public eye w centrum uwagi publicznej; powszechnie znany

keep an eye on someone pilnować, kontrolować kogoś; mieć kogoś na oku

keep an eye out for someone *pot.* mieć oko na kogoś; zwracać szczególną uwagę na kogoś

keep one's weather eye open mieć oczy i uszy szeroko otwarte

look someone in the eye (też **look someone straight in the eyes**) patrzeć, spojrzeć komuś prosto w oczy

meet someone's eye spojrzeć komuś w oczy

see eye to eye with someone *pot.* zgadzać się z kimś; podzielać czyjeś zdanie

see something in one's mind's eye widzieć coś oczyma duszy; wyobrażać sobie coś

turn a blind eye to something (też **turn one's blind eye to something**) przymknąć oko na coś

EYEBROWS
raise eyebrows wzbudzić zdziwienie; wywołać niezadowolenie

EYELID

without batting an eyelid *pot.* (*też* **without turning an eyelid**) bez mrugnięcia powieką; bez zmrużenia oka

EYES

clap eyes on someone (*też* **lay eyes on someone; set eyes on someone**) zobaczyć kogoś; widzieć kogoś

cry one's eyes out *pot.* (*też* **cry one's heart out; sob one's eyes out; sob one's heart out**) wypłakiwać sobie oczy

feast one's eyes on something sycić czymś wzrok

have eyes at the back of one's head (*też* **have eyes in the back of one's head; have eyes in the back of one's neck**) mieć dobrą intuicję; mieć szósty zmysł

have one's eyes about one mieć oczy i uszy szeroko otwarte

in the eyes of someone z czyjegoś punktu widzenia; w czyichś oczach

keep one's eyes open for something (*też* **keep one's eyes peeled for something; keep one's eyes skinned for something**) mieć oczy szeroko otwarte na coś; mieć się na baczności przed czymś

make eyes at someone (*też* **make sheep's eyes at someone**) robić słodkie oczy do kogoś; puszczać do kogoś oko

not take one's eyes off someone nie odrywać od kogoś wzroku

only have eyes for someone nie widzieć nikogo poza kimś

open someone's eyes otworzyć komuś oczy; uświadomić komuś

shut one's eyes to something przymykać oczy na coś

someone's eyes are bigger than his belly *pot.* być łakomym, zachłannym

F

FACE

bury one's face (*też* **bury one's head**) ukryć twarz (w dłoniach, chusteczce, poduszce itd.)

face to face twarzą w twarz

fall flat on one's face
1. upaść; wyłożyć się jak długi
2. ponieść upokarzającą porażkę

fly in the face of something *pot.* (*też* **fly in the teeth of something**) zaprzeczać czemuś; gwałcić coś; pozostawać w sprzeczności z czymś

have the face to do something mieć czelność coś zrobić

in the face of something w obliczu czegoś

keep a straight face *pot.* robić poważną minę; zachować powagę

let's face it *pot.* spójrzmy prawdzie w oczy; przyznajmy

lose face stracić twarz, prestiż

make a face (*też* **make faces; pull faces**) robić minę; stroić miny

pull a long face *pot.* zrobić zmartwioną, strapioną, smutną minę

save one's face ocalić twarz; uratować; uratować swój honor, dobre imię itp.

set one's face against something *lit.* sprzeciwiać się czemuś

show one's face pokazać się; pojawić się

wipe something off the face of the earth zmieść coś z powierzchni ziemi

FACT

in actual fact (*też* **in fact; in point of fact**) właściwie; faktycznie, w rzeczywistości; w istocie rzeczy

FACTS
facts of life
1. (*też żart.* **the birds and the bees**) sprawy seksu (szczególnie w kontekście uświadamiania dzieci)
2. realia życia; rzeczywistość

FAIR
fair and square szczerze; uczciwie; prosto; celnie
fair enough *pot.* zgoda; wszystko w porządku
fair to middling *pot.* taki sobie; średni

FAITH
in good faith (*też* **in all good faith**) w dobrej wierze; uczciwie

FALL
fall over someone okazać komuś dużą wdzięczność
fall flat nie odnosić skutku; nie trafiać do publiczności
fall short nie donieść (o pocisku); zawieść (o człowieku); nie dopisać (o pogodzie); nie zakończyć się pomyślnie (o sprawie)
fall short of expectations zawieść oczekiwania, nadzieje
riding for a fall narażać się na ryzyko, zgubę; jechać na oślep

FANCY
take someone's fancy przypaść komuś do gustu

FAR
far and wide wszędzie; ze wszystkich stron
so far, so good (jak) dotąd dobrze; wszystko w porządku

FASHION
after a fashion jako tako; o tyle, o ile; do pewnego stopnia

FAT
live off the fat of the land (*też* **live on the fat of the land**) mieć wszystkiego w bród
the fat is in the fire *pot.* wsadzono kij w mrowisko; będzie awantura

FATE
seal someone's fate (*też* **seal someone's doom**) przesądzić o czyimś losie

FATHER
like father like son jaki ojciec taki syn

FAULT
find fault czepiać się; krytykować

FAVOUR
come down in favour of something zgodzić się na coś
do someone a favour zrobić komuś przysługę

FEAR
fear the worst obawiać się, spodziewać się najgorszego
in fear and trembling (*też* **with fear and trembling**) drżąc z przerażenia; w wielkim strachu
keep fear at bay zapewnić sobie poczucie bezpieczeństwa; nie poddać się strachowi
without fear or favour bezstronnie; bez uprzedzeń; bez żadnych względów

FEAST
feast or famine wszystko albo nic

FEATHER
a feather in someone's cap przedmiot czyjejś dumy; coś, co przynosi komuś zaszczyt
you could have knocked me down with a feather osłupiałem, oniemiałem ze zdziwienia

FEATHERS
make the feathers fly *pot.* (też **make the sparks fly; make the fur fly**) rozpętać burzę; zrobić awanturę

FEED
chicken feed *pot.* kropla w morzu

FEEL
feel like doing something mieć ochotę na coś
feel run down być w nienajlepszej kondycji; czuć się wyczerpanym
feel washed out padać z nóg; padać na nos ze zmęczenia; być wykończonym
get the feel of something wczuć się w coś

FEELERS
put out feelers wysondować; wywiadywać się; robić wywiad

FEELINGS
no hard feelings *pot.* nie szkodzi; nie gniewam się

FEET
drag one's feet (też **drag one's heels**) ociągać się
find one's feet nabrać doświadczenia; dać sobie radę
get cold feet *pot.* przestraszyć się; dostać stracha
have feet of clay mieć słaby punkt; nie być bez skazy
have itchy feet *pot.* nie móc usiedzieć w jednym miejscu; być urodzonym podróżnikiem
keep one's feet on the ground (też **have one's feet on the ground**) myśleć trzeźwo; być realistą
knock someone off his feet zbić kogoś z nóg
land on one's feet (też **fall on one's feet**) spaść na cztery łapy
vote with one's feet zbojkotować wybory

FENCE
sit on the fence *pot.* (też **sit on the hedge**) być niezdecydowanym; wyczekiwać; zachowywać neutralność

FENCES
mend one's fences naprawić błędy

FEW
few and far between nadzwyczaj rzadki

FIDDLE
fiddle around with something *pot.* (też **fool around with something**) bawić się czymś bezmyślnie; majstrować przy czymś; zabawiać się
play second fiddle *pot.* (też **be second fiddle**) grać drugoplanową rolę; pozostawać w cieniu

FIELD
play the field *am. pot.* wykorzystywać okazje (np. flirtować na wszystkie strony)

FIGHT (1)
look for a fight szukać zaczepki

FIGHT (2)
fight shy of something unikać czegoś

FIGURE
figure of speech figura retoryczna; metafora

FIGURES (1)
in round figures (też **in round numbers**) w zaokrągleniu

FIGURES (2)
it figures (też **it figures that; that figures**) należy przypuszczać; należy się spodziewać (że); nic dziwnego

FILL
have one's fill *pot.*
   1. najeść się, napić się do syta
   2. mieć czegoś dość, powyżej uszu

FINDERS

finders keepers, losers weepers (też **finders keepers**) kto znalazł, ten ma, kto zgubił, ten płacze

FINGER

have a finger in every pie (też **have a finger in the pie**) mieszać się we wszystko; maczać palce w czym się da

lay a finger on someone (też **put a finger on someone**) tknąć, ruszyć kogoś

lay a finger on something (też **put a finger on something**) znaleźć coś; zlokalizować coś; zrozumieć coś; rozgryźć coś

wrap someone around one's little finger (też **twist someone around one's little finger; wind someone around one's little finger**) owinąć kogoś wokół małego palca

FINGERS

be all fingers and thumbs *pot.* (też **be all thumbs**) mieć dwie lewe ręce

burn one's fingers sparzyć się

have green fingers *pot.* mieć dobrą rękę do roślin; mieć żyłkę ogrodniczą

have one's finger in the till *pot.* (też **have one's hand in the till**) podkradać pieniądze

keep one's fingers crossed *pot.* (też **cross one's fingers**) trzymać kciuki

slip through someone's fingers wyślizgnąć się komuś z rąk

snap one's fingers at something *pot.* kpić sobie z czegoś

work one's fingers to the bone *pot.* urabiać sobie ręce po łokcie

FINGERTIPS

have something at one's fingertips mieć coś w małym palcu; znać coś na wylot, jak własną kieszeń

FIRE

fire and brimstone ogień piekielny; męki piekielne

go through fire and water *przest.* skoczyć w ogień; ryzykować własną skórą

play with fire igrać z ogniem; kusić los, licho

under fire pod obstrzałem; w ogniu krytyki

FIRES

between two fires (też **caught in the cross-fire**) między młotem i kowadłem; w krzyżowanym ogniu

keep the home fires burning zachować ład i porządek; zapewnić sprawne funkcjonowanie

FISH

drink like a fish *pot.* pić na umór; pić jak szewc

have other fish to fry (też **have bigger fish to fry**) mieć inne sprawy na głowie, co innego do roboty

like a fish out of water jak ryba bez wody; skrępowany brakiem doświadczenia, wiedzy itp.; czujący się nieswojo

neither fish nor fowl ni pies, ni wydra; ni to, ni owo

there are plenty more fish in the sea *pot.* świat się na nim (na niej) nie kończy

FITS

in fits and starts (też **by fits and starts; by fits and jerks; in fits and jerks**) nieregularnie; zrywami; sporadycznie

FIX

in a fix *pot.* (też **in a hole; in a jam**) w opałach, tarapatach

FLAME

an old flame *pot.* stara miłość

FLAP
get in a flap *slang*. (też get into a flap)
wpadać w panikę

FLASH
flash in the pan *pot*. przebłysk
in a flash *pot*. w oka mgnieniu;
błyskawicznie

FLEA
send someone off with a flea in their
ear *pot*. dać komuś reprymendę

FLESH
flesh and blood człowiek; istota
ludzka
make someone's flesh creep
wywoływać u kogoś gęsią skórkę,
ciarki
one's own flesh and blood własna
rodzina; krewni

FLING
have one's fling *pot*. wyszumieć się

FLOOR
come in on the ground floor *pot*. (też
get in on the ground floor) włączyć
się od początku; wejść na starcie
have the floor mieć głos
mop the floor with someone *pot*. (też
sweep the floor with someone;
wipe the floor with someone)
spuścić komuś lanie; rozgromić
kogoś
take the floor zabrać głos

FLY (1)
a fly in the ointment *pot*. łyżka
dziegciu w beczce miodu;
drobnostka psująca przyjemność
like a fly in amber utrwalony;
zachowany; wyraźnie; jak dziś

FLY (2)
fly high *pot*. mierzyć wysoko; wybijać
się

FOG
be in a fog *pot*. (też be in a haze)
mieć mętlik w głowie

FOLD
return to the fold powrócić do źródeł

FOOD
food for thought materiał
do przemyśleń

FOOL
make a fool of someone *pot*. (też
make a fool out of someone; make
a monkey of someone; make
a monkey out of someone) robić
z kogoś pośmiewisko; robić z kogoś
wariata, durnia

FOOT
catch someone on the wrong foot
zaskoczyć kogoś
get off on the wrong foot *pot*. (też
start off on the wrong foot) źle
zacząć; zrobić zły początek
have a foot in both camps służyć
dwóm panom; mieć wpływy
w przeciwstawnych obozach; grać
na dwa fronty
have a foot in the door zyskać dobrą
pozycję; dobrze się ustawić; mieć
dobre notowania
have one foot in the grave *pot., żart*.
być jedną nogą w grobie, na drugim
świecie
put a foot wrong *pot*. popełnić
omyłkę; zrobić fałszywy krok
put one's foot down *pot*. być
stanowczym; uprzeć się
put one's foot into it *pot*. (też put
one's foot in it) popełnić gafę

FOOTING
get a footing (też gain a footing)
zdobyć pozycję; zapuścić korzenie
on a friendly footing na przyjacielskiej
stopie

FOOTSTEPS
follow in someone's foot steps iść
w czyjeś ślady

FORCE
spend one's force stracić impet;
stracić na sile

FORELOCK
touch one's forelock *przest.* (też
tug one's forelock; tug at one's
forelock) kłaniać się; oddawać cześć

FORGIVE
forgive and forget puścić
w niepamięć; wymazać z pamięci

FORTY
talk forty to the dozen *pot.* trajkotać;
paplać

FRAME
frame of mind nastrój

FRAZZLE
burn something to a frazzle *pot.*
spalić coś na węgiel, doszczętnie

FREE
free and easy łatwy; beztroski;
bezceremonialny
make free with something za dużo
sobie pozwalać

FREEDOM
freedom of the city honorowe
obywatelstwo miasta

FRIEND
a fair weather friend fałszywy
przyjaciel

FRIENDS
friends in high places (też friends
at court) wpływowi przyjaciele
w wysokich sferach
make friends with someone
zaprzyjaźnić się z kimś

FRIGHT
take fright at something przerazić się
czegoś

FROG
a big frog in a small pond (też
a big fish in a little pond) gruba
ryba w prowincjonalnym mieście;
ktoś o dużym znaczeniu w małej
społeczności
have a frog in one's throat *pot.* mieć
chrypę

FRONT
show a brave front nie tracić
pewności siebie

FROSTING
the frosting on the cake (też the icing
on the cake) premia; dodatkowa
nagroda; coś dodatkowego

FRUITCAKE
as nutty as a fruitcake *slang.*
zwariowany; pomylony

FUN
for fun dla zabawy
make fun of someone (też poke
fun at someone; make fun at
someone) naśmiewać się z kogoś;
drwić z kogoś

FUNERAL
someone's own funeral *pot.* czyjeś
zmartwienie; czyjś problem; czyjś
ból głowy

FUNK
be in a blue funk *pot.* bać się
panicznie

FUSS
kick up a fuss *pot.* (też kick up dust;
kick up rumpus) robić awanturę,
raban
make a fuss of something robić wiele
szumu wokół czegoś

G

GALLERY
play to the gallery grać pod publiczkę

GAMBLE
take a gamble podjąć ryzyko; zaryzykować

GAME
a mug's game *slang.* gra nie warta świeczki
play the game grać fair; przestrzegać reguł gry
someone's little game czyjeś knowania, gierki
the game is not worth the candle gra nie jest warta świeczki; rzecz nie jest warta zachodu

GARDEN
like a bear garden *pot.* jak chlew; jak stajnia; rozgardiasz

GAS
step on the gas *pot.* (też **step on it**) dodać gazu; przyspieszyć

GASP
at one's last gasp ledwo żywy

GAUNTLET
take up the gauntlet (też **pick up the gauntlet**) podnieść rękawicę; podjąć wyzwanie
throw down the gauntlet (też **fling down the gauntlet; throw down the glove**) rzucić wyzwanie, rękawicę

GET
get cracking *pot.* (też **get wearing**) zabrać się (szybko) do roboty
get even with someone wyrównać rachunki z kimś

get fired *pot.* (też **get sacked**) zostać wylanym z pracy
get going *pot.* zacząć
get someone going *pot.* irytować kogoś; złościć kogoś
get it *pot.* rozumieć
get it all together
1. myśleć trzeźwo; wiedzieć, co się robi
2. pozbierać się, przyjść do siebie
get lost *pot.* uciekać; znikać
get mixed up *pot.* pogubić się; zaplątać się
get mixed up in something wdawać się w coś; mieszać się do czegoś
get mixed up with someone zadawać się z kimś
get more than one bargains for *pot.* przeliczyć się
get off easy *pot.* wyjść z opresji
get on well with someone żyć z kimś w zgodzie; zgadzać się z kimś
get one's *pot.* dostać za swoje
get rid of something pozbyć się czegoś
get someone taped *pot.* (też **have someone taped**) rozgryźć kogoś; poznać się na kimś
get someone wrong źle kogoś zrozumieć
get something straight
1. (też **put something straight**) uporządkować coś
2. wyjaśnić sobie coś
get the better of someone (też **get the best of someone**) pokonać kogoś; wziąć górę nad kimś
get the worst of something (też **get the worst of it; have the worst of something**) przegrać coś; stracić na czymś
get used to something przyzwyczaić się do czegoś
get what's coming to one dostać nauczkę; dostać za swoje

get wise to someone *slang.* poznać się na kimś

GETTING

getting on for (też **going on for**) blisko; około

not be getting anywhere (też **be getting nowhere; get nowhere**) stać w miejscu; tracić czas

GHOST

give up the ghost *pot.* (też **yield up to the ghost; yield up the ghost**) wyzionąć ducha

the ghost of an idea *pot.*(też **the ghost of a chance**) najmniejsze pojęcie, szansa

GIFT

gift of the gab *pot.* (też **gift of gab**) swada; dar przekonywania

GIVE

give and take
  1. (też **give or take**) plus minus; mniej więcej
  2. kompromis; wzajemne ustępstwa

GLOVES

handle someone with kid gloves *pot.* (też **handle someone with gloves**) obchodzić się z kimś delikatnie

take off the gloves wyzbyć się wszelkich skrupułów

GO (1)

be on the go *pot.* być w ruchu; być zalatanym

have a go podejmować próbę; próbować

make a go of something *pot.* zapewnić czemuś powodzenie

GO(2)

go bad psuć się (o jedzeniu)

go Dutch *pot.* dzielić koszty równo; płacić każdy za siebie

go easy nie przemęczać się

go easy on someone być dla kogoś wyrozumiałym; postępować z kimś delikatnie

go easy on something używać czegoś z umiarem, oszczędnie

go fifty- fifty płacić po połowie

go from bad to worse pogarszać się

go halfway to meet someone (też **meet someone halfway**) pójść komuś na rękę; pójść z kimś na kompromis

go hard with someone *przest.* odbić się na kimś niekorzystnie; nie wyjść komuś na dobre

go off half-cocked *pot.* (też **go off at half cock**) postępować pochopnie, bez namysłu

go one better than someone (też **go someone one better**) prześcignąć kogoś; przelicytować kogoś

go overboard about someone *pot..* (też **go overboard for someone**) zwariować na czyimś punkcie

go steady chodzić ze sobą przez dłuższy czas

go strong *pot.* mieć się dobrze; być w dobrym stanie

go to it jeszcze trochę; przyłóż się

go to prove *pot.* (też **go to show**) dowodzić (że...); być jeszcze jednym dowodem (że..)

go without saying rozumieć się samo przez się

there you go *pot.*
  1. (też **there you go again**) znowu zaczynasz
  2. zdarza się

GOAT

get someone's goat *pot.* zirytować, rozłościć kogoś

GO-BY

give someone the go-by zignorować, pominąć kogoś

GOD

a little tin god *pot.* (*też* **a little god**)
kacyk; lokalny bóg; bożyszcze

GOES

here goes *pot.* raz kozie śmierć

GOLD

strike gold *pot.* (*też* **strike oil**) trafić
na żyłę złota; znaleźć to, czego się
szukało

GOOD

be up to no good mieć niecne
zamiary

GOODS

goods and chattels dobytek

GOOSE

cook someone's goose *pot.*
wykończyć, zrujnować kogoś

GRAIN

go against the grain (*też* **be against
the grain**) budzić niesmak;
skandalizować

take something with a grain of salt
(*też* **take something with a pinch of
salt**) brać coś z przymrużeniem oka

GRANDMOTHER

**teach one's grandmother to suck
eggs** *pot.* uczyć księdza pacierza

GRAPEVINE

**hear about something on the
grapevine** (*też* **hear about something
through the grapevine; hear about
something by the grapevine**) usłyszeć
o czymś pocztą pantoflową

GRASS

let the grass grow under one's feet
tracić czas

GRAVE

turn in one's grave *pot.* (*też* **turn
over in one's grave**) przewracać się
w grobie

GREEK

be all Greek to someone *pot.*
(*też* **be Greek to someone**) być
niezrozumiałym dla kogoś

GREEN

not as green as cabbage-looking
pot., żart. nie tak zielony na jakiego
wygląda

GRIN

grin and bear it *pot.* robić dobrą minę
do złej gry

GRIP

get a grip on oneself *pot.* wziąć się
w garść

lose one's grip stracić formę

GRIPS

get to grips with something (*też*
come to grips with something)
zabrać się do czegoś, podjąć (np.
temat); poradzić sobie z czymś

GROOVE

be stuck in a groove *pot.* (*też* **be
stuck in a rut; get into a groove;
get into a rut**) wpaść w rutynę;
chodzić jak w kieracie

GROUND

break new ground (*też* **break fresh
ground**) odkryć coś nowego

common ground płaszczyzna
porozumienia; wspólny język

**cut the ground from under
someone's feet** wytrącić komuś
broń z ręki; ubiec kogoś

from the ground up od podstaw

gain ground zyskiwać na znaczeniu

gain ground on someone doganiać
kogoś

get off the ground *pot.* udać się

lose ground
1. wycofywać się; ustępować
2. tracić grunt; słabnąć

GUARD
off one's guard (*też* **off guard**)
zaskoczony; nieprzygotowany

GUESS
anybody's guess *pot.* wielka
niewiadoma

GUEST
be my guest *pot.* proszę bardzo; nie
krępuj się

GUN
beat the gun *pot.* (*też* **jump the gun**)
działać pochopnie

GUNS
go great guns *slang.* iść całą parą; iść
na całego
guns or butter miecze czy lemiesze
spike someone's guns zniweczyć
czyjeś plany
stick to one's guns *pot.* (*też* **stand by
one's guns; stick to one's colours;
stand to one's guns**) trwać przy
swoim

GUTS
hate someone's guts *pot.* nie cierpieć
kogoś
have guts *pot.* (*też* **show guts**) mieć
odwagę

HABIT
kick the habit *pot.* zerwać z nałogiem

HACKLES
raise someone's hackles
doprowadzać kogoś do szału;
złościć kogoś

HAIR
a hair of the dog *pot., żart.* (*też*
a hair of the dog that bit one) klin
(kieliszek alkoholu na kaca)
let one's hair down *pot.* rozluźnić się
**make someone's hair stand on
end** *pot.* (*też* **make someone's
hair stand up on end**) sprawiać,
że komuś włosy na głowie stają dęba
not turn a hair nie mrugnąć nawet
okiem; nie zawahać się nawet
na chwilę
tear one's hair (*też* **tear one's hair
out**) wyrywać sobie włosy z głowy
to a hair co do joty

HAIRS
put hairs on someone's chest *pot.,
żart.* przydawać komuś męskości

HALE
hale and hearty czerstwy; krzepki

HALF
half and half pół na pół; po połowie
not half bad *pot.* niezły
one's better half *pot.* połowica; żona
something and a half coś
doskonałego

HALT
grind to a halt stanąć; ustać

HALVES
go halves dzielić się po połowie

HAMMER
go under the hammer iść pod młotek
hammer and tongs *pot.* zajadle;
na całego

HAND
a cool hand on a fevered brow kojący
wpływ na chorego
an old hand stary wyga; znawca
at close hand (*też* **at near hand;
at hand**) blisko; pod ręką
at first hand z pierwszej ręki

at second hand z drugiej ręki

be a dab hand at something *pot.* (też **be a dab at something**) znać się na czymś

be a good hand at something być dobrym w czymś

eat out of someone's hand walczyć wręcz

get one's hand in something nabrać wprawy w czymś

get out of hand wymknąć się spod kontroli; wyzwolić się

get the upper hand (też **gain the upper hand; have the upper hand**) zdobywać przewagę

give someone a big hand (też **give someone a good hand**) bić komuś duże brawa; głośno kogoś oklaskiwać

give someone a free hand (też **allow someone a free hand**) dać komuś wolną rękę; dąć komuś swobodę działania

give someone a hand (też **give someone a helping hand; bear someone a hand; lend someone a hand**) pomagać komuś; przychodzić z pomocą

give someone the glad hand *pot.* ściskać czyjąś dłoń

hand in glove (też **hand and glove**) w zażyłości; w dobrej komitywie; w zmowie

hand in hand ręka w rękę; (iść) w parze

hand over fist *pot.* szybko

have a hand in something maczać w czymś palce

hold a whip hand over someone (też **have the whip hand over someone; hold the upper hand of someone**) trzymać nad kimś bat; mieć kogoś w swojej władzy

keep one's hand in zachować wprawę

live from hand to mouth żyć z dnia na dzień

out of hand z miejsca; na poczekaniu; natychmiast

raise a hand against someone (też **lift a hand against someone**) podnosić rękę na kogoś

show one's hand odkryć karty; wyjawić zamiary, plany

take a hand at something przyłączyć się do czegoś

take a hand in something brać udział w czymś

take someone in hand wziąć się za kogoś

try one's hand at something spróbować swoich sił na czymś

turn one's hand to something poradzić sobie z czymś

wait on someone hand and foot usługiwać komuś

with a high hand samowolnie; nie licząc się z nikim

with a heavy hand żelazną ręką; despotycznie

HANDLE

fly off the handle *pot.* dostać szału

HANDS

all hands on deck wszyscy na pokład

be good with one's hands mieć zdolności manualne; być zręcznym

get one's hand on someone (też **get hands on someone; lay one's hands on someone**) podnieść na kogoś rękę; uderzyć kogoś

get one's hands on something (też **get hands on something; lay one's hands on something**) znaleźć coś; dostać coś w swoje ręce; położyć na czymś rękę

have clean hands mieć czyste ręce

have one's hands full mieć ręce pełne roboty

have one's hands tied mieć związane ręce

in good hands w dobrych rękach

play into someone's hands działać na czyjąś korzyść

throw up one's hands (też **throw one's hand in**) rozłożyć bezradnie ręce; dać za wygraną

throw up one's hands in horror (też **throw up one's hands in terror**) przerazić się

wash one's hands of something umywać od czegoś ręce

win hands down wygrywać lekko, bez trudu, bez wysiłku

HANG

get the hang of something zorientować się w czymś; połapać się w czymś

HARD

be hard at it nie żałować trudu; przykładać się

hard and fast twardy; nienaruszalny; surowy

HARE

as mad as a March hare zupełny wariat

start a hare poruszyć nowy temat

HASH

settle someone's hash *pot.* załatwić kogoś; rozprawić się z kimś

HAT

hold on to your hat *pot., żart.* (też **hold your hat; hang on to your hat**) nie spadnij z krzesła; trzymaj się mocno; uważaj

I'll eat my hat prędzej wyrośnie mi kaktus na dłoni

keep something under one's hat trzymać coś w tajemnicy; zachowywać coś dla siebie

knock someone into a cocked hat *pot.* pobić kogoś na głowę; rozgromić kogoś

pass the hat around (też **send the hat around; take the hat around**) urządzić zbiórkę, kwestę

take one's hat off to someone wyrażać uznanie dla kogoś; być pełnym uznania dla kogoś

talk through one's hat (też **talk through the top of one's hat**) pleść głupstwa; chełpić się

throw one's hat in the ring (też **throw one's hat into the ring; toss one's hat in the ring**) zgłosić udział w konkursie (zawodach, wyborach, itp.)

HATCHET

bury the hatchet zażegnać spór; pogodzić się

HATTER

as mad as a hatter kompletnie zwariowany

HAVE

have a lot going for one mieć wiele atutów po swojej stronie

have it
1. zgodzić się
2. głosić

have it in for someone *pot.* uwziąć się na kogoś

have it in one potrafić; mieć predyspozycje

have it made *pot.* odnieść sukces

have something out with someone *pot.* (też **have it out with someone**) coś sobie nawzajem wygarnąć

have to do with something mieć coś wspólnego z czymś

have what it takes mieć wszystko, co trzeba

you have had it *pot.*
1. już po tobie
2. nic z tego

you have me there *pot.* nie wiem; zagiąłeś mnie

HAVOC

play havoc with something niszczyć, pustoszyć, niweczyć coś

HAY

make hay of something *pot.* zdezorganizować coś; zniweczyć coś; narobić bigosu

make hay while the sun shines kuć żelazo póki gorące; korzystać z okazji

HEAD

an old head on young shoulders *przest.* rozum jak u starego

bang one's head against a brick wall *pot.* (też **knock one's head against a brick wall; beat one's head against a brick wall**) walić głową o mur

be head and shoulders above someone *pot.* (też **stand head and shoulders above someone**) być od kogoś o niebo lepszym, wspanialszym

bite someone's head off *pot.* (też **bite someone's nose off; snap someone's head off; snap someone's nose off**) odpowiadać komuś opryskliwie, szorstko, ze złością

bring something to a head postawić coś na ostrzu noża

bury one's head in the sand *pot.* (też **have one's head in the sand; hide one's head in the sand**) chować głowę w piasek

come to a head osiągnąć punkt krytyczny, przełomowy

get it through one's head *pot.* (też **get it through one's skull**) zrozumieć coś; połapać się w czymś

get something into one's head *pot.* (też **get something into someone's head**) wbić sobie (komuś) coś do głowy

go to someone's head uderzyć komuś do głowy

hang one's head zwiesić głowę ze wstydu

hang over someone's head wisieć komuś nad głową; zagrażać komuś

have a good head for something (też **have a head for something**) mieć głowę do czegoś

have a head like a sieve (też **have a memory like a sieve; have a mind like a sieve**) mieć głowę jak sito; mieć krótką pamięć

have a head on one's shoulders (też **have a good head one one's shoulders**) mieć głowę na karku; mieć głowę do interesu

have a swelled head *pot.* (też **have a swollen head**) być zarozumiałym (woda sodowa uderza komuś do głowy)

have one's head in the clouds *pot.* bujać w obłokach; myśleć o niebieskich migdałach

have one's head screwed on *pot.* (też **have one's head screwed on the right way; have one's head screwed on right; have one's head screwed on the right place; have one's head screwed properly**) mieć głowę na karku

head over heels po uszy; zupełnie; całkowicie

hold one's head high (też **hold one's head up**) nosić głowę wysoko

keep a level head (też **have a level head; maintain a level head**) zachować spokój; być rozsądnym, trzeźwym

keep one's head *pot.* nie tracić głowy

keep one's head above water wiązać koniec z końcem; dawać sobie radę

lose one's head stracić głowę

make someone's head spin *pot.* (też **make someone's head go round**) przyprawiać kogoś o zawrót głowy

not be able to make head or tail of something *pot.* nie móc się w czymś rozeznać

not know whether one is on one's head or one's heels *pot.* być zdezorientowanym, skonfundowanym

put one's head on the block *pot.* (*też* **put one's head in a noose; put one's head into a noose**) kusić los; ryzykować niepowodzeniem

take it into one's head *pot.* wpaść na pomysł; obmyślić

talk above someone's head (*też* **talk over someone's head**) mówić za mądrze, za trudno dla kogoś

talk one's head off *pot.* gadać bez przerwy; zanudzać gadaniną

turn someone's head zawrócić komuś w głowie

HEADLINES

hit the headlines *pot.* (*też* **make the headlines**) wejść na czołówki gazet

HEADS

count heads *pot.* (*też* **count noses**) przeliczyć obecnych

heads or tails orzeł czy reszka

lay one's heads together (*też* **put one's heads together**) naradzać się

HEAP

strike someone all of a heap *pot.* (*też* **strike someone all of the heap**) zaszokować kogoś; wprawić kogoś w osłupienie

HEARING

be hard of hearing nie dosłyszeć; mieć przytępiony słuch

HEART

be after someone's own heart być czyjąś bratnią duszą

be of good heart być dobrej myśli; nie tracić otuchy

break someone's heart złamać komuś serce

by heart na pamięć

cross one's heart *pot.* (*też* **cross one's heart and hope to die**) dawać słowo honoru

eat one's heart out *pot.* (*też* **eat one's heart out over someone**) umierać z tęsknoty (do kogoś); zalewać się łzami

find it in one's heart to do something (*też* **find it in oneself to do something**) zdobyć się na coś; mieć odwagę, być w stanie coś zrobić

from the heart szczerze; prosto z serca

gain someone's heart (*też* **gain the heart of someone; win someone's heart**) zdobyć, podbić czyjeś serce

get to the heart of something dotrzeć do sedna czegoś

have a heart *pot.* mieć serce; litować się

have one's heart in one's mouth *pot.* (*też* **have one's heart in one's boots**) mieć duszę na ramieniu; mieć ściśnięte gardło; przestraszyć się

have one's heart in the right place *pot.* być człowiekiem z sercem; mieć dobre serce

have one's heart set on something (*też* **set one's heart on something**) upierać się przy czymś

have the heart to do something mieć serce, żeby coś zrobić

lose one's heart to someone oddać komuś swoje serce; zakochać się w kimś, stracić głowę dla kogoś

my heart bleeds for you *pot., żart.* (*też* **my heart aches for you**) moje wyrazy współczucia

open one's heart to someone (*też* **open one's mind to someone**) otworzyć przed kimś serce

put one's heart and soul into something wkładać w coś wiele serca, całą duszę

put someone's heart at rest *pot.* (*też* **set someone's heart at rest; put someone's mind at rest**) uspokoić kogoś, rozwiać czyjeś obawy

search one's heart (*też* **search one's soul**) zaglądać w głąb serca, duszy

sick at heart *lit.* przybity; strapiony

someone's heart goes out to someone *lit.* ktoś komuś współczuje

someone's heart misses a beat (*też* **someone's heart skips a beat**) serce komuś zamiera

someone's heart sinks ktoś doznaje rozczarowania; ktoś traci wszelką nadzieję

take heart nabrać otuchy

take someone to one's heart obdarzyć kogoś miłością

take something to heart wziąć sobie coś do serca

wear one's heart on one's sleeve *pot.* mieć serce na dłoni; wyjawiać swoje uczucia

with all one's heart (*też* **with all one's heart and soul**) całym sercem (i duszą)

with half a heart bez przekonania, na pół gwizdka

HEARTSTRINGS

tug at someone's heartstrings *pot.* chwytać kogoś za serce

HEAT

put the heat on *pot.* (*też* **turn the heat on; put the screws on**) użyć siły

HEAVEN

heaven only knows (*też* **heaven knows; Christ knows: God knows: goodness knows: hell knows: Lord knows**) Bóg raczy wiedzieć

move heaven and earth *pot.* poruszyć niebo i ziemię

HEEL

come to heel podporządkować się

turn on one's heel obrócić się na pięcie i odejść

HEELS

at someone's heels tuż za kimś; za czyimiś plecami

kick one's heels *pot.* obijać się; nic nie robić

take to one's heels *pot.* wziąć nogi za pas

tread on someone's heels deptać komuś po piętach

HELL

as sure as hell *pot.* (*też* **as sure as death; as sure as fate**) jak amen w pacierzu; z pewnością

come hell or high water *pot.* bez względu na to, co się stanie

raise hell *pot.* (*też* **raise merry hell; raise Cain**) robić piekło, awanturę

HELP

can't help nic nie móc poradzić; nie móc się powstrzymać

HERE

be neither here nor there nie mieć znaczenia, związku

here and now tu i teraz; natychmiast

HERE'S

here's to za zdrowie; sto lat

HERRING

red herring odwrócenie uwagi; mylny trop

HIDE

neither hide nor hair ani śladu

tan someone's hide *pot.* zbić kogoś na kwaśne jabłko; złoić komuś skórę

HIGHWAYS
the highways and byways *przest.*
wszystkie drogi

HILL
up hill and down dale wszędzie;
w całej okolicy

HINT
take a hint zrozumieć aluzję

HISTORY
go down in history (też **go down in
records**) przejść do historii; zapisać
się w historii

HIT (1)
make a hit *pot.*
1. odnieść sukces; wywołać sensację
2. stać się szlagierem

HIT (2)
hit and miss (też **hit or miss**) byle jak;
na chybił trafił; na los szczęścia
hit it off *pot.* znajdować wspólny
język; zgadzać się

HOG
go the whole hog *pot.* iść na całego;
robić coś z rozmachem, nie
szczędząc kosztów i wysiłku
live high off the hog *pot.* żyć
wystawnie; żyć jak bogacz

HOLD
get hold of something
1. znaleźć coś
2. (też **take hold of something**)
chwycić coś; chwycić się czegoś
hold it *pot.* stój; poczekaj; zatrzymaj
się
hold one's own dzielnie się bronić;
stać przy swoim; nie poddawać się
hold something against someone
mieć coś przeciwko komuś; mieć
coś komuś za złe
hold true pozostawać w mocy;
obowiązywać; odnosić się

HOLE
burn a hole in someone's pocket
(o pieniądzach) kusić; mieć wielką
ochotę, aby wydać na coś pieniądze
like the Black Hole of Calcutta jak
w łaźni

HOLES
pick holes in something *pot.*
krytykować coś; doszukiwać się
w czymś wad

HOLIDAY
a busman's holiday urlop spędzony
przy pracy zawodowej

HOME
be home and dry *pot.* odnieść
zwycięstwo; być w korzystnej sytuacji
bring something home to someone
uświadomić komuś coś
come home to roost zemścić się
make oneself at home rozgościć się;
nie krępować się; poczuć się jak
u siebie w domu
nothing to write home about nic
nadzwyczajnego; nic ciekawego, nic
specjalnego

HONOURS
do the honours czynić honory domu,
przyjąć rolę gospodarza

HOOK
by hook or by cook za wszelką cenę;
nie przebierając w środkach; w ten
czy inny sposób
let someone off the hook *pot.* (też **get
someone off the hook**) wyciągnąć,
wybawić kogoś z opresji
**swallow something hook, line
and sinker** *pot.* uwierzyć w coś
całkowicie i bezkrytycznie

HOP
catch someone on the hop *pot.*
zaskoczyć kogoś; złapać kogoś
na gorącym uczynku

HOPES
dash someone's hopes rozwiać czyjeś nadzieje

HORNS
be on the horns of dilemma stać przed trudnym wyborem, przed dylematem

draw one's horns in *pot.* (też **draw in one's horns; haul one's horns in; pull one's horns in**) spuścić z tonu; przycichnąć; wycofać się

show one's horns pokazać rogi

HORSE
a horse of a different colour (też **a horse of another colour**) inna para kaloszy; zupełnie inna sprawa

back the wrong horse *pot.* stawiać na złego konia; przeliczyć się

eat like a horse *pot.* jeść jak wilk; jeść za trzech

flog a dead horse *pot.* (też **beat a dead horse**) męczyć się na próżno; tracić czas i energię

look a gift horse in the mouth *pot.* zaglądać darowanemu koniowi w zęby

HORSES
change horses in midstream (też **change horses in the middle of the stream**) nagle zmienić zdanie; zawrócić w pół drogi

hold one's horses *pot.* nie denerwować się; zachowywać spokój; trzymać nerwy na wodzy

horses for courses właściwy człowiek, właściwa rzecz na właściwym miejscu

HOUR
at the eleventh hour w ostatniej chwili; za pięć dwunasta

improve each shining hour *żart.* wykorzystać każdą sekundę; nie marnować ani chwili

HOURS
after hours po urzędowych godzinach, po godzinach pracy

keep early hours wcześnie wstawać

the small hours pierwsze godziny po północy, późno w nocy, nad ranem

HOUSE
eat someone out of house and home przejeść czyjś majątek, wydać czyjeś oszczędności

get on like a house on fire *pot.* żyć w zgodzie; być w dobrej komitywie; dobrze współżyć

keep house prowadzić gospodarstwo; zajmować się domem

keep open house prowadzić dom otwarty

like a house on fire *pot.* jak piorun; błyskawicznie

on the house na koszt gospodarza, firmy itp.

put one's house in order (też **set one's house in order**) uporządkować swoje własne sprawy; dopilnować własnych spraw

HOUSES
as safe as houses *pot.* zupełnie bezpieczny

HOW'S
how's that *pot.*
1. no i co ty na to?
2. jak to możliwe?; jak to?
3. co powiedziałeś?; co tam mówisz?

HUDDLE
go into a huddle *pot.* naradzać się; zmawiać się

HUMP
be over the hump *pot.* mieć najgorsze za sobą

give someone the hump *pot.* złościć, denerwować kogoś; przygnębiać kogoś

HUNCH
have a hunch mieć przeczucie

HUNT
a witch hunt polowanie na czarownice, szukanie winnego

HUSTLE
hustle and bustle rwetes; młyn; krzątanina

ICE
break the ice przełamać lody; pokonać pierwsze uprzedzenia

put something on ice *pot.* (też **put something on the back burner**) odłożyć coś na później

skate on thin ice *pot.* (też **sit on thin ice; be on thin ice**) narażać się na niebezpieczeństwo; poruszać się po niepewnym gruncie; być w trudnym położeniu

IDEA
not have the faintest idea (też **not have the remotest idea; not have the first idea; not have the foggiest idea**) nie mieć żadnego, zielonego pojęcia

what's the idea *pot.* (też **what's the big idea**) cóż to znów za pomysł; co to ma znaczyć

IDEAS
get ideas into one's head (też **get big ideas into one's head; get big ideas**) wmawiać sobie coś; łudzić się

put ideas into someone's head *pot.* (też **give someone ideas**) mącić, mieszać komuś w głowie; namawiać kogoś do złego

INCH
every inch w każdym calu

within an inch of something o włos od czegoś

INS
the ins and outs arkana; najdrobniejsze szczegóły; tajniki

INTENTS
to all intents and purposes faktycznie; w rzeczywistości

INTEREST
take an interest in something wykazywać zainteresowanie czymś; zainteresować się czymś

IRON
strike while the iron is hot kuć żelazo póki gorące

IRONS
have several irons in the fire działać na kilka frontów

ISSUE
take issue with someone nie zgadzać się z kimś, dyskutować z kimś o spornej sprawie

ITCH
have an itch to do something *pot.* palić się do zrobienia czegoś, nie móc się doczekać zrobienia czegoś

J

JACK

a jack of all trades *pot.* (też **a Jack of all trades**) złota rączka; majster od wszystkiego; osoba dobra w wielu dziedzinach

before you can say Jack Robinson błyskawicznie; w mgnieniu oka; niezwłocznie

JACKPOT

hit the jackpot *pot.* wygrać główną nagrodę; odnieść życiowy sukces; wygrać los na loterii

JAM

do you want jam on it *pot.* może jeszcze gwiazdkę z nieba

JELLY

shake like a jelly *pot.* (też **shake like a leaf; shake like an aspen leaf**) trząść się jak galareta; drżeć jak liść osiki

JIFFY

in a jiffy *pot.* za sekundę; zaraz

JOB

a safe job stałe zatrudnienie

a soft job *pot.* lekka praca

fall down on the job nie sprawdzić się w swoim zawodzie

the devil's own job wielki problem; ciężkie zadanie

JOBS

jobs for the boys *pot.* praca otrzymana przez protekcję

JOKE

a practical joke psikus; figiel

get beyond a joke *pot.* przestawać być śmiesznym; wcale nie bawić; przesadzać w żartach

no joke *pot.* poważna sprawa; nic śmiesznego

play a joke on someone (też **play a trick on someone**) zrobić komuś kawał

JOKING

joking apart (też **joking aside**) żarty na bok; a teraz już na poważnie

JONESES

keep up with the Joneses *pot.* starać się dorównać materialnie sąsiadom

JUDGE

as sober as a judge
1. zupełnie trzeźwy
2. śmiertelnie poważny; nadęty; napuszony

JUDGEMENT

against one's better judgement wbrew rozsądkowi; wbrew sobie

JUICE

stew in one's own juice *pot.* (też **stew in one's juice**) wypić piwo, którego się nawarzyło

JUMP

be for the high jump *pot.* znaleźć się w opałach; oberwać

get the jump on someone *pot.* wyprzedzić kogoś; zyskać przewagę nad kimś

take a running jump *pot.* uciekaj; zjeżdżaj

JUNGLE

a concrete jungle betonowa pustynia

K

KEEP

earn one's keep (też **earn its keep**) zarabiać na siebie; być samodzielnym finansowo

keep abreast of something dotrzymywać czemuś kroku; nadążać za czymś

keep on doing something (też **keep doing something**) bezustannie coś robić; nie przestawać czegoś robić

keep oneself to oneself (też **keep to oneself**) być odludkiem; być zamkniętym w sobie

keep someone posted informować kogoś na bieżąco

keep something dark trzymać coś w sekrecie; pozostawiać coś w tajemnicy

KEEPING

in keeping with something w zgodzie z czymś

out of keeping niestosowny; nie na miejscu; nie przystający

KETTLE

a different kettle of fish *pot.* inna para kaloszy; zupełnie coś innego

a fine kettle of fish *pot.* (też **a pretty kettle of fish**) ładna historia; masz babo placek; a to ci heca

KICK

get a kick out of something *pot.* mieć uciechę z czegoś; znajdować przyjemność w czymś

kick someone upstairs pozbyć się kogoś przez danie mu awansu

KICKS

do something for kicks *pot.* robić coś dla zabawy, rozrywki

KILL

be dressed to kill *pot.* wystroić się zabójczo

be in at the kill *pot.* być na miejscu w momencie kulminacyjnym, przy zakończeniu akcji

KILLING

make a killing zbić fortunę; zrobić majątek

KIN

next of kin najbliższy krewny

KING

king of the castle (też **the king of castle**) przywódca; pan i władca

KIP

have a kip *slang.* zdrzemnąć się; przespać się; uciąć sobie drzemkę

KITE

go fly a kite *pot.* idź sobie; idź do licha; spadaj

KITH

one's kith and kin znajomi i krewni; najbliżsi; przyjaciele i rodzina

KITTENS

have kittens *pot.* stracić zmysły; wściec się

KNEES

be the bee's knees *pot.* uważać się za kogoś ważnego, najlepszego

bring someone to their knees *lit.* zmusić kogoś do uległości

KNIFE

get one's knife into someone *pot.* (też **have one's knife in someone**) źle komuś życzyć; żywić do kogoś urazę

go under the knife *żart.* iść pod nóż

like a knife through butter (też **like a hot knife through butter; like a knife through margarine; like**

a hot knife through margarine)
jak po maśle; bez problemu; bez
trudności

KNIGHT

a knight in a shining armour (też
a knight in shining armour) rycerz
z bajki; dzielny rycerz

KNOCK

knock someone sideways *pot.* (też
throw someone sideways; knock
someone for six; hit someone for
six; knock someone flat; knock
someone for a loop) zaskoczyć
kogoś; zaszokować kogoś

knock something sideways (też throw
something sideways) mieć zły
wpływ na coś; oddziaływać na coś
negatywnie

KNOT

tie the knot *pot.* związać węzłem
małżeńskim

KNOTS

tie someone up in knots (też tie
someone in knots) gmatwać, plątać
komuś

KNOW

for all I know o ile mi wiadomo;
z tego, co mi wiadomo

in the know *pot.* wtajemniczony

know it all (też know all the answers;
have all the answers) pozjadać
wszystkie rozumy

know what's what *pot.* dobrze się
orientować; znać się na rzeczy

know where one stands (też know
where one is) wiedzieć na czym się
stoi; znać sytuację

not know whether one is coming
or going (też not know if one is
coming or going) nie panować nad
sytuacją; nie wiedzieć co się dzieje

not that I know of o ile wiem to nie;
nic mi o tym nie wiadomo

KNOWING

there's no knowing (też there's no
saying; there's no telling) nie
wiadomo; trudno przewidzieć

KNOWLEDGE

to the best of my knowledge o ile mi
wiadomo; z tego, co wiem

KNOWS

before one knows where one is *pot.*
zanim się człowiek spostrzeże

KNUCKLE

knuckle under poddać się; ustąpić

near the knuckle *pot.*

1. (też near the mark; close to the
mark; near the bone) bliski
prawdy
2. (też near the mark; close to the
mark) grubiański; obraźliwy;
na granicy przyzwoitości

KNUCKLES

rap someone on the knuckles *pot.*
(też rap someone's knuckles) dać
komuś po łapach; trzepnąć kogoś
po palcach

L

LAKE

go jump in the lake *pot.* (też go and
jump in the lake; go jump in the
river; go jump in the sea; go jump
in the ocean; go put your head
in a bucket; go stick your head
in a bucket) idź do diabła; znikaj;
odczep się; spadaj

LAND

a land of milk and honey *lit.* (też
a land flowing with milk and

honey) kraj mlekiem i miodem
płynący

in cloud cuckoo land *pot.* w innym
świecie; z głową w chmurach

in the land of the living *żart.* w życiu
doczesnym; na tym świecie

see how the land lies (też **find out
how the land lies; discover how
the land lies; spy out the land; find
out the lay of the land; see the lie
of the land**) wysondować teren;
zorientować się w sytuacji

LAP

in the lap of luxury w dostatku;
w luksusie

LARGE

at large
1. na wolności; na swobodzie
2. w całości; w ogólności
3. wyczerpująco; w całej
   rozciągłości

by and large w sumie; ogólnie biorąc

LAST

at long last (też **at last**) wreszcie;
ostatecznie; w końcu

last but not least *pot.* choć
wymieniony na końcu, jednak nie
mniej ważny

LATHER

get in a lather *pot.* (też **get into a lather**)
wpadać w irytację, w złość; pienić się

LAUGH

have the last laugh (też **get the last
laugh**) mieć ostatnie słowo; wytrwać
do samego końca; ten się śmieje,
kto się śmieje ostatni

LAURELS

look to one's laurels dbać o swoją
pozycję; dbać o swoje notowania

rest on one's laurels *pot.* spocząć
na laurach

LAW

be a law unto oneself samemu
stanowić prawo; postępować
według własnego widzimisię; działać
według własnych reguł

lay down the law *pot.*
1. dać reprymendę; wyłożyć swoje
   racje
2. ustalać reguły; narzucać innym
   swoją wolę

take the law into one's own hands
wziąć sprawiedliwość w swoje
ręce; dochodzić swych roszczeń
z pominięciem sądu

LAY

lay it on thick *pot.* (też **pile it on
thick; put it on thick; spread it
on thick; lay it on with a trowel**)
przesadzać (w pochwałach,
zachwytach itp.)

lay low powalić; zniszczyć; upokorzyć

LEAD

swing the lead *pot., przest.*
1. symulować; udawać coś
2. koloryzować

LEAF

take a leaf out of someone's book
iść w czyjeś ślady; brać z kogoś
przykład; naśladować kogoś

turn over a new leaf rozpocząć nowe
życie; ustatkować się

LEAGUE

in league with someone (też **in
league together; in cahoots
with someone over something**)
w zmowie z kimś (w związku
z czymś)

LEAN

lean over backwards *pot.* (też
**lean over backward; fall over
backwards; bend over backward**)
wychodzić z siebie; zadawać sobie

wiele trudu; dołożyć wszelkich
starań

LEAP

a leap in the dark *pot.* (*też* **a shot
in the dark**) zgadywanie na chybił
trafił; krok w nieznane

LEAPS

in leaps and bounds *pot.* (*też*
by leaps and bounds) szybko;
błyskawicznie

LEASE

a new lease of life (*też* **a new lease
on life**) przedłużenie życia; powrót
do życia; nowy zapas energii

LEASH

strain at the leash szarpać się;
borykać się z trudnościami

LEAST

not in the least żadną miarą; wcale
nie; bynajmniej

LEAVE

leave a lot to be desired (*też* **leave
much to be desired; leave a great
deal to be desired**) pozostawiać
wiele do życzenia

leave someone high and dry (*też*
leave someone to sink or swim)
pozostawić kogoś na pastwę losu;
zostawić kogoś w opałach

leave well enough alone (*też* **leave
well alone; let well enough alone;
let well alone**) pozostawić wszystko
bez zmian, pozostawić wszystko
po staremu

take French leave zniknąć bez
uprzedzenia

take leave (*też* **take one's leave**)
pożegnać się; rozstać się

LEECH

stick like a leech (*też* **cling like
a leech**) uczepić się jak rzep psiego
ogona; przyssać się jak pijawka

LEG

not have a leg to stand on pozostać
bez racji, bez argumentów

pull someone's leg *pot.* nabierać
kogoś; naciągać kogoś

put one's best leg forward *pot.* (*też*
put one's best foot forward) dać
z siebie wszystko; pokazać się z jak
najlepszej strony

shake a leg *pot.*
1. (*też* **show a leg**) pospiesz się;
zwijaj się
2. tańczyć

LEGS

be on one's last legs *pot.* ledwo się
trzymać na nogach; gonić resztkami
sił

stretch one's legs rozprostować nogi

talk the hind legs off a donkey *pot.*
(*też* **talk the mule hind legs off**)
za dużo gadać; zagadać każdego
na śmierć

LEISURE

at one's leisure (*też* **at leisure**)
w wolnym czasie; w dogodnej
chwili

LEND

lend oneself to something przyłożyć
rękę do czegoś

LENGTH

at length
1. w całej rozciągłości; szczegółowo
2. nareszcie; w końcu

keep someone at arm's length
trzymać kogoś na dystans; odnosić
się do kogoś z rezerwą

LENGTHS

go to great lengths (*też* **go
to considerable lengths; go to any
length; go to any extremes**) nie
cofnąć się przed niczym; użyć
wszelkich sił i środków

LESSON

teach someone a lesson (*też* **give someone a lesson**) dać komuś szkołę; dać komuś nauczkę

LET

let alone nie mówiąc już o...; a cóż dopiero...

let loose (*też* **set loose; turn loose**) wypuścić

let someone have it dać komuś za swoje; dać komuś nauczkę

let someone loose (*też* **let someone loose on something**) puścić kogoś samopas; dać komuś wolną rękę (w czymś)

let slip something (*też* **let something slip**)
1. zdradzić się z czymś
2. przepuścić; przegapić

LETTER

a stiff letter ostry list

to the letter dosłownie; co do joty; w całej rozciągłości

LEVEL

on the level *pot.* uczciwy; uczciwie; szczery; szczerze

LIBERTIES

take liberties
1. pozwalać sobie na poufałość
2. swobodnie interpretować

LIBERTY

take the liberty of doing something pozwolić sobie coś zrobić

LICK

with a lick and a promise *pot.* po łebkach; z grubsza

LID

flip one's lid *am. slang.* wybuchnąć; dostać szału

take the lid off something demaskować coś; ujawniać coś

LIE

lie low *pot.* ukrywać się; przeczekać w ukryciu

white lie niewinne kłamstwo

LIEU

in lieu w zamian

in lieu of something w miejsce czegoś; zamiast czegoś

LIFE

a charmed life rajskie, czarowne życie

as large as life *żart.* (*też* **as big as life**) we własnej osobie; w całej okazałości

bet one's life (*też* **bet on one's life**) dać głowę; dać sobie rękę uciąć

between life and death jedną nogą na tamtym świecie

come to life
1. odzyskać przytomność
2. ożywić się

for dear life co sił w nogach

for the life of one za żadne skarby świata

lay down one's life *pot.* oddać życie

lead a dog's life mieć pieskie życie

not on your life w żadnym wypadku; nigdy w życiu

run for one's life (*też* **race for one's life**) ratować własną skórę

see life widzieć niejedno w życiu; posmakować życia; być doświadczonym

see life whole (*też* **see life steadily and see it whole**) mieć trzeźwe, wyważone spojrzenie na świat, życie

the life and soul of the party *pot.* dusza towarzystwa

LIGHT

bring something to light wydobyć coś na światło dzienne; ujawnić coś

give the green light zapalić zielone światło; dać wolną drogę

go out like a light (też **be out like a light**) paść jak kłoda; zasnąć natychmiast

hide one's light under a bushel być skromnym; ukrywać swoje dobre strony

in the cold light of day na trzeźwo; na zimno

light at the end of the tunnel światło na końcu tunelu; nadzieja

make light of something bagatelizować coś

see the light przejrzeć na oczy; opamiętać się; pójść po rozum do głowy

see the red light podejrzewać, widzieć niebezpieczeństwo

throw light on something (też **throw light upon something**) rzucić światło na coś; naświetlić coś

LIKE

as like as not (też **as likely as not**) najpewniej; z całym prawdopodobieństwem

LIKES

the likes of someone *pot.* taki jak ktoś; komuś podobny

LIKING

take a liking to someone (też **take a fancy to someone**) poczuć sympatię do kogoś; polubić kogoś

LILY

gild the lily (też **paint the lily**) robić rzecz najzupełniej zbyteczną

LIMB

go out on a limb zaryzykować; odważyć się zrobić coś

LIMELIGHT

in the limelight w centrum zainteresowania; na świeczniku

steal the limelight odebrać popularność

LINE

draw the line at something (też **draw a line at something**) sprzeciwiać się czemuś stanowczo; nie pozwalać na coś

drop someone a line *pot.* napisać, skrobnąć do kogoś parę słów

fall into line (też **fall in line**) podporządkować się; pogodzić się

lay it on the line *pot.* postawić kropkę nad "i"

lay something on the line (też **put something on the line**) kłaść coś na szalę; ryzykować czymś

sign on the dotted line *pot.*
1. podpisać się na formularzu, dokumencie; podpisać umowę
2. ustąpić (pod przymusem); podporządkować się

somewhere along the line gdzieś po drodze; w pewnym momencie

take a hard line zająć twarde stanowisko

toe the line ściśle trzymać się przepisów; podporządkować się dyscyplinie

LINEN

wash one's dirty linen in public *pot.* (też **air one's dirty linen in public**) publicznie prać swoje brudy

LINES

read between the lines czytać między wierszami

LION

beard the lion in his den *lit.* leźć lwu w paszczę

LIONS

throw to the lions (też **throw to the wolves**) rzucić lwom na pożarcie; poświęcić

LIP

button one's lip *slang.* (też **zip one's lip**) zamknąć gębę na kłódkę; nabrać wody w usta

keep a stiff upper lip zachowywać zimną krew; nie poddawać się nieszczęściu; nie okazywać emocji

LIPS
bite one's lips zagryzać wargi; trzymać nerwy na wodzy

LISTS
enter the lists *przest.* wstąpić w szranki

LITTLE
little by little po trochu; stopniowo

LIVE
as I live and breathe *pot.* niech skonam; a niech mnie
live and let live dać żyć innym; umieć żyć z ludźmi
live it up używać sobie; pożyć sobie na całego
you live and learn człowiek uczy się przez całe życie

LIVING
earn a living (też **earn one's living**) zarabiać na życie
scratch a living ledwo wiązać koniec z końcem

LOAD
a load off someone's mind *pot.* kamień z serca
a load of old cobblers *pot.* (też **a load of cobblers**) stek bzdur
get a load of something *pot.* przyuważyć coś
get a load of this *pot.* patrzcie państwo; popatrz, popatrz

LOAF
use one's loaf *slang., przest.* ruszyć głową; pomyśleć

LOCK
lock, stock and barrel w całości; z całym dobrodziejstwem inwentarza

LOG
sleep like a log *pot.* (też **sleep like a top**) spać jak kłoda; twardo spać

LOGGERHEADS
be at loggerheads kłócić się; wodzić się za łby

LONG
before long wkrótce; zanim się człowiek obejrzy
so long *am. pot.* na razie!
the long and the short of it krótko mówiąc; jednym słowem; pokrótce

LOOK
look forward to something wypatrywać czegoś; oczekiwać czegoś z niecierpliwością

LOOKOUT
be on the lookout for something poszukiwać czegoś

LOSS
at a loss
1. ze stratą
2. w kropce
be a dead loss *pot.* być do niczego

LOSSES
cut one's losses wycofać się w porę (aby uniknąć dalszych strat)

LOT
throw in one's lot with someone (też **cast in one's lot with someone**) związać się z kimś na dobre i na złe

LOVE
fall in love zakochać się
fall out of love odkochać się; stracić uczucie
not for love or money *pot.* za nic w świecie; za żadne pieniądze
no love lost nienawiść

LOWDOWN
get the lowdown *pot.* uzyskać poufne informacje

LUCK
as luck would have it (*też* **as good luck would have it**) traf chciał, że...; na szczęście
be down on one's luck *pot.* mieć złą passę
push one's luck igrać z losem; przeciągać strunę
take pot luck ryzykować; liczyć na szczęście
the best of British luck *pot.* (*też* **the best of British**) powodzenia
tough luck *pot.* (*też* **hard luck**) okropny pech; zezowate szczęście

LUGGAGE
have enough luggage to sink a battleship być obładowanym jak wielbłąd

LUMP
bring a lump in someone's throat ściskać za gardło

LURCH
leave someone in the lurch zostawić kogoś na lodzie; zostawić kogoś na pastwę losu

MAGGOT
have a maggot in one's brain *pot.* (*też* **have a maggot in one's head**) mieć kiełbie we łbie

MAIN
in the main *lit.* w zasadzie; ogólnie biorąc

MAJORITY
join the great majority (*też* **join the majority**) przenieść się na tamten świat

MAKE
be on the make *slang.*
1. dorabiać się; robić pieniądze
2. *am.* nie myśleć o niczym oprócz seksu
make certain (*też* **make sure**) upewnić się; sprawdzić
make do and mend *pot.* (*też* **make do**) zadowalać się tym, co się ma; zastępować jedną rzecz inną
make free with something (*też* **make bold with something**) traktować coś jak swoje
make good something *pot.*
1. wywiązać się z czegoś; spełnić coś (obietnicę, groźbę)
2. naprawić (szkodę); wyrównać (stratę)
3. zdołać (np. uciec)
make good as someone odnieść sukces zawodowy jako (aktor, sportowiec itp.)
make it hot for someone *pot.* (*też* **make it warm for someone**) dać komuś nauczkę
make it snappy *pot.* pospiesz się; rusz się; żywo
make oneself conspicuous zwracać na siebie uwagę
make oneself scarce *pot.* zmyć się; wynieść się
make or break *pot.* rozstrzygnąć o (czyimś, czegoś) losie
make the best of something zrobić z czegoś jak najlepszy użytek

MAKES
what makes someone tick *pot.* to, co jest motorem czyjegoś działania, funkcjonowania

MAN

a man of few words człowiek
małomówny

a man of his word człowiek słowny

a man of parts *lit.* (też **a man of many
parts**) człowiek wszechstronnie
uzdolniony

a man of the world światowiec

a straw man *pot., przest.* (też **a man
of straw**)
1. popychadło
2. figurant

feel like a new man czuć się jak nowo
narodzony, jak
młody Bóg

it's enough to drive a man to drink
pot. można się upić z rozpaczy

odd man out *pot.* (też **odd one out**)
zbędna osoba; osoba, rzecz nie
do pary

the man in the street przeciętny
obywatel; szary człowiek

MANNER

all manner of things *lit.* różnego
rodzaju rzeczy; cokolwiek

in a manner of speaking *pot.*
w pewnym sensie; poniekąd

MAP

put on the map spopularyzować;
uczynić znanym

MARBLES

lose one's marbles *slang.* zwariować;
stracić rozum

MARCH

steal a march on someone
wyprzedzić kogoś; pozostawić kogoś
w tyle

MARINES

tell it to the marines *pot.* (też **tell it
to the Horse Marines**) bujać to my,
ale nie nas; nie wierzę ci; powiedz
to komu innemu

MARK

make one's mark (też **make its mark**)
wyróżnić się; stać się sławnym

up to the mark *pot.*
1. (też **up to the par**) na poziomie
2. w formie

wide of the mark (też **wide of the
target; wide of the truth**) daleki
od prawdy; niedokładny; od rzeczy

MARKET

play the market grać na giełdzie

MAST

at half mast *pot., żart.*
1. opadający (np. o skarpetkach itp.)
2. zbyt krótki (np. o spodniach)

MASTER

be one's own master być panem
samego siebie

MASTERS

serve two masters służyć dwóm
panom; grać na dwie strony

MATCH

meet one's match (też **find one's
match**) znaleźć równego, godnego
siebie przeciwnika

MATTER

a matter of course rzecz oczywista,
zrozumiała sama przez się

a matter of opinion sprawa gustu

as a matter of fact w gruncie rzeczy;
jeśli chodzi o ścisłość

for that matter a zresztą; a poza tym;
jeśli o to chodzi

make no matter *lit.* (też **be no matter**)
być bez znaczenia; nie robić różnicy

no laughing matter *pot.* (też **no
joking matter**) nic śmiesznego

no matter bez względu

no matter what cokolwiek się zdarzy

MEAL
make a meal out of something *pot.* (*też* **make a meal of something**) wyolbrzymiać coś; robić z czegoś problem

MEANS
by all means ależ oczywiście; proszę bardzo
by no means (*też* **not by any means**) w żaden sposób; stanowczo nie
live beyond one's means żyć ponad stan

MEASURE
for good measure na dokładkę; ekstra
take someone's measure (*też* **take the measure of someone; get someone's measure; get the measure of someone**)
1. zdjąć z kogoś miarę
2. oceniać kogoś; mierzyć kogoś oczyma

MEDICINE
give someone a dose of his own medicine (*też* **give someone a taste of one's own medicine**) odpłacić komuś pięknym za nadobne
take one's medicine *pot.* ponieść karę; bez sprzeciwu przyjąć karę

MEDIUM
strike a happy medium znaleźć złoty środek; pójść na kompromis

MEMORY
commit to memory zapamiętać; nauczyć się na pamięć
jog someone's memory odświeżyć czyjąś pamięć

MEN
separate the men from the boys *pot.* (*też* **sort the men from the boys; tell the men from the boys**) oddzielać ziarna od plew

MEND
be on the mend *pot.* poprawiać się; wracać do zdrowia

MENTION
not to mention nie mówiąc już o...

MERCY
at the mercy of something na łasce czegoś

MESS
get into a mess wpaść w tarapaty; napytać sobie biedy

MESSAGE
get the message *pot.* (*też* **get the picture; get the word**) rozumieć, o co chodzi

METTLE
be on one's mettle mieć podrażnioną ambicję

MIDAIR
in midair w zawieszeniu

MIDDLE
middle-of-the-road wypośrodkowany (np. pogląd, opinia, stanowisko itp.); umiarkowany

MIGHT
with might and main (*też* **with all one's might and main; by might and main; by all one's might and main**) z całych sił

MILE
stick out o mile *pot.* (*też* **stand out a mile**) być widocznym na kilometr, z daleka

MILK
cry over split milk *pot.* żałować czegoś, co się stało i nie odstanie

MILL
be through the mill (*też* **go through the mill**) przejść twardą szkołę

put someone through the mill dać komuś szkołę

MILLSTONE
a millstone round one's neck (też **a millstone about one's neck**) kamień u szyi

MINCEMEAT
make mincemeat of something rozbić coś w puch; zniszczyć coś; rozprawić się z czymś

MIND
be easy in one's mind zaznać spokoju; mieć spokojną głowę
blow someone's mind slang. wywrzeć wielkie wrażenie na kimś
cross someone's mind pot. (też **cross through someone's mind; pass through someone's mind**) przyjść komuś do głowy
have a good mind to do something (też **have a great mind to do something; have half a mind to do something**) mieć wielką ochotę coś zrobić
have a mind like a steel trap mieć bystry, lotny umysł
have an open mind (też **have an open mind on**) mieć otwarty umysł; być bezstronnym
have a one-track mind (też **have a single-track mind**) mieć obsesję; myśleć o jednym
have in mind mieć na myśli
have something on one's mind martwić się czymś; mieć zaprzątniętą czymś głowę
in one's right mind przy zdrowych zmysłach
keep something in mind (też **bear something in mind; have something in mind**) mieć coś na uwadze; pamiętać o czymś
know one's own mind wiedzieć, czego się chce

make up one's mind zdecydować się; powziąć decyzję
mind over matter zwycięstwo ducha, rozumu nad materią
never mind mniejsza o to; nic nie szkodzi; nie przejmuj się
prey on someone's mind (też **weigh on someone's mind**) dręczyć kogoś; zawracać komuś głowę
put someone in mind of something (też **set someone in mind of something**) przywoływać coś komuś na myśl; przypominać coś komuś
send someone out of his mind pot. przyprawić kogoś o utratę zmysłów; bardzo kogoś zdenerwować
slip someone's mind wymknąć się komuś z pamięci
speak one's mind (też **speak one's own mind**) wypowiadać się otwarcie
turn something over in one's mind rozmyślać nad czymś; roztrząsać coś w myślach

MINIONS
the minions of the law lit. stróże prawa

MINUTE
up to the minute pot. najnowszy; najmodniejszy; najbardziej aktualny

MIRE
drag someone through the mire pot. (też **drag someone's name through the mire**) zszargać czyjąś opinię; obrzucić kogoś błotem

MISERY
put someone out of his misery skrócić czyjeś cierpienia

MISS
a near miss pot. niedaleko (od np. zderzenia, celu itp.)
give something a miss pot. pominąć coś; zrezygnować z czegoś

MONEY

be made of money *pot.* siedzieć na pieniądzach

chuck one's money about *pot.* (też **chuck one's money around; blue one's money**) szastać pieniędzmi

coin money *pot.* (też **mint money; coin it**) robić duże pieniądze

money to burn *pot.* forsy jak lodu

put one's money where one's mouth is *pot.* poprzeć słowa czynami

throw good money after bad *pot.* (też **pour good money after bad**) pogrążać się finansowo; ponosić straty

MONTH

a month of Sundays *pot.* cała wieczność

MOOD

in the mood *pot.* w nastroju

MOON

ask for the moon *pot.* (też **cry for the moon; want the moon**) pragnąć, żądać gwiazdki z nieba

once in a blue moon bardzo rzadko; raz od wielkiego święta

promise the moon (też **promise the earth**) obiecać złote góry

MORE

more or less mniej więcej

MOST

make the most of something (też **make the most out of something**) wykorzystać coś maksymalnie

MOTIONS

go through the motions *pot.* zachowywać pozory

MOUNTAIN

make a mountain out of a molehill robić z igły widły

MOUTH

a mouth like the bottom of a parrot's cage *pot.* nieprzyjemny smak w ustach

down in the mouth *pot.* (też **down in the dumps**) smutny; rozczarowany

foam at one's mouth *pot.* (też **foam at the mouth**) pienić się ze złości

have a big mouth *pot.* (też **have a foul mouth; have a mouth**) być gadułą paplać

keep one's mouth shut *pot.* (też **shut one's mouth; shut one's trap**) trzymać język za zębami

make someone's mouth water przyprawiać kogoś o ślinkę; sprawić, że komuś leci ślinka

shoot off one's mouth *pot.* (też **shoot off one's face**)
1. głośno wyrazić swoją opinię
2. paplać na prawo i lewo
3. wymądrzać się

straight from the horse's mouth prosto ze źródła; z pierwszej ręki

MOUTHFUL

say a mouthful *pot.* powiedzieć coś bardzo trafnego

MOVE

get a move on *pot.* pospieszyć się

MUCH

so much as nawet; choćby

MUD

as clear as mud *pot.* mętny; niezrozumiały

stir up mud *pot.* grzebać się w błocie; wyciągać brudne sprawy

throw mud at someone *pot.* (też **fling dirt at someone**) obrzucać kogoś błotem

MULE

as stubborn as a mule *pot.* (też **as obstinate as a mule**) uparty jak osioł

MULTITUDE
cover a multitude of sins *pot*. (*też*
hide a multitude of sins) być
przykrywką dla podejrzanych spraw

MUM
mum is the word *pot*. ani mru mru;
ani słówka

MURDER
scream blue murder *pot*. (*też* **scream
bloody murder; cry blue murder;
cry bloody murder**) podnieść wrzask

MUSCLE
not move a muscle nie poruszyć ani
jednym mięśniem; ani drgnąć

MUSIC
face the music *pot*. ponieść zasłużoną
karę

MUSTARD
as keen as mustard *pot*. pełen zapału;
bardzo w coś zaangażowany

MUSTER
pass muster wytrzymać próbę; zdać
egzamin

N

NAIL
hammer a nail into someone's coffin
pot. (*też* **drive a nail in someone's
coffin**) wbić komuś gwóźdź
do trumny
hit the nail on the head *pot*. (*też* **hit
the right nail on the head**) trafić
w samo sedno

NAILS
as hard as nails *pot*. (*też* **as tough as
nails**) twardy jak skała; nieubłagany

NAME
a name to conjure with liczące się
nazwisko
have one's name bandied about
pozwolić szargać swoje imię; dostać
się na języki
make a name for oneself *pot*. (*też*
**win a name for oneself; make
one's name**) zdobyć sławę
someone's name is dirt *pot*. (*też*
someone's name is mud) ktoś jest
w niełasce
take someone's name in vain
1. przyzywać czyjeś imię (np. Boga)
nadaremno
2. lekceważąco mówić o kimś
the name of the game *pot*. sedno
sprawy

NAMES
call someone names *pot*. obrzucać
kogoś wyzwiskami

NATURE
second nature druga natura; nawyk

NAVEL
contemplate one's own navel (*też*
**contemplate one's navel; gaze at
one's own navel; gaze at one's
navel**) uważać się za pępek świata

NECK
break one's neck *pot*.
1. skręcić kark
2. śpieszyć się
breathe down someone's neck
siedzieć komuś na karku; patrzeć
komuś na ręce
by a neck *pot*. minimalnie; ledwo
ledwo
get it in the neck *pot*. (*też* **catch it in
the neck; get it where the chicken
gets the chopper**) dostać po głowie;
dostać za swoje
neck and crop *pot*. zupełnie
neck and neck łeb w łeb

neck of the woods *am. pot.* okolica; region

neck of nothing *pot.* wóz albo przewóz

NEEDLE

as sharp as a needle *pot.* (też **as sharp as a tack**) rozgarnięty; bystry

look for a needle in a haystack *pot.* (też **search for needle in a haystack**) szukać igły w stogu siana

NERVE

have the nerve *am. pot.* (też **have the cheek; have the gall**) mieć czelność

strain every nerve to do something dołożyć wszelkich starań, wytężyć siły by coś zrobić

NERVES

get on someone's nerves *pot.* (też **get on someone's wick**) działać komuś na nerwy

NEST

feather one's nest wymościć sobie gniazdko; dobrze się urządzić

foul one's own nest *pot.* kalać własne gniazdo

stir up a hornet's nest wywołać burzę

NEWS

break the news to someone przekazać komuś wiadomość (przeważnie przykrą)

NICHE

find a niche in the temple of fame zapewnić sobie wiekopomną sławę

NICK

in the nick of time *pot.* w samą porę; w ostatniej chwili

NIGHT

have a bad night źle spać

make a night of something *pot.* spędzić na czymś cały dzień

night and day (też **day and night**) dniami i nocami

turn night into day *pot.* zamieniać noc w dzień; prowadzić nocny tryb życia

NINETEN

nineteen to the dozen *pot.* jak najęty

NIP

nip and tuck *pot.* sytuacja, w której szanse powodzenia są do końca wyrównane; na dwoje babka wróżyła

NOISE

make a noise zdobyć rozgłos

make a noise about something robić hałas o coś

noise something abroad rozgłosić coś; ogłosić coś publicznie

NONE

have none of something *lit.* nie tolerować czegoś

none the worse for something nienaruszony, nietknięty przez coś

second to none najlepszy

NOOK

search every nook and cranny przeszukać wszystkie kąty

NOSE

as plain as the nose on your face *pot.* jasne jak słońce

cut off one's nose to spite one's face *pot.* na złość babci odmrozić sobie uszy

follow one's nose *pot.*
1. iść prosto przed siebie
2. zdać się na intuicję

have a nose for something *pot.* mieć nosa do czegoś

keep one's nose clean *pot.* nie pakować w kabałę; nie sprawiać problemów

keep one's nose to grindstone
pot. (*też* **hold one's nose to the grindstone**) pracować bez wytchnienia; pracować w pocie czoła

keep someone's nose to the grinstone *pot.* zmuszać kogoś do wytężonej pracy

lead someone by the nose *pot.* wodzić kogoś za nos

look down one's nose at someone *pot.* patrzeć na kogoś z góry

on the nose *am. pot.* dokładnie tak, jak trzeba

pay through the nose *pot.* przepłacać

poke one's nose into something *pot.* wtykać, wścibiać w coś nos

put someone's nose out of joint *pot.*
1. wywołać czyjąś zazdrość
2. pokrzyżować komuś plany
3. utrzeć komuś nosa

right under someone's nose *pot.* tuż pod czyimś nosem

see beyond the end of one's nose *pot.* (*też* **see beyond one's nose**) widzieć dalej niż czubek własnego nosa

thumb one's nose *pot.*
1. grać na nosie
2. lekceważyć

turn up one's nose at something *pot.* kręcić nosem na coś

with one's nose in the air z zadartym nosem; wyniośle

NOTE

sound a note of warning *pot.* bić na alarm

strike a false note (*też* **strike a false tone**) uderzyć w fałszywy ton

strike the right note *pot.* uderzyć we właściwą strunę

take note of something zwrócić uwagę na coś; zapamiętać coś

NOTHING

come to nothing (*też* **come to little**) spełznąć na niczym

go for nothing (*też* **go for naught**) pójść na marne

have nothing on someone *pot.* nie umywać się do kogoś

have nothing to do with something nie mieć nic wspólnego z czymś

here goes nothing *am. pot.* i tak nic z tego nie będzie

next to nothing prawie nic; niewiele

nothing doing *pot.* nic z tego; nie ma mowy

nothing of the kind (*też* **nothing of the sort**) nic podobnego; nic z tych rzeczy

nothing to sneeze at *pot.* nie do pogardzenia

stop at nothing (*też* **stick at nothing**) być gotowym na wszystko; nie cofać się przed niczym

think nothing of it nie ma za co

think nothing of doing something nie uważać robienia czegoś za wielki problem

NOTICE

beneath someone's notice niegodny czyjejś uwagi

bring something to someone's notice zwrócić czyjąś uwagę

give notice
1. zawiadamiać; ostrzegać; uprzedzać
2. dać wypowiedzenie; wymówić (np. mieszkanie)

make someone sit up and take notice *pot.* dać komuś do myślenia

NOW

from now on na przyszłość; od tej pory

it is now or never *pot.* teraz albo nigdy

now, now *pot.* no, no już dobrze

now then *pot.* a więc; a zatem

NOWHERE

come out of nowhere *am.* pojawić się znienacka; wyrosnąć jak spod ziemi

get nowhere *pot.* nie dojść do niczego

get someone nowhere *pot.* (też **lead someone nowhere**) nie przynosić komuś żadnej korzyści

nowhere near *pot.* (też **nothing like**) nawet w przybliżeniu

NUDE

in the nude nago

NUISANCE

make a nuisance of oneself dokuczać; być nieznośnym; być utrapieniem

NULL

null and void nieważny; pozbawiony mocy prawnej

NUMBER

back number *pot.* przeżytek

have someone's number *pot.* rozpracować kogoś; przejrzeć kogoś na wylot

look after number one *pot.* dbać tylko o swój własny interes

someone's number comes up *pot.* (też **someone's lucky number comes up**) los się do kogoś uśmiecha

someone's number is up *pot.* przyszła na kogoś kolej

NUT

hard nut to crack *pot.* (też **tough nut to crack**) twardy orzech do zgryzienia

NUTS

be nuts about something *slang.* (też **be nuts over something**) mieć bzika na punkcie czegoś; szaleć za czymś

nuts and bolts *pot.* szczegóły techniczne

NUTSHELL

in a nutshell *pot.* w kilku słowach; krótko mówiąc

OAR

put one's oar in *pot.* (też **stick one's oar in**) wtrącać się; przeszkadzać

OARS

rest on one's oars *pot.* odetchnąć; odsapnąć

OATS

feel one's oats *pot.* mieć ochotę poszaleć

sow one's wild oats *pot.* korzystać z życia za młodu; wyszumieć się

OBJECT

be no object nie stanowić problemu; nie grać roli

OCCASION

on occasion od czasu do czasu

rise to the occasion stanąć na wysokości zadania

ODDS

be at odds with someone nie zgadzać się z kimś

odds and ends *pot.* drobiazgi

what's the odds *pot.* co za różnica; cóż to szkodzi

OFTEN

more often than not (też **as often as not**) zwykle; przeważnie

OIL

burn the midnight oil *pot.* pracować, uczyć się po nocach

pour oil on the flames (też **pour
oil on the flame**) dolewać oliwy
do ognia
pour oil on troubled waters
zażegnywać spory; działać
uspokajająco
smell of the midnight oil *pot.*
wyglądać, jakby się całą noc
spędziło nad książkami

OLD
any old how *pot.* byle jak

ONCE
at once
1. natychmiast
2. równocześnie
just for this once (też **just this once;
for once**) tylko ten jeden raz
once and for all raz na zawsze

ONE
be one over the eight *pot.* (też **have
one over the eight**) upić się
be one too many for someone być
ponad czyjeś siły; przewyższać
kogoś (siłą, rozumem itd.)
be one up on someone *pot.*
przewyższać kogoś (stanem
posiadania, pozycją itp.)
have one too many *pot.* wypić
o jeden kieliszek za dużo
one and the same
1. ten sam
2. (też **all the same; all one**) bez
różnicy
one too many o jednego za dużo

ONIONS
know one's onions *pot.* (też **know
one's stuff**) znać się na rzeczy

OPTION
have no option (też **have little option**)
nie mieć wyboru
soft option łatwiejsze rozwiązanie

OPTIONS
leave one's options open nie
angażować się; nie opowiadać się
po żadnej stronie

ORBIT
go into orbit *am. slang.*
1. wpadać w entuzjazm
2. unieść się; dostać szału; wściec
się

ORDER
a tall order *pot.* wymóg trudny
do spełnienia
call someone to order przywołać
kogoś do porządku; przywrócić
porządek (obrad)
in apple- pie order *pot.* w idealnym
porządku
in good order (też **in running order;
in working order**) w dobrym stanie;
na chodzie
in short order bezzwłocznie;
natychmiast
out of order
1. uszkodzony
2. nie na miejscu; w niezgodzie
z przepisami
to order na zamówienie

ORDERS
be in holy orders (też **take holy
orders**) być duchownym; przyjąć
święcenia kapłańskie
under the orders of someone
na czyjeś polecenie

ORDINARY
in ordinary mianowany na stałe
out of the ordinary niezwykły;
niecodzienny

OUT
out and away (też **far and away**)
zdecydowanie; z pewnością

OUTLINE
in broad outline w ogólnym zarysie

589

OVER

over and over again (też **over and over**) ciągle; w kółko

OWN

come into one's own
1. otrzymać to, co się komu należy; spotkać się z należnym uznaniem
2. (też **come into its own**) sprawdzać się

hold one's own nie dawać za wygraną
on one's own *pot.* samodzielnie; na własną rękę

P

PACE

at a good pace w szybkim tempie; szybkim krokiem
at a snail's pace w żółwim, ślimaczym tempie
keep pace with someone dotrzymywać komuś kroku
make the pace (też **set place**) nadawać tempo

PACES

put someone through his paces wypróbować kogoś

PAIN

give someone a pain *am. pot.* działać komuś na nerwy
pain in the neck *pot.* utrapienie

PAINS

take pains (też **be at pains**) dokładać wszelkich starań

PALE

beyond the pale (też **outside the pale**) poza nawiasem (społeczeństwa); nie do przyjęcia

PALM

cross someone's palm witch silver *pot.* (też **grease someone's palm**) przemówić komuś do ręki
give the palm (też **yield the palm**) oddać palmę pierwszeństwa
have an itching palm być łasym na pieniądze
have something in the palm of one's hand trzymać coś w garści; mieć kontrolę nad czymś

PAN

out of the frying pan into the fire *pot.* (też **out of the frying pan and into the fire**) z deszczu pod rynnę

PANCAKE

as flat as a pancake *pot.* płaski jak stół

PANTS

catch someone with his pants down (też **catch someone witch his trousers down**) zaskoczyć kogoś; przyłapać na gorącym uczynku
scare the pants off someone *pot.* (też **frighten the pants off someone**) przestraszyć kogoś na śmierć

PAPER

on paper na papierze; teoretycznie

PAR

below par *pot.* (też **not up to par**) w gorszej niż zazwyczaj formie

PARADE

make a parade of someone's virtues wychwalać czyjeś zalety

PART

for my part (też **for my own part**) co do mnie; jeśli o mnie chodzi
for the most part
1. w przeważającej części
2. przeważnie
part and parcel integralna część

take part in something brać udział w czymś
take something in good part nie brać czegoś za złe

PARTING
parting of the ways
1. rozdroże; rozwidlenie dróg
2. moment lub miejsce, w którym należy podjąć decyzję

PARTY
stag party wieczór kawalerski
throw a party *pot.* wydać przyjęcie

PASS
come to pass *lit., przest.* stać się rzeczywistością
make a pass at someone *pot.* próbować kogoś poderwać; uwieść

PATH
beat a path to someone's door *pot.* walić do kogoś drzwiami i oknami
lead someone up the garden path *pot.* zwodzić kogoś
smooth someone's path przygotować komuś grunt

PATIENCE
be enough to try the patience of Job *pot.* (też **enough to try the patience of a saint**) być w stanie nawet świętego wyprowadzić z równowagi

PAUSE
give someone pause zmusić kogoś do ponownego zastanowienia się; pohamować kogoś

PEACE
hold one's peace (też **hold one's tongue**) nie odzywać się

PEACOCK
as proud as peacock *pot.* dumny jak paw

PEARLS
cast pearls before swine *lit.* rzucać perły przed wieprze

PEBBLE
someone is not the only pebble on the beach *pot.* (też **someone is not the only pebble on the shore**) świat się na kimś nie kończy

PEDESTAL
knock someone off his pedestal (też **knock someone off his perch**) strącić kogoś z piedestału
put someone on a pedestal (też **set someone on a pedestal**) stawiać kogoś na piedestale

PEG
a square peg in a round hole człowiek na niewłaściwym miejscu
come down a peg or two spuścić z tonu
take someone down a peg or two *pot.* (też **bring someone down a peg or two; bring someone down a peg; take someone on a peg**) przytrzeć komuś rogów; sprowadzić kogoś na ziemię

PENNY
a penny for your thoughts *pot.* o czym myślisz; dałbym wiele, żeby poznać twoje myśli
make an honest penny (też **turn an honest penny; make a pretty penny; turn a pretty penny**) zarabiać ciężkie pieniądze
not have a penny to one's name (też **not have a penny to one's soul**) nie mieć grosza przy duszy
penny wise and pound foolish oszczędzający na drobiazgach, a lekkomyślnie wydający duże sumy; zwracający uwagę na drobiazgi, a lekceważący sprawy zasadnicze

PETARD
be hoist with one's own petard *lit.*
(*też* **be hoisted with one's own petard**) wpaść we własne sidła; zginąć od własnej broni

PETER
rob Peter to pay Paul przełożyć z jednej kieszeni do drugiej

PICK
pick and choose grymasić

PIE
as easy as pie *pot.* śmiesznie łatwy
eat humble pie *pot.* upokorzyć się; odpokutować

PIECE
a piece of cake *pot.* łatwizna
say one's piece wyrazić swoją opinię; wygłosić swoją mowę

PIECES
fall to pieces rozpadać się; rozsypywać się
go to pieces *pot.* załamać się
shot to pieces *pot.* zdruzgotany; w opłakanym stanie

PIG
buy a pig in a poke kupić kota w worku
sweat like a pig *pot.* pocić się jak mysz

PIGS
bring one's pigs to the wrong market zgłosić się pod zły adres

PILL
sugar the pill (*też* **sweeten the pill**) osłodzić gorzką pigułkę

PILLAR
from pillar to post z miejsca na miejsce

PIN
as clean as a new pin *pot.* nienagannie czysty

PINK
in the pink w szczytowej formie; w dobrym zdrowiu

PINS
for two pins *pot.* niewielu potrzeba; niewiele brakowało
on pins and needles jak na szpilkach

PIPE
put that in your pipe and smoke it *pot.* czy ci się to podoba czy nie

PIPER
pay the piper płacić za swoje błędy

PITCH
make a pitch *am. pot.* reklamować; promować
queer someone's pitch *pot.* (*też* **queer the pitch for someone**) pomieszać komuś szyki

PITY
take pity litować się

PLACE
give place ustąpić miejsca
in the first place
1. (*też* **to begin with; to start with**) przede wszystkim
2. (*też* **to begin with; to start with**) po pierwsze
3. od razu
know one's place znać swoje miejsce
out of place nie na miejscu; wyobcowany
put someone in his place ustawić kogoś; pokazać komuś, gdzie jest jego miejsce
take place wydarzyć się; mieć miejsce

PLACES
go places *pot.*
1. mieć szanse na zrobienie kariery; móc daleko zajść
2. dużo podróżować; zwiedzić kawał świata

PLAY

a play on words gra słów; kalambur
fair play gra fair
make a play *pot.*
1. zalecać się
2. starać się; przymierzać się
play fast and loose igrać z ogniem
play it safe *pot.* (*też* **play safe;**
play things safe) nie ryzykować;
zabezpieczać się

PLEASURE

take pleasure in something (*też* **take**
delight in something) lubować się
w czymś; znajdować przyjemność
w czymś

PLEDGE

take the pledge (*też* **sign the pledge**)
ślubować trzeźwość

PLUNGE

take the plunge zrobić decydujący
krok

POCKETS

line one's pockets napychać sobie
kieszenie; dorabiać się kosztem
innych

POINT

be on the point of doing something
być bliskim zrobienia czegoś
beside the point (*też* **beside the**
mark) nie na temat; bez znaczenia
carry one's point obronić swoją tezę;
osiągnąć swój cel
drive a point home (*też* **drive an**
argument home) przekonać kogoś;
wbić komuś coś do głowy
get to the point (*też* **come to the**
point) przejść do rzeczy; przejść
do sedna
make a point of something kłaść
nacisk na coś
stretch a point pójść na ustępstwo;
naciągnąć przepisy itp.

take someone's point rozumieć czyjeś
stanowisko przyjmować czyjeś racje
you have a point there masz rację

POKER

as stiff as a poker (*też* **straight as**
a poker; as stiff as a ramrod; as
straight as a ramrod) prosty jak
świeca; sztywny jak kij od miotły

POOL

scoop the pool zgarnąć wszystkie
nagrody; rozbić bank

POSSUM

play possum udawać nieżywego lub
śpiącego; grać umarlaka

POT

go to pot *pot.* zejść na psy
keep the pot boiling podtrzymywać
zainteresowanie; nie zwalniać
tempa; zapewniać ciągłość
pot calling the kettle black przyganiał
kocioł garnkowi

POWDER

not worth the powder and shot
przest. nie warte zachodu

PRACTICE

make a practice of something mieć
coś w zwyczaju

PRESENCE

make one's presence felt dać odczuć
swoją obecność; dać o sobie znać

PRICE

a price on someone's head nagroda
za czyjąś głowę

PRICKS

kick against the pricks buntować się
na próżno, ze szkodą dla siebie

PRIDE

swallow one's pride (*też* **pocket one's**
pride; put one's pride in one's

pocket) przełknąć własną dumę;
pokajać się
take pride szczycić się; być dumnym

PRIME
in the prime of life w kwiecie wieku

PRINT
go out of print wyjść z druku

PROMISE
show promise rokować nadzieje

PROPHET
a prophet of doom czarnowidz

P'S
mind one's p's and q's pot. (też
watch one's p's and q's) uważać
na to co się mówi lub robi

PUFF
puff and blow dyszeć; sapać

PULL
pull a fast one on someone pot.
nabrać kogoś; wyciąć komuś numer

PUNCHES
pull punches oszczędzać kogoś;
hamować się; powstrzymywać się

PUP
sell someone a pup nabrać kogoś

PURPLE
raise someone to the purple
podnieść kogoś do rangi kardynała

PURPOSE
on purpose z rozmysłem; celowo

PURPOSES
be at cross purposes nie rozumieć się
nawzajem

PUT
put someone straight (też **put
something right**) wyprowadzić kogoś
z błędu; uświadomić komuś coś

put two and two together skojarzyć
fakty

PYJAMAS
be the cat's pyjamas pot. (też **be the
cat's whiskers**) być pępkiem świata

R

RACK
go to rack and ruin obrócić się
w ruinę

RAG
chew the rag pot. (też **chew the fat**)
gadać; wałkować jakiś temat

RAGE
fly into a rage wpaść we wściekłość

RAIN
rain on the shine (też **come
rain come shine**) niezależnie
od okoliczności

RAINBOWS
chase rainbows (też **chase after
rainbows**) myśleć o niebieskich
migdałach

RANK
pull rank wykorzystywać swoją
pozycję

RANSOM
hold someone to ransom trzymać
kogoś w celu wymuszenia okupu;
szantażować kogoś

RAP
take the rap am. pot. przyjąć na siebie
odpowiedzialność

RAT
look like a drowned rat wyglądać jak
zmokła kura
smell a rat podejrzewać coś; czuć
pismo nosem

RATE
at any rate w każdym razie

RAW
in the raw
1. nago
2. bez upiększeń
touch someone on the raw dotknąć
kogoś do żywego; trafić kogoś
w czułe miejsce

REAR
bring up the rear zamykać pochód,
kolumnę

REASON
it stands to reason jest rzeczą
oczywistą
see reason (*też* **listen to reason;**
hear reason) dać się przekonać;
zmądrzeć
within reason w granicach rozsądku

RECORD
off the record *pot.* nieoficjalnie; poza
protokołem
on record zarejestrowany; w aktach
set the record straight (*też* **put the**
record straight; get the record
straight; keep the record straight)
wyjaśnić sprawę; powiedzieć jak
było naprawdę

RED
in the red w długach; na minusie

REDS
Reds under the beds *pot., żart.*
(*też* **Reds under the bed**)
zakamuflowani, komuniści,
radykałowie, anarchiści itp.

REIN
give free rein (*też* **give free reins;**
give full rein; give the reins) dać
wolną rękę; puścić wodze
keep a tight rein on someone
trzymać kogoś w ryzach

RESORT
as a last resort (*też* **in the last resort**)
w ostateczności; w ostatecznym
rozrachunku

REST
lay to rest
1. pochować; złożyć w grobie
2. porzucić; oddalić

RHYME
no rhyme or reason brak wyraźnej
przyczyny; brak sensu

RIDDANCE
good riddance (*też* **good riddance**
to bad rubbish) chwała Bogu; baba
z wozu koniom lżej

RIDE
take someone for a ride *pot.* nabrać,
oszukać kogoś

RIGHT
be in the right mieć rację

RIGHTS
sell one's rights for a mess of
a pottage poświęcić wyższe wartości
dla korzyści materialnych
stand on one's rights upominać się
o swoje prawa

RING
give someone a ring (*też* **give**
someone a buzz) zadzwonić
do kogoś
ring true brzmieć prawdziwie

RINGS
make rings around someone (*też* **run**
rings around someone; run circles

595

around someone) pobić kogoś bez większego wysiłku; prześcignąć kogoś

RIOT
run riot szaleć; wymykać się spod kontroli

RIP
let something rip *pot.* nadać czemuś maksymalną prędkość; nadać czemuś przyspieszenia

RISE
get a rise out of someone *pot.* (też **take a rise out of someone**) celowo kogoś denerwować
give rise to something powodować coś; prowadzić do czegoś
rise and shine *pot., przest..* (też **arise and shine**) pobudka wstać; wstawać i do dzieła

RISK
at owner's risk na ryzyko właściciela
security risk osoba niepewna (pod względem lojalności); osoba niegodna zaufania

RISKS
take risks (też **run risks; run a risk; take a risk**) ryzykować

RIVER
sell someone down the river zdradzić kogoś; wydać kogoś

ROAD
hit the road *pot.* (też **hit the trail**) ruszyć w drogę; wyjechać

ROCKS
be on the rocks *pot.* przechodzić kryzys; być w rozsypce
on the rocks z lodem

ROD
make a rod one's own back kręcić bicz na swoje plecy

ROOF
hit the roof (też **go through the roof**)
1. (też **hit the ceiling**) stracić panowanie nad sobą
2. osiągnąć absurdalnie wysoki poziom
raise the roof
1. narobić hałasu
2. zrobić awanturę

ROOM
no room to swing a cat *pot.* (też **not enough room to swing a cat**) ścisk, że szpilki nie można wetknąć

ROOST
rule the roost rządzić; dominować

ROOT
root and branch gruntownie; z korzeniami
take root (też **strike root**) zakorzenić się; trafić na podatny grunt

ROOTS
put down roots (też **put down new roots**) zapuścić korzenie

ROPE
give someone enough rope *pot.* (też **give someone enough rope to hang himself**) nie przeszkadzać, kiedy ktoś działa na swoją własną szkodę

ROPES
know the ropes być dobrze zorientowanym w sytuacji; znać się na tym, co się robi

ROSES
come up to roses iść jak z płatka
not be all roses *pot.* (też **not be roses all the way**) mieć swoje ciemne strony; nie być usłanym różami

ROUGH
rough and ready uproszczony; prowizoryczny

take the rough with the smooth *pot.*
nie wybrzydzać; brać życie takim,
jakie jest

ROUGHSHOD
ride roughshod over someone
znęcać się nad kimś

ROW
a hard row to hoe *przest.* (*też*
a tough row to hoe) twardy orzech
do zgryzienia

R'S
the three R's podstawy wykształcenia
– czytanie, pisanie, arytmetyka

RULE
a rule of thumb metoda oparta
na doświadczeniu, praktyce

RUN (1)
be on the run
1. ukrywać się (przed policją)
2. być w biegu; być na chodzie
**give someone a good run for his
money** *pot.* nie dawać łatwo
za wygraną
in the long run (*też* **in the long term**)
na dłuższą metę

RUN (2)
run for it uciekać ile sił w nogach

RUSH
give someone the bum's rush *am.*
pot. dać komuś kopniaka; popędzić
kogoś

S

SABRE
rattle one's sabre (*też* **rattle the
sabre**) straszyć; pobrzękiwać
szabelką

SACK
get the sack *pot.* (*też* **get the hook;
get the push**) dostać wymówienie;
zostać wylanym z pracy
give someone the sack *pot.* (*też* **give
someone the boot; give someone
the hook; give someone the push**)
dać komuś kosza; wylać kogoś; dać
komuś wymówienie
hit the sack *pot.* (*też* **hit the hay**)
pójść spać

SACKCLOTH
wear sackcloth and ashes *przest.*
okazywać skruchę

SADDLE
in the saddle u władzy; przy sterze

SAFE
safe and sound cały i zdrowy

SAILING
plain sailing (*też* **all plain sailing**)
łatwizna; prościzna

SALT
rub salt into someone's wounds (*też*
rub salt into the wound) dobijać
kogoś; dolewać oliwy do ognia
worth one's salt wart pieniędzy, które
mu się opłaci

SAME
all the same (*też* **just the same**) tak
czy inaczej; mimo wszystko

same again *pot.* (też **the same again**) jeszcze raz to samo

same here *pot.* tak samo jak ja; ja też

SANDBOY

as happy as a sandboy *pot.* (też **as happy as the day is long; as happy as a lark; as happy as Larry**) radosny jak skowronek

SANDS

the sands are running out (też **the sands of time are running out**) czas ucieka

SAY

as they say (też **as the saying goes**) jak to się mówi; jak to mówią

have one's say *pot.* przedstawić swoje racje; wyrazić swoją opinię

I dare say przypuszczam; chyba; zapewne

I must say *pot.* muszę przyznać

I say *pot.*
1. słuchaj; słuchajcie
2. o rety

to say the least (też **to say the least of it; to put it mildly**) żeby nie powiedzieć więcej

you can say that again święta racja

you don't say co ty powiesz

SCARE

scare someone stiff *pot.* przerażać kogoś

SCENE

make a scene zrobić scenę

not be someone's scene *pot.* nie pasować do czyichś przyzwyczajeń, charakteru itp.

set the scene naświetlić sprawę

set the scene for something stwarzać warunki, podłoże do czegoś

SCENES

behind the scenes za kulisami

SCENT

be off the scent zgubić trop

SCHEMES

the best schemes of mice and men *lit.* (też **the best laid schemes of mice and men**) najlepsze plany i przygotowania

SCHOOL

a school of thought teoria; szkoła; sposób myślenia

of the old school reprezentujący starą szkołę; stojący po stronie tradycji i starych metod

SCISSORS

scissors and paste komplikacja; łączenie starych treści w nową formę (metodą „nożyczki i klej")

SCORE

know the score *pot.* wiedzieć jak się sprawy przedstawiają

settle an old score (też **settle a score; pay off an old score; wipe out a score**) wyrównać rachunki; wziąć odwet

what is the score *pot.* co się dzieje; co jest grane

SCOT

pay someone scot and a lot *pot.* spłacić komuś dług z nawiązką

SCRATCH

from scratch *pot.* od podstaw; od zera

up to scratch nieskazitelny; w idealnym stanie

SCREEN

the silver screen *lit.* srebrny ekran; kino

the small screen *lit.* mały ekran; telewizja

SCREW

have a screw loose *pot.* (*też* **have a screw missing**) nie mieć piątej klepki

tighten screw *pot.* przykręcić śrubę

SCRIMP

scrimp and scrape *pot.* (*też* **scrimp and save**) ciułać

SCRUB

scrub it *pot.* (*też* **scrub that**) przestań; zostaw to

SCUM

the scum of the earth szumowina; wyrzutek społeczeństwa

SCUPPERS

full to the scuppers *pot.* najedzony po uszy

SCYLLA

between Scylla and Charibdis *lit.* między Scyllą a Charybdą; między młotem a kowadłem

SEA

find one's sea legs *pot.*, *żart.* (*też* **get one's sea legs**) poruszać się po statku bez uczucia choroby lub braku równowagi

float in the sea of doubts tonąć w morzu wątpliwości

totally at sea *pot.* (*też* **all at sea**) całkowicie zagubiony

worse things happen at sea *pot.*, *żart.* (*też* **stranger things happen at sea**) gorsze rzeczy się zdarzają; bywa gorzej

SEAL

put the seal on something (*też* **set the seal on something**) pozostawić na czymś pieczęć; zatwierdzić coś

SEAMS

come apart at the seams *pot.* (*też* **break apart at the seams; fall apart at the seams**) rozłazić się po szwach

SEARCH

search high and low *pot.* szukać we wszystkich możliwych miejscach; przetrząsać wszystko

search me *pot.* nie mam pojęcia; zabij mnie – nie wiem

SEAS

half seas over *pot.* zalany

SEASON

the silly season *pot.* sezon ogórkowy

SEAT

in the driver's seat (*też* **in the driving seat**) u steru; u władzy

lose one's seat utracić mandat

take a back seat *pot.* zajmować mniej ważną pozycję

the hot seat *pot.* wysoki stołek; eksponowane, odpowiedzialne stanowisko

win a seat zdobyć mandat

SECOND

a split second ułamek sekundy; mgnienie oka

SECURITY

lull someone onto security *pot.* uśpić czyjąś czujność

SEE

let me see *pot.* (*też* **let's see**) niech się zastanowię

see fit to do something (*też* **think fit to do something**) uważać za właściwe, stosowne zrobienie czegoś

see oneself as others see one patrzeć na siebie oczami innych; patrzeć na siebie obiektywnie

599

see red *pot.* wściec się; stracić panowanie nad sobą

see someone come and see him go *pot.* przetrwać, przetrzymać kogoś

we shall see what we shall see *pot.* zobaczymy, co będzie; przekonamy się

you see *pot.* rozumiesz; wiesz; widzisz

SEED

go to seed (też **run to seed**) zaniedbać się; zejść na psy

SEEDS

sow the seeds of something *lit.* zasiać ziarno czegoś (niezgody, niezadowolenia itp.)

SEEING

I'll be seeing you *pot.* (też **we'll be seeing you**) do zobaczenia; do widzenia wkrótce

seeing is believing nie uwierzę, dopóki nie zobaczę

SEEN

when you've seen one, you've seen them all jeden nie różni się od innych

SELL

sell short *pot.*
1. źle oceniać; przedstawiać w gorszym świetle
2. oszukać; dać mniej niż obiecano

SEND

send someone crazy *pot.* doprowadzać kogoś do szału

send flying *pot.* odrzucić; przewrócić; pochwalić

send someone packing *pot.* kazać komuś zniknąć; wysłać kogoś do diabła; przegonić kogoś

SENSE

horse sense zdrowy rozsądek

make sense *pot.* mieć sens; mieć ręce i nogi

not have enough sense to come out of the rain *pot.* nie mieć zupełnie rozumu w głowie

see sense nabrać rozsądku

sixth sense szósty zmysł

SENSES

bring someone to his senses *pot.* przemówić komuś do rozsądku, rozumu

come to one's senses
1. odzyskać przytomność
2. opamiętać się

take leave of one's senses *przest.* tracić zmysły; wariować

SEPULCHRE

a whited sepulchre *lit.* (też **a painted sepulchre**) hipokryta; świętoszek; wilk w owczej skórze

SERVANT

what did your last servant die of *pot., żart.* znajdź sobie służącego

SERVE

serve someone right dobrze komuś tak

SERVICE

pay lip service deklarować poparcie (dla idei itp.) bez zamiaru realizacji

see service być użytecznym; dobrze służyć

SET

all set gotowy

make a dead set at someone ruszyć przeciwko komuś; zaatakować kogoś

set fair *pot.* dobrze ustawiony; w dobrej pozycji, kondycji itp.

smart set *pot.* elegancki świat

well set up *pot.* dobrze zaopatrzony, zabezpieczony

SEZ

sez you *pot.*, żart (*też* **says you; says I; says he**) mowa trawa; akurat

SHADE

put in the shade (*też* **put into the shade; cast in the shade; throw into the shade**) usunąć w cień

SHADOW

be afraid of one's own shadow *pot.* (*też* **be afraid of one's shadow**) bać się własnego cienia

worn to a shadow *pot.* wykończony; wyczerpany

SHAKE

shake someone rigid *pot.* przerazić, zaskoczyć kogoś

SHAKES

in two shakes *pot.* (*też* **in two shakes of a lamb's tail**) w oka mgnieniu

no great shakes *pot.* nic wielkiego; nic specjalnego

SHAME

be lost to shame być pozbawionym wstydu

put someone to shame zawstydzić kogoś

shame on you *pot.* wstydź się

SHAPE

in any shape or form w jakiejkolwiek formie; w ogóle

in bad shape *pot.* (*też* **in poor shape; out of shape**) w złym stanie; bez formy

put into shape *pot.* doprowadzić do przyzwoitego stanu

take shape nabierać kształtów; urzeczywistniać się

the shape of things to come (*też* **the taste of things to come**) przyszłość; kształt przyszłych rzeczy i wydarzeń

SHARE

share and share alike dzielić sprawiedliwie

the lion's share lwia część

SHAVE

a close shave *pot.* (*też* **a close call**) o mały włos doszłoby do nieszczęścia, porażki itp.

SHEEP

black sheep czarna owca; parszywa owca; odszczepieniec

count sheep *pot.* liczyć barany

like a sheep to the slaughter (*też* **like a lamb to the slaughter**) jak na ścięcie

separate the sheep from the goats (*też* **tell the sheep from the goats; separate the chaff from the wheat; separate the grain from the chaff**) oddzielać ziarno od plew

SHEETS

three sheets to the wind *pot.* (*też* **three sheets in the wind**) zalany; pijany w sztok

SHELF

on the shelf bezużyteczny

SHELL

go into one's shell (*też* **go back into one's shell; retire into one's shell**) zamknąć się w sobie

SHIFT

make shift *pot.*, *przest.*
1. dawać sobie radę (bez podstawowych potrzebnych rzeczy)
2. sprężyć się

shift for oneself *pot.* dawać sobie radę bez niczyjej pomocy

SHILLING

cut someone off without a shilling *pot.* (*też* **cut someone off without penny**) nie zostawiać komuś nic w spadku; wydziedziczyć kogoś

SHINE

take a shine *pot.* szczególnie polubić, nabrać sympatii lub entuzjazmu
take the shine off someone *pot.*, *przest.* (też **take the shout out of someone**) usunąć kogoś w cień

SHINGLE

put up one's shingle *pot.* otworzyć własny interes

SHIP

spoil the ship for a ha'porth o'tar *pot.* pożałować niewielkiej sumy na niezbędny drobiazg i tym samym zrujnować całe przedsięwzięcie
steer the ship of state *lit.* przewodzić narodowi
when someone's ship comes home *pot.* (też **when someone's ship comes**) kiedy ktoś się dorobi; kiedy ktoś stanie na nogi

SHIPS

ships that pass in the night *pot.* przelotni znajomi

SHIPSHAPE

shipshape and Bristol-fashion *pot.* (też **all shipshape and Bristol-fashion**) we wzorowym porządku

SHIRT

a stuffed shirt *pot.* bufon
give someone a wet shirt *pot.* zamęczać kogoś robotą; wyciskać z kogoś ostatnie poty
keep one's shirt on zachowywać spokój; trzymać nerwy na wodzy
lose one's shirt zgrać się do koszuli
put one's shirt on something *pot.* postawić na coś ostatni grosz

SHIVERS

send shivers up someone's back (też **send shivers down someone's back; send shivers up someone's spine; send chills down someone's back: send chills up someone's spine; give someone the shivers**) przyprawiać kogoś o dreszcze

SHOE

if the shoe fits, wear it *pot.* (też **if the cap fits, wear it**) zastanów się, czy to, o czym mowa nie dotyczy także Ciebie
where the shoe pinches *pot.* w tym problem; w tym sęk

SHOES

die in one's shoes *pot.* (też **die in one's boots; die with one's boots on; die in harness**) umrzeć nagle, w pełni sił
in someone's shoes *pot.* w czyimś położeniu; na czyimś miejscu
shake in one's shoes *pot.* dygotać ze strachu; trząść portkami
step into someone's shoes (też **fill someone's shoes**) przejąć czyjeś obowiązki
wait for a dead man's shoes *pot.* czekać na czyjąś śmierć (aby zająć jego stanowisko)

SHOESTRING

on a shoestring *pot.* niewielkim kosztem

SHOOT

the whole bang shoot *pot.* (też **the whole shoot: the whole shooting match; the shooting match**) cały ten interes; cały ten kram

SHOP

all over the shop *pot.* (też **all over the show**) wszędzie; gdzie się tylko da
come to the wrong shop *pot.* trafić pod niewłaściwy adres
keep shop prowadzić interes
set up shop otworzyć interes
shut up shop *pot.* zamknąć interes; skończyć pracę

sink the shop *pot.* przestać mówić lub myśleć o sprawach zawodowych

talk shop *pot.* mówić o sprawach zawodowych

SHORT

short and sweet pot (też **short but sweet**) krótki i zwięzły; krótki ale przyjemny

short for (też **for short**) w skrócie; zdrobnienie (imienia)

short of something
1. oprócz czegoś; z wyjątkiem czegoś
2. tuż przy czymś
3. pozbawiony czegoś; z wyjątkiem czegoś

SHOT

a big shot *pot.* (też **big noise**) szycha; gruba ryba

a long shot *pot.* przedsięwzięcie o znikomej szansie powodzenia; zgadywanie w ciemno

a parting shot *lit.* (też **a Parthian shot; a Parthian arrow; a Parthian shaft**) złośliwa uwaga rzucona na odchodnym

a shot in the army pomoc; poparcie; zastrzyk (np. finansowy)

get shot of something *pot.* uporać się z czymś

give something a shot *pot.* spróbować czegoś

have a shot at something *pot.* (też **take shot at something; take a try at something**) spróbować coś zrobić; pokusić się o zrobienie czegoś

like a shot *pot.* migiem; piorunem

not have a shot in one's locker *pot.* (też be **without a shot in one's locker**) nie mieć nic w zanadrzu; nie mieć ani grosza w kieszeni

SHOTS

call the shots *pot.* mieć decydujący głos

SHOULDER

a shoulder to cry *pot.* ramię na którym można się wypłakać

give someone the cold shoulder *pot.* traktować kogoś oziębie

put one's shoulder to the wheel (też **put one's hand to the plough; set one's hand to the plough; turn one's hand to the plough**) zakasać rękawy

shoulder to shoulder ramię przy ramieniu

straight from the shoulder *pot.* (też **from the shoulder**) prosto z mostu; nie owijając w bawełnę

SHOULDERS

have broad shoulders *pot.* być w stanie wziąć wielki ciężar na swoje barki

rub shoulders with someone (też **rub elbows with someone**) przestawać z kimś; ocierać się o kogoś

shrug one's shoulders wzruszać ramionami

SHOUTING

all over bar the shouting *pot.* wszystko przesądzone

SHOW

a show of hands głosowanie przez podniesienie ręki; głosowanie jawne

for show na pokaz

get the show on the road *pot.* ruszyć z miejsca; zacząć działać

give the show away *pot.* (też **give the whole show away; give the game away**) zepsuć efekt

good show *pot.* dobra robota; gratulacje

SHRIFT

give someone short shrift *pot.* potraktować kogoś szorstko; rozprawiać się z kimś krótko

SHUDDER

shudder to think drżeć na samą myśl

SHUTTERS

put up the shutters *pot.* zwinąć interes; przerwać pracę

SICK

sick and tired *pot.* śmiertelnie znudzony; mający czegoś po dziurki w nosie

SIDE

born on the wrong side of the blanket urodzony z nieprawego łoża

brush to one side zignorować

come from the wrong side of the tracks *pot.* być niskiego pochodzenia

know which side someone's bread is buttered *pot.* (też **know which side someone's bread is buttered on**) wiedzieć, jak się komuś przypodobać

laugh on the other side of one's mouth *pot.* (też **laugh on the wrong side of mouth; laugh on the other side of face; laugh on the wrong side of one's face**) odechciewać się komuś śmiać; nie być komuś do śmiechu

let the side down *pot.* zawieść (zespół, towarzystwo itp)

look on the bright side of something *pot.* (też **look at the sunny side of something**) popatrzeć na jasne strony czegoś

on every side (też **from every side; on all sides**) wszędzie, zewsząd; z każdej możliwej strony

on someone's right side *pot.* w dobrych przyjaznych stosunkach z kimś

on the distaff side *przest.* po kądzieli; ze strony matki

on the side *pot.* na boku

on the side of the angels *pot.* po słusznej stronie; po stronie sprawiedliwych

on spear side *przest.* po mieczu; ze strony ojca

on the wrong side *pot.* po (ukończeniu pewnego wieku)

pass by on the other side odmówić pomocy, poparcia

put something to one side odłożyć coś na bok; przełożyć coś na później

see the funny side of something *pot.* widzieć zabawną stronę czegoś

take someone to one side (też **take someone on one side; take someone aside**) brać kogoś na bok, na stronę

the other side tamta strona; życie po śmierci

the other side of the coin druga strona medalu

the seamy side *pot.* nieprzyjemna strona; minus

to be on the safe side dla pewności; na wszelki wypadek

SIDELINES

stand on the sidelines *pot.* (też **be on the sidelines; sit on the sidelines**) stać z boku; nie brać w czymś udziału

SIDES

butter both sides of one's bread *pot.* piec dwie pieczenie na jednym ogniu

see both sides rozumieć racje obu stron

split one's sides *pot.* (też **burst one's sides**) zrywać boki

take sides with someone (też **take the side of someone**) stanąć po czyjejś stronie

SIGHT

a sight better o niebo lepszy

a sight for sore eyes *pot.* przyjemny widok; balsam dla oczu; pociecha
at first sight
1. na pierwszy rzut oka
2. od pierwszego wejrzenia
know someone by sight znać kogoś z widzenia
out of sight *slang.* fantastyczny; nie z tej ziemi

SIGHTS
set one's sights on something upatrzyć sobie coś; zachorować na coś; wyznaczyć sobie coś za cel

SIGNED
signed and sealed sfinalizowany; zapięty na ostatni guzik

SIGNS
show signs of something wykazywać oznaki czegoś

SING
sing small *pot.* cienko śpiewać

SINK
everything but the kitchen sink *pot.*, *żart.* (też **everything except the kitchen sink**) wszystko co się da; cały dobytek

SIT
sit bolt upright siedzieć ; usiąść prosto
sit tight
1. (też sit **tight and wait**) nic nie robić (i czekać); odczekać; przeczekać
2. nie ustępować

SITTING
sitting pretty *pot.* w doskonałym położeniu

SITUATION
save the situation uratować sytuację

SIXES
at sixes and sevens w nieładzie, w kropce

SIZE
cut someone down to size *pot.* przytrzeć komuś nosa
that's about the size of it *pot.* tak to mniej więcej wygląda
try something for size *pot.* (też **try something on for size; try something out for size**) wypróbować coś; sprawdzać, czy coś komuś odpowiada

SKATES
get one's skates on *pot.* ruszyć z kopyta

SKELETON
a skeleton at the feast osoba psująca wszystkim zabawę
skeleton in the cupboard (też (*am.*) **skeleton in the closet; family skeleton**) rodzinny sekret (zwłaszcza przykry lub wstydliwy)

SKIDS
put the skids under someone *pot.* (też **put the skids on someone**) pogonić kogoś; dać komuś zapęd

SKIES
praise to the skies (też **extol to the skies; laud to the skies**) wychwalać pod niebiosa
rend the skies *lit.* (też **rend the air**) przeszywać powietrze

SKIN
by the skin of one's teeth *pot*, o mały włos; ledwie
get under someone's skin *pot.* działać komuś na nerwy
have a thick skin *pot.* być odpornym na krytykę; nie dać się łatwo wyprowadzić z równowagi
in one's bare skin w stroju Adama
jump out of one's skin *pot.* umrzeć ze strachu; przestraszyć się
no skin off my nose nie mój problem

sisters under the skin (też brothers under the skin) ulepieni z tej samej gliny

skin and bone pot. (też skin and bones) skóra i kości

soak someone to the skin (też drench someone to the skin) zmoczyć kogoś do suchej nitki

SKY
the sky is the limit nie ma ograniczeń

SLACK
take up the slack (też pull in the slack)

1. naciągnąć linę, drut itp.
2. uwolnić nie wykorzystywane potencjały

SLAP
a slap in the face pot. (też a slap in the teeth) policzek; upokorzenie

SLATE
on the slate na kredyt

wipe the slate clean pot. zapomnieć, co było i zacząć od nowa

with a clean slate pot. (też with a clean sheet) z czystym kontem

SLEDGEHAMMER
take a sledgehammer to track a walnut pot. (też take a sledgehammer to crack a nut; take a sledgehammer to brake a walnut; take a sledgehammer to break a nut; crack a walnut with a sledgehammer; break a nut with a sledgehammer) strzelać z armaty do muchy

SLEEP
beauty sleep sen dla urody

not lose sleep pot. (też not lose any sleep; not lose much sleep) nie przejmować się

sleep rough spać pod gołym niebem

sleep the sleep of the just przest. spać snem sprawiedliwego

sleep tight śpij dobrze

SLEEVE
have something up one's sleeve (też keep something up one's sleeve) mieć coś w zanadrzu

laugh up one's sleeve pot. (też laugh in one's beard; laugh in one's sleeve) śmiać się w kułak

SLEEVES
in one's shirt sleeves (też in shirt sleeves) bez marynarki

roll up one's sleeve (też roll one's sleeve up) zawinąć rękawy

SLEIGHT
sleight of hand sztuczka; manipulacja

SLICE
slice of the cake pot. (też share of the cake; cut of the cake; piece of the cake) działka, udział w zyskach

SLIDE
on the slide w coraz gorszym stanie

SLIP
a slip of a buy (też a slip of a girl) chuchro

a slip of the tongue przejęzyczenie

give someone the slip pot. umknąć, wymknąć się komuś

SLOPE
the slipper slope pot. śliski teren

SMACK
a smack in the eye policzek; upokorzenie

have a smack at something pot. spróbować coś zrobić

SMASH
smash and grab włamanie do sklepu dokonane poprzez wybicie okna wystawowego

SMILE
take the smile off someone's face
(*też* **take the grin off someone's
face; wipe the smile off someone's
face; wipe the grin off someone's
face**) odebrać komuś ochotę
do śmiechu; sprawić by komuś
zrzedła mina

SMITHEREENS
smash to smithereens (*też* **smash
into smithereens**) roztrzaskać
na kawałki

SMOKE
go up in smoke pójść z dymem

SNAKE
a snake in the grass człowiek
dwulicowy

SNAP
snap out of something *pot.* otrząsnąć
się z czegoś

SNEEZED
not to be sneezed at (*też* **not to be
sniffed at**) nie do pogardzenia

SNOOK
cock a snook at someone *pot.* zagrać
komuś na nosie

SNUFF
snuff it *slang.* wyzionąć ducha

SO
or so albo coś koło tego; mniej więcej
so far do tej pory
so much for something i już
po czymś; to tyle, jeśli chodzi o coś

SOCK
put a sock in it *slang.* wsadzić mordę
w kubeł
sock it to someone *pot.* wygarnąć
komuś

SOCKS
pull one's socks up *pot.* wziąć się
do roboty; postarać się

SOMEONE
someone or other (*też* **something or
other; somehow or other**) ktoś (coś,
jakoś itd.)

SON
every mother's son wszyscy jak jeden
mąż
son and heir syn pierworodny
son of a bitch *wulg.* sukinsyn
son of a gun *pot., żart.* facet; gość

SONG
for a song *pot.* za bezcen
**make a song and dance about
something** *pot.* robić z czegoś
wielki szum
sing a different song (*też* **sing
a different tune**) zmienić zdanie
someone's swan song *lit.* czyjś
łabędzi śpiew

SOONER
no sooner said than done jak się
rzekło, tak się stało; już się robi
sooner or later prędzej czy później
sooner you than me *pot.* całe
szczęście, że to ty, a nie ja
the sooner the better im szybciej tym
lepiej

SORROW
more in sorrow than in anger z żalem
ale bez złości

SORROWS
drown one's sorrows *pot.* topić
smutki w alkoholu; zalewać robaka

SORT
good sort *pot.* równy gość; równa
babka
sort ill with something nie pasować
do czegoś

SORTS
feel out of sorts być nie w sosie; nie czuć się dobrze

SOUL
sell one's soul zaprzedać duszę; zdradzić swoje ideały
upon my soul (*też* **upon my word**) słowo honoru; daję słowo; jak Boga kocham

SOUP
in the soup w kłopotach; w opałach

SPACE
breathing space czas do namysłu, zastanowienia, odpoczynku

SPADE
call a spade a spade nazywać rzeczy po imieniu

SPADES
in spades *slang.* aż do przesady; do kwadratu

SPANNER
throw a spanner in the works *pot.* pomieszać szyki; zepsuć wszystko

SPARK
a bright spark *pot.* osoba pogodna, żywa; (o dziecku) żywe srebro

SPEAK
so to speak (*też* **as it were**) można by tak powiedzieć; jak gdyby; poniekąd
speak for itself mówić samo za siebie

SPEAKING
plain speaking mówienie bez ogródek

SPECTALES
see something through rose-coloured spectacles (*też* **see something through rose-coloured glasses; see something through rose-tinted glasses; look at something through rose-coloured spectacles; look at something through rose-tinted spectacles; view something through rose-coloured spectacles; view something through rose-tinted spectacles**) widzieć coś, patrzeć na coś przez różowe okulary

SPECTATOR
the spectator sees more of the game (*też* **the spectator sees most of the game**) z boku, z zewnątrz lepiej widać; osoba niezaangażowana dostrzega więcej

SPEED
full speed ahead (*też* **full steam ahead**) pełną parą; całą naprzód

SPICK
spick and span jak spod igły

SPIRIT
be with someone in spirit być z kimś duchem
moving spirit dusza przedsięwzięcia

SPIRITS
animal spirits dzika radość; żywiołowość

SPIT
spit and polish *pot.*
1. szorowanie
2. odstawiony; wymuskany
spit it out *pot.* (*też* **out with it**) gadaj; wykrztuś to z siebie
the spit and image of someone (*też* **the spitting image of someone; the dead spit of someone**) czyjś obraz i podobieństwo; czyjaś wierna kopia

SPLASH
make a splash *pot.* wzbudzić sensacje

SPLEEN
vent one's spleen wyładować złość

SPOKE
put a spoke in someone's wheel
podstawić, podłożyć komuś nogę

SPONGE
throw in the sponge *pot.* (*też* **throw
in the towel; throw up the sponge**)
poddać się

SPOON
**born with a silver spoon in one's
mouth** w czepku urodzony
the wooden spoon nagroda
pocieszenia

SPOT
a soft spot słabość; sentyment
be spot on (*też* **be bang on**) trafić
w dziesiątkę
blind spot słaby punkt
have a blind spot nie dostrzegać
(czyichś błędów, ułomności itp.);
przymykać oczy na coś
high spot gwóźdź programu
on the spot
1. na miejscu
2. w trudnym położeniu
rooted to the spot (*też* **rooted to the
ground**) osłupiały; wrośnięty
w ziemię

SPOTS
knock spots off someone *pot.* (*też*
knock spots out of someone) pobić
kogoś na łeb na szyję

SPOUT
up the spout
1. zmarnowany; wyrzucony w błoto
2. w ciąży

SPRAT
a sprat to catch a mackerel (*też*
**a sprat to catch a whale; a sprat
to catch a herring**) mała przynęta
na dużą rybę

SPRING
spring clean robić generalne,
wiosenne porządki

SPRINGS
springs of action sprężyny, motywy
działania

SPUR
on the spur of the moment bez
namysłu; na poczekaniu; pod
wpływem impulsu, chwili

SPURS
win one's spurs (*też* **gain one's
spurs**) zdobyć ostrogi

SQUARE
back to square one z powrotem
w punkcie wyjścia, do punktu
wyjścia
on the square uczciwy; godny
zaufania; uczciwie

SQUEEZE
in a tight squeeze w tarapatach (np.
finansowych)

SQUIB
damp squib plajta; niewypał

STAFF
skeleton staff (*też* **skeleton crew;
skeleton service**) podstawowy
personel

STAGE
set the stage przygotowywać grunt

STAKE
go to the stake skoczyć w ogień

STAKES
pull up stakes *pot.* spakować manatki

STAMP
a rubber stamp figurant; instytucja
fasadowa

STAND (1)
a one-night stand

1. pojedynczy występ na trasie koncertowej
2. przygoda, romans na jedną noc

make a stand stawiać opór

take a stand (*też* **take one's stand**) stanąć na stanowisku; zająć określone stanowisko

STAND (2)

stand corrected przyznać się do błędu, pomyłki

stand easy stać, stanąć w pozycji „spocznij"

stand firm (*też* **stand one's ground; keep one's ground**) stać twardo na swoim stanowisku; nie dawać się

stand or fall by something całkowicie zależeć od czegoś

stand still zatrzymać się w miejscu; trwać w bezruchu

stand to gain something mieć szansę coś zyskać

stand up and be counted opowiedzieć się po jakiejś stronie; zdeklarować się

STARS

see stars *pot.* zobaczyć gwiazdy przed oczyma

thank one's lucky stars *pot.* dziękować swojej szczęśliwej gwieździe

START

a head start fory; przewaga

get off to a bad start *pot.* zacząć się źle, pechowo

get off to a flying start zrobić dobry początek

STARTERS

for starters *pot.* na początek

STATE

a sorry state przykra sytuacja

get oneself into a state *pot.* (*też* **get in a state; get into a bad state; get into a state**) zdenerwować się

in a state of nature *lit. żart.* w stroju Adama

the state of play *pot.* siedzieć spokojnie; pozostać w miejscu

STAY

stay put *pot.* siedzieć spokojnie; pozostać na miejscu

STEAD

stand someone in good stead (*też* **stand someone in better stead**) być dla kogoś jak znalazł

STEADY

steady on *pot.* wolnego

STEAM

get up steam (*też* **pick up steam**) zebrać siły

let off steam *pot.* (*też* **blow off steam; work off steam**) wyładować się

run out of steam *pot.* tracić rozpęd, zapał

under one's own steam o własnych siłach

STEAMED

all steamed up (*też* **steamed up**) podniecony; podenerwowany

STEER (1)

a bum steer *slang.* stek bzdur

STEER (2)

steer clear (*też* **stay clear; keep clear**) omijać z daleka; unikać

STEP

a step in the right direction (*też* **a step forward**) krok we właściwym kierunku; krok naprzód

in step with something w zgodzie z czymś

step by step krok po kroku

watch one's step uważać, co się robi; patrzeć pod nogi

STEPS
take steps podjąć kroki

STEW
in a stew *pot.* mocno zdenerwowany

STICK
carry a big stick (*też* **wield a big stick**) grozić użyciem siły
in a cleft stick *pot.* w kropce
more than one can shake a stick at *am. pot.* tyle, że nie można się opędzić

STING
sting in the tail *przen.* nieprzyjemny finał

STINK
create a stink *pot.* (*też* **kick up a stink; make a big stink; raise a real stink**) narobić hałasu, smrodu

STITCH
not have a stitch on nie mieć nic na sobie

STITCHES
be in stitches pękać ze śmiechu; zrywać boki

STOCK
a laughing stock pośmiewisko
take stock robić rachunek; zestawiać bilans

STOCKS
on the stocks w budowie; w przygotowaniu

STOMACH
have no stomach for something nie mieć zdrowia do czegoś; nie mieć ochoty na coś
turn someone's stomach (*też* **make someone's stomach turn**) przyprawiać kogoś o mdłości

STONE
a stepping stone *przen.* odskocznia; punkt zwrotny
leave no stone unturned poruszyć niebo i ziemię; zajrzeć wszędzie
sink like a stone pójść na dno jak kamień

STOOLS
fall between two stools odnieść porażkę wskutek niezdecydowania lub nieumiejętności wyboru pomiędzy dwoma rozwiązaniami

STOP
stop short of something nie posunąć się do czegoś

STOPS
pull out all the stops *pot.* dokładać wszelkich starań; pójść na całego; dać z siebie wszystko

STORAGE
keep in cold storage odłożyć do wykorzystywania w przyszłości

STORE
be in store for someone czekać na kogoś; być w zanadrzu
set great store by something (*też* **set great store on something**) robić sobie nadzieje w związku z czymś; przywiązać dużą wagę do czegoś

STORM
a storm in a tea cup *pot.* burza w szklance wody
take by storm wprawić w zachwyt; wziąć szturmem
weather the storm (*też* **ride out the storm**) mieć najgorsze za sobą

STORY
a cock-and-bull story *pot.* bajeczka
a tall story (*też* **a tall tale**) zmyślona historia; przechwalanki
cut a long story short (*też* **make a long story short**) streszczać się

that is another story (*też* **that is different story**) to całkiem inna historia

the same old story (*też* **the same story**) ta sama historia; to samo

to cut a long story short (*też* **to make a long story short**) krótko mówiąc

STRAIGHT

straight out (up) prosto z mostu

STRAW

a straw in the wind zwiastun; zapowiedź tego, co może się wydarzyć

the last straw *pot.* (*też* **the final straw; the straw that broke the camel's back**) kropla przepełniająca kielich goryczy

STRAWS

clutch at straws *pot.* (*też.* **clutch at a straw; grasp at straws; grasp at a straw**) chwytać się najmniejszej szansy

STREAK

like a blue streak *pot.* z szybkością błyskawicy

STREAM

drift with the stream (*też* **go with the stream; go with the current; go with the tide**) iść z prądem; iść z prądem; iść za przykładem większości

STREET

in queer street *pot.* w bardzo trudnej sytuacji finansowej; bez środków do życia

not in the same street *pot.* o wiele gorszy; nie tak dobry

on easy street *am. pot.* w dobrej sytuacji materialnej

up someone's street *pot.* (*też* **right up someone's street; just up someone's street; right down**

someone's street) w zasięgu czyichś zainteresowań

STREETS

on the streets
1. na bruku
2. na ulicy (o prostytutce)

streets ahead *pot.* o całe niebo lepszy; o klasę lepszy

STRENGHT

go from strength to strenght zwiększyć wpływy; odnosić sukces za sukcesem

on the strength of something na mocy czegoś; na podstawie czegoś

STRETCH

at a stretch bez przerwy; jednym ciągiem

at full stretch pełną parą

STRIDE

get into one's stride wciągnąć się; nabrać wprawy

take something in one's stride poradzić sobie z czymś bez kłopotu

STRIDES

make great strides (*też* **make rapid strides**) robić szybkie postępy

STRIKE

strike it rich *pot.* wzbogacić się szybko

strike lucky *pot.* wygrać szczęśliwy los na loterii

strike me pink *pot. przest.* (*też* **strike someone dumb**) odebrać komuś mowę

STRING

harp on the same strings *pot.* (*też* **harp on the string**) powtarzać; wałkować w kółko to samo

have someone on the string *pot.*
(też **have someone on the string**)
wodzić kogoś na pasku

STRINGS

have strings attached pociągać
za sobą dodatkowe zobowiązanie

have two strings to one's bow (też
have another string to one's bow)
mieć podwójny zawód; mieć coś
jeszcze w zapasie

hold the purse strings *pot.* (też
control the purse strings) trzymać
kasę

pull strings *pot.* (też **pull wires**)
1. pociągać za sznurki; rządzić
2. używać protekcji; korzystać
ze znajomości

tied to one's mother's apron strings
(też **tied to one's wife's apron
strings**) uczepiony matczynej
spódnicy; pod pantoflem żony

STRIP

tear a strip off someone *pot.* (też
tear someone off a strip) zrugać,
zbesztać kogoś

STROKE

a stroke of good luck uśmiech,
zrządzenie losu

at a stroke *pot.* (też **in a stroke; at
one stroke; at a single stroke**)
jednym pociągnięciem; za jednym
zamachem

on the stroke (też **at the stroke**)
punktualnie; równo z wybiciem
godziny

put someone off his stroke *pot.* (też
put someone off his stride) wybić
kogoś z rytmu; zbić kogoś z tropu

STUCK

get stuck in something *slang.* (też **get
stuck into something**) zabrać się
do (roboty, dzieła itd.)

STUDY

on a brown study *przest.* zatopiony
w myślach, nieobecny duchem

STUFF

do one's stuff *pot.* robić swoje
hot stuff *pot.* bomba; rewelacja
stuff and nonsense *pot.* kompletne
bzdury
that's the stuff *pot.* *żart.* (też **that's
the stuff to give the army; that's
the stuff to give the troops**) to jest
to

STUFFING

knock the stuffing out of someone
pot.
1. dać komuś wycisk; rozłożyć kogoś
na obie łopatki
2. osłabić czyjąś siłę fizyczną lub
wiarę w siebie

STUMPS

stir one's stumps *pot.* pocieszyć się

STYLE

cramp someone's style *pot.*
ograniczać czyjąś swobodę
działania; krępować kogoś; stać
komuś na drodze do celu

in style *pot.* z klasą; w dobrym stylu;
komfortowo

SUBLIME

**from the sublime to the
ridiculous** od rzeczy wzniosłych,
wartościowych do przyziemnych,
groteskowych

SUCCESS

nothing succeeds like success sukces
rodzi sukces

SUCH

such and such wyżej wymieniony;
taki to a taki

SUCKER
be a sucker for something *pot.* być łasym na coś

SUDDEN
all of a sudden *pot.* (*też* **all at once**) wtem; raptem, nagle, niespodziewanie

SUFFICE
suffice it to say *lit.* (*też* **suffice to say**) dość powiedzieć

SUFFICIENT
sufficient unto oneself samowystarczalny

SUIT
follow suit *pot.* iść za przykładem
someone's strong suit *pot.* czyjaś mocna strona; czyjś atut
suit yourself *pot.* rób jak chcesz; rób jak uważasz

SUM
the sum and substance główna myśl
the sum total *pot.* ostateczny wynik

SUN
not let the sun go down on one's anger (*też* **not let the sun go down on one's wrath**) nie pozwalać złości, złemu nastrojowi trwać długo
nothing new under the sun nic nowego pod słońcem

SUNDAY
one's Sunday best *pot., przest.* najlepsze ubranie; odświętny strój

SUNDRY
all and sundry wszyscy bez wyjątku

SUPPER
sing for one's supper *pot.* zarobić na swoje utrzymanie

SURE
for sure *pot.* bez wątpienia; z całą pewnością

sure enough *pot.* jak można się (było) spodziewać
to be sure *pot.* z pewnością

SURETY
stand surety for someone ręczyć za kogoś

SURFACE
scratch the surface ślizgać się po powierzchni; robić coś po łebkach; nie wchodzić w szczegóły

SURPRISE
take someone by surprise zaskoczyć kogoś

SUSPENSION
suspension of disbelief *pot.* łatwowierność; naiwność

SWANEE
go down the Swanee *pot.* schodzić na psy

SWEAR
swear black is white *pot.* przysięgać, że czarne jest białe
swear blind *pot.* zaklinać się na wszystko
swear by all that is holy *pot.*(*też* **swear by all the gods; swear by all that is sacred**) przysięgać na wszystkie świętości

SWEAT
by the sweat of one's brow w pocie czoła
in a cold sweat *pot.* (*też* **all of a sweat**) zlany (zimnym potem; przerażony)
no sweat *am. slang.* łatwizna; żaden problem
sweat it out *pot.* (*też* **stick it out**) wytrzymać do końca

SWEEP
make a clean sweep przeprowadzić czystkę; zlikwidować

SWEETNESS
sweetness and light *żart.* sama
słodycz

SWIM
be in the swim *pot.* trzymać rękę
na pulsie być na bieżąco

SWING
get into the swing of something *pot.*
wciągnąć się w coś; wprawić sie
w czymś
go with a swing *pot.* pójść jak
z płatka, śpiewająco
in full swing *pot.* w pełnym toku;
na pełnych obrotach

SWOOP
in one fell swoop *pot.* (*też* **at one
fell swoop**) jednym uderzeniem;
za jednym zamachem

SYSTEM
get something out of one's system
pot. przestać się czymś przejmować

T

T
to a T *pot.* (*też* **to a tee**) idealnie,
zupełnie

TAB
pick up the tab *pot.* płacić rachunek

TABLE
drink someone under the table *pot.*
upić kogoś do nieprzytomności

TABLES
turn the tables on someone użyć
broni przeciwnika; uzyskać
przewagę nad kimś

TABS
keep tabs on someone *pot.* (*też* **keep
a tab on someone**) pilnować kogoś

TACKS
get down to brass tack *pot.* przejść
do konkretów

TAIL
the tail wags the dog część jest
mniejsza od całości; podrzędny
element wywiera decydujący wpływ
na całość
turn tail wziąć nogi za pas
with one's tail between one's legs
pot. z podwiniętym ogonem;
z uczuciem wstydu

TAILS
on someone's coat tails *am.*
na czyichś plecach

TAKE
take for granted
  1. przyjąć za pewnik
  2. nie doceniać; zaniedbywać
take it easy (*też* **take things easy**) nie
przejmować się; odprężyć
take it or leave it możesz się zgodzić
lub nie (ja już powiedziałem ostatnie
słowo)
take kindly to something przyjąć coś
z radością; powitać z satysfakcją
take someone aback zaskoczyć kogoś
take someone out of himself *pot.*
rozerwać kogoś; pomóc komuś
zapomnieć o zmartwieniach
take someone unawares (*też* **catch
someone unawares**) zaskoczyć
kogoś; zajść kogoś znienacka
take something amiss mieć, wziąć
coś za złe
take something as read wziąć coś
za pewnik
take something lying down
  przyjmować coś bez najmniejszego
  sprzeciwu; tolerować coś

TAKEN

be taken short *pot.* (*też* **be caught short**) poczuć nagłą potrzebę fizjologiczną

TALE

an old wives' tale (*też* **an old wives' story**) przesąd; mit

TALES

tell tales (*też* **tell tales out of school**) donosić; skarżyć; plotkować

TALK (1)

small talk *pot.* rozmowa na nieważne tematy

sweet talk *pot.* przymilanie się; podpuszczanie

talk of the town *pot.* chwilowy obiekt ogólnego zainteresowania; temat plotek

TALK (2)

talk about a propos; tak przy; okazji

talk big przechwalać się

TALKING-TO

give someone a talking-to *pot.* powiedzieć komuś do słuchu; dać komuś reprymendę

TANGENT

go off at a tangent *pot.* (*też.* **fly off at a tangent**) nagle odbiegać od tematu; przeskakiwać z tematu na temat

TAP

on tap pod ręką

TAPE

red tape biurokracja

TASK

take someone to task upomnieć kogoś; przywołać kogoś do porządku

TASTE

leave a nasty taste in someone's mouth (*też* **leave a bad taste in someone's mouth; leave a bitter taste in someone's mouth**) pozostawić u kogoś uczucie niesmaku

TEA

not for all the tea in China *pot.* za żadne skarby (świata)

TEARS

shed crocodile tears (*też* **weep crocodile tears**) wylewać krokodyle łzy

TEETH

armed to the teeth uzbrojony po zęby

be fed up to the back teeth (*też* **be fed up to the teeth; be sick to the back teeth; be sick to the teeth**) mieć dość; mieć po dziurki w nosie

draw someone's teeth (*też* **pull someone's teeth; draw someone's fangs**) pozbawić kogoś jadu; wytrącić komuś miecz z ręki

get one's teeth into something *pot.* (*też* **sink one's teeth into something**) wgryźć się w coś

grit one's teeth zaciskać zęby

in the teeth of something na przekór czemuś; nie zważając na coś

lie through one's teeth *pot.* (*też* **lie in one's teeth; lie in one's throat; lie through one's throat**) łgać, kłamać w żywe oczy

set someone's teeth on edge (*też* **put someone's teeth on edge**)
1. wykrzywiać komuś twarz (np. z powodu cierpkiego smaku)
2. przyprawiać kogoś o ciarki; denerwować

show one's teeth pokazywać kły; pokazywać pazury

TELL (1)
hear tell *pot.* słyszeć od ludzi; słyszeć
jak ludzie mówią

TELL (2)
tell someone where to get off *pot.*
(też **tell someone where he gets
off; tell someone where he can
get off**) powiedzieć komuś, żeby się
odczepił

TELLING
you're telling me *pot.* mnie tego
nie musisz mówić; święta prawda;
jeszcze jak

TEMPER
keep one's temper (też **hold one's
temper**) zachować spokój
lose one's temper stracić cierpliwość

TEN
ten to one *pot.* dziesięć do jednego,
że; (idę o) zakład, że

TENTERHOOKS
on tenterhooks jak na szpilkach; jak
na rozżarzonych węgielkach

TERMS
be on good terms with someone być
w dobrych stosunkach z kimś
come to terms
1. pogodzić się; zaakceptować
2. pogodzić się; dojść
do porozumienia
on one's own terms na swoich
własnych warunkach; po swojemu

TERROR
strike terror into someone napełnić
kogoś trwogą, przerażeniem

TEST
acid test *pot.* próba ogniowa
stand the test of time (też **withstand
the test of time**) wytrzymać próbę
czasu

THANKS
thanks to something dzięki czemuś;
z powodu czegoś

THAT
that's that *pot.* (też **that's it**) to (by
było) na tyle; i na tym koniec

THICK
in the thick of something w samym
środku czegoś; w wirze czegoś
it's a bit thick *pot.* to trochę za wiele;
to lekka przesada
thick with someone *pot.* w dobrej
komitywie z kimś
through thick and thin na dobre
i na złe

THIEVES
as thick as thieves bardzo sobie bliscy

THING
a thing or two *pot.* co nieco
do one's own thing *pot.* robić swoje
for one thing... and for another...
pierwsze..., a po drugie...
have a thing about something *pot.*
mieć słabość do czegoś; mieć bzika
na punkcie czegoś
it's not quite the thing nie wypada
just the thing właśnie to
**not know the first thing about
something** nie mieć o czymś
zielonego pojęcia
sure thing *pot.* oczywiście;
z pewnością; jasne, że

THINGS
all things considered zważywszy
wszystko; ogólnie rzecz biorąc
be seeing things *pot.* mieć
halucynacje, przewidzenia
it's just one of those things (też **it's
one of those things**) zdarza się; tak
to bywa; mówi się trudno
other things being equal (też **all
things being equal**) w takich
samych warunkach; zakładając,

że pozostałe czynniki nie ulegną zmianie

things that go bump in the night *pot.* *żart.* nocne strachy; nadprzyrodzone zjawiska

THINK

think aloud (*też* **think out loud**) głośno myśleć

think better of it zmienić zdanie; rozmyślić się

think twice before doing something (*też* **think twice about doing something**) dwa razy pomyśleć zanim się coś zrobi

THINKING

wishful thinking pobożne życzenia; marzenie ściętej głowy

THIS

this, that and the other (*też* **this and that**) to i tamto; to i owo

THORN

be a thorn in someone's flesh (*też* **be a thorn in someone's side**) być komuś solą w oku

THOUGHT

give something thought (*też* **give thought to something**) przemyśleć coś

perish the thought *pot.* niech Bóg broni; nie daj Boże

THOUGHTS

collect one's thoughts zebrać myśli

have second thoughts mieć wątpliwości

on second thought (*też* **on second thought**) po namyśle

THREAD

hang by a thread (*też* **hang by a single thread: hang by a hair**) wisieć na włosku

lose the thread pogubić się; stracić wątek

THREADS

pick up the threads *pot.* (*też* **take up the threads; gather up the threads**) na nowo podjąć; kontynuować po przerwie

THROAT

clear one's throat *pot.* odchrząknąć

cut one's own throat (*też* **cut one's throat; slit one's own throat: slit one's throat**) podcinać gałąź, na której się siedzi

jump down someone's throat *pot.*, *przen.* (*też* **fly at someone's throat**) naskoczyć na kogoś; skoczyć komuś do gardła

ram something down someone's throat (*też* **force something down someone's throat; put something down someone's throat; shove something down someone's throat; stuff something down someone's throat**) zanudzać kogoś czymś

stick in someone' throat (*też* **stick in someone's gullet; stick in someone's gizzard**) przychodzić komuś trudno; być nie do przyjęcia

THROATS

be at each other's throats skakać sobie do gardła, oczu; drzeć koty

THROES

in the throes of something w wirze, ferworze czegoś (pracy itp.)

THROUGH

through and through w każdym calu; na wskroś

THROW

throw overboard *pot.* porzucić; pozbyć się

within a stone's throw (*też* **a stone's throw away**) o żabi skok; tuż obok

THUMB
under someone's thumb pod czyimś pantoflem; całkowicie zdominowany przez kogoś

THUMBS
thumbs down czerwone światło
thumbs up zielone światło
twiddle one's thumbs kręcić palcami młynka

THUNDER
steal someone's thunder pot. ubiec kogoś; wytrącić komuś broń z ręki

TICK (1)
in a tick pot. za momencik; za chwilkę

TICK (2)
on tick pot., przest. na kreskę; na kredyt

TIE
the old school tie przen. stare znajomości (często szkolne lub uniwersyteckie)

TIGER
a paper tiger papierowy tygrys; pozorne zagrożenie

TILT
at full tilt pot. (też **full tilt**) na pełnym gazie; z całą siłą; na oślep

TIME
about time pot. (też **high time**) najwyższy czas
against time na wyścigi z czasem
all in good time wszystko w swoim czasie
at one time (też **at a time**) swego czasu
at the same time jednocześnie; w tym samym czasie
beat time wybijać rytm
before someone's time nie za czyichś czasów

bide one's time wyczekiwać na właściwy moment
big time pot. najwyższy poziom; wysokie loty; wyżyny
for the time being na razie; tymczasowo
from time to time od czasu do czasu
give someone a hard time pot. dać się komuś we znaki; zaleźć komuś za skórę
have a good time dobrze się bawić
have an easy time mieć lekkie, łatwe życie
have the time of one's life bawić się w najlepsze
have time on one's hands pot. (też **have time to kill**) mieć dużo wolnego czasu; nie wiedzieć co robić z czasem
in good time w porę
in no time at all (też **in no time; in next to no time; in less than no time**) w mgnieniu oka; w mig
in one's own good time pot. (też **in one's own time**) w swoim czasie; kiedy ktoś uzna za stosowne
in someone's time w czyichś czasach; za czyichś czasów
in time na czas; w samą porę
make good time uzyskać, osiągnąć dobry czas
make up for lost time nadrabiać stracony czas
mark time
  1. maszerować w miejscu
  2. udawać, że się pracuje
on time punktualnie; na czas
once upon a time pewnego razu; dawno, dawno temu
pass the time zabijać czas
pass the time of day with someone pot. zamienić z kimś parę słów; pozdrowić kogoś
play for time grać na czas

serve time *slang.* (*też* **do time**) odsiadywać wyrok

take one's time nie śpieszyć się

take time by the forelock *lit.* nie przegapić okazji

time after time (*też* **time and time again; time and again: times without number**) raz za razem; niezliczoną ilość razy

time and a half półtorej stawki; 150 procent

TIMES

at the best of times w najbardziej sprzyjających okolicznościach

at times czasami

behind the times zacofany; staromodny

nine times out of ten dziewięć razy na dziesięć; prawie zawsze

TIP

on the tip of someone's tongue na końcu języka

the tip of the iceberg *przen.* wierzchołek góry lodowej

TIT

tit for tat oko za oko; pięknym za nadobne

TO

to and fro w tę i z powrotem

TOES

on one's toes na baczności; w pogotowiu

tread on someone's toes *pot.* (*też* **step on someone's toes; tread on someone's corns**) nadepnąć komuś na odcisk

turn up one's toes *pot.*, *żart.* wyciągnąć kopyta; wykorkować

TOKEN

by the same token tym samym; z tego samego powodu

TOLL

take its toll (*też* **take a toll**) dawać się we znak; mieć negatywny wpływ

TOM

a peeping Tom podglądacz; ciekawski

every Tom, Dick and Harry (*też* **any Tom, Dick and Harry**) byle kto; kto popadnie

TON

like a ton of bricks *pot.* z całej siły; całym impetem

TONE

set the tone nadawać ton

TONGUE

keep a civil tongue in one's head *przest.* (*też* **have a civil tongue in one's head**) uważać na to co się mówi

with one's tongue in one's cheek nie na poważnie; ironicznie; nieszczerze

TONGUES

tongues wag języki idą w ruch

TOOTH

a sweet tooth *pot.* słabość do słodyczy

fight tooth and nail (*też* **fight tooth and claw**) walczyć zaciekle, zawzięcie

long in the tooth *pot.*, *przest.* posunięty w latach; za stary

TOP

at the top of one's voice (*też* **at the top of one's lungs**) na cały głos; na całe gardło; wniebogłosy

blow one's top *pot.* (*też* **blow a fuse; blow a gasket; blow one's stack**) eksplodować ze złości

come out on top *pot.* (*też* **come out tops**) wychodzić obronną ręką

from top to toe od stóp do głów

get on top of someone *pot.*

1. dawać sobie radę z kimś
2. przygniatać kogoś; przerastać czyjeś możliwości

go over the top *pot.* przesadzać; posuwać się za daleko; zapominać się

off the top of one's head z głowy; na poczekaniu

on top of something oprócz czegoś; na dodatek do czegoś

on top of the world *pot.* tryskający energią i zdrowiem; w znakomitym nastroju

the top of the ladder (*też* **the top of the tree**) szczyt; najwyższy szczebel (kariery itp.)

thin on top łysiejący

TORCH

carry a torch for someone *pot.* podziwiać kogoś; kochać się w kimś bez wzajemności, być w kogoś zapatrzonym

TORN

that's torn it *pot.* (*też* **that's done it**) teraz to już koniec; tego tylko brakowało

TOUCH

get in touch with someone skontaktować się z kimś; dać komuś znać

in touch with something na bieżąco z czymś

keep in touch (*też* **be in touch; keep in contact**) być w kontakcie

lose one's touch (*też* **lose hang of it; lose one's grip**) wyjść z wprawy

lose touch stracić kontakt

out of touch with something oderwany od czegoś; nie mający kontaktu z czymś

the common touch umiejętność nawiązywania kontaktu z ludźmi

touch and go ryzykowny; stojący pod znakiem zapytania

with a touch of class *pot.* z klasą

TOWER

a tower of strength (*też* **a pillar of strength**) ostoja; opoka; podpora

TOWN

go to town *pot.* pójść na całego

go to town on something *pot.* poświęcić czemuś dużo czasu i energii

out on the town *pot.* na miasto; na mieście (w celach rozrywkowych)

paint the town red *pot.* zabawić się; poszaleć

TRACK

keep track śledzić; nadążać

lose track tracić kontakt; tracić rozeznanie

off the beaten track na odludziu; w głuszy

on the right track na dobrej drodze

throw someone off the track (*też* **throw someone off the train; throw someone off the scent; put someone of the scent**) zmylić kogoś; zbić kogoś z tropu; zgubić

TRACKS

cover one's tracks (*też* **hide one's tracks**) zacierać za sobą ślady

in one's tracks *pot.* (*też* **in one's track**) w miejscu

make tracks *pot.* zwiewać; spadać; dawać nogę

TRADE

horse trade (*też* **horse trading**) targowanie się; dobijanie targu

TRAIN

in train w toku

TREE

flourish like the green bay tree *pot.* kwitnąć; prosperować

up a tree *pot.* (*też* **up a gun tree**) w ślepej uliczce; zapędzony w kozi róg

TRIAL
by trial and error metodą prób i błędów

TRIANGLE
eternal triangle trójkąt (małżeński)

TRICK
do the trick *pot.* odnieść sukces; podziałać
trick of the trade chwyt zawodowy; tajniki (sztuki, rzemiosła itp.)

TRIGGER
quick on the trigger (*też* **trigger happy**) sięgający po broń bez namysłu

TROOPER
swear like a trooper *pot.* kląć jak szewc

TROT
on the trot *pot.*
1. pod rząd
2. zabiegany; na wysokich obrotach

TROUBLE
ask for trouble (*też* **look for trouble; ask for it**) kusić złego
go to the trouble (*też* **take the trouble**) zadać sobie trud; robić sobie kłopot

TROUBLES
teething troubles początkowe trudności

TROUSERS
wear the trousers *pot.* (*też* **wear the breeches; wear the pants**) nosić spodnie; być głową domu

TRUMPET
blow one's own trumpet *pot.* robić sobie samemu reklamę; przechwalać się

TRUMPS
hold all the trumps trzymać wszystkie atuty w ręku
turn up trumps *pot.* udać się nadspodziewanie dobrze

TRUST
take something on trust uwierzyć w coś na słowo

TRUTH
the naked truth naga prawda

TUNE
call the tune *pot.* (*też* **call the note**) nadawać ton; wodzić rej
change one's tune (*też* **sink another tune; whistle a different tune**) zmienić śpiewkę
in tune
1. czysty; czysto (w muzyce)
2. w zgodzie; w harmonii
out of tune
1. nieczysty, nieczysto (w muzyce); rozstrojony
2. bez harmonii; rozdźwięku
to the tune of (o kwocie) rzędu; ni mniej ni więcej tylko

TURKEY
talk turkey *am. slang.* mówić prosto z mostu

TURN
at every turn na każdym kroku; przy każdej okazji
do a good turn zrobić dobry uczynek
done to a turn *pot.* (*też* **cook to a turn**) (o jedzeniu) przyrządzone w sam raz
give someone a turn przestraszyć, zaszokować kogoś
in turn po kolei
speak out of turn (*też* **talk out of turn**) popełnić nietakt
take a turn pójść na spacer; przejść się

take a turn for the better zmienić się na lepsze
take a turn for the worse zmienić się na gorsze; pogorszyć się
the star turn gwóźdź programu

TURNS
by turns na zmianę; na przemian
take turns at something (*też* **take something in turns**) robić coś na zmianę

TURTLE
turn turtle *pot.* (o samochodzie) wywrócić się na dach; (o statku) wywrócić się do góry dnem

UPTAKE
be quick on the uptake *pot.* chwytać wszystko w lot
be slow on the uptake *pot.* wolno myśleć, kojarzyć

USE
have no use for something
   1. nie lubić czegoś
   2. nie potrzebować czegoś
make use of something wykorzystywać coś; stosować coś
there's no use (*też* **it's no use**) nie ma sensu; to na nic

U

UNCLE
talk like Dutch uncle prawić morały; pouczać (w dobrej wierze)

UP
be up to doing something być w stanie zrobić coś
be up to something być w stanie zrobić coś
on the up and up *pot.* coraz lepszy
up against it w trudnej sytuacji finansowej
up and about (*też* **up and around**) (znów) na nogach (po chorobie)
up and doing *przest.* w ruchu; aktywny
up and down
   1. tam i z powrotem
   2. raz lepiej, raz gorzej

UPS
ups and downs wzloty i upadki; zmienne koleje losu

V

VAIN
in vain na próżno; daremnie

VALUE
take at face value brać dosłownie; brać za dobrą monetę

VAN
in the van *lit.* w awangardzie; w pierwszym szeregu

VARIANCE
at variance *lit.* w sprzeczności; w niezgodzie

VELVET
on velvet w bardzo korzystnym położeniu (np. finansowym); zabezpieczony na każdą ewentualność

VENT
give vent to something dawać ujście, upust czemuś

VIEW
a bird's-eye view
1. widok z lotu ptaka
2. ogólne spojrzenie
in the short view na krótką metę
in view of something z uwagi na coś;
przez wzgląd na coś
take a dim view (*też* **take a poor
view**)
1. nie aprobować
2. czarno widzieć
take the long view myśleć
perspektywicznie
with a view of something z myślą
o czymś

VILLAIN
the villain of the piece *pot.* ,*żart.*
główny sprawca, winowajca

VINE
wither on the vine *lit.* (*też* **die on
the vine**) upaść już w początkowej
fazie; spalić na panewce

VIRTUE
by virtue of something (*też* **in virtue
of something**) z uwagi na coś;
z racji czegoś
make a virtue of necessity robić
dobrą minę do złej gry

VOICE
find one's voice (*też* **find one's
tongue**) odzyskać mowę
give voice to something dać wyraz
czemuś

VOLUMES
speak volumes for something *pot.*
wymownie świadczyć o czymś

WAGON
fall off the wagon *slang.* wrócić
do nałogu
go on the wagon *slang.* (*też* **be
on the wagon**) rzucić picie; być
abstynentem
hitch one's wagon to a star *lit.* (*też*
hitch one's wagon to the star)
porwać się z motyką na słońce

WAIT
lie in wait czatować

WAKE
in the wake of something
w następstwie czegoś

WALK
walk of life zawód; dziedzina życia
walk tall (*też* **stand tall**) mieć poczucie
własnej wartości; zachowywać się
z godnością

WALL
drive to the wall przyprzeć do muru
drive someone up the wall *pot.*
(*też* **send someone up the wall;
drive someone round the bend**)
doprowadzać kogoś do szału,
do białej gorączki; doprowadzać
kogoś do ostateczności
go to the wall przegrać z rywalizacją;
odpaść z walki; zbankrutować

WANE
on the wane u schyłku; w zaniku;
w odwrocie

WANT
in want w potrzebie

WAR
carry the war into the enemy's camp przenieść bitwę na terytorium wroga; przejść do ataku

WARPATH
on the warpath *pot.* na wojennej ścieżce: w wojowniczym nastawieniu; w konflikcie

WARRANT
sign one's own death warrant podpisać wyrok śmierci na siebie

WASH
come out in the wash *pot.* okazać się w praniu

WASTE
go to waste pójść na marne
lay something waste spustoszyć coś

WATCH
be on the watch wypatrywać

WATER
a lot of water has passed under the bridge *pot.* (też **much water has passed under the bridge**) wiele wody, czasu upłynęło
get into hot water *pot.* (też **be in hot water; land in hot water**) nawarzyć sobie piwa; narobić sobie bigosu; narobić sobie problemów
hold water *pot.* trzymać się kupy; wytrzymywać krytykę
in deep water (też **in deep waters**) w kropce
in low water (też **in dead water**) w finansowym dołku
it's water over the dam *pot.* (też **it's water under the bridge**) co się stało, to się nie odstanie; było – minęło
like water off a duck's back *pot.* (spływać) jak po gęsi woda
of the first water (też **of the first magnitude; of the first order**) pierwszej wody; najwyższej próby; najwyższej jakości
pour cold water on something *pot.* (też **pour cold water over something; throw cold water on something**) ostudzić (np. zapał)

WATERLOO
meet one's Waterloo ponieść druzgocącą klęskę

WATERS
fish in muddy waters *przest.* (też **fish in troubled waters**) łowić ryby w mętnej wodzie; wykorzystywać zamęt dla własnej korzyści

WAVES
make waves *pot.* mącić; robić zamieszanie

WAY
be in the way zawadzać; stać na drodze
be under way być w toku
bluff one's way out of something wymigać się od czegoś
by the way nawiasem mówiąc; a propos; przy okazji
by way of something
1. jako coś; w charakterze czegoś
2. przez, drogą na coś
come a long way przebyć daleką drogę; zrobić wielki postęp
elbow one's way przepychać się łokciami
feel one's way zbadać grunt
find out something the hard way *pot.* (też **discover something the hard way; learn something the hard way**) przekonać się o czymś na własnej skórze
get under way rozpocząć się
give way wycofać się
go a long way (też **go far**)
1. daleko zajść
2. wystarczyć

WAY – WAYS

go a long way towards something
(*też* **go far towards something**)
przyczynić się do czegoś

go one's own way (*też* **take one's
own way**) pójść własną drogą

go out of one's way wychodzić
z siebie; stawać na głowie (żeby coś
zrobić)

have a way with someone umieć
postępować z kimś

have it all one's own way (*też* **have
everything one's own way; have
things one's own way; get it all
one's own way**) stawiać na swoim

in a bad way w trudnym położeniu

in a big way *pot.* na dużą skalę;
w dużym stopniu

in a small way *pot.* na małą skalę;
trochę

in a way (*też* **in some ways**)
w pewnym sensie; do pewnego
stopnia; poniekąd

in the family way *pot., przest.* (*też*
in a family way) przy nadziei;
w błogosławionym stanie

in the way of something z…;
z zakresu…, jeśli chodzi o coś;
w kwestii czegoś

know one's way around orientować
się (w terenie, zwyczajach itd.)

look the other way odwracać głowę
(udając, że się kogoś, czegoś nie
widzi); przymykać oczy

make one's way towards something
(*też* **make one's way to something**)
podążać w kierunku czegoś;
zmierzać ku czemuś

make way ustąpić drogi, miejsca

move out of someone's way (*też*
**move out of the way; get out of the
way**) zejść (komuś) z drogi

no way *am. slang.* nie ma mowy;
w żadnym wypadku; wykluczone

**not be able to punch one's way out
of a paper bag** *pot.* nie mieć siły
przebicia

not know which way to turn (*też*
not know which way to jump) nie
wiedzieć, co począć

on one's way (*też* **on the way**)
w drodze

pave the way torować drogę

pay one's own way (*też* **pay one's
way**) płacić (sam) za siebie; zarobić
na siebie

**put someone in the way of
something** załatwić komuś coś

put someone out of the way pozbyć
się kogoś

rub someone the wrong way (*też*
rub someone up the wrong way)
głaskać kogoś pod włos; drażnić
kogoś

**see one's way clear to doing
something** *pot.* (*też* **see one's
way to doing something**) widzieć
możliwość zrobienia czegoś

send something someone's way
przesłać komuś coś

set out on one's way (*też* **set out on
the way**) wyruszać w drogę

thread one's way torować sobie
drogę; przedzierać się

WAYS

cut both ways (*też* **cut two ways**)
mieć swoje złe i dobre strony;
odnosić zarówno pożądane jak
i niepożądane skutki

have it both ways mieć wszystko
na raz

mend one's ways poprawić swoje
zachowanie; nauczyć się manier

set in one's ways skostniały (w swoich
nawykach)

there are no two ways about it
(*też* **there is no way about it;
no two ways about it**) nie ma
innego wyjścia; nie ma wątpliwości
co do tego

ways and means sposoby; metody

WAYSIDE
fall by the wayside (też **drop by the wayside**) paść po drodze; odpaść

WEAR
the worse for wear *pot.*
1. podniszczony; znoszony
2. zmęczony; wykończony
wear and tear zniszczenie; zużycie
wear thin przecierać się; zużywać się; powszednieć

WEATHER
be under the weather (też **feel under the weather**) niedomagać; być w złym humorze
make heavy weather of something (też **make heavy weather out of something**) niepotrzebnie coś komplikować; robić z czegoś niepotrzebny problem

WEIGHT
pull one's weight *pot.* wypełniać swoje obowiązki
throw one's weight about *pot.* nadmiernie podkreślać swoją pozycję; nadużywać władzy; panoszyć się
worth one's weight in gold *pot.* (też **worth its weight in gold**) na wagę złota

WELCOME
wear out one's welcome nadużywać gościnności

WEST
go west *pot., żart.* umrzeć; kipnąć; rozsypać się

WHACK
out of whack *am. pot.* nie na chodzie
out of whack with something *pot.* w niezgodzie z czymś; w sprzeczności z czymś

WHALE
a whale of time *pot.* przednia zabawa; niezły ubaw

WHAT
and what not *pot.* (też **and what have you**) i tak dalej; i tym podobne; i licho wie co jeszcze
so what *pot.* no i co z tego; no to co
what with something zważywszy na coś; ze względu na coś

WHAT-FOR
give someone a what-for *pot.* dać komuś za swoje

WHAT'S
what's up *pot.* co się dzieje; co jest grane; o co chodzi

WHEELS
set wheels in motion (też **put wheels in motion**) puścić koła w ruch
wheels within wheels skomplikowane mechanizmy działania; ukryte motywy

WHILE
once in a while (też **every once in a while**) raz na jakiś czas
worth someone's while korzystny, opłacalny dla kogoś; warty zachodu

WHIRL
in a whirl skołowany

WHISTLE
blow the whistle on something położyć czemuś kres
wet one's whistle *pot* przepłukać gardło

WHOLE
on the whole na ogół; ogólnie rzecz biorąc

WIDOW
a grass widow (też **a grass widower**) słomiana wdowa (wdowiec)

WILDFIRE
spread like wildfire (*też* **go round like wildfire**) szerzyć się lotem błyskawicy

WILL
at will do woli; według własnego uznania; bez ograniczeń
with the best will in the world pomimo najlepszych chęci

WIND
be in the wind wisieć w powietrzu
get one's second wind złapać drugi oddech
get the wind up *slang.* (*też* **put the wind up**) dostać pietra; wystraszyć się
get wind of something zwietrzyć, zwęszyć coś
raise the wind wydobyć skądś pieniądze
sail close to the wind obierać ryzykowny kurs; szarżować
sound in wind and limb zupełnie zdrowy; w dobrej kondycji fizycznej
take the wind out of someone's sails przygasić kogoś; wytrącić komuś broń z ręki

WINDMILLS
tilt at windmills (*też* **fight the windmills**) walczyć z wiatrakami

WINDS
to the winds (*też* **to all the four winds; to all the winds**) na wszystkie, cztery strony świata

WINE
put new wine into old bottles przedstawiać nowe pomysły w ramach starych schematów; nie odchodzić od starych schematów
wine and dine someone podejmować kogoś wystawny sposób

WING
on the wing w locie
take wing (*też* **take wings**)
1. zerwać się do lotu: ulotnić się
2. dostać skrzydeł; nabrać tempa, rozmachu

WINGS
clip someone's wings *pot.* podcinać komuś skrzydła
take someone under one's wings wziąć kogoś pod swoje skrzydła

WINK
not to sleep a wink nie zmrużyć oka

WINKS
catch forty winks *pot.* (*też* **have forty winks; take forty winks**) uciąć sobie drzemkę

WIRE
a live wire żywe srebro; energiczny, przedsiębiorczy człowiek

WITNESS
bear witness to something
1. (*też* **bear witness of something**) świadczyć o czymś; być świadectwem czegoś; dawać świadectwo czemuś
2. poświadczyć, potwierdzić coś (np. w sądzie)

WITS
gather one's wits (*też* **collect one's wits**) oprzytomnieć; ochłonąć; pozbierać myśli
keep one's wits about one (*też* **have one's wits about one; keep all one's wits about one; have all one's wits about one**) zachowywać przytomność umysłu; zachowywać zimną krew
live by one's wits (*też* **live on one's wits**) żyć z kombinowania; zarabiać na życie różnymi, nie zawsze uczciwymi sposobami; prowadzić awanturniczy tryb życia

WOLF

a wolf in sheep's clothing wilk
w owczej skórze

cry wolf podnosić fałszywy alarm

keep the wolf from the door
zapewnić podstawowe środki
do życia; odpędzać widmo głodu

lone wolf samotnik

WONDER

a nine days' wonder chwilowa,
przemijająca sensacja

for a wonder *pot.* o dziwo

no wonder (*też* **little wonder; small
wonder**) nic dziwnego; nie dziwota

WONDERS

work wonders (*też* **do wonders**)
czynić cuda

WOOD

cut out the dead wood pozbyć się
zbędnego balastu

not see the wood for the trees (*też*
fail to see the wood for the trees)
nie widzieć lasu spoza drzew

touch wood (*też* **knock on wood**)
odpukać w niemalowane drewno

WOODS

be out of the woods (*też* **get out of
the woods**) mieć najgorsze za sobą

WOOL

lose one's wool *pot.* wpadać w gniew

pull the wool over someone's eyes
pot. mydlić komuś oczy

WORD

a word in season *lit.* rada w porę

a word in your ear powiem ci coś
na ucho

a word to the wise mądrej głowie
dość po słowie

be word perfect mieć doskonale
wyuczony na pamięć tekst (roli itp.)

break one's word (*też* **break one's
promise; go back on one's**

promise) nie dotrzymać słowa;
złamać przyrzeczenie, zobowiązanie

by word of mouth ustnie; pocztą
pantoflową

from the word 'go' *pot.* od samego
początku

get a word in edgeways dojść
do słów; wtrącić słowo

get word dowiedzieć się; dostać
wiadomość

give someone one's word dać komuś
słowo

hang on someone's every word (*też*
**hang on the words of someone;
hang on the lips of someone**)
chłonąć czyjeś każde słowo

have a word with someone (*też*
have a few words with someone)
zamienić parę słów z kimś;
rozmówić się z kimś

have the last word (**say the last word;
get the last word**) mieć ostatnie
słowo

in a word (**in one word**) jednym
słowem

in word and in deed (*też* **in word and
deed**) w słowach i czynach

keep one's word (*też* **keep one's
promise**) dotrzymać słowa,
obietnicy

not a word ani słowa

put in a good word for someone
(*też* **put in a word for someone**)
wstawić się za kimś; szepnąć słówko
w czyjejś sprawie

say the word (*też* **just say the word;
speak the word**) powiedz tylko
słowo; daj znak

take someone at his word przyjąć
czyjeś słowa za dobrą monetę; brać
czyjąś wypowiedź dosłownie

take someone's word for it (*też* **take
someone's word for that**) uwierzyć
komuś na słowo

word for word dosłownie; słowo
w słowo

WORDS

as good as one's words słowny; całkowicie godny zaufania
eat one's words (*też* **swallow one's words**) odszczekać, odwołać to, co się powiedziało
have words (*też* **have cross words**) sprzeczać się
in other words innymi słowy; inaczej mówiąc
mark my words zapamiętaj sobie moje słowa
mince one's words (*też* **mince words; mince matters**) przebierać w słowach; nie mówić wprost; owijać w bawełnę
not in so many words nie wprost; nie dosłownie
put words into someone's mouth wkładać słowa w czyjeś usta
take the words out of someone's mouth wyjąć komuś słowa z ust
weigh one's words ważyć słowa
words fail someone brakuje komuś słów; słowa kogoś zawodzą

WORK

dirty work at the crossroads chuligańskie wybryki; podejrzane machinacje; brudna robota
donkey work *pot.* robota głupiego; czarna robota
have a lot of work on one's hands mieć pełne ręce roboty
have one's work cut out for one mieć pełne ręce roboty
it is all in a day's work *pot.* (*też* **it is all the day's work**) to nic wielkiego; to nic nadzwyczajnego
make short work of something uporać się szybko z czymś
spade work czarna robota; żmudne prace przygotowawcze

WORKS

give something the works *pot.* (*też* **give something the entire works; give something the whole works**) zabrać się poważnie za coś
gum up the works *slang.* spowodować zastój w pracy
shoot the works pójść na całego

WORLD

a world of something krocie, mnóstwo czegoś
come up in the world (*też* **rise in the world; go up in the world**) poprawić swoją pozycję życiową
dead to the world umarły dla świata; nieprzytomny; nie kontaktujący (z powodu zmęczenia, głębokiego snu, środków uspokajających itp.)
for all the world kropka w kropkę; wypisz, wymaluj
in the world (*w pytaniach*) na miłość boską
live in a world of one's own (*też* **be in a world by oneself**) żyć we własnym świecie
not for the world (*też* **not for all the world; not for worlds**) za żadne skarby świata
out of this world *pot.* nie z tej ziemi
set the world on fire *pot.* zawojować świat
the next world (*też* **the other world**) tamten świat
the world is someone's oyster cały świat leży u czyichś stóp
the world over (*też* **the whole world over**) na całym świecie.
the world to come życie przyszłe, pozagrobowe

WORLDS

make the best of both worlds *pot.* (z korzyścią) pogodzić różne rzeczy, sytuacje

WORRY
worry someone sick (*też* **worry someone to death**) zamartwiać kogoś na śmierć

WORSE
so much the worse *pot.* tym gorzej

WORST
if the worst comes to the worst w najgorszym wypadku

WORTH
one's money's worth *pot.* dobry zakup; okazja

WOUNDS
lick one's wounds *pot.* lizać rany; dochodzić do siebie

WRAPPED
wrapped up in something pochłonięty, zaabsorbowany czymś

WRAPS
under wraps *pot.* tajny; trzymany w tajemnicy

WRITING
the writing on the wall zapowiedź nieszczęścia, katastrofy; zły omen

WRONG
in the wrong w błędzie; winien

YEARS
for donkey's years *pot.* przez całe wieki

YESTERDAY
not born yesterday *pot.* doświadczony i mądry

YET
As yet jak dotąd

Z

ZERO
zero hour *pot.* decydująca godzina; czas, w którym coś ma się zacząć
zero in on something/someone *pot.* zająć się kimś/czymś

Y

YARN
spin a yarn *pot.* opowiadać niestworzone historie

YEAR
year in year out rok w rok

PAŃSTWA ANGLOJĘZYCZNE

- Wielka Brytania
- Stany Zjednoczone Ameryki
- Kanada
- Australia
- Nowa Zelandia

WIELKA BRYTANIA

Pełna nazwa: Zjednoczone Królestwo Wielkiej Brytanii i Irlandii Północnej
Rok powstania: 1707
Stolice: Londyn (Anglia), Edynburg (Szkocja), Cardiff (Walia), Belfast (Irlandia Północna)
Populacja: 59,5 miliona, w tym 80% Anglików, 9% Szkotów, 3% Irlandczyków, 3% Walijczyków oraz 5% innych narodowości
Obszar: 244 820 km²
Ustrój: monarchia parlamentarna
Języki: angielski, walijski, szkocki, irlandzki
Waluta: funt (1 funt szterling GBP = 100 pensów)
Polska ambasada: 47 Portland Place, Londyn W1B 1JH
    Tel.: 0 044 870 774 2700
    Fax: 0 044 207 291 35 75 lub 0 044 207 291 35 76
    E-mail: polishembassy@polishembassy.org.uk

Zjednoczone Królestwo jest krajem o bogatej historii oraz wielkim dziedzictwie narodowym, atrakcyjnym pod względem historycznym oraz geograficznym a zarazem turystycznym. Ojczyzna wielu naukowców (Isaac Newton, James Watt, Charles Darwin czy Alexander Fleming) wywodzących z istniejących do dziś i cieszących się międzynarodową sławą uniwersytetów Oxford, Cambridge, University College of London czy King's College oraz pisarzy, takich jak William Shakespeare, Charles Dickens, Jane Austen, Rudyard Kipling, J.R.R. Tolkien czy J.K. Rowling.

Klimat
Klimat w Wielkiej Brytanii jest umiarkowany, bez wyraźnego podziału na pory roku. Angielskie lato rzadko bywa upalne a zima mroźna. Nie ma też większych różnic pomiędzy poszczególnymi regionami.

Geografia
Wielka Brytania oddzielona jest od Europy kanałem La Manche zwanym przez Brytyjczyków English Chanel.

Obszar Anglii jest pofałdowany z górami na północy. Największe miasta to Londyn, Birmingham, Manchester, Liverpool, Leeds a największe rzeki: Tamiza (Thames) i Severn.

Największym miastem, a za razem stolicą Walii jest Cardiff. Walia jest krajem górzystym. Najwyższy szczyt – Snowdon (1085 m).

W Szkocji występują niziny na południu i wschodzie oraz góry na północy i zachodzie. Tam też znajduje się najwyższy szczyt Wielkiej Brytanii – Ben Nevis (1343 m). Szkocja to urocza kraina pełna zatoczek, fiordów oraz licznych wysp. Główne miasta: Edynburg, Glasgow i Aberdeen.

Irlandia Północna jest krajem pagórkowatym, położonym w północnej części wyspy Irlandia. Jej główne miasta to Belfast i Derry.

Gospodarka

Zjednoczone Królestwo jest krajem o gospodarce kapitalistycznej. Jest drugim co do PKB rynkiem świata. Posiada wysoko zmechanizowane i wydajne rolnictwo oraz wysokorozwinięte usługi bankowe i ubezpieczeniowe. Mniejsze znaczenie odgrywa tam przemysł. Wielka Brytania ma bogate złoża węgla, gazu i ropy naftowej.

Ustrój Polityczny

Wielka Brytania jest monarchią parlamentarną. Obecnym monarchą jest królowa Elżbieta II, koronowana w 1953. Parlament składa się z dwóch izb: Izby Gmin (House of Commons) oraz Izby Lordów (House of Lords). Na czele rządu stoi premier.

Stolica

Londyn (London) jest stolicą oraz siedzibą władzy Zjednoczonego Królestwa. Położony jest nad brzegiem rzeki Tamizy (Thames). Najważniejsze budynki Londynu to gmach parlamentu (Houses of Parliament), Opactwo Westminster (Westminster Abbey), Pałac Buckingham (Buckingham Palace) oraz most Tower Bridge. Centrum finansowo-bankowe Londynu to The City. Najbardziej charakterystycznym widokiem spotykanym w Londynie (jak i wielu innych miastach Królestwa) są dwupoziomowe czerwone autobusy (double decker buses) oraz czarne taksówki (cabs).

Przydatne informacje

W Zjednoczonym Królestwie:
– obowiązuje lewostronny ruch
– napięcie w gniazdkach wynosi 220 V, ale gniazdka mają inny kształt, dlatego potrzebny jest tzw. adapter
– język angielski używany w niektórych częściach Wielkiej Brytanii może być niezrozumiały dla turystów

STANY ZJEDNOCZONE AMERYKI

Pełna nazwa: Stany Zjednoczone Ameryki (The United States of America)
Rok powstania: 1776
Stolice: Waszyngton (Washington D.C.)
Populacja: 314 milionów
Obszar: 9 631 418 km²
Ustrój: republika federalna
Języki: angielski, hiszpański, włoski, chiński, niemiecki, polski i wiele innych
Waluta: dolar amerykański (1 dolar = 100 centów) symbol – $
Polska ambasada: wydział Konsularny w Waszyngtonie
    2224 Wyoming Avenue N.W., Washington, D.C. 20008-3992
    tel.: 202 499-1700, fax: 202 328-2152
    e-mail: washington.consular@msz.gov.pl
Stałe Przedstawicielstwo RP przy ONZ: New York, 750 Third Avenue, 10017
    tel.: +1 212 744 2506, fax: +1 212 517 6771
    e-mail: nowyjork.onz.sekretariat@msz.gov.pl
    www.nowyjorkonz.msz.gov.pl

KANADA

Pełna nazwa: Kanada (Canada)
Rok powstania: 1867
Stolice: Ottawa
Populacja: 31 milionów
Obszar: 9 976 140 km^2
Ustrój: monarchia konstytucyjna
Języki: angielski, francuski, chiński
Waluta: dolar kanadyjski
Polska ambasada: 443 Daly Avenue, Ottawa, Ontario K1N 6H3
tel. (613) 789-0468, fax: (613) 789-1218
e-mail: ottawa@polishembassy.ca

AUSTRALIA

Pełna nazwa: Australia
Rok powstania: 1901
Stolice: Canberra
Populacja: 20,5 miliona
Obszar: 7 686 850 km^2
Ustrój: monarchia konstytucyjna
Języki: angielski
Waluta: dolar australijski
Polska ambasada: 7 Turrana Street, Yarralumla, ACT 2600, Canberra
tel: (02) 6273-1208; fax: (02) 6273-3184
e-mail: poland@tpg.com.au

NOWA ZELANDIA

Pełna nazwa: Nowa Zelandia
Rok powstania: niepodległość od 1907
Stolice: Wellington
Populacja: 4,1 miliona
Obszar: 268 680 km^2
Ustrój: monarchia konstytucyjna
Języki: angielski, maoryski
Waluta: dolar nowozelandzki
Polska ambasada: Wellington, Level 9, City Chambers, 142-144 Featherston St. Wellington
tel.: +64 4 499 7844, +64 21 903 319; fax: +64 4 499 7846
e-mail: wellington.amb.sekretariat@msz.gov.pl
www.wellington.msz.gov.pl

PODSTAWY KONWERSACJI

- **Wymowa** – Pronunciation
- **Wyrażenia ogólne** – General expressions
- **Nawiązanie kontaktu** – Meeting people
- **Pytania** – Questions
- **Antonimy** – Antonyms
- **Hotel** – Hotel
- **Restauracja** – Restaurant
- **Śniadanie** – Breakfast
- **Zakąski** – Appetizeres / Snacks
- **Zupy** – Soups
- **Mięso** – Meat
- **Owoce morza** – Seafood
- **Dodatki** – Side dishes
- **Jarzyny** – Vegetables
- **Owoce** – Fruit
- **Napoje** – Drinks
- **Skargi** – Complaints
- **Podróż pociągiem** – Travelling by train
- **Podróż samolotem** – Travelling by airplane
- **Podróż statkiem** – Travelling by ship
- **Komunikacja miejska** – City transport
- **Taksówka** – Taxi rank
- **Samochód** – Car
- **Wycieczka** – Excursion
- **Kino. Teatr. Koncert** – Cinema. Theatre. Concert
- **Sklepy** – Shops
- **Bank** – Bank
- **Poczta** – Post office
- **Telefon** – Telephone
- **Godzina. Data. Pogoda** – Time. Date. Weather
- **Liczebniki** – Numbers
- **Nagłe przypadki** – Emergency

1 ◖► WYMOWA / PRONUNCIATION

ALFABET FONETYCZNY. THE PHONETIC ALPHABET.

Spółgłoski. Consonants.

Symbol	Przykład	Wymowa	Tłumaczenie
[p]	pen	[pen]	długopis
[b]	bad	[bæd]	zły
[t]	tea	[tiː]	herbata
[d]	doll	[dɒl]	lalka
[k]	cat	[kæt]	kot
[g]	got	[gɒt]	dostał
[f]	fall	[fɔːl]	upadek
[v]	voice	[vɔɪs]	głos
[θ]	thin	[θɪn]	chudy
[ð]	then	[ðen]	później
[s]	so	[səʊ]	więc
[z]	zoo	[zuː]	zoo
[ʃ]	she	[ʃiː]	ona
[ʒ]	vision	[ˈvɪʒn]	wzrok
[h]	how	[haʊ]	jak
[x]	loch	[lɒx]	jeziorko
[tʃ]	chin	[tʃɪn]	podbródek
[dʒ]	June	[dʒuːn]	czerwiec
[m]	man	[mæn]	mężczyzna
[n]	no	[nəʊ]	nie
[ŋ]	sing	[sɪŋ]	śpiewać
[l]	leg	[leg]	noga
[r]	red	[red]	czerwony
[j]	yes	[jes]	tak

Samogłoski krótkie. Short vowels.

Symbol	Przykład	Wymowa	Tłumaczenie
[ɪ]	sit	[sɪt]	siedzieć
[e]	ten	[ten]	dziesięć
[æ]	hat	[hæt]	kapelusz
[ɒ]	got	[gɒt]	dostał
[ʌ]	cup	[kʌp]	filiżanka
[ʊ]	put	[pʊt]	położyć
[ə]	ago	[ə'gəʊ]	temu

Samogłoski długie. Long vowels.

Symbol	Przykład	Wymowa	Tłumaczenie
[i:]	see	[si:]	widzieć
[ɑ:]	arm	[ɑ:m]	ramię
[ɔ:]	saw	[sɔ:]	widział
[u:]	too	[tu:]	też
[ɜ:]	fur	[fɜ:]	futro

Dyftongi. Dyphthongs.

Symbol	Przykład	Wymowa	Tłumaczenie
[eɪ]	page	[peɪdʒ]	strona
[aɪ]	five	[faɪv]	pięć
[ðɪ]	join	[dʒɔɪn]	dołączyć
[əʊ]	home	[həʊm]	dom
[aʊ]	now	[naʊ]	teraz
[ɪə]	near	[nɪə(r)]	blisko
[eə]	hair	[heə(r)]	włosy
[ʊə]	pure	[pjʊə(r)]	czysty

AKCENT. WORD STRESS

Akcent oraz melodia w języku są często bagatelizowane. Aczkolwiek, aby dobrze wymawiać wyrazy, zwroty oraz zdania w języku angielskim należy poznać zasady akcentowania. Język angielski brzmi bardziej melodyjnie i rytmicznie od języka polskiego co może zachęcać do nauki jak i być dodatkową trudnością.
W języku angielskim akcent może padać na różne sylaby w wyrazie, jest dynamiczny i ruchomy. Nie ma ściśle ustalonych reguł dotyczących akcentowania. Akcent oznakowany jest symbolem – ['].
Należy również pamiętać o intonacji:
– opadającej dla zdań twierdzących oraz pytań szczegółowych
– rosnącej dla pytań, próśb oraz przy wyrażaniu życzliwości
– opadająco-rosnącej wyrażającej uprzejmość, niepewność czy chęć kontynuowania rozmowy
– rosnąco-opadającej dla wyrażenia zdziwienia, zaskoczenia bądź irytacji rozmówcy.

2 ## WYRAŻENIA OGÓLNE / GENERAL EXPRESSIONS

tak	Yes	[jes]
nie	No	[nəʊ]
(nie) wiem	I (don't) know.	[ai (dəʊnt) nəʊ]
(nie) rozumiem	I (don't) understand.	[ai (dəʊnt) ʌndə'stænd]
dziękuję (bardzo)	Thank you (very much)	['θæŋkju: ('verimʌtʃ)]
przepraszam	Excuse me	[ɪk'skju:s mi:]
proszę	Please	[pli:s]

3 ## NAWIĄZANIE KONTAKTU / MEETING PEOPLE

Dzień dobry!	Good morning Good afternoon.	[gʊd mɔ:nɪŋg] [gʊd ɑ:ftə'nu:n]
Cześć!	Hi / Hello	[hai / hə'ləʊ]
Kopę lat!	It's been a long time.	[its bi:n əlɒŋtaim]
Co za spotkanie!	It's good to see you again!	[its gʊd tɔsi: ju: əgəin]
Cieszę się, że cię widzę!	It's nice to see you.	[its nais təsi:ju:]

Witam(y)!	Welcome!	['welkəm]
Dobry wieczór!	Good evening!	[gʊd iːvnɪŋ]
Do widzenia!	Goodbye!	[gʊd'baɪ]
Do zobaczenia!	See you!	[siːjuː]
Cześć!	Bye, bye!	[baɪbaɪ]
Trzymaj się!	Take care!	[teɪk ke(ə)r]
Wszystkiego dobrego!	Best wishes.	[best wɪʃəs]
Szczęśliwej drogi!	Safe journey!	[seɪf 'dʒɜːnɪ]
Żegnaj(cie)!	Goodbye!	[gʊd'baɪ]
Jak się masz?	How are you?	[haʊɑː(r) juː]
Co słychać?	How is it going?	[haʊɪz ɪt gəʊɪŋ]
Jak leci?	What's up?	[wɒtz ʌp]
Wszystko w porządku.	Everything is o.k.	['evrɪθɪŋɪz əʊ'keɪ]
Tak sobie.	I'm not bad.	[aim nɒt bæd]
Poznajmy się!	Let's meet!	[lets miːt]
Na imię mam …	My name is …	[maɪneɪm ɪz …]
Nazywam się …	I'm … .	[aim …]
Pani jest Polką?	Are you Polish?	[ɑː(r) juːˈpəʊlɪʃ]
Pan jest Polakiem?	Are you Polish?	[ɑː(r) juːˈpəʊlɪʃ]
Skąd pan / pani przyjechał(a)?	Where do you come from?	[weə(r) dʊjʊkʌm frɒm]
Jestem w Anglii po raz pierwszy.	I'm in England for the first time.	[aim ɪn ˈɪŋglənd fəː(r) ðəfɜːst taɪm]
Z Polski / Warszawy	From Poland / Warsaw	[frɒm pəʊlnd / wɔːrsɔː]
Jestem tu z żoną / z mężem / z rodziną.	I'm here with my wife / husband / family.	[aim hɪə(r) wɪðmaɪwaɪf] [hʌzbənd / ˈfæməlɪ]
Przyjeżdżam tu co roku.	I come here every year.	[ai kʌm hɪə(r) evrɪjɪə(r)]
Jestem na urlopie.	I'm on holiday.	[aim ɒn hɒlədeɪ]
Jestem tu służbowo.	I'm here on business.	[aim hɪə(r) ɒn bɪznɪs]
Na długo pan / pani przyjechał(a)?	How long will you be staying here?	[haʊlɒŋwɪl juːbiː staɪŋhɪə(r)]
Na tydzień / miesiąc.	For a week / a month.	[fɔː(r) əwiːk / mʌnθ]

Co?	What?	[wɒt]
Co to jest?	What is it?	[wɒt ɪz ɪt]
Czy może mi pan / pani pomóc?	Can you help me?	[kæn ju: help mi:]
Czy możesz powtórzyć?	Can you repeat, that please?	[kæn ju: rɪp'pi:t ðæt pli:z]
Czy mówi pan / pani po polsku / angielsku?	Do you speak Polish / English?	[du: ju: spi:k pəʊlɪʃ / ɪŋglɪʃ]
Czy my się znany?	Do we know each other?	[du:wi:nəʊ i:tʃ ʌðə(r)]
Czy pan / pani mnie rozumie?	Do you understand me?	[du: ju: ʌndə'stænd mi:]
Czy to daleko stąd?	Is it far from here?	[ɪz ɪt fɑ:(r) frəm hɪə(r)]
Dlaczego?	Why?	[waɪ]
Dokąd?	Where to?	[weə(r) tʊ]
Gdzie?	Where?	[weə(r)]
Gdzie jest dworzec / hotel … ?	Where is the station / hotel … ?	[weə(r) ɪz ðe steɪʃn / həʊtel]
Gdzie my jesteśmy?	Where are we?	[weə(r) ɑ:(r) wi:]
Gdzie mieszkasz?	Where do you live?	[weə(r) du: ju:lɪv]
Gdzie jest wejście do metra?	Where is the entrance to the underground?	[weə(r) ɪz ðe entrəns tu:ðe ʌndəgraʊnd]
Przepraszam, gdzie jest ulica Parkowa?	Excuse me, where is Park street?	[ɪkskju:s mi:weə(r) ɪz pɑ:k stri:t]
Przepraszam, gdzie jest najbliższy bankomat?	Excuse me, where is the nearest cash point?	[ɪkskju:s mi:weə(r) ɪz ðe nɪərəst kæʃpɔɪnt]
Ile?	How much / how many?	[haʊmʌtʃ / haʊmenɪ]
Ile masz lat?	How old are you?	[haʊəʊld ɑ:(r) ju:]
Ile to kosztuje?	How much is it?	[haʊmʌtʃɪz ɪt]
Jak?	How?	[haʊ]
Jak się nazywasz?	What's your name?	[wɒts jɔ:(r) neɪm]
Jak to napisać?	How do you spell it?	[haʊdu: ju:spel ɪt]

Jaka to ulica?	What street is this?	[wɒt striːt ɪz ðɪs]
Jaki to plac?	What square is this?	[wɒt skweə(r) ɪz ðɪs]
Jaka to stacja?	What station is this?	[wɒt steɪʃn ɪz ðɪs]
Jaki / jaka / jakie?	What?	[wɒt]
Kiedy?	When?	[wen]
Kiedy się spotkamy?	When can we meet?	[wen kæn wiː miːt]
Kto?	Who?	[huː]
Kto to jest?	Who is it?	[huː ɪz ɪt]
Kim pan / pani jest?	Who are you?	[huː ɑː(r) juː]
Która (jest) godzina?	What time is it? What's the time?	[wɒt taɪm ɪz ɪt] [wɒts ðe taɪm]
O której godzinie?	What time?	[wɒt taɪm]
Który / która?	Which?	[wɪtʃ]
W którym roku się urodziłeś / urodziłaś?	What year were you born?	[wɒt jɜː(r) wɜː(r) juː bɔːn]
Mówisz po angielsku?	Do you speak English?	[duː juː spiːk ɪŋglɪʃ]
Po co?	What for?	[wɒt fɔː(r)]
Pojedziemy metrem?	Are we going by the underground?	[ɑː(r) wiːgəʊɪŋ baɪ ðe ʌndəgraʊnd]
Skąd?	Where from?	[weə(r) frɔːm]
Zamówić taksówkę?	Do you want me to book a taxi?	[duː juː wɒnt miːtu bʊk ə tæksɪ]

blisko / daleko	near / far	[nɪər / fɑː(r)]
ciężki / lekki	heavy / light	[hevɪ / laɪt]
czysty / brudny	clean / dirty	[kliːn / dɜːtɪ]
dobry / zły	good / bad	[gʊd / bæd]
duży / mały	big / small	[bɪg / smɔːl]
głośny / cichy	loud / quiet	[laʊd / kwaɪət]

gorący / zimny	hot / cold	[hɒt / kəʊld]
jasny / ciemny	fair / dark	[feə(r) / dɑːk]
krótki / długi	short / long	[ʃɔːt / lɒŋ]
łatwy / trudny	easy / difficult	[iːzɪ / dɪfɪkəlt]
otwarty / zamknięty	open / closed	[əʊpən / kləʊsd]
pełny / pusty	full / empty	[fʊl / emptɪ]
pierwszy / ostatni	first / last	[fɜːst / lɑːst]
stary / nowy	old / new	[əʊld / njʊː]
szybki / wolny	fast / slow	[fɑːst / sləʊ]
tani / drogi	cheap / expensive	[tʃiːp / ikˈspensɪv]
wesoły / smutny	happy / sad	[hæpɪ / sæd]
wczesny / późny	early / late	[ˈɜːlɪ / leɪt]
wolny / zajęty	free / busy	[friː / ˈbɪzɪ]
wysoki / niski	tall / short	[tɔːl / ʃɔːt]

Witamy w naszym hotelu.	Welcome to our hotel.	[ˈwelkəm tʊ aʊə(r) həʊtel]
W czym mogę pomóc?	Can I help you?	[kən ai help juː]
Czy macie państwo wolne pokoje?	Do you have any free rooms?	[duː juː hæv enɪ friː rʊːmz]
Jaki pokój pan sobie życzy?	What type of room would you like?	[wɒt taɪp əv rʊːm wʊd juː laɪk]
Chciałbym / chciałabym …	I would like … / I'd like …	[ai wʊd laɪk / aid laɪk]
pokój jednoosobowy	a single room	[əsɪŋgl rʊːm]
pokój dwuosobowy	a double room	[ədʌbl rʊːm]
ze wszystkimi wygodami	with all facilities	[wɪθ ɔːl fəsɪlətɪs]
z klimatyzacją	air-conditioned	[eə(r) kəndɪʃnd]
z telefonem i telewizorem	with a phone and TV set	[wɪθəfəʊn ənd tiːviː set]

na pierwszym piętrze	on the first floor	[ɒn ðe fɜ:st flɔ:(r)]
Przyjechałem / łam na ...	I have come to ...	[ai hæv kʌm tu]
1 dobę	24 hours	[twentɪ fɔ:(r) aʊə(r)s]
dwa dni	two days	[tu:deɪz]
tydzień	a week	[ə wi:k]
Mam zarezerwowany u państwa pokój	I have booked a room I've booked a room	[ai hæv bʊkt ə ru:m aɪv bʊkt ə ru:m]
na nazwisko ...	for ...	[fɔ:(r)]
na firmę ...	for ... company	[fɔ:(r) kʌmpənɪ]
Wszystko się zgadza.	All correct.	[ɔ:l kərekt]
Ile kosztuje ten pokój?	How much is this room?	[haʊ mʌtʃɪz ðɪs ru:m]
Ta cena mi odpowiada	The price is fine with me.	[ðe praɪz ɪz faɪn wɪθ mi:]
Proszę wypełnić kartę hotelową.	Could you fill in the form, please?	[kʊd jʊ: fɪl ɪn ðæt fɔ:(r) m pli:z]
Proszę, oto klucz do pokoju 37.	The key for room 37, please.	[ðe ki fɔ:(r) ru:m θɜ:tɪ sevən pli:z]
Czy mogę prosić o odniesienie bagażu do pokoju?	Could I have my luggage taken to my room?	[kʊd aɪhæv maɪ lʌgɪdʒ teɪkən təmaɪ ru:m]
Dziękuję bardzo.	Thank you very much.	[θænkju: verɪ mʌtʃ]
Kiedy mam zapłacić za pokój?	When do I pay for the room?	[wen du: ai peɪfɔ:(r) ðe ru:m]
Na dwa dni przed pana / pani wyjazdem.	Two days prior to your departure.	[tu:deɪz praɪ(r) tə jɔ:(r) dɪ'p:tʃə(r)]
Gdzie znajduje się winda?	Where is the lift, please?	[weə(r) ɪz ðe lɪft pli:z]
Jakie usługi państwo oferujecie?	What services do you offer?	[wɒt sɜ:rvɪsɪs du: ju: ɒfə(r)]
Nasz hotel proponuje ...	Our hotel offers ...	[aʊə(r) həʊtel ɒfə(r)s]
basen	swimming-pool	[swɪmɪŋ pu:l]
fryzjer	hairdresser	[heədresə(r)]
solarium	solarium	[səleərɪem]
kasyno	casino	[kəsi:nəʊ]

649

Chciałbym zamówić do pokoju śniadanie.	I'd like to order breakfast to my room.	[aɪd laɪk tə ɔːdə(r) brekfəst tə maɪ ruːm]
O której godzinie życzy	What time would you like	[wɒts taɪm wʊd juː
pan / pani sobie śniadanie?	your breakfast?	laɪk jɔː(r) brekfəst]
O wpół do ósmej.	Half past seven.	[hɑːf pʌst sevn]
Czy nikt o mnie nie pytał?	Has anyone asked for me?	[hæz enɪwʌn ɑːskt fɔː(r) miː]
Czy ktoś do mnie dzwonił?	Has anyone phoned me?	[hæz enɪwʌn fəʊnd miː]
Przyszedł do pana faks.	We have received a fax for you.	[wiːhæv rɪsiːvd ə fæks fɔː(r) juː]
Wyjeżdżam jutro o 7 rano.	I am leaving tomorrow, at 7 in the morning.	[ai æm liːvɪŋ ət sevən ɪn ðə mɔːnɪŋ]
Proszę zamówić taksówkę.	Could you book a taxi for me?	[kʊd juː bʊk ətæksɪ fɔː(r) miː]
Proszę przygotować rachunek.	Could I have the receipt, please?	[kʊd ai hæv ðə rɪsiːt pliːz]
Do widzenia.	Good bye.	[gʊdbaɪ]

Czy mogę pana / panią zaprosić do restauracji?	Can I invite you to a restaurant.	[kən ai ɪnvaɪt juːtʊ ə restrɒnt]
Zjemy obiad / kolację.	Let's have dinner / supper.	[lets hæv dɪnə(r) / sʌpə(r)]
Z przyjemnością!	With pleasure!	[wɪð pleʒe(r)]
W tej restauracji jest bardzo dobra obsługa.	The service in this restaurant is very good.	[ðəsɜːvɪs ɪn ðɪs restrɒnt ɪz verɪ gʊd]
Potrzebny nam jest stolik na dwie / trzy osoby.	We need a table for two / three people.	[wi: niːd ə teɪbl fɔː(r) tuː / θriː piːpl]
Czy ten stolik jest wolny?	Is this table free?	[ɪz ðɪs teɪbl friː]
Chcielibyśmy usiąść przy oknie.	We would like to sit at the window.	[wi: wʊd laɪk tə sɪt ət ðə wɪndəʊ]

Proszę nam podać menu.	Could you give us the menu?	[kʊd juːgɪv ʌs ðəmenjuː]
Czy jesteście państwo gotowi do zamawiania?	Are you ready to order?	[ɑː(r) juːredɪ tɔɔːder]
Ja poproszę bulion.	I would like chicken broth.	[aɪd laɪk tʃɪkɪn brɒθ]
Na drugie – befsztyk z warzywami.	Steak and vegetables as the main course.	[steɪk ænd vedʒtəbls æz ðəmeɪn kɔːs]
A ja poproszę barszcz.	And borsch for me.	[ænd bɔːʃ fɔː(r) miː]
Właśnie takie lubię!	That's just what I like!	[ðæts dʒʌst wɒt aɪ laɪk]
Smacznego!	Enjoy your meal!	[ɪndʒɔɪ jɔː(r) miːl]
Co podać do picia?	Would you like anything to drink?	[wʊd juːlaɪk enɪθɪŋ tʊ drɪŋk]
Poprosimy dwa kieliszki czerwonego / białego wina	We would like two glasses of red / white wine	[wiː wʊd laɪk tuː glɑsɪs əv red / waɪt waɪn]
półsłodkiego	semi sweet / medium sweet	[semɪswiːt / miːdɪəm swiːt]
wytrawnego	dry	[draɪ]
Dwa kieliszki wódki „Finlandia".	Two glasses of 'Finlandia' vodka.	[tuː glɑsɪs əv vɒdkə]
Poproszę o herbatę.	Tea, please.	[tiːpliːz]
Proszę mi przynieść …	Could you bring me …	[kʊd juːbrɪŋ miː]
jeszcze jeden talerz	one more plate	[wʌn mɔː(r) pleɪt]
widelec / nóż / łyżkę	a fork / a knife / a spoon	[əfɔːk / ənaɪf / əspuːn]
serwetkę	a serviette	[əsɜːvɪet]
Weźmiemy coś na deser?	Anything for dessert?	[enɪθɪŋ fɔː(r) dɪzɜːt]
Oczywiście!	Of course!	[əv kɔːs]
W takim razie, dla mnie tort „Migdałowy".	In that case, an almond cake for me, please.	[ɪn ðæt keɪs ən ɑːmənd keɪk fɔː(r) miːpliːz]
A dla mnie lody waniliowe z orzechami.	And vanilla ice-cream with nuts for me, please.	[ænd vənɪɪə aɪskriːm fɔː(r) miːpliːz]

Wszystko było bardzo smaczne.	Everything was delicious.	[evrɪθɪŋ wɒs dɪlɪʃəs]
Dziękuję, jestem najedzony / najedzona.	Thank you. I'm full.	[θæŋkjuː aim fuːl]
Kelner!	Waiter!	[weɪtər]
Poproszę o rachunek.	Can I have the bill, please?	[kən ai hæv ðe bɪl pliːz]
Ja płacę.	I'll pay.	[ail peɪ]
Rachunek mamy wspólny.	We'll pay together.	[wil peɪ təgeðə(r)]
Czy dostaniemy rachunek dla każdego oddzielnie?	Could we have separate bills?	[kʊd wiː hæv sepərət bɪls]
Czy mogę zapłacić kartą?	Can I pay by credit card?	[kən ai peɪ baɪkredɪt kɑːd]
Dziękujemy!	Thank you!	[θæŋkjuː]
Zawsze miło nam będzie państwa gościć.	You are always welcome!	[juːɑː(r) ɔːlweɪz welkəm]

Jestem głodny / głodna.	I'm hungry.	[aim hʌŋgrɪ]
Czas na śniadanie.	It's breakfast time.	[ɪts brekfəst taɪm]
herbata z cytryną i cukrem	tea with sugar and lemon	[tiːwɪð ʃʊgə(r) ænd lemən]
kawa z mlekiem	coffee with milk / white coffee	[kɒfɪ wɪð mɪlk] [waɪt kɒfɪ]
chleb / bułki	bread / rolls	[bred / rəls]
jajecznica z szynką	scrambled eggs and ham	[skræmbld egs ænd hæm]
jajko smażone / na twardo	fried / boiled egg	[fraɪd / bɔɪld eg]
parówka / kiełbasa	sausage	[sɒsɪdʒ]
dżem	jam	[dʒæm]
masło	butter	[bʌtə(r)]

ZAKĄSKI / APPETIZERES / SNACKS ◀) 9

grzyby marynowane	pickled mushrooms	[pɪkld mʌʃrʊm]
kawior czarny / czerwony	black / red caviar	[blæk / red kævɪɑ(r)]
sałatka	salad	[sæləd]
omlet	omelette	[ɒmlɪt]
pasztet	paté	[pæteɪ]
ryba w galarecie	fish in jelly	[fɪʃɪn dʒelɪ]
sardynki	sardines	[sɑːdɪns]
ser żółty	cheese	[tʃiːz]
śledź	herring	[herɪŋ]
twaróg	cottage cheese	[kɒtɪdʒ tʃiːz]

ZUPY / SOUPS ◀) 10

barszcz	borsch	[bɔːʃ]
kapuśniak	cabbage soup	[kæbɪdʒ suːp]
rosół z kury	chicken broth	[tʃɪkɪn brɒθ]
zupa cebulowa	onion soup	[ʌnɪən suːp]
zupa grzybowa	mushroom soup	[mʌʃrʊm suːp]
zupa ogórkowa	cucumber soup	[kjuːkʌmbə(r) suːp]
zupa pomidorowa	tomato soup	[təmɑːtəʊsuːp]
zupa rybna	fish soup	[fɪʃsuːp]

MIĘSO / MEAT ◀) 11

| kurczak pieczony | roast chicken | [rəʊst tʃɪkɪn] |
| potrawka z kurczaka | chicken ragout | [tʃɪkɪn ræguː] |

653

OWOCE MORZA / SEAFOOD

antrykot	steak	[steɪk]
befsztyk	steak	[steɪk]
indyk pieczony	roast turkey	[rəʊst tɜːkɪ]
golonka	pig's knuckles	[pɪgs nʌkɪs]
gulasz	stew	[stjuː]
klops	meatballs	[miːtbɔːls]
kotlet	chop	[tʃɒp]
kotlet mielony	minced meat / mince	[mɪnst miːt / miːns]
kotlet schabowy	pork chop	[pɔːk tʃɒp]
ragoût	ragout	[ræguː]
rostbef	roast beef	[rəʊst biːf]
schab pieczony	baked pork loin	[beɪkt pɔːk lɔɪn]
szaszłyk	shashlik	[ʃaʃlɪk]
wątróbka	liver	[lɪvə(r)]
żeberka	ribs	[rɪbs]

12 OWOCE MORZA / SEAFOOD

homar	lobster	[lɒbstər]
jesiotr	sturgeon	[stɜːdʒən]
krab	crab	[kræb]
krewetka	shrimp / prawn	[ʃrɪmp / prɔːn]
łosoś	salmon	[sæmən]
pstrąg	trout	[traʊt]
węgorz	eel	[iːl]

13 DODATKI / SIDE DISHES

kasza gryczana	roasted buckwheat	[rəʊstɪd bʌkwiːt]
makaron	pasta	[pæstə]

frytki	chips	[tʃɪps]
purée ziemniaczane	mashed potatoes	[maːʃət pəˈteɪtəʊs]
ryż	rice	[raɪs]
ziemniaki pieczone	baked potatoes	[beɪkt pəˈteɪtəʊs]
ziemniaki	potatoes	[pəˈteɪtəʊs]

JARZYNY / VEGETABLES ◀)) 14

brokuł	broccoli	[brɒkəlɪ]
cebula	onion	[ʌnɪən]
groszek	peas	[piːs]
kalafior	cauliflower	[ˈkɒlɪfaʊə(r)]
kapusta	cabbage	[ˈkæbɪdʒ]
marchew	carrot	[kærət]
ogórek	cucumber	[ˈkjuːkʌmbə(r)]
papryka	pepper	[pepə(r)]
pomidor	tomato	[təmɑːtəʊ]
rzodkiew	radish	[rædɪʃ]
sałata (zielona)	lettuce	[ˈletɪs]
szpinak	spinach	[ˈspɪnɪdʒ]

OWOCE / FRUIT ◀)) 15

ananas	pineapple	[paɪnæpl]
arbuz	watermelon	[wɔːtəmelən]
banan	banana	[bəˈnɑːnə]
brzoskwinia	peach	[piːtʃ]
cytryna	lemon	[ˈlemən]
czereśnia	cherry	[ˈtʃerɪ]

gruszka	pear	[peə(r)]
jabłko	apple	['æpl]
morela	apricot	[eɪprɪkɒt]
pomarańcza	orange	['ɒrɪndʒ]
porzeczka czerwona	redcurrant	[red'kʌrənt]
śliwka	plum	[plʌm]
truskawka	strawberry	['strɔːbrɪ]
winogrona	grapes	[greɪps]
wiśnia	cherry	['tʃerɪ]

16 ◖ NAPOJE / DRINKS

coca-cola	Coke	['kəʊk]
czekolada	chocolate	['tʃɒklət]
herbata	tea	[tiː]
jogurt	yoghurt	['jɒgət]
kakao	cocoa	['kəʊkəʊ]
kawa	coffee	[kɒfɪ]
kawa z mlekiem	white coffee	[waɪt kɒfɪ]
kompot	stewed fruit	[stjuːd fruːt]
koniak	cognac	['kɒnjæk]
lemoniada	lemonade	[lemə'neɪd]
likier	liquor	['lɪkə(r)]
mleko	milk	[mɪlk]
napoje bezalkoholowe	soft drinks	[sɒft drɪŋks]
piwo	beer	[bɪə(r)]
sok	juice	[dʒuːs]
szampan	champagne	[ʃæm'peɪn]
tonic	tonic	['tɒnɪk]
wermut	vermouth	['vɜːməθ]

wino	wine	[waɪn]
woda mineralna gazowana	sparkling mineral water	['spɑːklɪŋ mɪnərəl wɔːtə(r)]
woda niegazowna	still mineral water	[stɪl mɪnərəl wɔːtə(r)]
wódka	vodka	['vɒdkə]

SKARGI / COMPLAINTS ◀) 17

Czekam na kelnera już pół godziny!	I've been waiting for the waiter for half an hour!	[aiv biːn weɪtɪŋ fɔː(r) ðə weɪtə(r) fɔː(r) hɑːf ən auə(r)]
Na stole nie ma serwetek.	There aren't any serviettes on the table.	[ðeə(r) ɑːnt əni sɜːvɪets ən ðə teɪbl]
Nie mam widelca.	There isn't a fork.	[ðeə(r) ɪznt ə fɔːk]
Nikt nas nie obsługuje!	Nobody is serving us!	[nəubədɪ ɪz servɪŋʌs]
Ja tego dania nie zamawiałem.	I didn't order this dish.	[ai dɪdnt ɔːdə(r) ðɪs dɪʃ]
Ta herbata jest zimna.	This tea is cold.	[ðɪs tiː ɪz kəuld]
Ten sos jest słodki!	This sauce is sweet!	[ðɪs sɔːs ɪz swiːt]
To danie jest przesolone!	This dish is too salty!	[ðɪs dɪʃ ɪz tuː sɔːltɪ]
To mięso jest niedosmażone.	This meat is undercooked.	[ðɪs miːt ɪz ʌndəˈkukt]
To nie moje danie.	This isn't what I ordered.	[ðɪs ɪznt wɔːt ai ɔːdə(r)d]

PODRÓŻ POCIĄGIEM / TRAVELLING BY TRAIN ◀) 18

Przepraszam, gdzie są kasy biletowe?	Excuse me, where is the ticket office?	[ɪkskjuːs miːweə(r) ɪz ðe tɪkɪt ɒfɪs]
Chciałbym / chciałabym kupić bilet do …	I'd like to buy a ticket to … .	[aid laɪk tu bai ətɪkɪt tu]
pierwsza / druga klasa	first class / second class	[fɜːst klɑːs / sekənd klɑːs]

w obie strony	return	[rɪtɜːn]
dla palących	smoking	[sməʊkɪŋ]
dla niepalących	non-smoking	[nɒn sməʊkɪŋ]
Czy to jest pociąg do ...	Is this the train to	[ɪz ðɪs ðe treɪn tʊ]
pasażerski	passenger	[pæsɪndʒə(r)]
pospieszny	fast train	[faːst treɪn]
bezpośredni	through train	[θruːtreɪn]
Ile kosztuje bilet?	How much is the ticket?	[haʊ mʌtʃ ɪz ðə tɪkɪt]
O której godzinie odjeżdża pociąg do ... ?	What time does the train to ... leave?	[wɒt taɪm dʌz ðə treɪn tʊ liːv]
Z którego peronu?	What platform?	[wɒt plætfɔːm]
Z którego toru?	What track?	[wɒt træk]
Pociąg odjeżdża za 5 minut.	The train departs / leaves in five minutes.	[ðə treɪn dɪpaːts / liːvz ɪn faɪv mɪnɪts]
Proszę wsiadać!	Get on, please.	[get ɒn pliːz]
Proszę bilety do kontroli.	Tickets, please.	[tɪkɪts pliːz]
Czy moglibyśmy zamienić się miejscami?	Can we swap places?	[kən wiːswɒp pleɪsɪz]
Czy mogę otworzyć okno?	May I open the window, please?	[meɪ aɪ əʊpən ðə wɪndəʊ pliːz]
Kawę / herbatę może pan / pani zamówić u konduktora.	Coffee and tea can be ordered from the conductor.	[kɒfɪ ænd tiː kæn biː ɔːdə(r)d frɔːm ðə kənˈdʌktə(r)]
Przepraszam, gdzie jest wagon restauracyjny?	Excuse me, where is the restaurant car?	[ɪkskjuːs miː weə(r) ɪz ðə restrɒnt kaː(r)]
Jaka to stacja?	What station is this?	[wɒt steɪʃn ɪz ðɪs]
O której godzinie będziemy w ... ?	What time do we get to ... ?	[wɒt taɪm duːwiː get tʊ]
Zgodnie z rozkładem, o godzinie 20.40	According to the timetable, at ... o'clock.	[əkɔːdɪŋtə taɪmteɪbl ət ... əklɒk]

PODRÓŻ SAMOLOTEM / TRAVELLING BY AIRPLANE 🔊 19

Kiedy odlatuje samolot do … ?	What time does the plane to … depart / leaves?	[wɒt taɪm dʌz ðə pleɪn tə dɪˈpɑːt / liːvz]
Czy są jeszcze wolne miejsca na samolot do … ?	Are there any seats left on the plane to … ?	[ɑː(r) ðeə(r) əni siːts left ən ðə pleɪn tʊ]
Jaki to numer lotu?	What is the flight number?	[wɒt ɪz ðə flaɪt nʌmbə(r)]
Jaki to typ samolotu?	What type of plane is it?	[wɒt taɪp əv pleɪn ɪz ɪt]
Chcę zarezerwować bilet do …	I'd like to book a ticket to …	[aid laɪk tʊ buːk ətɪkɪt tʊ]
Na piątek 12 maja.	for Friday 12th May.	[fɔː(r) fraɪdɪ ðətwelθəv meɪ]
Bilet powrotny na wtorek.	a return ticket for Tuesday.	[ərɪtɜːn tɪkɪt fɔː(r) tjuːzdeɪ]
klasa-bussines	business class	[bɪznɪs klɑːs]
klasa ekonomiczna	economy class	[ɪˈkɒnəmɪ klɑːs]
Ile kosztuje taki bilet?	How much does the ticket cost?	[haʊ mʌtʃ dʌz ðə tɪkɪt kɒst]
Ile kilogramów bagażu można ze sobą zabrać?	What is the weight limit for the luggage?	[wɒt ɪz ðə weɪt lɪmɪt fɔː(r) ðə lʌgɪdʒ]

PODRÓŻ STATKIEM / TRAVELLING BY SHIP 🔊 20

Kiedy odpływa statek / prom do … ?	What time does the ship / ferry to … . depart?	[wɒt taɪm dʌz ðəʃɪp / ferɪ tʊ dɪˈpɑːt]
Jak długo trwa rejs do … ?	How long does it take to get to … ?	[haʊ lɒŋ dʌz ɪt teɪk tʊ get tʊ]
Proszę o bilet na wycieczkę statkiem odpływającym o godzinie 9.45.	Can I have a ticket for the 9.45 boat trip, please.	[kæn ai hæv ətɪkɪt fɔː(r) ðənaɪn fɔːtɪbəʊt trɪp pliːz]

659

Gdzie cumuje ten statek / prom?	Where does this ship / ferry berth?	[weə(r) dʌz ðɪs ʃɪp / ferɪ bɜːθ]
Gdzie jest przystań dla promu?	Where is the ferry berth?	[weə(r) ɪz ðəferɪbɜθ]
Przepraszam, szukam kajuty numer 23.	Excuse me, I'm looking for cabin 23.	[ɪkskjuːs miː aim lʊkɪŋ fɔː(r) kæbɪn øɜ]
Na którym pokładzie znajdują się kajuty pierwszej klasy?	Where are the first class cabins?	[weə(r) ɑː(r) ðəfɜːst klɑːs kæbɪnz]
Na szczęście, morze jest spokojne!	Luckily the sea is calm!	[lʌkɪlɪ ðə siː ɪz kɑːm]
Rzeka jest dziś szczególnie piękna!	The river is particularly beautiful today!	[ðə rɪvə(r) ɪz pətɪkjʊləlɪ bjuːtɪfl]
Do portu / do przystani w … dopłyniemy za jakieś trzy godziny.	We'll reach the harbour in about three hours time.	[wiːl riːtʃ ðə hɑːbə(r) ɪn əˈbaʊt θriːaʊə(r)s taɪm]

Przepraszam, gdzie jest najbliższy … ?	Excuse me, where is the nearest … ?	[ɪkskjuːs miː weə(r) ɪz ðə nɪə(r)əst]
przystanek autobusowy / tramwajowy	bus stop / tram stop	[bʌs stɒp / trʌm stɒp]
stacja metra	underground station	[ʌndəɡraʊnd steɪʃn]
Ile kosztuje bilet?	How much is the ticket?	[haʊ mʌtʃ ɪz ðə tɪkɪt]
Jakim autobusem dojadę do … ?	Which line goes to … ?	[wɪtʃ laɪn ɡəʊz tʊ]
Który autobus jedzie do centrum?	Which bus goes to the city centre?	[wɪtʃ bʌs ɡəʊz tʊ ðə sɪtɪ sentə(r)]
Gdzie muszę się przesiąść na … ?	Where do I change for … ?	[weə(r) dʊ ai tʃeɪndʒ fɔː(r)]
Na jaką linię muszę się przesiąść, aby dojechać do stacji?	Which line do I take to get to the station?	[wɪtʃ laɪn dʊ ai teɪk tʊ get tʊ ðə steɪʃn]
Przepraszam, gdzie jest wyjście?	Excuse me, where is the way out?	[ɪkskjuːs miː weə(r) ɪz ðə weɪ aʊt]

wyjście na plac … ?	the way to … square	[ðəweɪtʊ ðə skweə(r)]
wyjście na ulicę … ?	the way to … .street / road	[ðəweɪtʊ ðə striːt / rəʊd]
Na którym przystanku muszę wysiąść?	Which stop do I get off?	[wɪtʃstɒp dʊ ai get ɒf]
Ile jest przystanków do ulicy … ?	How many stops is it to … .?	[haʊ menɪ stɒpz ɪz ɪt tʊ]

TAKSÓWKA / TAXI RANK
🔊 22

Gdzie jest postój taksówek?	Where is the taxi rank?	[weə(r) ɪz ðə tæksɪræŋk]
Czy zamówić taksówkę?	Should I hire a taxi?	[ʃʊd aɪ haɪə(r) ə tæksɪ]
Na jutro. Na godzinę 8 rano.	For tomorrow. Eight o'clock in the morning.	[fɔː(r) təˈmɒrəʊ] [eɪt əˈklɒk ɪn ðə mɔːnɪŋ]
Czy pan jest wolny?	Are you free?	[ɑː(r) jʊ friː]
Na lotnisko … / dworzec … , poproszę.	To the airport / station, please.	[tʊðə eəpɔːt / steɪʃn pliːz]
Proszę mnie zawieźć pod ten adres.	Could you drive me to this address, please.	[kʊd juːdraɪv miːtʊðis əˈdres pliːz]
Proszę tu na mnie zaczekać.	Could you wait for me here, please.	[kʊd juːweɪt fɔː(r) miː hɪə(r) pliːz]
Proszę się tu zatrzymać.	Stop here, please.	[stɒp hɪə(r) pliːz]
Ile płacę?	How much do I pay?	[haʊ mʌtʃ dʊ ai peɪ]
Reszty nie trzeba.	Keep the change, please.	[kiːp ðə tʃeɪndʒ pliːz]
Dziękuję.	Thank you.	[θæŋkjuː]

🔊 23

| Gdzie można wynająć samochód? | Where can I hire a car? | [weə(r) kæn ai haɪə(r) ə kɑː(r)] |
| Ile kosztuje wynajem na dobę? | How much is it for a day? | [haʊ mʌtʃ ɪz ɪt fɔː(r) ə deɪ] |

Czy samochód jest ubezpieczony?	Is the car insured?	[ɪz ðə kɑː(r) ɪnˈʃɔːd]
Potrzebny mi samochód z kierowcą.	I need a car with a driver.	[ai niːd ə kɑː(r) wɪθ ə draɪvə(r)]
Gdzie jest najbliższa stacja benzynowa?	Where is the nearest petrol station?	[weə(r) ɪz ðə nɪə(r)əst petrʊl steɪʃn]
Ile kosztuje litr benzyny?	How much is a litre of petrol?	[haʊ mʌtʃ ɪz ə liːtə(r) əv petrəl]
Proszę mi powiedzieć, jak dojechać do centrum?	How can I get to the centre?	[haʊ kæn ai get tʊ ðə sentə(r)
Czy do hotelu jest daleko?	Is it far to get to the hotel?	[ɪz ɪt fɑː(r) tʊ get tʊ ðəhəʊtel]
Czy do hotelu mam skręcić w lewo czy w prawo?	Do I turn left / right to get to hotel?	[dʊ ai tɜːn left ɔː(r) raɪt tʊget tʊ həʊtel]
Dokąd prowadzi ta droga?	Where does this road go?	[weə(r) dʌz ðɪs rəʊd gəʊ]
Musi pan / pani…	You have to …	[juː hæv tʊ]
dojechać do skrzyżowania	go to the crossroads	[gəʊ tʊ ðə krɒsrəʊdz]
skręcić za światłami	turn after the traffc lights	[tɜːn ɑːftə(r) ðətræfɪk laɪtz]
jechać cały czas prosto	go straight ahead	[gəʊ streɪt əˈhed]
dojechać do obwodnicy	go to the ring road	[gəʊ tʊ ðə rɪŋrəʊd]
Jak trafić na plac … ?	How can I get to … square?	[haʊ kæn ai get tʊ … skweə(r)]
Gdzie jest najbliższy parking?	Where is the nearest car park?	[weə(r) ɪz ðə nɪə(r)əst kɑː(r) pɑːk]
Zepsuł mi się samochód.	My car has broken down.	[mai kɑː(r) ɪz brəʊkn daʊn]
Jak wezwać pomoc techniczną?	How can I call emergency the road service?	[haʊkæn ai kɔːl ɪˈmɜː dʒnsɪðərəʊd sɜːvɪs]
Samochód trzeba wziąć na hol.	You need to have it towed.	[juːniːd tʊhæv ɪt təʊd]

WYCIECZKA / EXCURSION ◀) 24

Gdzie jest biuro wycieczkowe?	Where is the tourist office?	[weə(r) ɪz ðə tɔːrɪst ɒfɪs]
Jakie wycieczki państwo organizujecie?	What kind of trips do you organize?	[wɒt kaɪnd əv trɪps duːjuː ɔːgənaɪz]
autobusowe / piesze	a coach / a walking	[əkəʊtʃ / əwɔːkɪŋ]
objazdowe	tour	[tɔː(r)]
jednodniowe	one-day	[wʌn deɪ]
indywidualne / grupowe	individual / group	[ɪndɪˈvɪdʒʊəl / gruːp]
Chciałbym zobaczyć …	I'd like to see …	[aid laɪk tʊ siː]
historyczne centrum miasta	historic places	[hɪˈstɒrɪk pleɪsɪz]
teatr / muzeum	theatre / museum	[ˈθɪətə(r) / mjuːzɪəm]
kościół / klasztor	church / monastery	[tʃɜːtʃ / mɒnəstrɪ]
galeria obrazów	art galley	[ɑːt gælərɪ]
zamek / pałac	castle / palace	[kɑːsl / ˈpælɪs]
ogród botaniczny	botanical gardens	[bətænɪk gɑːdn]
ogród zoologiczny	zoo	[zuː]

KINO. TEATR. KONCERT / CINEMA. THEATRE. CONCERT ◀) 25

Dokąd chciałby pan / chciałaby pani pójść?	Where would you like to go?	[weə(r) wʊd juː laɪk tʊ gəʊ]
Chcę pójść do …	I'd like to go to …	[aid laɪk tʊgəʊtʊ]
teatru	the theatre	[ðə ˈθɪətə(r)]
opery	the opera house	[ðəɒprə haʊs]
kina	the cinema	[ðə sɪnemɑː]
galerii	the gallery	[ðə gælərɪ]
filharmonii	the concert hall	[ðə ˈkɒnsət hɔːl]

Co dziś grają w tym teatrze / kinie?	What's on today in this theatre / cinema?	[wɒts ən təˈdeɪ ɪn ðə θɪətə(r) / sɪnemɑ:]
Ten film warto zobaczyć.	This film is worth seeing.	[ðɪs fɪlm ɪz wɜ:θ si:ɪŋ]
To będzie wspaniały koncert.	It's going to be a wonderful concert.	[ɪtz ɡəʊɪŋ tʊ bi: ə wʌndəfl ˈkɒnsət]
Tę wystawę otwarto wczoraj.	This exhibition was opened yesterday.	[ðɪs eksɪbɪʃn wɒz əʊpənd jestədeɪ]
To spektakl premierowy!	It's a premiere!	[ɪtz ə premɪeə(r)]
Czy są bilety na wieczorny koncert?	Are there any tickets for tonight?	[ɑ:(r) ðeə(r) ənɪ tɪkɪtz fɔ:(r)tənaɪt]
Poproszę dwa bilety	Two tickets, please	[tu: tɪkɪtz pli:z]
na parterze	for the ground floor	[fɔ:(r) ðə graʊnd flɔ:(r)]
w loży	for a box	[fɔ:(r) ə bɒks]
na balkonie	for the balcony	[fɔ:(r) ðə bælkənɪ]
O której godzinie zaczyna się seans / spektakl / koncert?	What time does the performance start?	[wɒt taɪm dʌz ðə pəfɔ:məns stɑ:ts]
Kto śpiewa / gra / tańczy / dyryguje?	Who is singing / playing / dancing?	[hu:ɪz sɪŋɪŋ / pleɪŋ / dɑ: nsɪŋ]
Bardzo dziękuję za piękny wieczór.	Thanks for the wonderful evening.	[θænks fɔ:(r) ðə wʌndəfl i:vnɪŋ]

SKLEPY / SHOPS

Apteka	the chemist's	[ðəkemɪst]
Artykuły biurowe	stationery shop	[steɪʃənrɪ ʃɒp]
Centrum handlowe	shopping centre	[ʃɒpɪŋ sentə(r)]
Cukiernia	cake shop	[keɪk ʃɒp]
Delikatesy	delicatessen	[delɪkəˈtesn]
Dom towarowy	shopping centre	[ʃɒpɪŋ sentə(r)]
Drób	poultry shop	[ˈpəʊltrɪʃɒp]
Futra	fur shop	[fɜ:(r) ʃɒp]
Galanteria	haberdashery	[ˈhæbədæʃərɪ]

Jubiler	the jeweller 's	[ðə dʒuːələ(r)s]
Księgarnia	book shop	[bʊk ʃɒp]
Kwiaciarnia	florist's	[ðə flɒrɪsts]
Mięsny	butcher's	[ðə bʊtʃə(r)]
Nabiał	dairy shop	['deərɪʃɒp]
Obuwie	shoe shop	[ʃuːʃɒp]
Optyk	the optician's	[ðə ɒpˈtɪʃns]
Pamiątki	souvenir shop	[suːvənɪə(r) ʃɒp]
Perfumeria	perfumery	[pəˈfjuːmerɪ]
Pieczywo	the baker's	[ðəbeɪkə(r)z]
Sklep elektryczny	electrical goods	[ɪˈlektrɪkl gʊdz]
Sklep monopolowy	off-licence	[ɒf laɪsəns]
Sklep rybny	the fishmonger's	[ðə fɪʃmʌŋgə(r)s]
Sklep spożywczy	the grocer's	[ðəgrəʊsə(r)s]
Supermarket	supermarket	['suːpəmɑːkɪt]
Targ / bazar	market	[mɑːkɪt]
Warzywniak	the greengrocer's	[ðəgriːngrəʊsə(r)s]
Zabawki	toy shop	[tɔɪ ʃɒp]
Kiedy w sklepach jest przerwa na obiad?	What time do they close for lunch?	[wɒt taɪm dʊ ðeɪ kləʊs fɔː(r) lʌntʃ]
O której otwierają / zamykają sklepy?	What time do the shops open / close?	[wɒt taɪm dʊ ðe ʃɒpz əʊpən / kləʊs]
Te sklepy pracują ...	The shops are open ...	[ðe ʃɒpz aː(r) əʊpən]
cały tydzień	seven days a week	[sevn deɪz]
przez całą dobę	twenty four hours a day	['twentɪ fɔː(r) aʊə(r)z ə deɪ]

Gdzie jest najbliższy kantor?	Where is the nearest money exchange office?	[weə(r) ɪz ðə nɪə(r)əst mʌnɪ ɪksˈtʃeɪndʒ ɒfɪs]
Chcę wymienić pieniądze.	I'd like to exchange my money.	[aɪd laɪk tʊ ɪksˈtʃeɪndʒ maɪ mʌnɪ]

Jaki jest dzisiaj kurs …	What's the exchange … rate for today?	[wɒtz ɪz ðəɪksˈt ʃeɪndʒ reɪt fɔː(r) təˈdeɪ]
funt	pound	[paʊnd]
euro	Euro	[ˈjʊərəʊ]
Chciałbym zrealizować ten czek.	I'd like to cash this cheque.	[aɪd laɪk tʊ kæʃðɪs tʃek]
Czy może mi pani wypłacić całą sumę?	Could I have the whole amount of money?	[kʊd aɪ hæv ðə həʊl əmaʊnt əv mʌnɪ]
Poproszę pana / panią o paszport.	Can I see your passport, please?	[kæn aɪsiːjɔː(r) paːspɔːt pliːz]
Proszę.	Here you are.	[hɪə(r) juː aː(r)]
Chciałbym przelać pieniądze z mojego konta na konto numer …	I'd like to transfer money from my bank account to bank account number … .	[aɪd laɪk tʊ trænsfɜː(r) mʌnɪ frɒm maɪ bæŋk əˈkaʊnt tʊbæŋk əˈkaʊnt nʌmbə(r)]

Gdzie jest najbliższa poczta?	Where is the nearest post office?	[weə(r) ɪz ðə nɪə(r)əst pəʊst ɒfɪs]
Muszę wysłać …	I need to send … .	[ai niːd tʊ send]
zwykły list	a letter	[əletə(r)]
list polecony	a registered letter	[əredʒɪstəd letə(r)]
list lotniczy	an airmail letter	[ən ˈeəmeɪl letə(r)]
telegram	a telegram	[əˈtelɪɡræm]
paczkę	a parcel	[əˈpaːsl]
Ile kosztuje znaczek na list polecony?	How much is a stamp for a registered letter?	[haʊ mʌtʃ ɪz ə stæmp fɔː(r) əredʒɪstəd letə(r)]
Poproszę dwa znaczki i dwie koperty.	Two stamps and two envelopes, please.	[tuː stæmpz ænd tuː envələʊpz pliːz]
Czy może mi pan / pani powiedzieć, gdzie jest skrzynka pocztowa?	Could you tell me where the letter box is?	[kʊd juː tel miː weə(r) ðə letə(r) bɒks ɪz]

TELEFON / TELEPHONE
◀)) 29

Muszę zadzwonić do …	I need to phone …	[ai niːd tʊ fəʊn]
pana …	Mr …	[ˈmɪst(r)]
mojej żony	my wife	[maɪ waɪf]
ambasady	embassy	[ˈembəsɪ]
Czy dzwoniła do mnie pani … .?	Did Mrs … phone?	[dɪd mɪsɪz fəʊn]
Czy mogę do pana zadzwonić jutro wieczorem?	Can I phone you tomorrow evening?	[kæn aɪ fəʊn juː təˈmɒrəʊ]
Czy może mi pan podać numer swojego telefonu?	Could you give me your phone number?	[kʊd juː gɪv miːjɔː(r) fəʊn nʌmbə(r)]
Proszę zapisać numer mojej komórki.	Could you write down my mobile phone number, please.	[kʊd juːraɪt daʊn maɪ məʊbaɪl fəʊn nʌmbə(r)]
Halo, dzień dobry. Mam na imię …	Hello, my name is …	[həˈləʊ maɪ neɪm ɪz]
Czy mogę mówić z panem … ?	Could I speak to Mr … ?	[kʊd aɪ spiːk tʊ mɪst(r)]

◀)) 30

Jest godzina 8.00	It's eight o'clock.	[ɪtz eɪt əˈklɒk]
9.10	It's ten past nine.	[ɪtz ten paːst naɪn]
10.15	It's quarter past ten.	[ɪtz kwɔːtə(r) paːst ten]
11.30	It's half past eleven.	[ɪtz haːf paːst ɪˈlevn]
12.45	It's quarter to one.	[ɪtz kwɔːtə(r) tʊ wʌn]
rano	morning	[ˈmɔːnɪŋ]
południe	afternoon	[aːftəˈuːn]
wieczór	evening	[iːvnɪŋ]
noc	night	[naɪt]

dzisiaj	today	[təˈdeɪ]
wczoraj	yesterday	[ˈjestədeɪ]
jutro	tomorrow	[təˈmɒrəʊ]
dzień tygodnia	weekday	[ˈwiːkdeɪ]
poniedziałek	Monday	[ˈmʌndeɪɪ]
wtorek	Tuesday	[ˈtjuːzdeɪ]
środa	Wednesday	[ˈwenzdeɪ]
czwartek	Thursday	[ˈθɜːzdeɪ]
piątek	Friday	[ˈfraɪdeɪ]
sobota	Saturday	[ˈsætədeɪ]
niedziela	Sunday	[ˈsʌndeɪ]
miesiąc	month	[mʌnθ]
styczeń	January	[ˈdʒænjʊərɪ]
luty	February	[ˈfəbrʊərɪ]
marzec	March	[mɑːtʃ]
kwiecień	April	[ˈeɪprɪl]
maj	May	[meɪ]
czerwiec	June	[dʒuːn]
lipiec	July	[dʒʊˈlaɪ]
sierpień	August	[ˈɔːgəst]
wrzesień	September	[sepˈtembə(r)]
październik	October	[ɒkˈtəʊbə(r)]
listopad	November	[nəˈvembə(r)]
grudzień	December	[dɪˈsembə(r)]
Jaka jest dziś pogoda?	What's the weather like today?	[wɒtz ðə wəðə(r) laɪk təˈdeɪ]
Jest gorąco.	It's hot.	[ɪtz hɒt]
Jest zimno.	It's cold.	[ɪtz kəʊld]
Jest mróz.	It's freezing.	[ɪtz friːzɪŋ]
Pada deszcz / śnieg.	It's raining / snowing.	[ɪtz reɪnɪŋ / snəʊɪŋ]
Wieje silny wiatr.	It's windy.	[ɪtz wɪndɪ]

0	oh / zero	[əʊ / zɪərəʊ]
1	one	[wʌn]
2	two	[tuː]
3	three	[θriː]
4	four	[fɔː(r)]
5	five	[faɪv]
6	six	[sɪks]
7	seven	[sevn]
8	eight	[eɪt]
9	nine	[naɪn]
10	ten	[ten]
20	twenty	['twentɪ]
30	thirty	['θɜːtɪ]
40	forty	['tɔːrtɪ]
50	fifty	['fɪftɪ]
60	sixty	['sɪkstɪ]
70	seventy	['seventɪ]
80	eighty	['eɪtɪ]
90	ninety	['naɪntɪ]
100	a hundred	[ə'hʌndrəd]
101	a hundred and one	[əhʌndrəd ənd wʌn]
1000	a thousand	[ə'θaʊznd]
10 000	ten thousand	[ten θaʊznd]
1 000 000	one million	[wʌn 'mɪljən]

Pali się!	Fire!	[ˈfaɪə(r)]
Pomocy! Ratunku!	Help! Help me!	[help / help miː]
Proszę wezwać pogotowie!	Call an ambulance!	[kɔːl ən ˈæmbjʊləns]
Proszę wezwać policję!	Call the police!	[kɔːl ðə pəˈliːs]
Proszę wezwać straż!	Call the fire brigade!	[kɔːl ðəfaɪə(r) brɪˈgeɪd]
Uwaga!	Watch out! Look out!	[wɒtʃ aʊt] [lʊk aʊt]

NOTATKI